项目展示

巴南桥达·茂宸广场

桥达巴南•茂宸广场是桥达集团布局主城，南拓版图上的首个项目，也是继桥达渝北•茂宸广场后第二个茂宸系商住综合体项目。项目占位龙洲湾新区，地处轻轨3号线学堂湾和鱼胡路之间，紧邻龙洲湾商圈（东临铜锣山山脉，西接凤凰广场，南近巴南枢纽站，北连万海商圈），距离巴南区政府仅约1.2公里。

渝北桥达·茂宸广场

渝北桥达•茂宸广场坐落于空港新城核心位置，紧邻轻轨3号线观月路站，与空港体育公园无缝对接。依托便捷的交通优势及120亩公园景观环境，项目将打造成集商业购物中心、精装公园华宅、全能loft公寓、品质酒店、情调步行街等为一体的总规模约24万平方米的大型综合体。

龙兴桥达·樾府

桥达•樾府由桥达集团联合全国知名的网络服务商——猪八戒网共同开发。项目占地600余亩，分两期开发，其中一期规划建面达40万平方米，物业形态涵盖宽厅洋房、庭院叠墅、LOFT公寓及合院办公别墅。项目将依托于八戒文旅小镇特色主题规划，打造集高品质、低密度居家、办公、休闲、娱乐等功能于一体的全新生活体验空间。

涪陵桥达·千江樾

桥达•千江樾位于滨江大道后侧（海怡江山旁），是涪陵江南组团核心区域——滨江线旧城改造第一盘。项目系桥达集团2018年荣归涪陵的扛鼎之作，总规模约12.2万平方米，拟以高起点规划、高品质建设，高标准服务，高智能配套的四高原则，将该小区打造成为涪陵人的宜居标杆。

涪陵桥达·漫生活街区

涪陵桥达•漫生活街区是涪陵高笋塘商圈升级改造的核心项目之一，以极具特色的漫调商业理念定位打造城市综合体。项目由桥达集团旗下子公司重庆市涪陵金宏房地产开发有限公司开发建设，总规模约20万平方米，由城市景观高层、商业街区、大型室内停车库及相关配套构成。

涪陵泽胜·中央广场

泽胜•中央广场是涪陵区打造的重庆主城外第一个百亿商圈标志性工程，形象工程、民心工程、品牌工程。项目由桥达集团与泽胜集团合作开发，总投资26亿元，总规模约38万平方米。其中，由1栋48层超高层公寓和1栋写字楼组成的世贵双星（高208米），是重庆非主城区县中最高的双塔地标性建筑。

武隆浙皓名邸

项目位于规划中的武隆中央商务区(CBD)中堆坝核心区域，由桥达集团旗下子公司重庆浙皓房地产开发有限公司投资建设，总规模约5.3万平方米。项目毗邻规划中的行政中心及滨江休闲广场，坐拥绝佳的商业价值及投资价值。

重庆桥达·漫生活街区

重庆桥达•漫生活街区由桥达集团旗下子公司重庆市涪陵金宏房地产开发有限公司开发建设，总体量约8.5万平方米。项目依托两江新区、临空经济区、保税港区区位政策优势，以及三大市政公园的优质自然资源，与蓝湾半岛合力打造区域内唯一的漫调滨河风情商业街。

渝北桥达·蓝湾半岛

桥达•蓝湾半岛由桥达集团旗下子公司重庆作平置业有限公司开发建设，总规模约25万平方米。项目依托两江新区、临空经济区、保税港区区位政策优势，以及三大市政公园的优质自然资源，与桥达•漫生活街区合力打造区域内唯一的漫调滨河风情商业街。

中石化重庆涪陵页岩气勘探开发有限公司

汩汩涪气向东送——白涛集输站

绿色环保生产

中石化重庆涪陵页岩气勘探开发有限公司由中国石化股份公司、涪陵国有资产投资经营集团有限公司共同投资成立，2014年6月30日完成工商登记注册。公司生产经营范围为天然气、页岩气勘探、开发、开采、销售，页岩气工程技术服务，技术及信息的研究，主要产品是页岩气。

公司负责开发建设的涪陵页岩气田分布重庆市涪陵、南川、武隆等区县境内，西、北临长江，南跨乌江，东到矿权边界，属山地-丘陵地貌，地面海拔300至1000米，构造上位于四川盆地东南缘。区块探矿权面积6700余平方千米，登记采矿权面积570余平方千米。

2013年1月9日，部署在涪陵焦石坝区块的焦页1HF井投入试采，成为中国第一口投入商业开发的页岩气井，标志着气田正式进入商业开采。2015年底，涪陵页岩气田顺利建成50亿立方米年产能。2017年底，涪陵页岩气田累计建成100亿立方米年产能，仅用5年时间就圆满兑现中国石化对国家的庄严承诺。截至2018年底，公司累计生产页岩气214.52亿立方米，累计销售205.92亿立方米，上缴税费41.97亿元，2018年页岩气产销量持续位居全国第一。

气田开发建设以来，公司党委充分发挥把方向、管大局、保落实作用，带领全体参建单位以“建成示范、走在前列”为追求，秉承“创新、协调、绿色、开放、共享”五大发展理念，创新集成了页岩气藏综合评价、水平井组优快钻井、长水平井分段压裂试气、试采开发、绿色开发5大配套技术体系，探索形成了以“井工厂”钻井压裂为代表的生产组织模式，丰富完善了“标准化设计、标准化采购、模块化建设、信息化提升”的地面工程建设模式，走出了一条技术自主、装备国产、环境友好的涪陵特色页岩气开发之路，为推动我国页岩气产业发展、能源结构优化调整、生态文明建设和地方经济社会发展作出了重要贡献。

董事长戴厚良亲切慰问焦页1号集气站员工

公司先后荣获全国质量管理活动优秀企业、企业信用评价AAA级信用企业、石油和化工行业绿色工厂、重庆市五一劳动奖状、重庆市安全生产先进单位、重庆市非煤矿山安全生产先进集体、重庆市环保诚信企业、中国石化先进集体、中国石化红旗采气厂等荣誉称号，连续4年被评为涪陵区工业企业综合十强。

企地共建促民生-投资1.5亿元
与地方联合修建的快速物流通道

页岩气开发功勋井—焦页1HF井

重庆大恒建筑设计有限公司

重庆大恒建筑设计有限公司是一家以建筑设计为龙头，集工程监理、地质勘察、造价咨询、工程测量等于一体的民营企业集团。

历经四十年的发展壮大，公司现具有建筑工程设计甲级、市政道路工程设计甲级、房屋建筑工程监理甲级、城乡规划编制乙级、岩土工程（勘察、设计）乙级、工程咨询乙级、市政公用工程监理乙级、市政行业（给水、排水）丙级、测量丙级等多项资质。拥有各类专业技术人才300余人，其中教授级高级工程师2人，高级工程师48人，国家注册师70余人。

四十载砥砺奋进，公司秉承“立信惟大、求质以恒”的发展理念，立足重庆，放眼全国，为社会奉献了一大批美观大气、经济适用、节能环保的设计精品，多项设计作品荣获国家级奖励。2018年公司完成产值1.5亿元，实现利税1400万元。

展望未来，我们将始终瞄准设计行业的前沿，以创新驱动为引领，不断加强团队能力建设、质量体系建设、服务保障建设，铸造熠熠生辉的“大恒”品牌。

中科未来城效果图

澳海御江苑效果图

澳海御江苑效果图

渝兴28#地块效果图

凯里锦御江山效果图

涪陵年鉴

2019

重庆市涪陵区地方志办公室 编纂

西南师范大学出版社
国家一级出版社 全国百佳图书出版单位

图书在版编目（CIP）数据

涪陵年鉴. 2019 / 重庆市涪陵区地方志办公室编纂
. -- 重庆 : 西南师范大学出版社, 2019.12
ISBN 978-7-5697-0062-6

Ⅰ. ①涪… Ⅱ. ①重… Ⅲ. ①涪陵区－2019－年鉴
Ⅳ. ①Z527.193

中国版本图书馆CIP数据核字(2019)第291046号

涪陵年鉴（2019）
FULING NIANJIAN（2019）
重庆市涪陵区地方志办公室　编纂

责任编辑：张燕妮　罗　渝
责任校对：向集遂
装帧设计：重庆渝鉴商务信息咨询中心
照　　排：重庆渝鉴商务信息咨询中心
出版发行：西南师范大学出版社
　　网　址：http://www.xscbs.com
　　地　址：重庆市北碚区天生路1号
　　邮　编：400715
　　电　话：023-68868624
经　　销：新华书店
印　　刷：中雅（重庆）彩色印刷有限公司
幅面尺寸：210mm×285mm
印　　张：21.75
插　　页：72
字　　数：800千字
版　　次：2019年12月第1版
印　　次：2019年12月第1次印刷
书　　号：ISBN 978-7-5697-0062-6
定　　价：198.00元

《涪陵年鉴》编辑部

主　　编　周　烽

副 主 编　余成红

责任编辑　冉　瑞

编　　辑　童泓萍　彭　婷　赵　君　曾　倩
　　　　　　张　祺

摄　　影　冯国庆　朱自强　何乾建　等

图片编辑　张志洪

编辑说明

一、《涪陵年鉴》于2001年创刊，是重庆市涪陵区人民政府主办，重庆市涪陵区地方志办公室编辑出版的综合年鉴。它逐年真实、全面、系统地记载和反映涪陵区改革开放、经济发展、社会进步的情况，收录年度主要文献和重要统计资料，旨在为决策服务、为经济导航、为民众提供信息、为修志积累资料，并公开发行，是各级、各部门、各单位人士了解涪陵的一个窗口。

二、《涪陵年鉴》（2019）是涪陵区第19部年鉴，主要记载涪陵区2018年度经济建设和社会发展的基本状况及各条战线、各行各业在深化改革、扩大开放、移民后扶、促进发展、改善民生中取得的成绩和新进展（部分内容延至2019年年初）。全书设图片展示、特载、大事记、区情概览、党政、民主党派•工商联、群众团体、法治、军事、农业农村、榨菜、工业、交通•邮政、城乡建设、生态文明、商贸服务业、文化•体育•旅游、信息产业、金融业、财政•税务、经济管理监督、科技技术、社会科学、教育、卫生健康、人民生活、社会事务、乡镇•街道、人物•光荣榜、附录30个类目。

三、《涪陵年鉴》采用分类编辑法，由类目、分目、条目组成，即类目下设分目，分目下设条目。为便于查阅，条目标题均用黑体字加【】表示。

四、本年鉴所用资料均由区级各部门和区内有关单位提供，并经其审核。年鉴中的“统计资料”由区统计局提供。因统计口径等原因，各部门、各单位所用数据与“统计资料”中的数据可能不尽一致，采用时请予注意。

五、本年鉴的编辑出版，得到了全区各部门、各单位和各级领导的大力支持，在此深表谢意。由于水平有限，编辑疏漏与不足在所难免，恳请读者批评指正。

数字涪陵

（2018年）

⊙ 土 地 面 积	2942.34平方千米
⊙ 常 住 人 口	116.8万
⊙ 地 区 生 产 总 值	1076.13亿元
⊙ 一 般 公 共 预 算 收 入	55.31亿元
⊙ 一 般 公 共 预 算 支 出	126.54亿元
⊙ 工 业 增 加 值	505.37亿元
⊙ 农 林 牧 渔 总 产 值	96.67亿元
⊙ 全 社 会 固 定 资 产 投 资	406.14亿元
⊙ 社 会 消 费 品 零 售 总 额	273.29亿元
⊙ 金融机构人民币存款余额	766.77亿元
⊙ 金融机构人民币贷款余额	542.24亿元
⊙ 外 贸 进 出 口 总 额	55.75亿元
⊙ 旅 游 总 收 入	122.91亿元
⊙ 森 林 覆 盖 率	44.95%
⊙ 城区环境空气质量优良天数	333天
⊙ 高 中 阶 段 教 育 入 学 率	99.1%
⊙ 人 均 体 育 场 地 面 积	1.90平方米
⊙ 每万人拥有卫生技术人员	60.64人
⊙ 全 区 城 镇 化 率	68.72%
⊙ 全区建设小康社会实现程度	97.72%
⊙ 全 区 人 均 生 产 总 值	92443元
⊙ 城镇常住居民年人均可支配收入	36642元
⊙ 农村常住居民年人均可支配收入	14691元

2018年1月16日，涪陵区马武镇成功创建市级生态文明建设示范镇。

2018年1月19日，第十七届中国西部（重庆）国际农业产品交易会在南岸区重庆国际会展中心开幕，涪陵区100余个品种的特色农产品亮相。

2018年1月22日，涪陵区获重庆市“四好农村路”示范区称号。

2018年1月25日，涪陵区马武镇外坝村成功创建全国文明村。

2018年1月27日，涪陵区首个银行智能机器人“欢欢”在中国农业银行股份有限公司重庆涪陵城区支行上岗。

2018年1月31日，贵博地产成为涪陵首家迈入重庆地产50强榜单的开发企业，位居28位。重庆贵博地产集团有限公司董事长叶汝贵参加了在重庆南坪会展中心举行的颁奖典礼。

2018年2月2日，全国青少年足球邀请赛在涪陵区奥体中心体育场开赛。

2018年2月5日，涪陵首届“少儿春晚”在涪陵区广播电视台登台贺岁。

2018年2月7日，2017年度“感动重庆十大人物”颁奖典礼举行，涪陵区义和镇大柏小学教师陈英、陈立、陈容三兄妹上台领奖。

2018年2月13日，涪陵区图书馆和涪陵区少儿图书馆新馆试开放。

2018年3月26日，我国首个大型页岩气田——涪陵页岩气田如期建成100亿立方米年产能，相当于建成一个千万吨级的大油田。

2018年3月27日，涪陵区首个遗体器官捐献纪念园落成暨第一届遗体器官捐献缅怀纪念活动在青龙山陵园举行。

2018年4月8日，涪陵区重点项目集中开工仪式中暨大数据项目开工仪式在龙桥工业园举行。

2018年4月10日，由华晨鑫源重庆汽车有限公司生产的SWM斯威汽车X7互联版在全国22个城市同步上市，标志着涪陵造汽车搭上互联智能快车道。

2018年4月13日，涪陵区发出首张“银政通”工商营业执照。

2018年4月17日，涪陵区召开全区精神文明建设暨创建全国文明城区动员大会。

2018年4月18日，中共重庆市涪陵区委五届五次全会召开。

2018年5月22日，涪陵区首次承接全国田径大奖赛（重庆站）。

2018年5月25日，浙江省委副书记、省长袁家军（中）在重庆市政府副市长李明清（左二），涪陵区委书记周少政、区长种及灵等陪同下，在涪陵区浙涪友谊学校考察。

2018年6月15日，涪陵区龟陵城遗址首次对外开放。

2018年6月15日，涪陵区首家无人超市开业试运营。

2018年6月10日，涪陵区入选中宣部庆祝改革开放40周年“百城百县百企”调研对象。

2018年6月21日，涪陵在第十三届中国重庆高新技术交易会暨第九届中国国际军民两用技术博览会上签约27个项目，总金额达108亿元。

2018年7月14日，全国政协常委、人口环境资源委员会副主任姜大明（左三）到涪陵调研页岩气田调控中心。

2018年7月24日，中宣部“大江奔流——来自长江经济带的报道”主题采访活动走进涪陵区。

2018年9月12日，涪陵区21个招商引资项目集中签约，总投资超400亿元。

2018年9月15日，中央督导组一行在涪陵区公安局开展现场督导。

2018年10月23日，涪陵区第五届运动会开幕。

2018年11月9日，白鹤梁水下博物馆成为“全国中小学生研学实践教育基地”。

2018年11月19日，涪陵城首座电动汽车快速充电站投用。

2018年12月18日，重庆移动5G示范区涪陵试验网建成。

涪陵区经济和信息化委员会

2018年，在区委、区政府的坚强领导下，我委坚持以工业为先的发展思路，突出抓重点、补短板、强弱项，加快推进工业经济高质量发展。全区全年完成规上工业产值1516亿元、增长13.5%，居全市第三；增加值505亿元，增速8.1%，居全市第二。清洁能源、新材料、食品医药、装备制造、信息技术等五大主导产业整体增长，产值分别为292.7亿元、442.2亿元、345.1亿元、234.8亿元、29.7亿元，增速分别为10.2%、19.2%、9.7%、13.2%、4.3%。规上主营业务收入利润率9.2%；规模工业主营业务收入1373.2亿元、增长13.2 %；利润总额126.2亿元、增长29.3%。

经信委主任胡涛调研工业生产情况

委领导调研扶贫工作

2018年涪陵区工业发展大会

重庆市学习贯彻新
《中小企业促进法》知识竞赛预选赛（涪陵片区）

委领导接受电视系列访谈——工业专场

涪陵区新城区

区委书记周少政调研“两线三片”重点项目

区长种及灵调研新城区民营企业发展

区委常委、新城区党工委书记田景斌
陪同台州市路桥区委书记一行参观规划展览厅

涪陵新城区距涪陵江南城区8千米，现有常住人口15万人。城市规划面积57.54平方千米，其中产业集聚区规划面积22.88平方千米，城市集聚区规划面积34.66平方千米。产业集聚区是经国家发改委备案、市人民政府批准成立的市级工业园区，是国家新型工业化产业示范基地，是长江经济带国家级转型升级示范开发区，是千亿级工业园区，重庆“十强工业园区”。2018年1月，获批成立重庆市高新技术产业开发区，正在努力升级创建国家级高新区。2018年10月，获批筹建重庆涪陵综合保税区。

新城区以“产城融合、绿色宜居”发展理念为引导，遵循“以产促城、产城联动”建设思路，着力发展“装备制造（汽车）、医药食品、电子信息、新材料”四大支柱产业，重点打造“两线三片”城市建设新格局，规

建设中的重庆涪陵综合保税

华为涪陵云计算大数据中

管委会

划建成约40万人口的现代化城市，工业产值2500亿元以上，成为一座空间上产城一体、功能上互补融通、具有现代化气息的智慧新城、科技新城、生态新城、美丽新城。

2018年，实现地区生产总值334.7亿元，增长13%；实现工业总产值890.3亿元，其中规上工业产值886.3亿元；实现社零总额16.2亿元，增长8.9%，实现批发零售总额106.4亿元，同比增长19.1%，实现住宿餐饮营业额3.1亿元、增长10.9%。完成全社会固定资产投资130亿元，其中工业投资56.8亿元、城市及基础设施投资73.2亿元。实现辖区全口径财政收入32.9亿元，其中本级财政收入28亿元。27个项目列为市、区级重点项目，总投资156.3亿元，完成年度投资20亿元，其中华为云计算大数据中心、玉珠大道、环城西路三期、金健米业等项目竣工投入使用。

华晨斯威G01下线.

三爱海陵实业有限责任公司自动化生产车间

涪陵区高新技术暨招商引资推介会现场

太极医药城A区一角

新城区召开“两线三片”项目建设推进大会

绿地城际空间站

涪陵区发展和

区委书记周少政到发改委调研

常务副区长杜海波到百胜镇大石村走访贫困户

涪陵区发展和改革委员会是拟定和组织实施全区国民经济和社会发展战略、中长期规划和年度计划，统筹协调经济社会发展，统筹规划重大项目建设，指导和推进经济体制改革的综合经济管理部门，肩负着研究战略、编制规划、出台政策、策划项目、监控运行、价格监管的重要使命。贯彻新发展理念，把主要精力转到管宏观、谋全局、抓大事上来，加强跨部门、跨地区、跨行业、跨领域的重大战略规划、重大政策、重大改革、重大项目的综合协调，统筹全面创新改革，提高经济发展质量和效益。进一步减少微观管理事务和具体审批事项，最大限度减少政府对市场资源的直接配置，最大限度减少政府对市场活动的直接干预，提高资源配置效率和公平性，激发各类市场主体活力。

委主任蒋兆华宣讲全区两会精神

干部职工学习贯彻中央八项规定精神

对口扶贫村调研扶贫工作

改革委员会

浙江省发改委副主任、
省对口办专职副主任陈伟考察对口支援涪陵工作

区发改委领导班子民主生活会

2018年，全委共有办公室、组织人事科、国民经济综合科、固定资产投资科、农业经济科、工交能源科、社事科、财金贸易科、招投标科、资环科、价格科、收费科、物价检查科、退管科14个科室和价格认证中心、节能监察中心2个事业单位，设立了机关党委及其3个支部，2018年年末，全委核定行政编制50名，事业编制12名，工勤编制3名。实有在编63名，其中行政编制49名，事业编制11名，工勤编制3名。

委中心组学习

发改委干部职工参观
重庆红岩红色教育基地

开展全民健身趣味运动会

砥砺奋进的
涪陵教育

浙江省委副书记、省长袁家军到浙涪友谊学校考察

重庆市"扣好人生第一粒扣子 争做新时代好少年"主题教育示范活动在涪陵浙涪友谊学校举行

2018年，全区教育系统认真学习贯彻习近平新时代中国特色社会主义思想，以"三化一强区"建设为统领，以办好公平而有质量的人民满意教育为目标，认真落实立德树人根本任务，全面深化教育领域综合改革，统筹推进城乡教育一体化发展，教育质量不断提高，教育公平不断彰显，教育影响不断扩大。

各类教育协调发展。认真实施《涪陵区第三期学前教育行动计划》，通过新建、改建、改制、回收和回购小区配建幼儿园等方式，新增公办园和公办民营普惠园22所，学前三年毛入园率达91%、普惠率达85%，新增等级幼儿园11所，总数达181所，占比82.3%，基本实现适龄幼儿好入园、入好园。加快推进义务教育标准化学校建设，义务教育入学率达100%，巩固率达98%，三类残疾儿童入学率93.6%，国家义务教育发展基本均衡区顺利通过市政府复查验收。高水平普及普高教育，普通高中毛入学率达99.1%以上，普高学生就读市级以上重点中学比例达69%。全面实施普通高中发展促进计划，推进全区普高教育优质、特色发展，普通高中教育教学水平进一步提升。

涪陵区防溺水启动仪式

学生观看防溺水倡议宣传栏

第三届重庆好教师演讲比赛涪陵选拔赛

涪陵区2018年少先队员入队礼仪式

办学条件不断改善。投入资金1.27亿元，推进23个项目建设，新改扩建校舍12.7万平方米、改造运动场7.7万平方米，新增学位1.4万个。实验中学新校开工建设，涪陵十四中兴华中路校区改造工程挂网招标。推进学校教育装备标准化建设，投入2523万元，更新交互式班班通944套、课桌椅（凳）3万套，配备图书18.25万册。全面建成涪陵教育城域网，班均带宽达60MB。完成“中小学视频会议及教师培训系统”建设，实现网络在线同步课堂。

教育改革彰显活力。放宽民办教育办学准入条件，激活社会资本4800万元投资兴办教育，新增民办教育机构12个，达192所，在校学生3.3万人、占全区在校学生18.6%，多元办学格局逐步形成。持续深化合并、托管、合作办学模式改革，义务教育、普通高中实现全覆盖。完成十四中与义和中学、十五中与江北实验学校、十六中与龙桥中学整体合并，3所薄弱学校招生翻番，推进乡镇内跨校走教，南沱镇“镇管校聘”改革，盘活教师存量资源。加快推进基础教育课程改革，新增课程创新基地1个、精品选修课程2门、教育科研课题82个。研究高考综合改革方案，组织高中学校干部教师5批次、98人次赴北京、浙江、山东等首批高考综合改革试点省市学习经验，主动应对新高考综合改革。

队伍建设持续优化。落实习近平总书记“四有”好教师要求，深入开展师德师风建设“十百千万”主题活动，强化教师职业道德教育。5名教师获重庆市“最美教师”“最美校长”称号。开展农村初中教师全员培训、义务教育三科统编教材集中培训52班次共7644人次。首次承担国培项目，获国培指标596个。成立名校长工作室、名师工作室、特色工作室33个、遴选学员301人。全区教师继续教育合格率达99.5%。面向教育部直属全国重点师范类大学公开选聘优秀人才265名，“绿色通道”择优聘用研究生14名，选调区内外优秀教师51名，吸引46名免费师范生回涪就业，定向招聘95名紧缺学科教师到农村学校任教。

涪陵区2018年第二季度新时代好少年发布会

涪陵区第六届教育周文艺展演活动

重庆市涪陵区

区委书记周少政检查水上交通春运安全

区人大主任李景耀调研黄旗集装箱码头

市交委副主任梁雄耀、副区长李顺调研龙头港泽胜洗舱基地

2018年，涪陵区交通系统始终坚持以党的十九大精神和习近平新时代中国特色社会主义思想为指导，紧紧围绕区委、区政府的决策部署，紧扣建成“成渝城市群区域性综合交通枢纽”的总目标，大力实施城市提升交通建设“三年行动计划”，统筹推进稳增长、促改革、调结构、惠民生各项工作，全区交通行业继续保持又好又快的发展态势。在交通运输部精神文明评选活动中，荣获“2016年—2017年全国交通运输行业精神文明建设先进集体”荣誉称号；获全市“四好农村路”示范区命名；被市交通局、市人力社保局联合表彰为“全市交通系统先进集体”，为全区决胜全面建成小康社会、建设美丽涪陵、幸福涪陵奠定了坚实基础。

一是“三年行动计划”扎实推进。将全区原规划的

浙江交通厅对口支援交流团考察涪陵

全市公路工作片区座谈会在涪陵召开

交通委员会

全市港航系统廉政文化建设示范单位交流会

全市普通公路碎石封层技术观摩及交流会在涪陵召开

高铁、高速、干线公路及农村公路计划，全部争取纳入全市城市提升交通建设“三年行动计划”中，争取市农发行以扶贫过桥贷款方式支持的首单贷款4.7亿元。

二是重大交通项目提速建设。全年完成交通固定资产投资50亿元。完成龙头港铁路专用线可研审查和涪陵西站国铁货场还建协议的签订，绕城北环、渝湘扩能高速进入全市招商交通项目；新开工马龙路中间段，鹅西路进入全面施工，渝怀二线、南两高速涪陵段施工顺利；完工龙头港一期9号泊位主体工程、白涛专用线预留轨工程、马龙一级路首尾一二标段、白涛大石溪码头等多个项目；西龙路升级改造项目、816景区过境路、宝鼎山陵园对外连接路建成通车。

三是“四好农村路”加快实施。全年下达“四好农村路”通组公路计划1090千米，总投资超4亿元，约为前三年总和。其中扶贫公路计划达359.8千米，投资超过1.5亿元，工程建设进度基本顺利，顺利通过交通运输部农村公路质量安全专项督查。

四是公共交通设施加快完善。抢抓交通“双创”契机，高山湾综合枢纽全面启用；涪陵北站综合枢纽、顺江大道公交首末站和污水处理厂公交首末站建设总体推进顺利；全区930个农村客运站点、21个等级客运站正式纳入全市农村客运站点智能化管理系统。

五是绿色航运深入推进。狠抓“绿色屏障”建设，持续巩固非法码头整治成果，保持辖区“零”非法码头；辖区8处饮用水源保护区内码头船舶全部清零，趸船全部实现“零排放”，辖区船舶重油燃烧装置全部拆除封存。

六是招商引资成效显著。正式签约重轮集团集装箱、滚装专业航运公司，两家公司总运力12.67万吨，总投资2.6亿元，年产值2.3亿元。

国内最大跨径单线铁路连续钢构桥渝怀铁路涪秀二线重难点工程——涪陵乌江右线大桥合龙

梓白高速白涛隧道左洞贯通

涪陵区首例应急照明诱导美化系统涪丰北线鸡公岭隧道投用

重庆市涪陵区

区委书记周少政检查江东滨江路二期工程建设

区长种及灵带领区建委对接走访“三百”行动企业

2018年，在区委、区政府的正确领导下，认真落实党的十九大精神和市委五届三次、四次、五次全会精神和陈敏尔书记在涪调研重要讲话，紧紧围绕“3+8+3”重点工作，对标对表，统筹兼顾，全面推进城乡建设各项工作。

按照“两线三片一城”建设要求，实施城市基础设施项目11个，完成投资3.4亿元，建成城市道路约8.6千米和1座跨江大桥，城市道路体系更加完善。建成城七校兴涪校区等5个人行天桥，保障人行过街安全。建成8个公共停车场1204个停车位，缓解停车难问题。完成老旧住宅消防设施改造156栋。人民东路、人民西路旧城改造二期进展顺利，2018年共完成房屋征收4135户，占4144户总目标任务的99.8%，消除了约13000余名棚户区群众房屋安全隐患，居住条件明显改善；江南城区（含江东、江北）累计出让柴油机厂地块、烟厂地块、顺江花园地块等征收地块12宗、474亩，成交地价21.82亿元，土地利用效率进一步提升。

全年完成村镇建设投资2.93亿元，共实施项目79个。创建市级美丽宜居村庄示范点3个、市级绿色示范村庄21个、市级美丽庭院1085户，武陵山乡“龙塘月色”顺利通过市级大美乡村示范片验收，乡村更加美丽宜居。完成农村“三类”贫困人员存量C级危房改造1598户，D级3620户，已兑换补助资金约1.55亿元，存量危房改造全部完成。

全年实现建筑业在地产值489亿元，同比增长8.1%，居全市第4位；增加值将首次突破100亿元，增长约7.8%，对全区经济增长的贡献在各行业中居第2位。 建筑产业现代化初见成效，扎实推进“两院两基地”建设，已建成川东船舶钢结构（一期）加工基地，加快推进珍溪PC部件部品生产基地及其矿山码头输送廊道建设，组建建筑产业化技术研究院、建筑业大数据人工智能研究院、汇智国际等4个装配式建筑通过市级专家验收评估，中科大厦被住建部评为全市唯一的装配式建筑综合示范项目，并通过三星级绿色建筑设计评价；龙头企业中科大业

城乡建设委员会

开展党风廉政教育

重庆市建筑产业现代化座谈会在涪陵举行

公司成功创建为全市4家建筑产业现代化综合示范基地之一，并取得16项国家专利。

全年安全形势总体可控，工程结构质量安全可靠。建设工程清欠、房地产开发及工程质量投诉等矛盾问题较为突出方面工作措施有力，全年处理各类信访事项78件，已办结60件。其中办结清欠类投诉36件，核实解决民工工资5109余万元，惠及农民工5035人次，处置房屋质量投诉25起，发现并消除不人性化设计问题33余起，信访工作实现“六个零”目标，确保了社会和谐稳定。

庆国庆升国旗

到杨尚昆陵园接受革命教育

建筑产业现代化现场观摩会

重庆市涪陵区

区委书记周少政在涪陵电子商务产业园调研

区长种及灵在永辉超市调研

副区长席红在首届
中国重庆•涪陵榨菜产业博览会高峰论坛上致辞

2019年1月，原涪陵区商务局已经机构改革更名为涪陵区商务委员会。

2018年，面对错综复杂的商务经济形势，全区商务系统深学笃用习近平新时代中国特色社会主义思想，深入贯彻党的十九大和中、市、区相关会议精神，认真执行区委区政府安排部署，全力实施“3336”工作思路，全面深化“三创”主题，重点推进创业补短板、创新促改革、创优提能级；全面抓实三大关键，持续推进深度挖潜、转型升级、培育增量工作；全力攻坚三大任务，确保主要经济指标、开放功能提升、重点项目建设顺利完成；全力落实“六个一批”工作，坚决完成国家级创建、品牌节会打造、绿色餐饮示范企业培育、重大项目建设、招商引资和其他重大任务，有力推动涪陵商务事业实现新发展。

2018年，主要经济指标实现逆势增长。全区实现社会消费品零售总额273.3亿元、增长12.1%，其中限上法人企业实现增长

区商务委党委书记、
主任王小峡带队到武隆区对接电商帮扶工作

渝东国际商贸城

商务委员会

区人大主任李景耀在新大兴集团调研

区政协主席徐志红在马武镇惠民社区电子商务服务中心调研

5.8%；实现批发零售商品销售额936.1亿元、增长13.6%，其中限上法人企业实现增长13.4%；实现住宿餐饮业营业收入64亿元、增长12.5%，其中限上法人企业实现增长3.4%。完成外贸进出口总额55.8亿元人民币、增长18.8%，总额及增速分别居全市第1位、第15位，增速比全市平均增速高2.9个百分点、比上年度提升3位。其中：出口总额29.6亿元，增长32.7%，比全市平均增速高14.9个百分点；进口总额26.2亿元，增长6.2%。实际利用外资.58亿美元、增长26.7%，总额、增速分别居全市第13位、8位，比上年度分别提升2位、10位。

2018年，涪陵综合保税区成功获批筹建，成功创建国家外贸转型升级基地、全国粮食流通执法督查创新示范单位，荣获2017年度粮食安全行政首长责任制市级考核第4名，成功举办首届中国重庆·涪陵榨菜产业博览会。

区商务委搬迁至新区大厦

高笋塘商圈

南门山商圈

国家税务总局重庆

区委书记周少政带队到涪陵局慰问

涪陵区长种及灵（左二），常务副区长杜海波（右一）调研涪陵税务机构改革工作

涪陵常务副区长杜海波（右二）调研涪陵税务改革工作

国家税务总局重庆市涪陵区税务局于2018年7月5日挂牌成立，负责区域内各项税收、社会保险费和有关非税收入的征收管理工作。共有内设科室20个，派出机构13个，由5个专业税务所和8个属地税务所构成，在职和离退休干部职工661人，2018年，共组织各项收入148.3亿元，其中，税收收入完成105.9亿元，同比增长7.97%，社保费和非税收入入库42.4亿元；区财税收入质量进一步优化，区级税收收入完成41.7亿元，同比增长8.8%，税收占区级一般公共预算收入的比重达到75.4%。

廖局长到烟厂调研

涪陵局干部进企业宣传增值税减税降负

市涪陵区税务局

要求各界人事参加优化营商环境座谈会

涪陵局建功新时代展现新作为青年干部座谈会

党建知识竞赛

税务人员走进小学课堂宣讲税收小知识

涪陵局干部与企业
人员面对面介绍个税新政

复转军人向全局
干部职工发出倡议

主题团日活动

重庆市涪陵区

区委书记周少政带队检查道路安全生产工作

常务副区长杜海波检查企业安全生产工作

涪陵区应急管理局贯彻落实党中央、国务院关于应急工作的方针政策、决策部署和市委、市政府关于应急管理工作的安排部署以及区委、区政府的工作要求，在履行职责过程中坚持和加强党对应急工作的集中统一领导，加强、优化、统筹全区应急能力建设，构建统一领导、权责一致、权威高效的应急能力体系，推动形成统一指挥、专常兼备、反应灵敏、上下联动、平战结合的应急管理体制，指导各级各部门应对安全生产类、自然灾害类等突发事件和综合防灾减灾救灾工作，负责安全生产综合监督管理和工矿商贸行业安全生产监督管理工作。

应急管理局

副区长李顺召开风险研判会

应急管理部专家组来涪开展一级安全生产标准化评审

区安监局召开党风廉政建设工作会

危化品烟花爆竹安全生产工作会议

全区危化品经营市场推进工作座谈会

重庆市涪陵区

区委书记周少政来局调研工作

区长种及灵检查市容环境

2018年，涪陵区城市管理局以习近平新时代中国特色社会主义思想为指导，深入推进全面从严治党，进一步提升城市综合管理精细化、智能化、人性化水平，努力提升城市品质，扎实推进各项工作。

一是提升城市品质，北山公园、插旗山公园完工开放，桥南公园基本建成；完成闲置地绿化6.5万平方米、立体绿化9.5万平方米；按照“四季常绿、四季有花”的原则，在城区重要景观节点鲜花更换近100万盆；人均公园绿地面积18.48平方米，建成区绿化覆盖率达42.67%；涪陵江南城区夜景灯饰入选重庆最美灯饰；推进“厕所革命”，完成城乡109座公厕建设改造；完成车行道和人行道中修3.5万平方米，建成投用垃圾渗滤液处置项目、餐厨垃圾处理厂，垃圾分类有序推进。二是强化城市“三管”，持续推进市容秩序整治，整治社区75个、背街小巷314条、城乡结合部44处，清理卫生死角5272处、牛皮癣20万余处（张）、乱堆乱放9595处，清除垃圾5.3万吨，整治占道经营6.3万件（次）；会同相关部门开展了建筑工地、窗口区域、空中管线、城区菜市场、占道经营、户外广告等专项整治，效果较好；整合共享了区公安局视频监控系统627个监控点位视频信息；数字城管主动发现问题并上报处理案

望洲公园西路公厕

涪陵江南城区夜景

南门山下穿道综合整治

城市管理局

铜鼓湖公园

聚云山公园——主入口

北山公园

件50218件；将“马路办公”延伸到背街小巷、城乡结合部、老旧小区、农贸市场、车站码头、加油加气站等区域；促进城乡共美，农村生活垃圾治理工作通过国、市验收，乡镇容貌管理持续向好。

2019年，我们将以习近平新时代中国特色社会主义思想为指导，紧紧围绕“两点”定位、“两地”“两高”目标和“四个扎实”要求，紧扣“两线三片一城”工作主线，着力推进“大城细管、大城智管、大城众管”，深入开展“马路办公”，对标城市提升行动，不断提升城市品质，努力建设生态、宜居、景美、舒适的美丽涪陵、幸福涪陵。

白鹤森林公园——秋季红枫

实验转盘鲜花节点

太白大道节点绿化

继往开来新时代

涪陵区人力资源

区委常委、常务副区长杜海波调研农民工工资支付保障工作

市人力社保局领导同志慰问涪陵区“三支一扶”大学生

开展涪陵区跨省异地就医直接结算集中宣传活动

2018年，涪陵区人力社保工作全面贯彻党的十九大和十九届二中、三中全会精神，以习近平新时代中国特色社会主义思想为指引，全面贯彻习近平总书记视察重庆重要讲话和参加重庆代表团审议时重要讲话精神，紧紧围绕“两点”定位、“两地”“两高”目标、“四个扎实”要求和市委、市政府“三大攻坚战”“八项行动计划”等决策部署，坚持稳中求进工作总基调，坚持以人民为中心的发展思想，促发展与惠民生相结合，全力促进就业创业，不断深化社会保障改革，大力加快人才队伍建设，扎实推进人事管理创新，着力完善工资收入分配制度，努力构建和谐劳动关系，切实提升公共服务能力，努力为新时代人力社保事业和全区经济持续健康发展贡献更大力量。

涪陵汽车站开展返乡就业创业政策宣传

走上街头开展人力社保法律法规宣传

渝创渝新“星创汇”创业
文化节巡演对接会（涪陵站）成功举

砥砺奋进新征程

社会保障局

局党委书记、局长蒋丰陵接待来访群众

创文创卫百日攻坚动员大会

涪陵区人力社保局在全面履行职能职责的同时，坚持统筹兼顾、齐抓共建，其他重要工作同步推进。全面贯彻落实中央、市委及区委全面深化改革会议精神，对标对表、不折不扣抓改革，确保社会保障体制改革工作不走样、任务不落空。加强与企业沟通联系，主动为企业服好务，竭尽全力为企业排忧解难，“三百行动”帮助企业化解问题。扎实开展人社扶贫工作，助力乡村振兴。继续压实责任，持续强化宣传，常抓不懈巩固创建成果，全力推进“四城同创”。坚持问题导向与目标导向并重，进一步优化人社政务服务事项，切实加强了人社系统行风建设。

2018年，涪陵区劳动保障监察支队荣获全国清理整顿人力资源市场秩序专项行动突出成绩单位称号。

参加涪陵区第五届运动会健身操比赛

开展涪陵区民营企业招聘周活动

开展“助农收砍青菜头”人力社保志愿者服务活动

人力社保局党员干部重温入党誓词

重庆市涪陵区

区委书记周少政带队春节慰问

涪陵区四大班子领导为优抚对象发光荣牌

区长种及灵慰问优抚对象

重庆市涪陵区退役军人事务局于2018年12月5日挂牌并正式运行。是区政府工作部门，机构规格为正处级。共核定行政编制12名。设局长1名，副局长2名，科级领导职数4人，内设科室3人。

主要职责

（一）组织实施退役军人思想政治、管理保障和安置优抚等工作政策法规，褒扬彰显退役军人为党、国家和人民牺牲奉献的精神风范和价值导向。

（二）负责军队转业干部、复员干部、离休退休干部、退役士兵和无军籍退休退职职工的移交安置工作和自主择业、就业退役军人服务管理工作。

副区长古明洪为优抚对象悬挂光荣牌

退役军人事务局成立挂牌仪式

退役军人事务局

研究退役军人工作

研究扶贫工作

支部党员“三述一评”

（三）组织开展退役军人教育培训工作，协调扶持退役军人和随军随调家属就业创业。

（四）会同有关部门组织实施退役军人特殊保障政策。

（五）组织协调落实移交地方的离休退休军人、符合条件的其他退役军人和无军籍退休退职职工的住房保障工作，以及退役军人医疗保障、社会保险等待遇保障工作。

（六）组织开展伤病残退役军人服务管理和抚恤工作。承担不适宜继续服役的伤病残军人相关工作。组织开展军供服务保障工作。

（七）组织开展全区拥军优属工作。负责现役军人、退役军人、军队文职人员和军属优待、抚恤等工作，组织实施国民党抗战老兵等有关人员优待政策。

（八）负责烈士及退役军人荣誉奖励、军人公墓管理维护、纪念活动等工作，依法承担英雄烈士保护相关工作，承办区内烈士纪念设施保护事宜，总结表彰和宣扬退役军人、退役军人工作单位和个人先进典型事迹。

（九）指导并监督检查退役军人相关法律法规和政策措施的落实，组织开展退役军人权益维护和有关人员的帮扶援助工作。

（十）完成区委、区政府交办的其他任务。

（十一）职能转变。重庆市涪陵区退役军人事务局应加强退役军人思想政治工作和服务保障体系建设，建立健全集中统一、职责清晰的退役军人管理保障体制，协调各方力量更好为军人军属服务，维护军人军属合法权益，让军人成为全社会尊崇的职业，褒扬彰显退役军人为党、国家和人民牺牲奉献的精神风范和价值导向，更好地为增强部队战斗力和凝聚力做好组织保障。

清明节祭扫英烈

主题党日活动

八一节走访慰问

为二等功立功人员送喜报

涪　陵　区

水利部副部长蒋旭光
带队来涪调研考察三峡后续项目

浙江省委副书记、省长袁家军率浙江省
代表团到涪陵考察并开展对口支援工作

2018年，涪陵区完成各类水利建设投资10.47亿元，其中水务项目建设投资7.64亿元，三峡后续项目建设投资2.83亿元。累计建成各类水库159座［中型水库6座，小（一）型水库22座，小（二）型水库131座］，小型引水渠埝358条，江河固定电力提灌工程77处，山坪塘1.34万口，蓄、引、提水能力1.86亿立方米，有效库容1.48亿立方米。全区农田水利灌溉面积57.75万亩，其中有效灌溉面积37.91千公顷。农村小水电装机累计82处79568千瓦，水电年发电量22239万千瓦•时。

区水务局是主管全区水行政事务的区政府组成部门。2018年，局机关内设办公室、组织人事科、安监办、财务审计科、规划建设管理科、水政水资源管理科、水库移民工作科、供水排水科8个行政科室，下辖4个正科级参公管理事业单位（区防汛

市政协党组成员、副主席谭家玲
带队来涪对市移民局提案办理工作开展民主评议

水利部三峡工程建设司副司长周秋君来涪调研三峡后续工作

水 务 局

浙江省湖州市委副书记、
政法委书记陈浩来涪考察对口支援工作

全区开展河（库）长集中巡河
（库）周活动，图为区四大班子领导巡河

抗旱指挥部办公室、区水政监察支队、区水土保持办公室、区水利管理站）和1个正科级全额拨款事业单位（区水利电力基本建设质量监督管理站）。另辖4个差额拨款事业单位［3个中型水库管理所，1个小（一）型水库管理站］。局机关行政编制（包括工勤人员）22名，在编18人；参公事业编制56名，在编48人；全额拨款事业编制7名，在编7人；差额拨款事业编制15名，在编14人。

局长黄明斌检查麻溪河中型
灌区节水配套改造项目建设情况

副局长韩云实地调研扶贫项目建设

涪陵区林业局

区委书记周少政参加全民义务植树活动

副区长钟涛到林业局检查森林防火工作情况

涪陵区林业局是区政府工作部门，主管全区林业工作。2018年，局机关有办公室、造林绿化科（挂区绿化委员会办公室牌子）、森林资源管理科、行政审批科、组织人事教育科、计划财务科和离退休人员管理科7个内设科室（正科级），另设信访稳定工作办公室，有区森林公安局（挂区森林防火指挥部办公室牌子）、区野生动植物保护站（挂区江东桫椤自然保护区管理所牌子）、区林政稽查支队、区森林病虫害防治检疫站、区国有林场和种苗管理站、区森林资源勘察监测站、区林业项目管理站、区林权管理服务中心、区木材检查站、区大木林场（大木山自然保护区管理处）和区永胜林场等13个直属事业单位（正科级）。

2018年，涪陵区林业局全面贯彻落实习近平总书记对重庆提出的“两点”定位、“两地”“两高”目标和营造良好政治生态、做到“四个扎实”的重要指示要求，按照区委、区政府的安排部署，围绕打好“三大攻坚战”、落实“八项行动计划”、做好“三篇大文章”要求，认真践行绿水青山就是金山

召开全区森林防火工作会议

全区国土绿化“秋冬季百日大会战”动员大会

银山“两山论”、走深走实产业生态化、生态产业化“两化路”，坚持“共抓大保护、不搞大开发”，推进全区林业高质量发展，全面完成市林业局和区委区政府交办的各项工作任务，为建设美丽涪陵幸福涪陵做出积极贡献。

南沱镇柑橘林下种植

重庆市涪陵区

市公路局预防性养护现场施工交流会（S303线开綦路同步碎石封层）

局党委书记、局长查余带队走访新秒镇大岭村贫困户

G319冷水沟高切坡施工现场

路面网裂修补

G348武大路网裂修补

2018年，是全面贯彻落实党的十九大精神的开局之年，也是全市交通“三年行动计划”的首战之年。一年来，区公路局紧紧围绕公路养护工作提质增效一条主线，全力推进大中修改造、小修保养、日常养护、预防养护、安全整治、抢险保通六个重点，全面夯实党的建设、制度建设、规范管理三个保障的“1163”工作思路开展工作，重点任务全部完成，预期目标全部实现，取得了明显成效。

全年完成公路建设养护投资约7500万元，实现“两个历史最好、三个全市领先、四个明显增强”。即：公路路况检测成绩进入全市前五名，取得历史最好成绩；领导班子综合目标考核获得全区先进，取得历史最好成绩。预防性养护新技术运用全市领先；优良路段灌缝率全市领先；中小修保养全市领先。坚持改革创新，养护生产能力明显增强；积极探索尝试，养护信息化水平明显增强；通过政治巡察，干部政治意识明显增强；队伍建设全面夯实，职工凝聚力明显增强。

全市普通公路碎石封层技术观摩交流会和全市公路工作片区座谈会（渝东北、渝东南）在涪陵成功召开，普通公路养护工作和预防性养护工作在全市作先进交流。公路养护工作市上考核连续四年保持先进。

公路局

夜色下的焦大路

武白路路貌

1.2cm特种改性高粘沥青微表处

2.0cm低噪音高抗剪薄层罩面

S528江土路养护工及时清理坍塌方，确保道路安全畅通

1.0cm低噪音表处

1.0cm冷拌冷铺超表处

龙白路清除坍方

改造完工后的路面

涪丰北线鸡公岭隧道投用

涪陵区首例应急照明诱导美化系统

涪陵区道路

副区长李顺检查春运工作

交通部调研涪陵公交都市创建工作

2018年，全区共有客货运输业户2032户，汽车维修业户394户，驾驶培训机构17个，建成等级客运站4个，道路运输从业人员14096人。拥有班线客车（含农客）595辆、公交车495辆、巡游出租汽车878辆、网约出租汽车459辆、货运车辆7407辆。1～12月，全区货物运输周转量同比增长8.1%，11月份规上企业营收增速同比上升9.8%。货运量增长12.6%，客运量增长10.5%，旅客周转量增长4.5%。

——全力做好春运、国庆等重点时段运输保障。春运期间，全区共投放客运车辆28175辆次，累计完成客运量142.89万人次；国庆期间，全区共投放客运车辆9209辆次，累计完成客运量228.47万人次。

——推进“公交都市”创建工作。接受交通运输部督察组对我区创建“公交都市”工作的督导，受到好评；新增和更新新能源纯电动公交车50辆，全区新能源纯电动公交车已达到220辆，占全部公交车数量的46.32%，居重庆主城以外区县之首；新增和优化公交线路4条；全面启用高山湾综合枢纽；积极实施65岁以上老年人免费乘坐公交车政策，共办理65～69岁老年人免费公交IC卡25000多张；开展2018年“公交出行宣传周”活动，倡导绿色出行、优选公交。

——统筹城乡客运一体化发展。正式开通涪陵至江北机场精品专线；依托信息化提升农客招呼亭管理，建立亭随路走管养机制，实现了智能化道路运输管理；完成7条线路的“三堂”会审；加快推进传统客运转型升级，将部分有条件的农客改造为公交，城区边缘20千米范围内以公交模式运行；310个行政村通车率达到100%，优化调整运行线路3条，新增农村客运招呼亭建设计划 76 个；完成全区13家客运企业的安全服务质量考核和信用评价考核工作；完成2017年度农村客运营运补贴、保险补贴的结算及2018年度预算的上报工作。

——完善出租车市场。报废更新巡游出租汽车35辆；加强网约车市场监管和网约车车辆及驾驶员的资质审查与证件核发理，引导网约车合法经营，为459辆网约车办理了运输证，缓解市民“打的难”问题；指导区道协出租汽车专委会有序工作。

——完善驾培市场。新增1所驾校。开展2017年度安全质量信誉考核（星级评审）工作，评选出四星驾校2家，三校6家，合格驾校8家。开展全区驾校教学及安全检查60余次，理投诉65余件，协同区道协制定了驾培行业自律公约，设立行业经营风险保障金，进一步管控驾培行业风险，促进行定。启用省级驾培监管平台，开展驾培机构、教练车、教练数据审核和训练场电子围栏审查，确保新平台中数据真实可使教学过程更加公开透明。

——完善维修市场。新增维修企业4家，三类维修业家，发展汽车综合小修2家，专项维修10余家。年审换证34发放合格证10403份，化危品车辆现场勘验354辆次，安全82家次，降级注销维修企业5家。全面完成涪陵78家二类以修企业的电子健康档案的安装、对接工作。完成75家维修企安全服质量和信用评价考核工作，完成1099辆的春运综合性测工作、检测率100%。举办百事达涪陵片区第二届服务技赛。开展货车非法改装和维保造假专项整治，检查维修企业6家，查获无证维修4家，非法改装2家。开展特种作业证持证整治，查处14家未取得特种作业证维修企业，责令限期整改。

——完善货运市场。进一步规范危货联合联盟管理，联合联盟的制度建设。建立12吨及以上重型载货汽车的GPS监控中心，检查客货运输企业147户，普货随机抽查108户，专项整治60户，大排查、大整治17户，交通领域严重违法行项整治60户，全年共发现隐患419条，整改419条，处罚企户。全年新增普通货运企业33户，危险货物运输企业增项2普通货物企业增项4户，办理危险货物运输车辆年审353辆，

运输管理处

涪陵至江北机场精品线开通

开展七一革命传统教育

合规运输业户607户，超期年审车辆4223辆。

——加强安全基层基础建设能力。全区道路运输行业未发一起统计上报道路运输事故，连续122个月未发生3人以上道路通事故，行业安全生产形势持续稳定。建成并投入使用总质量吨以上重型货车GPS集中监控中心，将全区3000余台重型货车入集中监控。建设完成行业分层级管理风险管理系统，将全区家道路运输企业纳入风险系统进行管理，实现对重点企业隐患查面的100%，隐患消除率达90%以上。实现农村客运集中监控心规范化管理，将8家农村客运公司全部纳入集中监控中心，中监控车辆GPS动态轨迹。强化“两客一危”重点营运车辆联联控系统考核，车辆动态运行指标得到有效控制，“入网、上达100%，“数据合格率”达99%。强化应急体系建设，组织货企业、客运企业开展应急救援演练2次。

——加强依法行政能力建设。全年出动执法人员3658人执法车1014辆次，检查各类车辆9684辆次，纠正各类违章3件。与高速执法、交巡警、安监等部门联勤联动，开展联合法20次。开展货运市专项整治，查处货车法改装、货物脱落扬等违法行为350件，督整改299件。开展非法运专项整治，查处非营运226辆。处理各类诉举报回复1073件。法院非诉执行，累非诉执行行政案件6结案6起，行政案件结案率达到100%。

——优化营商环境，树立企业无小事理念。积极落实区委区政府“三百”行动方案，帮助对接企业顺泽物流公司化解问题2件，对不能化解又不能解决的问题积极主动协调并上报上级部门3件。在道路运输行业发放征求意见表236份，收到反馈意见30个，帮助解决化解30个，有效缓解了企业与行业管理部门的关系。

——做好创文创卫工作和行业精神文明建设。在全区出租汽车和公交车上张贴宣传标语3181张，明示“社会主义核心价值观”和“服务规范”，在230辆出租汽车的LED顶灯上滚动播放字幕标语，在公交车车载视频上循环播放宣传视频，编印《创文创卫和扫黑除恶知识手册》4500多本，免费发放给全区公交车、出租汽车、客运车辆驾驶员和教练车教练员，营造创文创卫良好氛围。加强执法检查，执法人员对宣传标语和文明驾驶进行定期抽查，曝光处罚不文明驾驶员，每天抽查公交车20辆、出租汽车30辆、班线客车20辆。开展爱心免费送考活动，高考期间组织400多辆公交车和出租汽车，接送考生和老师12000多人次。

国庆期间运管执法人员在涪陵南收费站检查客车

危化品应急救援演练

涪 陵 区 自

区委书记周少政视察建设中心白鹤水厂

区长种及灵到白鹤水厂现场调研

涪陵区自来水公司成立于1993年，现拥有二水厂、李渡水厂、江东水厂及乡镇水厂等供水单位。下属有涪陵区水利供水公司、枳城水务工程公司和群星公司三个全资子公司，共有在职职工600余人。

公司注册资本5.9亿元，资产总额13.46亿元。主要承担江南主城、涪陵新区、江东江北片区以及19个乡镇及街道近80万人口的生活和生产用水任务。拥有DN100以上输水管300千米，日供水能力26.2万吨。2018年，出厂水水质合格率100%，管网服务压力合格率100%。除供水主业外，公司还负责红星水利工程、黑塘水库、白鹤水厂、李渡二水厂的建设开发任务。

公司团委组织开展纪念“五四”观影活动

举办2019年职工运动会

来水公司

区委副书记周波调研白鹤水厂建设

区人大调研农村群众饮水质量

公司与重庆市市
政设计研究院签订战略合作协议

公司召开2019年党的建设工作
暨党风廉政建设和反腐败工作会

公司组织开展
党内法规专题党课教育活动

二水厂制水车间

开展氯气泄漏应急处置演练

华晨鑫源重庆

董事长　龚大兴

华晨鑫源是由华晨汽车集团与东方鑫源集团有限公司合资组建的大型汽车企业，拥有独立的汽车生产资质。总部位于重庆，在北京、上海、深圳、意大利、越南、美国均有市场布局。公司相继获得了中国驰名商标、国家级实验室、高新技术企业、重庆市守合同重信用企业、重庆市市级文明单位、重庆市工业企业20强。

旗下有SWM斯威汽车乘用车品牌、金杯和SRM商用车品牌，产品涵盖SUV、MPV、微客、微卡、新能源汽车等。

公司在意大利、重庆建有设计中心和研发中心，在深圳建有智能汽车技术研究院；在重庆涪陵建有年产30万辆乘用车和30万台发动机生产基地，在重庆高新技术开发区建有年产10万辆商用车生产基地。

目前公司销售、服务网络覆盖全国1000多个县市，产品远销南美、非洲、中东、东南亚等40多个国家和地区，2018年产值超120亿，现有员工近5000人。

SWM斯威G01 F版

核心价值观：

北斗七星，简称北斗，古人以北斗导航，用来辨方向，定季节。

鑫源七条核心价值观，即鑫源的“北斗七星”，寓意价值观是指引鑫源人明辨方向、企业发展壮大的航标。

采用三角形正反交叉组合而成，橙色三角形代表个人修养，黄色三角形代表团队追求，蓝色中心代表客户至上，七条价值观彼此交织、融会贯通、共生共荣。

三种颜色，代表企业创造物质、知识和精神财富。

SWM斯威汽车涪陵制造基地

汽车有限公司

冲压车间

焊装车间

发动机车间

涂装车间

总装车间

SWM斯威汽车意大利设计中心

SWM斯威汽车中国研发中心

重庆市涪陵

区委书记周少政调研涪陵中心医院新城区医院建设

区长种及灵一行来院调研公立医院改革工作

2018年，在区委、区政府的坚强领导下，在区卫生健康委（原区卫生计生委）的直接领导下，医院全体干部职工认真学习贯彻习近平新时代中国特色社会主义思想和党的十九大精神，认真履行职能职责，全面完成上级下达的各项目标任务，为全区及周边人民群众提供良好的医疗服务，为幸福涪陵建设做出积极贡献。

●狠抓两个效益，确保稳步发展

两个效益 为向人民群众提供更好的医疗服务。2018年门急诊143.4万人次，同比增长2.5%；出院病人6.1万人次，同比增长4.6%；完成手术4.25万台次，同比增长5.4%；区外住院病人1.1万人次，同比增长8.6%，占出院病人数的18.1%。在经济下行的形势下，全年总收入同比增长4%；业务收入同比增长3.8%；在抓增收的同时抓节支，收支节余达到预期目标。

创文创卫 成立以医院主要领导为组长的创文创卫工作领导小组，明确工作职责和责任。制定创文创卫工作的实施方案，确保该项工作有计划、有目标、有任务。召开多次会议专题研究，定期开展自查自纠，发现问题及时整改。全年共迎接创国家卫生城区专项检查19次、创国家文明城区专项检查12次，工作成效均得到肯定。

荣誉表彰 获得全国卫生计生系统党建品牌工程重庆秀（首秀）、2017年度区管先进领导班子、2017年区级园林式单位、区卫生计生系统职工互助保障工作先进集体、区公共机构节水型示范单位等集体荣誉。在全区医疗卫生计生机构综合目标考核、工会工作等目标考核中均获一等奖。56名同志分获2017年度区管领导干部优秀等次、重庆五一劳动奖、涪陵五一劳动奖、涪陵区创新能手等表彰。

●狠抓医疗工作，保障质量安全

医疗质量 狠抓核心医疗制度的落实；加强病历质量管理；优化多学科综合诊疗工作，全年开展多学科讨论330例，其中恶性肿瘤患者多学科讨论147例、疑难危重病例多学科

中心医院

讨论183例，同比下降25.34%；全年抽查重大手术503例；加强非计划重返手术的管理，非计划再手术率为0.05%，较2017年同比下降28.57%；每季度1次对全院临床路径实施效果进行评价和分析，发现问题及时干预，临床路径管理有效推进。

医疗安全 狠抓不良事件报告工作；加强对重大手术、普通手术、麻醉术前访视、麻醉知情同意书等术前签署情况的监管，有效减少医疗风险；强化投诉处理工作，按时处理反馈率达100%；定期排查医疗安全隐患，强化医务人员医疗安全意识，提升医疗纠纷防范能力。

技术监管 加强手术/麻醉医师资格分级授权管理，手术医生资质符合率平均为99.97%；麻醉医生资质符合率平均为100%。加强新技术准入管理，全院30个科室申报的127项新技术新项目，其中92项新技术新项目在院试行开展。

医政医务 认真完成建卡贫困户医疗救助、农村贫困人口大病专项救治等任务。切实开展民生监督暨过度诊疗专项整治工作，对不合理用药、不合理使用高值耗材、不合理使用大型设备进行专项点评。扎实开展“三基”培训，承办2018年涪陵区医护人员“三基”技能竞赛，住院总读片能力培训18次。加强剖宫产控制，全年剖宫产率平均为54.10%。继续开展危重孕产妇和危重症儿童（5岁以下）抢救工作，全年共成功抢救77例危重孕产妇和78例危重症儿童（5岁以下）。

医疗急救 组织应急救援演练6次。完成上级安排的医疗保障任务38次；完成120院前急救5426车次，接回人次4330人次；抢救危重病人3689人次，抢救成功率为98%。参与大型事故医疗救治41起，救护人次207人次，特别在“9·30”车祸应急救援工作中表现出色，得到区领导的表扬。

护理工作 加强不良事件管理，全年护理不良事件133件，同比下降14.19%。扎实开展“临床护理质量年”专题活动。与国家卫健委人才交流服务中心签订《中国卫生人才培养项目护理管理子项目院级培训服务合作协议》，开展护士长及护理骨干培训3期共203人次。举办基层专科护士培训班和基层护士长培训班各1期，招收学员35名；完成市级继教项目8项，区级4项。急诊医学科护士张莹获中华护理学会举办的全国急诊护理急救技能大赛一等奖；我院获市总工会组织的重庆市卫生护理技能大赛二等奖1项，三等奖1项。完成2018届246名实习生教学任务；新招2019届实习生232人；完成2018届64名规培学员参加市卫计委考核验收，结业通过率96.87%，列全市第四。

医疗保险 加强医保医师授权管理，实现授权全覆盖，完成授权前实训考核76人次。加强对违规行为督查监管，开展督查14次，查处违规医护人员35人次，违规扣款10.5万元。住院次均费用、报销率、全自费率等医保三大核心指标均达标。完成职工和居民医保特殊疾病集中鉴定4362人次。全面开展打击欺诈骗取医疗保障基金专项行动，我院无骗保行为发生。

市卫计委住培飞行检查

市卫计委医疗管理半年督导

重庆市涪陵

区人大主任李景耀视察我院120调度中心建设

●狠抓科教工作，促进临床医疗

学科建设 肾内科、护理学通过验收正式获批重庆市临床重点专科。重症医学科和麻醉科获批重庆市区域医学重点建设学科，康复医学科获批重庆市临床重点建设专科。获批涪陵区区域重点学科12个及建设科室6个、涪陵区临床重点专科5个。耳鼻咽喉科成功获批中央引导地方科技专项发展资金创新项目。

临床科研 消化内科《TIPS治疗肝硬化食管胃底静脉曲张破裂出血关键技术的研究及推广应用》获2018年重庆市科技进步三等奖。成功获批纵向课题25项，完成科研项目结题11项。全年发表论文55篇，被SCI收录9篇，累计影响因子33.055。启动中心实验室建设工作，完成功能定位、院内外专家论证、规划方案确定等筹备工作。

教学培养 获批主城区外唯一的市级住院医师规范化培训技能结业考核基地。成为重庆首家并轨专业型硕士研究生跨省进行研究生培养、住培的医院。在全市56家医院中，以优异成绩顺利通过市卫健委住培“飞行检查”。在重医附二院临床药学专业临床课程教学会及大课教学2017-2018学年教学质量评比会上，我院在5家非直属附属医院中获得第二名。上线启用信息化考试系统，全面实现考试、住培和实习带教评教“无纸化”。

技能竞赛 参加市卫健委主办的重庆市第二届住培临床技能竞赛，获非手术组第8名三等奖、手术组第9名三等奖。参加遵义医学院第三届实习生临床技能竞赛，获特等奖第一名。参加川北医学院医学检验系第一届实习生技能竞赛，获团体总排名第三名（二等奖）、单项临床生化检验第一名。

●狠抓药学防保工作，保障临床医疗

药学药事 做好药品保障供应工作，优先采购国家基药，国家谈判药品按需采购，全年药品采购金额36683万元，同比下降18.37%。继续开展静脉用药集中调配工作，全年对用药不适宜、用量不适宜、溶媒选择不适宜、用药顺序不适宜等干预2000余次，确保用药安全合理。加强处方点评工作，改进处方点评方式，全年抽查门诊处方33485张，住院病历检查3138份，抗菌药物使用强度（39.98）等指标达到卫计委要求。

院感控制 全年院感发生率为2.21%，低于去年同期平均水平。Ⅰ类切口手术预防性抗生素使用率为21.45%、“7类手术”使用率为0.65%，均达到国家卫健委标准。圆满完成现患率调查工作，人次现患率4.71%，例次现患率4.93%，与2017年相比呈上升趋势。

预防保健 加强艾滋病、肺结核病等重点传染病防控，全年报告传染病5766例，报告率100%。加强重点慢病监测工作，全年监测报告新发恶性肿瘤1826例、心脑血管病事件2218例，慢性阻塞性肺病775例。

●狠抓行政工作，提升营运效率

区政协主席徐志红调研急救工作

中心医院

财务经营 全面完成上级下达的四项医改控制指标。大力实施“腾笼换鸟”，降低药品耗材收入占比，提高医疗技术服务收入占比。按照国家规定，实行新旧会计制度转换，进一步完善医院内部控制制度，优化内部控制流程。

对外医疗 认真落实对口支援任务，派出18名业务骨干对口支援巴布亚新几内亚莫港总院、西藏昌都市人民医院等。扎实推进医联体建设，开展业务骨干派驻服务、优势学科技术托管、专家组团分片包干指导等服务，全年共诊疗服务6000余人次、开展讲座150余次、完成专题培训1500余人次。全年开展远程心电检查诊断1939人次、病理诊断检查1158人次、远程放射诊断9616人次。推进分级诊疗工作，全年转入721人，转回430人。积极开展健康扶贫巡回医疗、服务百姓健康行动、送医进社区进乡镇等公益性医疗活动，组织233名专家开展义诊巡诊服务。

●狠抓后勤工作，增强保障能力

安全生产 召开安全生产例会，开展全院性安全大检查，常规性安全检查，日常性安全检查和电气隐患巡查，投入30余万元安全生产经费对排查出的安全隐患及时进行整改。开展安全技能知识培训40余次，培训员工2000余人，员工安全知识知晓率达100%。

医学装备 自筹8077万元完成3.0T核磁共振、128排超高端螺旋CT、3D腹腔镜、外科手术显微镜、体外循环机等304台（件）医疗设备的投用工作。

基本建设 完成新城区医院项目方案设计和一期工程之场平精平及补挖土石方工程，今年完成投资2200万元，累计共完成投资1.35亿元。

信息化建设 积极推进信息系统上档升级，完成医改二期数据直报监测等15个系统改造升级任务，推进“腾讯觅影”AI人工智能诊断平台等7个新系统上线运行。做好服务器补丁修复，关闭所有445个端口，严格执行内外网物理隔离等网络安全措施，确保全院网络信息安全。

后勤服务 全年后勤保障工作安全运行零事故。开展节能宣传教育周活动，荣获“涪陵区公共机构节水示范单位”。

相关链接

2018年12月，按照党中央部署和市委、区委具体要求，医院结束30多年的院长负责制，实行党委领导下的院长负责制。医院领导班子由党委书记1名、院长1名、党委副书记1名、纪委书记1名、副院长4名、工会主席1名9人组成，有在岗工作人员1920人，有中共党员555人（设有14个党支部）。在岗工作人员中，有卫生技术人员1553人，有正高级职称人员45人、副高职称人员152人，有医学博士14人（其中海归博士2人）、硕士189人，有硕士研究生导师12人，有全国学术委员会委员12人，有重庆市学术专委会副主委（副会长）30人，有涪陵区第五届拔尖人才8人。

2019年初，医院按照区卫健委党委印发的《关于加强全区公立医院党的建设工作的实施细则》等上级文件要求，及时修订印发《重庆市涪陵中心医院章程（2019版）》，并配套修订印发《重庆市涪陵中心医院党委工作规则（2019版）》和《重庆市涪陵中心医院行政工作规则（2019版）》，形成医院管理体系之纲——“一章程两规则”。在医院历史上，是继2017年“两个工作规则”之后又一次具有里程碑意义的成果，为医院的未来植牢规范化管理之根，夯实高质量发展之基。

今后，医院将在习近平新时代中国特色社会主义思想指引下，认真贯彻党的十九大精神，树牢“四个意识”、坚定“四个自信”、做到“两个维护”，凝心聚力、攻坚克难，认真践行“以人民为中心，全心全意为患者服务”的办院宗旨，努力实现“建成政治坚定业务精湛人民满意的市内先进三甲医院”的发展目标。

区委组织部副部长王保川来院宣布新领导体制和新班子任命

重庆市涪陵区儿

七一知识竞赛合影

庆祝第二个中国医师节文艺演出

开展5•1工间操

重庆市涪陵区儿童医院（区人民医院）是一所集医疗、教学、科研于一体的全民所有制国家二级综合医院，成立于1958年，先后为四川省涪陵县人民医院、重庆市涪陵区第二人民医院，2006年更名为重庆市涪陵区人民医院。先后获得“重庆市文明单位”“涪陵区平安医院”等荣誉称号。

医院分为A、B两个院区：A区位于涪陵区民康巷6号，占地面积40余亩，医疗业务用房11000平方米；B区位于涪陵区步阳路9号，医疗业务用房1998平方米。医院现有编制床位380张。目前，在建住院综合大楼工程预计2020年6月建成并投入使用，总建设面积约22253平方米，预设床位500张。

全院在岗职工460人，其中卫生专业技术人员高级职称56人，硕士6人；有中国针刀医学名医1人、市级优秀青年中医1名、区级名医6人、区级名中医2人、区级科技拔尖人才1人；有国家级学会专委会委员1人，市级学会副主任委员、委员26人，区级学会副主任委员、委员9人。

医院服务功能完善,科室设置齐全，设有内、外、妇、儿、中医、重症监护、疼痛康复病房共23个临床科室30余个，医技科室6个，行政职能科室16个，分别设有门诊部3个。区域重点学科1个，区级重点专科2个。

医院有1.5T超导磁共振、16排螺旋CT、数字减影血管造影X线机（DSA）、数字DR、四维彩超、电子胃镜、肠镜、高清腹腔镜、全自动生化分析仪、全自动化学发光免疫分析仪等一批先进医疗设备，能为临床诊断治疗提供准确、及时、安全的医疗服务。

医院能熟练开展普外、肝胆、泌尿、骨科、妇产科等各类腔镜手术；开展腔镜下胃肠恶性肿瘤根治术、乳腺癌根治术、甲状腺癌根治术、肝叶部分切除术、食管癌根治术、全髋关节置换术、经皮椎体成形术、脊柱及四周骨折内固定术、经皮椎间孔镜下髓核切除术、经皮肾镜钬激光碎石取石术、钬激光输尿管硬（软）镜碎石取石术、超声联合气压弹道腔内碎石取石术、等离子前列腺电切术、腹腔镜下妇科恶性肿瘤根治术、腹腔镜下子宫全切术、宫腹联合不孕手术及内科各种常见病多发病疑难危重症的诊断及治疗。各学科形成自身特色优势，综合诊治能力居区级前列。

服务内容：（1）预防保健科；（2）内科：呼吸内科

开展义务大扫除

开展走进基层健康扶贫暖心服务活动

迎春健身趣味

童医院（区人民医院）

5•12国际护士节演讲比赛

涪陵区名医、名中医义诊

专业、心血管内科专业、消化内科专业、神经内科专业、肾病学专业、内分泌专业；（3）外科：普通外科专业、胃肠外科专业、肛肠外科专业、肝胆外科专业、胰腺外科专业、乳腺外科专业、甲状腺外科专业、泌尿外科专业、小儿外科专业、心胸外科专业、神经外科专业、骨科专业、烧伤科专业、整形外科专业；（4）妇产科：妇科专业、产科专业；（5）儿科（新生儿科）；（6）眼科；（7）耳鼻咽喉科；（8）口腔科；（9）皮肤科；（10）急诊医学科；（11）疼痛与康复医学科；（12）手术麻醉科；（13）重症医学科；（14）医学检验科；（15）病理科；（16）放射影像科（介入治疗室）：X线诊断专业、CT诊断专业；（17）超声影像科：超声诊断专业、心电图诊断专业、脑电及脑血流图诊断专业；（18）中医科；（19）中西医结合科；（20）老年病科；（21）感染性疾病科；（22）门诊部（心理门诊）；（23）健康体检科；（24）血液肿瘤科；（25）输血科；（26）消毒供应科；（27）药剂科。

特色医疗服务：疼痛与康复医学科、妇产科、中医与老年病科、眼科、心血管内科、普通外科等专业。疼痛与康复医学科为区域重点学科，普外科及心血管内科为区级临床重点专科，妇产科及眼科纳入临床重点专科建设项目。

医院鸟瞰图

重庆市涪陵区

市卫生健康委副主任刘克佳来院调研

副区长董代文来院调研

重庆市涪陵中医院始建于1977年4月，是一所集医疗、教学、科研、急救、康复、预防、保健、医养结合为一体的国家三级甲等中医医院。是国家中医类别医师资格考试实践技能考试与考官培训基地、国家中医药管理局基层中医药适宜技术服务能力和中医“治未病”服务能力建设单位；重庆市中医类别住院（全科）医师规范化培训基地、重庆市中医药适宜技术推广基地和中医药文化宣传教育基地；是成都中医药大学非直属附属医院、广东省中医院协作医院、陆军军医大学大坪医院技术指导医院。

医院在区委区政府、市、区卫生健康委关心、支持和领导下，全院职工团结一心，以习近平新时代中国特色社会主义思想为指引，秉承“病人至上”服务理念，抢抓机遇、克难而进，持续改进医疗服务质量，实现了医院稳步、良好发展。2018年医院收入再创历史新高，基本步入正轨。

医院在党委领导下，在加强党建工作的同时，更加注重中医特色、综合实力的提升。进一步加强人才队伍、学科建设，强化学习、传承、创新。医院中医特色优势更加突显，各项特色监测指标明显提升，中医特色诊疗技术项目（63项）全面开展。重点专科建设得到有效加强，脑病科、骨伤科、肺病科等重点专科全年业务增长明显；与广东省中医院国家脑病中心合作打造涪陵卒中中心、脑病救治基地，完成国家重点专科脑病科特色指标数据监测上报工作；康复科、肿瘤科申报重庆市级重点专科。康复科是涪陵中西医结合康复中心建设单位，正与陆军军医大学大坪医院创伤医院合作打造涪陵区域性中西医结合创伤中心。在加强学科建设的同时，进一步完善了儿科、糖尿病科、肾病风湿病科等科室设置。在发挥中医药特色优势，探索医养结合模式方面，取得了一定经验和成效。

院领导学习习近平总书记讲话精神

院领导及医师赴武隆进行大型义诊活动

我院医师节文艺汇

中医院

区政协副主席唐勇来院调研医养结合工作

区医疗保障局副局长罗妃来院调研特病工作

重庆市中医药学会亚健康专业委员会成立大会

健康扶贫工作交接

随着公立医院综合改革的不断深化，医院党委以习近平新时代中国特色社会主义思想为指引，进一步加强公立医院党的建设，按照“三甲”医院新标准和年度目标任务、年度工作主题，医院将持续开展改善医疗服务行动计划，按照现代医院管理要求，提高医疗服务质量，实现快速、稳定、全面发展。

5•12护士节职业比赛及颁奖活动

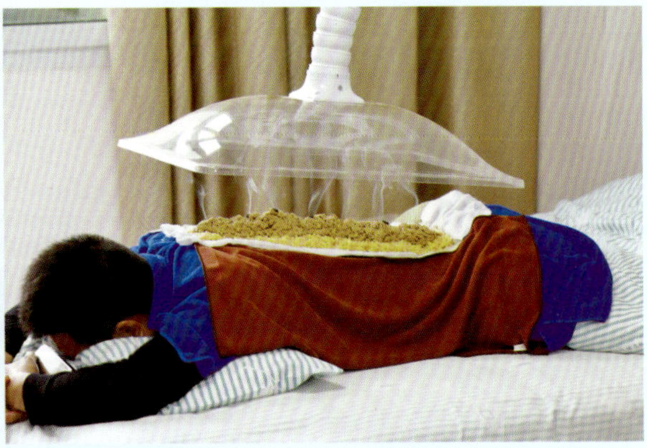

特色诊疗——督脉灸

砥砺推进健康涪陵建设
努力为人民群众提供

区委书记周少政调研国家卫生区创建工作

区长种及灵调研公立医院改革工作

2018年，涪陵区卫生计生委深入贯彻落实习近平新时代中国特色社会主义思想和党的十九大精神，全面落实市卫生健康委和区委、区政府的决策部署，抓重点、补短板、强弱项，努力为人民群众提供全方位全周期健康服务，切实满足人民群众健康新期盼，卫生计生事业改革发展持续向好。

●国家卫生区创建强力推进。扎实开展十大专项整治行动、城乡环境卫生整洁行动和“百日攻坚”行动，持续深化每月一次全民卫生大扫除活动，加强重点部位整治，全区农村改厕10245户，不断改善人居环境。武陵山乡创建国家卫生乡通过验收，卫生乡镇覆盖率100%。加强与国家专家和市爱卫办的沟通协调，《国家卫生城市标准》11项必备条件、38项量性指标基本达标，顺利通过市级调研和暗访，创建工作取得阶段性成果。

●医药卫生体制改革进展顺利。积极推进现代医院管理制度建设，确定4家医院开展《章程》试点。公立医院“两取消、一调整、六配套、一建立”改革有序推进，医药费用不合理增长有效控制、12项便民惠民措施巩固深化。出

区人大常委会主任李景耀参与全民卫生大扫除活动

区政协主席徐志红督导卫生工作

全方位全周期健康服务

——重庆市涪陵区卫生和计划生育委员会

区政府副区长董代文听取卫生计生工作情况汇报

首届“中国医师节”庆祝活动

台《关于加强全区公立医院党的建设工作实施意见》。全面推进分级诊疗制度建设，四个层次四种形式医联体网络建设逐步形成。继续实施药品购销“两票制”。“区、乡、村”三级监督执法网络建立健全。

●健康环境打造卓有成效。全面认真实施《“健康涪陵2030”规划》。积极推进国家慢性病综合防控示范区创建，组织全区第二届“万步有约”职业人群健走激励大奖赛。大力开展烟草控制宣传和无烟单位创建，及时完成居民健康素养监测，居民健康素养水平达16.24%。推进医养融合，二级及以上医疗机构均设立老年病科，配置不少于10%的护理型养老床位，65岁以上老年人健康管理率达68.78%，养老机构医疗服务实现全覆盖。

●医疗卫生服务水平稳步提升。涪陵中心医院新城区医院开工建设，公共卫生服务中心、区人民医院住院综合楼、区妇幼保健院新院主体结构完工。实施第二周期改善医疗服务行动计划，完善预约诊疗、检查检验结果互认等制度。李志沧中医骨伤医院成功创建为“二甲”医院、涪陵协和医院成功创建为“二乙”医院。中医药事业持续发展，区中医院建成涪陵卒中中心。家庭医生签约系统和双向转诊系统全面运行，实现网上转诊。

“万步有约”职业人群健走激励大奖赛启动仪式

家庭医生上门开展服务

开展主题党日活动

结对帮扶成效明显

●公共卫生服务能力明显增强。免费提供14大类55项基本公共卫生服务项目，有力提升服务数量、质量和群众满意度。建立重大疾病联防联控工作机制，开展突发公共卫生事件趋势分析，及时妥善处置学校传染病聚集性疫情苗头65起，未上升为突发公共卫生事件。规范疫苗管理和预防接种服务，稳妥处置不合格疫苗事件。全区无突发公共卫生事件发生、无传染病暴发流行，未发生严重精神障碍患者肇事肇祸案（事）件。

●人才和科技创新实现突破。深入开展名医、名科、名院“三名工程”建设，评选名医50名、命名区级名科30个。成立人才导师工作室2个，申报高级专业技术职务109名，考核招聘人才111名。获批市级区域重点学科2个、临床重点专科1个。获市科委医学科研项目立项3项、市科卫联合医学科研项目（中医）立项9项、市博士后科研项目三等特别支助1项、区科委指导性项目18项。申报适宜技术推广项目20项，获批应用10项。

●生育服务管理逐步优化。评估全面两孩政策效果，人口自然增长率2‰，符合政策生育率98.94%，公共场所母婴设施配置率100%。启动母婴安全和健康儿童计划，孕产妇死亡率、婴儿死亡率分别为11.8/10万、4.27‰；农村妇女“两癌”免费检查、孕前优生健康检查提前超额完成目标任务，出生缺陷发生率控制在10‰以内。促进计生家庭发展，深化计生特殊家庭关怀关爱制度，足额发放计生奖扶特扶帮扶资金3710.73万元。

●健康扶贫落细落地。抓实“三个一批”行动，建立医疗费用兜底救助机制、做实家庭医生签约服务、严格执行“先诊疗后付费”“一站式结算”制度等，有力促进健康扶贫工作和问题整改落实。家庭医生签约服务39.86万人，特殊人群签约服务率、大病集中救治完成率100%，切实减轻贫困人口医疗费用负担；健康扶贫医疗兜底救助7976人次，全区建卡贫困户住院自付比例平均7.18%、门诊自付比例平均12.33%。

●治理能力深化拓展。推进“放管服”改革，受理行政审批事项提前办结率98%，按时办结率100%。深化片区综合执法模式，依法申请强制执行非法行医案3件，立案查处非法行医案103件，取缔非法“游医”（牙医）72人次。认真开展民生领域暨过度诊疗专项整治等行动，强化不良执业行业记分管理，大型设备检查呈负增长态势，控制辅助用药、医用耗材取得初步效果。全面推进系统扫黑除恶专项斗争，系统总体平安稳定。

●党建工作全面加强。始终坚持政治引领，树牢“四个意识”，坚定“四个自信”，做到“两个维护”，坚决肃清孙政才恶劣影响和薄熙来、王立军流毒。扎实推进“两学一做”学习教育常态化制度化，严格落实意识形态工作责任制，广泛开展首届“中国医师节”庆祝活动。贯彻落实中央八项规定精神30问自查整改，深化运用监督执纪“四种形态”，党纪处分 1人、政务处分4人，推动全面从严治党向纵深发展，积极主动接受区委巡察。

2018年，涪陵区获全国基层中医药工作先进单位、市级计划生育优质服务先进单位，区卫生计生委获全市卫生健康系统先进集体，1件执法案卷被评为全国优秀。

2018春节文艺汇演

关怀关爱流动人口家庭

目　录

群众团体

法 治

军 事

农业农村

榨 菜

工 业

交通·邮政

城乡建设

生态文明

商贸服务业

文化·体育·旅游

信息产业

金融业

财政•税务

经济监督管理

科学技术

社会科学

教育

卫生健康

人民生活

社会事务

乡镇•街道

人物•光荣榜

附　录

特　载

政府工作报告

——2019年1月15日在重庆市涪陵区第五届人民代表大会第三次会议上
重庆市涪陵区人民政府区长　种及灵

各位代表：

现在，我代表区人民政府，向大会报告政府工作，请予审议，并请各位政协委员提出意见。

一、2018年工作回顾

2018年，是涪陵经济社会发展总体平稳、稳中有进、进中向好的一年。在市委、市政府和区委的坚强领导下，在区人大、区政协的监督支持下，我们坚持以习近平新时代中国特色社会主义思想为指导，坚持稳中求进工作总基调，深入贯彻新发展理念，突出抓重点、补短板、强弱项，聚力推进"三大攻坚战""八项行动计划"及"三篇大文章"等各项重点任务，开启了高质量发展、高品质生活的美丽涪陵幸福涪陵建设新征程。

——*质量变革成效明显*。初步统计，完成地区生产总值1070亿元、增长7%，成为主城之外首个千亿区县；地方税收占一般公共预算收入比重提高到75.4%，工业对地方税收的贡献超过50%，规上工业企业利润增长43%。农村贫困人口减少2087人，城乡常住居民人均可支配收入分别增长8.6%、9.3%。"四城同创"推进顺利，全国文明城区提名成果有力巩固，国家生态文明建设示范区、国家卫生区创建取得阶段性突破，国家森林城市创建正式启动。城区环境空气质量优良天数提高到333天，森林覆盖率达到52%，经济、社会、生态多元多层次效益互促共显。

——*效率变革进展顺利*。规上工业增加值增长8%，高于全市平均水平6个百分点以上。高技术产业增加值增长11.5%，战略性新兴产业增加值占规上工业增加值比重达到20.7%。获评智能工厂2个、数字化车间9个，分别占全市16.7%、19.6%。全员劳动生产率提高7.2%。单位地区生产总值能耗、主要污染物排放总量持续下降，绿色、低耗、高效的生产方式正在加速形成。行政审批服务实现"四办"全覆盖，平均办理时限压缩2/3，高效服务有力促进要素配置效率提升。

——*动力变革加速推进*。三大国家级平台建设取得重大突破，重庆涪陵综合保税区获批筹建，国家现代农业产业园获批创建，涪陵高新区入列科技部新一批国家级高新区"以升促建"重点名单。全社会研发经费支出占比达到2%，新培育国家高新技术企业30户、市级科技型企业242户，获市级重大新产品认定11个，有效发明专利突破300件，科技进步贡献率提高到55%。消费市场持续活跃，社会消费品零售总额增长10.5%。人口持续净流入，常住人口城镇化率提高到68.7%。新发展各类市场主体1.1万户。民营经济占比达到57.5%。

过去一年，困难和挑战远超预期，我们攻坚克难，逆势进取，主要抓了以下六个方面工作、

（一）突出实体经济，经济平稳健康发展

扎实推进“六稳”工作。着力打好稳就业、稳金融、稳外贸、稳外资、稳投资、稳预期工作组合拳，稳住了经济运行基本面。加强重点人群就业服务，新增城镇就业2.96万人，城镇登记失业率3.8%。同步推进金融服务实体经济和金融风险防控，社会融资规模达到1430亿元，银行业不良贷款率保持在较低水平，“涪陵银企合作服务网”上线运行。引导企业多元化开拓国际市场，完成进出口总额52亿元、增长10.9%。积极拓展外资利用渠道，实际利用外资1.6亿美元、增长28%。聚焦基础设施、产业升级、公共服务等领域积极扩大有效投资，完成固定资产投资410亿元。经济先行指标向好，工业用电量、货运量分别增长20.3%、7%，良好社会预期加快形成。

全力优化营商环境。深化“放管服”改革，大力开展服务企业“三百”行动，一大批涉企问题有效解决，政企沟通更加快捷高效。清理规范公共服务事项466项，政务服务事项集中办理率提高到70%，行政审批网上可办率达到86%。“多证合一”“证照分离”改革全面实施，建成58个“银政通”服务网点。取消区级设定证明事项21项。全区信用信息平台上线运行。工商、税务“一体化”服务流水线全面启动，355户微型企业进入全市成长型微型企业培育库，涪陵电子商务产业园成功纳入市级精品微型企业“双创”平台建设。

多措破解发展制约。围绕“破、立、降”深化供给侧结构性改革，淘汰出清空壳市场主体9162户，为企业减税降费12亿元，规上工业企业负债率降低4.1个百分点。充分发挥助保贷、转贷应急周转金等资金池作用，为中小微企业融资、转贷3.2亿元。直供电、优惠气为企业降低成本1.7亿元。节约集约利用土地工作受到国务院办公厅通报表彰，并获奖励建设用地计划指标1000亩；持续优化土地空间结构，新增建设用地空间2250亩，落实建设用地1.5万亩，重点项目用地得到有力保障。

（二）突出提质增效，产业基础有力夯实

工业量质齐升。完成规上工业总产值1516亿元、增长13.5%，在全市工业发展中的骨干支撑作用进一步彰显。园区规模工业集中度突破90%，以清洁能源、装备制造、新材料、食品医药、信息技术为主导的工业产业体系基本形成。页岩气二期项目加快建设，汽车产业逆势进取，榨菜产业开启新篇，建成全球最大己二酸生产基地，“涪陵造”棕刚玉获评国家制造业单项冠军产品。重点企业发展强劲，百亿级企业达到4户，入选市级“100强”制造业企业9户、市级“双百”企业27户，新增国家级“两化”融合贯标试点企业2户、市级4户。

服务业稳步发展。大力优化商业布局、丰富商业业态，泽胜中央广场、宝龙广场引领商圈转型升级，鹅颈关专业市场集群交易额达到60亿元，新增特色夜市街1条，首个无人超市开业，限额以上企业网络零售额、农产品网上零售额分别达到33.2亿元、2.3亿元。加快发展全域旅游，接待游客、旅游综合收入分别增长22.7%、22.3%，长江三峡涉外游轮市场实现零的突破。商务咨询、会计审计、文化创意、家政服务、教育培训等服务业快速发展。

农业稳产增效。完成农业增加值64.3亿元、增长4.5%，粮食产量44万吨。以榨菜、中药材产业为主导，柑橘、畜牧、蚕桑、笋用竹等为后续骨干产业的“2+X”特色效益农业产业体系基本形成，青菜头种植面积稳定在72万亩以上，国家蔬菜改良中心涪陵榨菜研究中心挂牌成立，新发

展中药材种植基地4万亩。新培育市级农业龙头企业3户、新型农业经营主体152个、农产品“三品一标”85个、重庆名牌农产品7个。土地适度规模经营集中度达到41.9%，主要农作物耕种收综合机械化率提高到47%。

（三）突出夯基拓能，城乡统筹全面推进

*规划引领作用不断强化。*城乡总规在全市率先获批，为城市长远发展明确了坐标。制订城市提升行动计划，为城市品质提升编列了任务书。成功纳入全市编制新一轮土地利用总体规划试点。深化全区空间发展研究，完成综合交通体系规划编制、高铁片区等重点区域控规修改，实现“多规合一”一张图。持续推动城市功能拓展，科学引导城乡空间布局，完成南沱镇、同乐乡规划修编。

*城市功能配套加快完善。*大力推进“两线三片一城”项目建设，山水城市魅力日益彰显。江南滨江路二期、乌江大桥复线桥、沿江高速公路涪陵南互通连接线、鹅颈关立交升级改造项目建成投用，站前大道二期、乌江大桥西桥头立交开工建设，城区路网加快完善。火车北站站前广场和地下交通转换空间建成投用，万达广场主体完工，实验中学新校、中心医院新城区医院开工建设，优质公共资源分布更加均衡。旧城改造二期清零扫尾基本完成，秋月门等旧城改造地块开发建设启动实施。玉屏公园、涞滩河库岸整治加快推进，江南城区闲置地绿化基本完成，建成区绿化覆盖率提高到42.5%。

*农村基础条件持续改善。*建成“四好农村路”706千米、村组便道960千米，新安装农村公路防护栏109千米，村民小组公路通达率、通畅率分别提高到90%、75%。红星水库建成投用，杨家湾水库主体完工，小（二）型病险水库年度整治任务全面完成，22个农村饮水提升工程建成投用，农村集中供水率达到90%。农村用户光纤覆盖率提高到90%，行政村4G网络有效覆盖率达到97%。行政村垃圾分级处理模式基本建立，完成5个乡镇污水处理厂升级改造，乡镇二、三级污水管网加快完善，乡镇生活污水集中处理率达到85%。

*城乡管理水平同步提升。*实施创文创卫百日攻坚行动，市容环境治理、交通秩序整治、文明志愿服务等活动深入开展，公安视频监控系统与数字城管实现资源共享，拆除违建40余万平方米，江南城区大型违法T型广告牌全面取缔拆除，城区生活垃圾强制分类工作正式启动，城市细管、智管、众管成效明显。深入开展农村人居环境整治，新创建市级美丽宜居示范村庄3个、绿色示范村庄21个、美丽庭院1085户。

（四）突出互促共进，发展动能持续增强

*创新驱动加力提速。*国家火炬涪陵现代中医药特色产业基地建设正式启动，获批重庆市战略性新兴服务业（科技研发）集聚示范区、重庆首批专利信息服务试点区县。新创市级工程技术研究中心3个、新型研发机构3个，生物医药、新材料等产业创新基础进一步夯实。华为云计算数据中心建成，主城之外首个5G基站投用，互爱科技园集聚53个数字经济项目。获评重庆市科技进步奖3项。入选重庆企业专利创新百强榜企业2户。高新技术产品产值、专利产品产值分别增长25.8%、22.1%。

*重点改革纵深推进。*国企分类改革步伐加快，聚龙电力“四网”融合股权重组全面完成，太极集团资本市场定向增发顺利实施，区属国有及控股企业利税总额增长24.5%。财税改革深入推进，预决算公开更加及时规范，部门预算项目绩效管理目标编制实现全覆盖，预算公开评审启动实施。农村承包地“三权”分置改革加快推进，土地承包经营权确权登记颁证基本完成，农村“三变”

改革试点和集体资产量化确权改革稳步推进。

开放水平不断提高。渝怀铁路二线、南两高速公路加快建设，龙头港进港铁路专用线项目获得核准，马武至龙潭一级公路、鹅颈关至涪陵西快速干道、江东至焦石公路改造工程有序推进，涪丰北线拓宽改造一期建成投用，渝万高铁、涪陵北环高速公路前期工作有序推进。成功创建国家级外贸转型升级基地。与上海外高桥保税区等专业平台建立联动机制，进出口权资质企业达到175户。招商引资再添新成果，新签投资1亿元以上项目38个、产值50亿元以上项目6个，其中，战略性新兴产业项目15个、大数据智能化项目12个，万凯新材料、华峰新材料、韵达物流、启迪科技城、绿地高铁新城等一批优质项目落户。

（五）突出保护治理，生态环境明显改善

加强生态系统保护。强化上游意识，担起上游责任，以实际行动切实筑牢长江上游重要生态屏障。扎实推进河（库）长制工作，建成全市区县首个“智慧河长”系统，对长江、乌江实时动态监控，次级河流污染综合整治持续推进，全区河库断面水质合格率提高到85%。治理水土流失面积28平方千米，新增营造林12.5万亩，完成5座已关闭非煤矿山生态修复。自然保护地和“大棚房”整治工作强力推进。

治理突出环境问题。中央环保督察反馈问题年度整改任务全面完成，第二次全国污染源普查工作有序开展。综合整治工业、交通、工地、生活污染，主要污染物PM2.5浓度下降15.9%，空气质量持续改善。城区污水处理厂扩建提标工程建成投用，白涛园区潘家坝污水处理厂二期投入试运行。蒿枝坝、李渡垃圾填埋场按期关闭，城区垃圾填埋场渗滤液处置、餐厨垃圾处置等项目建成投用，城乡生活垃圾实现集中无害化处置。加油站环保防渗改造全面完成。深入开展码头趸船污染防治设施达标治理，船舶废弃物接收处置工程建成投用，船舶垃圾上岸集中处理率达到100%。

完善监管体制机制。在全市率先建立区级环保集中督察机制，顺利完成首批区级环保督察。积极落实生态环境损害赔偿制度，与周边区县建立跨流域横向生态补偿机制，编制完成生态环保“三线一单”。严密防范环境风险，医疗废物、汽修废机油和污水处理厂污泥处置监管实现全覆盖。深入开展生态环保“五大行业”“五大专项”整治工作，立案查处环境违法案件157件，环境违法行为得到有效遏制。

（六）突出民生改善，群众福祉不断增进

脱贫攻坚稳步富民。整合扶贫资金16.2亿元，强力推进产业扶贫、安居扶贫、教育扶贫、健康扶贫等十大精准扶贫行动，扶贫村驻村帮扶工作队实现全覆盖。产业发展扶持到户3580户；完成农村“三类”贫困人员C、D级危房改造5208户；投入2亿元资助贫困学生5.8万名，实现应助尽助；发放扶贫小额信贷资金2亿元，惠及贫困户7172户；实施建卡贫困户医疗兜底救助，“精准脱贫保”实现全覆盖。

民生实事广泛惠民。城乡养老、医疗保险、社会救助保障水平持续提高，建成投用社区养老服务站6所、市级示范社区养老服务中心1个，低保对象实现应保尽保。配租公租房、廉租房2617套，分配安置房2942套，完成棚户区改造1022户、农村改厕1万户、老旧居住建筑消防改造156栋。新建公共停车场7个，新增公共停车位1200个，竣工投用人行天桥5座。新增网约出租车390辆、新能源公交车50辆，老年人持卡免费乘坐公交车年龄下限降至65周岁。建成公共场所母婴设施30个、公共直饮水点30个。改造提升城区菜市场26个，中小学、幼儿园食堂“明厨亮灶”实现全覆盖。

社会事业提质利民。学前教育第三期行动计划开局良好，公办幼儿园占比达到46.2%，普惠性在园幼儿达到85%。完成义务教育阶段薄弱学校改造任务，“合并、托管、合作”办学模式实现义务教育、普通高中教育阶段全覆盖，普通高考上线率达到99.5%。职业教育校企合作校外实训基地达到248个，获全国技能大赛一等奖15个。医联体网络逐步构建，基层医疗机构就诊比例提高到65%，家庭医生签约服务35万人。成功创建全国基层中医药工作先进区。新创建国家二级医院2家。圆满举办涪陵区第五届运动会。白鹤梁水下博物馆获评全国中小学生研学实践教育基地。建成24小时城市书吧5个，区图书馆、少儿图书馆获评国家一级馆。

平安建设和谐安民。深入开展安全生产大排查大整治大执法，安全生产形势稳定向好。强化防灾减灾救灾能力建设，森林防火、防汛抗旱、地灾防治等工作成效显著。矛盾纠纷多元化解机制进一步完善，一批重点信访突出问题得到有效解决。强化食品药品全过程监管，有力确保群众饮食用药安全。扫黑除恶专项斗争扎实开展，各类涉黑涉恶违法犯罪行为得到严厉打击。

此外，我们在自身建设方面持续用力，深化转职能、转方式、转作风，政府行政能力明显提升，政务生态环境不断改善。始终坚持政治引领，牢固树立“四个意识”，坚定“四个自信”，坚决做到“两个维护”，坚决肃清孙政才恶劣影响和薄熙来、王立军流毒，兑现落实市委“三个确保”政治承诺。始终坚持依法行政，自觉接受区人大及其常委会法律监督、工作监督和区政协民主监督，认真落实区人大及其常委会的决议、决定和审议意见，办理人大代表建议238件、政协提案302件；完善重大项目、国资监管等决策程序，严格规范公正文明执法，政务公开全面推进。始终坚持转变作风，把纪律和规矩挺在前面，严格遵守和贯彻落实中央八项规定精神、市委《实施意见》和区委《具体措施》，坚决纠正“四风”新表现；扎实开展“兴调研转作风促落实”行动，干事创业氛围更加浓厚。始终坚持廉洁从政，严格遵守和执行《准则》《条例》，认真落实政府系统廉政建设主体责任六项工作制度；严格执行廉洁自律厉行节约等各项规定，“三公”经费压减9.2%；审计全覆盖稳步推进，问题整改和结果运用不断加强。

与此同时，统计、民防、气象、地震、民兵预备役、档案、保密、修志、青少年、妇女儿童、老龄、残疾人、民族宗教、外事侨务、对台等工作，都取得了新的进展。

各位代表！过去一年，面对复杂严峻的宏观形势，涪陵经济运行保持在合理区间，各项事业持续向好，推动高质量发展思路举措更加清晰，创造高品质生活实际成效逐步提升，成绩来之不易。这是区委统揽全局、科学决策的结果，是区人大、区政协有效监督、鼎力支持的结果，更是全区人民团结拼搏、克难奋进的结果。在此，我代表区人民政府，向全区人民，向人大代表和政协委员，向各民主党派、工商联、人民团体和社会各界人士，向中渝在涪单位，向驻涪部队和武警官兵，向离退休老同志，向广大建设者和投资者，向所有关心支持涪陵发展的同志们、朋友们，表示衷心的感谢并致以崇高的敬意！

各位代表！我区已由高速增长阶段转向高质量发展阶段，在转型升级的攻关期，必然面临增速换挡的压力，加之受周期性市场变化、长期积累的结构性矛盾、体制机制不完善等因素交织影响，部分经济指标年度增速低于预期。在工作实践中，我们还深刻认识到，涪陵发展还存在着一些突出问题和短板：一是创新内生动力不足，在转型升级的核心要素、关键环节上突破还不够，破除传统路径依赖、加快新旧动能转换更显迫切；二是空间、资源等发展瓶颈凸显，有效投资不足，推动高质量发展面临更大考验；三是教育、医疗、养老、出行等基本公共服务供给还有不少短板，惠民力度还需加大；四是少数政府部门及工作人员抓落实的力度还不够，主动担当的意识、敢作善为的能力还有待增强。对这些问题，我们必须增强忧患意识，拿出硬措施，下足苦功夫，切实加以解决。

二、2019 年工作安排

2019 年是新中国成立 70 周年，是全面建成小康社会、实现第一个百年奋斗目标的关键之年。今年我区发展面临的宏观环境更为复杂，各种不确定性因素增多，经济下行压力加大，内需增长放缓，部分行业领域风险显现。但我们更应该看到，我国发展仍处于并将长期处于重要战略机遇期，重庆经济社会发展稳的格局在巩固、进的动力在增强、好的势头在延伸，涪陵产业结构调整思路更加清晰，支撑高质量发展的基础不断筑牢、动能日益增强、后劲持续积蓄。只要我们坚定信心、保持定力，抓住机遇、精准施策，完全有条件、有能力战胜前进道路上的各种困难挑战，迎来更加光明的发展前景。

今年政府工作的总体要求是：以习近平新时代中国特色社会主义思想为指导，全面贯彻党的十九大和十九届二中、三中全会精神，紧紧围绕习近平总书记对重庆提出的“两点”定位、“两地”“两高”目标和营造良好政治生态、做到“四个扎实”的重要指示要求，统筹推进“五位一体”总体布局，协调推进“四个全面”战略布局，坚持稳中求进工作总基调，坚持新发展理念，坚持推动高质量发展，坚持以供给侧结构性改革为主线，坚持深化市场化改革、扩大高水平开放，加快建设现代化经济体系，坚决打好“三大攻坚战”，深入落实“八项行动计划”，认真做好“三篇大文章”，做强工业这个支柱，抓好城市提升和乡村振兴两大基本面，建设重庆涪陵综合保税区、国家级高新区、国家现代农业产业园三大国家级平台，不断激发微观市场主体活力，统筹推进稳增长、促改革、调结构、惠民生、防风险工作，保持经济运行在合理区间，进一步稳就业、稳金融、稳外贸、稳外资、稳投资、稳预期，提振市场信心，增强人民群众获得感、幸福感、安全感，持续营造风清气正的良好政治生态，保持经济持续健康发展和社会大局稳定，为全面建成小康社会收官打下决定性基础，加快建设高质量发展、高品质生活的美丽涪陵幸福涪陵，以优异成绩庆祝中华人民共和国成立 70 周年。

主要预期目标是：地区生产总值增长 8%，规上工业增加值增长 9%，全社会研发经费支出占比达到 2.1%，固定资产投资增长 10%，社会消费品零售总额增长 10%，进出口总额增长 12%，一般公共预算收入增长 3.5%、其中税收收入增长 8%，城乡常住居民人均可支配收入分别增长 8.5%、9.5%，城镇登记失业率控制在 4% 以内，单位生产总值能耗、主要污染物排放等约束性指标完成市上下达任务。

上述预期目标，总体上以稳为主，重点是推动高质量发展，综合考虑了我区发展的外部环境、基础条件和潜力后劲，兼顾了需要和可能，既有利于稳定预期，更体现了涪陵在全市发展中的责任和担当。实现上述目标，重点要抓好以下九个方面工作。

（一）合力攻坚克难，坚决打好“三大攻坚战”。在巩固已有成果的基础上，针对突出问题，进一步集中资源、聚焦重点、细化措施，确保高质量高标准完成年度目标任务。

坚决打好防范化解重大风险攻坚战。加强经济运行监测和风险预警，对经济金融风险做到早识别、早预警、早发现、早处置。持续优化地方金融生态环境，重点抓好互联网金融排查整治，严厉打击非法集资、金融诈骗等违法活动。严密防范关停并转企业风险，采取市场化、法治化措施稳妥化解相关矛盾。全力推进化存量、控增量，加强政府债务动态监管，强化预算管理硬约束，积极争取并用好地方政府债券。发扬新时代“枫桥经验”，有效化解矛盾纠纷。健全立体化信息化社会治安防控体系，深入推进扫黑除恶专项斗争。严格落实安全生产责任，加强防灾减灾救灾能力建设，持续开展大排查大整治大执法，坚决遏制各类事故发生，全面提高应急管理水平。

坚决打好精准脱贫攻坚战。着力解决好影响“两不愁三保障”的突出问题，确保减少农村贫困人口2000人以上。强化产业扶贫，进一步落实到村到户到人精准帮扶举措，力争每个扶贫村都有1～2个特色主导产业。强化金融扶贫，鼓励和引导各类金融机构加大对扶贫开发的金融支持，扩大扶贫小额信贷覆盖面。继续推进扶贫村交通、水利、网络、电力、人居环境建设，着力改善生产生活生态条件。把防止返贫摆在更加重要的位置，推进脱贫攻坚与乡村振兴相衔接、扶贫与扶志扶智相结合，确保贫困人口稳定脱贫、逐步致富。

坚决打好污染防治攻坚战。深入实施“五大环保行动”，全面完成中央环保督察问题整改。认真做好“三水共治”，深入推进河（库）长制工作，扎实开展长江、乌江和次级河流污染综合整治，加快乡镇集中式饮用水水源地规范化建设，建成石沱酒井污水处理厂，启动梨香溪、油江河区内横向生态补偿试点。年内完成中化涪陵化工现址装置关闭。从严控制污染物排量新增，确保城区环境空气质量优良天数不低于310天。加快垃圾分类处置，强化固体废物和危险废物监管。加强噪声污染整治，营造宁静舒适的城乡环境。完成第二次全国污染源普查。重拳打击各类环境违法行为，实现区级环保督察全覆盖。

（二）夯实工业支柱地位，推动产业协调发展。以大数据智能化为引领，突出存量提质增效、增量做大做优，持续优化产业结构，提升产业竞争力，加快建设重庆重要的现代制造业基地、商贸物流中心。

加快提升智能化水平。大力推进数字产业化、产业数字化，推动大数据智能化为实体经济赋能。把智能产业发展作为产业转型升级的重要方向，加快培育引进大数据、人工智能等产业，充分发挥华为云计算数据中心、互爱科技园集聚效应，大力发展数字经济；推进赛华智能终端生产基地等10个智能产业项目建设，力争智能产业规模达到80亿元。把智能制造作为产业转型升级的重要路径，制定出台工业智能制造滚动计划，“点”上抓单台设备改造、推动企业“机器换人”，“线”上抓生产线升级、装备成套自动化数字化生产线，“面”上抓系统集成、建设智能工厂和数字化车间，力争新增智能工厂2个、数字化车间10个、数字化生产线100条。强力推进建筑业现代化，充分发挥智能建筑研究院、智能科技研究院技术支撑作用，投入运营钢结构基地、PC部件部品生产基地，打造工程总承包企业集群。加快发展电子商务，积极建设智慧商圈、智慧市场，重点发展垂直电商、跨境电商等新业态，加快线上线下融合发展，培育多元化电商主体。

加快推动产业提质增效。提升工业园区平台载体能级，着力打造工业强区主阵地和高质量发展增长极，力争涪陵、白涛、龙桥、清溪四大园区产值分别增长16%、17%、20%、15%。聚焦五大主导产业，加快外向型能源基地建设，突出抓好页岩气勘探开发、就地转化利用和产业链延伸，力争清洁能源产值达到310亿元。加快完善高分子新材料产业链，加快建设万凯新材料和华峰己二酸四期、差别化氨纶三期、环己醇项目，竣工投产南涪铝业增产提升项目，力争新材料产业产值达到500亿元。建成太极医药城B区提取项目，开工建设1000亩涪陵榨菜绿色智能化生产基地，力争食品医药产业产值达到390亿元。竣工投产华晨鑫源汽车生产基地二期项目，鼓励船舶企业制造高技术船舶，力争装备制造业产值达到290亿元。加快信息技术产业发展，力争产值达到50亿元。大力开展企业提升“双百”行动，精准扶持一批主业突出、核心竞争力强、成长性高的中小企业，壮大中坚企业群体规模。培优做强龙头骨干企业，力争百亿级企业有新增。

加快发展现代服务业。适应消费升级新趋势，开业运营万达广场、红星美凯龙家居生活馆，开工建设渝东国际商贸城二期、新大兴国际农产品物流园，新建一批城市末端配送网点、便民超市、农贸市场。以全域旅游为统揽，加快推动武陵山大裂谷创5A级景区、816地下核工程创4A级景区、武陵山旅游区创国家级旅游度假区，积极推进北山文旅康养项目，完善“快旅慢游”服务体系，力争接待游客突破2000万人次，旅游综合收入增长30%以上，加快打造长江上游知名人文风景旅游目的地。积极发展现代金融业，大力推动现有基金落地运营，做强融资租赁，提升融资担保征信功能。引导快递业集聚发展，开工建设韵达物流基地。鼓励制造业企业分离发展服务业，大力扶持发展信息服务、科技服务、检验检测、法律会计、供应链管理等生产性服务业，提升发展健康养生、教育培训、物业管理等生活性服务业。

（三）进一步优化营商环境，激发各类市场主体活力。围绕“巩固、增强、提升、畅通”，持续深化供给侧结构性改革，推进民营经济蓬勃发展、国有经济做强做优。

积极支持民营经济发展。着力破解民营企业准入、融资、降本增效、引才用工、创业、转型升级等难题，推动民营经济高质量新发展。坚持权利平等、机会平等、规则平等，对法无禁止的行业和领域，鼓励和支持民间资本进入。积极协调金融机构落实支持民营企业融资政策，进一步发挥助保贷、转贷应急周转金等资金池作用，推动实施知识价值信用贷、商业价值信用贷。认真落实各级减轻企业负担的相关要求，切实降低民营企业税费负担及用电、用气、用地、物流等成本。鼓励大型民营企业通过创新增强自身综合实力，引导中小民营企业走专业化、精细化、特色化发展路子。切实保护民营企业和企业家合法财产不受侵犯、合法经营不受干扰，增强民营企业发展信心和恒心。

积极深化国资国企改革。加快推进以“管资本”为主的监管职能转变，提高国有资本经营效益监管效率。启动太极集团混合所有制改革，探索榨菜集团等企业股权激励新模式。优化国有资本配置和发展布局，增加公共服务、重点基础设施、战略性新兴产业领域投入，调整一般市场竞争性领域布局，推动国有企业做精主业、分离辅业、转型发展。突出抓好现代国有企业制度建设，构建科学有效的法人治理结构。

积极营造良好营商环境。全面落实“全渝通办”，提升行政审批服务“四办”水平。深入推进“多证合一”“证照分离”改革，着力构建适应新形势、覆盖全过程的大市场监管体系。加快建立以“双随机、一公开”监管为基本手段、重点监管为辅助、信用监管为基础的新型监管机制。加强信用体系建设，全面落实守信联合激励和失信联合惩戒制度。推进认证机构与政府部门彻底脱钩。强化企业无小事理念，巩固服务企业“三百”行动成果，积极弘扬企业家精神，着力规范政商关系，做到亲而有界、亲而有度，清而有责、清而有为。

（四）全力提升城市品质，增强城市综合承载能力。举全区之力加快新城区建设，优化完善老城区，让城市更加干净整洁有序、山清水秀城美、宜业宜居宜游。

着力优化城乡空间结构。围绕区域性中心城市定位，抓好城乡总体规划落地，扎实推进第三次国土调查工作，高水平利用“多规合一”成果，开展公共服务设施布局规划、公共交通体系完善规划研究。加强对城市空间立体性、平面协调性、风貌整体性的规划管控，编制历史文化保护传承方案，力争启动八角井传统街区更新工程。着力构建新型城镇体系，增强4个功能组团的产业发展、人口集聚和公共服务等功能。有序推进乡镇总规修改，促进城镇特色化、差异化发展。

着力攻坚“两线三片一城”。突出新城区主战场地位，着力打造生态新城、科技新城、智慧新城和美丽新城。以涞滩河为纽带，强力推进高品质滨河生活带开发用地招商，加快建设涞滩河湿地公园，开展“两馆一中心”前期工作。以太白大道为主轴串联高铁片区、中央商务区和玉屏公园片区，开工建设绿地缤纷城商业综合体、五星级酒店、启迪科技城和轴线公园，加快建设站前大道二期、太白大道延伸线、玉屏公园。启动李渡长江大桥提升工程，提速石沱公轨两用长江大桥前期工作，加快形成城市道路内环、外环。建好建美老城区，持续推进城市提质减载和有机更新。加速畅通城区内部交通联系，建成通江路、插旗支路一期等项目，启动人民路、中山路综合改造。持续抓好街头绿地建设和道路绿化提升，开工建设乌江滨江公园延伸段，完成滨江环湖景观灯饰工程二期，进一步打造“两江四岸”风光带，建设独具魅力的“山城”“江城”。

着力提升城市管理水平。巩固提升创文创卫成果，推动全国文明城区创建目标任务全面达标、国家卫生区创建通过终验。推进城市细管、智管、众管“三管齐下”，深入实施“马路办公”，全面落实“五长制”和“门前三包”责任制。扎实推进市容秩序专项整治，强力开展违法建设专项治理，深入实施城市生活垃圾分类处置。加快智慧城市建设，聚焦民生服务、公共产品、社会治理等领域推广智能化应用，统筹推进5G通信网建设，推动“多杆合一”，实现建成区数字化管理全覆盖。大力倡导人性化管理，推广“城市管理+治安联防”巡查一体、执法协作模式，积极开展志愿者服务等活动，强化社会责任意识、规则意识、奉献意识，实现城市管理水平和市民素质双提升。

（五）**实施乡村振兴战略，加快农业农村发展步伐**。坚持农业农村优先发展，深化农业供给侧结构性改革，健全城乡融合发展机制，促进农业升级、农村进步、农民增收。

大力发展特色高效农业。严格落实粮食安全行政首长责任制，稳定粮食生产。高标准推进国家现代农业产业园创建工作，启动建设榨菜交易中心及文化科技馆，加快打造中国榨菜城，积极创建全国绿色食品原料标准化生产基地。启动建设大顺中药材特色小镇，新发展中药材种植基地面积3万亩。巩固提升柑橘、畜牧、蔬菜、蚕桑等地方特色产业。大力推动农产品“进城上网”，力争农产品网上零售额增长25%。深入实施质量兴农、品牌强农工程，完成“涪陵青菜头”“涪陵榨菜”国家农产品地理标志登记，新增农产品“三品一标”30个以上、市级以上名牌农产品5个以上。

大力推进农业农村改革。扎实推进乡村振兴试验示范点建设，探索乡村振兴多种实现路径。加大榨菜产业“三变”改革试点力度，探索建立以农民为主体的榨菜产业发展平台。推进市级集体林业综合改革试验示范区试点，稳步实施农业水价综合改革。全面完成农村土地承包经营权确权登记颁证，持续推进农村集体产权制度改革，新发展新型农业经营主体50个以上。深入实施农业项目财政补助资金股权化改革，推进小农户与现代农业有效联结。抓好供销社综合改革，完成强化基层社合作经济组织属性专项试点，新建基层供销社和综合服务社50个以上。深化农村金融改革，扎实开展农业政策保险，加快推进农村金融服务组织创新试点。

大力改善农村人居环境。持续提升镇容村貌，开展环境卫生整洁行动，启动长江沿线江南城区至清溪段可视范围内农房违章搭建专项治理，清理整治村庄公共空间和庭院环境。全面推进农村垃圾治理，开展农村生活垃圾分类处置，建立健全生活垃圾收运处置长效机制，建成生活垃圾分类示范村10个。深化农村厕所革命，完成户厕改造1.2万户。加强农村基础设施建设，新建“四好农村路”1000千米、村组便道130千米，完成24个行政村饮水提升工程，梯次推进农村生活污水治理，加快农村电网升级改造。

（六）增强集聚辐射能力，强化科教支撑和人才保障。秉承科技是第一生产力、人才是第一资源理念，努力建设产学研一体、军民融合的科技创新载体，为经济社会发展提供有力支撑。

持续推进科技创新。全力冲刺国家级高新区创建，建成高新区成果展示厅、科技创新中心，高标准建设国家火炬涪陵现代中医药特色产业基地、重庆市战略性新兴服务业（科技研发）集聚示范区，着力打造“环高校创新创业生态圈”。加快创新主体培育，力争培育国家高新技术企业10户、市级科技型企业100户。加强创新创业载体打造，做强金渠国家级科技企业孵化器，积极推动稻香文化创意众创空间、互爱科技园创建为国家级众创空间和市级科技企业孵化器。加强知识产权保护，搭建“涪陵科技大市场”，促进科技成果转化，组织实施产业化科技攻关和成果转化专项10个。力争高新技术产品产值、专利产品产值分别增长20%、18%，科技进步贡献率提高到56%。

持续深化产教对接。提质高等教育发展内涵，支持长江师范学院建设应用型高水平师范大学、重庆工贸职业技术学院建设重庆市优质高等职业院校。加快建设特色中职学校，推进市第二交通技校创建高级技工学校、重庆医药卫生学校和职教中心创建重庆市高水平中职学校，中职学生就业率保持在98%以上。推动职业教育与产业深度融合，加快形成与重点产业相匹配的职业教育专业体系，提升职业教育服务产业发展的能力，大力培养技能型人才和高素质劳动者，力争新增3个市级中职骨干专业、5个校外实训基地，职业院校专业与主要产业匹配度达到88%。

持续做好人才集聚。认真落实人才引进、培养、奖励等相关政策，完善高层次人才及团队引进和培养办法，实行人才服务证制度，完善优质人才公共服务，营造“近悦远来”的人才生态，力争人才贡献率提高到37%。强化需求导向，围绕重点新兴产业、紧缺行业引进急需人才，加强大学生创业帮扶、本土人才回引、“涪陵工匠”培养、劳模创新工作室打造，力争新培育引进中、高级专业技术人才500人，让更多有技术和创业精神的人才扎根涪陵。

持续推动军民融合。强化基础设施共建共用，加大人民防空、粮食储备、油气储备、战略物资储备等基础设施建设力度。深化军民产业融合，建设816军工小镇，支持川东船舶重工加大新产品开发力度，积极争取军需装备项目、军民两用产业项目落户布局。统筹军地人才共育共用，促进军地人力资源合作开发利用。统筹军地社会服务保障，做好转业干部和退役军人安置服务。完善国防动员体系，加强全民国防教育和双拥工作，巩固军政军民团结。

（七）积极扩大开放，打造内陆开放高地重要支点。积极融入“一带一路”发展和长江经济带建设，加快建设成渝城市群区域性综合交通枢纽，有效发挥综合保税区辐射带动作用，务实推动开放合作。

强化交通枢纽建设。完善对外通道，建成通车梓白高速公路，基本建成渝怀铁路二线涪陵段、南两高速公路涪陵段，配合开展渝万高铁、两江新区至龙头港快速干道勘察设计，启动实施涪陵北环高速公路，加快推进白涛园区铁路专用线项目前期论证。强化区域联结，加快建设马武至龙潭一级公路、鹅颈关至涪陵西快速干道、江东至焦石公路改造工程等项目。提速打造旅游环线，完成卷大路改造工程，开通一批A级景区旅游专线和旅游直通车。推进港站枢纽建设，协调推进乌江航运全线通航，加快建设龙头港二期工程，投用白涛大石溪码头，开工建设清溪园区码头。积极推进全国公交都市、城乡交通运输一体化示范区创建。

强化开放水平提升。精准定位、科学布局，全面完成重庆涪陵综合保税区首期基础设施建设任务，加快保税仓库、标准化厂房、围网等建设，重点发展保税加工、保税物流、保税服务，确保按期封关运行，打造成为涪陵开放型经济发展的重要引擎。优化提升口岸功能，完善龙头港口岸基础设施和海关查验监管场所，推动黄旗港口岸功能向龙头港调整，启动申报龙头港创建国家开放口岸。实施“引进来”和“走出去”战略，大力培育一批外贸优势产业和骨干企业。

强化招商引资工作。把招商引资摆在更加突出位置，加快完善招商引资组织体系、制度体系、激励体系、保障体系，由拼资源、拼优惠政策向比环境、比服务转变，由全面出击向专业化精准化转变，由单一招商向引资、引技、引智并重转变。围绕主导产业、新兴产业，招龙头、壮集群、补链条，紧盯不放、靠前服务，进一步提高项目落地率、开工率和投产达产率。力争全年新引进投资亿元以上项目35个，其中：战略性新兴产业项目15个、大数据智能化项目16个；投资10亿元以上项目10个、产值50亿元以上项目4个。

（八）认真做好“三篇大文章”，建设山清水秀美丽之地。坚定不移走生态优先、绿色发展之路，持续改善生态环境质量，为全面建成小康社会提供生态保障。

加快构筑绿色屏障。持续开展国土绿化提升行动，实施新一轮退耕还林1万亩，建设长江防护林1.4万亩，新增营造林7.5万亩，力争森林覆盖率达到53%。强化江河自然岸线整治，严控岸线空间开发。加快实施受损弃置地生态修复，深入开展水土流失、石漠化和库区消落带综合治理，持续推进已关闭非煤矿山生态修复。清理整治自然保护地生态破坏和“大棚房”问题。实施“绿色长廊”示范工程，新建绿道40千米，积极打造高速公路、国省道、铁路及能源管道沿线为重点的生态景观廊道体系。

加快发展绿色产业。牢固树立“绿水青山就是金山银山”理念，推动生态优势转变为发展动能，加快建立健全以产业生态化和生态产业化为主体的生态经济体系。严格工业项目环境准入，完善环境准入负面清单，严守长江及乌江“一千米”“五千米”两条红线，推动白涛园区创建绿色园区，榨菜集团、华峰集团等企业创建绿色工厂。念好“山字经”、做好“水文章”、打好“生态牌”，发展生态农业、生态旅游、生态康养等绿色产业。完善企业环境行为信用评价制度，积极构建市场化、多元化生态补偿机制。

加快建设绿色家园。积极推进国家森林城市创建，力争成功创建国家生态文明建设示范区，实施长江、乌江沿线城乡过渡地带生态修复。秉承“适用、经济、绿色、美观”理念，全面推行绿色建筑，发展装配式建筑。加大绿色文化推广宣传，大力发掘历史文化和历史遗迹中的绿色元素。大力倡导绿色出行，积极推广新能源汽车，优先发展公共交通，新增新能源公交车30辆。积极倡导文明、节约、绿色、低碳、循环的生活方式与消费模式，持续创建绿色机关、绿色家庭、绿色学校、绿色社区，让生态文化成为全社会共同的文化理念。

（九）坚持以需求为导向，切实保障和改善民生。完善制度，守住底线，扩大公共服务供给，提高公共服务质量，努力在发展中解决群众期盼问题，顺应人民对美好生活的需要。

着力做好就业社保工作。把稳就业摆在更加突出位置，重点解决好高校毕业生、农民工、退役军人等群体就业，确保城镇新增就业 2.3 万人。进一步扩大社会保险覆盖范围，稳步提高社会保险待遇水平。继续做好保障农民工工资支付工作，开展企业守法诚信评价，实行分类分级动态监管。持续开展农村低保专项治理，提升医疗救助实效，加大特困供养、临时救助力度，切实保障困难群众基本生活。全面落实社会救助、社会福利等政策，持续开展农村留守儿童和妇女、老年人、残疾人关爱服务行动。

倾力办好重点民生实事。坚持尽力而为、量力而行，持续加大民生投入。新分配 800 套公租房、廉租房。消除动态新增农村“三类”贫困人员 C、D 级危房，保障农村困难群众基本居住安全。建成投用白鹤水厂，开工建设李渡二水厂。着力构建居家、社区、机构养老协调发展格局，深入推进医养结合，开工建设区社会福利院改造提升工程，加快建设乡镇敬老院、社区养老服务站、失能特困人员集中供养中心，基本实现江南城区社区养老服务站全覆盖。新建 5 个公共停车场，新增 1200 个公共停车位。

聚力协调发展教育事业。坚持政府主导、社会参与、公办民办并举，严格执行开发项目配建并移交幼儿园有关规定，增加公办幼儿园供给，力争普惠性幼儿园覆盖率达到 86%。着力缓解城镇学校“大班额”现象，加快建设城八校迁建、四环路小学、涪陵十四中兴华中路校区等项目，持续推动义务教育优质均衡发展。高水平普及高中阶段教育，有序推动高考综合改革，加快建设实验中学新校。稳妥推进民办教育分类管理，探索实施负面清单制度和联合监管机制。建成涪陵教育云中心，创建智慧校园 10 所。

致力保障人民群众健康。加快建设中心医院新城区医院，建成区人民医院住院综合楼、区妇幼保健院新院，投用区公共卫生服务中心。巩固医药卫生体制改革成果，深化完善分级诊疗，建立现代医院管理制度和规范有序的药品供应保障制度。加强基层医疗服务体系和全科医生队伍建设。免费开展 55 项基本公共卫生服务，做实家庭医生签约服务。推进国家慢性病综合防控示范区创建。加强卫生监督执法，深入打击非法行医。坚持源头控制、产管并重，坚决把好群众饮食用药的每道关口。积极承办全国国际象棋大师杯赛、全国游泳比赛等重大赛事，广泛开展全民健身活动。

大力繁荣发展文化事业。强化意识形态工作，大力弘扬社会主义核心价值观。深度挖掘地方文化内涵，加强文物保护利用和文化遗产保护传承，加快推进白鹤梁题刻申遗，完成区博物馆陈列改造、陈万宝庄园四期修缮等文物工程。全面完成基层综合文化服务中心、乡村文化振兴示范点建设，力争创建 2 个市级乡村文化乐园。推动涪陵印刷包装产业示范园区升级为国家新闻出版产业园区。深入开展全民阅读、全民艺术普及，实施文化惠民工程，丰富群众性文化活动。

三、切实加强政府自身建设

坚持以政治建设为统领，着力推进政府治理体系和治理能力现代化建设，切实增强政府公信力和执行力，努力提高人民群众对政府工作的满意度。

（一）忠诚为政，坚定理想信念。深学笃用习近平新时代中国特色社会主义思想，增强政治定力，提高政治站位，强化政治担当。牢固树立“四个意识”，坚定“四个自信”，自觉把“两个维护”体现在岗位上、落实在行动中，坚决同破坏政治纪律和政治规矩的行为做斗争，以实际行动兑现市委“三个确保”政治承诺。严格落实民主集中制，严格执行重大事项请示报告制度。全面彻底干净肃清孙政才恶劣影响和薄熙来、王立军流毒，进一步营造风清气正的良好政治生态。

（二）依法行政，规范履职行为。牢固树立法治意识和法治思维，始终对宪法法律保持敬畏之心，严格依照法定权限和法定程序履行职责。坚决执行区人大及其常委会决议、决定和审议意见，积极支持区政协履行职责，认真办理人大代表建议和政协提案。依法接受区人大及其常委会法律监督、工作监督，主动接受区政协民主监督以及社会各方面监督，让权力在阳光下运行。加强政务公开和政府信息公开。坚持严格规范公正文明执法。加强行政复议和行政应诉，完善行政争议协调化解机制。坚持法德并举，切实做到明大德、守公德、严私德。

（三）实干兴政，勇于担当作为。发扬求真务实、真抓实干的作风，认真落实正向激励和容错纠错机制，旗帜鲜明为敢于担当、踏实做事、不谋私利的干部撑腰鼓劲。持续深化“放管服”改革，完善智慧政务服务体系，推动政府职能转变、服务效率提升出实效。坚决防止形式主义和官僚主义，坚决遏制过度痕迹管理，大兴调查研究之风，改进和规范督查工作，真正把功夫下到察实情、出实招、办实事上。加强干部队伍建设，加快知识更新、能力培训、实践锻炼，不断提升谋划力、执行力、创新力，进一步提振干事创业精气神。

（四）从严治政，加强廉政建设。严格落实全面从严治党主体责任，严格执行政府系统廉政建设主体责任六项工作制度。严格预算管理，优化支出结构，提高财政资金使用绩效，严控“三公”经费，不断降低行政成本。加强政府公职人员廉政警示教育，加大群众身边作风突出问题专项治理力度，严肃查处侵害群众利益行为。积极拓展审计监督的广度和深度，消除监督盲区，推动实现公共资金、国有资产、国有资源和领导干部履行经济责任情况审计全覆盖。

各位代表！不忘初心为人民，牢记使命勇担当！我们将始终坚持以习近平新时代中国特色社会主义思想为指导，在市委、市政府和区委的坚强领导下，以真抓实劲、敢抓狠劲、善抓巧劲、常抓韧劲，坚决兑现既定的行动纲领、战略决策、工作部署，立高质量发展新业，建高品质生活新城，为决胜全面建成小康社会、实现全区人民对美好生活的向往而努力奋斗！

大 事 记

1月

涪陵罗家花园景观改造完工开放 2日，涪陵城罗家花园景观改造工程完工并正式向市民开放。

龙头港应用集装箱堆场作业新技术获一等奖 3日，《巴渝都市报》载：近日，2017年度中国港口协会科学技术奖评审结果出炉，重庆港龙头作业区采用的集装箱堆场作业系统数字化和网络化操控技术及其应用，获得2017年度中国港口协会科技进步奖一等奖。

涪陵提高村(社区)组织运转经费保障 4日，《巴渝都市报》载：1月3日，涪陵区委组织部、区财政局、区民政局、区人力资源和社会保障局日前联合下发《关于加强村（社区）组织运转经费保障工作的通知》，要求提高村（社区）组织运转经费保障标准。

涪陵成功创建《重庆市慢性病综合防控示范区》 4日，涪陵区创建慢性病综合防控示范区工作领导小组办公室传来好消息：涪陵区慢性病综合防控示范区创建工作顺利通过市级验收，涪陵区被正式命名为“重庆市慢性病综合防控示范区”。

涪陵四大工业园区通过市级规划环评 6日，《巴渝都市报》载：1月5日，涪陵工业园区李渡组团、龙桥组团、清溪组团和白涛化工园区规划环评于日前全部通过重庆市环境保护局审查审批。

涪陵区政协五届二次会议开幕 11日，政协重庆市涪陵区第五届委员会第二次会议开幕。

涪陵区五届人大二次会议开幕 12日，重庆市涪陵区第五届人民代表大会第二次会议开幕。

全市危险化学品立法研讨会在涪陵举行 17日，《巴渝都市报》载：日前，重庆市安监局在涪陵组织召开全市危险化学品立法研讨会。长寿、万州、涪陵、九龙坡等区县安监局相关负责人，长寿区经开区，万州区经开区，涪陵龙桥工业园区、白涛园区等园区相关负责人及部分重点企业的安全负责人，共30余人参加本次研讨会。

马武镇成功创建市级生态文明建设示范镇 17日，《巴渝都市报》载：马武镇继成功创建市级卫生镇、文明镇、食品药品示范安全示范镇后，于近日成功创建为市级生态文明建设示范镇。

一国家级农业科技创新平台落户涪陵 18日，《巴渝都市报》载：日前，渝东南农业科学院申报的“重庆市国家农作物品种区域试验站”项目正式通过国家农业部批准立项，获得项目资金1913万元。

涪陵区供销社获评“全国供销合作社系统先进集体” 15日，全国供销社系统先进集体表彰大会在人民大会堂举行。涪陵区供销社被人社部、全国供销合作社总社命名为“全国供销合作社系统先进集体”荣誉称号。全市仅涪陵区供销社、巴南区供销社获此殊荣。

涪陵区监察委员会挂牌 18日上午，涪陵区委书记周少政，区委常委、区监委主任常金辉为涪陵区监察委员会挂牌，这标志着涪陵区监察委员会正式成立，全区深化国家监察体制改革试点工作迈出了新的步伐。

涪陵获重庆市“四好农村路”示范区称号 23日，《巴渝都市报》载：重庆市交委于近日最终审核研究决定，授予涪陵区2017年重庆市“四好农村路”示范区（县）称号。

长江师范学院实施“乡村振兴百村行” 23日，长江师范学院200多名师生隆重聚会，举行“乡村振兴百村行”启动仪式。该校联合服务区域的地方政府及其相关部门，整合校内教学、科研、党建资源，组织100多名博士率队实施“乡村振兴百村行”系列调研、宣讲、技术服务活动。

专场招聘会助残疾人就业 26日，涪陵区残联、区就业和人才服务局联合举办了2018年就业援助月活动——残疾人专场招聘会，华通电脑、三爱海陵、钰淳汽车、剑涛铝业、大朗冶金、祥通食品等16家区内企业提供了操作工、营业员、装箱工、装包工、水泵工等适合残疾人的就业岗位526个。

涪陵816地下核工程洞入选中国工业遗产保护名录 27日，在北京举行的“中国工业遗产保护名录”发布会发布了中国工业遗产名录（第一批），重庆抗战兵器工业遗址、重庆钢厂和816工程等3处工业遗址入选全国首批100个保护项目。

涪陵成为全市首批战略性新兴服务业科技研发集聚示范区 31日，《巴渝都市报》载：重庆市发改委近日公布了全市第一批战略性新兴服务业集聚示范区名单，其中涪陵工业园区、九龙坡重庆高新区、沙坪坝重庆大学城科技产业园等3个园区获批为全市战略性新兴服务业科技研发集聚示范区。

2月

全国青少年足球邀请赛在涪陵开赛 2日，全国青少年足球邀请赛在涪陵奥体中心体育场开赛，来自全国30多个城市和地区的103支球队1584名运动员参赛。

涪陵高山湾交通枢纽被住建部评为“绿色施工科技示范工程” 3日，《巴渝都市报》载：近日，国家住建部建筑节能与科技司委托中国土木工程学会总工程师工作委员会专家组，在涪陵组织召开住建部绿色施工科技示范工程验收评审会，涪陵高山湾综合客运换乘枢纽及附属配套设施工程顺利通过验收，被评为住建部“绿色施工科技示范工程”。

涪陵区2018年“梦想驿站”主题活动在火车北站“开张” 5日至15日，涪陵区委宣传部联合全区20余个部门和单位在涪陵火车北站设立“梦想驿站”涪陵分站，开展志愿服务，旨在深入学习贯彻党的十九大精神，推动社会主义核心价值观融入市民日常生活，在集中开展便民服务的同时，营造喜庆祥和的浓厚氛围。

涪陵首届“少儿春晚”激情贺岁 5日，涪陵区首届“少儿春晚”在涪陵广播电视台一号演播大厅登台贺岁。

涪陵首例“黑广播”扰乱无线通信秩序案告破 6日，《巴渝都市报》载：2018年2月5日，涪陵区公安局白涛分局透露，日前该局打掉了长期扰乱无线电通信秩序的犯罪团伙，抓获嫌犯3人。

金融租赁联盟与交旅集团签战略合作协议 6日，金融租赁服务长江经济带战略联盟和涪陵交旅集团在涪陵签订战略合作协议，这是两单位落实国家长江经济带战略，为打造长江经济带提供融资保障的首笔合作签单。

中央文明办慰问全国道德模范杨德碧 7日，中央文明办秘书局副巡视员王建民一行到涪陵区龙潭镇义和村，代表中央宣传部、中央文明办看望慰问第三届全国孝老爱亲道德模范杨德碧。

涪陵区举行2018年军政座谈会 10日上午，涪陵区举行2018年军政座谈会，区委书记周少政出席会议并讲话，区委副书记、区长种及灵主持会议。

涪陵举行2018年春节团拜会 11日晚，涪陵区委、区政府在涪陵大剧院举行2018年春节团拜会。区委书记周少政致辞，代表区四大班子向各界人士致以诚挚问候和新春祝福，并向全区父老乡亲拜年。团拜会还举行了主题为“拥抱新时代”的文艺演出。

涪陵一公园一景点一园路获评“重庆最美” 12日，由重庆市城市管理委员会指导、重庆市园林行业协会主办的“2017寻找重庆最美公园”活动评选揭晓，涪陵区的江东滨江公园、白鹤森林公园“南湖婉笛”、聚云山公园的鹅卵石健身步道分别获得重庆“最美公园”“最美景点”“最美园路”称号。

涪陵汽车客运站首家母婴候车室启用 19日，涪陵高山湾汽车客运站正式启用母婴候车室，为涪陵汽车客运站中首家母婴候车室。

涪陵荣获全国文明城市提名 22日，《巴渝都市报》载：日前，中央文明办确定391个城市、直辖市城区、县为2018—2020年创建周期全国文明城市提名城市，涪陵区赫然在列。

涪陵开展2018年春季义务植树活动 22日，涪陵区开展以“构筑绿色屏障，发展绿色产业，建设绿色家园”为主题的2018年春季义务植树活动。区委书记周少政等区领导到石沱镇青春村，与各级各单位主要负责人、干部职工代表、青年志愿者、中学生代表一起义务植树。

全国唯一省级榨菜检验机构在涪陵建成投用 23日，《巴渝都市报》载：位于涪陵新城区聚贤大道9号的涪陵检测技术中心暨国际级酱腌菜产品质量监督检验中心，于近期建成投用。

涪陵区旅游发展委员会挂牌 23日，涪陵区旅游发展委员会挂牌，标志着涪陵区旅游发展委员会正式成立。区政府副区长钟涛参加挂牌。

国内首个页岩气LNG工厂在涪陵建成投运 26日，《巴渝都市报》载：记者2月25日从涪陵页岩气公司和白涛化工园区等单位获悉，国内首个页岩气LNG（液化天然气）工厂在涪陵顺利完成一期项目建设，产能每天可以达到100万立方米。

3月

全国“爱耳日”重庆市宣传教育服务活动在涪陵启动 2日，以“听见未来从预防开始”为主题的第19次全国“爱耳日”重庆市宣传教育服务月活动在涪陵广场启动。涪陵区委副书记、区政府区长种及灵致辞，市残联党组成员、副理事长任能君宣布活动启动。

涪陵区“3•5”学雷锋日主题集中志愿服务活动启动 3日，涪陵区创全国文明城区之“向春天报到”•“3•5”学雷锋日主题志愿服务活动启动仪式在涪陵广场举行。

区总工会开展女职工维权行动 7日，涪陵区总工会组织区教委、区公安局等单位工会女工委，在涪陵广场开展“女职工维权行动”主题宣传活动，大力推进全区女职工权益保护工作。

200余名“河小青”巡河护河 9日，涪陵区200余名青年志愿者聚集在蔺市镇长江岸边，开展“保护母亲河•公益徒步走”——“河小青”巡河护河主题活动，引导广大青少年积极投身涪陵区生态文明建设，在河库管理保护中充分发挥生力军和突击队作用。

涪陵首家“互联网+”汽车综合服务平台落户新城区 13日，“车先行”项目落户涪陵新城区互爱科技孵化产业园，成为涪陵首家“互联网+”汽车综合服务平台。

点易园古建筑修缮复建完成 14日，《巴渝都市报》载：8日，记者从涪陵交旅集团获悉，闭园打造3年多的涪州古城“点易园文化朝圣区”点易园整治改造工程（一期）已完成古建筑的修缮复建。

涪陵召开现场会部署春耕春播春防工作 14日，涪陵区召开春耕春播春防工作现场会，贯彻落实中央农村工作会议、全市乡村振兴战略行动计划动员会和春季农业生产暨推进质量兴农绿色兴农工作现场会精神，安排部署全区春耕春播春防工作。区政府副区长董代文出席会议并讲话。

涪陵开展“3•15国际消费者权益日”纪念活动 15日上午，涪陵区“3•15国际消费者权益日”纪念活动在涪陵广场举行。区政府副区长钟涛、区政协副主席周勇参加启动仪式。

市人大常委会党组副书记、副主任刘学普率队来涪调研 14日至15日，重庆市人大常委会党组副书记、副主任刘学普带领市人大常委会调研组来涪，就加强和改进新时代人大工作、法院“基本解决执行难”工作开展调研。

第一届金山子油菜花乡村旅游节开幕 16日，以“罗云老区情、孔雀花中游”为主题的“第一届金山子油菜花乡村旅游节”在革命老区涪陵区罗云乡干龙坝村观音岩拉开帷幕，标志着罗云乡红色乡村旅游扬帆起航。

贵州省赤水市政协考察组来涪考察 22日，贵州省赤水市政协主席吕平一行来涪陵考察城市建设工作。

涪陵成为三峡游轮固定旅游目的地 23日，武陵山大裂谷景区、白鹤梁水下博物馆景区、重庆新金龙假期国际旅行社有限公司与长江探索号游轮等企业签署合作协议，涪陵成为三峡游轮一个长期停靠的固定旅游目的地，每周有2班游轮停靠，将让更多的外籍游客亲临感受山清水秀美丽涪陵的自然人文之美。

涪陵成功创建国家外贸转型升级基地（榨菜） 26日，《巴渝都市报》载：近日，涪陵区已被商务部认定为国家外贸转型升级基地（榨菜）。

市医学会妇产科专委会青年委员会第三届学术会议暨“二孩政策下高危妊娠管理研讨班”在涪陵中心医院举行 24日，重庆市医学会妇产科专委会青年委员会第三届学术会议暨中心医院国家级继教项目“二孩政策下高危妊娠管理研讨班”在涪陵中心医院举行。来自区内以及武隆、长寿、永川等10个区县医疗机构的400余人参加会议。

涪陵页岩气田建成100亿立方米年产能 26日，中国石化总裁戴厚良正式对外宣布，涪陵页岩气田于2017年底期建成100亿立方米年产能。这标志着中国页岩气迈进了大规模商业化发展阶段，对促进能源结构调整、缓解中国东部地区天然气市场供应压力，加快节能减排和大气污染防治具有重要意义。

涪陵首个遗体器官捐献纪念园落成 27日，涪陵区遗体器官捐献纪念活动暨第一届遗体器官捐献缅怀纪念活动在青龙山陵园举行。当天上午，重庆市慈善总会、重庆红十字会的相关领导为涪陵区遗体器官捐献纪念园揭幕。

4月

涪陵136人成功配租保障性住房 3日，涪陵区举行2018年杨树新村廉租房和大华公寓、城东公寓公租房抽签配租仪式，136名申请人全部成功配租保障性租房。

重庆市儿科发展联盟在涪陵区妇幼保健院启动下基层进行技术帮扶活动 4日，重庆市儿科发展联盟下基层进行技术帮扶活动启动仪式暨涪陵区儿科学术会议在涪陵区妇幼保健院举行。

涪陵两摄影作品入选《中国西南六省区市摄影联展》 4日，《中国西南六省区市摄影联展》发布入展作品名单，涪陵区摄影家协会主席、巴渝都市报摄影记者李夏的作品《涪陵风季》、涪陵摄影爱好者孔宪惠的作品《家园》入选此届联展。

涪陵区举行招商引资项目集中签约仪式暨重点项目开工仪式 8日上午，涪陵区举行招商引资项目集中签约暨重点项目开工仪式。集中签约的23个项目涉及工业、旅游、商贸、物流、金融、城市综合体、科研等领域，协议投资338.5亿元，年产值可达644亿元。签约仪式之前，白涛工业园区、江东街道、龙桥工业园区（涪陵工业园区B区）同时举行了重点项目集中开工仪式。开工建设的华峰集团氨纶项目、中石化涪陵页岩气田江东区块产建项目、中机大数据项目等5个项目总投资76亿元，达产后年产值可达138亿元。

“涪陵造”SWM斯威X7互联版汽车3款车型全国22个城市同步上市 10日，由华晨鑫源重庆汽车有限公司生产的SWM斯威汽车X7互联版在全国22个城市同步上市，标志着涪陵造汽车搭上互联智能快车道。

涪陵发出首张“银政通”工商营业执照 13日，涪陵区政府副区长钟涛向重庆启第广告传媒有限公司法定代表人杨伟发放了全区首张“银政通”工商营业执照，标志着“银政通”服务模式正式开通运行。

农村电商“100+10”培育计划启动 13日，涪陵区科协举办农村电商“100+10”培育计划启动仪式暨电商技能培训，进一步普及电子商务知识，提升电子商务企业人员的实际操作水平，全区农村电商带头人、优秀涉农企业负责人等120人参加培训。

涪陵核发首批农药经营许可证 14日，《巴渝都市报》载：近日，涪陵区农委核发了首批农药经营许可证，也是重庆市首批核发农药经营许可证的区县。今后，从业者需同时持农药经营许可证和工商营业执照才可以经营销售农药。

全国总工会文工团来涪陵慰问演出 16日，“学习宣传十九大，永远跟着共产党”——全国总工会文工团来涪陵慰问演出在区大剧院上演，以群众喜闻乐见的方式学习宣传贯彻党的十九大精神。获得44个奖项。

涪陵区公共法律服务中心投用 18日，涪陵区公共法律服务中心正式投用。该中心位于涪陵区兴化中路81号，面积200平方米，是区司法局全力推进公共法律服务体系建设，整合司法行政各项资源、为群众提供“一站式”法律服务的重要载体。

涪陵获市青少年科技创新大赛44个奖项 19日，《巴渝都市报》载：4月18日，记者从涪陵区教委获悉，涪陵15所学校共60余名师生在第33届重庆市青少年科技创新大赛中，共获得44个奖项。

“在希望的田野上”乡村振兴报告会走进涪陵 20日上午，由重庆市委宣传部牵头，会同市委组织部、市教委、市农委共同主办的“在希望的田野上”乡村振兴报告会长江师范学院专场在该校孪云学生活动中心举行。

涪陵在全市率先成立“生态环保检察工作室” 20日，涪陵区检察院在武陵山旅游区管委会、重庆华峰集团分别举行“生态环保检察工作室”揭牌仪式，这是涪陵区在重庆市率先挂牌设立的“生态环保工作室”。

17区县考察学习涪陵公园建设经验 24日，重庆市园林行业协会组织九龙坡、巴南、垫江等17个区县会员单位公园管理负责人来涪陵区考察学习城市公园建设成果和管理经验，促进重庆市区县园林公司建设和管理协调发展。

武陵山大裂谷在京荣获金奖 24日，涪陵区武陵山大裂谷合唱团赴中央音乐学院和国家大剧院参加了全国中老年合唱艺术节暨全国中老年合唱之星邀请赛，演唱的民歌《武陵山歌儿唱起来》《乖乖困着》荣获大赛最高奖项“明星金奖”。该团还获得了“最佳组织奖”。

涪陵诞生全市首家农药超市 本月，全市首家农药超市在涪陵开门迎客，农民朋友可像逛超市一样选购农药。

5 月

国内首块“马赛克”花海梯田亮相涪陵 2日，《巴渝都市报》载：五一小长假，涪陵蔺市美心红酒小镇在景区新建的一块五彩马赛克花海梯田成为“网红”景点，该梯田在全国尚属首个。

涪陵粮食安全行政首长责任制落实获肯定 3日，重庆市粮食安全行政首长责任制考核组一行对涪陵相关工作进行了考核检查。涪陵区政府区长种及灵汇报涪陵区2017年度粮食安全行政首长责任制落实情况。考核组负责人、市商务委副主任刘天高对涪陵相关工作给予高度肯定。

涪陵区委组织收看纪念马克思诞辰200周年大会直播 4日上午，纪念马克思诞辰200周年大会在北京人民大会堂隆重举行，中共中央总书记、国家主席、中央军委主席习近平出席大会并发表重要讲话。涪陵区委组织集中收看了大会直播。

涪陵柑橘“不知火”获“三峡杯”金奖 5日，《巴渝都市报》载：近日，由中国农业科学院柑橘研究所、重庆市农业技术推广总站、重庆市柑橘产业协会和重庆市柑橘学会联合举办的首届“三峡杯”优质晚熟柑橘评选活动在长寿区举行，涪陵柑橘“不知火”摘得杂柑类柑橘金奖。

青年记者老区行采访团来涪陵采访 7日，重庆日报报业集团、重庆广播电视集团“青年记者老区行”采访团来涪陵采访，大力宣传涪陵因地制宜创新开展产业扶贫助力脱贫攻坚的成效，展现老区人民建设老区的新风貌。

浙江省台州市洪家街道与马武镇结对帮扶 7日，浙江省台州市椒江区人大常委会主任王国平率考察组来涪陵考察对口支援工作，该区洪家街道与涪陵区马武镇签订帮扶结对协议，并捐赠25万元援助马武镇贫困村攻坚脱贫。涪陵区政府副区长钟涛出席帮扶结对协议签订仪式。

“万步有约”健走激励大奖赛启动 9日上午，由涪陵区政府主办，区卫计委、区文化委、区总工会、区疾控中心承办的涪陵区第二届“万步有约”职业人群健走激励大奖赛活动启动仪式在两江广场举行。区人大常委会副主任黄华宣布活动启动，区政府副区长钟涛、区政协副主席刘加胜出席活动。

红酒小镇首届红酒文化旅游节开幕 18日，美心红酒小镇首届红酒文化旅游节正式启动。

“涪陵榨菜传统制作技艺”传承人万绍碧成为国家级非遗项目代表性传承人 19日，《巴渝都市报》载：近日，国家文化和旅游部公布了第五批国家级非物质文化遗产代表性项目代表性传承人名单，“涪陵榨菜传统制作技艺”传承人万绍碧榜上有名，成为涪陵区首位国家级非物质文化遗产代表性项目代表性传承人。

涪陵成立武陵山书画研究院 20日，涪陵武陵山书画研究院成立。涪陵区人大常委会副主任黄华宣布研究院成立，区政协副主席唐勇出席成立仪式。

白鹤梁水下博物馆与多国水博物馆达成合作意向 21日，《巴渝都市报》载：当地时间5月17日，在荷兰斯海尔托亨市召开的第二届全球水博物馆网络联盟会议传来好消息，作为全球25家新水博物馆之一受邀参会的涪陵白鹤梁水下博物馆在文化遗产保护等多方面与法国、印度、意大利等国水博物馆达成合作意向，为白鹤梁水下博物馆扩大在全世界的影响力、走向国际化奠定了坚实的基础。

全国田径大奖赛(重庆站)涪陵开赛 22日，由国家体育总局田径运动管理中心（中国田径协会）、重庆市体育局主办的2018年全国田径大奖赛（重庆站）在涪陵奥体中心开赛，来自全国各地36支代表队近1300名运动员在这里展开激烈角逐，为争夺全国田径冠军赛总决赛入场发起冲击。

市级媒体“在行动 大型系列报道”采访团走进涪陵 23日下午，重庆市级媒体“在行动大型系列报道”采访团走进涪陵区开展集中采访。涪陵区委书记周少政主持新闻专题会并与媒体记者进行交流，区委副书记、区政府区长种及灵介绍涪陵经济社会发展情况。

市人大调研组来涪陵调研 23日，重庆市人大常委会副秘书长、研究室主任张良皓率调研组来涪陵调研人大工作。涪陵区人大常委会主任李景耀汇报了《重庆市志·人大志（涪陵）》编纂进展、关于健全人大讨论决定重大事项制度的基本情况和工作建议、乡镇街道人大工作开展情况。

重庆市大型水产科普活动在涪陵举行 24日，由重庆市水产技术推广总站、重庆市水产学会主办，由西南大学、涪陵区农委等部门和单位协办的重庆市大型水产科普活动在涪陵广场举行，进一步普及水产品质量安全和渔业资源保护意识，推动全市水产业健康发展。

西洽会涪陵签约项目29个协议资金384亿元 25日，由商务部、水利部、中国贸促会和重庆市政府共同举办的第二十一届中国西部国际投资贸易洽谈会（简称“西洽会”）在重庆国际博览中心开幕。涪陵代表团共签约投资项目29个、协议资金384亿元，其中纳入全市重大项目进行集中签约的有2个、协议资金65亿元。

浙江省委副书记、省长袁家军率浙江省代表团到涪陵考察并开展对口支援工作 25日，浙江省委副书记、省长袁家军率浙江省代表团到涪陵考察并开展对口支援工作。重庆市政府副市长李明清陪同考察。涪陵区委书记周少政，区委副书记、区政府区长种及灵参加活动。

市委党校市级部门领导干部进修班学院来涪陵实岗锻炼 28日，重庆市委党校第58期市级部门领导干部进修班赴涪陵区实岗锻炼启动仪式在涪陵区委党校举行。涪陵区委书记周少政致辞，区委副书记、区政府区长种及灵做专题讲座，区委副书记、区委党校校长周波主持启动仪式。

6月

涪陵新城区铜鼓湖公园正式开园 2日，《巴渝都市报》载：日前，涪陵新城区铜鼓湖公园正式开园免费对外开放。涪陵新城区铜鼓湖公园项目位于马鞍街道玉屏社区，总用地面积约19万平方米，其中水体面积8.4万平方米，绿化面积8万平方米，绿化率达76%，是改善周边生态环境的绿色生态氧吧。

涪陵区“周六文明劝导我参与”志愿服务活动启动 2日，有涪陵区文明办组织开展的“周六文明劝导我参与”志愿者服务活动正式启动，80余名志愿者走上街头开展文明交通劝导和“垃圾不落地，文明我点赞”志愿服务活动。

涪陵两家庭获得全国表彰 4日，《巴渝都市报》载：近日，全国妇联分别举行2018年度全国“最美家庭”评选揭晓活动和第十一届全国“五好文明家庭”表彰大会，涪陵区王东家庭被评为2018年度全国“最美家庭”，周召兰家庭被评为第十一届全国“五好文明家庭”。

交通运输部督查涪陵农村公路建设质量安全管理工作 4日，交通运输部公路质量安全督察组来涪陵督查农村公路建设质量安全管理工作，市公路局副局长符冠荣主持汇报会，涪陵区政府副区长李顺陪同督查。

重庆市首例耳内镜下人工听骨植入术在涪陵中心医院成功开展 6日，涪陵中心医院耳鼻喉科为一位45岁患者成功开展耳内镜下人工听骨植入术。患者住院8天后出院，2个月后完全恢复正常听力。

温州市对口支援党政代表团来涪陵考察 9日，浙江省温州市对口支援党政代表团来涪陵考察，双方就进一步深化对口支援工作进行座谈。涪陵区委书记周少政，温州市市长姚高员在座谈会上讲话。涪陵区委书记、区政府区长种及灵介绍涪陵区经济社会发展情况。

涪陵启动“全国禁毒示范城市”创建活动 10日，涪陵区创建全国禁毒示范城市启动仪式暨首届禁毒文艺创意大赛决赛在涪陵大剧院举行。涪陵区委常委、区政府常务副区长杜海波出席启动仪式并讲话。区人大常委会副主任姚明勇、区政协副主席杨平出席仪式。

大顺乡获评“重庆十大最美特色乡村” 12日，《巴渝都市报》载：近日，“发现重庆之美——百万网民点赞最美乡村”大型主题宣传活动颁奖盛典举行。经过激烈角逐，涪陵区大顺乡在全市各区县推荐的221个美丽乡村建设示范点和乡村旅游景区景点脱颖而出，获评“重庆十大最美特色乡村”。

涪陵区入选中宣部庆祝改革开放40周年“百城百县百企”调研对象 10日至15日，按照中宣部安排，由中国社科院当代中国研究所副所长张星星率领的庆祝改革开放40周年“百城百县百企”调研组在涪陵开展调研活动，涪陵是全市入围此次调研活动的3个区县之一。

旅游卫视来涪陵拍摄白鹤梁宣传片 13日，《巴渝都市报》载：近日，涪陵区委宣传部、白鹤梁水下博物馆邀请旅游卫视《世界多美丽》节目组来涪陵拍摄以白鹤梁为主题的宣传片。

印尼药商走进太极集团领略中医药文化魅力 14日，太极集团有限公司邀请印度尼西亚的49名药商来到涪陵区，开启了“中医药文化之旅”。

涪陵首次用无人机对果园进行植保作业 21日，《巴渝都市报》载：近日，涪陵区供销社在南沱镇睦和村纽纽农业公司的柑橘园内召开农业社会化服务机房现场会及农技分享会，罗云供销合作社工作人员现场使用无人机在柑橘园内进行植保作业，这是涪陵首次将无人机运用到果园植保作业中。

涪陵新增一处科目一考点 21日，《巴渝都市报》载：19日，涪陵区公安局交巡警支队透露，科目一考点涪陵龙桥考场已经启用，位于涪陵区龙桥街道石塔社区龙港大道359号。

涪陵38家高新企业组团参加重庆“高交会” 21日，第十三届中国重庆市高新技术交易会暨第九届中国国际军民两用技术博览会在重庆国际会议展览中心（南坪）开幕。涪陵区38家科技型企业组团参加。会上，涪陵共签约27个项目，总金额达108亿元，收集技术需求和成果近50个。

市委常委、政法委书记刘强在涪陵调研 21日，重庆市委常委、政法委书记刘强来涪陵调研政法系统服务民营经济发展、涪陵区公安局打造“雪亮工程”提升警务能力和基层社会治理等情况，对涪陵相关工作取得的成绩和实效给予充分肯定并提出要求，区委常委、政法委书记刘康中陪同调研。

涪陵区法院发出首份限制令 26日，《巴渝都市报》载：近日，涪陵区法院执行干警向涪陵某私立学校送达协助执行通知书和限制高消费令，禁止被执行人张某、郑某女儿继续在此校就读，劝其退回符合条件的公立学校就读，并协助法院依法执行案件。这是该院发出的首份被执行人子女就读高收费私立学校限制令。

渝东协作区消防官兵演练抗洪抢险 26日，重庆市公安消防渝东协作区2018年抗洪抢险编队实战演练在涪陵区水磨滩水库举行，来自涪陵消防支队、长寿消防支队、梁平消防支队、丰都消防大队、垫江消防大队、忠县消防大队、石柱消防大队7个单位的80余名消防官兵参加演练。

7月

重庆市“山水之城 美丽之地”主题志愿服务活动在涪启动 1日上午，重庆市“山水之城美丽之地”主题志愿服务活动启动仪式暨首场活动在涪陵锦绣洲广场，重庆市委常委、宣传部部长、市文明委副主任张鸣宣布活动启动，并为7支市级志愿服务队授旗。市政府副市长陆克华主持启动仪式涪陵区委书记周少政致辞。市委宣传部副部长、市文明办主任马岱良介绍主题志愿服务工作。

涪陵区税务局挂牌成立 5日上午，新组建的国家税务总局重庆市涪陵区税务局挂牌成立，标志着原重庆市涪陵区国家税务局、原重庆市涪陵区地方税务局正式合并。涪陵区委常委、常务副区长杜海波为新机构揭牌。

涪陵区启动“河长集中巡河周”活动 10日，涪陵区“河长集中巡河周”活动在蔺市镇举行，于10日至16日开展活动。涪陵区委书记、区总河长周少政宣布活动启动并为区级河长代表颁发“河长作战图”，区委副书记、区政府区长、区总河长种及灵安排部署相关工作，市水利局、市河长办相关负责人到场指导。

涪陵入围全市首批专利信息服务试点区县 11日，《巴渝都市报》载：记者从日前获悉，经重庆市知识产权局批准，涪陵区被确定为重庆市首批专利信息服务试点区县，将设立国家区域专利信息服务（重庆）中心，试点期限为2018年7月至2021年6月。

涪陵与三企业签订战略协议 11日，涪陵区政府与中国移动通信集团重庆有限公司、中国移动物联网有限公司、华为技术有限公司签订四方战略合作协议，拟在涪陵打造5G示范区，共同推动“智慧涪陵建设”。涪陵区委书记周少政，中国移动通信集团重庆有限公司董事长、总经理尹显智在签约仪式上致辞，区委副书记、区政府区长种及灵代表区政府与三家企业签订合作协议。

涪陵区成立创建国家森林城市指挥部 12日，《巴渝都市报》载：日前，为确保创建国家森林城市工作顺利推进，涪陵区专门成立由区委书记周少政，区委副书记、区政府区长种及灵为指挥长的全区创建国家森林城市指挥部。

国务院消防工作考评组检查涪陵消防工作 12日，国家应急管理部消防局总工程师周天，率国务院消防工作考评组第九组来涪考核2017年度消防工作，并检查夏季汛期安全防范及应急处置工作。

首届重庆山歌会在涪陵武陵山旅游区举行 12日晚，主题为“群英荟萃武陵山 百灵放歌大裂谷”的首届重庆山歌会（首场）在涪陵区武陵山旅游区游客中心举行。

全国政协长江经济带页岩气勘查开发调研组来涪陵调研 14日，由全国政协常委、人口环境资源委员会副主任姜大明，自然资源部（原国土资源部）原副部长汪民，中国地质调查局副局长王昆等组成的全国政协长江经济带页岩气勘查开发调研组来涪陵调研页岩气开发建设工作。涪陵区委书记周少政陪同调研。

全国少数民族传统体育运动会重庆选拔赛在长江师范学院开赛 17日，重庆市参加第十一届全国少数民族传统体育运动会竞赛项目选拔比赛在长江师范学院正式拉开帷幕。重庆市政府副市长刘桂平，中国少数民族体育协会会长杨盛龙，涪陵区委书记周少政，重庆市民族宗教委党组书记吴静，重庆市体育局局长丁洪出席开幕式。重庆市民族宗教委主任丁时勇主持开幕式。

副市长刘桂平到涪陵调研综合保税区申报建设和上市企业培育发展 17日，重庆市副市长刘桂平来到涪陵，就涪陵综合保税区建设、上市企业培育发展等工作进行调研。区委书记周少政，区委副书记、区政府区长种及灵等区领导陪同调研。

睦和村入选第八批全国一村一品示范村镇 18日，《巴渝都市报》载：日前，国家农业农村部公布了第八批全国一村一品示范村镇名单，涪陵区南沱镇睦和村（涪陵龙眼）榜上有名。

“百万网民点赞重庆最美河流”大型主题宣传活动在涪陵启动 18日上午，“发现重庆之美——百万网民点赞重庆最美河流”大型主题宣传活动在涪陵锦绣洲广场启动。市水利局局长、市河长办主任吴盛海宣布活动启动。涪陵区委副书记、区政府区、区总河长种及灵，区委常委、宣传部部长徐瑛以及市级相关部门负责人出席启动仪式。

涪陵区现代农业产业园入选国家现代农业产业园创建名单 20日，《巴渝都市报》载：近日国家农业农村部、财政部公布2018年国家现代农业产业园的创建名单，涪陵区现代农业产业园名列其中。

涪陵4项社科成果获重庆市政府奖 21日，《巴渝都市报》载：近日，重庆市第九次社会科学优秀成果获奖名单公布。涪陵区4项社科成果获奖，创历年获奖之最，充分彰显了涪陵社科研究实力。

涪陵武陵山首届巴文化旅游节启幕 21日，涪陵武陵山首届巴文化旅游节在武陵山大裂谷景区启幕。

中宣部“大江奔流——来自长江经济带的报道”主题采访活动走进涪陵 24日至25日，由中宣部组织开展的“大江奔流——来自长江经济带的报道”主题采访活动走进涪陵，新华社重庆分社、光明日报重庆记者站等中央驻渝媒体、市级主流媒体记者来涪陵采访。25日上午，涪陵区委书记周少政出席媒体见面会。

武陵山乡成为“重庆市百名清凉乡镇” 26日，重庆市气象局发布“重庆市百名清凉乡镇”名单，涪陵区武陵山乡榜上有名。

涪陵党政代表团赴武隆衔接对口帮扶工作 30日，涪陵区委书记周少政率涪陵党政代表团前往武隆区衔接对口帮扶工作，武隆区委书记黄宗华、区长卢红等陪同并介绍相关情况。

8月

白鹤梁题刻题刻监测系统建设启动 2日，白鹤梁题刻文物本体和保护环境监测系统工程深化设计服务和建设合同签约座谈会在重庆中国三峡博物馆召开，标志着监测系统项目建设的启动。会上，国信司南（北京）地理信息技术有限公司等分别与三峡博物馆签订了项目建设、监理合同。该项目是世界上同类文化遗产中首例，建成后将实时提供白鹤梁题刻精准监测数据。

重庆市第十二届中小学校园影视评选涪陵作品获奖 6日，在重庆市第十二届中小学校园影视评选活动中，涪陵区推荐的51件作品全部获奖，其中一等奖22件。

2017年度涪陵区工业“双十强”企业出炉 7日，区政府授予华晨鑫源重庆汽车有限公司、中石化重庆涪陵页岩气勘探开发有限公司、重庆华峰集团、重庆万达薄板有限公司、重庆市涪陵榨菜集团股份有限公司、重庆建峰工业集团有限公司、重庆中烟工业有限责任公司涪陵卷烟厂、重庆涪陵能源实业集团有限公司、华兰生物工程重庆有限公司、重庆三爱海陵实业有限责任公司10户企业2017年度“涪陵区工业综合10强企业”称号，授予华通电脑（重庆）有限公司、葵花药业集团重庆小葵花儿童制药有限公司、重庆美心翼申机械股份有限公司、涪陵宏声实业有限公司、重庆泽胜投资集团有限公司、重庆南涪铝精密制造有限公司、重庆市仓兴达科技有限公司、重庆天原化工有限公司、重庆科宝电缆股份有限公司、重庆万丰奥威铝轮有限公司10户企业2017年度“涪陵区工业创新型10强企业”称号。

涪陵区召开民营经济发展大会 8至9日，涪陵区召开民营经济发展大会，传达学习全市民营经济发展大会精神，研究部署全区民营经济发展工作。

涪陵区开展优化营商环境“三百”行动 9日，涪陵区召开全区树立企业无小事理念、优化营商环境“三百”行动动员会，推动“百名领导入企业、百个科室齐上阵、百项问题得化解”，贯彻落实党中央、国务院和市委、市政府关于优化营商环境的工作部署。

太极集团两产品入围“2018健康中国·品牌榜” 11日至16日，2018年西普会（中国药品零售产业信息发布会）在海南博鳌亚洲论坛国际会议中心举行。会上，太极集团有限公司的太极藿香正气液、太极急支糖浆入选“2018健康中国·品牌榜”。

市政协副主席宋爱荣来涪接访群众 16日，重庆市政协副主席宋爱荣到涪陵区接访群众。她指出：要高度重视、认真研究和及时回应群众的合理利益诉求。

焦石镇“国家园林城镇”挂牌 16日，焦石镇举行“国家园林城镇”挂牌仪式，该镇是涪陵区首个国家园林城镇。2013年，焦石镇启动国家级园林城镇创建工作，2017年10月31日，国家住建部正式命名该镇为“国家园林城镇”。

涪陵区政协召开学习贯彻习近平总书记关于加强和改进政协工作的重要思量理论研讨会 17日，涪陵区政协召开学习贯彻习近平总书记关于加强和改进政协工作的重要思量理论研讨会，区政协主席徐志红主持、区委书记周少政做了讲话，重庆市政协副主席宋爱荣到会指导。

涪陵区参展首届中国国际智博会 23日，首届中国国际智能产业博览会在重庆国博中心开幕，涪陵区太极集团、榨菜集团、华晨鑫源、页岩气公司、华为云计算等多家企业单独或联合参展，向国内外客商展示涪陵智能产业发展最新成果。区委书记周少政、区长种及灵参观了相关企业展出情况。

年产120万吨PET高分子新材料项目落户涪陵 24日，涪陵区政府与浙江万凯新材料有限公司签订年产120万吨食品级PET高分子新材料项目投资协议。浙江省政协农业和农村委员会主任姚少平、涪陵区委书记周少政见证签约，涪陵区区长种及灵、浙江正凯集团有限公司董事长沈志刚先后致辞。该项目的签订，弥补了中国西部地区聚酯瓶片的空缺。

新大兴与阿里云携手打造涪陵智慧商业在刚刚闭幕的中国国际智能产业博览会上，阿里云与涪陵新大兴集团签署合作框架协议，共同推动云计算、大数据、区块链、物联网、人工智能等技术成果在涪陵区落地，促进涪陵区传统商贸流通产业价款提档升级。

智博会报道团集中报道白鹤梁水下博物馆 26日，重庆市外宣办组织“2018年感知重庆·文化遗产媒体行”活动，邀请参加首届中国国际智能产业博览会的知名媒体，集中参观采访报道白鹤梁水下博物馆。当天，来自人民网、新华网、中国国际广播电台等媒体的10余名记者来白鹤梁水下博物馆参观、采访、报道。

新款“涪陵造”汽车上市 29日，SWM斯威G01全球上市发布会在四川省成都市召开，标志着又一款“涪陵造”汽车走向市场。

9月

涪陵籍运动员获亚运会铜牌 1日晚，在印尼巨港的扎卡巴林体育中心网球场，涪陵籍运动员刘银和队友一起夺得亚运会软式网球团体铜牌。

涪陵人物入选“纪念改革开放40年医药产业功勋人物” 2日晚，在北京怀柔雁栖湖国际会展中心召开的“第十届中国医药企业家、科学家、投资家大会暨改革开放四十年医药行业发展成就展”上，涪陵太极集团有限公司董事局主席白礼西入选。

涪陵区开展创建全国文明城区、国家卫生区“百日攻坚”行动 6日，涪陵区召开创建全国文明城区、国家卫生区“百日攻坚”行动动员大会，区长种及灵主持、区委书记周少政做讲话。

涪陵区志愿服务联合会成立 6日，涪陵区志愿服务联合会成立，并召开第一次会员代表大会，区委宣传部部长徐瑛出席会议并讲话。成立时，全区共有注册志愿者14万人，志愿服务队1100支。

涪陵3名教师获评“重庆市特级教师” 7日，重庆市人民政府以渝府发〔2018〕40号文公布了新增重庆市特级教师名单，其中涪陵区3名教师上榜。

涪陵中心医院新城区医院开工 8日，涪陵中心医院新城区医院项目开工建设，该项目位于涪陵新城区聚业大道与学府西路交汇处，一期工程建筑面积共6.1万平方米，预计于2021年完成。

2018世界旅游小姐大赛涪陵4名选手进入全国总决赛 8日，2018年世界旅游小姐大赛重庆赛区总决赛在重庆市九龙坡区举行，30名选手参赛，最终6名选手胜出，其中涪陵分赛区选手4名，将代表重庆赛区参加全国总决赛。

涪陵区21个招商引资项目集中签约 12日，涪陵区举行招商引资重点项目集中签约仪式，集中签约项目共21个，涉及新材料、大数据、智能化、绿色食品、城市提升、产业升级等相关领域，协议投资402.15亿元协议年产值689.55亿元。区委书记周少政、区人大常委会主席李景耀、区长种及灵等见证签约。

乌江大桥复线桥试通车 30日，涪陵乌江大桥复线桥试通车，试通车期间，每日18:30至次日7:30封闭。

10月

重庆市副市长、市公安局局长邓恢林督导涪陵国庆安保工作 4日，重庆市副市长、市公安局局长邓恢林到涪陵，实地督导检查国庆期间安保维稳工作，并看望慰问基层民警。涪陵区委书记周少政参加督导检查。

涪陵籍选手夺得国际象棋世界奥林匹克冠军 5日，第43届国际象棋世界奥林匹克团体赛在格鲁吉亚巴统战罢，中国男队女队双双夺冠。涪陵籍选手雷挺婕作为女队主力队员参赛。

涪陵页岩气田累计产气量突破200亿立方米 截至6日，涪陵页岩气田累计生产页岩气突破200亿立方米，为中国中东部地区天然气供应提供了有力保障。

重庆市政协副主席谭家玲调研涪陵三峡后续项目建设 8日，重庆市政协副主席谭家玲带领市政协评议组来涪，对涪陵部分三峡后续项目建设情况进行调研，并召开座谈会，对市移民局2018年政协提案办理工作开展民主评议。

科技部火炬中心在涪陵举办研讨会 9日，由科技部火炬高新技术产业开发中心主办的2018年第一期国家火炬特色产业基地实现高质量发展研讨会在涪陵举行，科技部火炬中心副主任段俊虎、重庆市委科技工委副书记徐青出席开幕式，涪陵区政府区长种及灵致辞。此次研讨会为期两天，内容包括相关政策解读、行业发展情况等。

涪陵交巡警开出首张行人罚单 10日，涪陵区公安局交巡警支队针对行人违法行为展开专项整治，并依法开出首张行人处罚单。

重庆市青少年田锦赛涪陵获三金一铜 14日，在刚刚闭幕的2018年重庆市青少年田径锦标赛中，涪陵代表队获得三枚金牌、一枚铜牌，其中在女子5000米竞走中，打破重庆市记录。

涪陵区五运会开赛 15日，涪陵区第五届运动会首个比赛项目——篮球在涪陵奥体中心体育馆开赛，拉开运动会大幕。至28日，运动会陆续进行田径、象棋、太极拳等18个项目的比赛，开幕式于23日在涪陵奥体中心体育馆举行。

2018数资区块链产研政企峰会在涪陵举办 19日，2018数资区块链产研政企峰会在涪陵举办，来自全国各地的相关人员齐聚一堂，研讨区块链趋势与未来。涪陵区委书记周少政出席并致辞。

涪陵首次被确定为“国培计划”区县 21日，“国培计划”（2018）涪陵区送教下乡项目开班典礼暨师德师风讲座在涪陵九中举行。“国培计划”全称为“中小学教师国家级培训计划”，由教育部、财政部实施，这涪陵是首次被确定为该项目区县。

中国广播说唱团来涪陵献艺 25日晚，李金斗领衔的中国广播说唱团来到涪陵大剧院，为广大市民带来一场“一路欢歌 与您同行”的曲艺专场。

白鹤梁水下博物馆参加“全球大河论坛” 28日至30日，由联合国教科文组织和武汉市政府主办的“全球大河论坛”在湖北省武汉召市开，白鹤梁水下博物馆应邀参加了论坛，并提交了《大河遗产的生命延续》的大会发言。

涪陵企业进行美股上市路演 31日，位于涪陵区珍溪镇的重庆鹏霖食品有限公司在重庆市渝北区举行美国纳斯达克股市上市路演。该公司是一家主要从事猪肉加工的食品公司。

11月

“再游长江·归来三峡”活动首站停靠涪陵 8日，由重庆市文化和旅游发展委员会组织开展的“再游长江•归来三峡”活动启航，首站停靠涪陵，200多名国内外游客游览白鹤梁水下博物馆。

涪陵组团参加首届中国国际进口博览会 5日至10日，首届中国国际进口博览会在上海市举行，涪陵组团参加，11户重点外贸企业与外商达成意向采购。

第三届中国（重庆·涪陵）全域旅游发展高峰论坛在涪举行 10日，第三届中国（重庆•涪陵）全域旅游发展高峰论坛暨两江管理论坛在涪举行，200余位旅游业专家围绕“全域旅游助推区域高质量发展”发表论述，涪陵区政府副区长席红出席。

涪陵城首座电动汽车快速充电站投用 19日，涪陵江东滨江公园广场的电动汽车快速充电站设备调试完成，标志着涪陵城首座电动汽车快速充电站投用。该站充电速度是慢充电桩的10倍左右，可同时为8台电动汽车提供快充服务。

重庆市第二个区县餐厨垃圾处理厂在涪陵投运 20日，位于荔枝街道乌江村4组的涪陵区餐厨垃圾处理厂投入试运行。该厂是重庆市第二个区县餐厨垃圾处理厂。

涪陵页岩气田水平井“一趟钻”创纪录 28日，中石化重庆涪陵页岩气勘探开发有限公司顺利完成页岩气田首口上部气层超长水平段井——焦页22-S1HF井的水平段钻井任务，不仅成功实现三开水平段“一趟钻”，而且创造了国内超长水平段“一趟钻”最长的钻井纪录。

12月

涪陵籍学生获全国大学生数字技术大赛一等奖 3日，由新华三集团和全国高等院校计算机基础教育研究会联合主办2018年全国大学生数字技术大赛在杭州圆满落幕，来自重庆科技学院的涪陵籍学生徐鑫森获一等奖。

涪陵区召开会议通报区人民检察院获“全国模范检察院” 6日，涪陵区召开会议，通报涪陵区人民检察院荣获“全国模范检察院”荣誉称号。区委书记周少政在会上做讲话，希望全区各单位以区人民检察院为榜样，在各自领域做出更大贡献。重庆市人民检察院政治部主任钟勇到会祝贺。

重庆市主城外首个5G基站在涪陵开通 7日，《巴渝都市报》载：重庆市主城外首个5G基站近日在涪陵完成设备安装调试，并正式开通。

《重庆市涪陵区机构改革方案（送审稿）》通过审议 13日，中共重庆市涪陵区第五届委员会第六次全体会议召开，会议审议通过了《重庆市涪陵区机构改革方案（送审稿）》，同意上报重庆市委审批。

涪陵区成功创建市级生态文明建设示范区 20日，涪陵区环境保护局介绍：重庆市生态环境局于近日正式命名涪陵区为“重庆市生态文明建设示范区”。

重庆市首个市级精品电商微企“双创”平台在涪陵上线 21日，重庆市首个市级精品电商微企“双创”平台在涪陵上线运行。2018年初，涪陵电子商务产业园被纳入重庆市三个重点打造的精心微企“双创”平台之一，经过8个多月的升级改造，成为全市首个上线运行的市级精品电商微企“双创”平台。

区情概览

地理气候

【地理】 涪陵区位于重庆市东南边缘，位于北纬29° 21′ ～30° 01′ 、东经106° 56′ ～107° 43′ ，辖区面积2942.34平方千米。最东点焦石镇白鸡堡，最西点增福乡大茶园，最南点同乐乡金家店，最北点珍溪镇红墙院。东西宽74.5千米，南北长70.8千米。在行政区划位置上，位于重庆市中部，东邻丰都县，南接武隆区、南川区，西连巴南区，北靠长寿区、垫江县。涪陵城区位于乌江与长江汇合处，历来是川东南水上交通枢纽和乌江流域最大的百货物资集散地。区境地处三峡库区腹心地带，顺长江西上120千米达重庆市，东下通连华中、华东各省，逆乌江而上可达鄂湘边界及黔东各地。

【地质】 属古老的扬子准地台区，地壳比较稳定。出露地层有古生界志留系、二叠系，中生界三叠系、侏罗系和新生界第四系。志留系至第四系间地层，缺失志留系上统和泥盆、石炭、白垩、第三系。出露地层总厚4800～6750米。区境地质构造的基本格局形成于燕山运动的第二、三期。在喜马拉雅运动（即新华夏构造运动）时期，地层再次受到挤压，呈间歇性抬升，形成现有的地质构造形态，即川黔南北构造带向北延伸楔入川东褶皱带之中，于区境形成明显的复合构造。属川东褶皱带的地质构造主要分布于长江以北地区，包括明月峡背斜、狮子滩—沙河褶曲组、拔山寺向斜、箐口场、黄草峡背斜、珍溪向斜、大池—千井背斜、丰都—忠县向斜、方斗山背斜等。其构造线方向多在北东15° ～45° ，呈雁行排列，背斜紧束，向斜宽缓，即呈隔档式褶皱。断裂一般分布于靠背斜轴部，主要有黄草峡、太平寨等逆断层。属川黔南北构造带的地质构造主要分布于长江以南（北纬29° 21′ 以南）地区，含两个方向的褶皱：一是南北向褶皱，包括石溪向斜、四合场背斜、堡子场向斜、梓里场—勾家场背斜、土地垭向斜、大耳山背斜等，构造形态多为短轴状，两翼倾角差异较大，一般西翼陡而东翼缓；二是北东向褶皱，包括太和场背斜、凤凰寨向斜、弹子山背斜、金子山向斜、桐麻湾背斜及老场—悦来褶曲组等，多为短轴状构造，轴向多为北东25° ～40° ，一般北西翼陡，南东翼缓。断层分布情况大致与南北向褶皱相同，断层多沿背斜轴部分布，主要有口石逆断层、焦石坝逆断层等。

【地貌】 区境处于四川盆地东部的“盆东平行岭谷区”与“巫山大娄山中山区”过渡地带。境内一般海拔为200～800米（吴淞高程，下同），最低处龙驹场三块石海拔138米，最高处武陵山主峰磨槽湾海拔2033米。地形总的趋势是西北部地势较低，多为河谷丘陵、低山，东南部较高，多为丘陵山地。由于岩性和地质构造上的差异，区境呈现两类迥然不同的地貌景观。西北部碎屑岩广泛分布，属盆东平行岭谷范围，以构造剥蚀地貌为主，河谷为宽谷；东南部大片出露碳酸盐地层，属南北径向构造体系，以岩溶地貌为主，河谷多为窄谷。区境地貌类型多样，交错分布，很难准确区分，但根据地质构造、地形趋势和地貌类型的组合特征，仍可将区境地貌分为沿江丘陵低山区、坪上低山带坝区和后山区等3个一级区，以及沿江丘陵、沿江低山、后山低山槽谷带坝、后山低中山等4个二级区。

沿江丘陵低山区 主要分布在长江两岸，共1170.70平方千米，占土地总面积的39.8%。地貌组合为：丘陵占56.8%，低山占27.2%，台地占12.1%，山原、平坝占3.9%。沿江丘陵、沿江低山是该区的两个二级区，沿江丘陵主要分布在长江两岸海拔500米以下地区，沿江低山主要分布在区境西北部低山地带。

坪上低山带坝区 主要分布在区境南部，共785.37平方千米，占土地总面积的26.7%。地貌组合为：低山占50%，丘陵占28.9%，平坝、台地、山原占21.1%。

后山区 主要分布在区境东南部，共985.39平方千米，占土地总面积的33.5%。该区一般海拔400～1200米，地面高差大，多达200～700米。地貌组合为：低山占67.2%，低中山占15.8%，山原占6.6%，丘陵占6.4%，平坝、台地占4.0%。后山低山槽谷带坝区和后山低中山区是后山区的两个二级区。后山低山槽谷带坝区主要分布在区境中部和西北部海拔较低的地区，一般海拔300～700米；后山低中山区主要分布在区境东南部海拔1000米以上的地区。

【山脉】 区境主要山脉有：铜矿山山脉、武陵山脉、大梁子山脉、黄草山—五宝山山脉和勾家场—梓里场山脉。

铜矿山山脉 距涪陵城东23千米，与丰都县交界处。山脉南北走向，穿越罗云、焦石、卷洞3个乡镇的东部。山脊呈“一山一槽二岭”形态。出露最老岩层为二叠系灰岩，山顶峰丛发育。主要山峰有：大顶山（海拔1372米）、鸡石尖（1319米）、耷耳山（1224米）等。

武陵山脉 距城东南33千米，与丰都县、武隆区交界处。山脉主脉走向北东，至武隆区木根铺以西转北西向，为海拔2000米左右的背斜中山，主要由二叠系、三叠系灰岩组成。最高部分在大木、武陵山两乡与武隆区交界处。山脊呈锥状伸展，山顶岩溶地貌发育，峰丛、洼地密布。主要山峰有：磨槽湾（2033米）、歇马台（2016米）、大山堡（1977米）、猫儿山（1944米）等。主要洼地有：落东坝、龙塘坝等（海拔1000米左右）。

大梁子山脉 距城西南29千米，与武隆区交界处。山脉走向北东（南端）转南北向，两侧横谷发育，主要为侏罗系自流井组岩层构成，为龙潭河、小溪水系与大溪河水系分水岭。主要山峰有：大梁子（1347米）、上峰岩（1268米）、甘家山（1035米）、雷劈山（903米）等。

黄草山—五宝山山脉 在区西北与长寿区、巴南区分界线上。山脉北东—南西走向，在黄草峡为长江切割，伸至石和场境转南北向。出露地层主要为侏罗系。主要山峰有：大尖山（1100米）、黄荆坳（1050米）、拦马山（1000米）、尖峰顶（981米）、太平寨（942米）、木鱼山（907米）、五宝山（881米）等。

勾家场—梓里场山脉 在区境中部。山脉为南北走向，在龟龙关（古鸡鸣峡）为长江切割，主要出露地层为三叠系中下统灰岩，呈“一山一槽二岭”和“一山二槽三岭”组合形态。山顶岩溶残丘、峰丛、洼地密布。主要山峰有：兰花岗（1166米）、文家山（1006米）、望丰都（974米）、插旗山（742米）等。

【河流】 境内河流属雨源补给型，多夏洪秋汛，暴涨暴落，水位变幅较大。河流多年平均径流量4048.61亿立方米（含长江、乌江）。径流量在时间分配上不均衡，大部分集中在4～10月的丰水期，约占全年径流量的85%。丰水期径流常出现双峰分布：第一期4～7月，占57.6%，高峰期在5～6月；第二期9～11月，占25.7%，峰值在9月前后。由于8月常发生高温伏旱，是丰水期径流低谷，故有不少溪河会在冬春枯水期和8月前后旱期断流。年径流丰枯变化，常交替出现，连续丰年多于枯年。主要河流有：长江及其支流梨香溪、油江河、同乐河、清溪沟、上桥河、碧溪河，乌江及其支流小溪、后溪、麻溪河等。

长江 在长寿区东黄草峡瓦罐窑流入区境，自西向东横贯区境北部，略成“W”形，于龙驹场东的朱家嘴入丰都县境，流长86千米。中水位时水位落差1.5米，中水期水面面积73.6平方千米，接纳一级支流35条（含乌江），二级支流53条，三级24条，合计112条。多年平均流量涪陵龙王嘴1.13万立方米/秒，接纳乌江后增大至1.35万立方米/秒（清溪场水文站观测数）。流经涪陵区境的长江河段，古称大江、蜀江、岷江，当地人习称大河。

乌江 在武隆区北的边滩峡尾部白沙沱流入区境，由南向北，在涪陵城东汇入长江。境内流长35千米，水域面积7.5平方千米，平均比降0.33，枯水期平均水深1.3米以上。每年4～9月流量最大，洪峰比长江提早一至两个月。每年12月至次年3月最小，水位最低。枯水期涪陵大东门段流速1.4米/秒。河口多年平均流量1650立方米/秒，年径流量538.6亿立方米。区境乌江古称延江、别江、涪陵江、巴江、白沙水、黔水、涪陵水、龚滩河，当地人习称小河。

【气候】 2018年，涪陵气温略偏低，降水量略偏多，日照时数略偏多；气象灾害总体较轻。平均气温为17.8℃，较常年偏低0.4℃，各月波动大；降水量为1128.8毫米，较常年同期相当；降水时空分布不均，其中春季较常年同期偏多；日照时数为1246.3小时，与历年同期偏多近2成，其中秋季149.6小时，较历年偏少3成多；入春、入夏时间偏晚、入秋偏早、入冬接近常年。各乡镇无明显旱涝现象，经济作物青菜头、柑橘等未有病虫害发生。

【气象灾害】 **暴雨** 全年累计出现6场区域暴雨过程，分别是“5•5”“5•22”“6•12”“7•6”“7•30”“9•24”区域暴雨过程，其中“5•22”综合强度为年内最强区域暴雨过程，影响范围最广。

高温 年内共出现7次区域高温天气过程，分别为6月27日至28日、7月10日至11日、7月13日至31日、8月10日日至14日、8月19日至20日、8月29日至31日、9月2日至5日，其中7月13日至31日区域高温过程为2018年最强的区域高温过程。

低温 年内共出现2次低温天气过程，分别为2月1日至15日、10月1日至20日，其中10月1日至20日出现连续3天平均气温低于多年同期平均气温2℃以上的时段低温天气。

强降温 年内出现区域强降温过程3次，分别为1月24日至27日、4月4日至6日、4月11日至14日。其中4月11日至14日强降温天气覆盖范围最广，72小时内降幅11.2℃，为年内综合强度最强的区域强降温过程。

连阴雨 年内共出现3段连阴雨过程，分别为1月1日至8日、2月17日至23日、10月18日至28日。其中10月18日至28日期间的连阴雨过程持续无日照天数11天，为年内综合强度最强的区域连阴雨过程。

冰雹 4月30日14时至18时，我区普降中到大雨，并伴有雷电和大风，局部地区伴有冰雹，蔺市镇、青羊镇、石沱镇、义和镇、李渡街道、同乐乡、百胜镇、珍溪镇等8个乡镇街道出现风雹，导致风雹灾害。

区域资源

【动植物资源】 区境自然环境复杂，植物种类丰富，类型多样，据粗略统计，孢子植物和种子植物共有330余科1500余属4000多种。其中粮食作物有水稻、玉米、红苕、洋芋、胡豆、豌豆、黄豆、高粱等10多种，有300余个品种；经济作物有油菜、花生、芝麻、青菜头、萝卜、白菜、西红柿、茄子、四季豆、豇豆、芋头、莲藕、高笋、烟草、苎麻、西瓜、荸荠等数十种；用材林树种主要有马尾松、杉木、柏木、柳杉、华山松、千丈、桉树、泡桐等42科78属104种；经济林木中有柑、橘、梨、苹果、李子、桃子、樱桃、龙眼、枇杷、杏、石榴、枣、柿、核桃、板栗等水果、干果10余科30余属100余品种；其他经济林木有茶、桑、油桐、乌桕、油茶、油橄榄、棕榈、漆树、木瓜、杜仲、厚朴、黄栀子、吴茱萸等数十种；竹类主要有慈竹、斑竹、水竹、刺竹等；灌木主要有黄荆、马桑、杜鹃、悬钩子等；草种主要有丝茅草、巴茅、火炮草、鸡窝乱、鼻筒草、铁线草、香香草、爬地乱、羊食子、乌泡草、地瓜藤等共43科160多种；藻类有衣藻、蓝藻、小球藻、水绵等；菌类主要有香菇、平菇、蘑菇、草菇、竹荪、油辣菇、松毛菌、石灰菌、茯苓、雷丸等共100余种；蕨类植物有铁芒萁、大叶蕨、铁线蕨、舌蕨、里白、桫椤、金毛狗、木贼、石松等。在所有的植物中，野生经济植物资源可分为12类：（1）药用类，主要有天麻、党参、红豆杉等；（2）油脂类，主要有乌桕、蓖麻、山桐子、木姜子等；（3）芳香油类，主要有巴岩香、五味子、桂花、野玫瑰、野菊、香附子等；（4）淀粉类，主要有蕨根、青岗子、野葛、红籽、金樱子等；（5）纤维类，主要有蓑草、白茅、构树、棕榈及竹类等；（6）水果类，主要有猕猴桃、草莓、刺梨、拐枣、野山楂等；（7）单宁类，主要有小果蔷薇、栽秧泡、野核桃等；（8）虫胶、虫蜡类，主要有蜡树、女贞、盐肤木等；（9）食用菌类，主要有香菇、平菇、竹荪等；（10）花卉及蜜源类，主要有毛杓兰、黄荆、杜鹃、桂花等；（11）编织类，主要有青藤、黄荆、羊食条、草秆等；（12）树脂、树胶类，主要有马尾松、漆树等。珍稀古老植物资源中属古老孑遗植物的有芒萁、里白、金毛狗、凤尾蕨、石松、海金沙等蕨类。属国家重点保护植物一级的有水杉、秃杉等，属二级的有银杏、桫椤、红豆杉、杜仲、鹅掌楸、福建柏、水青树、荔枝、金钱松等，属国家有益植物的有厚朴、黄连、天麻、龙眼、楠木、红椿、红豆树等。

区境动物在地理区划上属东洋界中印亚界华中区盆地东部平行岭谷农田动物群和盆地南缘中低山地带亚热带森林农田动物群的过渡地区，故动物兼有南北方种类。饲养动物主要有：猪、牛（水牛、黄牛、奶牛）、羊、马、驴、骡、兔（毛兔、肉兔）、狗、猫等兽类，鸡、鸭、鹅、鹌鹑、鸽等禽类，鲢鱼、鳙鱼、草鱼、鲫鱼、乌鳢、鲶、翘嘴红 、马口鱼、黑尾鱼等鱼类，其余的还有龟、团鱼、河蟹、毛虾、蜂、蚕等20余种。野生动物主要有：金钱豹、云豹（狗豹子）、野猪、林麝（獐子）、小麂（山羊）、鬣羚（马豹）、貉（狸）、黄鼬（黄鼠狼）、狗獾（火靠子）、猪獾（泥猪）、大灵猫（九节狸）、小灵猫（香猫）、狐（毛狗）、果子狸（花面狸）、豹猫（野猫）、毛冠鹿、草兔、蝙蝠、岩蝠、松鼠、帚尾豪猪（刺猪）、竹鼠、水獭、猕猴（黄猴）等8目19科36种兽类，苍鹭（青庄）、白鹭（白鹤）、雀鹰、雉鸡（野鸡）、灰胸竹鸡、红腹锦鸡、白胸苦恶鸟（白胸秧鸡）、熏鸡、山斑鸠、鹰鹃（阳雀）、四声杜鹃（苞谷雀）、大杜鹃（布谷鸟）、斑头鸺留鸟（鬼冬哥）、普通翠鸟、鸳鸯、啄木鸟、普通家燕、白头鹎（白头翁）、戴胜（鸣冠鸟）、黄莺、喜鹊（鸦雀）、乌鸦、画眉等计13目35科136种鸟类，中华大蟾蜍（癞疙宝）、墨斑蛙（青蛙）、泽蛙（干疙蚂）、沼蛙、棘皮蛙、大鲵（娃娃鱼）、龟、鳖（团鱼）、璞趾壁虎、蓝尾石龙子（四脚蛇）、白条草蜥、乌梢蛇、黑眉锦蛇（菜花蛇）、水赤链游蛇、翠青蛇（青竹标）、赤链蛇（烂草蛇）等两栖爬行类，青鱼、鲫鱼、鲢鱼、鳙鱼、草鱼、团头鲂、青梢红鲌（青梢）、长春鳊、四川半鱼、翘嘴红、中华鳑青（菜板鱼）、麦穗鱼（肥川）、圆口铜鱼、中华鲟、长江鲟、白鲟、中华倒刺鲃（青波）、光泽黄鱼（黄腊丁）、长吻（江团）、南方大口鲶（连巴郎）、青鳉、乌鳢（乌棒）、泥鳅、黄鳝等水生动物，蚯蚓、日本医蛭（水蚂蟥）、中国圆田螺（水螺蛳）、蛞蝓（悬巴虫）、蜗牛、背角无齿蚌（蚌壳）、河蟹、水蚤、蜘蛛、角倍蚜（五倍子蚜虫）、稻纵卷叶螟、稻飞虱、麦蚜虫、黏虫、柑橘尺蠖、星天牛、地老虎、米象及各种蚂蚁、蚊类、蝇类等无脊椎动物。在所有的动物中，属国家重点保护动物一级的有金钱豹、云豹、中华鲟（腊子鱼）、白鲟（箭鱼）、长江鲟等，属二级的有毛冠鹿、林麝、大灵猫、猕猴、红腹锦鸡、大鲵、鸳鸯、鸢、胭脂鱼等，属国家有益动物的有竹鼠、啄木鸟、水獭、豪猪、狗獾等，属地方重点保护的有豹猫、貉、狐、苦恶鸟、棘皮蛙等。

【矿产资源】 区境主要矿产有页岩气、煤、天然气、铁矿、沙金、铝土矿、石灰石、泥岩、砂岩、硅质岩、硫铁矿等。其中：页岩气田埋深小于4500米的有利区面积近4000平方千米，是中国首个大型页岩气田，已进入商业开发阶段；原煤储量3071万吨，分布于二叠系与三叠系的上统地层，现已发现小型矿床（点）20余处；天然气蕴藏量17亿立方米，主要产于蔺市盆地的三叠系地层中；铁矿累计探明储量2600余万吨，品种有菱铁矿和赤铁矿两种，菱铁矿主产于侏罗系下统自流井组地层，含铁量26%～31%，累计探明储量2200余万吨，赤铁矿主产于侏罗系下统珍珠冲组地层，含铁量27%～30%，累计探明储量约400万吨；沙金主要分布于长江沿岸河沙砾石堆积中，每件（即一瓢，约3千克）一般含量5～22粒；铝土矿产于二叠系梁山组中部或中下部，与耐火黏土共生，储量54万吨；石灰石区境分布较广，累计探明储量达4.09亿吨；泥岩累计探明储量3833万吨，主要分布在早侏罗世的自流井中部（马鞍山段的插旗山）和侏罗系中统地层中（丛林乡廖家湾）；砂岩主产于三叠系上统须家河组和侏罗系地层中，累计探明储量8000多万吨，已发现的矿点有菜场马脚溪、白涛木头溪和荔枝鹅颈关等；硅质岩（石英砂）主要以似层状赋存于二叠系上统吴家坪组第三层及长兴组中下部，已探明储量1.2亿吨；硫铁矿主要分布于二叠系长兴组上部和上三叠系须家河组含煤地层的顶部和底部，大多呈结核状、星散状形式赋存，已探明储量240万吨。此外萤石已探明储量有50万吨。

【人口资源】 2018年，全区年末公安户籍户数45.37万户，户籍人口115.13万人，平均每户2.54人，人口密度为391.3人/平方千米。当年出生人口10794人、死亡9635人。在全区人口中，男性人口58.53万人，女性人口56.60万人，人口性别比（以女性为100）为103.4。户籍人口按城乡分，城镇人口51.38万人，乡村人口63.75人，户籍人口城镇化率44.6%。

按年底1%人口抽样调查资料计算，全区年末常住人口（在本地居住半年以上）116.80万人，常住人口已超过户籍人口，成为人口净流入区县。常住人口按城乡分，城镇人口80.26万人，乡村人口36.54万人，常住人口城镇化率为68.72%，比上年提高1.54个百分点。

年末全区从业人员为77.90万人，比上年增加0.3万人。年末城镇登记失业人数为5106人，城镇登记失业率为3.16%。

【旅游资源】 全区共有A级景区8个，其中4A级景区4个（武陵山大裂谷、白鹤梁水下博物馆、武陵山国家森林公园、大木花谷·林下花园）、3A级景区1个（古今花海）、2A级景区3个（沙溪温泉、李蔚如故里、巴山夜雨）；市级旅游度假区1个（武陵山旅游度假区），非A级景区10余个，乡村旅游游览点超过50个；

星级旅游饭店5家；国内旅行社13家，分社和门市部54家。

政区建置

早在5000年前，区境已有人类居住。夏商至春秋前期，为濮人居住区。春秋中后期至战国中期为巴国地（曾为巴国国都，巴先王陵墓所在地）。战国中后期为楚国地。战国后期为秦巴郡地。秦昭襄王三十年（公元前277年）置枳县，为区境置县之始。东汉时，分枳县置平都县。三国蜀汉时，增置汉平县，隶涪陵郡（郡治彭水郁山镇）。东晋穆帝永和三年（347年）置涪郡（又名枳城郡），为今区境置郡之始。南北朝时，仍置枳县，北周时改置涪陵镇，为今区境称涪陵之始。隋置涪陵县。唐置涪州，辖涪陵县等6县。宋代涪州仍置，辖涪陵等5县。元置涪州，辖武龙县。明置涪州，辖武龙、彭水二县。清置涪州，不领县。民国初（1913年），改涪州为涪陵县，先后隶属川东道（1914年改名为东川道）、四川省和四川省第八区。中华人民共和国成立后，1950年初，置川东涪陵区，辖涪陵、南川、酆都、石柱、武隆、长寿、彭水7县，隶川东行署区。1952年，川东酉阳区并入川东涪陵区，增辖垫江、黔江、酉阳、秀山4县，隶四川省。1958年，长寿县划入重庆市。1968年改称涪陵地区。1983年撤涪陵县设涪陵市。1988年，分黔江、酉阳、秀山、彭水、石柱（1959年由石砫更名）5县设黔江地区后，涪陵地区辖涪陵市、南川县、丰都县（1958年由酆都县更名）、垫江县和武隆县。1994年，撤南川县，设南川市。1995年11月5日，经国务院批准（国函〔1995〕106号），撤销涪陵地区，设地级涪陵市，下辖枳城区、李渡区、南川市、垫江县、丰都县、武隆县。1996年9月15日，经中共中央、国务院批复同意，涪陵市划归重庆市代管。1997年3月14日，全国人民代表大会五届五次会议审议通过国务院关于提请审议设立重庆直辖市的议案，涪陵市正式改隶重庆直辖市。1997年12月20日，经中共中央办公厅和国务院办公厅批准，撤销原地级涪陵市和枳城区、李渡区，设立重庆市涪陵区，重庆市涪陵区辖原枳城区、李渡区的行政区域。原涪陵市所辖（代管）的南川市、武隆县、丰都县、垫江县归重庆市直接管辖。

民族宗教

【民族】 涪陵区以汉族为主，少数民族是以土家族和苗族为主的散杂居区，2018年少数民族有37个，少数民族人口10000余人，其中常住少数民族7700余人，分布在27个乡镇街道。

【宗教】 2018年我区有佛教、道教、天主教、基督教四大教派，有宗教团体2个（涪陵区佛教协会、涪陵区天主教爱国会）。经市区政府批准开放的宗教活动场所(点)18处，其中佛教9处(包括活动点4处)，道教1处，天主教2处(包括活动点1处)，基督教6处(包括活动点5处)。7个宗教场所有教职人员12人，10个宗教活动场所（点）无宗教教职人员。全区有信教群众54000人（未颁证场所及社会信教群众未统计），其中佛教约50400人、道教约500人、天主教约1700人、基督教约1400人。

国民经济和社会发展概述

【概况】 2018年，面对更加严峻复杂的国内外形势，全区上下以习近平新时代中国特色社会主义思想为指导，坚定贯彻新发展理念和高质量发展要求，以供给侧结构性改革为主线，打好“三大攻坚战”，实施“八项行动计划”，做好“三篇大文章”，统筹推进稳增长、促改革、调结构、惠民生、防风险各项工作，经济运行总体平稳，呈现稳中有进、进中向好的态势。

2018年，全区生产总值突破千亿大关，达到1076亿元，经济总量稳居主城区外区县首位；工业经济逆势增长，规模工业增加值增长8%，增幅居千亿规模工业区县前列，涪陵高新区工业产值突破千亿；重庆涪陵综合保税区获批筹建，实现了涪陵区国家级开放平台零的突破；国家现代农业产业园获批创建，国家级高新区、全国文明城区、国家卫生区等创建工作取得进展，创新创业、文明卫生等新风尚在全区蔚然成风。

【三次产业协调发展】 工业经济量质齐升。规模工业产值增长13.7%。五大主导产业不断壮大，实现规模产值1347亿元。四大园区竞相发展，实现工业增加值387亿元，增长15%，涪陵高新区工业产值增长15%。产业结构不断优化，战略性新兴制造业产值、高技术产业产值分别增长19%、16.9%，分别高于规上工业5.5个百分点和3.4个百分点。获批绿色工厂2个、智能工厂2个、数字化车间9个。现代服务业加快发展。新业态新模式加快培育，服务业增加值占地区生产总值比重提高4个百分点。互爱科技园集聚53家数字经济项目，数资区块链研究院切入农产品溯源开展业务领跑全国。金融市场体系不断完善，社会融资规模达到1430亿元。特色农业稳中向好。农业增加值增长4.5%。新增中药材种植基地4万亩，新增市级农业龙头企业3家，新发展新型农业经营主体150个，新培育“三品一标”85个。

【投资消费协同发力】 投资实现企稳回升。70个区级重点项目完成投资109亿元，带动全社会固定资产投资完成406亿元，增长2.5%。工业投资、基础设施投资、房地产开发投资分别完成154亿元、119亿元、106亿元。重大基础设施建设提速，渝怀二线涪陵段、南两高速涪陵段加快建设，龙头港一期9号泊位完工，马武至龙潭一级路一二标段完工、三四标段全面开工。消费市场持续繁荣。文化、体育、健康、养老、教育培训等幸福产业服务消费进一步提质扩容，社会消费品零售总额增长10.5%。电子商务快速发展，限额以上企业网络零售额增长22%。全域旅游持续升温，接待游客人次、旅游收入分别增长22.7%、22.3%。外贸形势保持稳定，实现进出口总额52亿元，增长10.9%。

【发展动能加快转换】 创新驱动逐步增强。推进大数据、智能化、新能源、新材料等重点领域创新，累计培育科技型企业554家、高新技术企业80家、高成长性企业24家，建设重点实验室、工程技术研究中心、企业技术中心等国家级、市级科技研发平台72个、新型研发机构4家，重庆科技创新板挂牌企业2家。供给侧结构性改革取得新成效。国企改革加快推进，区属国有及控股企业利税总额增长24.5%。落实国家“减税降费”和重庆市“企业减负30条”等政策措施，为企业减负12亿元。有效管控金融风险和政府债务，银行不良贷款率低于全市平均水平。召开全区民营经济大会，出台优化营商环境促进民营经济发展的意见，新发展市场主体1.1万户，实体经济活力持续增强。开放环境持续改善，落实国家外资准入负面清单，进一步放宽市场准入限制，推进通关通检、国际贸易“单一窗口”等各项贸易便利化措施。招商引资成效明显，新签上亿元项目38个，上10亿元的项目14个，产值上50亿元项目6个。

【城乡建设提质提速】 “两线三片一城”引领城市建设热潮。实施项目65个，完成投资54亿元。新城区建设全面提速，城市功能日益完善、品质不断提升，宜居宜业现代化新区形象逐步显现。实验中学新校、中心医院新城区医院开工建设，鹤凤大道二期、站前大道二期等市政道路加快完善，环城西路三期、火车北站站前广场建成投用，铜鼓湖公园建成开放，涞滩河库岸整治、玉屏公园加快推进，绿地城际空间站开工建设。江南城区提质减载，南滨路二期、乌江大桥复线桥、涪陵南互通连接线建成投用，旧城改造二期清零扫尾基本完成，秋月门等旧城改造地块开发建设启动实施。美丽乡村加快建设。实施村镇建设项目 79 个，完成投资 3 亿元，一批乡镇市政道路、休闲广场、村级公共服务中心建成投用。创建市级美丽宜居示范村庄 3 个、绿色示范村庄 21 个、市级美丽庭院 1085 户。

【生态环境和社会民生持续改善】 生态文明建设有力推进。加快建设山清水秀美丽之地，建立完善“1+3+X”政策体系。推行河长制、库长制，长江、乌江干流涪陵段水质总体为优良。完成中央环保督察反馈问题年度整改任务，开展第二次全国污染源普查。持续实施环保五大行动，PM2.5 下降 15.9%，土壤环境质量总体稳定。脱贫攻坚纵深推进。全年减少贫困人口 2087 人。发放贫困学生补助 2 亿元，落实医疗救助资金 2474.5 万元。实施扶贫产业项目 18 个，发放扶贫小额信贷资金 2 亿元。实施民生实事 26 件，完成投资 22.8 亿元，超进度完成年度投资计划任务。社会事业全面发展。学前三年毛入园率、义务教育巩固率分别提高到 91%、97.7%。成功创建全国基层中医药工作先进区。新入选市级非物质文化遗产 8 项。

内陆开放高地建设概述

【概况】 年内，涪陵区大力建设重庆内陆开放高地的重要支点，深化开放型经济体制改革，提升对外开放水平，开放型经济发展取得明显进步。2018 年完成外贸进出口总额 55.8 亿元人民币、增长 18.8%，实际利用外资 1.58 亿美元、增长 26.7%，服务外包执行额 259.6 万美元。

【开放平台建设】 三大国家级平台建设取得突破，重庆涪陵综合保税区获批筹建，国家现代农业产业园获批创建，涪陵高新区入列科技部新一批国家级高新区“以升促建”重点名单。尤其是重庆涪陵综合保税区的成功获批，不仅是重庆对外开放的一件大事，也标志着涪陵区对外开放平台建设取得了突破性进展，对于涪陵区更好地融入国家“一带一路”和长江经济带建设，加快开放型经济发展，全力助推重庆内陆开放高地建设，都具有十分重要的意义。

【开放通道拓展】 渝怀铁路二线、南两高速公路加快建设，龙头港进港铁路专用线项目获得核准，涪丰北线拓宽改造一期竣工投用，渝万高铁、涪陵北环高速公路、页岩气物流通道焦石至南沱段前期工作有序推进。与上海外高桥保税区等专业平台建立联动机制，对外开放通道不断升级扩大。

【开放产业提升】 着力稳外贸稳外资稳外经。涪陵区“三稳”实施意见已充分研究待常务会审议；支持企业积极应对中美经贸摩擦，引导企业拓展外资利用渠道、多元化开拓国际市场。坚持做优增量与升级存量并重，统筹推进供给侧结构性改革，不断壮大开放型产业。页岩气二期项目加快建设，汽车产业逆势进取，榨菜产业开启新篇，建成全球最大己二酸生产基地，“涪陵造”棕刚玉获国家制造业单项冠军产品。创新驱动加力提速。国家火炬涪陵现代中医药特色产业基地建设正式启动，获批重庆市战略性新兴服务业（科技研发）集聚示范区、重庆首批专利信息服务试点区县；华为云计算数据中心建成，主城之外首个 5G 基站投用；新培育国家高新技术企业 30 户，高新技术产品产值、专利产品产值分别增长 25.8%、22.1%。招商引资再添新成果，新签投资 1 亿元以上项目 38 个、产值 50 亿元以上项目 6 个，其中：战略性新兴产业项目 15 个、大数据智能化项目 12 个，万凯新材料、华峰新材料等一批优质项目落户。

【便利开放通关】推进通关作业无纸化改革，执行有纸通关作业负面清单，关区报关单无纸化率达到99.8%。自报自缴税收改革工作全面推广，企业通过自报自缴方式报关的报关单1871份，报关单自报自缴比例55.6%。电子支付税征改革工作落实，实行电子支付税单244份，电子支付率达到73.3%。推进汇总征税税征改革，全区有通过汇总征税方式缴税企业1家，实行汇总征税1686.16万元，占该企业税收75.9%；全年共接受报关单3368票，其中进口532票，出口2863票。推进全国通关一体化改革，全年采取该通关模式的报关单3180票，其中进口531票，出口2649票。压缩通关时间，进口货物整体通关时间压缩44.4%，出口货物整体通关时间压缩39.43%。实施中国（重庆）国际贸易“单一窗口”，引导外贸企业注册。

【优化开放环境】开展服务企业“三百”行动（百名领导联系企业、百个科室对接企业、百项涉企问题化解），一大批涉企问题有效解决。“放管服”改革取得新成效，实现审批服务事项“应上尽上、全程在线”、行政审批服务“四办”全覆盖，平均办理时限压缩2/3；清理规范公共服务事项466项，政务服务事项集中办理率提高到70%，行政审批网上可办率达到86%。全面实施“多证合一”“证照分离”改革，建成58个“银政通”服务网点；全面启动工商、税务“一体化”服务流水线。全区信用信息平台上线运行。涪陵电子商务产业园成功纳入市级精品微型企业“双创”平台建设。

文化建设概述

【公共文化服务】公共文化设施建设有序推进。在全国第六次公共图书馆评估定级中，区图书馆、区少儿馆评定为国家“一级图书馆”；区图书馆（含少儿馆）新馆实现全部功能开放；新增5个24小时书吧、5个乡村大书房，新建社区体育健身点23个；区博物馆展陈改造工程开工。公共文化供给优化升级。公共文化场馆免费开放全年接待群众45万人次，区图书馆、区博物馆、区美术馆在全市公共文化服务免费开放年度考核中为“一等”等次，区文化馆、区少儿图书馆为“二等”等次；组织实施区五运会开幕式文体展演《活力新时代》、“幸福涪陵跳起来”——涪陵区2018年舞蹈大赛；开展流动文化服务进村活动1224场次，实施周末广场文艺演出50场次，开展公益性文艺演出60场次，实施脱贫攻坚文化志愿者活动92场次；组织20支“红色文艺轻骑兵”，深入城镇社区、农村院落开展文艺演出、展出、培训等文化服务活动180场次；举办各类培训班58期，参训人数达2000多人次；开展2018年世界读书日和“全民阅读月”系列主题活动，依托“涪州讲坛”“阅读服务进社区”文化品牌举办各种讲座、读书会、诗歌朗诵会等群众性读书活动12场次；完成民间文艺团队星级评定工作，评选出“五星”级民间文艺团队8个。组织社会力量参与文化建设。全区180余家艺术培训机构开展舞蹈、声乐、器乐、书画等类别的艺术培训，参培人数达23000余人次；联合贵博国际、建玛特、宝龙广场、泽胜广场、美心红酒小镇等企业举办了2018年涪陵区青少年现场书画大赛、第三届“未来之星”青少年才艺大赛、经典诵读比赛、全民健身坝坝舞大赛、全民K歌大赛、武陵山民歌大赛、白鹤梁·中国农民丰收节等一系列群众文化活动。

【文学艺术创作】坚持以人民为中心的创作导向，组织文艺工作者开展形式多样的文艺沙龙、文艺采风、改稿会、作品赏析会等活动共180余场次。组织实施“拥抱新时代”涪陵区2018年春节团拜会暨文艺演出，首次进行电视现场直播；本土群众文艺季刊《涪州》创办发行，新出版文学专著3部；举办第三届“我为涪陵写首歌”原创歌曲大赛；开展涪陵美术家“行走涪州”写生创作活动，联合重庆市文联举办了首届《“行走涪州”美术作品邀请展》；长篇小说《伐兵》等11项文艺创作重点项目列入《重庆市当代文学艺术创作工程规划（2018—2021年）》；综合性歌舞艺术剧目《巴歌渝舞》获选重庆市精品剧目参加全市巡演；舞蹈《青疙瘩 疙瘩青》参加了2018年全国中老年春节联欢晚会，并在广西桂林“三月三”全国少数民族文艺会演中获银奖；舞蹈作品《江上荔枝情》、音乐作品《焦石山上歌对歌》在全市乡村文艺调演中分别获二等奖和最佳人气奖；在第六届重庆市戏剧曲艺大赛（戏剧类）决赛中，戏剧作品《山中那棵核桃树》获一等奖，《“洋”妹儿进我家》获二等奖。摄制了涪陵人文形象宣传片《景行行止·人文涪陵》、电视音乐专辑《涪州之恋》，填补涪陵城市文化空白。

【文化遗产保护利用】开展文化遗产保护。推动白鹤梁题刻申遗工作，明确时间表、任务书、线路图；白鹤梁水下博物馆获评全国青少年研习实践基地、全国水情教育基地、重庆市民俗文化新地标；青羊镇获得第七批中国历史文化名镇称号。加强地面文物保护，大顺乡大顺村传统村落文物保护项目、陈万宝庄园三期修缮工程、施家祠堂修缮工程竣工并通过验收；刘作勤庄园维修工程、邱家榨菜作坊维修工程进展顺利；完成年度野外考古发掘任务，出土文物135件；开展文物建筑和博物馆消防安全大检查，代表重庆市接受国务院文物消防安全考核；完成了涪陵文物保护检查评估工作并获全市一等奖。实施非遗保护传承。新增8项市级非物质文化遗产名录；《涪陵历史文化丛书·涪陵民间文学》（上下卷）出版发行；万绍碧获评第五批国家级非物质文化遗产代表性项目代表性传承人；组织非遗生产性企业参加重庆市非遗博览会；开展戏曲进校园、进乡村活动60场次；加强古籍图书保护利用，完成古籍《九成宫醴泉铭》再版工作。

【文化市场发展】 文体产业发展趋旺。新增文化市场主体47家、规上企业2家。重庆互爱科技产业园被市文旅委评为市级文化创意产业园。组织9家企业参加西部动漫节、重庆市文化产业博览会。进一步规范市场审批程序，审批演出活动53场次，延续市场主体43家。开展重庆市第二届文化消费季活动，拉动消费1.3亿元。完成涪陵大剧院附属设施业态策划工作，会同国投集团编制了开发利用方案。开展招商引资，协议引资6000万元。涪陵大剧院上演大型舞剧《粉墨春秋》《一把酸枣》等优秀剧目共90余场次，新增艺术培训服务项目，实现社会效益和经济效益双丰收。

【文化市场监管】 进一步加强监督执法规范化，持续加强文化队伍、文化阵地、文化市场、文化活动监管，营造健康向上、竞争有序的文化市场环境。围绕“秋风”“净网”“固边”“清源”“护苗”五大专项行动，开展文化市场排查整治。共计检查文化市场375家次，建立“一户一档”台账118家，立案查处15起，罚款2.8万元；取缔非法出版物摊点2家，收缴非法出版物510张(册)；及时处理举报投诉19起。

【文化体制改革】 深化区图书馆法人治理结构改革全国示范点建设，其理事会工作进入常态；实施完成27个乡镇（街道）涪陵区文化馆、图书馆总分馆建设；推进文化市场综合执法改革，组建文化市场执法支队，文化市场执法逐步进入正轨。基本完成电影公司改革任务，92名在职职工安置已签约88人，资产评估工作有序推进。

党　政

中共重庆市涪陵区委员会

【概况】 2018年，中共重庆市涪陵区第五届常务委员会组成人员发生调整变化。1月，周少政担任区委委员、常委、书记，李洪义不再担任区委委员、常委、书记。至年末，中共重庆市涪陵区第五届常务委员会由区委书记周少政，区委副书记种及灵、周波和区委常委喻显镔、刘康中、杜海波、田景斌、夏艺、常金辉、徐瑛等10人组成。是年，在市委的坚强领导下，涪陵区委领导班子深学笃用习近平新时代中国特色社会主义思想和党的十九大精神，全面贯彻习近平总书记对重庆提出的"两点"定位、"两地""两高"目标、发挥"三个作用"和营造良好政治生态的重要指示要求，坚持稳中求进工作总基调，带领全区广大干部群众团结一致、沉心静气，打好"三大攻坚战"，落实"八项行动计划"，做好"三篇大文章"，确保真正把中央精神、市委要求学进去、讲出来、做起来，全区上下形成了奋发有力、不甘人后的良好势头。

【中共涪陵区委五届四次全会】 1月23日，中国共产党涪陵区第五届委员会第四次全体会议召开。全会的主要任务是深入学习贯彻习近平新时代中国特色社会主义思想和党的十九大精神，学习贯彻中央经济工作会议、全市经济工作会议精神，总结2017年全区工作，部署2018年全区经济工作。全会由区委常委会主持。区委书记周少政讲话。区委副书记、区政府区长种及灵代表区委常委会作《一年来区委常委会工作情况的报告》。区委常委、组织部部长喻显镔通报五届区委委员递补情况。区委委员、候补委员出席会议。部分离退休党员老同志，非区委委员的区人大常委会、区政府、区政协全体在家领导，其他有关部门、单位主要负责人列席会议。

【中共重庆市涪陵区委五届五次全会】 4月18日，中共重庆市涪陵区委五届五次全会召开。区委常委会主持会议。区委书记周少政讲话。区委委员、候补委员出席会议。非区委委员的区领导，各乡镇街道、区级部门和有关单位党员主要负责同志，以及部分市、区第五次党代会代表等列席会议。全会深入学习贯彻党的十九大精神，以习近平新时代中国特色社会主义思想为指引，全面贯彻习近平总书记视察重庆重要讲话和参加重庆代表团审议时重要讲话精神，全面落实市委五届四次全会精神，听取讨论了周少政同志代表区委常委会所做的讲话，研究部署了营造良好政治生态、加强法治和德治工作，审议通过了《中共重庆市涪陵区委关于营造良好政治生态的实施意见》和《加强法治和德治工作实施方案》。

【中共涪陵区委五届六次全会】 12月13日，中国共产党重庆市涪陵区第五届委员会第六次全体会议召开。全会的主要任务是深入学习贯彻习近平总书记关于深化党和国家机构改革的重要论述，学习贯彻市委五届五次全会精神，研究讨论涪陵区机构改革工作。全会由区委常委会主持。区委书记周少政讲话。全会深入贯彻习近平总书记关于深化党和国家机构改革的重要论述，审议通过《重庆市涪陵区机构改革方案（送审稿）》和全会决议，同意上报市委审批。区委副书记、区政府区长种及灵作说明。区委委员、候补委员出席会议。非区委委员的区政府领导班子成员，区纪委副书记、区监委副主任列席会议。

【政策研究】 起草《中共重庆市涪陵区委关于营造良好政治生态的实施意见》《中共重庆市涪陵区委关于印发〈加强法治和德治工作实施方案〉的通知》等重要文件，围绕“三大攻坚战”“八项行动计划”“三篇大文章”等重点工作，起草了一系列的实施意见、实施方案、工作方案等，推动中央精神、市委部署在涪陵落实落地。起草工业发展大会、“两线三片一城”项目建设动员大会、民营经济发展大会、旅游发展大会、构筑绿色屏障协调推进会、发展绿色产业工作推进会、建设绿色家园工作推进会、树立企业无小事理念优化营商环境“三百”行动动员会等区内重要会议材料，助推区委各项工作的安排部署和贯彻落实。起草区委领导参加全市经济工作会、金融工作会、深入推动长江经济带发展加快建设山清水秀美丽之地领导小组第一次会议等市上重要会议的发言材料，以及向市委、市政府领导汇报工作材料等，同时还起草了区委工作总结，实事求是、全面公正反映全区工作情况。

中共重庆市涪陵区委员会领导人名录

区 委 书 记：李洪义（1 月离任）
　　　　　　周少政（1 月任职）
区委副书记：种及灵　周　波
区 委 常 委：李洪义（1 月离任）
　　　　　　周少政（1 月任职）
　　　　　　种及灵　周　波　喻显镔
　　　　　　刘康中　杜海波　田景斌
　　　　　　夏　艺　常金辉
　　　　　　徐　瑛（女）

重庆市涪陵区人大常委会

【概况】 2018 年末，重庆市涪陵区第五届人大常委会有主任 1 人，副主任 4 人，委员 34 人。区人大设立法制委、财经委、城环委 3 个专委会，常委会设办公室、人事代表工委、预算工委、教科文卫工委、信访办 5 个工作机构及区纪委驻区人大机关纪检组。是年，共组织召开人代会 1 次、常委会会议 9 次，主任会议 16 次，听取审议“一府两院”专项工作报告 26 项，开展执法检查 3 项，专项工作评议 2 项、专题询问 1 项，组织专题调研和视察 17 项，做出决议决定 7 项、审议意见 9 项，依法任免国家机关工作人员 37 人次、人民陪审员 1 人次，接受辞职 1 人，撤销职务 1 人。

【区五届人大二次会议】 重庆市涪陵区第五届人民代表大会第二次会议于 2018 年 1 月 12 日至 15 日在涪陵城举行。会议应到代表 341 名，实到 339 名。大会听取和审议了区人大常委会、区人民政府、区人民法院、区人民检察院工作报告，审议涪陵区 2017 年国民经济和社会发展计划执行情况的报告及 2018 年国民经济和社会发展计划草案的报告，审查和批准涪陵区 2017 年国民经济和社会发展计划执行情况的报告及 2018 年国民经济和社会发展计划，审议涪陵区 2017 年财政预算执行情况和 2018 年财政预算草案的报告，审查和批准 2017 年区级财政预算执行情况的报告和 2018 年区本级财政预算，选举涪陵区监委主任、重庆市第五届人大代表，选举产生的国家机关工作人员进行了宪法宣誓。

【区人大常委会会议】 涪陵区人民代表大会常务委员会会议由主任召集，至少每两个月举行一次。是年，涪陵区人大常委会共召开常委会会议 9 次。会议听取审议了区政府关于区政府有关机构撤销、更名的备案报告；听取审议了区政府关于全区学前教育工作情况的报告并开展了专项工作评议；审议了《关于推进涪陵农村人居环境示范点建设的议案》；听取和审议了区公安局关于提请对区人大代表王云龙采取强制措施的报告；听取和审议了关于个别代表资格审查情况的报告；听取和审议了区政府关于农村基础设施建设情况的报告；听取和审议了区检察院关于诉讼活动法律监督工作情况的报告；审议了区五届人大常委会代表资格审查委员会关于个别代表资格变动情况的报告；会议书面印发了区人大常委会规范性文件备案审查工作情况的报告；听取和审议了区政府关于2018年上半年国民经济和社会发展计划执行情况的报告；听取和审议了区政府关于2018年上半年财政预算执行情况的报告；听取和审议了区政府关于区本级2017年度财政决算的报告，审查和批准区本级2017年度财政决算；听取和审议了区政府关于2017年度区级财政预算执行和其他财政收支审计情况的报告；听取和审议了区政府关于旅游产业发展情况的报告并开展了专项工作评议；听取和审议了区人大常委会执法检查组关于检查全区行政委托执法实施情况的报告；审议了关于陈福铭同志去世其重庆市涪陵区人大常委会敦仁街道工作委员会主任职务自然终止的备案报告；听取和审议了重庆市涪陵区第五届人大常委会代表资格审查委员会关于个别代表资格审查情况的报告；听取和审议了区人大常委会执法检查组关于检查《重庆市河道管理条例》实施情况的报告；听取了区“一府两院”落实《重庆市宪法宣誓实施办法》的情况报告；学习传达了全国人大常委会深入学习贯彻习近平总书记关于坚持和完善人民代表大会制度的重要思想交流会和市委第五次人大工作会议精神；听取和审议了区政府关于全区学前教育工作评议意见整改落实情况的报告，并开展了满意度测评；听取和审议了区人大常委会执法检查组关于开展《重庆市乡镇人大工作条例》执法检查情况的报告；听取和审议了区政府关于区人大代表建议办理情况的报告，并开展了满意度测评；审议了区政府关于2018年区级财政预算调整方案；听取了区政府关于企业国有资产管理情况的报告；听取了区政府关于开展教育督导工作情况的报告；听取和审议了区政府关于全区“厕所革命”工作推进情况的报告；听取了区政府关于法治政府建设情况的报告；听取了区政府关于区政府办公场所临时避险搬迁工作情况的报告；听取和审议了区政府关于组建重庆市涪陵区退役军人事务局的备案报告；审议了关于召开重庆市涪陵区第五届人民代表大会第三次会议的决定；审议了重庆市涪陵区第五届人民代表大会第三次会议代表团组建方案；听取和审议了区政府关于2017年度区级预算执行和其他财政收支审计问题整改情况的报告并组织专题询问；听取和审议了区政府关于贯彻落实区人大常委会对推进全区农村人居环境示范点建设审议意见情况的报告，并开展了满意度测评；听取和审议了区政府关于涪陵区国民经济和社会发展第十三个五年规划纲要实施情况的报告；听取和审议了区政府关于涪陵区国民经济和社会发展第十三个五年规划纲要中期调整情况的报告；听取了区人大常委会任命的区“一府两院”部分干部年度履职情况的报告和部分在涪市人大代表的述职报告；听取和审议了区政府关于贯彻落实区人大常委会关于农产品质量安全管理工作情况报告审议意见情况的报告，并开展了满意度测评；听取和审议了区政府关于全区新一轮乡镇财政体制运行情况的报告；听取了区政府关于2018年全区环境状况和环境保护目标完成情况的报告；审议了关于废止重庆市涪陵区人大常委会财政预算审查监督暂行办法等3件规范性文件的决定；审议了召开区五届人大三次会议的有关事项；审议并票决通过了有关人事事项。

【主任会议】 涪陵区人大常委会主任会

议由主任召集，每月至少举行1次。是年，涪陵区人大常委会共召开主任会议16次。会议分别审定了区五届人大常委会第一次到八次会议的建议事项，区人大常委会2018年工作预安排和监督计划，重点督办代表建议方案，《关于推进涪陵农村人居环境示范点建设的议案》的审议意见等事项。初审了有关人事任免事项，区五届人大代表变动情况、个别代表资格审查情况报告，区人民代表大会常务委员会议事规则，《关于推进涪陵农村人居环境示范点建设的议案》的调研报告等事项。听取了规范性文件备案审查意见的情况等汇报。

【坚持党对人大工作的领导】 常委会在坚持党对人大工作的领导上毫不动摇，始终旗帜鲜明讲政治，把党的领导落实到人大工作的各方面，贯穿于人大依法履职的全过程。

切实提高政治站位。牢固树立“四个意识”，坚定“四个自信”，坚决维护习近平总书记核心地位，坚决维护党中央权威和集中统一领导，把牢政治方向、站稳政治立场、坚持政治原则、坚定政治道路。充分发挥党组作用。坚持党性与人民性的统一，主动把人大工作放到区委工作大局中去谋划、去部署，使人大工作更好地体现党的主张和人民意志。认真履行政治领导责任，坚持重大问题、重大事项向区委请示报告制度，先后就年度工作计划、重要监督事项、重大事项决定、选举任免、人代会召开等，向区委请示报告12次。全面履行从严治党主体责任，加强人大党的建设，充分发挥人大党组织的战斗堡垒作用和党员干部的先锋模范作用。

【参与中心工作】 常委会班子成员和机关干部按照区委安排部署，主动参与“四城同创”、河长制、脱贫攻坚、“两线三片一城”城市项目建设、“三百”行动、城区环境综合整治等中心工作，深入一线开展调研、督查活动120余次，协调解决了一系列实际困难和问题。贯彻区委“兴调研转作风促落实”行动要求，围绕全区工作大局，开展了内陆开放高地建设、建筑产业发展、民营经济发展、农村“三变”改革、内畅外联通道建设、农村生产生活便道建设等专题调研，形成了一批高质量的调研报告，向区委建言献策，向区政府反馈意见。落实区委全面深化改革工作要求，全面完成民主法制领域改革有关任务。

【推进监督】 深化经济工作监督。按照中央、市委关于建立政府向同级人大常委会报告国有资产管理情况的规定，依法听取区政府关于国有企业资产管理情况的报告，督促有关方面用好政府和市场“两只手”，加强国有企业资产管理，提高国有企业经营效益。贯彻习近平总书记在民营企业座谈会上的重要讲话精神，落实市委、区委民营经济发展大会要求，对非公经济发展情况组织专题视察，建议区政府健全制度机制，制定惠企政策，加大对民营企业融资难、融资贵、融资慢和电力保障等问题的解决力度，进一步创造良好的营商条件，支持民营企业发展壮大。按照市人大上下联动要求，听取和审议区政府关于旅游产业发展情况的报告并开展专项工作评议，提出优化顶层设计、健全体制机制、加强营销宣传、强化形象塑造、夯实基础设施和公共服务功能等评议意见，督促区政府及有关部门按照全市、全区旅游发展大会部署，加速推进“旅游兴区”战略落实，加快建成长江上游知名人文风景旅游目的地；及时向市人大报送调研报告，所提建议多条被采纳。听取和审议区政府关于2018年上半年国民经济和社会发展计划执行情况的报告，要求区政府及有关部门加强经济形势分析研判，坚定发展信心，增添有效措施，推动经济社会高质量发展。听取和审议区政府关于国民经济和社会发展第十三个五年规划纲要实施情况的报告和中期调整的报告，全面、客观地评价规划实施的进展和效果，推动规划目标顺利实现。

深化财政预算监督。听取和审议区政府关

于2018年上半年财政预算执行情况的报告、关于区本级2017年度财政决算（草案）的报告、关于2017年度区级财政预算执行和其他财政收支审计情况的报告、关于2018年区级财政预算调整方案（草案）的报告，督促区政府及财政部门加强债务风险防控，保障财政资金运行质效，确保全年财政预算目标任务全面完成。听取和审议区政府关于2017年度区级预算执行和其他财政收支审计问题整改情况的报告并组织专题询问，推动审计查出问题整改落实。听取和审议区政府关于新一轮乡镇财政体制运行情况的报告，要求区政府及财政部门加强乡镇财政运行调控，确保乡镇财政有序运行、健康发展。落实中央、市委关于人大预算审查监督重点向支出预算和政策拓展的要求，强化预算审查监督，推动政府预算公开评审和向社会公开。推进预算联网监督工作，在全市区县中率先实现人大与财政部门国库集中支付系统网络联通，监督终端联网顺利运行。

深化民生实事监督。针对人民群众高度关注的幼儿“入园难、入园贵、入园不放心”问题，听取和审议区政府关于全区学前教育工作情况的报告并开展专项工作评议，提出发展公办园和普惠性民办园、调整优化教育支出结构、编制学前教育专业规划、加强幼儿师资队伍建设、规范学前教育办学等评议意见交区政府研究整改，推动了学前教育优质普惠健康发展。听取区政府关于教育督导工作情况的报告，要求区政府切实解决督导队伍建设、督政功能、督导结果运用及公开等问题。落实习近平总书记关于“厕所革命”的重要指示精神，听取和审议区政府关于全区“厕所革命”工作推进情况的报告，针对存在的问题，提出加强规划建设管理、多措并举解决改厕资金、着力完善设施服务功能、加强宣传教育引导等审议意见，督促区政府把“厕所革命”作为城乡文明建设和乡村振兴战略的具体工作来抓，推进城区、场镇、农村、旅游区和商贸行业厕所建设标准化、设施现代化、管理规范化、服务人性化，持续改善群众如厕环境，努力补齐影响群众生活品质短板。审议了区五届人大二次会议主席团交付的《关于推进涪陵农村人居环境示范点建设的议案》，提出针对性的审议意见，要求区政府强化规划设计示范引领，加大乡村文明教育引导力度，完善农村公共基础设施，打造产业兴旺、生态宜居、乡风文明、治理有效、生活富裕的农村人居环境示范点；半年后，听取和审议了区政府落实该议案审议意见情况的报告并开展满意度测评。听取和审议区政府关于全区农村基础设施建设情况的报告，针对统筹协调力度不够、规划缺乏系统性、建设资金缺口较大、管护责任落实不够到位等问题，提出审议意见交区政府研究处理。跨年度跟踪监督农产品质量安全管理工作，听取和审议区政府研究处理常委会审议意见情况报告并开展满意度测评，要求区政府及有关部门在加强统筹协调、全过程监管和依法打击违法违规行为等方面进一步发力，保障人民群众舌尖上的安全。专题视察全区文化事业和文化产业发展工作，提出挖掘推介涪陵优秀传统文化、保护传承历史文化遗产、创作一批文化艺术精品力作、强化文化与城市和旅游融合、补齐文化产业发展短板、培养文艺人才队伍等视察建议。

深化生态环保监督。开展《重庆市河道管理条例》执法检查，要求有关方面切实增强历史责任感，采取有力措施，提升执法效能，有效打击涉河违法行为。对“河长制”落实情况开展专题视察和调研、对市容环境综合整治进行明察暗访和专项督查，听取区政府关于2018年度环境状况和环境保护目标完成情况报告，要求区政府及有关部门创新完善工作机制，主攻企业环保改造、畜禽养殖整治等薄弱环节，加强生态系统保护和修复。

深化法治建设监督。开展全区行政委托执

法工作执法检查，对27类行政执法委托书和1类行政征收委托书以及52卷行政委托执法案件进行评查，形成质量评查书80份，多次召开评查意见交换座谈会，审议通过执法检查报告并交区政府研究处理，尤其是促成了某市级单位对1份规范性文件进行废止，某镇两个村的村规民约重新修订。专题视察“七五”普法决议中期执行情况，听取区政府关于法治政府建设情况的报告，促进“七五”普法决议执行和法治政府建设。听取区“一府两院”贯彻落实《重庆市宪法宣誓实施办法》情况的报告，推进宪法宣誓制度的全面落实。听取和审议区检察院关于诉讼活动法律监督工作情况的报告，提出审议意见交区检察院研究处理，督促区检察院公正司法。专题听取区法院、区检察院、区公安局基本解决执行难工作情况的报告，针对存在的问题提出意见建议，促进基本解决执行难工作。开展《重庆市乡镇人民代表大会工作条例》执法检查，查找条例施行过程中存在的问题，推动新时代乡镇人大工作规范化、制度化建设。按照有件必备、有备必审、有错必纠的原则，依法对区政府报备的13件规范性文件开展审查，提出审查意见。抓好人大信访工作，全年接待群众来访503批次、来信98件、电话来访30件，交办率、办结率均达100%。组织开展宪法修正案、监察法、预算法等专题法制讲座和培训。协助市人大开展《重庆市产品质量监督条例》执法检查和法院基本解决执行难专题调研。配合市人大开展《重庆市全民健身条例（草案）》和修订《重庆市水利工程管理条例》立法调研，结合涪陵实际提出意见建议。

【依法任免选举】 依法做出决议决定。贯彻落实中央、市委关于健全人大讨论决定重大事项制度、各级政府重大决策出台前向本级人大报告的实施意见，代拟并提交区委出台《关于健全区人大讨论决定重大事项制度、区政府重大决策出台前向区人大报告的实施办法》，明确区人大及其常委会讨论决定重大事项的重点和主要范围，区政府应当依法向区人大及其常委会报告的主要重大事项、区政府重大决策出台前依法向区人大及其常委会报告的事项，启动《区人大常委会讨论决定重大事项办法》的修订工作。针对宏观经济下行压力，围绕全区经济社会发展，深入开展视察调研，加强经济形势分析研判，依法讨论做出关于批准2017年度区本级财政决算的决议、关于批准2018年区级财政预算调整方案的决议、关于批准区国民经济和社会发展第十三个五年规划纲要中期调整情况报告的决议。针对全区行政委托执法工作执法检查发现的问题，做出关于进一步加强和规范全区行政委托执法工作的决议。对重庆直辖以来区人大及其常委会出台的规范性文件进行全面清理，做出关于废止区人大常委会财政预算审查监督暂行办法等3件规范性文件的决定。审议了区政府关于区政府有关机构撤销、更名的备案报告、关于组建重庆市涪陵区退役军人事务局的备案报告，听取了区政府关于区政府办公场所临时避险搬迁工作情况的报告。

依法开展选举任免。4次听取和审议代表资格审查委员会关于区人大代表资格审查情况的报告，依法确认20名区人大代表资格变动情况，其中：接受辞职11名、自然终止职务8名、补选1名。严格执行任前材料初审、法律知识考试、供职发言和颁发任命书制度，组织任前法律知识考试21人次、任前供职发言4人次，依法任免国家机关工作人员37人次、人民陪审员1人，接受辞职1人，撤销职务1人。

依法做好任后监督。依法组织宪法宣誓4批次22人次，促使国家工作人员树立宪法意识、恪守宪法原则、弘扬宪法精神、履行宪法使命。探索完善任后监督工作机制，加强对任命干部的监督，听取了7名区“一府两院”干部的年度履职情况报告。

【发挥代表作用】 代表履职保障更加充分。进一步完善以区、乡镇两级人大为组织机构，以代表政治理论知识、宪法法律知识和履职业务知识培训为主要内容，以初任培训、专题培训、综合培训、日常培训为主要方式的“两层级、三知识、四方式”代表培训机制，出台人大代表五年培训方案，将乡镇人大代表履职培训首次纳入全区干部培训计划，先后培训全国、市、区人大代表242名，提级培训乡镇人大代表180名，代表综合素质和履职能力进一步提升。组织全国、市、区人大代表200余人次参加常委会组织的执法检查、调研视察等活动，拓宽代表知情知政渠道。

代表建议督办更加扎实。创新代表建议督办方式，坚持主任会议重点督办、委室归口督办、代表参与督办和代表建议办理“两次评价”工作机制，坚持听取和审议区政府代表建议办理情况报告并开展满意度测评。区五届人大二次会议以来的246件代表建议全部办结，回复率100%、办理结果满意率98.4%。尤其是主任会议确定的8件重点督办建议，办理效果良好，学生乘坐公交难、群众过街安全隐患、滨江路片区居民“买菜难”等一批代表关注的热点难点问题得到有效解决。

代表联系群众更加紧密。严格代表履职考核登记，利用“代表之家”、民情联系点等平台开展“两联一述”工作，常委会组成人员联系代表、代表联系群众、代表接待选民和向选民述职的密度和频度进一步增加。一年来，共有4名市人大代表向常委会述职，530余名区、乡镇人大代表向原选区选民述职，区人大代表走访、接待选民9800余人次、收集社情民意480余条、帮扶困难群众660余人。

【自身建设】 **强化思想建设**。始终把思想建设放在首位，坚持党组中心组学习、机关每周五定期集中学习，经常性举办各种专题讲座，抓好政策理论、宪法法律和业务知识学习，强化理论武装。紧抓意识形态工作，解决好“总开关”问题，推进“两学一做”学习教育常态化制度化，开展形式多样的主题党日活动，举办庆“七·一”讴歌新时代演讲征文比赛。

强化作风建设。落实党组主体责任，执行中央八项规定精神，贯彻党风廉政建设和反腐败工作各项要求，纠正“四风”，自觉接受各方监督。

强化人大宣传。加强人大官网建设，创办《涪陵人大》内刊和“涪陵人大”微信公众号，在巴渝都市报开设“人大风采”专栏、涪陵电视台开办“人大之窗”专题节目，推动人民代表大会制度和人大知识成为区委党校主体班教学内容。选送的5件人大新闻作品有2件分别获2018年重庆人大新闻奖一等奖、三等奖。

强化联系指导。加强与上级人大、外地人大的联系沟通和互动交流，按时完成市人大交办的《重庆市志·人大志》（涪陵篇）编纂任务。通过召开座谈会、联席会、片区会等方式，加强对乡镇街道人大工作的指导，推动全区人大工作协调发展。

重庆市涪陵区人大常委会领导人名录

人 大 主 任：李景耀

人大副主任：姚明勇　黄 华

于淑萍（女）

冉义明

重庆市涪陵区人民政府

【概况】 涪陵区人民政府成立于1998年，每届政府任期5年。2018年是第五届涪陵区人民政府任期的第二年。至年末，区政府领导班子成员共7人，其中种及灵为区长，杜海波、赵昌辉、钟涛、董代文、古明洪、席红为副区长。是年，在市委、市政府和区委的坚强领导下，在区人大、区政协的监督支持下，区政府坚持以习近平新时代中国特色社会主义思想为指导，坚持稳中求进工作总基调，贯彻新发展理念，突出抓重点、补短板、强弱项，推进“三大攻坚战”“八项行动计划”及“三篇大文章”等各项重点任务，开启了高质量发展高品质生活的美丽涪陵幸福涪陵建设新征程。

【重要会议】 2018年1月5日，区政府召开2018年第1次全体会议，会议讨论修改了拟提区五届人大二次会议审议的《政府工作报告》，讨论修改了《重庆市涪陵区2017年国民经济和社会发展计划执行情况与2018年计划（草案）的报告（送审稿）》《重庆市涪陵区2017年财政预算执行情况和2018年财政预算草案的报告（送审稿）》。

2018年，区政府共召开常务会议27次，先后审定《涪陵区交通基础设施建设提升行动方案（2018—2020年）》《关于全面深入推进社会稳定风险评估工作的实施办法》《涪陵区工程建设项目招投标活动监督管理办法》《涪陵区第三期学前教育行动计划》《关于开展农村“三变”改革试点促进农民增收产业增效生态增值的实施意见》《关于推进养老服务业发展促进医养深度融合的实施意见》《关于贯彻落实实施一批民生实事的实施方案》《关于加快全域旅游发展推动旅游兴区的实施意见》《重庆市涪陵区防治慢性病中长期规划（2017—2025年）》《涪陵区统筹推进城乡义务教育一体化发展实施方案》《重庆市涪陵区综合交通规划（2017—2035年）专项规划》《关于促进民营经济高质量发展的意见》《涪陵区农村人居环境整治三年行动实施方案（2018—2020年）》《重庆市涪陵区国民经济计划和社会发展第十三个五年规划实施情况评估报告》《关于加强和完善城乡社区治理的实施方案》《重庆市涪陵区“多规合一”规划》《涪陵区深化教育体制机制改革实施方案》等重大事项186个，研究决定人事任免10次，研究违纪干部政纪处分1次。

2018年，区政府共召开区长办公会议23次，先后审定《重庆市涪陵区政府投资项目管理办法》《涪陵旅游产业战略合作框架协议》《2018年〈政府工作报告〉主要目标任务分解方案》《关于规范市内出差差旅费报销标准有关问题的请示》《重庆市涪陵区区级机关培训费管理办法》《关于进一步加强2018年全区政府投资项目管理的通知》《关于停止建设年产20万吨电解铝环保搬迁项目的请示》《涪陵区政府投资项目结算审计结果运用流程规范（试行）》《全区党政机关和事业单位所属企业集中统一监管实施方案》《浙江万凯新材料有限公司年产120万吨聚酯瓶片项目相关扶持政策》《关于疏导城区居民用气价格及理顺乡镇居民用气销售价格的请示》《涪陵高铁新城项目投资协议及补充协议》《关于进一步支持企业改制上市的意见》等重大事项87个。

2018年，区政府共召开专题会议55次，先后研究落实涪陵江南城区有关区域城市管理责任划分、加强保障农民工工资支付、新城区建设和发展、新城区重点项目建设及土地利用、卫生重点项目建设、创建国家高新区、推进建筑产业现代化建设、餐饮船舶污染整治推进、自然保护区生态环境综合整治、学前教育、旧城改造二期房屋征收、非煤矿山关闭、武陵山旅游区规划建设、住宅小区配套幼儿园、水污染防治目标任务突出问题整改、大木山市级自然保护区问题整改、市级调研涪陵区创卫工作反馈问题整改、涪陵区国家现代农业产业园创建、“四好农村路”建设推进、校园安全隐患问题整改、深化“放管服”改革等专项工作。

【重要决策及措施】 2018年，以涪陵府发名义印发的文件57件，主要涉及《关于加强中小学幼儿园安全风险防控体系建设的实施意见》《关于进一步加强困境儿童保障工作的实施意见》《关于加强涪陵城区春节期间燃放烟花爆竹管理的通告》《关于清理规范22项区级行政审批中介服务事项的决定》《关于建立经济形势分析调度制度的通知》《关于做好第四次全国经济普查的通知》《关于建立粮食生产功能区的实施意见》《关于全面推进公交都市创建工作的实施意见》《关于加强农产品品牌建设工作的实施意见》《关于取消一批行政许可等事项的决定》《重庆市涪陵区人民政府关于授予重庆中科建设（集团）有限公司涪陵建企航母称号的通报》《重庆市涪陵区人民政府关于加快推进工程建设项目审批制度改革试点工作的通知》《重庆市涪陵区人民政府关于取消区级设定证明事项的决定》《重庆市涪陵区人民政府关于印发重庆市涪陵区自然保护地违法违规问题整改工作方案的通知》等重要事项决策。

2018年，以涪陵府办发名义印发的文件246件，主要涉及《重庆市涪陵区人民政府办公室关于加强我区刑满释放人员救助管理工作的实施意见的通知》《关于印发2018年涪陵区外出农民工回引就业创业工作方案的通知》《关于印发涪陵区深化实施电子商务扶贫行动方案的通知》《关于印发企业上市（挂牌）相关政务服务事项办理规程的通知》《关于印发涪陵区工程建设项目招标投标活动监督管理办法的通知》《关于印发创建涪陵榨菜一二三产业融合发展先导区工作方案的通知》《重庆市涪陵区人民政府办公室关于进一步抓好农村生活垃圾治理工作的通知》《关于推进养老服务业发展促进医养深度融合的实施意见》《关于做好2018年政府系统人大代表建议政协提案办理工作的通知》《重庆市涪陵人民政府办公室关于印发重庆市涪陵区实施重庆籍建档立卡贫困家庭大学生学费资助工作方案的通知》《重庆市涪陵区人民政府办公室关于印发2018年涪陵区国土绿化提升行动实施方案的通知》《重庆市涪陵区人民政府办公室关于印发重庆市涪陵区老龄事业发展和养老体系建设十三五规划的通知》《关于做好2018年突发事件风险管理工作的通知》《关于印发重庆市涪陵区农村改厕工作实施方案（2018—2020年）的通知》《重庆市涪陵区人民政府办公室关于认真做好政务公开有关工作的通知》《关于印发重庆市涪陵区防治慢性病中长期规划（2017—2025年）的通知》《关于印发涪陵区推进“四好农村路”建设实施方案的通知》《关于印发涪陵区2018年推动长江经济带发展工作要点的通知》等重大事项决策。

【重大综合性工作】“三大攻坚战”方面：制定并印发执行《涪陵区防范化解社会矛盾风险攻坚行动实施方案》《涪陵区防范化解金融领域重大风险工作方案》《涪陵区精准脱贫攻坚战实施方案》《重庆市涪陵区污染防治攻坚战实施方案（2018—2020年）》等重要文件。

“八项行动计划”方面：制定并印发执行《涪陵区实施以大数据智能化为引领的创新驱动发展行动计划方案（2018—2020年）》《重庆市涪陵区城市提升行动计划》《重庆市涪陵区乡村振兴战略规划（2018—2020年）》《涪陵区实施乡村振兴战略行动方案》《重庆市涪陵区科教兴区和人才强区行动计划（2018—2020年）》《关于推进军民融合发展的实施意见》《重庆市涪陵区内陆开放高地建设战略行动计划（2018—2022年）》《重庆市涪陵区实施生态优先绿色发展行动工作方案（2018—2020年）》《重庆市涪陵区保障和改善民生行动实施方案（2018—2020年）》等重要文件。

“三篇大文章”方面：制定并印发执行《重庆市涪陵区构筑绿色屏障三年实施方案》《重庆市涪陵区发展绿色产业三年实施方案》《重庆市涪陵区建设绿色家园三年实施方案》等重要文件。

重庆市涪陵区人民政府领导人名录

区　长：种及灵

副区长：杜海波

周京平（6月离任）

赵昌辉
李　顺（12 月离任）
钟　涛　董代文
何庆华（8 月离任）
古明洪（8 月任职）
席　红（8 月任职）

政协重庆市涪陵区委员会

【概况】2018年末，涪陵区政协设办公室、提案委、经济委、城环委、社法委、教科文卫史委、联络委 7 个工作机构。是年，在中共涪陵区委的坚强领导下，区政协常委会高举中国特色社会主义伟大旗帜，深学笃用习近平新时代中国特色社会主义思想，深刻领会习近平总书记关于加强和改进人民政协工作的重要思想，贯彻落实中共十九大和十九届二中三中全会精神，落实市委、区委第五次政协工作会议精神和重大决策部署，把握团结和民主两大主题，履行政治协商、民主监督、参政议政职能，为全区经济社会发展和民生改善做出了积极贡献。

【区政协五届二次会议】 1月 11 日至 13 日，区政协召开五届二次会议。会议听取并审议了主席徐志红代表区政协常委会所做的工作报告和副主席石鹏所做的提案工作报告，听取了中共涪陵区委书记周少政讲话，列席了区五届人大二次会议，听取并协商讨论政府工作报告和区法院、区检察院工作报告及其他报告；听取了来自不同界别的 10 位政协委员的大会交流发言；表彰了区政协 2017 年度优秀委员、优秀提案、先进界别小组、反映社情民意信息先进集体和个人、政协宣传工作先进集体和个人；通过了大会提案审查报告和大会决议。大会收到提案 390 件，审查立案 349 件。

【区政协常委会议】 全年召开常委会议 5 次。主要议题是学习贯彻习近平总书记重要讲话精神和全国“两会”精神，审议通过有关人事事项，对 2019 年区政协民主评议区科委、区民政局工作进行动员部署，学习习近平总书记关于加强和改进人民政协工作的重要思想，对区科委、区民政局工作进行了民主评议，传达学习全国政协系统党的建设工作座谈会，全国政协成都片区会，市政协学习贯彻习近平总书记关于加强和改进人民政协工作的重要思想理论研讨会和片区座谈会、五届三次常委会、深入推动长江经济带发展加快建设山清水秀美丽之地委员履职尽责实践活动动员部署会会议精神，审议通过《区政协深入推动长江经济带发展加快建设山清水秀美丽之地委员履职尽责实践活动方案》，听取上半年全区经济社会发展情况通报并进行协商讨论，听取区政府办公场所实施临时避险搬迁有关情况的通报，听取 2018 年度提案办理情况通报并开展协商讨论，对区教委、区商务局、区规划局、区卫生计生委提案办理工作进行民主测评。传达学习市委第五次政协工作会议、市政协系统党的建设工作座谈会精神，协商讨论《政府工作报告（征求意见稿）》，审议通过区政协五届三次会议有关事项，审议通过《政协重庆市涪陵区第五届委员会常务委员会工作报告（草案）》和《政协重庆市涪陵区第五届委员会常务委员会提案工作报告（草案）》并决定报告人。

【区政协主席会议】 全年召开主席会议 9 次。主要议题：五届九次主席会议审议通过涪陵区政协各委室 2017 年度绩效目标考核工作和涪陵区政协各委室 2018 年度绩效目标管理责任书、区政协各委室 2018 年工作要点、区政协关于民主评议区科委、区民政局工作实施方案、区政协 2018 年主席约见委员方案、区政协领导联系走访委员方案、2018 年区政协第一期委员培训建议方案、区政协 2018 年度“委员展风采”拟推荐名单，研究有关人事事项。五届十次主席会议传达 5 月 2 日书记办公会有关精神及近期区委常委会研究扶贫工作有关精神，审议通过2018年区政协提案调研督办工作方案（讨论稿），研究出版工业涪陵文史资料相关事项和2018年区政协宣传工作经费问题；听取区纪委派驻区政协机关纪检组工作通报，研究部署近期工作。五届十一次主席会议审议通过《区政协关于认真学习贯彻习近平总书记关于加强和改进人民政协工作的重要思想的通知》《区政协民主评议区民政局工作评议调查报告》《区政协民主评议区科委工作评议调查报告》，审议有关人事事项，研究部署近期工作。五届十二次主席会议传达学习全国政协系统党的建设工作座谈会、市政协五届三次常委会、市政协深入推动长江经济带发展加快建设山清水秀美丽之地委员履职尽责活动工作部署会、市政协学习贯彻习近平总书记关于加强和改进人民政协工作的重要思想理论研讨会、全市政协系统秘书长工作会精神，研究部署了近期工作。五届十三次主席会议审议通过《关于加快实施我区工业企业智能化改造的调研报告》《关于规范全区物业管理秩序的调研报告》，审议通过区政协《关于深入推动长江经济带发展加快建设山清水秀美丽之地委员履职尽责实践活动方案》。五届十四次主席会议审议通过《关于实施乡村振兴战略的调研报告》《关于加快建设涪陵城区智慧交通的调研报告》《关于加快全区公办养老机构规范化建设的调研报告》《关于提升全区基本公共卫生服务能力的调研报告》，听取区政协联络委关于今年以来委员培训情况的汇报，通报区政协网站升级和正版软件使用事宜。五届十五次主席会议传达市政协五届四次常委会议精神，审议通过区政协办公室《关于大力实施乡村振兴战略理论研究成果交流会实施方案》《大力实施乡村振兴战略理论研究优秀论文和优秀组织单位名单》，审议通过《〈脊梁：涪陵工业发展回眸〉出刊座谈会方案》，研究部署了近期工作。五届十六次主席会议审议通过《关于区科委民主评议问题整改落实情况的报告》《关于区民政局民主评议问题整改落实情况的报告》《区政协五届三次会议筹备方案》《关于征集创建全国文明城区国家卫生区书画摄影作品的方案》。五届十七次主席会议审议通过区政协五届常委会工作报告（审议稿）、提案工作报告（审议稿），建议了常委会工作报告、提案工作报告报告人；审议通过有关人事事项，区政协五届三次会议其他有关事项，2019年区政协专题协商、监督协商、政情通报、重点调研、专项视察、民主评议等安排（审议稿），《深入推动长江经济带发展加快建设山清水秀美丽之地委员履职尽责实践活动工作简则》（审议稿）等。

【协商议政】 围绕全区改革发展大局，紧扣区委、区政府中心工作，精心筛选协商课题，集中开展协商议政，确保政协协商与全区工作同向发力。区政协五届二次会议期间，委员们围绕全区发展大局，重点就推进乡村振兴战略、生态文明建设、实体经济提质增效、医疗卫生事业发展等方面，提出意见建议200多条，提交提案390件。围绕全区半年经济社会发展、法检两院半年工作、区政协五届二次会议提案办理和区政府工作报告，常委会议进行了4次重点协商，从不同角度提出意见建议80余条。围绕创建国家食品安全示范区、推进美丽乡村建设、加快现代服务业发展、建设公共安全视频联网应用工程、加强新常态下招商引资工作等开展了5次专题协商，形成一批质量较高的意见建议，被区委、区政府采纳，起到了资政决策、完善决策、推动决策的作用。

【调研建言】 全年紧扣城区环境综合整治、矛盾纠纷协同治理、工业企业环境保护、柑橘产业发展等开展6次专项视察，围绕乡村振兴战略实施、工业企业智能化水平提升、公办养老机构规范化建设、智慧交通建设、物业管理秩序规范、基本公共卫生服务能力提升、区域性中心城市建设等开展专题调研，区委、区政府主要领导和分管领导批示视察调研成果，相关部门及时办理，有效促进工作改进和落实。举办大力实施乡村振兴战略理论研究成果交流会，为把脉涪陵乡村振兴献务实之策。参与市政协开展的“深入推动长江经济带发展加快建设山清水秀美丽之地”系列调研。

【服务发展】 积极参与全区创文、创卫工作，区政协深入责任部门、街道、社区，开展督查督导，参与志愿服务。落实全区“三百”行动和精准服务民营企业要求，定期到联系企业走访调研，排忧解难。助推脱贫攻坚成果巩固，政协机关扶贫集团成员单位462名干部帮扶472户贫困户，落实5个贫困村产业发展、基础设施建设、技能培训等项目20个，争取资金上千万元。在河长制推进、工业园区发展、“两线三片一城”建设等全区重点工作中。

【民主监督】 坚持以新发展理念为引领，围绕党政所谋、群众所盼，着眼重要民生问题有序有效地开展协商式监督。针对农网改造滞后的现状，引导委员瞄准问题关键集中协商建言，助力政府研究制定《涪陵区农网升级改造三年行动方案》；针对部分城市重点建设项目前期申报滞后、征地拆迁慢、资金筹集难等问题，组织委员视察火车北站、南滨路二期、鹅西路等重点项目，促进项目管理优化和建设进度提速；针对群众反映强烈的学前教育入园难、入园贵等问题，向区政府及相关单位报送专题社情民意信息，为其决策提供参考。评议区科委、区民政局工作，同时开展对区国土资源局评议工作回头看。

【提案督办】 坚持把提案作为委员履行监督职能的重要手段，抓住提案交办、督办和落实三个关键环节，通过协商座谈、跟踪督办、现场办理等形式增强提案办理效果。区领导领办督办21件重点提案，民主评议区教委、商务局、规划局、卫计委提案办理工作。一年来，交办的340件提案全部落实。

【社情民意】 全年共收集社情民意信息363篇，编报104期，转报全国和市政协65篇。其中《关于为农村集体经济组织颁发“身份证”的建议》《关于进一步加大农药兽药监管力度的建议》《关于加强小儿推拿治疗行业市场监管的建议》等社情民意信息被全国政协和市政协采纳。《关于质量兴农的建议》《关于推动乡村振兴、文旅融合工作的建议》《关于调整机关事业单位作息时间的建议》等社情民意得到区委、区政府高度重视。

【团结民主】 加强党派团体协作。加强与各民主党派、人民团体和各界人士交流沟通，通过走访座谈、协商视察调研、提交提案、参与大会发言等方式，为他们参与全区重大决策协商讨论搭建平台、创造条件。突出界别特色优势。中共、工商联界别深入民营企业，视察发展成就，关注发展难题，助推民营企业发展；农工党、特邀界别到义和镇开展“共绘同心圆·共建家乡美”惠民活动，为群众义诊义检、农技咨询、法律服务、赠送药品；文艺界别视察白鹤梁水下博物馆展陈工作，为白鹤梁题刻申遗出谋划策；民革、民盟、民建、九三学社、无党派、工青妇、侨联等界别广泛开展敬老爱老、扶贫助困、志愿服务等活动。农业、经济、教育、科技等界别结合自身优势开展了丰富多彩的活动。

【委员履职尽责】 启动“深入推动长江经济带发展加快建设山清水秀美丽之地”委员履职尽责实践活动，委员深入生产第一线、扶贫第一线，做党委政府联系群众的桥梁纽带。建立健全政协党组成员联系非中共政协常委、委员等制度，定期开展主席约见、走访委员活动，推动思想政治引领和建言资政双向融合，全年共约见走访委员300余人次。指导7个委员联络站和5个服务队（团）组织委员开展助推“四城同创”、城市品质提升、生态环境保护、法律援助服务等活动，支持担任特邀监督员、人民监督员、人民陪审员的政协委员依法依章履行监督职责。

【加强平台交流】 以文史工作为抓手，打造资政“三亲史”。在改革开放40周年之际，100余万字的《脊梁：涪陵工业发展回顾》出版发行；以政协书画院为载体，搭建人文“大舞台”；举办“新时代、新气象、新作为”迎春书画美术摄影作品展。以联络联谊为纽带，扩大互动“朋友圈”。做好市政协领导来涪视察和外地政协来涪考察接待工作，参加湘鄂黔渝边区政协工作联席会和黔川渝毗邻文化旅游协作会等片区会，广泛联谊交友，扩大政协影响力。强化媒介作用，传播政协“好声音”。全年各类媒体共宣传报道区政协工作400余件次，联合巴渝都市报开辟“履职尽责实践活动”专栏，共报道13名委员的履职事迹。

政协重庆市涪陵区委员会领导人名录

政 协 主 席：徐志红

政协副主席：况东权　杨　平　陈凤华　周　勇　唐　勇　阳　森　石　鹏（女）　刘加胜

组 织 工 作

【机构设置】 涪陵区委组织部是区委主管组织工作、干部工作、人才工作的职能部门。2018年，内设办公室、研究室、干部一科、干部二科、干部教育科、干部监督科（信访科）、干部档案管理科、非公党建科、组织科、电教科（信息科、电教中心）10个科（室、中心）和信息中心1个正科级事业单位。

【政治思想建设】 把加强政治建设、思想建设作为根本性建设，贯穿组织工作全过程，引导广大党员干部夯实信仰根基、锤炼坚强党性，自觉用习近平新时代中国特色社会主义思想武装头脑，持续引导全区广大党员干部牢固树立“四个意识”，坚定“四个自信”，做到“四个服从”，坚决落实“两个维护”。坚持“十破十立”，坚决肃清孙政才恶劣影响和薄熙来、王立军流毒。严格党内政治生活，督导全区116个区管领导班子认真开好民主生活会，2183个基层党支部扎实开展专题组织生活会，规范落实“三会一课”、主题党日、党员领导干部双重组织生活等制度。开展深入学习贯彻习近平新时代中国特色社会主义思想和党的十九大精神学习活动，分批次举办党的十九大精神培训班5期，组织开展集体研讨、辅导报告、演讲征文比赛等系列活动。发挥广播电视、公交视频、微信公众号等平台作用，打造四川红二路游击队战斗史专题党课、十九大精神山歌、党员联系服务群众纪录片等特色载体，促进全区广大党员干部知之愈深、信之愈笃、行之愈实。

【干部队伍建设】 强化党组织在选人用人中的领导和把关作用，坚持把政治标准放在第一位，突出政治品行、工作实绩、群众公认，注重关键时刻和一贯表现，注意听取纪检监察、巡察、审计等部门和干部所在单位党组织意见。健全完善区管领导班子回访研判机制，常态化开展回访调研，准确研判掌握班子运行、班子成员履职表现和优秀年轻干部情况。健全精准化干部考察机制，严格落实干部选拔任用工作全程纪实、廉政意见“双签字”、干部人事档案任前审核等制度，防止干部“带病提拔”。完成区级机关机构改革班子配备工作，区管领导班子结构进一步优化。做好区属国有重点企业领导班子换届工作，配合做好监察体制改革、区委巡察组干部调整配备等工作。立足全区中心工作及干部队伍建设需求，制定干部培训3年规划，聚焦“三大攻坚战”“八项行动计划”“三篇大文章”，分级分类举办区委党校主体班和专题班共75期，培训党员干部7900余人次。建立完善区管干部“1+5”分类数据库，实施精准管理服务；健全干部监督信息联系通报机制，畅通信息渠道；严格执行提醒函询诫勉有关规定，抓早抓小、防止小错酿成大祸；落实领导干部个人事项报告制度，36名不如实填报个人事项的干部受到诫勉处理。突出差异化考核，强化结果运用，将考核结果作为各级领导干部提拔使用的重要依据。制定出台关于进一步激励广大干部新时代新担当新作为的实施方案，支持和保护那些作风正派又敢作敢为、锐意进取的干部。配合做好中组部来涪专题调研年轻干部工作，建立处科级优秀年轻干部库，完善优秀年轻干部持续发现、分批调研、动态管理机制，抓好年轻干部培养；推荐选派77名年轻干部参加市区培训，选派112名优秀年轻干部到脱贫攻坚、深化改革、招商引资、巡察督查、信访维稳、扫黑除恶等任务较重、矛盾集中的岗位磨练本领、增长才干。

【基层组织建设】 明确2018年为“支部标准化、规范化建设提升年”，制定出台7个领域基层党组织工作活动基本规范。制定农村带头人队伍整体优化提升行动实施方案，实行村（社区）党组织书记任前联审、变动报告、台账管理等制度，配齐配强422个村（社区）书记；结合开展扫黑除恶专项斗争，全覆盖对村组干部开展违纪违法信息联合审查，移交纪检机关处理48人。强化村级集体经济发展，“一村一策”制定增收方案，全区243个村（社区）新启动299个集体经济发展项目。选优配强63个市级脱贫村和297个其他有扶贫任务的村（社区）第一书记和驻村工作队，健全驻村工作队管理“两随机一通报”督查和驻村干部专项考核机制，抓党建促脱贫攻坚取得实效。完善“社区党委＋小区（居民小组）党支部＋楼栋（网格）党小组”三级组织体系，推动92家区级单位与46个城市社区签订“五个一”共建协议，做实社区“大党委”党建工作模式。区属重点国有企业全部实现党建入章，书记、董事长全部实现“一肩挑”；隶属乡镇街道的中小学校党组织关系均调整为区委教育工委管理；36家公立卫生计生单位党组织书记全部配齐配强；探索推进非公领域“小个专”党组织建设，健全完善“区委非公工委—民营经济协会党委—民营经济协会分会党总支—民营经济协会支会党支部”四级组织体系，105个“小个专”党组织1878名党员实现全覆盖兜底管理，非公有制经济组织和社会组织党组织覆盖率分别达89.8%和76.9%，实现党的工作全覆盖。实行新发展党员区乡两级审核机制，全覆盖审查党的十八大以来新发展的4816名党员档案；稳妥有序做好退役军人党员组织关系转接工作。常态化开展基层党建季度交叉督查，坚持开展党组织书记抓基层党建述职评议考核工作，有效促进党建责任在基层落地落实。探索建立“智慧党建”平台，推进基层党群服务标准化流程化，实现大数据技术与党建引领基层社会治理融合共享；探索推进党小组引领村（居）民小组治理工作机制，搭建党员群众参与组级事务治理平台，打通联系服务群众“最后一米”。在全区各级党组织、广大党员干部中全面推行“党员联系群众、群众评价党员”工作制度，2.6万名党员干部结对7.8万户群众，走访群众31.2万人次，收集问题2620件，办结满意率95.25%。

【人才建设】 全面梳理、清理规范人才引进政策，汇编涪陵区人才引进政策手册，为人才落户提供便利；创新开展柔性引才，与猎头公司合作为区内企业提供高层次人才引才引智服务；建立首批人才导师工作室13个，开展技术培训、名师带徒等活动，招才育才力度进一步加大。2018年累计引进城乡规划、经济金融及大数据智能化领域等方面高层次人才150多名。建立涪陵区人才智库，发挥专家人才对全区经济社会发展的咨询参谋作用；打造人才发展平台，全区共建成院士专家工作站、博士后科研工作站各5个，新型高端研发平台1个，创建市级以上科技孵化创新平台3个，助推科技成果转化和经济转型升级；累计签约引进两院院士11名及其所率团队6个，重点实施项目14个。加强党委联系服务人才工作，落实24名市管党员干部联系52名专家和重点人才；修订出台《涪陵区拔尖人才选拔管理办法》，组织评选区第五届拔尖人才100名；分行业系统启动“弘扬爱国奋斗精神、建功立业新时代”教育活动。

【模范部门打造】 区委组织部始终把讲政治放在第一位，部务会带头完善学习制度，集中开展政治理论学习；带头加强政治文化建设，通过党课宣讲、征文比赛、革命传统教育等形式，不断强化“四个意识”，坚定“四个自信”；带头全面彻底肃清孙政才恶劣影响和薄熙来、王立军流毒，筑牢思想堤坝。制定部机关《贯彻落实中央八项规定精神 改进工作作风密切联系群众的具体措施》，改进调查研究、精简会议活动、精简文件简报、改进联系群众工作、规范外出学习考察；开展兴调研转作风促落实行动，建立全员抓调研督查机制，部领导带队对全区27个乡镇街道和51个区级部门（单位）进行深入调研督查，了解掌握翔实的第一手资料。坚持“月度讲学、季度述职、年度课题”制度，促进机关干部勤学、深思、实干；用好《涪陵组织工作》《组工信息》《内部交流》、“涪陵共产党员”微信公众号等平台，为全区组工干部提供学习交流渠道。微视频《德会妈妈》在全国党员教育教学课件观摩交流活动中获得三等奖，理论研究课题《增强“四个意识” 维护党中央权威和集中统一领导研究》获全市组织系统课题评比一等奖，选送作品《奋战》获全市人才故事摄影作品评比一等奖。涪陵区组织工作相关经验做法被中组部、市委组织部内刊内网以及市级以上刊物媒体报道50余次，中组部两次来涪开展调研。

纪检监察

【概况】 涪陵区纪委监委是中共重庆市涪陵区纪委和重庆市涪陵区监察委员会合署办公单位。2018年，内设21个部室，干部职工100人，其中领导10人。是年，区纪委监委深入学习贯彻党的十九大精神和习近平新时代中国特色社会主义思想，按照十九届中央纪委二次全会和市纪委五届二次全会部署，履行监督责任，推动党风廉政建设和反腐败斗争取得成效，助推全面从严治党向纵深发展。区纪委监委机关先后荣获各级各类表彰奖励11项，中央纪委国家监委网站、《中国纪检监察报》、《重庆日报》、重庆电视台等中央、市级媒体先后45次对涪陵区工作进行报道。

【党的建设】 把学习贯彻党的十九大精神和习近平新时代中国特色社会主义思想特别是习近平总书记视察重庆重要讲话、参加重庆代表团审议时重要讲话精神作为重要政治任务，组织开展9轮督查和2轮巡察，发现并督促整改理论学习不深、结合实际不紧、推动工作不实等问题31个，督促各级党组织和党员干部增强“四个意识”、坚定“四个自信”，坚决维护习近平总书记的核心地位、维护党中央权威和集中统一领导。协助区委抓好中央巡视“回头看”反馈意见和市委巡视反馈意见整改落实，按期办结中央巡视“回头看”交办的问题线索。统筹力量办理中央脱贫攻坚专项巡视组交办的扶贫领域问题线索，给予组织处理19人。贯彻市委五届四次全会和区委五届五次全会精神，督促各级党组织召开专题民主生活会、组织生活会，深刻认识孙政才和薄熙来、王立军的本来面目和严重危害，查找存在问题，深挖思想根源，坚决防止错误思想和行为死灰复燃。按照“十破十立”“五个结合”的要求，围绕查责任落实、查问题整改、查思想认识，全覆盖监督检查各级党组织肃清孙政才恶劣影响和薄熙来、王立军流毒工作情况，确保清彻底、清干净。抓住领导干部这个“关键少数”，督促带头落实《区委关于营造良好政治生态的实施意见》《加强法治和德治工作实施方案》。围绕贯彻习近平总书记对重庆提出的“两点”定位、“两地”“两高”目标和“四个扎实”要求，派出3个督查组，深入乡镇街道和区级部门对“三大攻坚战”“八项行动计划”以及做好构建绿色屏障、发展绿色产业、建设绿色家园“三篇大文章”落实情况的监督检查，坚决查纠表里不一、阳奉阴违，自行其是、各自为政，有令不行、有禁不止以及做选择、打折扣、搞变通的行为。

【监察体制改革】 按时完成人员转隶、线索移交、资产划转等工作，依法顺利产生区监委。通过两轮调整新增6个纪检监察室、研究法规室、信息技术保障室和机关党办，改革后21个内设机构中监督执纪和审查调查部门占71.4%，监督执纪和审查调查一线实有人数占总数的71.1%。向乡镇（街道）派出监察室7个、划转编制35名，整合保留派驻纪检监察组13个、核定编制65名，聘任村（居）监察监督员422名，推动监察职能向基层延伸。围绕审批流程、审查调查措施使用等事项，建立涵盖组织决策、执纪执法、监督制约等制度体系，推动内部纪法贯通。加强与公检法等机关和相关部门衔接，建立健全信息共享、情报互通、技术支持以及调查措施配合使用等制度，推动法法衔接高效。对标市纪委监委“1+X”制度体系，建立本级改革问题清单、制度清单、工作清单“三个清单”整改落实制度。把思想政治工作贯穿改革始终，通过开展上党课、“破冰”、分级谈心谈话、党员政治生日等活动，定期加强交流学习，落实传帮带办案等工作机制，加快推进思想、业务、作风磨合融合。组织32名干部参加中央纪委监委和市纪委监委调训，整合编印《执纪监察工作制度汇编》，举办“主任讲堂”3期，选派8名干部到市纪委监委跟案学习，抽调基层纪检干部35人次参与机关执纪监督和审查调查工作。围绕改革重点、难点问题，结合市委兴调研转作风促落实行动，加强调查研究，形成一体推进不敢腐、不能腐、不想腐“三不”机制建设等调研成果6个。成立监察留置管理中心，升级改造留置场所，建立健全留置场所管理制度，选调区公安局20名民警组建监察留置管理支队，组建80人的特勤陪护队伍，协商区中医院落实2名专业人员负责医务工作，保障留置顺利开展。全年共办理留置案件4件，先后收置区内外留置对象10名。

【政治生态维护】 对全区18个重点单位党组织民主生活会进行全程督导，督促党员领导干部用好批评与自我批评武器，对巡视巡察反馈、组织约谈函询等情况做出说明，让党内生活严起来、实起来。加强对党内政治生活若干准则、党内监督条例执行情况的监督检查，督促各级党组织从严落实民主生活会、领导干部双重组织生活等组织生活制度，引导党员干部不断锤炼党性、提升党悟。动态更新1383名领导干部廉政档案，通过检查调研、阅批信件、谈话函询等方式，全面掌握区四大班子及各单位党政“一把手”现实表现，动态研判全区政治生态总体情况。用好用活第一种形态，多盯小事小节、多积尺寸之功，先后通过函询、诫勉谈话、批评教育等方式处理910人次。发挥谈话函询采信告知的教育激励作用和抽查核实的监督作用，采信函询回复72人次，澄清27人次。把好廉政意见回复关，先后回复选任廉政意见7955人次，对拟提拔任用的504人次干部说不，防止“带病提拔”。全覆盖开展《党章》《纪律处分条例》《宪法》和《监察法》等宣传教育，增强党员干部纪律意识、法治意识。升级改造涪陵廉政教育基地，增加纪律元素，开展纪法教育，先后接待参观55批次2525人。做好执纪审查后半篇文章，健全一案一通报、现场宣布处分决定等制度，拍摄警示教育片《忏悔》、编印《忏悔摘录》，运用第二交通技校原校长刘伟等典型案件开展以案说纪、以案说法、以案说德、以案说责等警示教育198场次。

【转党风政风】 抓住重要节点，加强教育提醒，先后向全区区管领导干部发送廉政短信8400余条。整合党风政风监督室、执纪监督室、巡察组等各方面力量，分9轮对107个单位开展专项督查，对发现的违规吃喝、大操大办以及“慵懒散”“推绕拖”等144个问题，集中交办督办、限期整改。运用大数据平台开展监督，协调税务机关调取区内4A级景区门票、餐饮场所发票等1235张，走访大型商场、超市、酒水专卖店25个，督促查纠问题51个。持续推进违规吃喝、收送“红包”礼金、违规发放津补贴等“1+5”专项治理，督促各级党组织对照《落实中央八项规定精神30问》开展自查自纠，收缴“红包”礼金8.96万元，清退违规发放津补贴61.59万元。解剖3个街镇在接待（吃喝）方面的问题，督促整改违规宴请、加班餐超标等9类突出问题。巩固拓展落实中央八项规定精神成果，严格执行差旅费、下基层交伙食费等纪律规定，引导党员干部管住“腿”、管住“嘴”。聚焦“三多一懒”等突出问题，查找形式主义、官僚主义在涪陵区的12种具体表现，督促各级党组织整改。坚持严到底、不能让，对顶风违纪的从严查处、从重问责，典型问题一律点名道姓通报曝光，先后严肃违反中央八项规定精神问题65起86人，同比增长160%、207%，给予纪律处分26人，通报曝光65件86人，持续释放越往后执纪越严的强烈信号。

【惩治腐败】 先后受理检举控告类信访举报691件次，同比下降9.67%，处置问题线索933件。聚焦“三类人”，严肃查处市第二交通技校原校长刘伟等违纪违法案件151件160人，较前三年立案平均数上升6.4 %，移送检察机关提起公诉2件2人。精准运用监督执纪“四种形态”，运用第一种形态处理910人次，占84.49%；运用第二种形态处理96人次，占8.92%；运用第三种形态36人次，占3.34%；运用第四种形态处理35人次，占3.25%。落实审查调查四级安全工作责任制，规范审查调查场所管理，加强“走读式”谈话安全检查，确保依纪依法、安全文明办案，全年未发生一起安全事故（事件）。聚焦扶贫、民生等领域，紧盯“村长”、组长、站长等“小七长”，查处侵害群众利益问题129起243人，其中查处扶贫领域违纪违规问题92起191人。结合扫黑除恶专项斗争，梳理排查党员干部和公职人员涉恶问题线索18件25人，已立案2件3人，给予党纪政务处分2人。全面推开党员干部亲属涉权事项公开工作，累计登记党员干部人员信息24886人、亲属信息282717人，导入受益项目1110个、受益资金208629.5万元，核查发现不合规涉权事项4506人次，526人主动向组织说明情况，给予组织处理3人，清退资金55560元。推行村集体资金“零接待”、村干部对本村工程“零承包”、婚丧喜庆事宜“零违规”制度，用制度管住人、管住事、管住权。突出政治巡察，先后对24个区管党组织和24个村（社区）党组织开展常规巡察，对3个乡镇街道党组织开展“点穴式”巡察，对2个党组织和116个村（社区）党组织开展专项巡察，发现并反馈问题199个，移交问题线索100件，已立案审查16件19人，给予党纪政务处分17人，组织处理61人。

【落实“两个责任”】 区纪委监委协助区委制定《关于深化落实全面从严治党主体责任的实施意见》，列出领导班子主体责任、党委（党组）书记“第一责任人”责任、班子成员“一岗双责”三张“清单”，督促各级党组织和党员领导干部照单履责。健全定期向区委汇报党风廉政建设工作制度，推动区委及时安排部署重要工作、协调解决重大问题、研究处理重要案件。年内先后向区委常委会报告工作13次，推动协调解决问题28个，区委先后批准谈话函询、立案审查、采取留置措施、做出处分决定47人次。持续深化“三转”，严格落实10个“必须做”、6个“不得做”，将“三转”落实情况纳入纪检监察组织年度工作目标考核，先后对“三转”不到位的3名干部及时提醒纠正。先后召开6次基层纪检监察组织工作联系会议，组织派驻纪检组组长开展集中述责评议，召开全区党风廉政建设重点工作推进会等，层层传导压力。健全信访举报、执纪审查工作月分析、季通报、年总评机制，定期开展案件质量评定通报，倒逼基层纪检监察组织强化监督执纪问责。27个乡镇街道和25个派驻纪检组织共处置问题线索521件，立案审查75件75人。探索推行基层纪检组织负责人积分制岗位调整模式，先后运用积分制对5名乡镇（街道）纪（工）委书记进行岗位调整。用好问责利器，对全面从严治党不力导致“四风”和腐败问题以及侵害群众利益问题突出的，发现一起、问责一起，使失责必问成为常态，先后对4个党组织、48名党员干部进行严肃问责。

【干部队伍建设】 把集中学习习近平总书记重要讲话和上级重要会议及文件精神作为区纪委常委会会议（区监委委务会议）的第一个议题，深学笃用习近平新时代中国特色社会主义思想，带头践行“两个维护”。坚持以上率下，完善区纪委常委会和区监委工作规则、议事规则，坚持审议决策重大问题票决制和“一把手”末位发言制，带头改进工作作风，自觉接受各方监督。常态化制度化推进“两学一做”学习教育，推行机关每天读书一小时、每半月一次年轻干部学习、每月一次主题党日活动等“五个一”学习制度，把教育融合日常、抓在经常。严格落实“两个为主”规定和4个提名考察办法，先后提名考察基层纪检组织负责人17人次，从系统外选拔干部4人。集中开展干部家访、谈心谈话等，持续在机关开展“跑读”活动，严格执行纪检监察干部外出请假报告制度，了解掌握干部“八小时内外”情况，对发现的苗头性倾向性问题早提醒早纠正，督促自觉净化“三圈”。贯彻执行《关于加强纪委监委机关干部教育管理监督工作的意见》，调整常务副书记直接分管干监工作。全面梳理线索处置、初步核实、立案审查调查、监督管理等7项15个方面73个廉政风险点，制定落实防控措施189条，修订临时党支部管理等18项制度，有效防止权力失范。坚持刀刃向内，先后处置纪检监察干部问题线索15件，严肃查处3名违纪违法干部，运用典型案例在全系统开展“以案四说”警示教育，确保队伍纯洁。

宣传思想工作

【概况】 2018年，涪陵区委宣传部内设办公室、干部科、理论科、宣传科、新闻科、文卫科、网络科7个科室及区文明办、区委网信办（区网信办）、区委外宣办（区政府新闻办）3个处级单位。现有在职行政人员24人，事业人员9人，工勤3人，部领导1正4副。是年，涪陵区宣传思想文化战线坚持以习近平新时代中国特色社会主义思想为指导，坚持守正创新，勇于担当作为，为建设高质量发展、高品质生活的美丽涪陵幸福涪陵提供了坚强思想保证和强大精神力量。

【理论武装】 深入学习宣传习近平新时代特色社会主义思想，区委理论学习中心组率先垂范，利用辅导报告、集中学习研讨等学习17次，各级党组织开展中心组学习2000余场次。用好《习近平谈治国理政》《习近平新时代中国特色社会主义思想三十讲》等理论读物，赠送和推荐订阅理论书籍2万余册。编印《党员干部应知应会手册》，分发全区党员干部学习。集中开展学习习近平总书记系列重要讲话精神等重大主题宣讲近6000场次，受众50余万人次。认真组织“全面落实‘两点’定位、‘两地’‘两高’目标和‘四个扎实’要求大学习大调研”活动，调研解决问题1000余项。培育区级人文社科重点研究基地4个，获国家社科基金项目立项14项、市社科基金项目立项21项，区级社科规划项目37项、社科事业项目12项。

【意识形态】 印发《2018年全区意识形态工作要点》，做到任务清、责任明。区委常委会10余次研究意识形态工作，将意识形态工作作为向全委会报告工作的重要内容。对22个单位开展政治巡察，对10个单位开展意识形态工作专项检查，对120个单位开展意识形态工作专项督查，摸排意识形态领域风险隐患105个。落实全区137个意识形态工作责任单位直接责任人和联络员，切实做到意识形态工作有人抓、有人管。深入开展“扫黄打非”及文化市场监管，检查文化市场375家次，取缔非法出版物摊点2家，收缴非法出版物510张（册）。开展“两乱一私设”专项治理行动，坚决取缔非法宗教活动并落实基层加强监管，实现邪教案（事）件零发生。严格落实网络意识形态工作责任制，开展“2018‘清朗’”“打击整治网上涉枪爆违法犯罪有害信息专项行动”“涉网络游戏信息内容专项整治”“泛娱乐化不良信息集中整治”等系列专项行动，清理各类有害信息1000余条。开展属地新闻网站落实主体责任专项检查，区委网信办约谈涪陵在线网站负责人。

【价值引领】 持续推进“做有梦想有追求的重庆人”主题活动，举办“梦想”系列活动1500余场次。开展“千万市民升国旗”活动，爱国教育基地全年接待群众8万余人次。持续开展“九童圆梦”、红樱桃“冬日针爱”等活动。成功承办全市“山水之城美丽之地”主题志愿服务首场活动；深化“家风润万家”主题实践活动；开展“和美涪州·邻里守望”主题活动；评选新乡贤534名，组建“乡贤促进会”，开展村民议事、红白理事、道德评议等工作1200余次。组织开展“拥抱新时代、践行新思想、实现新作为”人生规划大赛，3名选手分获总决赛学业组一等奖、事业组二等奖、生活组三等奖。成功举办重庆市“扣好人生第一粒扣子争做新时代好少年”主题示范活动，举办“新时代好少年”现场发布会4场，评出“新时代涪陵好少年”20名，2人获评“新时代重庆好少年”。持续推进“我推荐我评议身边好人”活动，成功推选“重庆好人”8人，“中国好人”1人。围绕“家在社区”“美丽乡村”建设，新增马鞍街道太乙社区、增福乡永红村基层宣传思想工作示范点2个；“小马工作室”开展调解1500余件。

【文明城区创建】 印发《关于深入开展文明城区、文明单位、文明村镇、文明家庭、文明校园创建活动的通知》，现已成功创建4个全国文明单位、96个市级文明单位。2018年2月涪陵区获评全国文明城区提名城区。扎实推进“三百工程”，区委、区政府评选表彰“孝顺儿女”“文明市民”“十星文明户”各100名。积极开展“最美”“最佳”系列评选推荐活动，获全国“最美家庭”1个、全国“五好文明家庭”2个，评选“善美涪州·感动涪陵人物”10名。深化“文明礼仪我带头·争做涪陵好市民”“文明在行动·涪陵更洁净”“礼让斑马线·文明我点赞”“文明餐桌”等主题活动。开展“我们的节日”主题实践活动600余场次，参与人数50万余人。成立涪陵区志愿服务联合会，全区实名注册志愿者近14.8万人，志愿服务队伍1211支。依托114个社区志愿服务工作站，开展“山水之城 美丽之地”“志愿服务季”等各类志愿服务活动4000余场。王立旭获评重庆市“最美扶贫志愿者”；“旧纸新爱”微公益行动获评重庆市“最佳志愿服务项目”，马鞍街道大石庙社区志愿服务站获评重庆市“最美志愿服务站

（岗）”。强化户外公益广告建设管理，制定《涪陵区公益广告管理实施细则》，组织发布全国“两会”精神、纪念改革开放40周年“讲文明•树新风”等主题户外公益广告5000余幅，视频累计播放近30万小时。

【新闻舆论】 开展“在习近平新时代中国特色社会主义思想指引下”“在行动”等重大主题宣传26项，刊播宣传稿件3000余篇（条）。2018年，涪陵电视台上送重庆台用稿640条，位居全市第3位；《重庆新闻联播》用稿356条，位居全市第2位。严格落实新闻媒体单位意识形态管控责任，全年舆论引导无差错，媒体无导向问题，未发生刊播安全事故，新闻从业人员无违法违纪违规行为。完成《人民日报》发行任务1877份，《求是》956份，《重庆日报》2923份，《光明日报》346份，《经济日报》631份。围绕重要时间节点和中心工作开展外宣策划，在国家、市级主要新闻媒体刊载涉涪新闻稿件2021篇，其中中央主要媒体用稿84篇。完成“新时代、新气象、新作为区县负责人系列访谈”“大江奔流——来自长江经济带的报道”等重大采访活动服务保障工作，邀请、接待区外媒体来涪采访40余批300余人次。重点打造“两微一端”政务新媒体，涪陵发布影响力持续排名全市前列；爱涪陵App连续每月获评“重庆十佳客户端”，获评“2018全国地市网络媒体最具影响力十强客户端”。涪陵微博推送信息单条阅读量60万余人次。

【网络监管】 组织开展“壮阔东方潮 奋进新时代——庆祝改革开放40年”等系列主题宣传，各类网络平台推送相关报道2000余篇。开展“全国文明城区创建在行动”“扫黑除恶专项斗争”等网上专题宣传30余项，推送稿件3000余篇。承办“新时代、新梦想”全市网络媒体新春走基层活动走进涪陵活动，网上阅读量80万余人次。开展“新时代、新作为、新篇章”全区网络媒体走基层活动，推出宣传稿件350余篇。组织“建设高质量发展、高品质生活的美丽涪陵幸福涪陵”首届微视频大赛。印发《2018年全区舆情风险预测预警》，组建舆情员队伍1500余人。编报《涪陵舆情》222期，成功处置“9•30国道319线交通事故”等较大突发敏感舆情36件。开展关键信息基础设施网络安全检查，对22个重点单位进行现场检查。举办网络安全宣传周活动，张贴海报1000余张，发放折页1万份，发放宣传单1.5万份。开展全区网络安全知识竞赛和网络安全应急演练。

【文化发展】 加快区文化馆、区图书馆总分馆建设，区图书馆、区少儿馆获评国家“一级图书馆”，区图书馆（含少儿馆）新馆实现全部功能开放；新增5个24小时书吧、5个乡村大书房；区博物馆展陈改造工程开工；文化馆、美术馆开设文化艺术普及服务项目达16项，举办各类培训班58期，参训人数达2000多人次；开展2018年世界读书日和“全民阅读月”系列主题活动，依托“涪州讲坛”“阅读服务进社区”文化品牌举办群众性读书活动12场次；全年公共文化场馆免费开放活动接待群众约45万人次。开展流动文化服务进村活动1224场次，周末广场文艺演出50场次，脱贫攻坚文化志愿者活动92场次；组织20支“红色文艺轻骑兵”，深入城镇社区、农村院落开展文化服务活动180场次。举办“白鹤梁•首届中国农民丰收节丰收歌舞汇”活动、首届中国重庆•涪陵榨菜产业博览会；举办“翰墨之约——中国画作品五人展”“笔精墨妙——涪陵美术馆馆藏新作展”等文艺精品展览36场次；摄制人文形象宣传片《景行行止•人文涪陵》、电视音乐专辑《涪州之恋》；建成四川红军第二路游击队纪念馆、四镇乡农民运动纪念馆、护国之役纪念馆。

统一战线工作

【夯实政治基础】 以“不忘合作初心，继续携手前进”专题教育为重点，推动民主党派和无党派人士深化坚持和发展中国特色社会主义学习实践活动。召开全区统一战线学习座谈会，以报告会、座谈会、征文演讲比赛等形式开展“学讲做”活动65（场）次。组织纪念中共中央发布“五一口号”70周年系列纪念活动，开展以“守法诚信、坚定信心”为重点的非公有制经济人士理想信念教育实践活动，举办“安商涪陵”法制大讲堂、同舟共济大讲堂等，引导民营企业家守法诚信经营。

【党外干部队伍建设】 坚持区级党政领导定期联系走访党外代表人士制度、统战部长定期约谈党外代表人士制度。组织开展党外干部履职能力提升培训，推荐14名党外人士参与市级培训和挂职锻炼。构建结构合理、素质优良的党外干部人才储备，2018年民主党派新发展成员122人。重视党外干部推荐使用，新提拔党外正职1名，全区共有4名党外干部担任区级部门正职。强化党外人士政治安排，对部分党外政协委员职务进行调整，调整后区第五届政协党外委员占比为60.19%。

【政党协商】 贯彻落实《中共中央关于加强社会主义协商民主建设的意见》精神，制定全年政党协商计划，推进协商成果办理落实情况现场通报制度。全年组织党外人士围绕全区营商环境改善等开展政党协商座谈会6次，梳理形成意见建议104条。落实领导干部与党外人士联谊交友制度，17位区领导联系91名党外代表人士。制定《2018年度政党协商、课题调研、专项民主监督计划》，邀请民主党派围绕“江南城区旧城改造”等重点项目和民生实事开展专项民主监督。“看单点菜”专项民主监督工作在“重庆统战工作巡礼”报道中进行宣传。支持民主党派、工商联和知联会围绕法律援助等7方面开展调研，形成调研报告7个。

【新的社会阶层人士统战工作】 开展新的社会阶层人士人才推荐摸底，召开新的社会阶层专业人士联合会第一届会员大会，选举产生了第一届领导班子。建立区领导与新的社会阶层人士联谊交友制度，每名区领导联系1～2名新阶层人士，定期开展联谊交友活动。成立新的社会阶层人士统战工作联席会议制度，17个部门为成员单位。

【助推民营经济发展】 承办全区民营经济发展大会，推动出台《涪陵区促进民营经济高质量发展意见》。履行“树立企业无小事理念优化营商环境”三百行动领导小组办公室职责，做好联系沟通和指导督查。“三百”行动中，全区共实地走访调研企业1237户3500余人次，解决处置涉企问题189个。开展民营企业发展情况调研，形成研究成果近20个。召开纪念改革开放40周年座谈会，组织非公人士理想信念教育实践活动40场。全区5位企业家和6家企业获重庆市委统战部、市工商联等6部门“百名优秀民营企业”“百名优秀民营企业家”联合表彰。加强工商联组织建设，全区工商联会员总数达2333个。引导民营企业参与“万企帮万村”活动，83家民营企业对接帮扶68个村，累计投资金1.2亿元，100多家民营企业捐款捐物近1000万元。

【民族工作】 贯彻落实市委民族宗教工作领导小组全体会议暨全市民族宗教工作会议精神，制定年度民族工作计划。开展民族团结进步宣传教育专题文艺会演2（场）次。做好全国十一届少数民族运动会期间民族领域安全稳定工作。落实少数民族发展补助资金项目5个。

【宗教工作】 学习贯彻全市民族宗教工作会议精神，落实宗教工作三级网络两级责任制。开展“两乱一私设”专项整治，发现整改问题20余起。开展宗教法规学习宣传，组织宗教事务法律大讲堂，专题学习新修订的《宗教事务条例》。

【港澳台侨工作】 促成台湾涪陵同乡会成立，涪陵成为全市第一个在台建立民间团体的区县。贯彻落实国台办31条惠台措施、重庆58条惠台措施等对台方针政策，特邀资深台湾问题专家来涪作台海形势报告。组织3个团组赴台交流考察，接待3个台湾团体来涪交流参访。开展台胞台属思想引导，妥善处理矛盾纠纷。加强侨联基层组织建设，新成立3个基层分会。成立涪陵区欧美同学会，召开第一届会员大会，选举产生第一届班子成员。

【理论实践创新】 牵头开展全市统一战线理论研究重点课题，入选全市统一战线理论研究成果蓝皮书。组织开展《涪陵统一战线志》编修工作。统战信息报送工作在全市各区县排名第二。以全市网格统战示范区建设为目标，持续开展网格工作机制优化行动。围绕打造“涪州同心”统战品牌，开展统战知识“五进”等系列活动。

侨 务

【侨联基层组织建设】 新成立3个侨联分会、1个侨胞之家和2个侨法宣传角。召开专题学习会议7次，组织侨界代表人士深入学习贯彻习近平总书记关于侨务工作的重要论述、中国侨联“十代会”精神等。向侨界群众发出“争做时代的搏击者、奋进者、坚定者”的倡议，开展爱国主义教育活动8场次。

【开展引侨资、引侨智行动】 牵线美国梅奥医院——欧克莱尔眼科中心专家到涪陵中心医院开展眼底病诊疗；邀请澳大利亚侨商回乡考察，商洽智能医疗研究院投资项目；促成涪陵太极集团与澳大利亚南澳大学药学及医学院达成新药研发合作意向。邀请澳大利亚西澳管理学院到长江师范学院访问交流，探讨国际教育交流与合作事宜；促成长江师范学院引进海外留学人才32人；邀请华侨企业家回涪举办创新创业讲座；支持侨属企业打造智桐创业园。

【维护侨界合法权益】 宣传和贯彻落实侨务法律法规和涉侨政策，开展侨法集中宣传活动2次。走访慰问侨界群众208人次，发放慰问品、慰问金共计12万余元；办理侨界来信来访，全年接访7人次，办结率100%。

【服务侨界群众】 组织侨医义诊，免费发放药品价值1.4万余元。组织侨界群众开展系列联谊活动9次。区侨联继续蝉联“第十九届世界华人学生作文大赛”优秀组织奖。

【支持侨界参政议政】 年初召开提案征集会，上交提案16件、社情民意4件，其中集体提案4件、个人提案9件、联名提案3件。组织侨界政协委员参加各类视察调研活动6次，形成2篇理论调研文章分获区政协二、三等奖。

台湾事务

【推动民间交流交往】 打造“涪陵台联宝岛行”对台交流品牌，组织区台联团、区人大代表团、区农业团3个交流参访团共28人赴台开展民间交流活动，在特色农业发展、文创旅游、基层社区管理服务、人才教育等领域进行了广泛沟通和交流。组织接待2018渝台基层交流参访团、第八届“台湾重庆籍新娘故乡行”参访团和第十届“重庆·台湾周”台湾中华中小企业跨业交流协会共140余名嘉宾来涪交流参访。接待台湾彰化县、台湾嘉义市等台湾各地人士来涪交流参访、回乡探亲，接待并积极协助台湾众乐团来涪演出原创音乐话剧。

【成立台湾涪陵同乡会】 发挥新媒体平台作用，促成重庆市第一个以区县为单位建立的在台新住民间团体——台湾重庆涪陵同乡会成立，为在台涪陵人搭建起联谊交友、互帮互助的平台，也为涪台两地民间交流交往提供了新的渠道。

【对台招商】 以“上海台商一带一路重庆行考察活动”为平台，加大宣传推介力度，吸引60名台商达成来涪投资意愿。以第十次“重庆·台湾周”为契机，接待台湾中华中小企业跨业交流协会20名嘉宾来涪交流考察。

【服务台胞台属】 贯彻落实《港澳台居民居住证申领发放办法》，建台商台干办理港澳台居民居住证便捷渠道。春节、中秋传统节日期间，慰问台胞台属、台商台干共600余人次。

【涉台宣传教育】 邀请资深台湾问题专家来涪开展台海形势专题辅导，近300名干部群众聆听报告。加强台联会成员教育引导，召开台联理事会2次，专题学习党的十九大精神、习近平总书记关于对台工作的重要论述等。开展涪涉台知识进企业进社区活动，宣传对台方针政策。

【参政议政】 支持台联会成员围绕区委、区政府的中心工作和群众普遍关注的社会热点、难点问题参政议政、建言献策。区“两会”期间台联界别共提交个人、联名提案11件，其中8件提案立案交办。

民族事务

【民族团结模范单位创建】 结合文明城区创建，开展模范单位创建活动。将2018年以前创建的模范单位按“九查九看”内容进行提档升级、充分发挥模范带头作用。

【民族团结进步宣传】 围绕“共同繁荣发展、共同团结进步”扎实开展民族团结进步宣传活动。组织统战知识暨民族团结进步宣传进社区各类演出7场次，举办农民丰收节涪陵分会场展示、增福土鸡节等活动。通过多形式广泛宣传民族政策，发放宣传资料30000余份、悬挂标语100余幅、书写板报20余期、出动宣传车10台次、接受群众咨询2000人次。

【少数民族服务管理】 指导民族联谊组织开展活动，建立干部与少数民族群众对接联心卡，加强日常走访沟通，加强联系服务。会同新疆驻渝工作组开展政策宣讲，帮助新疆籍来涪少数民族群众在涪安心地经营、生活和学习。保障少数民族群众与当地群众享受平等权利。关注少数民族群众较为集中的村居基础设施建设，实施人畜饮水、防洪灌溉、人行便桥、厕所革命等5个项目，1000余户、3000余群众受益。

宗教事务

【“和谐寺观教堂”创建】 巩固并提升法雨寺、万佛寺、丛林基督堂等成功创建和谐寺观教堂管理服务水平，指导宗教场所规范完善管理等制度，自觉接受信众和管理部门监管。支持宗教界开展公益慈善活动，区佛教协会、天主教爱国会、基督教感恩堂、丛林基督教耶稣堂共计捐赠10000余元用于脱贫攻坚。

【依法管理宗教事务】 持续开展宗教政策法规月学习活动，围绕《宪法》《宗教事务条例》《重庆市宗教事务条例》广泛开展学习。引导宗教场所完善《财务管理制度》《消防制度》《卫生防疫制度》等10余个制度。开展“两乱一私设”专项治理行动，取缔“中国真理教会”活动点。宗教审批事项进驻行政审批服务大厅，印制服务指南。开展宗教法律法规学习活动，组织《宗教事务条例》专题培训。

【支持宗教界发挥正能量】 引导宗教界开展讲经活动和参与慈善事业。组织佛教界参加了全市第八届讲经活动，法雨寺法成法师获得2018年全市五大宗教讲经比赛一等奖。基督教丛林片活动点捐款5000元，为当地孤寡老人、留守儿童解决生活之困。

【维护宗教界和谐稳定】 开展宗教问题排查工作，化解矛盾纠纷。采取预防为主、惩防并重的方针，实行按季排查宗教领域风险，及时研究处置相关问题，确保宗教领域信访安全稳定。

中共重庆市涪陵区委直属机关工作委员会

【概况】 2018 年，中共重庆市涪陵区委直属机关工作委员会内设机构 5 个科室。职工人数 9 人，其中班子成员为 3 人（1 人调出后未补缺），中层干部 4 人（一名中干于 10 月获提拔调出）。本年度，中共重庆市涪陵区委直属机关工作委员会以习近平新时代中国特色社会主义思想为指导，贯彻落实党的十九大、十九届二中、三中全会精神和新时代党的建设总要求，以党的政治建设为统领，以落实全面从严治党为主线，开展“支部规范建设提升年”活动，围绕中心、服务大局，加强机关党的政治、思想、组织、作风、纪律、制度建设。

【政治建设】 把党的政治建设摆在首位，引导区直机关基层党组织和广大党员干部增强“四个意识”，坚定“四个自信”，旗帜鲜明讲政治，坚决维护习近平总书记的核心地位，坚决维护党中央权威和集中统一领导，加强对区直机关基层党组织贯彻落实中央决策部署情况的督促检查，确保各级党组织和党员干部始终在政治立场、政治方向、政治原则、政治道路上同以习近平同志为核心的党中央保持高度一致。严肃党内政治生活，组织学习党的十九大精神、《党章》，严格执行新形势下党内政治生活若干准则。督促指导部门党组（党委）及基层党组织认真开好民主生活会和组织生活会，加强对领导干部参加双重组织生活规定执行情况的监督检查。坚持“十破十立”，确保全面彻底肃清孙政才恶劣影响和薄熙来、王立军流毒，营造风清气正良好政治生态。做好意识形态工作，落实意识形态工作责任制，定期召开专题会议分析研判意识形态领域情况。把意识形态工作纳入区直机关党建工作目标考核管理，作为党建季度督查的必查内容，纳入年末机关党组织书记述职评议的必述内容。编印《涪陵机关党建》内刊四期、举办“涪陵机关讲堂”2 期。

【宣传教育】 坚持用习近平新时代中国特色社会主义思想武装头脑，突出学习党的十九大报告原文、《习近平谈治国理政》（第一、二卷）、《习近平新时代中国特色社会主义思想三十讲》以及习近平总书记视察重庆时重要讲话精神和在推动长江经济带发展座谈会上的重要讲话精神、习近平总书记参加十三届全国人大一次会议重庆代表团审议时的重要讲话精神、市委五届三、四次全会精神、陈敏尔同志在参加市五届人大一次会议涪陵代表团审议时的讲话精神等内容。坚持以中心组学习为龙头、以支部学习为支撑，依托“三会一课”、主题党日等制度，采取专题讲座、上党课、交流研讨，学习调研等形式，推动理论学习常态化，不断坚定信念、提升素质、增强能力。全年区直机关各单位开展中心组学习 839 次，支部学习 2967 次。持续推进“两学一做”学习教育常态化制度化，坚持融入日常、抓在经常，以“三会一课”为基本制度，以党支部为基本单位，建立健全机关党内经常性教育工作机制。认真落实“书记讲党课”制度，按照各级党组织书记都要讲党课的工作要求，全年区级部门党组（党委）书记、机关党组织书记和专职副书记讲党课 671 场次，实现各单位全覆盖。加强理想信念教育，组织开展“我的入党心路历程”主题活动，区直机关各党支部采取座谈会、交流会、微型党课、演讲比赛等形式，组织广大机关党员干部重温入党志愿，畅谈心路历程，激励党员干部不忘初心、牢记使命，坚定信念，扛起责任，奋发有为，共有276个支部，4040名党员参加。

【组织工作】 开展“支部规范化建设提升年”活动，制定印发《区直机关党支部标准化规范化建设参考范本》，从阵地形象、宣传公开、基本制度等三个方面对机关党支部进行了规范。坚持“三会一课”、组织生活会、主题党日、民主评议党员、谈心谈话等制度，强化党员政治学习和党性锻炼。不断提升党组织书记能力素质，对区直机关党支部书记进行轮训，5月在区委党校举办区直机关党支部书记培训班2期，培训在职党支部书记261人。9月组织区直机关专、兼职党务干部47人赴上海交通大学进行专题培训。着力整顿后进基层党组织2个，明确整改责任领导、责任人，坚持“一支一策”，加强督促指导。加强基层组织建设，建立党组织换届提醒工作机制，建立换届工作台账，对所属管理的一级党组织换届情况进行梳理，排查换届情况，对6个党组织进行了书面提醒，对6个逾期换届党组织发出了书面督办通知。2018年发展党员38名，37名预备党员按期转正。严格发展党员工作程序，开展新发展党员材料核查处理工作，对2014年《中国共产党发展党员工作细则》颁布以来新发展入党的236名党员的材料进行了审核。加强入党积极分子队伍建设，举办入党积极分子培训班，培训入党积极分子109人。做好2017年度机关党组织书记述职评议工作，对区直机关57个机关党组织书记分5个组进行现场述职测评。开展庆祝建党97周年表彰活动，“七一”前夕，评选表彰了39个基层党组织，99名优秀共产党员和26名优秀党务工作者。做好党内关怀帮扶工作，在春节、“七一”等重要节日，慰问困难党员598人次，发放慰问金22.14万元。利用党内特别帮扶机制，重点帮扶罹患重病和遭受重大灾害的党员61人，发放帮扶资金19.3万元。坚持党建带团建，新成立基层团组织3个，3个基层团组织进行换届改选。组织区直机关青年开展了以“弘扬五四精神，共筑绿色屏障”为主题的义务植树活动，组织机关青年开展了学习党的十九大精神和党内团内知识答题活动，组织开展学习《习近平的七年知青岁月》主题活动，并进行学习心得征文评选表彰。

【党员联系群众、群众评价党员】 做好“党员联系群众、群众评价党员”工作，制定区直机关“党员联系群众、群众评价党员”工作方案，加强对基层党组织的指导，将“党员联系群众、群众评价党员”工作纳入机关党建季度督查，对25个单位开展“党员联系群众，群众评价党员”工作进行实地指导。做好联系测评工作，区直机关62个单位建立了249个联系结对小组，收集意见和问题251个，完成问题整改133个，投入资金204.86万元，实施项目11个，受益群众9175人次，区直机关共有239个党支部3400余名党员参加测评。

【廉政建设】 结合贯彻实施《中国共产党党员领导干部廉洁从若干准则》和对基层党风廉政建设的要求，纪工委完善领导干部廉政谈话机制，强化信访监督的提醒功能，促进廉洁自律。通过在工作例会、机关党员学习会、理论中心组学习会、民主生活会上不断提醒，警钟长鸣，加强对反映问题整改落实情况的跟踪检查，进一步增强信访监督的效果。全年查办违纪案件4件，查处违纪党员4人，其中党内警告1人，党内严重警告1人，撤销党内职务1人，开除党籍1人。

【扶贫工作】 坚持“真扶贫、扶真贫”的工作理念，以整村脱贫、整村发展为总目标，帮助宣王村便民服务中心安装了投影仪、电脑等办公设备，完善党组织活动阵地建设；调整选派优秀年轻干部担任驻村扶贫第一书记，工委全体帮扶干部定期开展走村入户与结对帮扶户开展“一对一”帮扶。全年协助落实资金720万元，扩建硬化村道4.8千米，新修社道2.23千米，扩建4.17千米，安装太阳能路灯82盏，安装LED显示屏一处，新建人饮池18口1.6万立方米，完成便民道建设6千米，完成D级危房改造5户，住房风貌改造15户，栽种红枫树3000余株；牵头组织成立源山瑞专业合作社和村级互助会，解决农产品无专门销售平台和农户发展资金短缺的问题。

【“双创”工作】 结合区直机关工作实际，细化创建全国文明城区工作方案，将各项目标任务细化分解，下发给各区直机关党组织，指导基层开展创建工作。收集67个区直机关的创建资料，对照《2018年区直机关工委承担全国文明城区创建档案资料任务表》分门别类进行整理，形成说明报告和图片资料，完成全国文明城区创建工作阶段性资料收集整理上报工作。编印发放《创建全国文明城区应知应会手册》13500册，做到机关干部职工人手一册。开展机关干部“1+6”宣传引导活动，提高全国文明城区创建知晓率、支持率、参与率和满意率。召开工作推进会，推进文明礼仪进机关活动，引导机关党员干部规范文明举止，开展文明服务，倡导文明新风，推动机关党员干部学习践行文明礼仪走在前头、做出表率、争当先锋。向区直机关各基层党组织印发《区直机关开展健康教育与无烟环境创建工作实施方案》，督促指导区直机关开展无烟机关创建，将创建情况纳入党建季度督查内容。各机关党组织结合“创卫”活动，在每月最后一个星期五，组织党员干部到所联系的社区，开展义务大扫除活动，9月以来，区直机关各单位参加活动455次、8025人次。

【志愿服务】 组织区直机关60余名党员志愿者参加“3•5”学雷锋日主题志愿服务活动启动仪式，招募区直机关130余名党员志愿者在体育场开展无偿献血活动，献血总量达2万余毫升。开展“周六文明劝导我参与”志愿服务活动，区直机关37个单位500余人参加80余个站点文明交通劝导300余次，累计服务时长1400余小时。开展“生态文明传播志愿服务”活动，组织党员志愿者参加全市“山水之城 美丽之地”主题志愿服务活动启动仪式现场活动。制定下发《关于在区直机关开展生态文明传播志愿服务活动的通知》，对区直机关面上开展生态文明传播志愿服务活动做出安排部署，倡导生态环境保护，宣传推动长江经济带发展、建设山清水秀美丽之地的重大意义、目标定位、政策措施和重点任务，9月以来区直机关各单位开展活动463次，参加6833人次，服务时长14810小时。牵头组织开展“百日攻坚•下班奉献一小时”文明交通劝导志愿服务活动，组织区直机关2600多名在职党员干部志愿者，在每周一至周五下午下班后一小时的车流量、人流量高峰时段，开展文明交通劝导志愿服务活动。10月以来区直机关67个单位3233人次参加209个站点文明交通劝导1436次，服务时长5040小时。

信　访

【概况】 2018年，全区信访稳定局势总体平稳可控，没有发生重大群体性事件、信访恶性事件和重大负面舆情事件。1—12月，全区共受理群众信访事项4157件(批)次、5267人次，与去年同比分别上升10%和下降9.8%。其中，群众来信961件次，同比上升18.2%；网上信访2492件次(包括领导信箱里的1302件)，同比上升20.6%；来访704批次、1918人次，同比分别下降11.6%和30.6%；到区集体访107批次、691人次，同比分别下降11.6%和56.1%。全年群众进京走访86批次、103人次，在京非接待场所上访8人次（其中涉法涉诉非访5人次），同比下降20%；进京越级走访32人次。到市走访292批次、491人次，到市集访13批次、112人次，同比分别下降38.1%和39.5%；到市越级走访9批次、13人次。全年区信访办受理、转办群众信访事项2088（批）次、2501人次。其中，群众来信402件次；来访496批次、908人次；网上信访1190件。从信访类型来看，劳动保障、城乡建设、征地拆迁、农村农业、涉法涉诉等5类信访问题所占比例较大，占信访总量和总人次的47.3%和44.7%。

【信访工作制度改革】 以深化信访信息系统应用和依法分类处理信访事项为抓手，进一步推进信访工作规范化、法治化建设。提升信访工作专业化水平。落实信访事项网上办理规程，规范信访事项受理办理、通报考核等工作，推进信访基础业务规范化建设，对系统中每一件信访事项实行“跟踪督办”，加强精细化管理，2018年信访信息系统应用率、录入率、按期受理率、按期办结率、满意率均在97%以上，信访事项“网上受理、网下办理、网上流转、网上督办、网上查询”新模式日益巩固完善。提升信访工作法治化水平。落实依法分类处理信访诉求工作规程，坚持对信访事项有权处理单位“事前协调沟通、事中监督指导、事后评估反馈”制度，推进“一事一处理”，对重大疑难案件进行多部门会商研判，对依法分类处理信访事项存在问题的6个单位进行通报批评。坚持“诉访分离”制度，对已经、正在或者依法应当通过司法途径解决的信访案件，引导信访人向司法机关提出请求，防止进入信访程序。

【干部接访下访】 每周至少落实2名区领导公开接访群众，特殊敏感时期每天1名区领导在区群众来访接待中心公开接访群众。区信访办推行“信访办主任接待日”，各乡镇街道、信访量大的区级部门坚持“开门”接访。2018年，全区各级干部接访下访群众并录入系统5843批次、7013人次，解决群众问题5434件；区级领导公开接访76次，接访群众102批次、297人次，解决群众问题93件。

【攻坚信访突出问题】 抓好信访突出问题专项治理。开展涉众型经济案件、房地产开发建设、环境保护、企业欠薪欠保、物业小区管理5个领域的突出问题专项治理工作，坚持边排查边化解，全年排查化解突出问题81件，化解77件，没有发生行业性、系统性风险隐患。抓好重点利益诉求群体的攻坚化解。区领导牵头化解北山新城安置房小区消防问题信访群体、武陵山金子山风电项目信访群体、原北拱丝厂住房确权信访群体、原涪陵苎麻纺织厂麻球分厂职工信访群体等11个重点群体信访事项；推动原乡镇（公社）广播员、原公社邮递员、乡办邮递员、原农税助征员等群体养老、医疗保险政策落实，上述群体已趋于稳定；对涉教群体生活困难人员开展帮扶救助，对其中违法上访的牵头人开展法制训诫，2018年涉教群体个体活动23次，比2017年减少19次，无规模性集体活动。抓好重点问题攻坚化解。区领导包案化解15件市级重点信访问题；区党政主要领导阅批群众来信263件，均按要求办结；区信访办牵头化解区级重点信访问题8件，其他疑难信访问题46件，复查信访事项26件。抓好重点人员攻坚化解。教育转化市交办重点人员1名、其他重点人员4名。

机关事务管理

【公车管理】 涪陵区贯彻执行《党政机关公务用车管理办法》和《重庆市党政机关公务用车管理实施办法》，规范公务用车购置、处置程序，严格执行购置、处置标准，推广新能源汽车使用；加强公务用车标识化管理，对所有公务车辆粘贴标识，对破损、脱落标识及时进行更换；在8月底启动全区事业单位公务用车改革，9月开展公务用车加油卡专项清理整治工作。

【公务接待】 严格落实中央“八项规定”要求，坚持“三单”制度，规范接待礼仪，厉行节约，全年服务各级接待任务128批次1973人次，二级警卫任务2次。5月10日接待中央政治局委员、重庆市委书记陈敏尔，5月25日接待浙江省省长袁家军带队的浙江省党政代表团。

【公共机构节能】 开展“节能降耗，保卫蓝天”为主题的节能周宣传活动，制定节约型机关创建方案，开展节水型机关创建、公共机构食堂油烟治理和党政机关垃圾强制分类工作，在区中医院进行了涪陵区公共机构首家合同能源管理。

中共重庆市涪陵区委党校

【概况】中共重庆市涪陵区委党校、涪陵行政学院是涪陵区委、区人民政府直接领导下培训和轮训党政领导干部、理论宣传干部和国家公务员的学校，是开展理论研究和决策咨询的机构，是区委、区政府的重要部门。区委党校创办于1953年，1998年兼办行政学院，2003年成立市委党校涪陵分校，2009年设立社会主义学院，2016年5月6日，根据渝委办〔2016〕63号文件，不再挂中共重庆市委党校涪陵分校牌子，学校现实行“三块牌子、一套班子”的管理体制，工作人员实行参照公务员法和执行事业单位人事制度“一校两制”管理。学校占地面积2.07公顷，建筑面积3.6万平方米，内设机构13个，现有在编职工47人，其中，校领导班子成员7人；副高及以上职称7人、中级职称12人；博士研究生3人、硕士研究生14人，在职研究生7人；涪陵区拔尖人才4人，是重庆市一类（一级）党校，连续4年荣获全市党校行政院校系统办学考评一等奖（其中2017年、2018年连续两年获得办学考评第一名）、工作创新奖。

【干部教育培训】 坚持党校姓党根本原则，突出理论教育和党性教育“两个主课”，不断优化课程体系，创新培训方式，提高课堂教学水平，为全区干部队伍建设提供智力支撑。2018年举办各类培训班94期，培训学员13683人次，其中计划内培训班50期，培训学员4893人次；计划外培训班44期，培训学员8790人次。突出两个主课，邀请区四大班子领导、市级部门领导等全年到校讲党课191场次；新开设党的理论教育专题32个；组织4000余名干部到红岩革命烈士纪念馆等现场授课60场次，理论教育和党性教育两大主课达到总课时的74.41%。拓展培训班次，承接市委组织部重点班次培训，全年举办“第三协作片区社会治理创新培训班”等片区协作班次5期，培训涪陵、长寿、南川、綦江、丰都、垫江、万盛等区县领导干部210人；举办区外培训班20期，培训2822人，尤其是重庆市委党校第58期、第59期市级部门领导干部进修班先后到涪陵区进行一周实岗锻炼，区委书记、区长、区人大常委会主任等领导出席并讲话，提高了办学声誉，扩大了办学影响。强化宣传宣讲，常态化开展理论宣讲送教下基层活动，全年宣讲党的十九大等重要会议精神68场次，受众9860人。

【科研资政】 围绕区委、区政府中心工作和重大战略部署，着眼理论热点难点，以实施“科研提质”工程为载体，为区委、区政府提供资政服务。2018年发表论文74篇，中文核心期刊6篇；创办并编印2期《涪州论坛》校刊；出版《“不忘初心 牢记使命”主题教育基层干部学习读本》《涪陵实施乡村振兴战略研究》等教材2部，是全市唯一一所自己编写并公开出版教材的区县党校，为全区干部教育培训提供了本土教材；获得各级课题立项20项，其中重庆市委组织部、人保局各1项，重庆市委党校校级课题13项、区社科规划课题5项；报送《党校资政参阅》并获领导签批19期，其中《涪陵实现高质量发展的问题与对策建议》

等被相关部门采纳；举办“学习贯彻党的十九大精神理论研讨会”等学术研讨会。

【干部队伍建设】始终坚持人才强校战略，把人才队伍建设作为各项工作的重要支撑，以实施“教学名师、学科名人、资政名家”的“三名”工程为载体，为学校发展提供人才保障。完成2018年度人才项目申报工作；选聘137名专家学者任兼职教师；选派专兼职教师参加全国党校系统、全市党校系统、市委组织部和市外、区内等各类培训72人次；组织教师参加市委党校精品课评选、市社会主义学院教学竞赛，学校教师获得重庆市委宣传部优秀理论宣讲报告、重庆市党校系统精品课程、重庆市统战系统社院教学竞赛一等奖、涪陵区师德标兵等10余个市、区级奖项。

【信息化建设】 学校建有管理总机房1个、分机房3个、各类控制室6个；能容纳421人的现代化多功能学术报告厅1个，容纳198人的多功能报告厅1个，容纳50人的多媒体教室8个，容纳110人的多媒体教室3个，容纳100人的新闻媒体沟通演练实训室1个，容纳50人的公共危机突发应急演练实训室1个，多媒体会议室7个，学员讨论室10个；拥有内、外网各一套，以及中央党校远程教学B级站、专用光纤连接的重庆“网络党校”、中国西部开发远程学习网、涪陵区情数据库、求实微信公众号、移动云OA无纸化办公系统等。

党　史

【概况】 中共重庆市涪陵区委党史研究室和重庆市涪陵区地方志办公室是涪陵区负责地方史志研究和记录的正处级参公事业单位，实行“一套班子、两块牌子”管理，其中党史工作由区委领导、地方志工作由区政府领导。2018年，该室内设办公室、党史科、方志科三个科室，有领导职数一正一副，有事业编制12人、工勤编制1人，实有9人（含工勤1人）。是年，室出版两部党史著作，协助开展党史遗址建设，出版《涪陵史志》一期，开展一批党史资料审查，提供一批党史咨询服务，收集整理一批党史资料。同时按区上安排完成了“创文”“创卫”“三百行动”“脱贫攻坚”等工作。

【党史著作出版】 编写完成20万字的《中国共产党重庆历史大事记·涪陵区卷（1921—2006）》和22万字的《涪陵区抗日战争时期人口伤亡和财产损失》，经重庆市委党史研究室专家组审查、涪陵区委批准后，分别由重庆出版社、中共党史出版社出版。同时编写完成《中共重庆市涪陵区历史大事记（2017年）》计5万余字，报备以后结集出版。

【党史遗址建设】 与新妙镇共同开展“弋阳国民师范学校历史陈列室”建设方案研究，提供史料并指导开展史料征集工作；与大顺乡共同开展“四镇乡农民运动历史纪念馆”资料征集、展览陈列等工作。

【党史宣传教育】 编印《涪陵史志（2018年）》1、2期合刊，为区内党史研究和宣传教育提供平台。组织区内各单位订阅党史期刊《红岩春秋》，为开展爱国主义教育和革命传统教育提供学习教材。支持区革命传统教育报告团在区内龙桥街道、白涛街道、龙潭镇、焦石镇、大木乡等15个乡镇街道的部分中小学校开展革命传统教育，宣讲22场，受众2万多人次。为区政协编辑出版《脊梁——涪陵工业发展回顾》撰写《蜀懋火柴厂》《中共中央南方局兴华炼油厂纪实》《国营红星金属结构厂的前世今生》《海陵厂的前世今生》《涪陵私有工业的社会主义改造过程》等史稿。为重庆日报“重走信仰之路 传承红色基因”系列报道采访组提供线索和史料，协助采访完成《山城锄奸记，传奇英雄李鸣珂的故事》《印刷〈新华日报〉的油墨从哪里来？周恩来指示在涪陵创办炼油厂》

两篇专稿，专稿分别在8月29日、10月17日《重庆日报》报道，并被多家报纸和网站转载。

【党史资料审查】 审读区委组织部等单位编写有关改革开放的专题稿、党史人物稿、党史宣传稿件，弋阳国民师范学校历史陈列室陈列文本，区民政局编印《涪陵区抢救保护烈士纪念设施图册》、罗云乡党委政府编印《罗云红》画册；审看区建设促进会、罗云乡党委政府联合摄制的《二路红军在罗云》视频宣传片，把好政治关、史实关，保证了没有歪曲党史。

【资料征集】 征集区委、区人大、区政府、区政协重要会议、文件、重大决策事项，以及反映全区各条战线工作的资料；涪陵改革开放专题资料；涪陵党史人物资料；部分老同志回忆录，为开展史志编研、宣传、教育打下基础。

【信息化建设】 完成规划、申请、备案和资料准备工作，“涪陵史志”网站（http://www.fulingshizhi.com/）年底正式上线，开启涪陵党史、地方志宣传新的窗口。

【党史专题研究】 开展“进一步加强和改进新时期党史工作调研”“革命历史场馆基本陈列问题”“党史自版图书档案文献资料进行清理”等专题研究，向重庆市委党史研究室报送问卷情况材料、调研材料和《涪陵区党史资料目录》。

民主党派·工商联

民革重庆市涪陵区委员会

【概况】 2018年，中国国民党革命委员会重庆市涪陵区委员会（以下简称民革涪陵区委会）有支部9个，党员总人数237人，平均年龄53.8岁，其中在职党员181人，平均年龄48.9岁。党员中，研究生学历20人，本科学历136人，大专学历71人；正高级职称3人，副高级职称62人，中级职称93人。党员主要分布在社会、法制、三农、医疗卫生、教育、环保等领域的20多个部门。党员中有市人大代表1人，区人大代表3人（常委1人）；市政协委员1人、区政协委员18人（常委3人）。民革涪陵区委现由17名区委委员组成，区政协副主席石鹏同志任主任委员，谭瑜、唐正东、廖鹏飞、杜焱彦四位同志任副主任委员。

【思想建设】 坚持把思想建设放在首位，学习贯彻中共十九大精神和习近平总书记系列重要讲话精神，学习贯彻民革十三大精神、中共重庆市委五届三次四次五次全会有关精神，不断提高意识形态工作实效。通过主委会、全委会、专委会、“学讲做”活动、纪念“五一口号”发布70周年、“三八”国际妇女节、重阳节等开展学习教育活动，进一步坚定正确的政治方向，进一步增强坚持中国共产党领导的自觉性和坚定性，不断夯实多党合作的思想政治基础。持续开展“不忘合作初心，继续携手前进”主题教育活动，多形式多层次组织开展“学讲做”活动。以纪念民革成立70周年系列活动为契机，开展多党合作历史、民革党史党章学习教育活动，组织开展知识竞赛、主题征文、演讲比赛等内容丰富、形式多样的活动。党员谢可佳获民革重庆市委纪念“五一口号”发布70周年演讲比赛二等奖，党员任华平获中共涪陵区委统战部纪念“五一口号”发布70周年主题征文三等奖。持续开展“观故居，走多党合作之路”活动，赴江津开展“观故居”活动，与民革江津区委就“民革党员之家建设”、组织建设等进行了座谈交流。各支部开展走多党合作之路、红色主题教育等形式多样的学习实践活动，机关一、三支部和祖统支部到四川仪陇朱德故里，卫生支部到重庆特园、红岩村，师院支部到酉阳赵世炎故居，经济支部到宋庆龄旧居陈列馆开展“不忘合作初心，继续携手前进”学习教育活动。区委会继续以涪陵民革简报、民革区委qq群、微信群为平台宣传涪陵民革各项工作，全年向民革中央、民革市委、区政协、区委统战部、区委办公室等报送宣传信息64篇，党员刘强获评民革重庆市委优秀通讯员。

【党员成果】 党员陈朝晖家庭荣获第十一届全国五好家庭称号；党员谢可佳荣获招商银行总行5A卓越人才荣誉称号；党员高路荣获第二届重庆青年摄影展最具潜力新人奖，摄影作品《绿浪》荣获第七届重庆艺术奖，摄影作品《耕耘希望》获区委区政府第20届乌江文艺奖一等奖；党员方伟、高路获区委区政府创建全国文明城区提名城区工作先进个人表彰；党员杨小兵、何安涛获区委区政府三等功；党员谭瑜、李敏、黄琼、邱瑀获优秀公务员嘉奖；党员谭瑜、伍晓霞、曾超作品分别获涪陵区政协学习贯彻习近平总书记关于加强和改进人民政协工作重要思想理论研究论文二等奖；党员何安涛获全国民政先进个人提名；党员陈封冰被聘为全国青少年毒品预防教育优秀校外辅导员；党员向霞荣获“巴渝工匠”杯第五届三峡工程重庆库区职业技能大赛中职师生组“优秀指导老师”；党员姜小华获“涪陵名医”荣誉称号。党员李敏撰写的《涪陵区河长制工作水污染防治实践探索》在国家级刊物《中国水利》发表；党员李川撰写的《如何提高初三学生学习数学的兴趣》获得第十三届中华文化教育优秀论文一等奖；党员刘庆华撰写的《膜式燃气表检测能力验证方案的设计与评价》获得全国教育教学优秀论文大赛暨教育科研成果评比一等奖；党员彭剑云撰写的《抵偿高程面的选择与计算》《三次国土调查与二次土地调查数据衔接与分析》在《中国土地》杂志刊登。

【组织建设】 加强班子建设。区委会领导班子不断提高五种能力和四个意识；通过专题研究、谈心沟通等，积极营造团结和谐的工作氛围，增强班子成员凝聚力、向心力。强化支部建设。按照民革中央的统一部署，以示范性支部创建为抓手，提升基层组织建设的标准化和规范化水平。5月，在大木乡宣王村富邑山庄举办支部工作培训会，就民革党内法规、基层组织建设、支部委员工作实务、支部财务管理、新党员发展等开展专题培训。强化人才队伍建设。组织党员参加民革市委举办的新党员培训、党务骨干培训、宣传干部培训、副处级实职干部培训及中共市委统战部组织的党外人士建言献策培训等各类培训，提升骨干党员综合素质。进一步规范组织工作程序，严格拟发展对象考察程序，严把“入口”关，优化组织结构。以市委会高校基层组织建设年为契机，与师院统战部建立常态化沟通联系机制，提升高校民革组织的发展水平。注重高层次人才发展，注重民革特色和重点工作领域，与拟发展特色界别人员建立日常联系机制，做到成熟一个发展一个。全年发展新党员11名，其中一位教授、一位副教授、一位博士、一位副处级实职干部，党员队伍的年龄结构和知识层次进一步优化。加强后备队伍建设。主委会专题研究后备队伍建设工作，针对班子年龄结构不合理、梯级层次不明显、年轻党员占比低等问题，探索建立支部后备干部队伍，加大民革党员干部培养和推荐力度，确保党派工作后继有人。关心和支持党员自身发展。走访长江师范学院、区司法局、涪陵特殊教育学校等党员单位，了解民革党员在单位的工作情况，与所在单位积极沟通，为他们工作和发展创造良好条件。提高机关服务保障能力。以制度建设为抓手，调整优化区委会内部控制体系，坚持严管与厚爱相结合，强化机关作风建设。开展关心关爱党员活动。坚持慰问探望生病住院党员及重大节日走访慰问老党员等制度。春节前区委会班子走访慰问80岁以上老党员，并送上民革中央万鄂湘主席签名的慰问信；区委会连续三年每年资助2000元人民币慰问罹患尿毒症的党员幸元祥，年内为他争取到民革中央、中山博爱基金会开展的“博爱·牵手”关爱困难党员活动慰问金10000元。

【参政议政】 开展政治协商。围绕国家食品安全示范区、美丽乡村建设、现代服务业发展、公共安全视频联网应用、城市道路管理、新常态下招商引资工作、推进学前教育工作等开展政协协商，就河库综合整治和水生态修复、营商环境、全区经济社会发展、农村人居环境等方面深入调研，在政党协商中建言献策。开展提案建议。区政协五届二次会议期间提交集体提案11件，民革界别提案5件，委员个人提案18件。集体提案《关于加快推进我区社区养老服务的建议》《关于整治规范城区露天烧烤的建议》等获区政协优秀提案。开展课题调研。完成《我区法律援助工作开展情况》《盐业监管体制改革后加强我区食盐监管工作》《武陵山旅游区旅游发展思考》《打造医药产业集群，实现医药大区向医药强区转变》等多个调研课题，其中《涪陵区法律援助工作开展情况调研报告》获中共区委2018年度涪陵区各民主党派、工商联、知联会课题调研报告三等奖。开展社情民意调查。8月，邀请民革市委调研处唐纯同志到涪陵开展社情民意建言专题培训，同时注重从调研活动中挖掘信息，着力提高社情民意信息的“含金量”。年内党员提交社情民意信息217条，区委会采用提交139条，其中党员杜焱彦撰写的《〈监察法〉应明确监察官资格制度，确保监察委有效履职》被中央统战部《零讯》采用，党员刘强撰写的《关于尽快改变只能使用中国移动号码进行社区服刑人员手机定位问题的建议》获邓恢林副市长签批。开展专项民主监督。按照中共区委安排，对“涪陵江南城区旧城改造”工作开展专项民主监督。民革涪陵区委在“懂法”“知情”“懂行”上下功夫，力求民主监督有理有据、准确到位，同时注重与监督对口单位的对接，坚持问题导向，建立了联席会议、情况通报、督查整改、重大事项参与等工作机制。组织监督组成员深入旧城改造涉及的部门街道、拆迁户等，通过实地调研、现场督查、随机暗访等方式，发现腾空后的房屋管理滞后、拆迁政策宣传口径不一致、部分保护性拆迁方案迟迟未确定等问题，及时召开问题协商通报会、工作推进会，向监督对口部门提出意见建议，会商解决办法，力促问题解决。《团结报》于9月27日对民革涪陵区委专项民主监督工作开展情况进行了专访。开展履职实践基地建设。与大木乡人民政府签署《民革涪陵区委、大木乡人民政府履职实践基地建设合作协议》，共同建设“民革涪陵区委履职实践基地”。区委会开展了武陵山旅游区旅游发展专题调研，提出丰富武陵山旅游区业态、加强旅游开发建设管理、强化旅游营销和旅游商品开发、优化旅游环境等意见建议；针对卷大路项目停工、辖区通讯信号盲区等履职实践基地辖区反映强烈的问题，深入区发改委、区交委、区经信委、交旅集团、铁塔公司等部门单位了解情况，通过座谈交流、专报、社情民意、协商建言等形式提出具有针对性和可操作性的对策建议，力促问题解决。

【服务社会】与民革重庆市委中山书画院、民革渝中区委前往涪陵区大顺乡开展“博爱牵手，文化暖冬行——送春联下乡活动”，现场为当地老百姓书写春联200余幅，绘画10余幅。到涪陵区特殊教育学校开展“关爱特殊儿童”社会服务活动，为该校150多名特殊儿童送去价值1万多元的饮水机、茶杯和“六一”儿童节礼物。继续与区司法局、敦仁街道办事处联合开展“百名法律专家普法进社区”活动，在黔靖街社区金科世界走廊发放《中华人民共和国宪法》等法律读本，就经济纠纷、劳动纠纷、遗产继承、民政救助等社区居民们关心的法律问题，讲解相关法律法规和政策。区委会多次到同乐乡雪峰村走访慰问邓邦元等5户贫困户，为他们送去慰问品及慰问金。落实民革中央对口帮扶贵州纳雍县有关要求，党员秦宗红企业创新计算机学校职教结对帮扶工作持续深化，年内接收纳雍籍贫困学生45名，资助229500元，并向纳雍县张维中学100名贫困学生捐赠价值5000元的图书资料，党员秦宗红被民革中央评为2017年度社会服务工作先进个人。聚焦履职实践基地辖区民生问题开展社会服务活动，2017年出资3万元用于大木乡宣王村人畜饮水项目，2018年11月竣工，解决了该村100户人畜饮水问题。引进民革党员企业在大木乡宣王村投资建设培训基地，助推大木乡宣王村经济社会发展。2018年5月，创新集团与大木乡宣王村签订3000万元投资框架协议，已到位资金100万元。各支部在巩固原有扶贫济困、捐资助学等老品牌的同时，开展了形式多样的社会服务活动：祖统支部帮扶慰问马鞍智障儿童王杰、王馨悦，龙桥酒店自闭症少年张绍钊；机关一支部慰问特殊教育学校特殊儿童；机关二支部帮扶慰问江北街道高家村贫困残疾儿童吴家骏；机关三支部到罗云乡开展社会保障法律法规宣传，发放政策宣传单1000余份，并帮扶慰问罗云乡文昌宫村尿毒症女孩刘灿，罗云乡困难户代富权、钟顺安，新妙镇困难户冯兴莲等；教育一支部捐助涪陵五中高2020级贫困学生徐彩宏、高2019级贫困学生陈弘，组织教师到涪陵大顺中学“送课下乡”；卫生支部组织内科、糖尿病、骨科、健康咨询、心理咨询、疾病预防等方面专长党员，到李渡街道致韩社区开展“送医下乡·爱心义诊”活动，发放健康知识手册200多份，为100多名群众看病问诊；经济支部帮扶青羊镇群英村建卡贫困户赵朝鲜，发动支部党员为他销售自产小蒜250余千克；师院支部捐助长江师范学院癌症患者徐林江、化工学院贫困学生韦航。

【促进祖国统一】 6月，主委石鹏、党员李敏代表民革重庆市委参加了由民革中央和国家水利部主办的第十届“海峡论坛·两岸乡村农田水利建设交流会”及相关活动，并在十二省市两岸农业合作对接会上，就“智慧河长信息系统项目”“河道修复综合技术”做了交流发言。邀请民革中央联络部副部长章仲华做台海形势专题报告，阐释习近平总书记对台工作重要思想和新时代中共中央对台工作的大政方针，并重点讲述了民革组织如何发挥自身优势做好对台工作、民革党员如何做好对台交流工作等。为每位台属党员每年解决100元通讯费，鼓励台属党员加强与台岛亲属的联络，并根据新形势新变化，强化亲情关怀，拉近与台湾亲属之间的距离。

民盟重庆市涪陵区委员会

【概况】 2018年，中国民主同盟重庆市涪陵区委员会（以下简称民盟区委员会）下辖11个支部。实有盟员384人，分布在文化、教育、卫生、法律、经济等系统的151个单位，以教育系统为主。主委：刘加胜；副主委：鞠廷忠、田园（女）、杨晓峰、杨明高；区委委员17人。专职副主委1人，专职干部1人。民盟市委委员2人（常委1人）；市政协委员3人（常委1人）；区人大代表3人（常委1人），区政协委员29人（政协副主席1人，常委4人）。另外，所辖民盟涪陵区委员会丰都小组有2人为丰都县政协委员（常委1人）。

【思想宣传工作】 民盟区委员会组织中心组学习会、全委（扩大）会，各支部、专委会采取多种形式组织召开会议，学习中共十九大精神、习近平新时代中国特色社会主义思想，学习习近平总书记参加重庆代表团审议时的重要讲话精神，在看望参加政协会议的民盟、致公党、无党派人士、侨联界委员时发表的重要讲话精神，在第十三届全国人民代表大会第一次会议的重要讲话精神，在民营企业座谈会上的重要讲话精神。组织学习习近平总书记关于加强和改进统一战线工作、关于加强和改进人民政协工作等重要思想，组织召开庆祝改革开放40周年座谈会，要求盟员提高政治站位，树立“四个意识”，增强“四个自信”。鞠廷忠、徐敏等5名盟员参加了中共重庆市涪陵区委统战部举办的党外代表人士专题培训班学习，鞠廷忠、杨晓峰参加了全国人大培训基地2018年地方人大代表和干部培训班学习。

【信息报送】 全年盟务工作信息、盟员文章、摄影作品被《重庆民盟》《涪陵统一战线》等刊物采用45篇（件），出版《涪陵民盟》4期，刊载文章信息60余篇。民盟区委员会重要盟务活动，除向中共区委办公室报送简报外，还通过《巴渝都市报》、涪陵电视台、涪陵手机报、爱涪陵等媒体进行宣传，各媒体全年报道民盟涪陵区委员会工作共计12次。

【参政议政】 区五届人大二次会议上，盟员中有2名人大代表提交建议5件，参加8人次代表团讨论，先后做了5人次交流发言。区政协五届二次会议上，民盟区委员会提交集体提案10件（其中五个党派联名提案5件），立案10件；民盟台联侨联民族宗教界别小组提交提案10件，立案8件；28名政协委员提交提案43件，立案41件；会议共立案339件，涉及涪陵民盟有59件，占17.4%；徐敏代表民盟区委员会做《打造中药材支柱产业，助推乡村振兴》的大会发言，田园做《关于加快完善乡镇污水处理设施运行机制的建议》的个人发言；会议确定重点提案中民盟区委员会参与或独家或盟员提交的提案有4件，其中民盟区委员会领衔五个党派提出的集体提案《打造中药材支柱产业，助推乡村振兴》由区政协主席徐志红督办，民盟台联侨联民族宗教界别小组提出的提案《关于当前医保资金管理需重视问题及建议》和《关于加快已关闭非煤矿山治理工作的建议》分别由区委员会常委、常务副区长杜海波、副区长赵昌辉牵头办理，民盟区委员会提出的集体提案《关于恢复筹办“乌江龙舟赛”的建议》由区政协副主席刘加胜督办；民盟区委员会集体提案或联名提案《关于实施“名医、名科、名院”建设工程的建议》《关于研究挖掘〈涪陵古本伤寒杂病论〉的建议》《关于涪陵区加快建设成渝城市群区域综合交通枢纽的建议》获区政协2017年优秀提案表彰；盟员孟娟和杨柳《关于充分发挥基层单位民主党派成员作用的建议》、田园《把握宏观金融货币政策机遇推动涪陵加快发展的建议》、周俊秀等《关于将涪陵图书馆搬迁后的空置房改建为城六校多功能用房的建议》、高月等《关于重大政策事后评估的建议》等提案获区政协2017年优秀提案表彰。

【社情民意信息工作】 民盟区委员会在社情民意专委会基础上，聘任63名盟员为特约信息员，参加民盟市委、区政协、中共区委员会统战部及民盟涪陵区委员会组织的学习培训5次。全年全区盟员报送社情民意信息、党外人士建言200余篇，获得采用41余篇，其中，中央统战部1篇、市政协1篇、市委统战部6篇、民盟市委25篇。民盟区委员会荣获区政协2017年度反映社情民意信息工作先进集体表彰，荣获民盟市委2017年度社情民意信息工作三等奖。

【调研工作】 年内，民盟区委员会承担了中共涪陵区委员会委托的课题“涪陵区学前教育现状及对策研究”。4月份，课题调研组前往巴南区、渝北区有关学校和政府部门开展学前教育调研活动。6月份，课题调研组前往敦仁街道辖区有关幼儿园和街道办事处开展学前教育实地调研活动和座谈会。同时，民盟区委员会函调全区27个乡镇街道和7个区级部门，广泛收集较为全面真实的信息资料，形成《涪陵区学前教育事业发展调研报告》，获得全区民主党派调研课题一等奖。承担民盟市委2018年委托调研课题——“重庆市村卫生室服务能力建设现状及对策研究”，邀请市、区卫生计生系统多名专家参与调研，形成《重庆市村卫生室服务能力建设现状及对策研究》调研报告，转化为《高度重视乡村医生队伍建设面临的突出问题及建议》的参政议政成果，被民盟市委作为集体提案提交市政协全会。2017年的《涪陵区中小学法治教育的现状及对策建议》调研报告被区委员会区政府主办的《三峡新论》刊载。参加区政协实施乡村振兴战略调研，组织盟员撰写理论研究论文，11名盟员报送论文13篇，民盟区委员会获区政协实施乡村振兴战略理论研究优秀论文征集组织奖，孔祥忠荣获二等奖，王屹鸿、李艺荣获三等奖。曾智伟等撰写的论文分别荣获民盟市委首届教育论坛二等奖和优秀奖。

【“盟焦合作”】 2018年4月，开展2018年“盟焦合作”社会服务活动，智力支持焦石镇教育、医疗事业发展，进一步打造“盟焦合作”品牌。民盟区委员会基础教育委员会联络荔枝希望小学、实验中学、十五中、第四幼儿园、娇子幼儿园等5所学校的盟员、特邀的非盟员教学能手以及名师共10多人，在八中、焦石镇中心小学和幼儿园开展献课、评课活动。民盟区委员会医疗卫生专委会近10名盟员和邀请的非盟员医疗专家在焦石镇中心卫生院开展了义诊和业务指导。开展“盟焦合作”教育资助活动，对10名优秀贫困中小学生给予资金资助5000元。10月份，民盟区委员会盟员20余人分别前往焦石镇小学、幼儿园、八中、焦石镇敬老院和焦石中心卫生院，为近60名五保户老人送去过冬慰问品，并为老人们做了常规体检，发放健康素养及健康管理手册70余份。民盟区委员会副主委、区中医院副院长杨明高为群众诊治，带教卫生院医生。民盟区委员会骨干盟员吴中美和宋娟分别为八中的九年级、七年级同学们上公开课。涪陵区教育宣讲团成员王颖老师和丁玉娟老师在焦石镇中心小学分别做了师德师风建设宣讲。涪陵第四幼儿园园长曾智伟和娇子幼儿园园长周俊秀为焦石幼儿园教师们进行专题讲座和业务指导，并对即将投用的新园进行现场设计指导。此外，医卫专委会的盟员们坚持每月到焦石中心卫生院进行医疗、护理指导，对疑难、危重住院患者进行查房，解决卫生院医生在诊治过程中的困惑和问题。

【服务社会】 民盟区委员会高度重视并积极参与同乐乡雪峰村脱贫攻坚工作，专职副主委鞠廷忠长期担任扶贫驻村工作队队长，牵线搭桥太极集团、涪陵民谐中药材合作社为雪峰村引进中药材种植项目，区委会资助近9000元用于村民购买中药材种子，发展前胡、金荞麦近20公顷。全区行政事业单位共数十名盟员投身脱贫攻坚巩固工作。以综合支部为主体的盟员无偿献血志愿者队伍连续第8年组织开展志愿无偿献血活动，24名盟员共计献血4000毫升。综合二支部围绕西藏类乌齐县“捐冬衣，献爱心”活动，组织赠送衣物150件。综四支部与马鞍街道金银社区签订合作协议，开展了多次社区社会服务活动。年内，孟娟荣获民盟中央社会服务先进个人表彰，鞠廷忠、薛友海荣获民盟市委“社会服务工作先进个人”表彰。

【自身建设】 民盟区委员会按照“质量数量并重、主次界别并重、高中层次并重”的原则，全年发展新盟员30名（其中：博士2人、硕士6人、学士9人，科级干部7人，区人大代表1人，区政协委员1人），盟员单位增加至151个。民盟区委员会成立了新盟员支部，民盟区委员会主委刘加胜担任新盟员支部主委，综合二支部副主委李福担任常务副主委，着力加强新盟员“知盟、爱盟、兴盟”培养。成立综合四支部，选举产生以王丹为综合四支部主委、夏瑞强和贺桂梅作为支部副主委的支部班子。民盟区委员会综二、普二、师二支部完成届中调整，部分支部增补副主委。年内，民盟区委员会副主委杨晓峰挂职渝北区龙山街道副主任、区委员会委员许冬梅挂职九龙坡区政府办公室副主任。

【盟员成果】 2018年，全区盟员10余人次获区级以上表彰20多项次，撰写的论著、论文、作品发表或者获奖50余篇，国家级期刊发表15篇（件）。师三支部董顺伟美术作品《印迹》入围民盟中央纪念改革开放四十周年美术展，邹璐专著《新网络媒介传播下的美术微课教学》出版，蒋长清著作《数字平台下大学生音乐创作路径变革研究》英文版和《近现代中国爱国歌曲赏析》出版，普二支部王颖被评为涪陵区最美教师、涪陵区教育系统最美职工，综一支部赵竟屹获涪陵区最美白衣天使称号和涪陵五一劳动奖章，综二支部李家林获涪陵区最美白衣天使和岗位学雷锋标兵称号，余静被涪陵区政府评为优秀财务总监，综三支部王之福获国家卫健委等9部委2013—2017年度全国创建平安医院活动突出个人，蔡黄霞获重庆市乡村文明旅游先进个人表彰，职教支部代俊被评为涪陵区教坛新秀。

民建重庆市涪陵区委员会

【概况】 中国民主建国会重庆市涪陵区委员会（简称民建区委），下设办公室及理论研究、组织宣传、提案信息、监督、社会服务、妇女老年6个专门工作委员会、1个企业家联谊会，有16个基层支部。区委委员20名，领导班子1正5副：主委唐勇，副主委刘家学、陈圣玲（女）、王良元、贺付琴（女）、万绍碧（女）。2018年底，有民建会员597人，平均年龄51.5岁，其中大专以上文化534人，占89.45%，高、中级职称312人，占52.26%，经济界人士477人，占79.90%。有市人大代表1人，市政协委员3人，区人大代表5人（常委1人），区政协委员39人（副主席1人、常委6人）。

【思想建设】 2018年，民建区委以纪念中共中央“五一口号”发布70周年和开展“学讲做”活动为载体，深化“不忘合作初心，继续携手前进”专题教育，强化思想政治建设。进一步抓好中共十九大精神的学习和贯彻，深学笃用习近平新时代中国特色社会主义思想。学习领会习近平总书记在看望参加全国政协会议的民盟、致公党、无党派人士、侨联委员并参加联组讨论和在重庆代表团参加审议时的重要讲话精神。学习习近平总书记关于加强和改进人民政协工作的重要思想，学习习近平总书记在民营企业座谈会上和在纪念改革开放40周年大会上的讲话精神。传达学习中共重庆市委、涪陵区委五届历次全会精神和市、区第五次政协工作会议精神。加强理论宣传，民建区委编发《涪陵民建简报》95期、《涪陵民建》内部刊物2期1000本；在《重庆民建》和民建中央网站、民建市委网站等媒体报道126次，其中在中央电视台证券网快讯1次、民建中央网站报道15次、《重庆政协》1次、《重庆民建》刊物5次、民建市委网站104次。在《巴渝都市报》、涪陵电视台等主流媒体上宣传报道13次。会员易超撰写提交的《华夏文明精神动力体系溯源一至六》系列理论研究文章，在民建市委网站、民建中央网站分6期连续刊登。陈春明向国务院扶贫办提交了全国扶贫征文和中国扶贫改革40周年征文共2篇。民建会员向区政协提交了理论文章4篇，其中陈春明提交的《强化涉农项目资金监管提升乡村振兴效率》获区政协二等奖，刘西玲提交的《加强政协委员与人民群众联系》获区政协三等奖。

【组织发展】 全年召开6次主委会议，3次全委会议。区委按照“注重质量、注意数量，保持特色、优化结构”的原则发展新会员。2018年共发展新会员38名，平均年龄39.7岁，均为大专以上文化程度，其中本科及以上学历21名、经济界人士35名、机关事业单位干部5名，发展区人大代表1名。民建区委组织14名新会员参加民建市委举办为期4天的第34次新会员专题培训；组织16名支部主委参加民建市委举办的支部主委培训；王良元副主委到中央社会主义学院参加全市区级组织副主委为期7天的专题培训；组织5名骨干会员参加区委统战部组织的统一战线参政议政骨干培训。民建区委办公室主任余柯竺到黄山参加民建市委组织的会务干部培训。

【参政议政】 2018年，民建区委完成中共涪陵区委下达的《涪陵区农村人居环境整治课题调研报告》，并获一等奖。成功申报并完成民建重庆市委一般调研课题13个、重点课题1个、重点课题的子课题2个。会员陈春明撰写的《深度贫困乡镇脱贫攻坚的建议》被民建市委采用并推荐作为市政协五届二次大会发言材料。在区政协五届二次全会上，民建区委提交集体提案15件，其中单独提交集体提案9件。在市、区“两会”上，会员中的42名市、区政协委员共提交个人提案85件；6名市、区人大代表提交意见建议8件。有6件集体提案和7件个人提案被区政协评为优秀提案，民建、医卫界别小组被区政协评为先进界别小组。民建区委获民建市委参政议政先进集体。截至2018年11月30日，民建区委共收到社情民意来稿334篇，采用编发257篇，其中民建市委采用31篇，市政协采用10篇，区政协采用11篇，区委统战部采用36篇，获区领导批示2篇；获市委统战部采用21篇，中央统战部采用2篇，民建中央采用8篇、全国政协采用1篇。在2018年全国两会期间，民建上报区委统战部共采用信息32篇，其中被市委统战部采用18篇，中央统战部采用2篇，区委统战部考核计分1550分，获统战系统排名第一。全年统战系统考核计分1960分，稳居全区第一名。民建区委获民建市委社情民意信息工作先进集体。

【民主监督】 2018年，民建区委对对涪陵“四好农村路”示范区建设情况开展专项民主监督，制定工作方案，成立专项监督工作组，召开了区交委、区发改委、区财政局、区农委、区商务局、区公路局、区道路运输管理处、区路政管理支队、区扶贫办等9个被监督单位工作座谈会，明确了工作责任。通过专项监督，促进涪陵区以通组公路为载体的“四好农村路”建设工作顺利推进。支持会内人大代表、政协委员和会内21名特邀监察员、特约检察员、人民陪审员、公安监督员等，参加评议监督陪审活动，履行好民主监督职责，据统计参加各种民主监督活动30多人次，提出各种意见建议100多条。

【社会服务】 2018年，民建区委深化“建罗合作”工程，把罗云乡作为履职实践基地正式挂牌。6月14日，民建涪陵区委及企业家联谊会在罗云乡开展“建罗合作暨幸福涪陵、爱眼护眼”公益捐赠活动，会员陈步海所办企业涪陵华诚眼镜，向罗云乡捐赠了价值9万元的100份爱心眼镜卡和580余双儿童鞋，用于资助罗云乡在校贫困中小学生；12月13日，民建区委联合区政协文体服务队，在罗云开展以“送温暖、送文化、送健康、送法律”为主题的“四送”社会服务活动，为30户贫困户、10名优秀贫困学生和26位敬老院老人送去慰问金及物资，共计价值3万余元；会员中的医务工作者、法律工作者开展义诊义检和法律、社保知识咨询活动，文艺工作者献上了一台精彩的文艺节目。

民建区委支持支部开展公益活动。6月6日，综合一支部在涪陵九中举办幸福涪陵、爱心传递——爱眼护眼校园行公益活动，向涪陵九中捐赠了价值3万元的爱心眼镜卡，资助100名贫困或品学兼优学生。7月26日，卫生支部与企业家联谊会第五分会联合，赴石沱镇开展义诊、送医、送药社会服务活动，为200多位村民进行免费健康体检、义诊、咨询等，并送去价值3000余元的常用药品。9月9日，敦仁支部对接乌杨树社区，向社区残疾人、患病老人、应届贫困大学生等10名特殊困难人员捐赠5000元现金和中秋礼品。十四中支部组织会员教师，3次到到镇安中学、义和中学开展送教活动。五中支部组织会员教师赴百胜镇丛林九年制学校开展“送课下乡、支教扶贫”等社会服务活动。据不完全统计，一年来，会员企业及会员个人捐款捐物折合人民币1800多万元。

【企业家联谊会】 2018年，民建涪陵区企业家联谊会通过改革设置，下设成立8个分会，组建分会领导班子；增设2名年轻的企业家联谊会副秘书长，协助秘书长工作。制定《企业家联谊会全年工作计划》及《民建涪陵区企业家联谊会分会目标考核办法》，建立分会激励机制。为纪念中国共产党成立97周年，联谊会开展70多人参加的“讴歌新时代，民建砥砺行”诗歌、散文诵读比赛活动。8个分会成立以来，先后开展20多次活动。参加民建重庆市委纪念改革开放40周年活动，有13名会员企业家被评为优秀企业家，受到民建市委表彰。组织16名会员企业家参加在四川成都召开的全国非公经济发展论坛，18名会员企业家到朝鲜学习考察。

【工作交流】 3月9日，在中共铜梁区委统战部常务副部长陶小平带领下，民建铜梁直属支部副主委王志华等10位同志，来涪就承办民建重庆市2018年度区县工作研讨会开展工作交流。11月19日，由唐勇主委带队，民建涪陵区委副主委、区科委主任陈圣玲及民建涪陵崇义支部10多名会员，赴云南省昆明市与云南省委直属创兴基层委员会开展学习交流暨商务对接活动，并促成三家会员企业商务合作。

中国农工民主党
重庆市涪陵区委员会

【概况】 2018年，中国农工民主党重庆市涪陵区委员会（以下简称农工党涪陵区委）有在职支部13个、退休支部3个、新党员临时支部1个、小组1个（石柱小组），党员总人数342人，平均年龄50.1岁。党员中大专以上文化299人，正高级职称27人、副高级职称112人、中级职称132人。党员主要分布在医疗卫生、教育、农业、环保等系统的40多个部门。党员中有市人大代表2名、区人大代表3人；市政协委员2人、区政协委员28人（常委3人）。农工党涪陵区委由16名区委委员组成，董代文同志任主任委员，赵涛、郭明江、冉国英、姚以山四位同志任副主任委员。2018年，中国农工民主党重庆市涪陵区委员会委被农工党中央授予“2018年度《前进论坛》发行工作先进单位”荣誉称号；被农工党市委表彰为组织工作、参政议政工作、社情民意信息工作、宣传思想工作、社会服务工作5个先进集体；获农工党市委坚持和发展中国特色社会主义学习实践活动先进集体；撰写的《关于实施乡村振兴战略背景下的农民土地权益保护研究》的调研报告被农工党中央评为2017—2018年优秀调研报告一等奖；《开展脱贫攻坚民主监督工作的实践与思考》理论文章获农工党中央理论成果三等奖；《关于民主党派建立健全民主生活会制度的思考与建议》等2篇理论文章被农工党市委评为理论建设项目成果三等奖；《关于提高我区家庭医生签约服务率的对策研究》调研报告获中共区委统战部二等奖。

【思想建设】 加强理论学习提高政治站位。通过区委中心组学习会、主委会、全委会、全委（扩大）会、支部工作总结会、党史理论研讨会等多种形式组织集中学习23次，利用区委微信公众号发布辅学文章51篇，开展“三学一讲”主委讲党课活动，引导广大党员深入学习领会习近平新时代中国特色社会主义思想和中共十九大、农工党十六大等会议精神，特别是习近平总书记关于协商民主、统一战线、多党合作的重要论述，促进广大党员树立“四个意识”，增强“四个自信”。加强传统教育增进政治共识。围绕中共中央发布“五一口号”70周年开展系列纪念活动。举办《重温光荣历史坚定合作初心，传承优良传统继续携手前进》党史专题讲座；开展征文比赛，征集参赛文章38篇，评奖表彰12篇，向农工党市委、中共区委统战部推送5篇，其中《艰难的探索，必然的抉择》一文被中共区委统战部评为一等奖；13个支部轮流组织党员前往中国民主党派历史陈列馆、农工党中央机关在渝旧址陈列馆参观学习，累计180余人次。围绕纪念改革开放40周年、农工党建党88周年，组织全体区委委员和部分支部主委赴上海瞻仰农工党一干会址，赴武汉瞻仰中共五大会址、中央农民运动讲习所旧址和辛亥革命纪念馆。围绕农工党涪陵地方组织成立30周年开展系列纪念活动。组织开展农工党涪陵地方组织发展的史料发掘和研究工作，制作了纪念专题片《携手扬帆正当时》；召开纪念大会，回顾总结农工党涪陵地方组织成立以来的重要事件和取得的各项成果，向30年以上党龄的党员颁发了荣誉证书，对做出突出贡献的党员进行了表彰。加强宣传报道。发挥党内报刊网站和区委微信公众号等宣传主阵地作用，主动对接市区主流媒体，加大对区委重大活动、履职成效和先进典型的报道力度。全年在各类媒体上刊载宣传稿件167篇次，其中，农工党中央网站刊载6篇、《重庆政协报》刊载4篇、《巴渝都市报》刊载9篇。

【组织建设】 完成支部届中调整。对原有16个支部（小组）进行更名、改组，新建了退休三支部、综合三支部（“两新”支部）、新党员临时支部，并重新划分了党员组织关系。调整后，区委共有13个在职党员支部、3个退休党员支部、1个石柱小组和1个新党员临时支部。对支部领导班子进行届中调整，经与中共涪陵区委统战部协商，对13个在职支部的领导班子进行了调整、改选或选举，新提任主委13人、副主委20人、支部委员27人。从年龄上看，新班子年龄最大的48岁，最小的29岁，平均年龄41.3岁；从学历上看，本科以上学历58人，占87.9%；从职级上看，中高级职称51人，占77.3%。实施“人才强党”战略。高质量发展新党员，全年发展新党员30名，平均年龄35.7岁，均为大学本科以上学历，其中硕士5人、副高级职称4人。实施“新党员养成计划”，将新党员全部纳入新党员临时支部由区委统一管理。加强对党员的日常管理，修改支部工作考核办法，推动支部更好地担负起教育、管理、服务党员的职责。开展“主委走访日”活动，区委主委带队走访党员所在单位中共党组织，了解党员工作学习情况，推动其实职安排，探索建立农工党区委与中共党组织“思想共建、队伍共管、人才共育”的党内人才培养新模式，全年共开展活动7次，走访了长江师范学院、重庆市医药卫生学校、重庆市渝东南农科院等单位。向满30年党龄的党员颁发荣誉证书，对退休党员召开慰问座谈会，强化老党员的组织荣誉感。加强代表性人士培养。开展代表性人士推荐工作，促成2名党员当选为市人大代表，2名党员协商为市政协委员，1名党员增补为区政协委员，9名党员获聘为重庆统一战线智库专家。加强履职能力培训，区委举办参政议政专题培训班、社情民意写作培训班各1次，培训党员73人次；组织党员参加各类党外代表性人士培训班、政协委员素能提升班，共39人次参训。建立人大代表、政协委员履职台账，定期对代表人士参政履职情况进行通报。

【参政议政】 参加中共涪陵区委组织的政党协商5次，就河长制推进、农村人居环境整治、营商环境打造等方面工作提出意见、建议17条，被区级有关部门充分吸纳。广大党员结合所在工作领域，建言献策被中共各级统战部门采用建言建议13条，其中，中共中央统战部《零讯》采用4条，采用数量居全区各民主党派之首。在市“两会”期间，2名市人大代表和2名市政协委员共提交议（提）案和意见建议10件。在区“两会”期间，区委向大会提交集体提案11件，3名区人大代表和27名区政协委员共提交议（提）案和意见建议37件，其中被列为区领导重点督办提案5件，获区政协优秀提案表彰4件。承担农工党市委、中共涪陵区委、区政协重点协商课题的调研工作，完成高质量调研报告7篇。每季度组织一次“参政议政大家谈”活动，集聚党员智慧打造精品信息，全年被农工党中央、市委和市、区政协采用社情民意信息46篇次，其中被农工党中央和市政协采用6篇次。

【民主监督】 区委组织开展“因病致贫建卡贫困户医疗救助基金运行情况”专项民主监督，通过座谈交流、视察调研、入户访谈等形式，对基金运行情况进行了了解，就基金运行中存在的一些具体的、操作性问题及时与相关责任单位进行了沟通交流，并将救助对象有限、救助标准偏低等一些政策性问题向区政府做了反映。

【服务社会】 探索“定期定点定人”的义诊服务新形式，继续深化“义诊进社区”社会服务品牌建设。发挥医卫主体界别优势，组建心脑血管、呼吸系统、中医骨伤和疼痛理疗等三个义诊组，于每月第一周的星期日，分别到崇义、荔枝、敦仁等三个街道卫生服务中心定点开展专家坐诊、会诊、教学查房、辅导讲座等义诊服务活动。全年共为医务人员开展辅导讲座230余人次，诊治患者893人次，解决疑难问题69个，并收到患者感谢锦旗2幅。重庆政协报以“社区来了定点名医——农工党涪陵区委创新开展义诊服务小记”为题，对涪陵做法进行了专题报道，农工党市委将涪陵区做法确定为2019年全市社会服务示范项目。响应市委号召，组织党员赴义和镇开展“共绘同心圆、共建家乡美”社会服务活动。助力健康服务，为40余名乡村医生开展心脑血管疾病急诊急救技术培训，为镇全体机关干部开展养生保健知识讲座，为便民服务中心工作人员开展应急救援心肺复苏技术培训。助力乡村振兴，组织党员中的医疗、法律、农技等30余名专家在场镇上集中开展文化、科技、医药下乡活动，提供义诊、农技和法律咨询1300余人次，发放宣传资料2000余份，同时为群众提供常用免费药品价值上万元。

【机关建设】 严格执行经费管理、国资管理、档案管理等规章制度，完善机关议事程序和工作规则、机关干部平时考核等内部运行机制，进一步明确机关工作人员岗位职责，强化协同配合，机关运行井然有序。完成全委会、中心组学习会等20余次重要会议及社服活动的组织和保障工作，组织党员赴上海、武汉、重庆主城等地的外出学习考察活动，领受农工党中央组织部在涪开展基层组织建设调研任务，接待农工党贵州省铜仁市委、农工党长寿区委等兄弟组织来涪考察学习。做好支部和党员的联系服务工作，关心党员的思想状况和工作、生活情况，在三八妇女节、教师节、重阳节等重要节庆日向党员发送慰问短信，组织开展形式多样、内容丰富的庆祝活动。

九三学社重庆市涪陵区委员会

【概况】 2018年末，九三学社涪陵区委员会（以下简称社区委）有社员341人，其中具有中、高级职称285人，占社员人数的83.58%，分布在农林、畜牧、城建、水务、师院、教育等13个支社委员会（以下简称支社）。社区委下设办公室、组织处、宣传信息处、参政议政处、科技与社会服务处、经济与法制委员会、青年委员会、教文卫委员会、研究与咨询委员会、妇女与老年委员会等十个部门。主委黄华，副主任何泽富、张宇、戚娟、王希辉。

【思想建设】深化“不忘合作初心，继续携手前进”主题教育，开展“学讲做”活动，社区委组织集体学习5次、学习交流活动2次、班子成员宣讲活动8次，组织社员先后参加社市委、区人大、区政协、中共涪陵区委统战部组织的培训学习50余人次；组织召开纪念“五一口号”发布70周年座谈会；组织社员参加中共涪陵区委统战部系列纪念活动，1篇学讲征文荣获三等奖。组织社员参加社市委参政党理论与社史研究征文活动，提交“五四运动与九三学社初心”主题征文6篇，3篇荣获三等奖、3篇荣获优秀奖；组织青年社员参加社市委“青年社员看新乡村”活动，提交12篇调研报告和论文，荣获一等奖3篇、二等奖4篇、三等奖4篇，社区委荣获优秀组织奖。

【组织建设】 社区委全年新发展九三学社社员13人、较上年末社员总数增加3.95%，其中高级职称6人、占新发展社员的46.15%。全区现有九三学社社员341人，其中有高、中级专业技术职称者285人、占83.58%，高级及以上职称者144人、占社员总数的42.23%，社员结构进一步优化。修订完善《涪陵区基层组织规范化建设实施方案》，进一步规范支社的制度建设、思想建设、组织建设、履职建设和组织活动，进一步规范社员活动经费管理，进一步加强社务工作目标考核，为支社建设和组织活动提供保障。

【参政议政】 学社围绕市委、区委中心工作，在推动长江经济带发展加快建设山清水秀美丽之地、民生实事、“两线三片一城”等方面建言献策，撰写政协提案和社情民意。向社市委提交的《关于精准推进产业扶贫的建议》，作为市政协五届一次会议集体提案，被列为重点督办议案。向区政协五届二次会议提交并立案集体提案18件，提交大会交流材料2篇，其中口头交流1篇。反映社情民意信息44件，被有关方面采用23件，其中《关于修改完善〈渔业法〉并加大执法力度的建议》被全国政协采用，《建议推动现代农业人才供给侧改革》被中共中央统战部采用，《建议给农村集体经济组织颁发“身份证”》被社中央采用。实施中共涪陵区委下达的课题，提交的《关于推进涪陵智能制造产业发展对策的调研报告》获调研成果二等奖；完成九三学社重庆市委常委课题，提交《关于推进乡村产业兴旺的调研报告》和市政协集体提案素材——《关于以规划引领促进乡村产业兴旺的建议》。

【社会服务】 与大顺乡开展“九顺合作”，把大顺乡作为社涪陵地方组织的履职实践基地，在大顺乡举办“农业特色产业发展与乡村振兴”专题讲座，组织社内专家开展田间农技培训3场次，指导大顺乡新兴村特色农产品基地建设。与迅浩公司开展“九企合作”，组织畜牧、水产、果树方面的专家到公司开展技术指导和服务，合作实施农业推广项目1项、申报特色养殖基地项目1项、举办养殖技术培训1期。与建峰集团化肥公司农技服务合作，联合开展5场科普宣传、2场田间农技培训活动，共向100余户种植大户或贫困户捐赠10吨优质尿素。

【宣传工作】 编印《涪陵九三》社讯6期，转载学习资料12篇，刊发社社务信息150余条、社员学习心得15篇，被有关方面采用信息60余篇次。编辑《社涪陵地方组织成立30周年纪念画册》，编辑《勠力同心创辉煌》宣传短片，编写《社涪陵地方组织志》，召开社涪陵地方组织成立30周年纪念大会和社涪陵地方组织建设座谈会，重温30年成长历程，增强多党合作政治制度的认识。

【获奖情况】 社区委荣获社中央2018年度九三学社组织先进集体，社市委2018年度思想建设和宣传、参政议政、参政党理论与社史研究、组织建设和机关建设工作先进集体，张宇、何泽富、王希辉等24人次荣获有关工作先进个人。

【社员成果】 王希辉入选国家社科基金通讯评审专家，撰写的《关于设置重庆民族大学推动我市民族地区创新发展的建议》被《重庆社科智库成果要报》采用、获市政府屈谦副市长批示，参与的《新型城镇化背景下自治州市同城有关问题调查研究》荣获国家民委社会科学研究成果三等奖；戚娟参加的2018年重庆广播电视大学转型发展成果展荣获优秀案例奖；孙家群参加重庆市人民政府文史馆主办的“渝苑四家”书画展，参与筹建社市委书画院、武陵山书画院，并任武陵山书画院终身院长；何远秀的《韩礼德的马克思主义语言观研究》荣获涪陵区社科成果一等奖；张先淑荣获2018年全国职业院校技能大赛（养老服务赛项）优秀指导教师奖；张先淑、秦涛、薄茂林被区政府评为2018年“师德标兵”；李丹荣获环保局“2018年全市环境监测人员岗位大练兵暨专业技术大比武活动”个人二等奖。

涪陵区工商业联合会（涪陵区总商会）

【概况】 2018年，区工商联（总商会）在区委、区政府的领导下，学习贯彻习近平新时代中国特色社会主义思想和党的十九大精神，围绕中心、服务大局，开创工商联事业新局面。涪陵区工商联（总商会）第五届主席（会长）黄一峰，第一副主席杨会，副主席有杨仁权、张宁、周丽、万绍碧、谢勇、陈恩之、任泽胜、冯德洲、吴兴明、李兴华、胡艾滔、叶汝贵、周伟、卓忠于、王建、秦世文、任世兵、冉得圣、袁朝辉、张峪、夏祥宁，副会长有张强、蒋小平、张宝献、蔡陵、蒲林峰、胡序学、张跃洪、王强、彭诗杰、胡华芳、毛国会、王佳容、任春燕。

【强化政治引领】 入学习贯彻党的十九大精神，学习贯彻习近平总书记在民营企业座谈会上的重要讲话精神。到企业、到机关开展十九大精神专题学习15场，开展习近平总书记在民营企业座谈会上的重要讲话精神宣讲活动3场，累计参学人数1000余人次。召开以“不忘创业初心、接力改革伟业”为主题的理想信念教育实践活动部署会，引导全区非公经济人士采取多种形式开展教育实践活动。全年工商联为帮扶的百胜镇花庙村送去春耕化肥2吨，端午、中秋送去粽子、月饼等节日慰问品，为村社修便民桥2座，建垃圾台76个，绿化村办公室周边100平方米，扩宽村办公室路面400米。重庆中科控股公司、攀华集团、重庆贵博国际产业投资集团等15家民营企业在涪陵区第三个“中华慈善日”文艺晚会现场向涪陵区慈善总会捐赠慈善款600万元；帮助8户贫困户进行房屋改造；组织民营企业帮助村社修建公路12千米。

【服务中心工作】 8月9日，涪陵区成功召开民营经济发展大会，区工商联对民营经济发展面临的困难和问题开展调查研究，先后向区委、区政府报送《涪陵区民营经济发展调研报告》《涪陵区优化营商环境专题调研报告》等调研报告，参与完成十佳民营企业及十佳民营企业家评选及相关会议资料撰写等工作，向15个相关区级部门收集整理民营经济扶持政策97个，形成综合类、工业类、非工业类《民营经济扶持政策选编》印发到民营企业中。工商联先后组织重庆海源物业管理有限公司、涪陵信息技术学校成功举办“涪州同心•幸福涪商”活动，展示企业风貌、提升企业形象。5月，区工商联在浙江大学经济管理学院举办民营企业负责人经济管理专题研修班，50多位民营企业家参加了培训；9月，组织40多名年轻一代非公经济人士赴延安接受理想信念教育；先后组织100余名民营企业负责人参加重庆市民营企业创新驱动发展战略及转型升级研修班、重庆民营企业“一带一路”中亚经贸专题考察培训班、高质量发展与企业文化建设专题研修班等培训。根据全区统一安排，工商联积极参加优化营商环境的“三百行动”，推动营商环境改善，助推民营经济高质量发展。

【建言献策】 根据区委安排，区工商联先后对涪陵区工业类、建筑类、房地产类、道路运输类、教育类、医疗卫生类、农业类等10多个行业的110余家民营企业进行了调研，形成行业调研报告11个。开展民营企业履行社会责任调研，先后收集典型案例5个，上报民营企业“民参军”项目3个，上报民营企业高质量发展案例10个。完善民营经济产业项目库、“万企帮万村”精准扶贫台账、上规模民营企业数据库。针对民营经济发展中存在的突出问题，深入李渡、敦仁、江北等基层商会开展调研，收集整理工商联界别集体题案5件。办理完成了周少政书记（第93号《关于营造公平竞争的环境支持民营企业发展的建议》）及周波副书记（第141号《关于支持民营经济健康发展的几点建议》）交办的提案回复工作。在双月座谈会、暑期谈心会上提出了意见建议10余条。

【自身建设】 2018年实现了市联关于年发展会员不低于10%的目标，全区工商联会员总数达2233个。按照全联和市联的要求，推进“四好”商会建设，制定完善了“四好”商会建设方案及考评认定标准，召开2018年涪陵区工商联（总商会）基层组织建设工作会议，指导基层商会、行业协会开展“四好”商会创建工作，全区有15个乡镇街道商会，7个行业协会达到了区级“四好”商会标准。三是加强青委会管理服务。组织青委会17名会员赴浙江大学学习，40名会员到延安参加理想信念教育。完善机关党支部阵地建设，对党组织活动阵地、标识、宣传展板等进行规范建设。出台《机关干部政治理论学习实施意见》，制定《机关干部政治理论学习计划安排表》，定期开展政治学习。

群众团体

涪陵区总工会

【职工思想引领】 坚持工会工作的正确政治方向。推进“两学一做”学习教育制度化常态化，开展“不忘初心、牢记使命”主题教育、“党员联系群众，群众评价党员”工作和“主题党日”，加强党员教育管理，驰而不息反“四风”。落实意识形态工作责任制，利用网络平台，传播工会好声音。组织志愿者参加网络安全宣传周宣传活动。开展两期“工会大讲堂”，分别邀请第十三届全国人大代表、全国劳模、涪陵区南沱镇睦和村党支部书记刘家奇和区人大常委会副主任、区总工会主席冉义明作学习全国“两会”精神和“不忘初心，学思践悟做好人”专题报告。邀请中国工会十七大代表、太极集团有限公司党委副书记张春宏为全区200余名工会干部做宣讲党的十九大精神、习近平新时代中国特色社会主义思想及系列重要讲话精神、中国工会十七大精神。举办工会干部培训班，“贯彻十九大·岗位立新功”职工演讲比赛，开展“听党话•跟党走”广场文艺演出，邀请全总文工团在涪陵大剧院演出话剧《又到满山红叶时》，团结引导职工听党话、跟党走。

【丰富职工精神文化】 开展“贯彻十九大•工会在行动”送演出进基层活动10场，送电影48场，为70个基层工会送去21万元的图书，为40个基层工会送去32万元的健身器材。举办2018年基层工会宣传干部摄影知识培训班，举办喜迎“改革开放四十周年”涪陵区职工摄影比赛优秀作品评展活动。组队参加重庆市2018年职工羽毛球、篮球比赛，获得篮球联赛区县组第二名的好成绩。组织开展“2018梦想驿站”主题活动和“做有梦想有追求的重庆人”主题宣讲。

【维护职工合法权益】 加大协调力度，完善劳动关系三方四家协调机制，督促企业落实惠工政策，推进“涪陵区构建和谐劳动关系示范点”工作，全年共创建区级和谐劳动关系示范企业20家。聘用志愿律师为广大职工群众提供法律咨询和法律援助，全年共办结职工（农民工）法律援助案件80件，为职工挽回经济损失245.8万元。开展“千名律师进企业•服务职工在基层”活动，选聘9名志愿服务律师联系进驻10个街道乡镇的82户企业，为近2万名职工免费提供法律服务工作，开展各类法律知识宣讲活动82场次，走访基层工会369次，走访职工3029人次。开展“尊法守法•携手筑梦”服务农民工公益法律服务行动4次。组织区教委等8个单位在涪陵广场举办“女职工维权行动”主题宣传，发放各类宣传资料2000余份、咨询200余人（次）、义诊服务100余人（次）。开展以“关爱农民工”为主题的重庆市“第十一个农民工日”宣传慰问活动，慰问建档困难农民工和农民工50名，送去节日问候和慰问金2万元。

【安全生产宣传】 推荐30幅作品参加“重庆市第七届‘安全在我心中’美术书法创作大

赛”，涪陵区获优秀组织奖，2个作品分别获二等奖。推荐重庆群洲实业集团公司获评全国“安康杯”竞赛优胜单位，涪陵卷烟厂制丝车间生产乙班获评全国“安康杯”优胜班组。筹集25万余元开展“炎夏送清凉”活动，慰问了18个机关企事业单位和4000余名一线职工代表。引导督促全区机关企事业单位开展以“安全培训提素质、班组管理强基础”为主题的“安康杯”竞赛活动，提升职工安全素质，全区“安康杯”竞赛参赛单位982家，参赛职工13.29万人次，开展安全教育416次，安全生产月宣传449次，发放宣传资料4.42万余份，张贴安全标语941条，组织安全培训1361期，培训职工9.62万人次，开展安全隐患排查993次（整改隐患953起，整改率96%），实施职工安全合理化建议136条，投入安全生产整改资金581万余元。

【提升职工技能素质】 组织7家单位参加重庆市网上劳动竞赛，组队参加重庆市“交通建设行业”“卫生护理”“汽车检测与维修”3场技能大赛，获优秀组织奖2次，3名选手获等次奖、4名选手获优秀奖。推荐区国家税务局、区财政局获评“重庆五一劳动奖状”，华晨鑫源重庆汽车公司高级技师覃德云等5名同志获评“重庆五一劳动奖章”，太极集团西南药业股份有限公司粉针剂车间等2个班组获评“重庆市工人先锋号”。联合开展“涪陵区医护人员三基技能竞赛”“稳产保效争领先，建功中国新能源劳动竞赛”“拥抱新时代•当好能源人职工职业技能竞赛”等3场区域性、行业性劳动竞赛活动。全年共有891家企业（其中非公企业614家），35809个班组，19.13万人次的职工（含农民工）参加劳动竞赛，投入竞赛经费154.24余万元，创经济效益1.72亿元。涌现出“全国五一劳动奖章”1名、重庆五一劳动奖状2个、重庆五一劳动奖章5个、重庆市工人先锋号2个；评选出2017年度涪陵五一劳动奖状4个、涪陵五一劳动奖章13人、涪陵区工人先锋号15个、涪陵区创新能手15人。

【弘扬劳模精神】 开展“中国梦、劳动美”主题教育，开展十九大精神劳模“五进”宣讲活动5场，组织区内劳动模范、优秀共产党员赴延安学习，组织150名劳模参加《工会大讲堂》、涪陵页岩气“公众开放日”，观看全总文工团话剧表演等活动。指导卫计委系统、教委系统、公安系统、太极集团、涪陵卷烟厂、华峰化工公司等单位开展区级劳模（职工）创新示范工作室创建活动，命名4个区级劳模创新示范工作室和2个职工创新示范工作室。五一期间在涪陵广播电视台和巴渝都市报开展“弘扬劳模精神，提倡劳动光荣，收获幸福生活”专题宣传活动，集中宣传各级劳模先进事迹。春节期间慰问劳模576人次，发放“三金”（生活困难补助金、特殊困难帮扶金、节日慰问金）134.6万元；“五一”期间，为257名各级先进模范人物发放慰问金22.55万元、体检费25.7万元。

【脱贫攻坚】 履行区总工会扶贫集团牵头单位职责，贯彻落实中央、市、区扶贫攻坚精神，召开贫困村、街道及帮扶单位专题会和现场会，解决扶贫工作中的问题和困难。协助金竺村向水务局争取的投资28万元的人畜饮水提灌站建设和渠道整治项目已竣工投用。促成金竺村3社和1社4.8千米长、投资约300万元左右的农村公路实现全面硬化。为金竺村、方坪村扶贫工作捐资8万元。将金竺村农网升级改造工程纳入川东电力集团2019年农网再升级改造项目。区总工会34名帮扶干部每月至少进行一次上门帮扶，在传统节日上门慰问52户结对贫困户，送上价值4万余元的慰问金和慰问品。

【困难职工帮扶】 全区现有建档困难职工261名。开展元旦春节、五一端午、中秋国庆“六节”送温暖慰问活动，共慰问困难职工1766人次、五老人员97人次，发放慰问金

47.78万元。开展金秋助学活动，提高助学标准（大学新生8000元，在校大学生4000元，在校高中生3000元），资助大学新生21名、在校大学生67名、在校高中生31人，共计发放助学金52.9万元。对特别困难职工家庭开展临时生活救助116人，发放救助金23.95万元，临时医疗救助44人，发放救助金20.7万元。关心关爱女职工，为全区女职工购买特殊疾病保险30.62万元，慰问建档困难女职工94人，发放慰问金6.58万元。开展“爱心妈咪小屋”创建活动，指导涪陵区实验中学、区妇幼保健院和区中心医院等6个基层工会创建为市级“爱心妈咪小屋”建设示范点。

【提升下岗职工就业能力】 总工会与人社局联合开展农民工“春风行动”，组织专场招聘会7次，发放宣传资料15500份，免费服务7265人次，成功介绍1267人就业。开展为期一周的民营企业招聘周活动，109家企业提供就业岗位2136个。开展家政服务、中式烹饪、涪陵区印刷包装行业高技能人才培训，培训职工207人，其中54人获家政服务结业证书、53人获中式烹饪厨师等级证书。

【互助保障】 全区职工互助保障参保单位343家，参保总人数3.36万（人次数9.31万），参保总金额428.89万元（其中优惠劳模、困难职工260人，优惠金额5657元），申请理赔1095次，理赔金额262.96万元。全区职工互助保障参保（理赔）工作各项指标均超过2017年。开展困难会员救助慰问活动，对23名重疾会员发放慰问金5万元。开展“互助会健康公益体检活动”，为重庆市新大兴实业（集团）公司的300名职工代表免费体检，节省体检经费8.64万元（288元/人）。

【工会基层基础建设】 加大基层工会组建指导力度，全年新建工会组织38个，新增会员3087人，基层工会组织覆盖面进一步扩大。落实市总工会《推进基层工会组织和工会会员实名管理工作方案》，举办涪陵区工会组织和会员实名制管理系统培训班，做实基础性数据，全区共录入工会组织1071个，会员数7万多人。加强工会法人资格证书登记管理，完成工会法人资格证书办理38件，变更26件。开展区级模范职工之家（小家）创建工作，命名区级模范职工之家42个、模范职工小家50个，重庆华峰化工公司创建为全国模范职工之家。加大职工书屋创建指导力度，中化重庆涪陵化工有限公司被命名为“全国工会职工书屋示范点”。

【基层工会经费保障】 落实各级工会组织经费收缴主体责任，进一步推动基层工会独立开设工会经费账户。按7%的标准向乡镇（街道）和工业园区总工会划拨到位295.03万元工会经费，解决基层工会“空壳化”问题。向基层工会划拨“送温暖”、劳动技能竞赛、职工之家（职工小家）建设等各类专项补助资金286.75万元，加大对基层工会的经费支持力度。贯彻落实《重庆市基层工会经费收支管理实施细则》，对20个基层工会进行经费审计，规范和加强基层工会经费收支使用管理，使工会经费更好地为工会工作和职工群众服务。

【推进厂务公开民主管理】 加强对厂务公开民主管理工作的协调。全区有1108家企事业单位实行厂务公开制度，其中：国有和国有控股企业137家，公开面98%；事业单位319家，公开面96%；非公企业652家，公开面65%。公司制企业积极推行职工董事和职工监事制度，全区有92家企业实行职工董事、职工监事制度，67名工会主席、副主席进入公司董事会、监事会，职工进入董事会、监事会25人。

【推动集体协商】 涪陵区组织人员参加重庆市“企业民主管理工作暨重点工作推进会”，赴丰都县总工会、潼南区总工会交流学习，提升33名专兼职工资集体协商指导员业务指导水平。推介“集中要约攻坚行动”的典型案例和成功经验，全年新签报备集体合同32份，涵盖企业40家，覆盖职工3925人；新签报备工资集体合同21份，涵盖企业21家，覆盖职工2360人；续签报备集体合同15份，涵盖企业22家，覆盖职工8565人；续签报备工资集体合同11份，涵盖企业40家，覆盖职工7360人。开展企业民主管理、会员评家工作、会员（代表）大会制度落实情况等专题调研，开展企业民主管理优秀征文活动，全区10个企业300余名职工参加征文活动。

共青团涪陵区委

【概况】 涪陵共青团是全区共青团工作的基层领导机关，机关设有综合部、青少年发展部、志愿服务工作部3个职能部室，2018年，实际在编在岗人数为7人，其中，书记1人，副书记1人，正科级干部4人，机关工勤1人。另有事业编人员1人（编制属于群团服务中心），挂职副书记2人，兼职副书记1人。机关人员平均年龄35岁。2018年，全区共有直属团委（总支）162个，其中，乡镇街道团（工）委27个、机关企事业单位团组织37个、两新团组织45个、学校团委53个。全区28岁以下青年17.55万人，注册团员3.52万人。

【共青团改革】 2018年，涪陵共青团紧紧围绕“增强政治性、先进性、群众性”，推进共青团改革攻坚。建立“三社联动”、少先队工作“1+2+N”、青年社会组织联系服务等机制；着力“强功能”，从完善联系渠道、拓展服务平台、丰富服务内容等方面凝聚青年，提升青年获得感；围绕中心，服务大局，在助力脱贫攻坚、“四城同创”、青年创新创业、志愿服务等方面“增实效”，发挥生力军作用。

【青少年思想政治引领】 学习宣传政治理论。微信、微博等新媒体开展党的十九大精神、习近平总书记“7.2”重要讲话、团十八大精神系列宣传28期，阅读量达3.7万余人次；开展党的十九大精神“百千万”集中宣讲活动，机关宣讲团成员7人、宣讲24场次、覆盖团支部201个、覆盖青年人数9300余名，基层团组织宣讲交流172场次、覆盖团支部1342个、覆盖青年人数5.4万余名；开展“青年大学习”主题活动260余场次，吸引1.8万余名青年直接参与。培育和践行社会主义核心价值观。利用“五四”“六一”等节点，以“贡献青春力量助力乡村振兴”等为主题，开展专题学习、演讲比赛、宣讲交流等活动310场次，直接参与青少年3万余人；举办“缅怀先烈放飞梦想争做新时代好少年”离队入团仪式、“你好，新时代”少先队入队仪式等，强化仪式教育；开展“拥抱新时代践行新思想实现新作为”等组织生活会500余场次，各基层团组织书记带头讲团课，3万余名团员青年直接参与。注重网上精神引领。建立“智慧团建”系统组织树，建立网上团支部1574个，覆盖团员22960人，实现团支部书记满意度测评、组织生活线上开展；团属新媒体入驻“共青团中央”App；做好网络舆论引导，微信、微博发起“青春建功新时代”“助力乡村振兴”等系列新媒体活动25场次，参与人气超13万。

【青年创新创业】 自2013年组织实施“未来企业家培养青锋计划”以来，共青团涪陵区委一直坚持实施项目，为辖区创业青年提供创业资金和导师服务，“未来企业家培养青峰计划”项目考核评估结果为优秀。2018年，通过“青锋贷”的方式为78名创业青年提供资金支持780万元，组建78名一对一的担保导师队伍和25名创业导师；开展“青创故事分享会”1次、“青年创业就业展”1次、“青创训练营”2次、“青锋大讲堂”1次、“青锋面对面”3次、“青创工作坊”3次、“青锋创业沙龙”3次、“青锋创业区县交流互访”3次、组织参加各类青创大赛5次、“青锋创业巡诊”超过50次，累计服务创业青年超过3000人。重庆市青创汇商业孵化基地成功创建市级青创空间；涪陵区青商会、青年创业促进会第四分会、农村青年致富带头人协会三个创业平台为400余名创业青年提供政策宣讲、产品打造、销售渠道、宣传媒介等综合信息交流平台，累计发布信息超过1000条；通过主题活动分享创业青年的典型事迹，累计超过30名创业青年的故事登上中央电视台、重庆、涪陵的各类媒体和政府官微媒介宣传。

【青年志愿服务】 加强志愿服务平台建设。创建"青年之家•城乡社区市民学校"市级示范点6个，标准化建设"青年之家•城乡社区市民学校"，整合学校、企业、社会组织力量，常态化开展"四点半课堂""孝心佳节""七彩公益课堂"等志愿服务项目15个，创新开展"爱在童年•益在未来"公益小天使、"烛光课堂"等公益项目130余场次，服务青少年约2.6万人次。壮大志愿服务队伍建设。加强对蓝天救援队、尚善社工、星辰社工等专业志愿服务组织的孵化培育力度，广泛吸纳专业社工、社会青年等加入青年志愿者队伍；加强"志愿涪陵"志愿服务平台的推广使用，组建重庆市生态文明传播志愿服务涪陵分队，组建"涪陵区公益小天使"志愿服务队伍。广泛开展志愿服务活动。开展共青团联系服务农村青年月活动，76名春运青年志愿者在涪陵火车北站、汽车客运中心等交通重点区域，重点围绕引导咨询、秩序维护、便民利民、返乡创业就业咨询、应急救援等方面开展志愿服务；开展"河小青——守卫青山渝水•助力河长制"青年志愿服务行动，实施河道库岸保洁志愿活动27次、饮用水源保护行动11场次、"爱水护水公益"课堂50场；开展生态文明传播志愿服务活动，实施"绿色出行——我是行动者""绿色包装——我是行动者""绿色生活——我是行动者"等22场次志愿服务活动；开展关爱类志愿服务活动，在抢收青菜头和玉米等助农志愿服务活动中把关爱送到困难群众家中；在春节、中秋、重阳等节点开展"情暖童心•快乐成长""朝阳伴夕阳"等志愿服务活动，为全区空巢老人、困境儿童送物资、送关爱，共送出帮扶物资28.26万元。

【基层团建】 加强团的组织建设。推进"智慧团建"工作，按要求完善团建体系，严格按照组织程序，差额遴选各界27名优秀青少年当选团十八大、少代会、市青联、市学联大会代表；从严开展基层团组织建设及乡镇（街道）团委书记共青团工作实绩考核工作。严格团干部队伍建设管理。加强团队干部队伍教育培训，培训团队干部323人，推选45名优秀团队干部参加团中央、团市委组织的全国市县教育团工委书记、少先队辅导员等各类培训；加强团支部书记队伍建设，完成全区1574个团支部书记"背靠背"满意度测评；全行业开展团支部书记岗位实践能力大比武，以赛带训，以赛促能；落实《关于进一步规范和加强团干部协管工作的通知》，对基层团干调整、配备做到事前沟通、事后备案，履职期间有监督。严格团员发展和管理。严格团员发展，严把"入口关"，实行"一人一号"编号管理，2018年全区新发展团员3000名；广泛开展团员教育实践活动，强化对不同领域、不同行业团员的分类指导和管理，规范并落实"三会两制一课"。推进非公团建工作。全年新建70个非公团组织，联合区非公工委出台《关于加强新时代非公有制经济组织党建带团建工作的实施意见》，通过市区两级政府购买服务为非公企业团员青年开展职场减压、团队建设、专题培训、相亲交友等活动100余场，服务团员青年超过1万人。

涪陵区妇女联合会

【概况】 区妇联是党的群团部门。2018年，区妇联领导职数为1正2副，增设1名挂职副主席、3名兼职副主席，内设部室3个，分别是综合部、权益与妇女发展部、家庭与儿童工作部（挂区妇儿工委办牌子）；下属事业单位群团服务中心为区妇联所属公益一类正科级全额拨款事业单位。机关行政编制数12个（包括行政编制数7个、控制数4个、机关工勤数1个），在编9名；事业编制数4个，在编3名（其中区工商联1名、团区委1名、区妇联1名）。

【防范化解社会风险】 "四个到位"持续推进扫黑除恶专项斗争，将抓扫黑除恶专项斗争与在职党员与社区结对共建、扶贫走访、妇女儿童维权信访、妇女技能培训及家庭教育讲座等工作相结合，做到宣传到位、部署到位、结合到位、推进到位，在妇女群众和家庭中开展扫黑除恶专项斗争宣传50余场。发动妇女群众推动全国禁毒示范城市建设，构建以家庭为单位的禁毒防毒网络，将禁毒宣传内容纳入"文明家庭""最美家庭"等活动中，线上线下开展宣传开展各类禁毒宣传60余场、上报禁毒宣传微视频6个、承办重庆市2018年"不让毒品进我家"主题活动1场、开展禁毒知识讲座5场、印制并发放宣传资料10万余份，倡导广大群众抵制毒品、健康生活。持续开展"建设法治中国·巾帼在行动"普法活动，坚持"法律进机关、进基层、进村社、进学校"，利用"3•15""3•5""12•4"等有利时机在机关、农村、学校妇女儿童中开展维权宣传40余场，发放宣传资料2万余份，收集维权方面问题和建议800余条。深化"平安家庭"建设工作，以"法律四进"活动（法制教育进家庭、科普知识进家庭、美德建设进家庭、和谐新风进家庭）为载体，以"四防"（防拐卖、防盗窃、防抢劫、防隐患）、"四无"（无毒品、无赌博、无暴力、无犯罪）为目标，教育家庭成员遵纪守法，及时化解家庭邻里纠纷，以家庭的平安促进社会的稳定。

【思想引领】 开展百千万巾帼大宣讲活动，组建各级"百千万巾帼大宣讲"队伍，以院坝会、快板、讲座、电子书、互联网推送等丰富多彩的形式，深入到机关、企业、农村、高校、社区、家庭，在妇女群众中全面宣传贯彻习近平新时代中国特色社会注意思想、党的十九大精神和中国妇女十二大精神，线上线下结合开展"百千万巾帼大宣讲"活动1200余场，受众7万余人次，发放宣传资料5万余份。开展三八节纪念暨庆祝系列活动，通过举办纪念活动、表彰先进典型、开展志愿服务、举办维权活动、开展家庭教育讲座、举办技能培训等系列活动，庆祝第108个"三八"国际妇女节，表彰各级巾帼示范典型103个，号召各类妇女先进典型充分发挥示范引领作用，引导全区妇女群众和家庭建功新时代。开展庆祝改革开放40周年系列活动，12月18日，争取到南沱镇睦和村为《中国妇女报》"重访改革地标，致敬光辉岁月"栏目直播的全国六大地标之一，在人民网、女性之声等进行全媒体直播，宣传涪陵区在改革开放过程中带领三峡移民增收致富的成果。

【"乡村振兴·巾帼行动"】 实施巾帼产业助推行动，确定"手工编织助力脱贫，菜乡结绳振兴乡村"的工作思路，引进北京结绳文化发展有限公司，开展"巴渝巧姐·菜乡结绳"手工文创项目，建成手工编织"巾帼扶贫车间"2个，组织妇女群众开展手工结绳培训13期1316人，承接企业订单426人，其中建卡贫困妇女98人。年内完成订单250860条，发放劳务报酬55万元，妇女月收入500元至4000元不等，帮助农村留守妇女、城乡失业妇女、贫困残疾妇女在不误农活、能照顾老小的情况下实现居家灵活就业增收，助推脱贫攻坚和乡村振兴。实施巾帼暖心关爱行动，开展亲子阅读等"涪州童心"系列留守儿童、困境儿童关爱服务活动60场4500余人次，开展留守儿童暑期安全教育实践活动100余场次，开展未成年人法律知识宣讲活动30余场次，发放留守儿童学习用品、卫生包1400份，发放困境儿童冬衣282套，发放贫困儿童冬日针爱微爱行动围巾帽子500余套，发放留守妇女、留守老人慰问金（品）56万元，为140名农村贫困“两癌”患者发放“两癌”救助金140万元，为12名贫困女高中学生发放“春蕾圆梦”助学金1.2万元，慰问贫困留守老人300人。

【“城市提升・巾帼行动”】开展“和美家风润万家”行动，开展“梦想起航——中国好家庭好家风”巡讲活动1场、家庭教育机关大讲堂1场、家教流动学校“百场讲座进万家”活动115场、家庭教育微课堂82次，表彰涪陵区“最美家庭”50户，发放家庭教育系列宣传资料1万余份，举办“同悦书香•共度好时光”亲子阅读和“清风常伴、廉洁齐家”家庭助廉等家庭活动，累计带动10万余户家庭参与，在妇女群众、家庭中普及家庭教育知识、宣传优秀家风，带动更多家庭自觉培树良好家风。开展“绿色生活进万家”行动，发挥女性在家庭生活中的独特优势，组建各级绿色生活志愿服务队28支，组织开展“低碳纳凉”、植绿护绿、“巾帼护河•共建绿色家园”等巾帼志愿服务活动68场，动员5万户家庭积极参与“最美阳台”“最美庭院”评选活动，提升广大妇女和家庭的生态环保意识和参与生态文明建设的自觉性。

【“创业创新・巾帼行动”】 实施巾帼创业创新“启航行动”，针对不同年龄段妇女需求，开展家政、彩妆、电商等技能培训23期1060人，联合开展为期1个月的车站归途服务行动，帮助培训学员实现就业，其中月嫂培训学员90%以上、彩妆技能和电商培训学员均70%以上实现就业。实施巾帼创业创新“丰翼行动”，申请三峡库区母亲创业循环金共计75万元，开展母亲创业循环金项目技术培训100人，推动妇女创业就业增收。实施“三百行动”，召开涪陵区民营女企业家代表座谈会，梳理出涪陵区民营女企业家提出8类问题及意见建议17条交“三百办”，解决企业发展难题，助推民营女企业家发展创新。实施巾帼创业创新“展翅行动”，选送重庆静瑜文化传播公司等3家企业申报全国巾帼脱贫示范基地，推荐涪陵绣花一族等能人能企参加旗袍手工制作、巾帼农家乐厨艺大赛等各项创业创新技能比赛、培训6次，其中推荐“巴渝巧姐•莱乡结绳”参加义乌市第十届中国国际旅游商品博览会和2018中国旅游商品大赛，承接订单5万条。

【群团改革】深化组织改革，推进基层组织建设，在涪陵区女企业家中成立女企业家行业妇联，截至2018年，在本区女性占50%以上的非公经济组织和社会组织中建立妇女组织5个、女工委110个，妇女组织在女性占50%以上的非公经济组织和社会组织中的覆盖率达95%。加强统战联络，加强党外优秀妇女联络，吸纳民主党派和无党派优秀女性11名进入区妇联常委、执委，3名少数民族女性干部纳入区妇联常委、执委；配合开展港澳台交流联谊活动，2018年初，区妇联党组成员、副主席白晓燕随区台办赴台湾参加涪陵台办妇女联合会联谊座谈会，为增进中国大陆和台湾之间的感情做出了努力；加强区女企业家联系服务，完成区女企业家协会换届，组织协会优秀会员代表赴梁平、丰都等区县开展学习交流活动，引导女企业家在提升涪陵经济社会发展水平和激励妇女群众大胆创业、锐意创新方面凝聚榜样力量。

【表彰奖励】 2018年，涪陵区妇联集体获中国妇女发展基金会2017年“美好事业、美好人生”公益彩妆培训项目最佳合作奖，重庆市妇联、市人社局重庆市“巾帼杯”首届旗袍服饰制作大赛组织奖，重庆市纪委、市妇联“清风相伴廉洁齐家”家庭助廉立德活动组织奖（渝妇发〔2018〕91号），重庆市妇联、市扶贫办重庆市首届最美巾帼农家乐展示展演活动组织奖。

涪陵区科学技术协会

【概况】 重庆市涪陵区科学技术协会（简称区科协）是重庆市涪陵区科学技术工作者的群众组织，是区委领导下的人民团体，是区委、区政府联系科学技术工作者的桥梁和纽带，是全区推动科学技术事业发展的重要力量。2018年，区科协在市科协的指导下，团结引领全区科技工作者深入贯彻落实党的十九大精神，以习近平新时代中国特色社会主义思想为指导，坚定不移走中国特色社会主义群团发展道路，履行“四服务”职责，推进“三型”科协组织建设，在去“四化”强“三性”方面取得明显进步。

【自身建设】 区科协党组认真学习宣传贯彻党的十九大精神，在思想上政治上行动上坚决同以习近平同志为核心的党中央保持高度一致，坚持党建带群建，牢固树立了“科协是党的科协、科协干部是党的干部”的思想。扩大科协组织覆盖面，新成立农村青年致富带头人协会和旅游协会2个区级协会；完成基层科协组织建设“3+1”改革试点工作，吸纳医院院长、农技站站长（农业服务中心主任）、学校校长等“三长”担任基层科协兼职副主席，通过“三长”有效联系在基层医务工作者、农技人员和教师队伍。

【学术交流】 全年举办学术沙龙、学术年会、学术研讨等各类学术交流活动60余场，参与人数2700余人次。搭建跨区域学术交流平台，先后以“实施乡村振兴战略，构建理想农业”、“集体建设用地入市”为主题与中国作物学会水稻产业分会和中国农业经济法研究会举办了学术交流活动，并与5个市级学会联办了学术交流活动。

【创新争先】 组织开展“全国科技工作者日”系列活动，召开科技工作者代表座谈会，听取科技工作者代表在工作中取得的成绩、存在的困难，保护科技工作者权益，支持科技工作者创新创业等方面的意见和建议；举荐优秀科技工作者10名；与巴渝都市报合作，开展科技典型人物或创新团队优秀事迹的宣传报道活动，增强科技工作者的幸福感、获得感，激发科技工作者创新创业热情。

【建家交友】 组建科普志愿者工作站，为科技工作者搭建展示自我、实现价值的公益平台。执行科协干部联系科技工作者制度，做科技工作者之友。筹划建设科普微信公众号，推进“互联网＋阵地”建设，打造科技工作者网上之家。

【助力工程推进】 利用重庆市高校和科研院所资源，组织实施高校科技资源精准对接涪陵企业活动，13所高校的27个科研团队，共计49名专家，深入李渡、白涛、龙桥园区等11家企业开展现场对接活动，签订合作协议2项（重庆科技学院与涪陵页岩气公司余压发电、西南大学与丹青生物红色素提取技术研发），加速科技成果向现实生产力转化。

【创新创业平台建设】 建成太极集团、页岩气公司、德环科技、长江师院4个市级院士专家工作站，1个海智工作站（长江师院），1个区级院士专家工作站（渝东南农科院）。开展科技信息推送服务，69家在涪企业注册使用全国专利管理信息平台，为企业节约研发成本，推动企业科技创新和转型升级，提升核心竞争力。

【实施《全民科学素质行动纲要（2016—2020）》】 推动科技教育、传播与普及，推进全民科学素质工作。截至2018年，涪陵公民科学素质比例达到8.1%，超过全市平均水平0.09个百分点。

【科普信息化建设】 推进41台“科普文化重庆云”终端落地使用；新建成3所校园微型科技馆；开展“基层科普行动”计划；推进

校园e站、农村e站、社区e站建设。加强“科普中国”品牌及资源推广应用，促进优质科普资源的整合、利用与共享；提高网络科普书屋的使用效率；与涪陵电视台、巴渝都市报、涪陵手机报合作，开设科普惠农频道。

【科普活动品牌化建设】 成功举办“全国科普日”“防灾减灾日”“全民科学素质知识竞赛”等大型科普品牌活动；组织农技专家深入贫困乡镇开展50余次种植养殖技术培训指导。组织开展第20届涪陵区青少年科技创新大赛，共评出个人奖504名、单项团体奖201名、6个优秀组织奖及57名优秀辅导员；组织开展青少年暑假天文观测活动、青少年科学调查体验活动、科技辅导员STEAM科创教育专项培训等活动。组织参加第33届重庆市青少年科技创新大赛，共获44个奖项；组织参加中国科协举办的第九届全国青少年科学影像节，江东中心校科学纪录片《黄豆干圆湿椭现象探秘》获全国一等奖，涪陵区凉塘小学科学纪录片《荷叶上为什么形成小水珠》、李渡小学《铁生锈和铁锈的探究》获全国三等奖。

【科普传播常态化建设】 组织开展科普宣传、反邪教宣传200余次，受益群众人次达20万以上。开展科技、文化、卫生三下乡活动，更新12个标准科普画廊。开展农村实用技术培训120余场，1万余名农民受益。开展社区科普大学教学工作，全年完成开班24个，上课人次8600余人次。

【科技工作者状况调研】 组织开展全区科技工作者状况调查活动，及时了解科技工作者的工作情况、思想动态，准确反映了科技工作者的所思所想、所求所盼，为党和政府制定科技政策提供参考。

【发挥科协界别政协委员作用】 组织开展精准扶贫、院士专家工作站建设、中药产业发展状况等调研活动，共提交各种调研论文20篇，政协提案5篇，社情民意6篇，为全区经济社会发展献计添智。

【科技扶贫】 争取市环境科学学会、西南大学等单位支持，开展“村会合作”项目帮扶贫困村，组织资金50余万元改善基础条件和支持产业发展。组织农技专家深入乡村开展120余次种植养殖技术培训指导，助力产业振兴。

【助力“四城同创”】 定期组织科普志愿者到所联系的建涪社区、崩土坎社区、中慧社区开展卫生大扫除活动；深入村、社区开展“创全国文明城、做文明涪陵人”宣传活动4期，宣传“四城同创”的重要意义和工作内容，提升“四城同创”工作的知晓率、支持率、满意度。

【助力乡村振兴】 组织开展农村电商“100+10”培育计划，并邀请专家专题培训100名农村电商从业人员5次，培育农村电商科普基地带头人10个，科普示范基地3个。实施“基层科普行动计划”，培育全国科普惠农兴村先进单位1个、全国科普惠农兴村先进个人1个。

【助力民营企业发展】 利用科协组织桥纽带作用，深入贯彻全区民营经济发展大会和涪陵区树立企业无小事理念优化营商环境“三百”行动动员会议精神，针对涪陵电子商务公司发展面临的“智能仓储用地选址”“宣传和推广‘探百村’平台”等问题，主动与国土、规划、商务等部门联系，召开专题协商会议，问题全部得到解决或交办。

涪陵区残疾人联合会

【概况】 2018年，涪陵区残联机关内设办公室、业务2个职能科室；在职人员11人，其中理事长1人，副理事长3人（含挂职1人），正处长级干部2人，副处长级干部1人，副调研员1人，中层干部2人，工勤人员1人。下属残疾人就业服务所事业编制8名，在职人员

8名。全区残疾人工作在区委、区政府的领导下和市残联的指导下，深入学习贯彻习近平总书记系列重要讲话和视察重庆重要讲话精神，以中国残联七次代表大会、市残联五次代表大会提出的各项工作为中心，突出聚焦打赢残疾人脱贫攻坚战这一重点，服从和服务全区发展大局，将党的十九大精神落实在各项残疾人工作中，为促进残疾人全面小康和建设山清水秀美丽涪陵幸福涪陵做出了积极贡献。

【群团改革】 强化基层建设。27个乡镇（街道）全部配齐专职干部，分管领导被区委纳入专项考核；残疾人专门协会建设规范完善，基层组织建设不断得到巩固。强化队伍建设。对全区70名残联干部和422名残疾人专职委员进行专项培训，提高综合素质和业务能力。强化基础管理。全国残疾人基本服务状况和需求专项调查共登记28305名持证残疾人，入户率95.2%，数据录入、统计分析、上报和成果运用等工作全面完成。强化机制建设。区残联机关建立了干部基层联系点制度，每个干部每年走访残疾人贫困户不低于20户，乡镇街残联每年入户不少于50户，残疾人专职委员对本村（居）的残疾人家庭状况了如指掌，残疾人组织的政治引领进一步增强。

涪陵区侨联

【思想建设】 年内按照有侨的地方就要有侨联组织的要求，成立了2个侨联分会和1个侨胞之家，建立了2个侨法宣传角，协助区委统战部成立了涪陵区欧美同学会。全年组织机关干部、基层分会、侨界代表召开专题学习讨论会7次，开展爱国主义教育活动8次，完成调研报告4篇、简报108篇、季刊4期，被中国侨联采用5篇、重庆市侨联采用81篇、新华侨采用13篇。

【助力发展】 发挥海内、海外“两个平台”和财力、智力“两大资源”优势，以侨为“桥”，引侨资、汇侨智，邀请7批80人次华侨华人来涪参观考察、对接交流、开办讲座。促成长江师范学院引进海外留学人才2人，促成侨属企业——翔正实业有限公司成功打造智桐创业园，协助李志沧中医骨伤医院成功创建国家二级甲等中医骨伤医院，并荣获“涪陵区十佳民营企业”称号。为联系帮扶贫困村收割青菜头6000千克，送去冬衣74件，捐赠助学金7000元，划拨扶贫专项资金3万余元，免费发放常用药品1.4万余元。

【提升服务能力】 坚持“四必访”慰问制度，全年走访慰问侨界群众208人次，发放慰问品、慰问金共计12万余元。为困难群众、留守儿童、孤寡老人和残疾人争取冬衣500件、棉被50床、老花眼镜300副、助听器276台，电脑1台、文具一批，引导侨属企业义诊义检4000余人次，减免医疗费30余万元。开展侨法宣传活动2次，免费发放宣传册、宣传袋5000余份，接受现场咨询200余人次，接待来信来访7人次，办结7件。

【促进侨界和谐】 坚持海内海外工作并重的原则，多渠道、多层次开拓内外联谊新格局。组织侨界群众开展“粽香暖人心、侨牵故土情”、月圆涪州·星光闪烁——“月亮颂”中秋诗歌音乐朗诵会、“宣传十九大·启航新征程”征文比赛、“涪州乡愁”摄影比赛等系列联谊活动9次，继续蝉联“第十九届世界华人学生作文大赛”优秀组织奖和90项个人奖。与忠县侨联缔结为友好侨联，并牵线为崇义、敦仁两个基层分会与忠县白公街道、石宝镇签订了友好合作协议，组织机关干部和分会成员与重庆工商大学、巴南区、大渡口区、永川区等侨联和市侨青会、华商会开展互访交流活动7次。向海外侨团和华侨华人寄送贺年卡、慰问信、涪陵宣传碟等100余份。

【参政议政】 发挥侨的整体优势，履行参政议政职能，反映侨界群众所思、所需、所急。组织召开提案征集会，征集上交提案16件、社情民意4件。组织侨界政协委员参加政协及区侨联开展的视察调研活动6次，对全区公办养老机构规范化建设、乡村振兴战略、公共安全视频联网应用、矛盾纠纷协同治理情况等进行了深入调研，并提出合理化意见建议，2篇理论调研文章分获区政协二、三等奖。

涪陵区文学艺术界联合会

【意识形态】 坚持以习近平新时代中国特色社会主义思想为指导，深入学习宣传贯彻党的十九大精神，加强对涪陵区文艺家的思想引导，努力提高政治素质，全年共开展中心组学习12次，自主讨论9场，写心得体会6篇，到基层宣讲6次。持续加强思想阵地建设管理，坚持正确舆论导向，守好《乌江》《文联艺苑》、文联微信公众号、论坛、讲座、培训、展览、演出等文艺阵地，开展风险隐患的排查工作，文艺界全年无意识形态方面的问题发生。

【党的建设】 贯彻落实全区组织工作会议精神，抓好党建重点工作，坚持开展“两学一做”学习教育常态化制度化，成立了机关党支部（区委宣传部党总支第四党支部）及区委宣传部工会区文联工会小组等基层组织，落实“三会一课”制度，党组织书记上党课7次，开展主题党日活动12次（其中与社科联、党史研究室开展联合党日活动3次），推进全面从严治党，把党风廉政工作任务落到实处，文艺界全年无违纪违规行为发生。

【培养人才】 以《乌江》杂志、《文联艺苑》杂志为平台，刊登区内外文艺家协会会员、文艺爱好者的文艺作品，为文艺事业繁荣发展培育新生力量。全年出版《乌江》6期，《文联艺苑》2期，刊登本土文学作品120篇，艺术作品45篇（幅）。开办涪陵区文联公益大讲堂，共举办书法、散文写作、摄影讲座13期，1000余人次受益；举办音乐（歌曲）创作专题研讨培训会，原重庆市音乐家协会副主席向菊瑛老师做《歌曲创作探讨》专题讲座，区音乐家协会会员和音乐爱好者共100多人参加培训；承办涪陵区第十一届青年文学讲习班，邀请著名作家东西（本名田代琳），为1500余名区作协会员及广大文学爱好者上了一堂题为《如何写好故事》的文学公开课；邀请重庆市摄影家协会副主席鞠芝勤为200多名区摄协会员和爱好者作了《镜头说事》专题摄影讲座。各文艺家协会开展培训15期，培训会员980人次。

【调研工作】 根据区委、区政府“全面落实‘两点’‘两地’定位和‘四个扎实’要求，建设山清水秀美丽涪陵幸福涪陵”为主题的学习调研活动的具体要求，以“全区基层文联的发展壮大”“乡镇群众对文艺的需求情况”“文艺志愿服务如何深入有效开展”三个课题对马武镇文联、蔺市镇文联、新妙镇文联、大顺村文联、焦石镇、萃辰天心书院进行了调研，发现存在的缺少引领和规划、缺乏文艺专业支撑等问题，对做好下一步基层文联工作提出了更新理念、强化保障、注重考核、加强管控、团结引导、交流互动等对策和建议，并形成了调研报告，上报了区委。12月成立焦石镇文联、从8月起推出乡镇文艺人才网络展示活动、下发《涪陵区文联公益大讲堂制度》等都是根据调研中发现问题进行的有针对性地解决。

法　治

政法工作

【概况】 2018年，中共重庆市涪陵区委政法委员会共有成员单位12个：区委政法委、区信访办、区法院、区检察院、区人武部、市国家安全局第三分局、区公安局、区民政局、区司法局、区综合行政执法局、区安监局、涪陵监狱。区综治办和区委610办均与区委政法委机关合署办公，另挂牌成立了国安办、铁路护路办，其工作人员由区委政法委有关人员兼任。区委政法委员会内设机关处室（办）8个：办公室、政治处、执法督查室、业务指导科、社会矛盾纠纷调解指导中心、宣传教育科、法学会办公室、网格化服务管理科。区委政法委设书记1名，副书记3名。在编人员20名，其中行政编制人员17人，机关后勤服务人员事业编制3人。2018年，据市民意调查中心调查，全区群众安全感达97.19%、政法队伍满意度94.97分、司法公信力95.33分，分别高出全市平均值0.27%、0.23分、0.33分，同比2016年分别增加1.05%、2.84分、2.53分。受理群众来信来访3779件次、5841人次，同比分别上升19.8%和17.9%；到市集访21批次、185人次，同比分别下降4.7%和28.5%。进京到非信访接待场所上访10人次，同比下降10%。全区立现行刑事案件3047起、立侵财案件2178起、立八类案件109起，同比分别下降29.7%、35.6%、5.2%。查处治安案件9166件，查处违法人员4148人，同比下降50.9%、65.7%。发生各类生产安全事故418起（其中：消防火灾事故200起），同比下降1.9%；死亡事故81起、死亡82人，同比分别上升8 %、1.2 %；生产经营性死亡事故31起、死亡32人，同比分别下降11.4%和15.8%。

【政治安全平稳可控】 有效防范打击邪教组织活动，扎实开展“涉网斗争”“其他邪教攻坚战”专项行动等工作，接处“法轮功”等非法活动案（事）件5起，查处3起，打掉聚会窝点2个，抓获邪教人员13人，打击处理13人，成功教育转化各类邪教人员19名，“敲门行动”走访率、数据更新率均达100%。加强反恐防暴体系建设，立涉恐专线2条，协助外地抓获涉恐在逃人员1人，核查处理传播暴音视频和涉恐言论6起。妥善处置了“乐天玛特”门店群众聚集、高笋塘“未来印象”小区部分业主阻挠“衡生中医院”建设施工等32起突发事件；果断对全市“反体制人员”潘某进行刑事拘留，高效处置“6•24”全市48名“两参”人员声援蒋某围堵区政府事件和“7•31”部分转业士官拟串联到区委聚集滋事事件。

【服务发展积极作为】 圆满完成党的十九大、全国“两会”“一带一路”高峰论坛、公立医院改革、渝东国际商贸城开业等36次大型活动安保任务，实现“零事故”。建立服务民营经济发展“五个一”工作机制，调解涉企纠纷71起，受理涉企经济犯罪15件，为企业追赃挽损1324.25万元。严厉查处经济犯罪案件，立经侦案件116件，挽回经济损失8000余万元。严厉打击破坏环境资源类违法犯罪活动，在永胜林场建立2000余亩的生态司法修复基地，积极调判民商事纠纷，全力攻坚“基本解决执行难”，积案执行完毕或和解金额达2053.95万元。牵头成功强制执结房屋征收案件13件。

【化解矛盾有力有效】 健全完善维稳工作五项机制，制定涉军人员稳定工作“八条措施”，受理群众来信来访3779件次、5841人次，同比分别上升19.8%和17.9%；各级干部开展接访下访活动19313批次、25106人次，解决群众问题17965件。构建“1136”矛盾纠纷协同治理机制，妥善调处重庆某环卫公司拖欠125名环卫工人70余万元劳动报酬等7件疑难纠纷。各级人民调解组织共调解各类民间纠纷15578件，成功率98.8%，涉及金额33151万元；办理人民调解协议司法确认1420件。

【打击犯罪持续发力】 扎实开展“渝安2号”专项行动，发案497起，同比降幅30%；现行命案发8起，破8起。破获各类刑事案件1444起，起诉1086人，抓获网逃197人。依法审结抢劫、抢夺、盗窃、诈骗等多发性侵财犯罪案件224件342人，依法起诉各类犯罪案件672人，依法审结孙某某等20人创建“FC重庆时时彩”赌博网站、涉案金额达6000余万元的开设赌场案。侵财案件中通信网络诈骗发案首次出现“拐点”，全年发案497起，同比降幅达到30%；现行命案发8起，破8起。3个A类、3个B类、1个动态挂牌A类整治地区成功摘牌。积极推进刑事案件认罪认罚从宽试点，案件办理数量和质量均位居全市前列。

【特殊人群管控严密】 在册严重精神障碍患者4684人（其中危险性评估3级及以上的患者2295人），患者健康管理率达90.22%，病情稳定率达98.95%，区乡两级财政兑现有奖监护奖励402万元，严重精神障碍患者肇事肇祸案事件继续保持“零发生”；登记入库吸毒人员4366名，责令社区戒毒247人，缴获毒品36.8千克，决定强制隔离戒毒269人；创办涉毒青少年个性化教育实验班，2批、12名学员转化效果良好；社区服刑人员衔接率、管控率和信息录入率均达100%；刑满释放人员安置率达95%，帮教率达100%。

【“三基”建设持续夯实】 紧扣“巩固年”主题，集中攻坚、持续用力，提升了“三基”建设水平。全力推进“雪亮工程”建设，完成公共安全视频监控建设联网应用项目招投标，整合建成并接入高清监控镜头1500余个、高空镜头24套、卡口136套，全区4000余家社会单位安装视频镜头2.8万余个；率先打造视频“云防控”可视化指挥作战系统，成功入选2017年10月在北京举办的“全国社会治安综合治理成果展”参展项目。马武、蔺市综治中心规范化建设有序推进。区法院审判法庭扩建工程主体基本完工。区检察院派驻李渡、白涛检察室在辖区非驻地乡镇建立7个检务联络室。区检察院建成远程视频审判系统、建成全市首个智能化涉案财物管理中心；区公安局建成全国第一批试点的公安交通集成指挥平台和西南地区率先完成的智能交通信号控制系统；新刑事科学技术实验室建成投入使用，建成物证鉴定所DNA实验室、二级电子取证实验室，与华为技术有限公司签订警企战略合作协议，全面推进“六侦合一”联合作战实验室扩建提档升级。在新城区创建覆盖马鞍街道、李渡街道、义和镇辖区的“公安政务服务大厅”。崇义派出所完成搬迁入住、同乐派出所主体工程完工；区司法局按照统一外观标识、管理制度、整体层次标准，推进司法所规范化建设。

【队伍建设常抓不懈】 认真贯彻落实中央、市委和区委关于政法队伍建设的决策部署，以深入推进“两学一做”常态化制度化为动力，以学习宣传贯彻落实党的十九大精神为抓手，坚决肃清孙政才恶劣影响和薄熙来、王立军流毒，严格落实全面从严治党，增强政法队伍凝聚力、战斗力。区检察院荣获“全国巾帼文明岗”“全国检察机关保障律师执业权利示范单位”，区司法局荣获“全国2017年度人民调解宣传工作先进集体”。区公安局徐浩被评为“全国优秀人民警察”、刘丹丽荣获“全国社科工作先进个人”称号，区司法局王春海被评为全国模范人民调解员。

公 安

【概况】 2018年，涪陵区公安局有内设机构63个，设派出所28个，警务室132个（其中社区警务室119个、驻村警务室13个）。有政法编制1143名，实有在岗民警1091人，辅警685人。2018年，涪陵区群众安全感指数达99.22%，公安机关满意度、执法公信力分别达95.65分、96.03分，均创历史新高，位居全市区县前十；冬春专项行动战果排名全市区县第一；主要工作任务绩效评价跨入全市区县中上游水平。全局民警队伍中涌现出一批先进集体和个人，共有38个集体、210人次立功受奖。

【维护社会稳定】 打好防范化解重大风险攻坚战，破获市督“709”全能神邪教专案，捣毁窝点25个；发扬新时代“枫桥经验”，化解矛盾纠纷1.6万起；核查扬言实施个人极端暴力犯罪线索5条，严控3名个人极端重点人，实现暴恐案事件“零发生”；完成“两节两会”“三夜”等安保任务，全年38场大型活动安全事故“零发生”。

【打击违法犯罪】 开展“渝警行动2018”等综合性专项工作，深化打击涉众型经济犯罪、“禁毒2018两打两控”、打击整治枪爆黄赌违法犯罪、严打电信网络诈骗犯罪、“净网2018”等专项行动，有效净化社会治安环境。全年破获刑事案件3334起，同比上升130.57%，创3年来新高；移送起诉犯罪嫌疑人1066人，为群众挽回经济财产损失9000余万元，电信诈骗紧急止付冻结4397万元，缴获毒品16.01千克，现行命案破案率连续第8年达到100%，查处治安案件6317件。启动全区社会面大巡防，八类刑事发案历史最低。主侦摧毁“北银创投”特大网贷诈骗集团并赴柬埔寨跨国追逃，央视多个栏目集中报道；破获跨省盗窃冶炼行业熔炼设备核心部件案、“11•29”制售假冒名牌灯具案、“11•23”特大制售假冒品牌电线电缆案、涉案700余万元特大廉租房诈骗案、涉及重庆11个区县30余家民企“6•12”汤某合同诈骗案等大要案件，斩断4条从云南、四川至重庆的运输毒品通道。

【扫黑除恶】 开展新一轮扫黑除恶专项斗争，建立完善线索核查“3+1”工作机制，组建10个专案工作组开展黑恶案件侦办。共打掉恶势力集团（团伙）6个，侦办九类涉恶案件115起，抓获犯罪嫌疑人340人，逮捕131人，移送起诉161人；查封、扣押、冻结涉案资产360万元；收到线索214条，查结196条，查结率91.59%。年内开展扫黑除恶治安大清查7次，清查重点场所2735处，查获各类违法犯罪人员304人；3个挂牌社会治安重点整治地区刑事发案同比下降32.43%，破案同比上升130.57%。

【雪亮工程】 涪陵区“雪亮工程”项目于2018年12月17日通过竣工验收，建设内容包含前端监控点位建设、视频云系统建设、共享总平台、综治分平台、公安分平台建设等。全区建成高清监控3036套，重点行业单位重点区域视频监控联网率100%。项目建设投用以来，广泛应用于治安防控、智慧交通、智慧城管、智慧河长、服务民生等领域。

【民生警务】 深化“放管服”改革，推进服务民营经济“30+10”条、服务学校29条、服务旅游发展23条措施落地见效。全年调解涉企纠纷194件，挽回企业损失3468万，《人民公安报》两次报道涪陵区公安局服务民营经济发展工作成效；整改校园安全隐患2395处，化解涉校涉生矛盾159起，查找失踪失联师生89人；率先在全市建立“户政微信预约平台”，高效服务群众；推出交管“警保联动”快处快赔服务，建成“3+2”潮汐车道和“可变车道”，提升交通通行力；创新全国首例“电子商务＋车驾管”模式，打通服务群众最后一千米；推行出入境“只跑一次”、周六办证及免费照相服务，为1.7万余群众节约照相费50余万元；户政、出入境、交管窗口广泛开展延时服务累计0.9万人次，节假日急事急办预约服务1300余人次；重庆市首个集约、智能、高效的涪陵新城区公安政务服务大厅，入围首届中国警务信息化建设成果评选“最佳公共服务解决方案”。

【创建“全国禁毒示范城市”】 全区扎实推进“全国禁毒示范城市”创建，毒情形势持续向好，坚决做到了“五个不发生”，同时，实现“四升四降”：群众禁毒知晓率上升；社区戒毒社区康复执行率上升；戒断三年以上未复吸人员增幅上升；群众对禁毒工作满意率上升；新滋生吸毒人员增幅下降；未成年人员占涉毒人员数量比例下降；外地抓获本地籍贩毒人员下降；吸毒人员引发的刑事和治安案件下降。将全区易制毒化学品、生物医药化工等企业全部纳入列管，实现涉毒物品“零漏管”；组建全市首支“禁毒文艺轻骑兵”志愿队伍在全区巡回演出，开展禁毒知识“进村居”“上街头”“进影院”“1+N”学生带家长知识竞赛；年内投入130万元用于毒品预防教育，新建毒品查缉站5个，改进禁毒教育基地1个。

【河库警长】 对流经涪陵的长江、乌江和另外34条次级河流建立完善了河库警长体系，进一步健全部门联合执法机制，完善行政执法与刑事司法衔接，与区级职能部门召开联席会6次，联动执法21次，整治突出问题11个。从严打击涉嫌水环境违法犯罪，维护良好河库管理秩序。全年立、破环保类刑事案件35件，抓获嫌疑人59人；受理行政案件11件，行政拘留9人；破获公安部督办中江船业有限公司非法处置危险废物污染环境案，移送起诉2人。在全市率先探索建设“智慧河长管理信息系统”，在“首届中国警务信息化建设成果奖”推介活动中荣获“最佳公安业务创新方案”奖。

【新媒体品牌建设】 加强“涪陵公安”微信公众号建设，年内发布原创推文119篇，其中42篇精品推文被中青在线、法制网、人民网等媒体广泛转载，5篇推文阅读量破万，单篇阅读量最高达4.07万人，粉丝量逐年攀升，目前已逾5.4万人。依托公众号组织开展圆梦警队第四季之“做自己的首席安全官”警民互动，80名小朋友进警营参加平安课堂活动。

【队伍建设】 持续加强队伍管理，党委中心组开展集中学习16次，党委成员宣讲全国两会精神及“时代楷模”杨雪峰同志先进事迹33次，参加双重组织生活104次，受众3863人次；重新修订党委议事规则、中心组学习和班子成员工作日志等制度，修订完善民警请（休）假、会议、作息、党风廉政警示教育等系列纪律约束、考评机制，全面落实“一岗双责”；建立负面清单制度，全年纳入负面清单管理6个单位11人次；落实从优待警措施，与辖区重点医院签订公安医疗救助绿色通道协议、为无房民警协调解决公租房、帮助解决民警配偶子女就业就学等，消除民警后顾之忧；创造性地开展“青年岗位能手”评选、趣味健身运动、“萌娃进警营”等警营文体活动；处理侵害民警执法权益案事件42件，为87名民警辅警“撑腰”维权。落实“一案一审一评”制度，加强对执法活动的有效监督；全面推行基层法制员制度，办案单位法制员配备率100%，举办执法行为能力训练、智慧侦查脑图模块应用培训、典型案例培训、“冬训”练兵等培训活动；与区法院建立《旁听庭审联系机制》，民警参加旁听371人，旁听案件776件。

检 察

【概况】涪陵区检察院有检察干警101人，领导班子职数7人，内设机构10个。2018年，区检察院以习近平新时代中国特色社会主义思想为指引，学习贯彻党的十九大精神，旗帜鲜明讲政治，各项检察工作取得新的进展。

【严惩犯罪】 建立检察长直接领办涉黑涉恶案件机制，组建专门办案组依法从快办理，依法提起公诉38人。落实破“网”打“伞”要求，依法向纪检监察机关移送违法违纪案件线索6条。坚持实事求是、依法办案，严格证据标准、确保公正司法，依法追捕到案1人，对事实不清、证据不足的不批准逮捕8人。坚持系统治理、源头治理，深刻剖析涉恶犯罪反映的社会治理问题，向有关部门提出检察建议促请开展矿山开采行业整治。

【护航绿色公共利益】 践行“生态优先绿色发展”“绿水青山就是金山银山”理念，服务做好构筑绿色屏障、发展绿色产业、建设绿色家园“三篇大文章”，依法起诉破坏环境资源犯罪案件137件239人。探索“增殖放流”“补植复绿”等多元化生态补偿机制，督促破坏环境资源犯罪嫌疑人、被告人缴纳生态修复金17.5万元，补植苗木40000棵。

【打击刑事犯罪】 受理提请审查逮捕案件602件950人，批准逮捕497件728人；受理审查起诉案件831件1295人，提起公诉737件1135人，办结改变管辖14件22人。

【预防化解社会矛盾】 适用宽严相济刑事政策，对涉嫌犯罪但无社会危险性的依法不批准逮捕51人；对犯罪情节轻微、依法不需要判处刑罚的决定不起诉43人。推进认罪认罚从宽制度试点，适用认罪认罚程序起诉案件684件988人，认罪认罚占全部公诉案件总数的79.8%。建成12309检察服务中心，通过实体大厅和网络平台为社会提供检察服务、案件信息公开和法律咨询，接访群众80人次，受理控告、举报、申诉案件线索284件，开展司法救助3人7.5万元。

【参与社会治理】 开展“‘莎姐’大普法四百工程”，检察长受聘担任石龙九年制学校法治副校长，并为学生上法治教育课；选派26名检察业务骨干组建6支专业普法团队，开展法治“四进”活动31场，受众10000余人次。

【法律监督】 加强立案和侦查活动监督，监督公安机关立案11件、撤案7件，纠正漏捕19人，纠正漏犯14人，追诉漏罪20条。加强刑事审判活动监督，抗诉刑事案件3件。加强民事行政诉讼监督，对确有错误的民事行政生效裁判，提请抗诉后经法院再审改判5件；发出再审检察建议获法院采纳1件。针对审判活动违法情形，发出检察建议获法院采纳59件。针对执行活动违法情形，发出检察建议获法院采纳7件。对侵害农民工等弱势群体合法权益案件，支持提起民事诉讼并获胜诉裁判157件，帮助追回劳动薪酬1020万元。加强刑事执行监督，监督纠正刑事执行中的违法（违规）行为48件，办理刑事被执行人控告、举报、申诉案件31件，办理暂予监外执行提请、决定审查案件9件，办理收监执行提请、裁定审查案件7件。开展羁押必要性审查32人，提出建议后变更强制措施24人。

【公益诉讼】 依法摸排公益诉讼案件线索113件，立案78件。落实“现场送达、公开宣告”检察建议制度，发出诉前检察建议73件，有关行政机关在规定时限全部完成整改回复。

【改革试点创新】 探索建立“放权、监督、考核”三位一体的检察权运行机制，制定《领导干部办理案件实施细则》《检察官、检察辅助人员司法档案记录办法》。抓好内设机构改革试点，采取“5+3+X”模式，设置检察业务部门5个、司法行政部门3个，选设环境资源办案部门和未成人刑事检察工作部门。探索智慧检务建设，开展“智慧侦监”全国试点和“智慧公诉”市级试点。远程视讯技术常态化用于远程提讯、出庭等。引入讯飞语音系统、航拍无人机、App 掌上平台等用于笔录制作、案件取证、线上咨询。

【队伍建设】 加强思想政治建设，学习贯彻习近平新时代中国特色社会主义思想和党的十九大精神，开展大学习大研讨大培训，开展“新时代红岩讲习所”讲习活动16场，开展“明大德、守公德、严私德”专题教育。提升队伍综合素能，培养专业能力和专业精神，开展实战、实训、实用型岗位练兵 80 余次，支持干警开展业务培训 75 人次。狠抓全面从严治党、全面从严治检，常态化开展以案说纪、以案说法、以案说德、以案说责警示教育，组织学习高检院、市纪委监委、市检察院通报的领导干部和检察人员不讲法治和德治违纪违法典型案例，树立“作风建设永远在路上”的理念，开展检务督察、工作督查 36 次，廉政谈话提醒 15 次。

【接受社会监督】 依法向区人大及其常委会报告诉讼活动法律监督等工作 4 次，落实审议意见。提请区人大常委会任免检察员 6 人。坚持领导干部分片联络人大代表，适时通报检察工作情况，办理代表意见建议 43 条，代表满意率 100%。开展检察公益诉讼行动、服务保障未成年人合法权益、12309 检察为民新体验等检察开放日活动 4 次，邀请人大代表、政协委员、人民监督员、特约检察员、社会各界群众 107 人次走进检察、了解检察、监督检察。依法公开案件程序性信息 2200 余条，“两微一端”推送检务新闻 1500 余条。

【获得荣誉】 涪陵区检察院全年获得“全国模范检察院”“全国检察文化建设示范院”等 21 项市级及以上集体荣誉，获得“全国检察机关党建理论研讨活动一等奖”等 22 项市级及以上个人荣誉，并夺得全市基层院综合目标考核第三名、党建工作考核第一名。

法　院

【概况】 2018 年，涪陵区人民法院由 7 个办案团队、5 个行政部门及 8 个派出法庭组成。全院有员额法官及其他工作人员 157 人，其中，员额法官 60 人，占 38.2%；法官助理 54 人，占 34.4%；书记员 1 人，占 0.6%；司法行政人员 25 人，占 15.92%；司法警察 10 人，占 6.3%；另有，占司法编制的工勤人员 7 人。全年共受理案件 23889 件，审执结 21329 件。

【刑事审判】 全年受理刑事案件 776 件，审结 747 件，判处罪犯 1032 人。判处故意杀人、放火、抢劫、绑架、强奸、盗窃等犯罪 189 件 242 人，判处黄赌毒拐骗等犯罪 175 件 227 人。严惩电信网络诈骗犯罪，判处付某等共同犯罪 16 人有期徒刑。严惩非法吸收公众存款、金融诈骗等妨害市场经济秩序犯罪，判处 4 件 8 人。从宽处理当宽型犯罪，依法变更 4 案指控罪名或情节。审结区监察委成立后首例调查起诉的重庆市第二交通技校原校长刘某受贿案。开展扫黑除恶专项斗争，审判殷某等 10 人聚众斗殴、李某等 12 人非法采矿的恶势力犯罪。

【民事审判】 全年受理各类民事案件 4961 件，审结 4754 件，结案率 95.83%。审结涉及教育、就业、消费、住房、医疗、社会保障等与群众利益密切相关的民事案件 436 件。妥善审理婚姻、赡养、扶养和抚养等案件 1491 件。发出人身安全保护令 3 份。畅通涉民生案件执行绿色通道，重点执行追索劳动报酬、赡养费、抚养费等案件 751 件，执结金额 2410 余万元。奔赴贵州成功追回某企业转移财产 5000 余万，兑现涉案 270 多名民工工资 1400 余万。

【商事审判】 全年受理各类商事案件 9114 件，审结 8402 件，结案率 92.19%，结案标的 21.76 亿元。依法促成重庆巨航实业有限公司破产重整，该案入列重庆法院民营经济司法保护典型案例。审结涉及民营企业的各类合同纠纷4437件、劳动争议案件438件，为民营企业依法执行到位各类案款1.98亿元。建立法治服务民营企业常态化联络沟通机制，帮助提升依法经营管理及风险防范的能力和水平。服务乡村振兴战略行动计划，审结农民工外出务工、返乡创业生产经营过程中出现的各类财产、合同纠纷案件近50件，依法保障农民群众的合法权益。

【行政审判】 全年受理南川、垫江、丰都3区县行政诉讼案件235件，审结203件，结案率86.38%。审查涪陵区非诉行政执行案件15件，促成当事人自动履行11件。协调有关行政机关成功化解行政争议65件，原告申请撤诉率32.02%。推动行政机关负责人出庭应诉，出庭率为75.14%。涪陵志大物业公司诉涪陵区人社局劳动和社会保障行政确认案成为重庆直辖以来第二例入选最高人民法院指导性案例。

【环资审判】 全年受理涪陵、南川、武隆、垫江、丰都5区县环境资源案件454件，审结435件，结案率95.81%。审结辖区首例环境公益诉讼案件，判处刘某等5人非法捕捞水产品犯罪，并责令其承担鱼类增殖放流生态修复责任。熊某等人犯非法猎捕珍贵野生动物罪和垫江县环保局向涪陵区法院申请强制执行张某环保行政处罚两案入选重庆法院十大环境资源典型案例。

【执行工作】 全年受理案件8424件，执结案件6858件，执结兑现金额6.82亿元。会同有关单位联合开展打击“拒执”专项行动。全年共计搜查112人次、拘留197人、罚款3人8万元，追究拒执罪2件2人，在相关单位协助下查找到逃匿被执行人251人，其中169名被执行人履行义务，执行完毕及和解金额365.14万元。涉党政机关等特殊主体案件10件均圆满执结。加强联合信用惩戒机制建设，将1309名被执行人纳入失信被执行人名单库，对7881名被执行人发布限制消费令，曝光被执行人837人。推进执行网络拍卖工作，提升执行财产处置效率，通过网络平台拍卖财产304个，成交额7068.38万元。

【司法改革】 压实院庭长办案责任，院庭长全年共结案13700件，人均结案342.5件，占结案总数的64.23%。落实司法人员人身安全保障要求，协调公安机关设立驻院警务室。完善和落实司法人员职业保障，完成职级套改、按期晋升等工作，有效调动各类人员的工作积极性。推进以审判为中心的刑事诉讼制度改革，证人、鉴定人、侦查人员等出庭作证和说明情况42人次，出庭率达51.67%。推进刑事案件认罪认罚从宽工作，审结认罪认罚刑事案件565件。推进案件繁简分流，分别制定6大条线案件繁简分流方案，明确繁简案件标准和分流方式。组建新型办案团队，将19个办案部门减至7个办案团队。

【队伍建设】 加强思想政治建设。树牢“四个意识”、坚定“四个自信”、坚决做到“两个维护”。全面肃清孙政才恶劣影响和薄熙来、王立军流毒，营造良好政治生态。推进“两学一做”学习教育常态化制度化，院党组研究党建工作9次，开展党组中心组集中学习11次。培育和树立先进典型，获得区级以上表彰的先进集体11个、先进个人28人次，执法办案质效优秀，获评全市先进法院。开展司法讲习7次470余人次参训。落实党风廉政建设“两个责任”，开展审务督察50次，发出督察通报30期，廉洁谈话213人次，给予纪律处分2人，给予提醒谈话、批评教育等组织处理16人次。

司法行政

【概况】 2018年，全区司法行政系统紧扣“124”工作思路（即以完善公共法律服务体系建设为统揽；夯实两个基础：队伍建设、基层基础；突出四项重点：全民普法、人民调解、社区矫正、法律服务），履行司法行政职能职责，为维护社会和谐稳定、服务涪陵经济发展，促进基层民主法治建设做出了积极贡献。清溪司法所被司法部表彰为“全国人民调解工作先进集体”，涪陵区司法局被中华全国人民调解员协会表彰为“全国人民调解宣传工作先进集体”。

【全民普法守法】 落实“谁执法谁普法”普法责任制，提请以区委办、区府办名义印发了《涪陵区关于贯彻落实国家机关“谁执法谁普法”普法责任制的实施方案》，并将落实情况纳入政府绩效目标考核范围。以“3311”普法工程为载体，开展“法律八进”活动，全年共举办专题法治讲座100余场次，培训普法骨干7000余人，开展街头法制宣传300余次，发放各类法制宣传资料100余万份（册），出动法制宣传车800余台次，举办法治文艺演出200余场次，在手机App和微信公众号等新媒体推出和播出普法内容100余期，受教育群众达90余万人次。强化领导干部和公务员学法用法，全区各级各部门中心学习组集中学法100余次。进一步扩大干部学法差异化考试范围，在7个单位开展试点。全区各中小学共聘请法治副校长和法治辅导员157名，配备率达100%，实现法治课计划、课时、教材、师资、经费“五落实”。涪陵禁毒教育、青少年警示教育、干部警示教育和廉政教育四大基地共接待区内外干部、学生等参观3万余人次。在迎接市上“七五”普法中期检查中，被推荐为“七五”普法中期优秀区县。在白涛街道建峰社区打造全区首个社区法治文化公园，白涛街道建峰社区被司法部、民政部表彰为“全国民主法治示范社区”。

【人民调解】 完善人民调解组织体系，新成立环境保护、城市管理、征地拆迁、土地承包和商事纠纷5家行业性专业性调委会。开展人民调解规范化建设，人民调解员持证上岗率达到100%，调解组织规范化建设率达95%以上。推广“枫桥经验”和“老马工作法”，开展清溪镇人民调解委员会等2个金牌调委会创建活动，对全区4500余名调解员和120名调解能手开展各种针对性培训。“三调对接”工作进展顺利，设立人民调解驻信访办调解室、驻法院调解室并开展工作，驻公安派出所调解室工作已下发方案。全区467个调委会共调解各类民间纠纷15095件，调解成功14936件，成功率98.9%，完成人民调解协议司法确认1734件。医调委主任王之福荣获“2013—2017年度全国创建‘平安医院’活动表现突出个人”称号。区物业纠纷调委会、石沱司法所所长周正明、江东街道群沱子社区调委会主任况洪被市人力社保局、市司法局表彰为优秀人民调解委员会和优秀人民调解员。

【社区矫正和安置帮教】 执行两高两部《社区矫正实施办法》和《重庆市社区矫正实施细则》，落实对社区服刑人员的监督管理、教育矫正和社会适应性帮扶措施，社区矫正衔接率、管控率及信息录入率均达100%，无因履职不到位导致脱管漏管发生。组织开展创建“社区矫正规范化建设示范单位”活动，授予17个司法所“涪陵区社区矫正规范化建设示范单位”。推进社区矫正信息化建设，完善社区矫正“大矫治”体系，充分发挥“一站两中心三基地”作用，实行手机定位监管，落实监狱、戒毒警察参与社区矫正工作试点，常态化开展社区矫正执法检查。深化“五及时”帮教衔接机制，对有明显重新违法犯罪倾向人员、“三假”人员，“三无”人员、危害国家安全罪犯等重点帮教对象实行必接必送，接送率达100%。全区刑释人员安置率、帮教率分别达95%、100%。

【公共法律服务】 公共法律服务体系建设取得实效，区公共法律服务中心、27个乡镇（街道）工作站和422个村（社区）工作室三级实体平台和“12348法律服务热线”“涪陵律师网”

全部建成并投入使用。推行“一社区（村）一法律顾问”制度，全区422个村（社区）实现法律顾问全覆盖。贯彻落实公证减证便民12项措施和刑事案件认罪认罚从宽制度试点工作，开展司法鉴定“双严十二条”专项教育整顿活动。2018年，全区法律服务工作者服务经济发展和保障改善民生成效明显，共办理法律援助案件392件，认罪认罚案件777件，接听“12348”公共法律服务热线电话842个，办理公证案件4164件，法医临床司法鉴定案件439件。

【律师工作】 完成律协分会改革，成立涪陵区律师工作委员会。组织“黑恶势力案件辩护代理”“村（居）法律顾问”《宪法》专题讲座等一系列学习培训活动。服务民营经济发展，组建民营企业“法治体检”服务小分队对184家企业开展“法律体检”，发放法律服务联系卡、《企业经营管理常见法律风险提示》等资料600余份，共帮助企业审查重大合同35件，提出相关的法律意见建议150余条。2018年，全区律师和基层法律服务工作者共担任法律顾问700余家，代理案件3549件。

【国家司法考试】 完成全国首次国家统一法律资格考试计算机网上考试试点工作，共450人参加考试，无违纪现象发生。涪陵区司法局局长周小明被司法部表彰为“国家司法考试先进个人”，司法考试科张显华被司法部表彰为“首次国家司法考试先进个人”。

【基层基础建设】 坚持在“人、财、物”上向基层倾斜，按照相关标准为司法所配齐全部硬件设施，21个司法所配备了执勤执法车辆，连通市局、区局和司法所三级信息网络，安装自动化办公系统。贯彻落实《司法所规范化建设标准》，统一外观标识和内部设置，推行司法所“三表五制度七簿册”，全区司法所规范化建设率达100%。调整充实青羊司法所、马武司法所、龙桥司法所工作力量，选好配优干部。落实局领导班子成员分片联系基层工作制度，定期下基层开展调研，帮助司法所解决实际困难。

【队伍建设】 坚持党对政法工作的绝对领导，按照新时代政法队伍建设要求，加强思想政治教育，常态化开展“两学一做”，在全系统树牢“四个意识”、坚定“四个自信”，坚决做到“两个维护”，全面肃清孙政才恶劣影响和薄熙来、王立军流毒。全年共组织中心组学习18次，干部职工集中学习30次，主题党课12次。制定中共重庆市涪陵区司法局党组党风廉政建设主体责任清单，并分类对履行党风廉政建设相关责任进行全程纪实。坚持和践行“群众路线”和“三严三实”工作要求，全面推行“党员联系群众、群众评价党员”工作制度，开展形式主义、官僚主义专项整治。全面加强班子和队伍建设，开展内部轮岗交流，共举办2期司法行政干部和社区矫正社会工作者业务培训。

【依法行政】 梳理编制公共服务事项目录清单，行政审批和依申请办理类公共服务事项全部进驻行政服务中心集中办理，依法办理行政许可（初审）事项110件，合格率100%。2018年，全局共有7人次参加市司法局组织的行政执法培训，全部考试合格，行政执法人员全部做到持证上岗。开展案件评查工作，评查法律援助、公证、律师代理案件360件，未发现执法观念偏差、徇私枉法办理案件的情况。按照“双随机、一公开”程序，开展执法监督检查29次，执法执业考评3次，基本实现法律服务机构行政检查全覆盖。全年无行政违法、行政复议、行政应诉、行政赔偿案件发生，未制定规范性文件。

军　事

涪陵区人民武装部

【改革强军】 自省军区人武系统开展规模结构和力量编成调整改革以来，涪陵区人民武装部人员编制压缩，在人少事多的情况下，对人员分工重新调整充实，修订完善各项规章制度，实现“转隶正规、管理严格、运行规范”目标要求。

【思想政治】 落实军委主席负责制，坚持党对一切武装力量的绝对领导；开展“不忘初心、牢记使命”和“传承红色基因、担当强军重任”两项教育，推进“两学一做”学习教育常态化制度化。落实警备区“约法三章”，做好作风整改。结合民兵担负任务和思想实际，利用民兵组织整顿、军事训练和平时执行任务等时机，开展以职能使命、形势战备、战斗精神、国防义务为主要内容的思想政治教育。组织开展“做时代新人、当强军先锋”群众性主题实践和群众性国防教育活动，强化《国防法》《兵役法》《国防教育法》普法宣传。

【备战训练】 以2018年1月3日习主席向全军发布的训令为指示，以军委开展“聚力深入纠治和平积弊”为牵引，做好节日和敏感时期应急战备，细化军地情报信息互通和“三情”研判机制，修订完善各类应急预案，指导基层补充添置抢险救灾器材装备，做好应对自然灾害和突发事件准备。聚焦“能打仗、打胜仗”目标，军事训练大纲落实。坚持部机关干部每周业务技能和体能训练，组织消防灭火演练和应急处突训练。

【国防动员】 坚持把国防动员作为中心工作，联合区国动委成员单位完成国防动员潜力数据核查，建立完善信息数据库。开展兵役登记和兵员征集工作。完成适龄青年网络登记工作，18岁适龄青年网上登记率达100%。坚持依法规范、廉洁优质征兵，完成年度兵员征集任务，大学生比例达69%。根据重庆警备区规范学生军训工作有关指示，联合区教委指导辖区14所高中（中职）学校和2所大学完成2万余名学生军训工作。

【安全强化】 坚持底线思维，结合年度警备区人武系统编制结构调整改革、干部转业、征兵工作实际细化完善防范安全问题预案措施，开展“学法规、守法规、用法规”和“百日安全”活动。以贯彻落实军委国动部《安全工作检查考评细则》及迎接军委国防动员部和警备区安全大检查为契机，对办公区域和营院重要目标、部位进行安全隐患排查整治。坚持党委理财，落实经费主官双签和每季度财务汇报、每月银行对账、印鉴分开管理等规定，停发各类福利补助津贴，开展财务清查和停止对外有偿服务、干部家庭住房检查清理。坚持每月对涉密计算机及载体和公用计算机安全技术防范系统进行清理清查，强化信息安全建设。落实武器仓库管理制度，消除各类安全隐患，保持人武部成立20年未发生任何安全事故良好势头。

【助推经济】 紧贴区委政府“四城同创、幸福涪陵”发展思路，发动民兵开展扶贫济困、捐资助学、生态绿化等活动。走访慰问牺牲军人遗属、退休职工、贫困退伍军人和困难干部职工；开展大顺乡3户军属贫困户精准扶贫；参与地方扶贫工程，分别给予武陵山乡饮水工程和义和镇大柏社区场镇改造工程20万元资金帮扶。为退伍老兵服务，协助办理档案核查1万余份。组织民兵参与区委政府赋予的安保执勤、森林灭火等任务，牵头驻区部队开展双拥共建活动。与公安、信访、维稳等部门建立信息互通制度，协调处理复转军人、军烈属上访信访10余起。

【营造尊崇军人氛围】 区人武部以多种形式关心关爱军人军属，营造全民关心国防、尊崇军人浓厚氛围。拿出5万元资金走访慰问30余名离退休人员、烈军属、困难官兵职工和军属贫困户，送去节日祝福和慰问品；指导基层武装部和村居组织召开辖区复退军人、军（烈）属座谈会320余场次，慰问走访1.2万余个优抚对象家庭；协调加大军人优先力度，督促区相关部门在车站、机场、码头等地落实军人军属售票窗口和有关场所优待免票政策；开展敲锣打鼓送喜报活动，军地领导为立功受奖官兵家庭送去喜报牌匾、挂历春联。

【战备安全管理】 结合单位实际组织开展战备安全和廉政法纪专题教育。完善安全应急预案，保持人员在位率，加强部机关和民兵应急分队战备值班、执勤。坚持军地民社情“日通报”制度，做好各项应急准备工作；召开安全形势分析会，在围绕“17个安全要素”防范基础上，针对个别人、车辆管控、弹药仓库、信息保密、营院设施等方面开展安全隐患排查整治。紧盯节日期间廉政风险点，严格落实聚餐饮酒、公车使用、旅游探亲、廉洁过节、请示报告等规定。加大监督执纪力度，严防违规违纪行为。

【民兵应急营拉动演练】 2月5日，组织辖区民兵应急营按照“动员、机动集结、点验”程序进行拉动演练。拉动采取“双盲”形式进行，接到命令后，各单位民兵应急分队分别携带反恐防暴、森林灭火等装具摩托化机动到达指定地域集结。

【应征青年入伍前“第一课”】 按照“新兵状况早摸清、退兵隐患早排查、廉洁问题早清零、适应能力早提升”工作思路，采取全员参加、全面考察、全程淘汰的方式，参照部队教育管理模式对体格检查、政治考核“双合格”的应征青年集中组织适应性教育训练。区征兵办成立役前教育训练领导小组，区人武部成立预定新兵集训队，精选基层专武干部和民兵骨干充实教学力量，采取“连队化管理、院校式教学”模式进行封闭式训练。集训除完成军事训练和政治教育外，同时完成检疫复查、廉洁倒查、综合鉴定等工作。

【民兵应急力量军地联考联评训练】10月，区人武部组织辖区应急民兵连按照“院校式教学、实战化训练、连队化管理”要求，分组对应野炊、扑灭明火、水上救援行动、城市排涝行动、战术基础动作、轻武器实弹射击、武装越野、开辟隔离带八个课目进行训练。

【专武干部年终军事训练考核】12月14日，涪陵区人武部以军事训练与考核大纲为依据，科学制定考核计划，严密组织74名专武干部进行军事理论、实弹射击、体能（3公里跑、俯卧撑、仰卧起坐）3个科目考核，合格率为85%。

重庆陆军预备役高射炮兵师第三团

【思想政治建设】 围绕政治工作的时代主题，立足新的政治站位强化“四个意识”，坚定“四个自信”、践行“两个维护、贯彻军委主席负责制”，牢固确立习近平强军思想根本指导地位，打牢官兵强军兴军的思想根基。抓好理论武装，采取党委中心组带机关、支委会、军人大会等形式，抓好习主席系列重要讲话精神的学习贯彻，常态抓好《军委主席负责制读本》和《习近平新时代中国特色社会主义思想三十讲》学习，系统学习习主席“两会”期间重要讲话，政府工作报告及军委党的建设会议精神。主官先后2次为全团官兵进行十九大精神宣讲辅导。团队6次组织官兵参加战区陆军师职干部学习十九大精神培训班的视频辅导，两次参加76集团军、77集团军政委学习贯彻党的十九大精神专题视频辅导授课，两批次对官兵十九大知识掌握情况进行考核摸底，并及时更换营区宣传标语。紧贴实际打牢思想基础，以“传承红色基因、担当强军重任”主题教育和党的纪律教育为抓手，在集中参加师大课辅导的基础上，团自行组织了5次主题教育小课辅导，以党小组、支委会形式，区分党委机关和基层官兵，广泛开展“和平积弊大起底大扫除”活动和“立起战斗力标准、端正打胜仗导向”大讨论及“时间去哪了、人员上哪了、精力用哪了、经费投哪了”大检视活动，人人撰写问题清单和剖析材料，共清理团党委机关和官兵个人问题积弊8类243个，已整改200个，正在整改23个。抓好教育融合配套工作，围绕涉枪涉弹涉爆、网络安全和反邪教指示要求，采取法规学习、辅导授课、观看警示教育片等方式，组织12个专题法纪教育，结合官兵思想压力大、家庭矛盾多等现实问题，2月6日邀请地方心理专家来团授课巡诊，开展防范自杀配套教育，结合主题教育配合活动，组织开展“讲入党故事、话强军兴军”演讲比赛，并参加师决赛，取得全师二等奖的好成绩，结合节日战备、党日活动等时机，适时开展丰富多彩文体活动，调动官兵工作、训练热情。

【提升训练水平】 围绕新《条例》、新《大纲》，落实《师关于加强军事训练20条措施》，按照兵力、内容、时间、质量全面落实标准认真开展基现训练。以军事训练为中心，抓好首长机关训练，采取自训与集中训练相结合的方式，严密组织首长机关共同基础科目训练，先后完成军事理论、战术标图、识图用图、作战计算等基础课目训练考核。5月22日至23日，组织现役官兵完成手榴弹实投和轻武器实弹射击训练考核，参训率94.28%、合格率90.91%。6月份，团参加师组织的半年军事训练考核，单位科目合格率36.4%，参考人员优良率42.8%、合格率57.1%。以专业集训为牵引，提高战备应急能力，6月29日至7月22日，选派预备役官兵圆满完成师兵种专业集训，7月2日至31日和8月6日至31日，组织预备役官兵分别在重庆市长寿区和涪陵长江师范学院完成三分之一建制连训练，参训率分别为68.96%、66.4%，合格率分别为65%、90.8%，11月1日至11月28日，预备役官兵采取集中组织的方式，依托团教导队完成了三分之一建制连训练。以体能训练为重点，夯实打牢官兵体能基础，通过“周竞赛、月讲评”的方式，按照每周组织一次体能测试、完成一次技能作业进行拉通排名，每月定期召开训练形势分析会进行讲评的具体措施激发官兵训练动力，同时取更新训练动态表和张贴龙虎榜等形式大力营造你追我赶的浓厚训练氛围。

【党风廉政建设】 深化学习教育。组织党员干部原文《中国共产党廉洁自律准则》和《中国共产党纪律处学习分条例》，牢记各项廉洁自律要求和党的底线。9月26日，组织官兵赴涪陵监狱参观，开展廉政警示教育，活动结束后，人人谈体会，讲收获。年内提升使用干部、晋升军衔均无不良反应。发挥纪委监督执纪作用，年内团纪委按照重点领域和行业风气整治实施计划，围绕军事训练、干部选拔、兵员管理、“两个采购”、经费物资、工程建设，基层风气七个方面内容，严格对表，广泛收集意见建议，分析存在问题和原因，拟制各项整改措施，强化执纪问责，坚决纠偏整改，针对上级在团检查指出的“四风”隐形变异问题线索，坚决纠治整改后门花工摆放花卉、干部公寓房清退不及时、水电费缴纳不及时等问题。加强干部教育管理，做好转业干部后续工作和交流干部电子档案审查审定工作，及时审核上报相关表格资料和档案缺件，5 月 22 日组织召开转业干部退出现役仪式，7 月 24 日，组织宣布团 2018 年度预备役军官任职授衔命令大会。健全完善各类组织，转业干部离岗后，经师党委批示，补充调整党委成员，完善相应机关党支部和党小组，指定专人下载学习新的《军队党员管理信息系统》，逐一核实完善官兵的奖励处分事项、党(团)时间等个人信息资料和支部组织生活等资料信息。狠抓党风廉政建设制度落实，始终坚持严于执纪、勇于执法的高压态势，对上级移交和本级发现的问题线索严格查处，根据上级巡视、明察暗访通报的 35 个问题，团党委及时研究制定整改措施，构筑团党建工作问题台账，已整改 34 个，正在整改 1 个。

【安全管理】 建立健全安全领导机制。结合转业干部离岗、新交流干部任职等时机，及时调整健全团安全委员和政法会人员名单，坚持会议分析制度，明确职责，抓好整改，确保安全工作不断线；制定下发团“条令学习月”活动方案、《贯彻落实新条令塑造陆军好样子》活动计划和《防范自杀的具体办法》《清理清查私存私藏枪弹管制刀具等违禁品实施方案》等措施，规范部队日常秩序，强化官兵条令意识。突出关键重点加大安全规范力度。结合开展部队战备教育，抓“春节”“两会”“国庆”期间部队安全全管理工作；与地方沟通，实时了解驻地社民情和安全稳定情况，定期走访驻地派出所、国安等部门，严格清查军人持有因私出国(境)证件问题；对新交流干部和门卫室、厨房新聘用地方人员开展政治审查、境外背景调查，确保部队安全稳定。严格保密室管理规定，及时收缴团 2017 年纸质涉密资料并分类登记造册，集中组织废旧报纸资料清理销毁，防止失泄密问题发生。开展枪爆专项清查，根据战区陆军指示要求，采取全面排查、重点检查等方式指派专人走访驻地派出所，通联涉枪涉弹涉爆信息，对干部宿舍和营区办公场所进行全面清查，检查无问题后，组织官兵逐人签订《涉枪涉弹涉爆承诺书》。持续抓好“行法治、抓从严”安全责任大讨论活动。按照“贯穿全年、落到实处”思路，开展安全大检查、整改“回头看”、作风纪律整顿等活动，组织相关条令法规学习，观看 8 部警示录像。

【推进综合保障】 组织三清工作，制定“三清”工作实施方案，成立领导小组，组织全团官兵学习预旅现场会辅导资料，下发装备、物资器材和军事设施清查方案，指导各业务股室按分工开展资产经费、装备清理清查，库室建设进一步符合战斗力标准。严格财务管理，坚持领导干部和财务人员带头，不搞特殊，确保经费投向战斗力建设，进一步降低行政消耗性开支，严把报销关，抓好预算管理工作，杜绝“三超”，做到经费预算收支平衡略有结余；严格资产管理，制定资产配置方案，进一步正规固定资产购置和处置程序，提升了资产保障效益；对 2016 年以来的票据账簿清查再清查，对存在的问题整改再整改。规范物资采购工作，严格按照物资采购程序开展采购工作，在大项采购中严格按照师要求，在军网上注册账号，进行网上购物、公务卡支付的方式；在日常办公物资采购中通过业务股室提出需求，采购办汇总统筹，各级领导分层审批，采购办集中采购的方式，使物资采购工作透明高效。抓好全面停止有偿服务工作，根据军队全面停止有偿服务工作要求，团对所有临街门面进行了全面清理清查，对所有进出门面的门洞全部采取封闭的方式进行整治，并于九月份完成了上级关于停止有偿服务清理整治的检查审计工作。严格装备管理，针对个别官兵在经常性装备管理中存在的“重用轻管”“重大轻小”“重突击轻养成”等倾向性问题，从增强官兵的爱装管装意识入手，盯住重点环节下功夫，深入开展爱装管装备教育；为避免枪弹使用的随意性，堵塞弹药监管漏洞，对实弹射击训练的申请、承办、审批、组织程序和枪弹动用的审批、调拨、消耗各个环节的责任进行了明确；5月份，结合装备清查工作，严密开展了装备清查，采取边查边改、以查促建的方式，重点对库存装备、维修器材和弹药数量质量状况及存在问题进行全面系统摸底排查，准确掌握了现有装备型号、数量、质量、分布等情况。

【参建参治】 开展扶贫相关工作。结合向师汇报扶贫帮困数据工作和预编官兵反映，组织专人调研涪陵大木乡雨台村，长寿敬老院、南川区半溪河村等扶贫项目，研究制定团《2018年开展扶贫帮困工作实施意见》，确保兑现团13户贫困户脱贫承诺；按计划对长寿区敬老院购买空调及床位项目进行检查验收；协同涪陵区李渡街道着手建设团扶贫技能培训学校；团分四次赴涪陵区珍溪镇河口村、涪陵区雨台村、南川区半溪河村和长寿区双龙镇敬老院看望慰问13户贫困户，共捐赠慰问金6000元、大米6袋、食用油6桶、棉被13床、电饭煲7个；10月17日国家扶贫日，安排预编医生赴南川区半溪河村开展免费送医送药和义诊活动。坚持做好植树造林、收砍青菜头、扶贫慰问等传统拥政爱民工作，2月28日组织全团官兵赴涪陵江北街道帮助砍青菜头20余亩；11月7日，与半溪河村党员共同开展党日活动，安排教员为村党员进行国防教育授课。

武警重庆市总队执勤第四支队

【概况】 中国人民武装警察部队重庆市总队执勤第四支队（简称四支队），1998年1月16日由中国人民武装警察部队四川省总队涪陵市支队转隶改编成立。2018年1月1日起，根据武警部队指挥体制调整要求，支队编制调整，改称武警重庆市总队执勤第四支队，下辖单位片区调整为丰都、石柱、忠县、涪陵。部队主要担负看守、看押和城市武装巡逻等任务。支队机关驻涪陵区荔枝街道办事处稻香村五组。2018年，支队贯彻武警部队、总队党委决策部署，围绕“三精一创”建设目标，在固本铸魂、练兵备战、依法治军、厚实底蕴、正风肃纪上下功夫，部队建设呈现向上向好态势。

【思想政治建设】 抓实党委中心组学习、主题教育和学训词专题教育，官兵“四个意识”更加牢固。加强政治能力训练，刚性落实“五位一体”考评办法。开展“五服务一排查”工作，打好意识形态领域主动仗，抓好形势政策教育和“四反”教育，官兵思想道德进一步纯洁巩固。1人被总队表彰为“十大强军标兵”，1人被总队表彰为十佳“四会”政治教员，2名干部家属被评为“好军嫂”。1人被总队党委荣记个人二等功。

【练兵备战】 落实“3+1”战备值班力量建设要求，部队战备水平有效提升。推进“智慧磐石”工程，组织各类勤务，成功处置执勤险情4起，完成各类任务160余起。抓军事训练“八落实”，坚持军事训练“一票否决”。参加总队冲锋舟集训、搏击教练员集训荣获团体第一、三名，1人荣获总队特战专业比武第一名，1人荣立总队二等功，1人被总队表彰为“特战尖兵”。

【综合保障】 严把大项经费开支、工程招标和大宗物资采购关口，开展“清仓归零”整治活动，财经秩序进一步正规。修订完善各类保障预案，狠抓“一组五队”训练，应急保障能力得到加强。组织军械员、驾驶员、卫生员和司务长培训，提高后勤队伍整体能力。武警部队后勤实战化训练试点和各类保障任务圆满完成。

【支队第一次党代表大会】 6月1日，支队隆重组织召开第一次党代表大会，选举产生中共武警重庆市总队执勤第四支队第一届委员会、支队纪律检查委员会。

【处置执勤险情】 2018年，支队涪陵中队、石柱中队共处置羁押对象逃跑、暴力袭警、拘留所羁押对象脱逃、羁押对象吞食尖锐物等执勤险情4起。

农业农村

概　述

【概况】 2018年，涪陵区农业农村工作围绕农业强、农民富、农村美总目标，实施产业提升、质量兴农、绿色发展、脱贫攻坚、改革创新、科技支撑六大工程；强化农业法治、党建引领两大保障。获批“创建国家现代农业产业园”“全国绿色食品原料（青菜头）标准化生产基地”“国家外贸转型升级基地（榨菜）”。

【农业农村经济】 2018年，全区农林牧渔业总产值96.67亿元、同比增8.1%，增加值66.58亿元、同比增4.7%。全区农村常住居民人均可支配收入14691元，较全市平均水平高910元；同比2017年净增1225元，增长9.1%，高于全区国内生产总值和城镇居民收入增速，较全市平均水平高0.1个百分点。引导各投资主体围绕农田整治、农业农村基础设施建设、特色高效农业和乡村旅游发展、精准脱贫攻坚、农业产业园建设等，加大对农业固定资产投资力度，全年完成农业固定资产投资5亿元。加大农业招商引资力度，建立农业招商引资项目储备库，加强城市资本下乡引资，推出农业储备项目30余个、协议引资100余亿元，其中2018年初步落实协议引资重点项目2个、协议资金45亿元（包括涪陵榨菜绿色智能化生产基地项目、太极大顺中药康养小镇项目），到位资金1.55亿元。

农村建设

【乡村振兴】 制定出台《涪陵区实施乡村振兴战略行动方案》和《涪陵区榨菜产业提升行动方案》《涪陵区中药材产业提升行动方案》，落实全区实施乡村振兴战略214条重点工作目标任务并建立工作台账清单，开展乡村振兴专项工作调研和专题培训。加强市级部门的沟通衔接，配科学编制《涪陵区乡村振兴战略规划（2018—2022年）》。成立由区委、区政府主要领导任组长的“涪陵区实施乡村振兴战略工作领导小组”，以及由有关区领导挂帅的“五个振兴”专项工作小组，制定领导小组工作规则和领导小组办公室工作细则，建立乡村振兴工作联席会议、工作督察、工作考核等制度。印发《涪陵区分层分类开展乡村振兴试验示范实施方案》，分层（区级和乡镇级）分类（综合试验和单项试验）组织开展乡村振兴试验示范，建立区领导、区级部门对口联系工作制度，研究制定3个综合试验示范乡镇、5个综合试验示范村和5个单项试验示范村作战图，实行工作月报告和举办“擂台赛”，示范推进全区“五个振兴”，全年实施试验示范项目181个、项目总投资9.8亿元。

【国家现代农业产业园】 涪陵国家现代农业产业园于2018年7月获批创建。成立由区委、区政府主要领导任组长的“涪陵区国家现代农业产业园建设工作领导小组”，研究成立“涪陵区国家现代农业产业园建设管理委员会”。产业园推进建设基础设施、公共服务及改革创新等三大类10个子项目，计划总投资1.7886亿元（其中中央财政奖补资金1亿元、整合社会资本和区财政资金7886万元），涪陵榨菜（青菜头）科技创新及科普示范基地建设、涪陵榨菜绿色智能化生产基地建设等项目已投资2480万元，占总投资计划的13.9%。

【农业产业化经营】 实施农业综合开发，投入财政资金2628万元，建成高标准农田713.33公顷，完成科技项目4个、市级专项资金项目1个、产业贴息项目3个、产业化补助项目4个。计划投入财政资金3197万元，启动实施土地治理项目3个、产业化补助项目3个、产业化贴息项目5个、科技推广项目3个。培育新型农业经营主体，开展农业产业化龙头企业监测、申报，完成区级10强农业龙头企业评定，新增区级、市级农业龙头企业7家和3家，区级龙头企业总数达56家，市级龙头企业总数达32家、全市跃居第四位；新发展农民合作社122个、总数达956个（其中新增股份合作社24个、总数157个），新增家庭农场30个，总数906个。涪陵区海林种养友好生猪专业合作社、睦和龙哥果品专业合作社分别入选首届“2018年度全国百强农民专业合作社”“2018年度全国农民专业合作社发展典型十大案例”。强化农业品牌建设，出台《涪陵区关于加强农产品品牌建设工作的实施意见》，引导鼓励农业经营主体申报创建农产品品牌，启动涪陵青菜头、涪陵榨菜农产品地理标志登记，涪陵龙眼荔枝标准制定及品牌创建。2018年全区农业品牌新增“三品一标”81个（其中无公害农产品72个、绿色食品9个）、总数达166个，“三品一标”总产量及当年净增量分别达12.11万吨、6.03万吨，当年新增数量、产品产量分别居全市区县第五位、第四位；新增市级以上农业品牌7个，全区总数达45个；涪陵白茶、涪陵黑猪等8个名特优农产品获全市农产品区域公用品牌“巴味渝珍”集体商标使用权，“盛茗悟道”牌黄金芽等4个茶叶产品获重庆十二届“三峡杯”名优金奖。推动土地适度规模经营，健全土地流转交易体系，放活农村土地经营权，2018年全区新增土地流转3753公顷，农村家庭承包地流转总面积43680公顷，土地承包经营权流转率提高到43.91%，适度规模经营面积41720公顷，适度规模经营集中度达41.94%。

【农业生态条件改善】 全年投入区级以上财政资金1.17亿元，启动“五沿”农房整治建设1581户、建设美丽宜居沿江示范村庄建设3个、创建绿色示范村庄21个和美丽庭院1050户。设立废旧农膜回收网点40余个，出台回收补贴、用地安排、以旧换新等激励政策，全区废旧农膜回收率达68.5%。推进化肥农药减量增效，制定全区化肥农药减量工作方案和主要农作物重大病虫害防控技术方案，按照化肥“精、调、改、替”、农药“控、替、精、统”技术路径，实施化肥农药减量试验示范基地66.67公顷，完成作物测土配方施肥194200公顷，开展主要农作物病虫害防治面积130833公顷次、统防统治技术覆盖率36.01%（其中绿色防控面积3.9万公顷次、覆盖率29.8%），全区化肥、农药同比分别减少0.53%、2.5%。做好农作物秸秆综合利用，全区建水稻秸秆还田和玉米秸秆覆盖果园示范点100公顷，推广秸秆粉碎还田机械600余台，秸秆还田利用26.33万吨，全区秸秆综合利用率达90%以上。做好“河长制”工作和渔业生态保护，落实主要领导巡河工作制度，配合区级河长做好油江河、岔河区域水污染治理、水生态修复、水资源保护工作，完成资料收集整理和信息报送。执行“捕捞许可”和禁渔期制度，查处违禁捕捞、违禁经营野生鱼类行为，扩大人工鱼巢建设试点13处共6500平方米。榨菜废水污染治理，督促38家榨菜企业开展改造、整治，严格榨菜加工户废水治理监管，运行榨菜废水治理设施32座，日处理总量1.3万立方米，全区榨菜企业废水治理率达100%，加工户腌制废水基本实现治理排放。农村清洁能源建设，完成户用沼气237户、养殖小区沼气2处、联户沼气1处、大中型沼气工程1处；推广农村新能源，安装巩固退耕还林户用太阳能5741户，实施龙泉村农村集中居住区综合示范项目太阳能路灯安装25盏。

【水利安全监管】 2018年，区水务局调整充实水利系统安全生产委员会组成人员，签订《安全生产“一岗双责”责任书》，健全完善领导班子及各科室、下辖水管单位安全生产责任制，强化行业安全监管，落实各级监管责任，对职责范围内在建水利工程和水利工程生产经营单位监督检查覆盖率达70%以上，基本形成主要领导亲自抓、分管领导具体抓、全员齐抓共管安全生产局面。组织开展“安全宣传月”“水利安全生产宣传咨询日”活动，组织学习观看《致命的有限空间》、《责任》以及《水利生产安全事故案例集（2009年—2015年）》等水利安全生产警示教育系列片，动员全局全体干部职工参加全国水利安全生产网络知识竞赛活动，做好“安全生产月”和“安全生产万里行”活动纪念和宣传。全区5座中型水库、22座小一型水库、部分水利工程建设单位、2家农村小水电站实施安全生产标准化建设达标创建工作，均达3级以上标准，其中3家达到市上2级标准，4家企业规范实施职业健康体系建设。针对重点监管领域和薄弱环节，区水务局严格按照执法检查计划，实施安全监管执法检查。贯彻“检查诊断、行政处罚、整改复查”执法检查“三部曲”工作方法，集中查处违法违规行为，加大执法处罚力度，依法依规实施“首查必罚”，倒逼企业主体责任落实。严管监督执法工作，实施行政处罚5起，罚款0.76万元。区水务局督查各单位安全生产情况，开展防洪度汛、在建水利工程施工、已成水利工程运行、河道采砂、农村水电站建设和运行、供水排水、渔业船只、车辆运行管理及场所消防等“九大领域”大排查大整治专项行动、打非治违专项水事行动、在建重点水利工程施工现场专项检查行动，督查检查情况建档备案，跟踪落实整改情况。组建10个重点水利工程安全质量督查组，原则上按照每月不少于2次督促检查。2018年排查治理隐患、危险源311处。全年无较大以上安全生产事故发生。

种植业

【粮食蔬菜种植】 落实粮食安全行政首长负责制，制定出台《涪陵区关于建立粮食生产功能区的实施意见》，落实专项经费610万元划定粮食生产功能区4.4万公顷，已完成划定25667公顷。全年完成粮食作物播种面积918667公顷、实现总产量44.03万吨，其中小春播种面积13467公顷、产量4.2万吨，大春播种面积7.84万公顷、产量39.83万吨。涪陵区获2017年度粮食安全行政首长责任制考评优秀，成功申报2019年重庆市部级水稻绿色高质高效创建项目。落实“菜篮子”区县长负责制，保障大宗蔬菜自给平衡和市场需求，全年蔬菜种植总面积28533公顷、总产量61.8万吨，同比分别增1%、2.1%，总产值达12.6亿元。

【“2+X”特色产业】 榨菜、中药材两大产业带动能力增强。启动建设70.67公顷榨菜智能化绿色化生产基地，获批创建全国绿色食品原料（青菜头）标准化生产基地，推进涪陵榨菜传统生产系统申报国家重要农业文化遗产，完善榨菜产业发展农户利益联结机制，全年青菜头收砍面积48387公顷、总产量160.03万吨，榨菜产业总产值突102亿元，其中成品榨菜销售48万吨、销售收入35.5亿元。全区中药材种植基地2980公顷，规划建设大顺中药康养小镇，落实切块资金1300万元，新建中药材种植示范基地26.67公顷，开工中药材初加工厂建设。

【特色高效农业】全区水果种植面积2.34万公顷，全年水果总产量20.1万吨、总产值4.6亿元，同比分别增7.97%、7.89%；其中全区柑橘面积达13467公顷，总产量13.02万吨、产值2.5亿元，同比分别增16.4%、17.9%。533公顷沃柑基地，产值6100万元。新栽桑133.33公顷，改造低产桑园133.33公顷，新建养蚕大棚750平方米，全年发蚕种8.61万张、产茧3045吨、蚕农售茧收入1.01亿元，同比分别增1.5%、增0.7%、减6.73%，蚕茧产量保持全市区县第二位。全区水产养殖面积3067公顷，全年完成水产品总产量2万吨、渔业经济总产值6.85亿元，与2017年持平。完成烤烟种植580公顷、总产量1000吨，茶叶、笋用竹、油茶基地面积分别稳定在867公顷、2667公顷、2533公顷。推动龙头企业农产品精深加工，建成年加工2万吨竹笋深加工生产线，建设柑橘标准一体化生产线2条、农产品冷藏烘干库38个。做优休闲农业和乡村旅游业，推动区级重点项目“涪陵雪峰山‘涪陵白茶’产业融合发展项目”建设，实施一二三产业融合、农旅融合发展项目7个、总投资2554.4万元，举办陵榨菜嘉年华、桃花节、梨花节、龙眼节、杨梅节、柑橘采摘节等特色农业节会活动20余个，组织参加长沙国际农交会、杭州国际农博会等国内大型农业展会活动6次，举办重庆市首届“中国农民丰收节”涪陵特色专场活动。

林　业

【机构设置】涪陵区林业局是区政府组成部门，主管全区林业工作。2018年，局机关有办公室、造林绿化科（挂区绿化委员会办公室牌子）、森林资源管理科（挂区天然林资源保护工程领导小组办公室牌子）、行政审批科、组织人事教育科、计划财务科和离退休人员管理科等7个内设科室（正科级），临设信访稳定工作办公室，有区森林公安局（挂区森林防火指挥部办公室牌子）、区野生动植物保护站（挂区江东桫椤自然保护区管理所牌子）、区林政稽查支队、区森林病虫害防治检疫站、区国有林场和种苗管理站、区森林资源勘察监测站、区林业项目管理站（挂区退耕还林工程领导小组办公室牌子）、区林权管理服务中心、区木材检查站、区大木林场（大木山自然保护区管理处）、区永胜林场等13个直属事业单位（正科级）。

【重点生态修复工程】森林抚育项目：完成森林抚育2133.33公顷；完成在白涛、江东、义和、龙潭等4个镇（街道）和永胜林场实施的2017年度1666.67公顷中央财政森林抚育补贴项目的区级验收，完成补助资金的第一次（总额的70%）兑付172.9万元。退耕还林工程：完成2018年新一轮退耕还林实施方案和作业设计编制，组织20个乡镇街道实施造林栽植2666.67公顷，兑现种苗造林费1600万元。天保封山育林：完成2013年666.67公顷封育项目成效核查；完成2018年1000公顷封山育林项目任务建设；完成2018年度公益林生态效益林主直补工作，向25个乡镇街道、323个村、1793个社、28763个小班、111486户林主的82333.33公顷集体公益林上账直补兑现生态效益林补偿金1450.67万元。石漠化治理：完成涪陵区2014年岩溶地区石漠化综合治理工程（焦石镇）项目区级第一次验收，面积111.25公顷。

【森林防火】森林防火视频监控系统项目建成9个重点林区林火视频监控（焦石镇2个、罗云乡2个、大木乡1个、大木林场2个、武陵山国家森林公园2个）。涪陵区2018年发生龙潭镇“3•16”、荔枝街道“3•22”、永胜林场“7•24”、清溪镇“7•29”4起森林火灾，过火森林面积2.14公顷，森林火灾受害率为0.016‰，低于0.5‰的控制指标。

【有害生物防控】 在清溪镇、罗云乡、大顺乡、增福乡和大木林场（罗云工区）实施120架次直升机施药作业，防治松材线虫病传媒昆虫松墨天牛，飞行防控松林面积7200公顷。2018年秋季普查结果数据显示，枯病死松树发生小班减少1920个，下降49.82%；疫情发生面积减少5193.33公顷，下降34.37%；枯（病）死松树减少13181株，下降26.95%。白涛、龙桥、江北等地疫情的反弹势头得到有效遏制，林业有害生物成灾率控制在3‰以下。

【林业资源保护】 严格执行“十三五”年林木采伐限额，全面停止天然林商业性采伐，继续停止审批采伐马尾松，严格控制和规范工程材、自用材等采伐。2018年，全区共审核发放林木采伐许可证591宗，执行林木采伐限额25954立方米（其中商品林21298立方米、公益林4656立方米），为年林木采伐限额的40.68%。严守13.6万公顷林地保护红线，完成293个国家林草局交办遥感判读疑似变化图斑、537个国土遥感监测图斑的现场核实，查处整改违法占用林地图斑360个，通过国家森林督查和国土“卫片”执法检查。全年审核报批征占用林地142宗、316.47公顷。开展非洲猪瘟野猪驯养繁殖场所排查和林区巡查，执行疫情“日报告”“零报告”制度，全区无野猪感染非洲猪瘟病例。

【自然保护地和生物多样性保护】 建立野生动物救助站1个，救助野生保护动物35只。完善性编制了《重庆涪陵大木山市级自然保护区总体规划（2018—2027）》。印发《涪陵区自然保护地大检查大整治工作实施方案》《大木山市级自然保护区生态环境审计问题整改工作方案》《自然保护地违法违规问题整改工作方案》和《涪陵区自然保护地违法违规问题的整改“回头看”专项工作方案》，对全区4类8个自然保护地违规问题开展大排查大整治工作，共拆除违法建筑14栋、6137平方米。

【林业执法】 结合森林防火、禁种铲毒、“绿箭”行动等，加强林业法律法规宣传，加大执法监督检查力度。2018年，涉林行政案件受理206件，查处206件，查处率达100%；涉林刑事案件立案32件，破案32件，检察院起诉31人。

【林业产业】 组织林业企业申报争取中央林业项目贴息资金11.8万元。全年新发展各类林业新型经营主体16个，其中林业专业合作社4个、专业大户6个、森林人家6家。全区市级林业产业化龙头企业、专业合作社、专业大户和森林人家，分别达到3个、29个、16个和28家。年产2万吨竹笋食品的重庆三峡笋业公司加工厂建成投产，全区油茶林已逐步进入试果、盛果期，支持5000亩投产油茶林开展抚育。全区年林业总产值实现33.3亿元，比上年增长21.2%。

【林业改革】 推动落实《涪陵区完善集体林权制度实施方案》，集体林权“三权分置”有序推进，涪陵区被重庆市林业局批准为市级“集体林业综合改革试验区”。在全面完成集体林地确权颁证的基础上，落实集体林权处置权，放活经营权，加快推进森林资源规模经营，全区集体林地流转总面积达到27200公顷，占全区集体林地总面积的20.4%。按照农村“三变”改革规范化要求，由三峡笋业公司、治坪村村委会、林地农户和技术人员组成的涪陵区竹泰笋业股份合作社完成了股权重组，实现规范化运行。配合市林业局开展三峡国家公园建设探索工作。制定印发涪陵区《全面深化森林公安改革实施方案》，森林公安独立行使刑事执法权改革落实到位。国有林场改革通过市级验收。

【脱贫攻坚】 结合乡村振兴、农村人居环境综合整治和构筑绿色屏障工作，突出贫困乡镇、困难人员，实施国土绿化提升行动，推广培训油茶、笋竹栽培等实用技术，深化林业生态扶贫。加强武陵山国家森林公园森林康养基地建设，吸纳13名建卡贫困户人口担任乡村天保护林员，改造南沱镇笋竹基地2000亩。局机关和直属单位120名干部与大顺乡明月等4个村（居）184户困难群众结对，一名副处级干部脱产担任驻大顺乡明月村党支部第一书记、工作队队长，与区水务局、税务局组成扶贫集团，开展结对帮扶、定点帮扶和集团帮扶。

【创建国家森林城市】 5月提出创建申请并当月获得国家林草局的创建备案批复，7月成立区创建国家森林城市指挥部，11月印发涪陵区《创建国家森林城市工作方案》，12月《国家森林城市建设总体规划》获得批准、完成全区创建国家森林城市动员大会准备。

【其他工作】 广泛开展全民义务植树活动，65万人以多种形式参与，义务植树212万株，尽责率达到92%以上。对武陵山乡角帮寨、马武镇太和场古银杏树开展抢救性保护，1555株登记古树名木全部完成保护性挂牌。完成“四城同创”和来龙河、杨柳溪河长制、旧城改造征收促迁任务。全年未发生林业信访集访、上访事件，未发生重大林业舆情事件，未发生较大林业安全生产事故。

【队伍建设】 3名林业专技人员通过重庆市高级职称评审。清溪镇林业站标准化建设通过区级验收，全区共建成14个标准化林业站。全区乡镇街道林业站共有编制246名，在岗213人，其中高级技术职称14人、中级技术职称73人、初级技术职称24人。

畜牧业

【概况】 2018年底，全区共有常年存栏20头生猪当量以上畜禽规模养殖户1372户，其中生猪1070户，肉牛72户，山羊119户，家禽104户，肉兔7户；有畜牧龙头企业15个，其中国家级农业产业化重点龙头企业2家，市级龙头企业3家，区级10强农业企业2家，区级重点农业龙头企业11家。2018年，全区出栏生猪68.12万头（统计调整数）、家禽896.50万只、牛1.53万头、羊10.62万只，继续保持全市排名靠前。涪陵地方特色畜牧产业继续保持良好发展势头，全年出栏涪陵黑猪4万头、增福土鸡285万只、渝东黑山羊2.2万只、肉兔65万只。

【绿色发展】 完成16个市级下达的畜禽养殖场、1.4万个生猪当量粪污治理。55个养猪场完成粪污处理异位发酵床建设，完成目标任务的100%。全区畜禽粪便综合利用率达到73.5%，达到市上70%的考核目标。

【品牌建设】 全区共有畜牧品牌28个，其中国家驰名商标1个，获“中华老字号”称号1个，国家地理标志证明商标4个，入选国家级“畜牧遗传资源保护品种”目录1个，获农产品地理标志2个，获无公害畜产品认证3个，获绿色食品认证2个，获重庆市名牌农产品2个，获重庆著名商标4个，入选重庆市级非物质文化遗产1个，入选“重庆名特农产品”目录7个。

【质量安全监管】 开展动物卫生监督执法，全年出动执法人员360余批次1300余人，调查、处理生猪及其产品违规运输350起，办理违法案件27件；开展兽药饲料行政执法监管，出动执法人员500余人次，发出《责令整改通知书》16份，办理行政处罚案件5件、收缴罚没款25050元，没收过期兽药47.06千克，销毁不合格饲料160千克、过期霉变饲料原料2580千克。

渔　业

【概况】 2018年，涪陵区水产品总产量19100吨，与上年同比减8.22%，其中养殖产量17300吨、减少8.27%，天然水域捕捞产量1800吨、减少7.69%。渔业经济总产值6.85亿元，与上年同比持平，其中渔业生产产值3.63亿元、降11.67%，渔业工业和建筑业470万元、持平，渔业流通和服务业25650亿元、同比增长5.12%。主要养殖面积3066.67公顷，与上年同比减少14.8%，其中池塘1733.33公顷、减少1.9%，水库1266.67公顷、持平，河沟66.67公顷、减少88.2%。渔船共532艘，其中捕捞渔船421艘。2018年，对渔业投入849.6万元，其中预算内专项资金108万元，具体为渔船GPS运行维护费41万元、渔政执法专项经费及渔政艇运行费27万元、劳务派遣人员费用40万元，投入预算外补助资金741.6万元，具体为禁渔期护渔补助190.8万元、渔船捕捞人员保险补助550.8万元。全年渔业灾害损失水产品260吨，其中病害损失120吨、污染损失140吨。全区有渔政管理机构1个，即涪陵区渔政渔港监督管理站，为参照公务员法管理单位，有持证执法人员12名，与涪陵区水产站、船检站合署办公。

渔业经济总产值（按当年价格计算，单位：万元）

项目	产值	按类别分	产值
一、渔业	49892	淡水捕捞	10200
		淡水养殖	37740
		水产苗种	1950
二、渔用工业和建筑业	1370	渔业机械制造	470
		其中：渔船渔机	250
		渔用绳网	220
		渔用建筑	900
三、渔用流通和服务业	25650	水产流通	22500
		水产仓储、运输	1800
		休闲渔业	1350
总产值	76912		

水产品总产量

项目	分类	产量
一、淡水捕捞	鱼类	1500吨
	甲壳类	300吨
	其中：虾	290吨
	蟹	10吨
二、淡水养殖	鱼类	17250吨
	甲壳类	20吨
	其中：虾	20吨
	其他类	30吨
	其中：鳖	30吨
	观赏鱼	100000尾

【水产养殖】 年内由于环保及耕地政策趋严，出现养殖单产下降、养殖面积减少现象，使养殖产量与上年同比减少同比减8.27%，产品价格基本平稳，总体养殖生产成本略有上升，没有发生重大流行性病害。污染造成渔业损失的情况未取得根本好转。按照农业部《规划编制规范》和《编写大纲》的要求，完成《涪陵区养殖水域滩涂规划》（送审稿），划定了禁养区、限养区和适养区。资源节约、环境友好、可持续发展的健康养殖理念逐渐深入人心，水产养殖与经济作物种植相结合的综合种养模式得到推广。

【水产品价格】 据对涪陵新大兴农产品批发市场的批发价格统计，采集品种为草鱼、鲢鱼、鲫鱼、团头鲂、叉尾鮰、鳙鱼、大口鲶、鲤鱼、黄颡鱼、鲈鱼10个。2018年10个品种的加权平均价12.10元／千克，比2017年的12.21元／千克下降0.90%。

2017—2018年调查品种月平均价一览表（元／千克）

	1月	2月	3月	4月	5月	6月	7月	8月	9月	10月	11月	12月
2017年	10.35	11.85	11.97	12.89	13.37	13.56	13.44	13.32	13.08	11.93	10.7	10.01
2018年	10.4	11.84	11.49	12.15	12.52	13.53	13.28	13.44	12.72	11.73	11.00	11.11

10个品种的年均价围绕12.10元／千克波动，最高13.53元／千克，最低10.01元／千克。同比上年均价，只有11、12月份呈上涨态势，其余月份呈下降或持平态势。就季节而言，夏季鱼价高，冬季鱼价低，节假日鱼价高。就品种而言，同比上年价格，鳙、鲤鱼涨势明显，叉尾鮰、黄颡鱼涨跌互现，其余品种主要呈下降态势。

【法制建设】 加强渔政执法人员教育和培训，严格文明执法，严格按“双随机一公开”开展执法检查，随机抽选执法人员24人次，检查对象8家次，检查结果上网公示8家次。承办召开“重庆市渔政执法与刑事司法联席会”，推进两法衔接工作。

【水产品质量监管】 开展水产养殖质量大排查大整治工作和“三鱼两药”专项整治行动，推行“三项纪录”制度，建立初级水产品药物残留和水产养殖投入品安全监控机制，加强初级水产品质量安全的执法检查力度。2018年，农业部和市级水产品检测机构，对涪陵区实施抽检8个场次、16个样本，涪陵区实验室自行开展药残快速检测抽检24个场次、47个样本，样本合格率均100%。年内设置水产病害监测点5个、监测面积500亩。广泛宣传，严格检查，坚决禁止各水产养殖场使用硝基呋喃类、孔雀石绿、氯霉素等违禁药物的行为。

【渔业安全生产】 年内开展2次街头安全咨询日活动和“以案释法案例宣讲活动”，共接受群众咨询1300余人次，发放宣传资料5500余份，培训渔业船员80余人。落实监管责任和主体责任，强化“一岗双责”、实施“检查计划”，重点督查检查76次、联合执法60余次，检查渔船1500余艘次，排查整治隐患13件，整治率100%，对15名渔业船员实施违法记分处理。组织开展应急救援演练，利用移动政务易系统发送涉及渔船安全的水文、天气等短信数十条，加强渔船GPS应急救援监管系统运行管理。协调处理多起渔民与渔民以及与采砂企业、涉水涉渔工程业主之间的矛盾纠纷。全区918名上岗渔民参加人身意外险，参保率100%。全年查处渔船违反安全法规案件6件、行政处罚6人、罚款4700元。渔业船舶生产安全0事故、0死亡。

【渔船管理】 2018年末，全区共有渔业船舶532艘，其中依法取得捕捞许可、纳入全国内陆渔船管理系统的捕捞渔船421艘及所属的辅助渔船101艘，全部依法逐一进行年度签证和渔船现场检验。严格执行渔船买卖、报废、更新的有关规定，当年，注销渔船59艘。年审在册渔船船员866人、未年审30人，注销船员22人。上岗渔民全部参加人身意外险。全年受理渔业船舶登记、渔业船舶检验、捕捞许可证、渔业船员证书、水产种苗生产经营、水生野生动物驯养繁殖等渔业行政许可1470余件，收取渔业资源增殖保护费用11.36万元。

渔业船舶拥有量

指　标		艘	总吨	千瓦
一、机动渔船	合计	523	1818	5095
	生产渔船	422	1421	3437
	其中：捕捞渔船	420	1414	3420
	养殖渔船	2	7	17
	辅助渔船	101	397	1658
	其中：捕捞辅助	97	327	790
	渔政执法	4	70	868
二、非机动渔船	合计	13	43	/
	捕捞渔船	1	4	/
	养殖渔船	8	26	/
	辅助渔船	4	13	/

【水生生物资源养护与水域生态修复】 2018年开展增殖放流2次，由武警重庆市总队船艇支队二大队涪陵码头、重庆龙海石化有限公司重油码头工程建设业主共向长江水域投放鲢、鳙、胭脂、草鱼、岩原鲤、中华倒刺鲃、黄颡鱼、厚颌鲂50.17万尾。境内长江上至长寿区卫东界、下至涪陵区南沱镇码头共70千米江段为“长江重庆段四大家鱼国家级水产种质资源保护区”，其中核心区17.8千米，分别为义和镇镇安场—蔺市镇碓窝滩约8.3千米和珍溪镇白木溪—南沱镇码头约9.5千米，其余52.2千米为实验区。2018年7—8月，对保护区进行大检查大整治，现场调查32处涉保护区的人工设施，对26处进行登记建立台账，经筛查发现问题13个，其中未编制水生态影响专题评价报告的9个，有专题评价报告未落实整改措施的1个，有专题评价报告未完全落实整改措施的2个，非法网箱养殖的1个，对发现的13个问题及之前发现的问题一并制定了整改。首次办理非法捕捞生态环境损害赔偿磋商案件2件，落实生态环境赔偿金5296.5元。彻执行水生野生动物特许利用的相关法律法规，在特许利用审批中，除科研外，一律不得捕捉、捕捞野生个体作为种源，加强对市场的巡查力度，打击销售国家、地方重点保护以及“三有”水生野生动物行为。至2018年末，全区共审批发放《人工繁育许可证》12份，其中黑斑侧褶蛙许可11份、岩原鲤许可1份；2018年当年审批发放黑斑侧褶蛙《人工繁育许可证》9份，未开展《经营利用许可证》审批发证工作。

【禁渔期管理】 加强禁渔宣传。在公共场所、水产品经营点等张贴和向市民、渔民、采沙人员等发放《禁渔通告》等宣传资料1.5万余份；在涪陵电视台拉底字幕一周、《巴渝都市报》刊登禁渔公告等，在《重庆渔政信息网》《重庆水产信息网》《巴渝都市报》、涪陵电视台播发禁渔信息、新闻15条。组织渔民有偿护渔。结合渔业油价补贴调整，对完成禁渔护渔工作且考核合格的413艘渔船，共发放补贴165.2万元；对实施违禁捕捞、电鱼等严重违法行为的8位渔民，扣发补贴共3.2万元。开展人工鱼巢建设。投入资金28万元，在长江、乌江建设人工鱼巢14处、面积7000平方米，每处鱼巢聘请2名渔民负责管理。加强巡查。禁渔期间，与公安、水警、港航配合，出动执法船艇90艘次、执法车150车次、执法人员1000余人次，开展联合执法30次，组织“零点行动”61次、“清江行动”15次，劝离钓鱼人员30多次，检查渔业船舶500余艘次，餐馆、酒楼、餐饮船40余家。查处违法行为。禁渔期间，查获涉渔案件57起、涉案70人，其中，非法电捕鱼10起、19人，非法网捕鱼41起、44人，渔民违禁出航3起、4人，收购野生鱼2起、2人，渔船上放置电捕鱼器1起、1人，移交司法机关追究刑责案件43起、56人，渔业行政处罚13起、15人，共收缴（暂扣）刺网47张、虾笼194副、罾网2副、大钩31副、电瓶23个、升压器17台、发电机2台、充电机3台、汽油机3台、涉渔船舶13艘、轮胎筏子6个等非法渔具，没收渔获物226.46千克，现场放生鱼虾102.75千克。

【渔政执法】 全年依法查获渔业违规案件66起、涉案87人，其中：移交司法机关依法追究刑事责任案件44起、涉案61人；渔业行政处罚22件、26人，行政罚款6.72万元；查处非法电鱼案件12件、渔船上放置电捕鱼器案1件；取缔销毁三无涉渔钢质船4艘、玻璃钢船2艘、木质船2艘、塑料船5艘、轮胎筏子10个，没收销毁刺网63张、虾笼233副、大钩32副、罾网2副，没收电捕鱼电瓶19个、升压器12台，收渔获物263.64千克，现场放生鱼虾124千克；结案率100%。

【社会团体】 2018年末，全区共建立水产专业协会4个，分别为：酒店水产协会、蔺市水产协会、惠民水产协会和义和镇水产协会；建立水产专业合作社8个，涵盖养殖面积751.33公顷，占全区池塘养殖水面的43.7%，分别为：飞越养鱼专业合作社、岩泉水产养殖专业合作社、薛洪养鱼专业合作社、天池养鱼专业合作社、张家箐养鱼专业合作社、水洞口养鱼专业合作社、丰聚成专业合作社、黑桥养鱼专业合作社。2018年当年，无新的水产社会团体成立。

“三农”改革

【农业农村改革】 落实承包地“三权”分置制度，推进农村土地承包经营权确权登记颁证，落实确权颁证专项工作经费4132.47万元（其中区级1916.47万元），完成全区全域航飞测绘和154万亩耕地航飞调查及1∶1000正射影像图制，对25个涉农乡镇（街道）、358个村（居）、2226个组、210695户、2642197个地块开展外业调查和内业成图，基础资料收集和内业地块成图进度均达95%以上，完成与全市数据汇交任务。推进农村“三变”改革试点，制定出台全区“三变”促三增实施意见，确定南沱镇治坪村为市级“三变”改革试点村，立足竹笋、榨菜等支柱产业，落实财政补助资金200万元，培育组建合股联营新型经营主体，形成“三变”+特色产业、“三变”+乡村旅游发展模式。深化农村集体产权制度改革，出台《涪陵区农村集体经济组织成员身份确认指导意见（试行）》和《重庆市涪陵区农村集体资产清产核资实施方案》，开展农村集体资产量化确权改革，确定试点单位169个推进清产核资工作。加强集体资金管理，整改8个乡镇2017年使用不规范资金1180余万元，督促乡镇对复垦资金开设专户管理。围绕消除“空壳村”，拟定《涪陵区农村集体经济组织资金盘活改革工作方案》，加快实施10个村、1000万元扶持村级集体经济发展试点项目，探索“三变+集体经济”改革模式具体实现形式，全区303个村均实现集体经济收入“零”突破。以涪陵林权交易所为平台，探索建立全区农村产权流转交易市场，制定出台《涪陵区农村产权流转交易管理办法》《涪陵区引导农村产权流转交易市场健康发展实施方案》，成立农村产权流转交易监督管理委员会，建立农村产权流转资产资源数据库，加快“产权流转交易平台App”建设。实施农业项目财政补助资金股权化改革，对已实施股改项目的业主单位进行督促检查，21个项目完成分红兑现23.61万元。全年新实施“投改股”项目16个、涉及资金3123万元，其中建卡贫困户持股1139万元、受益贫困户736户。推进农业保险，推进25万亩16667公顷水稻、16667公顷玉米、6667公顷柑橘、30万头生猪、333公顷渔业政策性保险和1万公顷青菜头、4000公顷水稻、5万头生猪收益保险，全区政策性农业保险品种达11个，保费4619万元，其中财政补贴3488.8万元。

【农业创新发展】 开展作物育种、食品加工、组织培养、植物保护等技术研究，推进青菜头种收一体化技术及配套机械设备研究与开发，“双低”、紧凑型榨菜新品种选育取得进展，千亩水稻直播技术示范成功，挂牌成立“国家蔬菜改良中心涪陵榨菜研究中心”，建成“国家榨菜加工技术研发专业中心”。全年实施科研项目45项、结题7项，新上15项，审定农作物新品种4个，获准专利3个、申报1个，获国家标准1项、申报重庆市地方标准5项，公开发表论文10篇。农业新技术推广，新增农业科技示范户2700户，新建农业科技示范基地2个，采用“农技推广App”等信息化推广手段，全区农业主推技术到位率达90%以上。推广水稻直播技术示范53公顷、保温育苗技术7.38万公顷、旱育秧技术3公顷、机插秧技术0.41公顷；推广全年5批次养蚕布局，着力蚕桑病虫预报、蚕种两段全黑暗催青、共育室定卵收蚁等关键技术；推广池塘环保健康养殖模式、鱼菜共生综合种养模式、大水面“以鱼养水”模式。加快农机化建设，推广以水稻为主的粮食作物全程机耕作业，推广果园打枝机、除草机、施肥施药机，加快果园作业生产机械化。开展以“小并大、坡改缓、乱改顺、路相连、沟相通”为主要内容的宜机化地块整治31.2公顷，全年推广各类补贴机具5570台，完成机耕作业面积150667公顷、机播机插秧作业面积4333公顷、机收作业面积21133公顷，主要农作物耕种收综合机械化水平达47.5%。农业技术培训，全年新培育青年农场主12名，新增青年农场主创业孵化基地1个，完成基层农技人员培训328人、新型职业农民培育600人、农村初中生“绿色证书”培训3180人次、农村实用技术培训1.12万人次、农业冬春科技大培训1200人次，分别组织参加农业农村部农业实用人才培训、市级培训32人、25人。

【农业信息化建设】 建设“涪陵e生活”村级电商服务站点392个，邮政网点318个，“三进”示范点306个，电商扶贫示范点46个，发展电商平台9户、网商1275家，全年农产品网上销售额达2.3亿元。新增“农信通”“12582”用户0.18万户，全区总数19.41万户，进村入户率达80.2%。开展160余个农产品及农资价格市场信息采集分析，播发涪陵农业宣传报道126篇次，推送各类农业信息685条。

【依法行政】 履行党政主要负责人推进法治建设第一责任人制度，明确“双随机一公开”行政执法监管检查清单9类、14项。开展319项行政权力事项清理调整，取消权力事项2项、新增4项、修改调整11项。清理农委制发规范文件17件，其中废止5件，继续执行12件（含2018年新增2件）。开展公平竞争审查制度，清理公平竞争政策措施库存文件1件。加强与法律顾问合作工作，全年法律顾问参与农委行政应诉1件，法律审查27件；按照职权法定原则，对行政审批事项设定依据、实施主体、审批条件等进行清理，对依法保留行政审批项目进行完善，现有行政审批事项29项，新增1项（农药经营许可），取消农业机械维修技术合格证核发和船舶进出渔港签证。全年办结行政审批服务事项1125件，办结效率100%。开展专项执法。组织开展"绿剑护农""农资打假""秸秆焚烧""农机安全""渔业船舶检验"等执法行动，查处各类违法行为126件（其中渔业违规案件66起），罚没金额11.78万元，下达责令整改46起。完成作物种子、农产品、农药执法抽检80批次，开展农机执法检查48次，检查拖拉机99台，办理农机行政处罚案件和植保检疫处罚案件各1件，开展渔船安全联合执法60余次，排查整治隐患13件。由区农业执法支队办理的"经营假种子案"获评"2018年全国农业行政处罚优秀案卷"。编制《2018年农委普法责任清单计划》，落实普法工作目标任务。开展"以案释法""以案四说"普法宣传教育活动。开展"法治宣传月"活动，组建普法骨干开展"法律进农村"宣讲活动100场次。专项整治"大棚房"。按照重庆市开展"大棚房"问题专项清理整治行动的统一部署，拟订《涪陵区开展"大棚房"问题专项清理整治行动工作方案》。对全区4479个大棚、占地243.86公顷进行排查清理，发现违法违规项目15个，总占地面积4.404公顷，其中占耕地面积2.43公顷，完成拆除整改项目13个，恢复耕作面积2.16公顷。

【农产品质量安全】 编印《涪陵区农产品质量安全监管工作指南》，落实乡镇、街道"属地管理"监管责任，推行"三单"上墙，强化主体质量安全意识。开展"三鱼两药"专项整治行动，完成水果、蔬菜例行检测1350批次、合格率达99.7%，实施农残速测抽检4500样次、合格率98.2%，检查品牌农产品生产单位78家次，全区"三品一标"农产品日常监管全覆盖、认证产品质量检测全覆盖。加强植物检疫和农作物种子安全。完成水稻、玉米、青菜头种子产地检疫65.77万千克和苗木产地检疫20.75万株，开展水稻、玉米种子调运检疫6.56万千克和果树苗调运检疫52.62万株。制定《涪陵区柑橘大实蝇防控实施方案》，建立实蝇监测点73个，完成3733公顷果园大实蝇成虫诱杀及蛆果处理。成立柑橘溃疡病疫情处置防控领导小组，处置销毁柑橘树44572株。严格种子生产许可制度，开展主要农作物种子质量检测，完成水稻、玉米品种备案登记353个。加强耕地质量评价监管。开展1.7万亩酸性土壤改良工作，开展农产品产地土壤重金属污染国控点监测，新建国家级耕地质量固定监测点1个，完成全区25个乡（镇、街道）耕地质量定点动态监测点和市级土壤中微量元素定点动态监测点样品检测数据的审查、核对、系统录入工作。完成200个耕地质量动态监测点基本情况的现场调查、土壤样品采样、检测机构比选、样品送检工作，实施土地卫片执法复耕复绿技术指导和质量验收，查出违法图斑56个、面积13.67公顷。

农业机械

【概况】 2018年，区农机办内设机构无变化。全年推广各类补贴机具5570台，申报补贴资金500.22万元；完成机耕作业15.07万公顷，机收作业2.11万公顷，机插秧作业0.43万公顷，主要农作物耕种收综合机械化水平达到47.5%；完成宜机化地块整治31.2公顷；清理登记变型拖拉机1514台、外挂拖拉机809台，甄别挂假号牌拖拉机584台；创建"平安农机"示范镇1个、示范村（居）3个。全区农机安全生产持续稳定。

【新机具新技术推广】 推广以水稻为主的粮食作物全程机械化。稻田机耕率达95%以上；与渝东南农科院合作，完成水稻直播技术示范53.33公顷，示范结果表明，水稻直播与传统育秧栽插模式产量相当，但水稻直播节省育秧、栽秧环节，每亩可节省生产成本280元左右，在水源条件较好的田块，适宜推广直播技术，可以大量节省水稻传统生产育秧、插秧作业环节的劳动力，降低生产成本，提高种植效益；做好农机跨区作业组织协调，满足水稻机收需要，全年实现水稻机收面积19133.33公顷，比去年增加5466.67公顷，全区水稻机收面积达57.8%。推进农业特色产业机械化。重点推广以柑橘等水果为主的果园生产机械，推广果园打枝机、除草机、施肥施药机、田间运输机、清洗分级机等作业机械，推进果园生产机械化；围绕青菜头生产栽种、砍收作业环节机械化空白问题，区农机办牵头，着手与市农机推广总站、渝东南农科院、西南大学农机学院以及有关农机研发生产企业联合，以现代农业示范园项目为平台，采取购买技术、联合开发等措施，计划用两年时间，攻克青菜头生产的栽种、砍收作业机械化难关，至2018年基本掌握了青菜头直播技术，试验了一批直播机具，取得了初步成效，砍收机械正在研制中。推广秸秆综合利用和机械施肥施药技术。结合环保要求和农作物秸秆禁烧，推广秸秆综合利用技术，秸秆粉碎还田、践旋灭茬，秸秆粉碎加工饲料等，推进秸秆综合利用。按照化肥农药零增长行动要求，推广机械施肥施药，减少农药化肥用量，高效植保机械如无人植保机等得到大量推广应用。

【补贴监管】 贯彻落实《重庆市涪陵区2018—2020年度农机购置补贴实施方案》，全面落实不再由经销商代办农机补贴申请工作要求，指导乡镇农业服务中心做好农机补贴申请受理，落实购机补贴三级监管机制，加强购机补贴监管，层层落实监管责任，做好补贴服务工作，及时兑付补贴资金，全年推广各类补贴机具5570台，申报补贴资金500.22万元。

【农机项目】 2018年，重庆市农委下达涪陵区农机类项目资金152万元，通过网上公开、业主申报、专家评审、上报审查等方式，最后落实项目12个。其中宜机化整治4个、主要农作物全程机械化装备5个、设施农业示范1个、特色产业农机装备水平提升1个、农机技能人才培训及鉴定1个。按照农业项目实施管理有关要求，分别落实了项目监管责任人，加强对项目实施和资金使用的监管。截至12月底，各项目按要求有序推进，培训农机技能人才57人，鉴定50人。

【农机安全】 开展农机安全宣传教育活动，采取发放资料、警示教育片、事故展板、安全宣传标牌张贴、发送短信等形式宣传农机安全常识，共发放安全宣传资料10000余份，短信15000余条。开展以变型拖拉机专项整治为重点的农机安全专项整治系列行动，清理登记变型拖拉机，建立一车一档，全区共清理登记变型拖拉机1514台，其中挂外省籍号牌809台，通过“全国变型拖拉机信息系统”查询，甄别挂假号牌拖拉机584台，摸清全区变型拖拉机底数，为有针对性地加强变型拖拉机道路交通安全管理提供准确信息。加强部门联合执法，与公安交巡警、运管、路政等部门，开展拖拉机道路交通安全联合执法检查，严厉打击拖拉机假牌假证、酒后驾驶、违法载人、脱保脱检等严重违法行为，共开展联合执法检查56次，检查拖拉机147台（次），扣拖拉机8台，扣证件42件，收缴假牌照34副。为进一步提高全区农机安全监管执法干部的能力和素质，聘请市农机监理所、区安监局专家，专题开展农机安全监管执法培训，参加培训60余人。

【宜机化地块整治】 为改善农业机械作业条件，提高丘陵山区农业机械化程度，针对

“鸡窝地”“巴掌地”，通过“小并大、弯改直、坡改缓”等整治措施，达到适宜农业机械作业目的。是年在龙潭、马武、青羊等乡镇，完成宜机化地块整治31.2公顷。

水　利

【概况】 2018年，涪陵区完成各类水利建设投资10.47亿元，其中：水务项目建设投资7.64亿元，三峡后续项目建设投资2.83亿元。累计建成各类水库159座[中型水库6座，小(一)型水库22座，小（二）型水库131座］，小型引水渠堰358条，江河固定电力提灌工程77处，山坪塘1.34万口，蓄、引、提水能力1.86亿立方米，有效库容1.48亿立方米；全区农田水利灌溉面积57.75万亩，其中有效灌溉面积379100公顷。农村小水电装机累计82处79568千瓦，水电年发电量22239万千瓦•时。

【机构设置】 区水务局是主管全区水行政事务的区政府组成部门。2018年，局机关内设办公室、组织人事科、安监办、财务审计科、规划建设管理科、水政水资源管理科、水库移民工作科、供水排水科等8个行政科室，下辖4个正科级参公管理事业单位（区防汛抗旱指挥部办公室、区水政监察支队、区水土保持办公室、区水利管理站）和1个正科级全额拨款事业单位（区水利电力基本建设质量监督管理站）。另辖4个差额拨款事业单位［3个中型水库管理所，1个小（一）型水库管理站］。局机关行政编制（包括工勤人员）22名，在编18人；参公事业编制56名，在编48人；全额拨款事业编制7名，在编7人；差额拨款事业编制15名，在编14人。

【城乡饮水】 城乡供水一体化工作有序推进，完成2018年度农村饮水安全巩固提升工程实施方案批复及671万元建设资金下达，推进11个乡镇（街道）农村饮水安全巩固提升工程建设，大顺、武陵山金子山、江东天台、荔枝梓里、马武惠民等地一批人饮供水工程陆续投用，农村饮水水质得到进一步提升，农村集中供水率、自来水入户率和合格率分别提升至90%、81%、70%以上。开展贫困户饮水安全入户调查，并逐户逐家落实饮水安全整改措施，强化实施农村饮水“查漏补缺”全覆盖；按照“解决饮水安全问题对象全面覆盖”的精准脱贫要求，牵头开展农村供水工程运行管理情况及用水户（贫困户）用水抽查，完成全区农村饮用水水源地水安全现状调查与评价，解决了大顺、武陵山金子山、江东天台、荔枝梓里、马武惠民等地供水保供难题；抓好水质断面达标提升，开展乡镇基层供水单位业务培训，督促规模以上水厂开展常规9项水质日自检工作，全区15家乡镇水厂供水管理信息系统年内全数纳入涪陵华为云计算数据中心。

【农田水利】 杨家湾小（一）型水库工程大坝主体成型，年底有望清库。完成水磨滩中型灌区竣工验收及绩效考评工作，完成麻溪河中型灌区年度建设任务，完成2018年度大顺、新妙等8个乡镇（街道）的农田高效节水灌溉项目建设任务，建成866.67公顷高效节水灌溉农田，同步推进农业水价综合改革。落实农田灌溉水利用系数测算工作经费33万元，开展毛（净）灌溉水测量工作。经有关部门测算，全区2018年灌溉水有效利用系数为0.495，达到市级考核要求；焦石镇、白涛街道等13个乡镇街道系数值均超过0.6，达到创建国家生态文明建设示范区任务目标值。开展农田灌溉用水利用系数监测评价，完成后坝水库市级样点灌区标准化建设。按时完成全国农村水利管理信息系统（中型灌区子系统、农田水利基本项目建设）数据填报工作。

【农村水电】 农村水电三类项目建设进展顺利。快于原定计划完成油江河（三合、全善桥、增福等电站）农村水电增效扩容改造建设任务；完成百胜二级电站、杜家坝电站等2座电气化、岔河坝后式电站代燃料及青烟洞副二级电站的增效扩容项目竣工验收工作。农村水电站生态保护工作持续开展。按照中央环保督察整改要求，完成了51座“问题电站”及31座小水电站的生态流量泄放整改任务，确保整改工作经得起中央环境保护督察“回头看”和广大人民群众检验；“绿盾2018”自然保护区监督检查专项行动巡查未排查到涉及涪陵区水务局问题。农村水电安全监管工作不断加强。完成47座建成农村水电站的安全巡检和定期检查，全年检查12次，督促指导41座电站完成安全隐患整改及问题销号；做好农村水电安全监管，按计划完成已完工增效扩容改造项目安全生产标准化达标评级工作，2018年农村水电站未发生一起安全生产责任事故。

【水库移民】 区水务局牵头完成了红星水库移民安置市、区两级验收；双江水库、黑塘水库征地移民安置工作有序推进。大中型水库移民避险解困试点工作全面完成，并通过区级综合验收，按程序上报市水利局备案。完成2017年大中水库后扶项目建设，涉及6个乡镇15个村25个农业社，年度计划总投资2304.8万元，项目建设基本完成，完成投资2200万元。2017年度小型水库移民困难扶助项目共11个，相关乡镇正抓紧实施。2017年推进实施的大中水库移民后期扶持项目、同乐乡解放村移民避险解困集中安置点建设项目均完成竣工验收。加快17个大中型水库移民后扶建设项目推进，累计完成投资570万元；2018年度立项建设的5个小型水库移民后期扶持项目完成投资59万元。开展水库移民动态管理，调查核实水库移民变动情况，及时对水库移民信息进行录入和更新，做好水库移民管理信息系统的维护与日常管理，全年按期足额发放水库移民直补资金341.16万元。

【水务投入】 2018年，区水务局按市水利局《关于印发2018年全市水利建设目标及完成投资指导性计划的通知》（渝水〔2018〕97号）要求，及时分解和责任落实任务，加强管理和计划执行，顺利完成水利投资计划。2018年下达指导性计划8.3882亿元，1—12月累计实际完成投资7.3636亿元（其中：中央投资1.0991亿元，市级资金0.0553亿元，区级财政1.1541亿元，其他资金5.0551亿元），完成指导性计划的87.79%（其中：中央水利直报系统部分本年度下达投资计划0.7312亿元，1—12月累计完成投资0.7259亿元，完成投资计划的99.28%）。按时上报中央水利建设投资统计月报、水利建设投资统计月报，全区2018年度无重大水利工程中央投资计划，其他水利项目在年底前完成年度中央投资计划均超过90%。

【水利改革】 开展农业水价综合改革试点。涪陵区作为农业水价综合改革（试点）区县，全面完成2018年农业水价综合改革任务，改革区域涉及马武、龙桥、义和、李渡、蔺市、新妙、马鞍、大顺等乡镇，实施改革面积4200公顷，初步完善农业水权核定、供水调度、终端用水管理、水价计收和节水奖补等机制建设。进行农村小型水利工程确权颁证。完成深化小型水利工程管理体制改革工作，重新对改革对象进行登记造册，逐一复核纳入今年深化改革的小型水利工程共计12128处，其中小型水库152座、中小河流堤防6条、小型农田水利工程11841处、农村饮水安全工程112处、小型水电站17座，截至12月，上述小型水利工程全部完成确权颁证。

【信访稳定】 2018年，区水务局共下访、接访61件次，接待群众105人次；办结来电、来信、来访11件，受理登记率、办结回复率100%，按时办结全国信访信息系统交办件12件，及时办结市长、区长公开信箱回复6件；全年未发生进京赴渝上访；及时接返来访、未造成来访人员在市局留宿；未出现上访人员重复上访，未在市级及以上造成恶劣影响。

扶贫开发

【概况】 2018年，区委区政府始终把脱贫攻坚作为一项重要政治任务和第一民生工程来抓，将习近平总书记扶贫重要论述纳入区委常委会议、区委理论中心组、区政府常务会议、区扶贫开发领导小组会议学习的重要内容。全年区委常委会研究脱贫攻坚工作12次、区政府常务会研究脱贫攻坚工作13次。及时调整充实区扶贫开发领导小组，由区委、区政府主要负责人担任“双组长”，全年召开区扶贫开发领导小组会议7次、全区脱贫攻坚工作推进会议3次，部署推进脱贫攻坚工作。出台《关于深化脱贫攻坚的实施意见》《涪陵区精准脱贫攻坚战实施方案》《深化抓党建促脱贫攻坚行动方案》《涪陵区打赢打好精准脱贫攻坚战三年行动的实施方案》等指导性文件，着力构建全区“1+3+N”深化脱贫攻坚政策体系，推进深化脱贫攻坚各项工作。2018年全区有市级贫困村63个，有脱贫攻坚任务的乡镇（街道）25个，全年减少农村贫困人口803户2078人，有农村建卡扶贫对象17563户54341人，其中未脱贫户898户2333人，综合贫困发生率0.34%。年内顺利接受国家2018年度脱贫攻坚成效考核暨省级交叉考核、重庆市脱贫攻坚成效考核。

【精准识别】 严格按照扶贫对象识别、退出标准和程序，坚持公开公平公正原则，落实区、乡、村三级审核把关责任，区级相关部门联合评审，确保贫困人口“应进必进、应退则退、应扶尽扶”。2018年，开展两次建卡贫困户动态调整工作，新增识别农村建卡贫困户216户541人。完善建档立卡信息，设立户专栏，制作户档案袋，做到建卡扶贫对象的实际情况与档案资料、扶贫信息系统“三统一”。2018年11月，在涪陵区大顺乡成功承办了全市扶贫对象动态管理现场会。

【结对帮扶】 出台《关于进一步明确职责任务抓细抓实扶贫帮扶工作的通知》，进一步明确区领导联乡帮村、帮扶集团定点帮村、驻村工作队和帮扶干部的职责任务。实施区委书记遍访贫困村，乡镇街道党工委书记遍访贫困户，村（社区）党支部书记遍访所有农户的“三级书记”遍访行动。33名区领导对口联系帮扶33个贫困村。组建24个驻村帮扶集团，93个帮扶集团成员单位，帮扶干部8702人，其中区级帮扶干部4656人，乡镇街道帮扶干部4046人。“中国社会扶贫网”建卡扶贫对象注册率达100%，37962名机关事业干部等注册为爱心人士，对接贫困户需求163件，成功率90.6%。

【产业扶贫】 按照易返贫户1000元、未脱贫户2000元的补助标准，支持贫困户发展种养殖业。规划产业发展到户3580户、补助资金420.7万元。以榨菜集团、太极集团等龙头企业为带动，建立完善农业企业、专业合作社、种养殖大户与贫困户的利益链接机制，基本形成沿江以榨菜蚕桑果品为主、坪上以早榨菜中药材畜禽为主、后山以高山蔬菜避暑休闲为主的扶贫产业经济带。

【三变改革试点】 涪陵区大顺乡积极探索农村“三变”改革扶贫试点经验，盘活农村闲置资源、资产、资金，激活农民土地承包经营权、宅基地使用权、集体收益分配权，建立村集体资产管理委员会平台，不断壮大村级集体经济，推进农村土地“三权”分置和“三变”改革，探新型经营主体与贫困人口利益联结机制，带动贫困户增收致富。

【金融扶贫】 区委区政府把扶贫小额信贷作为发展扶贫产业、贫困户增收致富的重要抓手，制定完善扶贫小额信贷风险补偿金管理细则和扶贫小额信贷贴息资金管理细则等办法措施，管用好用扶贫小额信贷资金。建立扶贫小额信贷领导、部门、责任、激励、考核“五联动”工作机制，落实扶贫小额信贷风险补偿金3500万元，全年累计发放扶贫小额信贷8024户、2.09亿元，贫困户获贷率45.74%，居全市第二名，在年度考核中被评为优秀区县。

【饮水安全保障】 全年投资889.4万元，实施贫困人口饮水安全巩固提升项目29处，受益贫困人口2057人。按照农村饮水安全标准，逐户对全区贫困户饮水水源、水质及饮水方便程度进行排查，对存在饮水不安全的贫困户，采取安装入户自来水、改造自备水源等措施，解决饮水安全问题。

【住房安全保障】 2018年完成建卡贫困户、分散供养特困人员、低保户等“三类”贫困人员存量危房改造C级1598户、D级3620户。区财政安排560万元，对全区“非三类”人员房屋安全等级开展逐户核查鉴定，建立台账，分类处理，对居住在危房且符合贫困户标准的农户，及时按程序将其评定纳入建卡扶贫对象，杜绝漏评、错退。

【义务教育保障】 全面落实从学前到高等教育各阶段资助政策，向1.6万余名建卡贫困学生发放各类补助6139.7万元。加强控辍保学工作，义务教育阶段贫困家庭适龄子女入学率达100%。

【基本医疗保障】 建立2000万元的农村贫困人口健康扶贫医疗基金、1300万元的扶贫济困医疗救助基金和1000万元的特困人员医疗救助基金，建卡扶贫对象城乡居民合作医疗保险参保率达100%。落实基本医疗保险、大病保险、精准脱贫保险、民政医疗救助、健康扶贫医疗救助、扶贫济困医疗救助、疾病应急救助“七重救助”政策。2018年全区贫困人口住院费用自付比例为6.81%，慢性病、重特大疾病等特殊病种门诊费用自付比例为10.97%。

【项目资金投入】 完善大扶贫投入保障机制，加大财政预算、涉农资金整合、行业资金打捆力度，全年投入各级各类扶贫资金16.2亿元，其中扶贫专项投入2.35亿元。全年下达“四好农村路”建设计划1090千米，建成1090千米；投资5500万元，建成人行生产便道905千米。落实扶贫项目建设管理“一主体七制度”以及扶贫资金监管“三专一报三公开三监督”制度，确保扶贫资金精准用于贫困户、扶贫村，真正发挥扶贫资金的使用效果。

【强化考核】 印发《涪陵区2018年度脱贫攻坚工作考核办法》，加大对25个乡镇（街道）和92个区级部门的脱贫攻坚考核力度，采取年度集中考核与平时掌握情况相结合的方式开展综合评价，实行定量指标和定性指标综合考核。强化考核结果运用，脱贫攻坚成效考核作为2018年度乡镇街道和区级有关部门经济社会发展实绩考核和领导班子综合考核评价的重要依据。

三峡涪陵库区

【机构设置】 区移民局是负责全区三峡移民搬迁安置、三峡水库涪陵段综合管理等工作的专门机构。2018年，内设办公室、规划科、计划财务科、组织人事科、政策法规科、三峡移民工作科、移民发展扶持科、水库管理科、对口支援科、就业培训科、信访科11个科室，在职干部职工共23人，下设参公事业单位移民工程管理中心，在职干部职工共7人。

【后续项目申报】 区移民局坚持“六优先”原则（优先安排“三带一区”和农村移民安置区精准帮扶项目，优先申报“4416”项目，优先申报市委、市政府和区委、区政府决定近期实施的重大项目，优先申报缓解财政压力的项目，优先申报前期工作扎实的项目，优先申报配套资金有保障的项目），结合全区“十三五”规划，坚持

“业主单位申报、行业部门初审、分管区领导把关”程序，突出城镇基础设施和公共服务设施完善、城镇移民小区综合帮扶、农村移民安置区精准帮扶、生态环保等重点领域，经过筛选，申报2019年度三峡后续项目45个，申请三峡后续补助资金7.83亿元，十四中兴华中路校区改造工程等项目纳入实施方案。

【后期项目建设】 上级共批复涪陵区三峡后续项目293个，龙头港一期工程等263个项目建成投用，南滨路二期、江东滨江路二期、白鹤水厂等30个项目加快推进，全年完成项目投资22.2亿元，占年度目标任务的222%，进度总体达到上级规定要求。龙头港一期工程、江东堤防及滨江路、新城区基础设施等项目建成投用，江东滨江路二期、南滨路二期、白鹤水厂等项目加快建设。

【移民工作】 完成农村移民后期扶持和解决移民遗留问题两项补助兑付工作。其中，兑付农村移民后期扶持补助1453.73万元，惠及移民24215人；兑付解决移民遗留问题补助1578.74万元，惠及移民34236人。完成2017—2018年度库区基金申报工作。其中，编制2017年度库区基金使用项目34个，申报基金补助4010万元；编制2018年度库区基金两批使用项目31个，申请基金补助3616万元。上级已下达2017年和2018年第一批项目计划5337万元，占年度目标任务267%。完成移民培训3530人，占年度目标任务118%。城镇移民小区综合帮扶和农村移民安置区精准帮扶成效显著。珍溪、蔺市、白涛、江东等17个城镇移民小区综合帮扶项目和江东黄桷嘴村、蔺市金竹村、清溪四合村等25个农村移民安置区精准帮扶项目开工建设，城镇移民小区和农村移民居民点环境改善，移民生产生活水平提高。浙江省委副书记、省长袁家军同志率浙江省代表团到涪考察并开展对口支援工作，促进对口支援工作开展。全年共签订对口支援招商引资项目协议3个，协议投资151亿元，已实施项目1个，协议投资35亿元，到位资金6.3亿元；落实无偿捐赠资金4999.2万元，占年度目标任务333%，建设公益项目55个；完成移民干部、致富带头人、移民学校教师、移民等培训512人次。

【生态建设】 2018年上级批复涪陵区生态保护和修复工程项目1个，即青羊镇污水处理改扩建工程配套管网工程，项目总投资910万元，其中三峡后续补助资金764万元。项目污水管网建成，雨水管网正在建设。开展消落区“八乱”行为整治，严格三峡水库库容管理。全年分别赴荔枝街道、蔺市镇、百胜镇等开展以“强宣传、治八乱、保库容、促生态”为主题的消落区宣传活动4次，牵头组织全区巡库检查4次，向周边群众发放宣传手册约800余份，接受咨询300余人次，发现问题18个。建立三峡水库清漂保洁常态机制，对重点区域实施每日巡回保洁，全年出动清漂船只2991艘次，投入作业人员11361人次，打捞和清理水域垃圾9786吨、消落区垃圾95.399吨；船舶废弃物接收工作共出动船舶274艘次，作业人员1323人次，接收船舶2921航次，接收船舶垃圾60.026吨。落实“以块为主、条块结合、上下衔接、左右协调、全面覆盖”的蓄退水安全监测与防范机制，组织开展三峡水库联合巡库安全检查。搬迁完成2017年5月至2018年4月因大坝蓄退水受影响的涪陵区农村、城集镇临水房、地灾一期搬迁点和专业设施。开展现场调查，经核查全区申报受影响人口187人，受影响房屋1.11万平方米，受影响设施2处。5处安全边坡防治项目有序实施。开展河长制工作，配合河长办做好龙驹河、白洞溪“一河一策”方案审查修订工作，配合区级河长开展河（库）长集中巡河（库）活动，全年完成6次巡河任务，解决15万元用于龙驹河、白洞溪综合治理工作。开展三峡水库消落区综合治理实施方案编制工作，配合长江勘测规划设计研究有限责任公司完成消落区项目填报收集、外业勘察等工作。《重庆市涪陵区三峡水库消落区综合治理实施方案》编制完毕。

【信访工作】 2018年，区移民局办理移民来信来访28件（批）次、32人次，与2017年同比分别下降50%、51%。局主要领导接访下访移民群众12件；行政诉讼5件，同比增长66%。无移民到市进京集访和非接待场所上访，无移民信访恶性事件发生；1419名外迁移民5人回涪上访被劝返。

榨　菜

概　述

重庆市涪陵区榨菜管理办公室主要负责榨菜行业管理，服务保障产业发展，核定编制人数13名。是年，在编工作人员12名，其中领导3人。内设综合科、业务科、质量监督管理科、证明商标管理科4个科室。涪陵榨菜产业拥有“涪陵榨菜”“Fuling Zhacai”“涪陵青菜头”3件地理标志证明商标；全区有常年半成品原料加工户1700余户，年半成品加工能力在60万吨以上；有榨菜生产企业37家，其中有榨菜农业产业化重点龙头企业21户（国家级1户、市级14户、区级6户），年成品榨菜生产能力在60万吨以上。是年，有榨菜商标品牌200余件，其中有“涪陵榨菜”“乌江”“辣妹子”“餐餐想”4件驰名商标，“Fuling Zhacai”“浩阳”等18件重庆市著名商标，“涪陵青菜头”“成红”等37件涪陵区知名商标。是年，准予使用“涪陵榨菜”“Fuling Zhacai”地理标志证明商标的企业共24家68件商标。“涪陵榨菜”品牌价值达147.32亿元，居全国区域农产品公用品牌第二位；“涪陵青菜头”品牌价值达24.38亿元，居七十三位。是年，全区青菜头种植面积为48387公顷，总产量160.03万吨。其中收购加工105.04万吨，社员自食1.33万吨，外运鲜销53.66万吨。全区青菜头销售总收入13.24亿元，剔除种植成本，种植纯收入为11.24亿元，人均种植纯收入1742.5元（按2016年末64.52万农业人口计），较上年人均减少224.2元。全年销售盐菜块69万吨，实现销售总收入5.68亿元，较上年减少0.32亿元；务工、运输纯收入2.2亿元，以上三项合计实现纯收入13.12亿元，人均榨菜纯收入2033元，较上年同期减少617.3元。全区共产销成品榨48万吨，较上年同期增长1%；实现销售收入35.5亿元，较上年同期增长22.4%；利润9.6亿元，较上年同期增长123.3%，榨菜产业总产值达102亿元。

行业管理

【收购加工】 2018年，因上年收购价格高刺激周边区县大力发展扩大青菜头种植规模，且无加工企业，导致全区青菜头收购加工期间，收购压力大，针对实际情况，采取保护价收购、督促企业及时翻池等措施，实现了“收购完、加工好、不烂菜”的目标，收购加工均价0.68元/千克。

【基地建设】 是年，秋青菜头种植期，因春季青菜头收购价低，菜农种植积极性受挫，各乡镇街道广泛宣传发动，动员广大菜农种植青菜头，各榨菜生产企业与青菜头种植户、加工户签订青菜头种植及半成品原料收购协议等方式，完成了48387公顷种植任务。

【创建全国绿色食品原料（青菜头）标准化生产基地】 12月，涪陵区创建“全国绿色食品原料（青菜头）标准化生产基地”获得农业部绿色食品管理办公室、中国绿色食品发展中心批准，符合创建条件，批准进入创建期。批准涪陵区创建“全国绿色食品原料（青菜头）标准化生产基地”规模 30113.33 公顷，范围包括珍溪镇（除石牛村）、百胜镇、江北街道、李渡街道、义和镇、新妙镇、增福乡、同乐乡、马武镇、白涛街道、清溪镇、南沱镇、焦石镇 13 个乡镇街道，及重庆市涪陵榨菜集团股份有限公司、重庆市涪陵区绿陵实业有限公司、涪陵天然食品有限责任公司等 34 家产业化经营企业。

【外运鲜销】 根据区委、区政府青菜头鲜销工作的要求，继续拓展青菜头鲜销市场和销量，坚持“政府搭台、部门配合、协会推动”方式，以东北、华北、西北大中城市及重庆周边城市、长江沿线重点城市为主要目标市场，拓市鲜销。全区组建青菜头拓市鲜销工作组 29 个（区级 6 个、乡镇街道 23 个），前往各区域目标城市开展青菜头拓市鲜销工作。完善电商网络销售平台。由吉之汇信息科技有限公司为携手，同时，各乡镇街道及榨菜企业通过合作等方式建立各自的涪陵青菜头电商网络销售平台。大力宣传，利用电视媒体，互联网及微信公众号等方式宣传涪陵青菜头。召开 “涪陵青菜头·北京品鉴会”。区供销社制定品鉴会方案，区榨菜办配合青菜头鲜销品鉴会相关工作，从涪陵青菜头的起源传播、特色优势、鲜销模式、食用食法、市场前景等方面作详细推介，扩大涪陵青菜头品牌知名度、美誉度，将涪陵打造成全国冬春季节“南菜北运”基地。是年，全区外运鲜销青菜头 53.66 万吨。

产业扶持

【免费提供种子】 全区 20000 公顷鲜销青菜头种植基地（含贫困户）所需青菜头良种约 15000 千克全部由区政府采购，通过各乡镇街道免费提供给种植业主。其中“涪杂二号”14940 千克 (含贫困户 259.65 千克)，“涪杂八号”75 千克。

【扶持建卡贫困户】 区榨菜办学习贯彻落实习近平总书记关于扶贫工作重要论述，按照区委、区政府扶贫工作要求，做好贫困户种植青菜头扶持工作。是年，分两批在全区安排 22 个乡镇街道 225 个村（社区）1481 户贫困户种植青菜头 350 公顷。经验收确认，实际有 22 个镇街道 223 个村（社区）1304 户贫困户种植青菜头 288 公顷，补贴资金 865168 元。

【创建国家现代农业产业园】 涪陵区根据农业农村部、财政部《关于开展 2018 年国家现代农业产业园创建工作的通知》（农计发〔2018〕11 号）和重庆市农业委员会、重庆市财政局《转发农业农村部财政部关于开展 2018 年国家现代农业产业园创建工作的通知》（农发〔2018〕104 号）要求，在涪陵国家农业科技园区的核心区和示范区所涉的李渡街道、江北街道、百胜镇、珍溪镇 4 个镇街为核心，辐射全区其他乡镇（街道），以榨菜产业为主导，向农业农村部、财政部申报创建“国家现代农业产业园”。5 月 30 日，由区长种及灵带队，区委副书记周波、区政府副区长董代文以及区农委、财政局、榨菜办、榨菜集团等单位的负责人组成答辩工作组，赴北京参加农业农村部和财政部组织的竞争性答辩。6 月 22 日，农业农村部对拟获批创建的 21 个产业园进行了公示，涪陵区排名第 12 位。7 月 13 日，农业农村部和财政部联合下达批复，同意涪陵区创建“国家现代农业产业园”。

质量管理

【质量整顿】 加强组织领导。区榨菜办成立了由主要领导任组长，分管领导任副组长，相关科负责人为成员的榨菜质量安全监管工作领导小组，每季度召开专题会研究部署榨菜质量整顿工作，分解落实责任，细化工作目标，日常监管工作常态化。开展宣传培训。全年累计发放质量安全宣传资料近8000份，开展榨菜质量安全培训50余次，培训6000余人次。主体责任落实。督查指导榨菜企业建立完善榨菜质量安全领导机构，落实人员责任，建立榨菜生产过程“六项制度”，健全“两本台账”，规范食品添加剂“五专管理”，制定完善并执行好各种制度、岗位职责以及食品质量安全应急预案，严格榨菜生产工艺工序、生产流程等环节规范化管理，加强原料采购和生产配料的日常管控，严格榨菜加工非碘盐管理，严格开展出厂自检，做好厂区内外环境卫生，防止“三废”污染。开展集中整顿。全年共检查榨菜生产企业、半成品加工大户512家（次），整治质量安全隐患19起。开展“质量月”活动。9月，区榨菜办以“加强市场监管 建设质量强区”为主题，组织参与、开展全区榨菜行业“质量月”活动。活动期间，全区榨菜企业在厂区醒目位置悬挂质量宣传标语80余幅，开展员工质量培训30余次，结合季度质量综合检查加强监管执法力度，提高涪陵区榨菜行业产品质量、服务质量。

【生产安全】 领导重视。坚持“安全工作”例会制，每季度召开各乡镇街道农业服务中心、各榨菜企业负责人参加的安全工作例会，通报榨菜生产存在的问题，安排部署榨菜安全生产重点工作。开展宣传培训。全年累计共发放《涪陵区榨菜生产加工安全操作技术规程》等宣传资料4000余份，层层开展各项安全生产宣传培训30余次（含专项培训2次），培训人员5000余人次。严格督查检查。开展安全风险研判管控；开展年度计划安全检查，全年共检查榨菜企业64家（次），发现安全隐患154起，已整改完成147起，通过复查验收，完成了闭环管理，其余7起要求企业在规定时限内整改，完成闭环管理；开展有限空间作业安全和锅炉作业安全专项整治，共计检查榨菜生产企业42家（次），发现问题隐患76起，督促整改74起，移交辖区安监部门2起；开展安全生产月和安全生产“涪州行”活动，完成安全生产重点任务填报。安全工作有亮点。第一，开展榨菜企业安全生产“体检”。4—5月，区榨菜办聘请重庆珩量安全咨询中介机构专家一道，对全区天然食品公司、洪丽食品公司等20家榨菜企业进行了全方位安全“体检”。对企业作业现场和仓储管理等存在的安全风险隐患问题进行了梳理，并督促受检企业严格按专家提出的意见完成了整改。第二，组织开展司炉工专项培训。6月，区榨菜办征求各榨菜企业意见后，主动衔接区质监局及相关培训学校，将司炉工培训“搬”到涪陵，组织22人报名参培。第三，督促榨菜企业编制应急预案备案登记。7月，区榨菜办制定下发《关于督促榨菜企业制定和完善生产安全事故应急预案的通知》（涪榨办发〔2018〕36号），督促榨菜企业制定和完善生产安全事故应急预案，提高企业自身应急救援能力。截至2018年，有28家榨菜企业编制完成安全生产应急预案并经专家评审通过后报区榨菜办备案。

【环保治理】 建立机构，制定方案。区榨菜办成立以主要领导任组长，分管领导任副组长，各科负责人为成员的榨菜环保治理工作领导小组，加强全区榨菜行业环保治理工作的领导；制定印发《涪陵区深入开展榨菜环保治理监管工作方案》，明确目标任务和工作要求，推动全区榨菜环保治理工作。推进各项工作。减轻榨菜面源污染，开展青菜头无公害、绿色种植培训指导，利用秸秆还田，畜禽粪便，生物有机肥等多种方式，规范施肥用药，达到化肥、农药用量“零增长”，并开展创建“全国绿色食品原料（青菜头）标准化生产基地”工作；同时，群策群力拓市鲜销，从而减少青菜头加工量，达到减少榨菜加工废水排放目的。加强榨菜企业废水治理监管，目前全区榨菜废水总日处理能力达1.3万立方米，20家企业自建废水处理设施31座，并正常运行；永安榨菜废水集中处理设施1座，解决了8家企业废水治理，有4家企业废水通过管网连接进入园区、企业废水处理设施处理，5家企业在建废水处理设施。启动榨菜废水治理设施升级改造，目前已有天然、洪丽等25家生产厂按要求完成整改，实现外排废水经深度处理工艺后排放。严格榨菜加工户废水治理监管，按照管行业管环保和辖区负责、一岗双责原则，督促各乡镇街道对辖区榨菜原料加工户进行集中清理登记，建档立卡。全区榨菜加工户得到有效监管，腌制废水基本实现治理排放。宣传鼓励榨菜腌制盐水利用，目前全区有榨菜酱油生产企业4家，有千家万户农村居民常年熬制榨菜酱油或销售。经各乡镇街道统计上报，全区常年利用高浓度腌制盐水10万余吨，生产榨菜酱油近3万吨，减轻了污染治理压力。加强榨菜固废物处置监管。5月，区榨菜办开展榨菜固废物处置专项检查，情况良好。全年累计检查榨菜生产企业、加工大户345家（次），无榨菜生产企业或加工户环保违法违规行为。

商标管理

【商标国际注册】 5月，委托西南商标事务所将“涪陵榨菜”“Fuling Zhacai”地理标志证明商标按《马德里条约》和单一国注册方式进行商标国际注册，“涪陵榨菜”“Fuling Zhacai”两件商标国际注册共涵盖82个国家和地区，已取得《马德里条约》缔约国和相应国家的商标注册申请受理文件。

【商标使用管理】 按照区委、区政府的要求，针对企业在使用“涪陵榨菜”“Fuling Zhacai”地理标志证明商标过程中出现的新情况新问题，采取了一系列措施加强对证明商标的使用管理。结合实际，修改完善《“涪陵榨菜”“Fuling Zhacai”地理标志证明商标使用管理办法》，规范引导企业正确使用。组织企业负责人学习《商标法》《“涪陵榨菜”“Fuling Zhacai”地理标志证明商标使用管理办法》（以下简称《管理办法》）。重点就“证明商标”的质量标准、使用条件、申请程序、权利义务、使用管理、违规责任等一系列规定进行学习培训。严格按照章程、管理办法，对申请使用“证明商标”的企业，坚持“严格条件、从严把关、严格审批、宁缺毋滥”的原则。是年，共计批准许可区内24家榨菜企业68件商标准予使用“涪陵榨菜”“Fuling Zhacai”地理标志证明商标。加强使用企业监督管理，对不遵守《管理办法》，违规使用“证明商标”的行为严厉查处，并取消其“证明商标”的使用资格。

榨菜科研

【科研成果】 是年，“涪杂系列青菜头杂交种新品种选育及示范推广”获全国“双创活动周”重庆市分会场（涪陵会场）科技成果推介大会一等奖。

1个晚熟、丰产、抗霜霉病茎瘤芥（青菜头）杂交新组合，通过重庆市农作物品种鉴定（鉴定编号：渝品审鉴2018005），网上办理国家新品种登记。

渝东南农科院与中国农科院蔬菜花卉研究所合作共建的“国家蔬菜改良中心涪陵榨菜研究中心”达成共识，并签约和开展合作。

渝东南农科院与华中农业大学在功能性和抗根肿病榨菜育种材料创制方面合作，与华大基因签订技术服务合同，计划完成3个代表榨菜的全基因组测序及180份茎瘤芥重测序信息采集和分析。

10月，重庆市涪陵榨菜集团股份有限公司发明的“自动撒盐机”被国家知识产权局授予发明专利证书。

是年，重庆市涪陵榨菜集团股份有限公司新增“国家榨菜加工技术研发专业中心”。

【茎瘤芥方面专利】 是年，长江师范学院获多项茎瘤芥方面发明专利，分别是：一种茎瘤芥硫苷酶基因MYR1、茎瘤芥硫苷酶及其基因工程表达方法，专利号ZL201510407304.4；一种茎瘤芥硫代葡萄糖苷的提取方法、降解其为异硫代氰酸盐的方法及功能性食品，专利号ZL201510407303.X；光合细菌在茎瘤芥根肿病防治中的应用及茎瘤芥根肿病防治剂，专利号ZL201610304884.9；深红红螺菌在茎瘤芥根肿病防治中的应用及茎瘤芥根肿病防治剂，专利号ZL201610304883.4；一种茎瘤芥根瘤内生细菌GJ-06、含有该内生细菌的根肿病防治剂及应用，专利号ZL201510910792.0。

龙头企业简介

【重庆市涪陵榨菜集团股份有限公司】 是一家以榨菜为根本，立足于佐餐开味菜领域快速发展的农业产业化企业集团，现有注册资本7.89亿元。中国榨菜加工技术研发专业中心、酱腌菜行业省级技术中心、发酵窖池20万吨、9家子公司、7家生产厂、13条现代技术生产线，年产榨菜、泡菜20万吨，2018年度实现销售19.2亿元。是行业唯一一家上市公司、中国农产品深加工50强、农业产业化国家重点龙头企业、金砖国家领导人厦门会晤食材供应企业、重庆市100户重点工业企业。公司于2010年11月23日在深圳证券交易所挂牌上市，股票代码：002507，股票简称：涪陵榨菜。

公司拥有1500多家一级经销商，销售网络覆盖全国34个省市自治区，300个地市级市场，1000多个县级市场，产品远销欧盟、美国、日本等12个国家和地区。公司在全国设有8个销售大区、67个办事处，开展对经销商进行顾问式指导和精细化管理，加大对县级市场的开发力度。建立起多层次、长短渠道相结合的销售网络，公司产品畅销全国各大超市、便利店、农贸市场、电商等零售终端。

公司及旗下“乌江”牌知名度较高，榨菜产品覆盖全国，在中国品牌500强位列347名，品牌价值100.98亿元(第十届中国品牌价值500强榜单)，曾多次荣获国内外荣誉。乌江产品先后通过了原产地标记注册、ISO9001-2008国际质量管理体系认证、HACCP和QS认证、美国“FDA认证”。

【重庆市涪陵区洪丽食品有限责任公司】 成立于2004年3月，位于重庆市涪陵区南沱镇现代农业园区。公司注册资本金4380万元，年生产能力20000吨。公司现有职工167人。

公司新建35000平方米现代化规范厂房和原料腌制池15000吨，引进以自动脱盐清洗机、自动计量拌料机、自动计量包装机、自动巴氏灭菌机等设备组成的全自动榨菜生产线3条，全部设备采取输送带无缝连接。

公司连续被授予农业产业化“涪陵区十强龙头企业”“重庆市重点龙头企业”，建立核心基地267公顷，带动基地2000余公顷，带动涪陵区3万余农户增收致富。

公司延揽了榨菜行业产品研发、工艺技术、质量管理、营销管理等精英人才组建了精锐的管理团队，从新产品、新工艺研发、质量体系建设、标准化体系建设方面保障产品质量，形成了“餐餐想”系列产品体系，产品涵盖榨菜、泡菜所有品类，“餐餐想”商标获得“重庆市著名商标”“中国驰名商标”。

国家级重点龙头企业名录

重庆市涪陵榨菜集团股份有限公司
市级重点龙头企业名录
重庆市涪陵绿陵实业有限公司
重庆市涪陵辣妹子集团有限公司
重庆市涪陵绿洲食品有限公司
重庆市涪陵区红景食品有限公司
重庆市涪陵区国色食品有限公司
重庆市涪陵区红日升榨菜食品有限公司
重庆市涪陵祥通食品有限责任公司
重庆市涪陵区志贤食品有限公司
重庆市涪陵区桂怡食品有限公司
重庆市涪陵区浩阳食品有限公司
重庆市涪陵区洪丽食品有限责任公司
涪陵天然食品有限责任公司
重庆市涪陵区紫竹食品有限公司
重庆市涪陵区凤娃子食品有限公司

工　业

概　述

【概况】 2018年，涪陵工业顶住下行压力，经济指标保持平稳发展态势，工业增加值总量始终保持全市前3位，市政府对区县月度工业运行综合考评一直名列前3位，半年考评居全市第一。全区2018年完成规上工业产值1516亿元、增长13.5%；规上工业增加值增速8.1%，占全区GDP比重近一半；清洁能源、新材料、食品医药、装备制造、信息技术等五大主导产业整体增长，产值分别为292.7亿元、442.2亿元、345.1亿元、234.8亿元、29.7亿元，增速分别10.2%、19.2%、9.7%、13.2%、4.3%。涪陵新城区、龙桥、白涛、清溪四个园区产值分别为886.1亿元、150.6亿元、233亿元、100.6亿元，增速分别为16%、13.8%、17.3%、20.7%，园区规模工业集中度提高到90%。规上主营业务收入利润率9.2%；规模工业主营业务收入1373.2亿元、增长13.2 %；利润总额126.2亿元、增长29.3%。涪陵工业企业入选市级“双百”企业27户，入选市级“100强”企业、“100强”制造企业14户，均居全市区县前列。年内建成全球最大的己二酸生产基地，“涪陵造”棕刚玉获国家制造业单项冠军产品，15个项目入选市级重点项目。新形成页岩气、万达薄板、华晨鑫源、华峰集团4户百亿级企业，三爱海陵等11户30亿级以上企业，100户亿元以上企业。

【机构设置】 涪陵区经济和信息化委员会是由原经委、体改委、化工局、机械局、中小企业局、投促办、无管办等单位整合组成，三定方案设21科室和1个机关党委；下属4个事业单位（其中涪陵区轻纺办公室、重庆涪陵无线电监测站为参公事业单位，涪陵区资源节约与综合利用办公室、涪陵区投资服务中心为全额拨款事业单位）。截至2018年12月31日，实有行政人员61人（其中班子成员8人、正处级干部1人、调研员1人、副处级干部5人、副调研员6人），正科17人、副科3人、主任科员8人、科员4人、工勤人员7人。下属事业单位资节办6人，轻纺办3人，无线电监测站3人，投资服务中心8人。行政事业实有人员共81人。

【重大项目】 2018年坚持把项目建设作为工业发展的重要方法，15个市级重点工业项目完成投资41亿元，超计划投资4.4亿元。华峰化工年产20万吨环己酮项目等6个新开工项目开工建设；太极医药城B区等4个续建项目加快推进；金健米业重庆粮油食品基地等5个完工项目建成投产。涪陵页岩气累计产量突破200亿立方米，年产值171亿元，销售收入75亿元，产业研发基地完成主体施工。招商引资工业项目43个，协议资金182.1亿元，其中投资36亿元的万凯新材料、投资20亿元的启迪科技城等一批优质项目落户园区。

【创新驱动】 坚持把创新驱动作为工业发展内心动力，国家火炬涪陵现代中医药特色产业基地建设正式启动。新创市级工程技术研究中心3个、新型研发机构3个、重大新产品认定11个。科宝矿物质绝缘电缆纳入市级首台（套）重大技术装备推广应用目录。涪陵榨菜集团等2个企业入选市级绿色工厂，天原化工等3个企业入选国家级绿色工厂，数量位居全市前列。获评重庆市科技进步奖奖2项，入选重庆企业专利创新百强榜企业2户，全年规上工业企业新产品产值率30%以上。

【服务企业】 坚持把优化营商环境“三百”行动（即“百名领导联系企业，百个科室对接企业，百项涉企问题化解”）作为工业发展的有效手段。实地走访企业370户1487人次，排查梳理156家企业在生产经营中的困难问题358个，有效化解170个，占47.5%，如成功解决自2004年以来的三爱海陵公司银行贷款担保纠纷问题，为企业免除利息近7100万元。发挥助保贷、转贷应急周转金等资金池作用，2018年为中小微企业融资8600万元、转贷融资3.1亿元。加大力度为工业企业争取产业发展、科技创新等各类发展资金1.4亿元。

国家级页岩气示范区

页岩气生产实现稳产保效。2018年实现稳产60亿立方米的目标，产气60.2亿立方米。气田累计产气214.52亿立方米，销售205.91亿立方米。其中，2018年完成试气22口，投产57口；产气60.2亿立方米，同比增长0.29%，销售57.8亿立方米；平均日产1649万立方米、日销售1583万立方米；产值72.85亿元，同比增长4.62%。

清洁能源工业

全区有规上清洁能源工业企业20个，2018年完成规上工业产值292.7亿元，同比增长10.2%，占全区规上产值总量的19.3%。形成“开采—管输销售—就地利用（LNG、己二酸、聚四氢呋喃）”页岩气开发利用产业链。以中机龙桥、川东电力、聚龙电力为代表的发供电网络，7座220千伏变电站容量228万千伏安，金子山风电场项目16台风机并网发电，五马500千伏变电站建成投用。以涪陵燃气、四合燃气为代表的供气网络，工业园区天然气主干线和城市天然气网建成，日供气能力达600万立方米。在建页岩气二期产建（2018年新增5亿立方米产能）、页岩气产业基地研发中心等项目。

清洁能源产业代表企业

序号	企　业	产品	设计产能
1	中石化重庆涪陵页岩气勘探开发有限公司	页岩气	100亿立方米/年
2	中石化重庆涪陵页岩气销售有限责任公司	销售页岩气	
3	重庆涪陵能源实业集团有限公司	发电	装机13.3万千瓦
4	重庆涪陵电力实业股份有限公司	电力	
5	重庆川东电力集团有限责任公司	电力	
6	重庆中机龙桥热电有限公司	发电	装机30万千瓦
7	重庆四合燃气有限公司	供气	
8	重庆涪陵燃气有限责任公司	供气	

新材料工业

【概况】全区有新材料规上工业企业62个，2018年完成规上工业产值442.3亿元，同比增长19.2%，占全区规上产值总量的29.2%。2018年创建智能工厂1个大朗冶金硅锰生产智能工厂，数字化车间3个弛源化工聚四氢呋喃生产数字化车间、南涪铝精密新能源汽车电池铝托盘生产数字化车间、万达薄板冷连轧数字化车间。

新材料产业代表企业

序号	企业	产品	设计产能
1	重庆华峰化工有限公司	己二酸、聚氨酯树脂	己二酸48万吨/年、聚氨酯树脂10万吨/年
2	华峰重庆氨纶有限公司	差别化氨纶	6万吨/年
3	重庆市蓬威石化有限责任公司	PTA	设计60万吨/年，实际90万吨/年
4	重庆万达薄板有限公司	彩涂板、镀锌板	350万吨/年
6	重庆剑涛铝业有限公司	再生铝合金锭	设计30万吨/年，目前11万吨/年
7	华新水泥重庆涪陵有限公司	水泥	200万吨/年

【化工新材料】涪陵区有聚氨酯产业链和聚酯产业链中的PTA、聚酯纤维项目。华峰化工建成年产48万吨己二酸装置成为全球最大的己二酸生产基地，10万吨聚氨酯生产线投产；华峰氨纶建成年产6万吨差别化氨纶生产线。蓬威石化公司PTA自2017年2月复产以来运行良好，2018年顺利完成技改更新，物耗能耗进一步下降；下游万凯PET新材料项目已于2019年1月正式开工。

【金属新材料】涪陵区有有色金属、钢材产业集群。大朗50万吨铁合金项目2017年底投产，华峰铝业20万吨铝板带箔2018年投产，南涪精密年产20万套新能源汽车配件等项目。

【建材新产业】涪陵区已形成“水泥—商砼—建筑模块”建材产业链，有相关企业7个。

建材新材料产业代表企业

上游	中游	下游
水泥（华新、特固）	商砼（大业、正宇等）	建筑模块（中科大业）

食品医药工业

【概况】全区有规上食品医药工业企业77个，2018年完成规上工业产值345.1亿元，同比增长9.7%，占全区规上产值总量的22.76%。2018年建成数字化车间5个太极桐君阁口服液体制剂数字化车间、正大高端饲料加工数字化车间、华兰生物血浆检验仓储数字化车间、太极国光食品太极酱加工数字化车间、首键医药包装药用瓶盖生产数字化车间。

食品医药产业代表企业

序号	企业	产品	设计产能
1	太极集团重庆涪陵制药厂有限公司	中药口服液、糖浆剂。	藿香正气液4亿盒/年；急支糖浆2亿瓶/年；通天口服液500万盒/年
2	华兰生物工程重庆有限公司	人血白蛋白、静注人免疫球蛋白、人免疫球蛋白、破伤风人免疫球蛋白。	年处理健康人血浆1200吨
3	葵花药业集团重庆小葵花儿童制药有限公司	小儿氨酚黄纳敏、小儿化痰止咳颗粒。	小儿氨酚黄纳敏60万件/年，小儿化痰止咳颗粒30万件/年
4	重庆常捷医药有限公司	医药中间体、原料药	120吨/年奥拉西坦、45吨/年泛昔洛韦、60吨/年氨曲南主环、60吨/年度洛西丁、15吨/年坎地沙坦酯
5	重庆市涪陵三海兰陵有限责任公司	药用丁基橡胶瓶塞	230亿只/年
6	重庆市涪陵榨菜集团股份有限公司	榨菜	15万吨/年
7	涪陵卷烟厂	卷烟	设计40万箱/年，目前27万箱/年
8	道道全重庆粮油有限责任公司	菜籽油	设计10万吨/年，目前4.2万吨/年
9	重庆新涪食品有限公司	大豆食用油	设计20万吨/年，目前12万吨/年
10	重庆市涪陵娃哈哈饮料有限公司	纯净水、碳酸饮料、发酵酸奶	纯净水15万吨/年，碳酸饮料18万吨/年，乳饮料15万吨/年
11	重庆市涪州双胞胎饲料有限公司	饲料	24万吨/年

【食品工业】 涪陵区有榨菜、粮油肉类加工、饮料酒类产业集群，饲料产业链。年内依托涪陵综保区及涪陵区的区位优势，与火锅集团重点打造“火锅食材保税加工贸易基地、食材仓储配送基地、火锅文化小镇、火锅创新研究院、火锅食品总部及孵化基地”项目。金健米业重庆粮油食品基地一期项目建成投产。

【医药工业】 2018年全区完成规上工业产值120.35亿元，增长21.4%，总量居全市第一。产业集群初步成型。全区形成以太极集团、葵花药业为代表的中成药，以华兰生物为代表的生物制药，以常捷医药为代表的化学药，以三海兰陵为代表的医药包材等龙头企业。《重庆市加快生物医药产业集群发展行动计划（2016—2020年）》（渝府办发〔2016〕108号）中，涪陵现代中药产业园是全市“4+1”医药产业集聚区。龙头企业特色发展。太极集团涪陵制药厂是亚洲最大口服液及糖浆剂生产基地；葵花药业致力打造国内领先的专业儿童制药厂；华兰生物一期血浆处理能力亚洲最大。全行业有在产产品128个，其中藿香正气口服液、益保世灵2个产品年销售额突破10亿元，累计获发明专利品种48项、实用新型专利43项。智能化水平稳步提升。太极医药城A区建成国内最先进的口服液智能化生产车间，太极医药城B区按照全国最大的中药材提取中心和全国最大的中成药委托生产基地打造，预计年处理中药材50万吨；葵花药业实现智能化包装，智能化仓库即将完工；华兰生物二期生物综合制品项目稳步推进。2018年，太极桐君阁口服液制剂数字化车间、华兰生物重庆公司血浆检验仓储数字化车间、首键医药药用瓶盖数字化生产车间获市级数字化车间认定。国家火炬涪陵现代中医药特色产业基地建设中，在建太极医药城B区前处理、提取和制剂项目，太极医药城A区太极科技创新中心，华兰生物二期生物综合制品，常捷医药二期等项目。

装备制造工业

【概况】 全区有规上企业44个，2018年完成规上工业产值235.3亿元，同比增长12.9%，占全区规上产值总量的15.5%。

装备制造产业代表企业

序号	企业	产品	设计产能
1	华晨鑫源重庆汽车有限公司	金杯750、斯威X7、G01	15万台/年
2	重庆盛时达汽车有限公司	新能源微卡	6万辆/年
3	重庆三爱海陵实业有限责任公司	发动机进排气门	1.92亿只/年
4	川东船舶重工	船舶、钢结构	船舶10万载重吨/年，钢结构7万吨/年
5	重庆中江船业有限公司	船舶、钢结构	船舶10万载重吨/年，钢结构2万吨/年
6	重庆万丰奥威铝轮有限公司	铝轮毂	300万只/年
7	重庆市亚东亚集团变压器有限公司	配电变压器	设计500万千伏安/年， 目前300万千伏安/年
8	重庆南瑞博瑞变压器有限公司	电力变压器	2000万千伏安/年

【汽车制造】 汽车产业的快速发展，极大提升了涪陵区装备制造业水平，涪陵区已有汽车“整车+零部件”垂直配套产业链，有新能源整车、电力变压器等企业，但缺少“三电”（电池、电机、电控）关键零部件配套企业。

【船舶制造】 涪陵区有船舶产业集群，在长江中上游规模最大、技术力量最强，具备较强综合开发能力，具有设计、制造及修理3万吨级以下各类特种船舶和年产60万载重吨生产能力，万吨级以下中小型不锈钢化学品船处于国内领先、国际先进水平。

信息技术工业

全区有信息技术规上工业企业8个，2018年完成规上工业产值29.7亿元，同比增长4.3%，占全区规上产值总量的2%。有高密度电路板、特种光电缆、LED光电、微型电子等企业，以互爱科技孵化产业园项目为代表的互联网+项目在涪陵落地生根。区内LED光电、智能终端基本为组装，绝大部分产品处于价值链低端，市场竞争力不强。

信息技术产业代表企业

序号	企业	产品	设计产能
1	华通电脑（重庆）有限公司	HDI 电路板	600 万平方英尺 / 年
2	重庆科宝电缆股份有限公司	电线电缆	2 万千米 / 年
3	重庆群崴电子材料有限公司	BGA 锡球、锡柱、铜核球	BGA 锡球 15000KK/ 月
4	伍尔特电子（重庆）有限公司	微型电子变压器、电感器	1.1 亿个 / 年
5	重庆特发信息光缆有限公司	松套层绞式光缆	400 万芯千米 / 年

智能制造工业

2018 年，涪陵区坚持把智能制造作为工业发展的主攻方向，实施了 28 个智能化改造项目，大朗冶金、太极印务等 2 户企业获市级认定为智能化工厂，桐君阁口服液体制剂数字化车间等 9 个车间认定为数字化车间，金健米业等 4 户企业入选市级两化融合贯标试点企业，数量均位居全市区县前列。华峰化工、华峰氨纶通过国家级两化融合贯标评定。建成主城之外首个 5G 基站，开创全国首个利用 5G 技术实现智能无人巡视艇巡河的先例。华为云计算数据中心建成投用，互爱科技园集聚 53 个数字经济项目，新地势汽车科技、数资区块链研究院、翼晰电子竞技产业、货拉拉等一批项目运营。成功举办首届“数资区块链产研政企峰会”。编制完成《涪陵区公共区域无线 Wi-Fi 建设方案》，启动公共区域免费无线 wifi 建设；新建移动通信基站 460 座，基本实现了城区深度覆盖、乡镇和行政村全覆盖的建设目标。

工 业 园 区

涪陵新城区

【概况】 2018 年，涪陵新城区产值 886.1 亿元，第二产业增加值实现 270.8 亿元，占地区生产总值的比例为 86%。工业产业中，装备制造、食品医药、材料、电子信息四大支柱产业共实现产值 660 亿元，同比增长 19%、对规上工业增长贡献率为 90.18%、占规上工业产值的 75.7%；高新技术企业实现工业产值 445 亿元，同比增长 20%，占规上产值 52%、首次超过园区规上工业产值半壁江山；战略性新兴产业实现产值 316.1 亿元，占规上工业产值 36.2 %。

【重点企业发展】 壮大“双十、双百”企业。辖区入选全市“双百”的华晨鑫源、中石化页岩气、太极集团、小葵花制药等 15 户企业实现工业产值 595 亿元，同比增长 16.1%；辖区入选全区“双十强”的万达薄板、涪陵烟厂、三爱海陵、美心翼申等 12 户企业实现工业产值 550 亿元，同比增长 15.7%。70 家存量规上企业和 21 家新投产企业对工业增长的贡献率分别为 88%、12%。华晨鑫源生产整车 11.5 万台，带动汽车及配套产业实现产值 175 亿元、同比增长 17%，其中伟恩、豪思、茂捷等配套企业增长强劲，增速分别达 40%、130%、170%；万达薄板生产镀锌板 190 万吨、同比增长 27%，全年实现产值 105 亿元；中石化页岩气生产页岩气 60 亿立方米、销售页岩气 57.8 亿立方米，全年实现销售额近 100 亿元；太极集团、榨菜集团等企业产能大幅上升，两家企业产值均超过 70 亿元；华兰生物新增人免疫球蛋白等新产品，共实现 26 亿元产值，同比增长 20%。培育“高成长性”企业。新培育万达薄板、榨菜集团、剑涛铝业等牛羚企业8户，华晨鑫源、鑫源动力、伟恩机电等瞪羚企业3户；培育葵花药业、道道全、首键医药、春阳密封、美心翼申5户企业成为2018年重庆市中小企业“专精特新”企业，其中葵花药业连续3年入选，全区累计有市级“专精特新”企业8户。做强上市企业。榨菜集团、华兰生物等11户（含总部）上市企业实现产值226亿元，占规上工业产值25.9%，同比增长16%；推进华晨鑫源、三海兰陵、美心翼申等企业上市。提升企业质量效益。全年规上工业企业实现利润总额58.9亿元、同比增长24.7%；实现工业税收59亿元，其中：税收贡献超过100万元的企业92家，超过500万元的企业43家，超过1000万的企业32家，超过5000万元的企业12家，超过1亿元的企业8家（分别是涪陵烟厂、中石化页岩气、涪陵榨菜、太极集团、华晨鑫源、三爱海陵、中科控股、华通电脑）。新城区企业总体工业增加值率为30.58%，其中涪陵烟厂、中石化页岩气、三爱海陵等7户企业增加值率超过40%。

【科技创新】 创新主体持续增加。全年新增高新技术企业13户、总数达到52户，同比增长33%；新培育入库科技型企业80户；新增独立法人化研发机构2户，共有7户；新增央都生物研究院等重庆市新型企业研发机构2个；新增市级重点实验室1个、市级工程技术研究中心2户、市级企业技术中心2户、市级新型企业研发机构2户、市级中小企业技术中心1个，新区共有市级以上研发机构40个，拥有研发机构的企业41户，占规上工业企业的58.6%，初步形成了“一个重点企业一个研发平台，一个支柱产业多个研发中心”的技术创新平台体系。研发投入不断加大。推动29家企业建立研发准备金制度，占规上企业的41.4%；有研发投入的企业达到55家，占规上企业的78.6 %；33户规上企业共223个研发项目完成研究与试验发展投入（R&D）11.2亿元，占地区生产总值的3.9 %，同比提高0.8个百分点。创新成果不断涌现。涪陵高新区被确定为重庆市第一批智慧园区试点园区，美心翼申获评2018年重庆市技术创新示范企业，华兰生物、葵花药业等6个企业的6个产品获重庆市重大新产品认定，新增市级品牌产品11个，新增高新技术产品43个、达到189个；新增授权专利212件，达到1123件（其中，新增发明专利38件，达到173件）；推进“十百千”智能提升工程，华兰生物等6个车间获2018年重庆市数字化车间认定，三爱海陵、华通电脑等11家企业的12个项目获涪陵区2018年重点新产品产业化计划项目认定，榨菜集团、葵花药业等4个企业的5个项目获涪陵区2018年关键技术攻关计划项目认定，金健米业获评重庆市两化融合管理体系贯标试点企业，福华大数据公司入选重庆市工业互联网平台和云服务资源池，科宝电缆的产品被纳入市级首台（套）重大技术装备推广应用目录，华晨鑫源、道道全、涪陵榨菜、太极集团、中科大业的5个项目被认定为2019年重庆市工业互联网（工业智能化）试点示范项目，中科大厦项目被住建部评选为装配式建筑科技示范工程，为重庆市唯一获评项目。

【招商引资】 全年签约引进18个项目，协议资金176.5亿元，招商引资到位资金约67亿元。签约引进中科大业建筑产业现代化技术研究院、BIM智能应用与大数据研究院等高水平科研平台和研发机构。北京航空航天大学涪陵光电信息产业研究院、光纤陀螺及光纤传感核心器件项目签约协商中。

【对外开放】 重庆涪陵综合保税区于10月4日获国务院正式批准设立，涪陵高新区入列科技部新一批国家级高新区“以升促建”重点名单，为全区加快融入“一带一路”、长江经济带以及全市对外开放大格局提供了重要支撑。综合保税区一、二期规划范围内的征地拆迁、一期的场平工程全部完成，一期两栋保税仓库、两栋标准化厂房完成封顶，1.6千米道路建设、10.4千米的路基土石方施工完成，完成投资约8.4亿元。按照综合保税区“3+2+3”的产业发展规划，签约入驻项目2个，总投资37.5亿元，预计达产后年产值124亿元，可实现年进出口额14亿美元。国家级高新区创建工作初步完成产业规划、战略规划、汇报材料。加快建设国家火炬涪陵生物医药特色产业基地，打造大中小企业融通型双创特色载体，推进科创中心、展示中心、环长江师范学院创新创业生态圈、智慧园区等创新工作，不断完善创新平台运行机制；中涪科瑞、西南数据资产评估研究中心、中科联创智能制造产业研究院等第一批16个研发机构入驻科创中心。

【重点项目建设】 27个项目列为市、区级重点项目，总投资156.3亿元，完成年度投资20亿元，其中华为云计算大数据中心、玉珠大道、环城西路三期、金健米业等项目竣工投入使用。重点区域项目建设完成年度投资30亿元，项目建设总体情况较好，基本实现“太白大道沿线项目全部启动，中心医院、实验中学全面开工，涞滩河库岸整治初具形象，高铁片区招商有实质性成果”工作目标。民安家园、锦华雅苑安置房、学府路、玉珠大道、妇幼保健院新院、CBD14号公寓楼等8个重点项目建设完工；涞滩河湿地公园、中石化页岩气研发中心、CBD中科大厦、玉屏公园、红星国际广场、鹤凤大道等26个续建项目加快推进；绿地•涪陵城际空间站、中心医院新城区分院、科教产业实训基地、澳海•江悦府、太白大道北延伸段、CBD民投大厦、大唐国际广场等7个重点项目开工建设。

白涛化工园区

【概况】 2018年，园区实现规上工业产值233亿元，同比增长17.6%；完成固定资产投资25.1亿元；招商引资实际到位资金42.4亿元；实现税收突破8.5亿元。新增2家企业升规入统。招商落地华峰新材料绿色产业园、元利科技年产5万吨脂肪醇3万吨成膜助剂及研究院等9个重大项目，协议总投资46.2亿元，完成年度目标任务的104%。实际到位直接42.4亿元，完成年度目标任务的106%。

【项目建设】 招商项目落地。华峰差别化氨纶三期、聚氨酯树脂二期及环己醇项目顺利开工，华峰铝业一期、龙冉LNG及永原盛麦草畏项目加快推进，元利科技脂肪醇项目竣工投产，华峰己二酸三期、通汇LNG项目顺利达产。基础建设提速。新盛路、华峰大道二期、816地下核工程景区公路改线工程等项目建成投用，新油路二期已开工建设。安置房建设稳步实施，白涛园区田溪丽苑公租房项目经过几年建设逐渐收尾，已完成基础装修，具备入住条件。配套设施逐步完善，哨楼变电站、大石溪码头一期工程、氯碱片区污水管网、潘家坝污水处理厂二期工程竣工投用。

【招商引资】 园区围绕主要企业生产过程中的副产物、废弃物等资源循环化利用，实施精准招商、变废为宝。鼓励元利科技公司脂肪醇项目建成后，立即着手二期项目前期工作，提高就地消化华峰己二酸和副产物二元酸的比重；支持同辉科发公司提高生产氧化亚氮和二氧化碳能力，充分利用华峰尾气，最大程度的减少尾气排放。支持天原引进战略合作方建设永原盛科技公司二氯苯项目、鹏凯公司建设羟丙基甲基纤维素二期项目，提高就地消化氯气、烧碱的比重。推进华新水泥熟料生产线煤改气工程建设，减少燃煤污染。推动建峰集团、华峰集团签订战略合作协议，达成物流及产业战略合作。

【安全环保】 园区坚持发展决不能以牺牲生命为代价的红线意识，按照抓早、抓细、抓实的要求，严格执行安全环保负面清单，严把项目建设安全环保“三同时”源头管控，加强安全环保日常监管，严格执法，形成违法必究、执法必严的高压势态，确保园安全环保工作总体可控。配合市应急管理局、区安监局开展“二合一”执法检查，开展安全环保各项专项整治工作，确保全年目标任务完成。全年共计对123家次生产、经营企业开展安全执法检查，累计出动检查人员436人次，排查各类安全隐患605条，给予行政处罚12家次，其中立案查处2起，罚款2.13万元，责令停止建设项目3个。

龙桥工业园区

【概况】 园区2018年完成工业产值150.7亿元，同比增长13.7%；完成固定资产投资26亿元。中化涪陵化工在面临多方环保压力和企业搬迁前期准备工作情况下，完成产值22.4亿元，同比增长15%；新涪食品、中机龙桥热电等企业克服原料价格波动和三峡大坝运输不畅等困难，产值稳中有升；娃哈哈、常捷医药、双胞胎饲料、太极印务等企业市场稳步拓展，产销两旺。新增规模企业产能持续释放。庚业科技48条生产线全面投用，实现产值11.4亿元，同比增长75%；财衡大祥、南涪精密等顺利投产，形成园区新的增长点；总部经济贡献明显，重庆西南药业销售公司总部结算实现销售收入3.52亿元，实现税收5396万元；重庆正元商贸公司总部结算实现销售收入3.36亿元、税收499万元。运行调度及时顺畅。通过改进方式方法，严格落实优化营商环境“三百行动”“精准服务民营企业走访活动”，开展专员联系、召开季度会、专题会、定期走访联系企业等形式，加大对企业水电气、用工、运输等要素的协调与保障服务，为企业解决实际困难和问题300余件次。

【招商引资】 2018年完成招商引资到位资金45.3亿元，同比增长28.8%，新签约项目11个，意向投资协议3个。成功引进浙江万凯新材料项目进驻园区，该项目年产120万吨食品级PET高分子新材料，拟投资36亿元，产值约120亿元，是园区多年来围绕PTA产业链招商的重大突破，将有效弥补聚酯产业在西南地区的空白。新石组团成功引进韵达物流入驻，该项目拟投资18亿元，打造覆盖重庆、云南、贵州等西南多省的快递物流业务，这是新石组团首家项目。引进九龙云端“长江云端创新园”、江西济民可信集团总部结算、锄地鲜品总部结算等一大批总部经济落户园区；引进重庆合众电气YSR电机生产、中智科技智慧物流等具有一定成长性的潜力项目入驻园区。

【项目建设】 园区十大重点专项工作完成良好。专项工作责任具体落实到各领导和处所，坚持每月听取一次情况汇报，及时研究解决相关困难和问题，各专项除个别不可逆的原因和时序调整外，其余均基本完成目标任务。纳入全区重点建设的产业项目基本达到进度要求。南涪铝业、南涪精密、财衡色纺纱已正式投产，当年完成产值8亿元；泽洪钢构已进入试生产；重庆网唛电商园、常捷医药二期正办理竣工验收等手续；太极医药城B区前处理车间基本建成，正元香料二期即将进场开工。园区11个基础设施类建设项目总体推进顺利。龙桥园区污水处理厂二期（北拱）、新石组团酒井污水处理厂（一期）开工建设，石沱污水处理厂（一期）等项目开工前期手续等基本办理完毕；查家岩场平项目实现当年开工、当年完工；园区供水二期项目正进行设备调试，具备供水条件；太极污水管网项目完成总工程量的60%；标准化厂房、南浦支路、查家岩连接道、郭家支路、莲花水库地块场平等项目，待条件成熟后即可实施。

【规划编制】 规划编制日臻完善。开展了《龙桥工业园区产业发展总体规划》修改完善工作；启动苏家湾片区道路红线研究和用地功能研究编制工作以及曾银坝区域城市设计工作，完成南岸浦片区路网优化技术论证和道路升级方案设计，并通过规划局专家评审和区政府审定。项目用地得到保障。涉及万凯项目的土地回收工作基本完成，三溢项目遗留问题正在洽谈；完成万凯项目10.2公顷有条件建设区的调规工作，正组件报批。全年园区共取得土地批文7个，共计面积56公顷，报征收件4个，面积共计19.33公顷；全年共通过挂牌程序出让土地3宗共计61.33公顷，有5个项目12公顷土地在办理挂牌出让手续中。安置房及空间管控等其他工作顺利开展。完成龙头港和沙溪晓月共计1048套安置房的分配工作；出台工作方案，建立健全体制机制，加大对新石组团征地拆迁范围内的空间管控工作。

【安全环保】 安全、环保形势总体平稳可控。全年园区共发生各类生产安全事故2起，死亡1人，未发生较大以上生产安全事故和环境污染事件。园区认真落实安全、环保“党政同责、一岗双责”责任制。全年园区主要领导带队开展安全、环保检查21次，分管领导带队检查86次；园区召开安全、环保工作例会4次，党工委会、主任办公会专题研究安全、环保工作8次；约谈企业11次16人。强化企业安全、环保日常监管。全年共检查企业135家次，监督检查率达到100%；排查出各类隐患462件，已整改452件，按期整改率98%，累计投入隐患整改资金86.2万元；下发整改指令59份，行政处罚15件，罚款3.3万元；继续聘请第三方专家开展安全、环保检查抽查工作。开展各类专项行动。先后开展了中央环保督察反馈突出环保问题整改、中办二次回访反馈环保问题整改、园区扬尘综合治理、防范和打击长江流域破坏生态环境违法犯罪专项行动、企业委外作业专项整治、环境监管执法“零容忍、出重拳”零点专项行动等15项重点专项行动，确保园区和谐稳定。狠抓安全、环保重点任务的贯彻落实。推进企业安全标准化建设和职业卫生达标创建；完成园区危险化学品综合治理和特种作业人员专项核查清理；督促加快磷石膏尾矿库覆土覆绿治理和渗漏液污水处理站建设，开展园区应急预案修编和应急演练；加强安全、环保宣传教育、知识培训、应急值守，及时有效处置多起突发事件，确保园区平安稳定。

清溪再生有色金属特色产业园区

【概况】 2018年，园区总体运行平稳。全年规上工业总产值增长15%（预计值），工业增加值增长11.5%（预计值），招商引资实际到位资金10亿元（预计值）。总体来看，呈现出三个特点：一是结构不断优化调整。金属材料产业持续巩固壮大，为园区经济平稳运行提供支撑；铝产业逐渐向下游精深加工转型。二是产业板块分化明显。金属材料产业方面，大朗50万吨铁合金项目建成投产、赛特刚玉稳产经营；铝产业方面，电解铝搬迁项目停建后，电解铝及粗加工企业前景堪忧，精深加工企业发展势头良好。三是品牌培育有亮点。大朗冶金公司被市经信委评定为“硅锰生产智能工厂”，赛特刚玉公司的棕刚玉入选“第三批国家制造业单项冠军产品公示名单”，为园区制造业高质量发展树立了榜样。

【设施建设】 市政项目艰难推进，受工程项目审批改革、防范化解地方债务风险、历史遗留问题等影响，园区建设项目推进较慢，部分项目未完成年度计划。园区公租房完成装修并进行分配；刚玉边坡治理工程完成70%，妥善解决恶意最低价中标问题，剩余工程量重新调整施工方案后正加快推进中；清溪敬老院迁建、剩余安置房装修、应急指挥中心3个工程完成了前期工作，并按照主管部门要求做了相应进度调整。拓区扩区取得突破。在新版《中国开发区审核公告目录》公告后，经积极争取，成功将清溪园区纳入2018年白涛工业园区拓区扩区申报范围，并多方协调完善相关资料送市级相关部门评审，有效解决了园区“身份”合法性问题。强化质量安全监督。强化过程监管，进一步严格规范工程设计变更、施工现场管理，定期开展日常安全检查，有效解决设计变更频繁、现场管理缺失等问题，杜绝建设领域安全事故发生。

【重点项目建设】 大朗公司年产50万吨铁合金项目全部建设投产，大朗铁合金电炉废气发电项目（70MW机组）建成投用，运行正常，在建招商引资项目全部完工投产达成。

【招商引资】 引进铝产业下游精深加工项目。成功引进北京三未科技新型铝合金机械制造项目，协议总投资1亿元，占地1.67公顷，项目一期投资0.5亿元；拜访考察浙江万丰集团，为重庆万丰汽车铝轮毂二期300万件项目落地和万丰集团西南基地（万丰科技园）建设进一步打下基础；支持国丰实业参股渝湘精密机械有限公司，做大做强汽车空调压缩机铸造项目；跟踪引进铝屑（灰）及电解铝大修渣综合利用项目，谈妥投资协议。寻找拓展其他产业项目。向市发改委争取铜产业政策支持，提高招商引资竞争优势；协助本地电线电缆企业开展市场调研、政策咨询，开展铜杆项目投资洽谈；考察浙江德宝通讯科技股份有限公司，就通讯铁塔及系统集成项目达成初步投资意向。

【安全稳定】 安全监管得力有效。聘请安全专家每季度开展专业“会诊”，督促企业开展各项安全专项整治行动，完成风险信息识别登记管理，落实职业健康防治措施，强化隐患排查整改，杜绝了习惯性违章频发等现象，全年未发生一般以上生产安全事故。环保基础更加夯实。完成园区污水处理厂技改，督促东发碳素公司完成环保整改，协助渝湘、博鼎公司生活污水接入场镇二三级管网，完成园区环保应急预案编制，有序推进第二次全国污染源普查，及时回应处置环保投诉。信访维稳大局稳定。妥善处理东升铝业公司两批次裁员职工安置纠纷和东发碳素环保厂社纠纷，及时协调化解在建项目拖欠民工工资、电铝一体化项目征地拆迁等矛盾，园区发展环境稳定可控。

交通·邮政

概　述

【概况】 涪陵是“成渝城市群区域性综合交通枢纽”，是长江万吨级船队常年可抵达的最上游港口和乌江流域最大的物资集散地，有全市四大“铁公水”多式联运枢纽港之一的龙头港。境内交通形成“两江三高三铁”格局，止2018年底，境内通车铁路3条、总里程168千米，有火车站5个；公路通车总里程约为5944千米，其中建成通车高速公路3条、总里程130千米，一级公路40千米，二级公路375千米，三级公路63千米，四级公路4758千米，等外公路577千米。

【机构设置】 2018年底，涪陵区交委机关共有在职职工35人，其中班子成员10人。内设9个科室（办公室、政策法规科、综合规划科、财务审计科、建设养护管理科、综合运输管理科、安全管理科、组织人事教育科、铁路民航科），下属8个事业单位（即公路局、港航局、运管处、桥管处、路政支队、质监站、渡管所、机动车检测站），归口联系6个中渝驻涪交通运输单位（邮政管理局、海事处、长江航道处、乌江航道处、成铁涪陵车务段、成铁涪陵工务段），机关事业单位在职干部职工人数551人（不含聘用人员129人）。交委党委下辖5个党委、9个党总支、58个党支部，共有党员1137名。

【交通建设】 全年下达“四好农村路”通组公路计划1090千米，建成706千米，全区村民小组通达率、通畅率分别达到94%、81%。完工国道G348涪陵南沱互通连接线平交口至长江三桥东段路面改造工程和省道S431西龙路高峰至龙潭段路面改造工程24千米。引进重轮集团集装箱、滚装专业航运公司并完成签约，总投资超过2.6亿元。旧城改造二期和百花路拓宽改造项目基本完成；南两高速、马龙路征迁完成，鹅西路征迁、贵州码头拆迁退出进展顺利。

【重点项目建设】 铁路方面，渝怀二线涪陵段施工顺利，白涛专用线预留接轨工程基本完工，龙头港铁路专用线可研完成审查，涪陵西站国铁货场还建协议签订，渝万、广涪铁路前期工作推进。高速公路方面，南两高速涪陵段完成投资7.1亿元，梓白高速完成投资76.7%，绕城北环和渝湘扩能高速进入全市招商交通项目。干线公路方面，西龙路升级改造项目、816景区过境路、宝鼎山陵园对外连接路建成通车，马龙路一、二标段基本完工，鹅西路4个工区开工，龙头港2号通道、焦大路B标段、焦石场镇过境路加快建设，长江五桥、七桥、李渡长江大桥复线桥前期工作加快推进。水运方面，龙头港一期9号泊位基本完工，二期工程水下施工完成；大石溪码头完成交工验收。机场建设方面，空军重庆机场迁建工程试验段顺利开工。

【交通规划】 编制完成《涪陵区交通基础设施建设提升行动计划方案（2018—2020年）》，确立交通未来三年工作目标、主要任务和投资方向。涪陵区规划的一批高铁、高速、干线公路及农村公路纳入全市交通建设“三年行动计划”盘子。全年交通固定资产投资50亿元，争取上级补助资金计划超过10亿元，争取市农发行协议贷款资金4.7亿元。

【交通改革】 行业综合执法改革初步方案基本形成；涪陵汽车运输总公司《改制方案》进入联合审查，职工安置方案完成初步会审；渝星驾校完成注销工作；祥瑞水运、祥瑞长运、西客站改制遗留问题处置方案报区政府审定。推进城区“两江四岸”港口岸线综合治理；规范3艘餐饮船舶“零排放”设施；完善维修行业异味和废气处理装置；展宏图救助打捞基地退出饮用水源保护区搬迁至三堆子；中央环保督查涉及交通2项交办事项整改完成；河长制交办任务完成问题整改。

【交通安全】 “横向联合、纵向联动”打非治违工作机制得到巩固。海事、运政、路政、交委质监站等单位全年共计打击行业非法违法行为2375起，处罚290余万元；全年共查处各类道路交通违法34.11万件，其中交通肇事32起、危险驾驶198起、酒后驾驶501起、毒驾7起。“6+5”新型农村交通安全力量体系日趋完善，排查农村道路交通安全隐患322处、国省县道路隐患40处，覆盖率、治理率实现两个100%；全区道路交通万车死亡率从2011年的7.4%下降至2018年的2.25%。道路运输、水上交通、交通建设等行业领域均实现每月执法“清零”。每季度召开系统安委会，专题研究部署安全生产工作，开展安全综合督查，严格安全生产目标考核。开展平安交通三年攻坚、大排查大整治大督查大执法、危险货物运输综合治理等专项行动，全行业无较大安全事故发生。增强安全应急能力，修编水上交通、道路危化品运输等专项应急预案，成功应对主汛期4轮洪峰过境。

【交通事故】 2018年，全区共发生全口径交通事故223次、死亡52人、受伤277人、直接经济损失1264039元，与2017年同期相比四项指数分别下降1.76%、下降24.64%、上升5.32%、上升150.84%。不按规定让行、酒后驾驶及其他影响安全驾驶行为是事故发生的主要原因，私家车和摩托车事故高发。2018年9月30日18时许，涪陵319国道白涛段发生一起因轿车超车处置不当，致4人死亡、3人受伤的较大交通事故。

交通养护

【概况】 2018年，全区公路建设养护投资约7500万元，养护国道268.206千米、省道391.663千米，县道及旅游公路393.957千米。辖区内管养桥梁共178座，其中国道桥梁94座、省道桥梁33座、县道桥梁36座、暂未纳入新编国省县道桥梁15座；按照跨径划分，特大桥7座、大桥70座、中桥38座、小桥63座。

【公路管养】 完成公路中小修工程150余项，完成沥青路面网裂修复4500平方米，完成路面坑凼修补3800平方米，实施灌缝里程740余千米，国、省道路灌缝覆盖率达100%，推广运用预防性养护新技术45千米。发布交通预警信息80条，开展交通阻断突发事件处置360余处，出动抢险人员800余人次，出动抢险机械150余台次。完成国道G319线高雄至成都段、国道G351线高切坡危岩段、省道S306渝丰路段等5个公路隐患整治工程，处置武陵山旅游公路冰雪灾害、渝建路边坡垮塌等交通中断事件20余处。2018年路况检测表面平整度指数达87.25，路面使用性能指数达91.58，优良路段的灌缝率93.59%。

【增强养护能力】 整合利用道路智能化检测数据和“互联网＋公路巡查”数据库，建立涪陵区4条国道7条省道公路数据总台账，将公路数据变化趋势作为公路路况变化的重要指导参数，以数据研判、辅助、指导公路全寿命养护决策。完成集中示范预防养护技术路段打造，在省道S528线江土路分别实施1千米低噪音高抗剪薄层罩面、低噪音表处、冷拌冷铺超表处、特种改性高粘沥青微罩面等4类预防性养护技术。多方借鉴学习市内其他区县社会化养护实践经验，结合涪陵实际，在不增加人员经费的前提下，将江北片区虎珍路、三崇路、花河路等7条县道90余千米实行购买服务、推向社会养护、培育社会养护实体企业。

【桥梁管理】 完成危桥改造8座；完成桥梁特检定检100余座；更新破损桥梁标志标牌60余块，更新破损栏杆600延米。投入危桥改造资金700余万元，完成文兴大桥、平原桥等8座危桥改造工程；投入桥梁中小修资金约300万元，完成G319线、城区重点桥梁伸缩缝清理、桥面坑凼修补、桥梁标志牌更换等工作；完成108座普通桥梁和5座特大桥2018年定期检查以及李渡长江大桥、涪陵长江大桥特殊检查工作；投入50余万元用于桥梁中心升级改造；完成涪陵乌江大桥健康监测系统设置工作，涪陵长江大桥、石板沟长江大桥、涪陵乌江大桥、乌江二桥、李渡长江大桥五座特大桥健康监测系统均建成使用；投入7万元更新两台车辆移动视频系统，更新手持PDA巡检系统。

公路运输

【概况】 2018年底，全区共有客货运输业户2032户，汽车维修业户394户，驾驶培训机构17个，建成等级客运站4个，道路运输从业人员14096人，拥有营运车辆9652辆（班线客车595辆、公交车495辆、出租车878辆、货运车辆7684辆）、网约车459辆。全区有公交线路48条，公共汽车490辆，其中燃气类公交车270辆，纯电动公交车220辆，日均发车5500余班次，日均客流量30余万人次，基本实现城区公交全覆盖，最远运行距离48千米。全区货运量同比增长12.6%，货运周转量同比增长8.1%，规上企业营收增速同比上升9.8%；客运量同比增长10.5%，旅客周转量同比增长4.5%。全年出动执法人员3658人次，执法车1014辆次，检查各类车9684辆次，纠正各类违章1113件。

【公共交通】 推进“公交都市”创建。高山湾综合枢纽启用；纯电动公交车新增50辆，总数达到225辆，居重庆主城以外区县之首；实施65岁以上老年人免费乘坐公交车，受惠群众增加11万人。推进城乡交通运输一体化发展。全区930个农村客运招呼站（点）、21个等级客运站纳入全市农村客运站点智能化系统监管；涪陵至江北机场精品专线开通；新增农客运行线路7条、优化调整3条；实现城区边缘20千米范围内以公交模式运行；依托中邮涪陵公司等单位，建立区、乡、村三级物流网点1884个，打好农村物流基础。加强运输市场监管。稳定出租车市场，办理网约车390辆，更新出租车26辆；驾培市场更加透明，新增驾校1家，评选四星驾校2家，三星驾校6家，处理投诉65件，启用省级驾培监管平台；维修市场更加有序，新增维修企业4家，发展汽车综合小修2家，专项维修10家，完成二类以上78家维修企业的电子健康档案安装对接；货运市场更加规范，新增普货企业33户，注销运输业户607户，12吨及以上重型载货汽车GPS集中监控中心正式建立。

【路政管理】 出动执法人员21680余人次，出动执法车辆12550余车次，检查车辆21600余台；拆除违章建（构）筑物560平方米，恢复公路及公路附属设施240平方米。工作期间未发生有理投诉和责任曝光事件。落实治超新规，加大治超新规宣传力度，打击车辆超限运输、改装改型等违法行为，联合货运源头所在地政府以及交管所、公安、运管等部门开展联勤联动；完善货运企业监管体制，强化信息共享和非诉执行机制，开展人性化执法。建立健全信息化管控机制，依托区交通执法智能管理平台，在全市率先实行非现场治超执法；完善专用网络，实现与市交通局、市公路局、市交通执法总队、区交巡警支队、区桥管处等部门信息联网。

水路运输

【概况】 全区有规模化水运企业44家（其中20万吨以上1家），注册船舶325艘，运力总规模133万吨，单船平均运力4238吨。危化品运输运力52.7万吨。完成货运量3799.4万吨、货运周转量614.4亿吨千米，同比分别增长6.55%、7.06%。规上企业网上直报收入同比增长4.15%。船舶及运力标准化率分别达95.1%和96.3%。

【水运发展】 水运指标逆市增长。全年水运货运量3799万吨，货运周转量614吨千米，港口吞吐量3050万吨，分别同比增长6.6%、7%和1.7%，保持全市领先。绿色屏障推进。完成龙头港一期岸电设施建设，完成辖区32艘趸船污水储存及转运设施改造，建成洗舱基地及船舶废弃物接收暨清漂码头。科技创新加快实施。优化升级乌江水文预警预报系统功能；启动智能辅助巡航系统研发；优化改进电磁堵漏毯性能；加强红外感知监测系统应用，增强乌江通航现场管控能力。

【港口航道】 辖区内长江干线Ⅰ级航道77千米，乌江Ⅳ级航道33千米。新增尚未定级航道33.5千米，其中：渠溪河21千米，梨香溪12.5千米。港区陆域面积196万平方米，水域面积490万平方米，规划可利用建港岸线28.1千米，已用岸线19.5千米，规划预留岸线8.6千米。全区有港口经营企业30家，码头61座，泊位89个（其中生产用码头泊位77个，非生产用12个）。港口最大靠泊能力5000吨，年设计货物综合通过能力3500万吨，集装箱50万标箱，旅客综合通过能力50万人次。2018年港口货物吞吐量3072万吨。

【地方海事】 办理船舶登记16艘(次)、船员适任证书换证44本(次)，新注册船员服务簿489册，完成船舶安检10艘（次），检查船舶1009艘（次），检查港口码头887座（次）；累计出动安全执法人员4415人次、交通执法艇389艘次、执法车582辆次。查处违章船舶48艘（次），其中涉及海事违章25艘次，涉及环保违章10艘次，码头（港口运政）违章作业13次；排查出一般安全隐患544起，整改540起；管辖水域实现连续186个月“零死亡”。开展大排查大整治大执法专项整治等25个专项整治活动。强化应急值守和信息报送，全年监控中心共接警3次、处理完成3次，发送大雾预警15次、洪峰预警6次、水情信息384次，GPS监控抽查化危品船舶2555艘（次）、普货船2190艘（次）、客渡船730艘（次），视频监控抽查化危品码头4380个（次），抽查企业监控分中心1985次。所有码头与环卫部门签订垃圾交付协议，通过中央环保督查验收。全区进入乌江危化品船舶63艘次，进出港危险货物158852吨，其中苯62322吨，环己酮53300吨，三氯甲烷43230吨。组织应急救援技能培训60人次，汛期成功救助落水人员2人和遇险船舶1艘。

【船舶检验】 全年检验船舶724次，其中新船建造检验38艘，船舶转籍检验11艘。开展四类船舶专项附加检验，对5艘餐饮船重新核查资料督促安全隐患整改，对2艘未经检验船舶进行摸底调查。

【水运工程】 全区水运及配套工程建设完成投资1.5亿元。其中：龙头港码头1.41亿元，泽胜洗舱基地、三峡（库区）船舶废弃物接收处置工程等约0.09亿元。

【水运科技】 同天科院等科研院所和相

关单位合作，对乌江水文预警预报系统功能优化升级，增强预警应急准备能力。启动船舶智能辅助巡航系统研发工作，提升巡航检查科技含量和应急处突能力。完成内河液货船舶快速堵漏技术应用课题研究，填补内河船舶在海损事故中处置液货泄漏技术的空白，完成效用实验并成功试制电磁毯等堵漏产品。

邮　政

【概况】 2018年，涪陵区快递行业规模扩大，增速平稳。涪陵区邮政行业业务总量（不包括邮政储蓄银行直接营业收入）完成6.6亿元，同比增长23.64%；邮政行业业务收入完成5.9亿元，同比增长14.33%；其中，快递业务量（出港量）完成587.1万件，同比增长51.41%；快递业务投递量（进港量）完成1848万件，同比增长36.45%；快递业务收入完成7654.21万元，同比增长36.71%。

【邮政扶贫】 2018年4月，涪陵区委、区政府印发《涪陵区精准扶贫攻坚战实施方案》，将发展农村电子商务物流网点、精准配送快递写入扶贫行动。计划到2020年培育电子商务扶贫示范网店50个以上，农产品网络零售额年均增长25%以上，各乡镇街道行政村电子商务物流网点布局实现全覆盖，基本实现快递包裹城村之间1天内送达。

【快递电商的融合发展】 涪陵区快递企业与电子商务企业从收发模式、仓储、人员培训、定制化服务等方面开展融合，促成榨菜快递电商合作项目。升级“快递下乡”服务，扩大协同效应。推动搭建“城乡村”三级物流体系，打通农产品进城通道，“快递＋电商＋农业”模式成为新的农村经济增长点。“快递下乡”工程被写入《2018年涪陵区网络扶贫工作要点》，推进末端网点建设、农特产品进城成为精准扶贫重要力量。辖区“快递＋农特产品”模式初见规模，2018年9月底，带动榨菜、柑橘、大米等农特产品走出去，其中榨菜单品年业务量约150万件。

【行业安全】 开展安全生产大排查大整治大执法检查、寄递渠道涉枪涉爆隐患集中整治专项行动、寄递渠道打击涉烟违法犯罪行动、重大安全生产风险防范治理、寄递渠道扫黄打非及禁毒等重要工作。在元旦、春节、中非论坛、“双11”业务旺季等重要节点开展寄递渠道安全保障工作，确保寄递渠道安全畅通。建立联合执法检查常态化检查机制。在寄递渠道齐抓共管机制下，与国安、公安建立联合执法检查常态化检查机制，对重要节点、重大活动期间寄递渠道安全开展联合执法检查。建立寄递网点网格化管理模式，辖区寄递企业营业网点按派出所管辖范围进行划分，寄递安全监管实行网格化管理。根据市局部署，结合辖区实际，建立以“三项制度”为核心，以实名收寄信息系统为抓手的寄递安全监管工作模式。通过紧抓“三项制度”核心，从源头上杜绝违禁物品进入寄递渠道，通过抓实名收寄信息系统使用，在监督落实好“三项制度”工作的同时震慑不法分子，为案件侦破提供线索。落实“三不”整治工作。引导各企业加大投入、科学规划、合理布局，加强生产场地硬件设施建设，对承担邮件快件处理功能场地进行标准改造。结合营业网点标准化建设工作，督导企业升级改造邮件快件处理场所，实行标准化、制度化管理。强化督促企业落实主体责任，提升服务质量，完成末端网点备案管理，推进快递末端网点合法、规范、有序发展。

【“乡村服务升级”行动计划】 邮政服务升级，实施“乡村服务升级”行动计划。组织辖区邮政企业召开专题会议推动建制村直接通邮，2018年9月底完成辖区建制村直接通邮工作。依托涪陵区328个村邮站，推动邮政企业拓展“村邮站”服务功能，立足本地实际，从播放爱国电影到宣传党的民生实事，发挥邮政网络渠道优势，融入乡村振兴战略，推进精准扶贫工作。

【快递绿色发展】 涪陵区加快建设绿色邮政，循环低碳环保，坚持多措并举，推动新能源汽车在邮政快递行业推广应用。快递企业逐步用电子面单替代多联面单，辖区快递电子面单使用率98%。

城乡建设

城乡规划

【规划编制】 科学编制城乡规划，完成各类规划54个。《涪陵区城乡总体规划》获得市政府批复，明确城乡建设管理基本依据。“多规合一”推进有力，生态保护空间、基本农田空间、城镇建设空间协调一致的“一张蓝图”初具雏形。控规实现有机更新，推进城乡总体规划建设用地控规全覆盖，完成李渡组团、江东组团等7个控规修改。城市设计水平提升，完成李渡组团涞滩河沿岸、高铁片区、江南乌杨树片区等7个城市设计。开展专项规划，完成黄草山空间管制规划、长江涪陵段沿岸空间治理统筹提升规划等山水管控规划，完成综合交通体系规划、城市综合管廊规划、白鹤梁国家水文遗址公园策划等城市品质提升规划。历史文化规划保护卓有成效，完成大顺村、大田村历史文化名村保护规划和优秀历史建筑保护方案，成功申报青羊镇为国家历史文化名镇、新妙镇为市级历史文化名镇。修编新妙、石沱、珍溪、同乐等乡镇规划，收官25个一类村规划，武陵山乡乐道村等4个村规划获重庆市区县优秀规划设计二等奖。

【规划实施】 强化规划全域管控，执行建设项目规划审批三级审查制度，发挥规委会集体决策、科学决策作用，全年办理“两书两证”352件。注重精细化管理，强化专家评审，实行多方案比选，加强对建筑总体布局、空间形态、立面色彩、建筑材质、第五立面的审查力度，助推涪陵区玉屏公园、涪陵城区四环路小学等民生项目以及涪陵万达广场、碧桂园天玺湾、绿地涪陵城际空间站•新璟里、昆翔•江山礼、昕晖•滨江壹号院等重大招商引资项目地实施。涪陵区沾福地公共立体停车楼项目、蔺市集镇公共停车场及室外活动场所建设工程项目获重庆市区县优秀规划实施项目一等奖。

【规划布局和用地报批】 在完成土规调整完善的基础上，优化全区用地结构和空间布局，确保涪陵高新区、榨菜产业园等产业项目落地。精准对接乡村振兴，编制市级示范村大田村等4个重点村村级土地利用规划，争取市局支持，全年共获市政府农用地转用及征收批复86宗、1002.40公顷，同比增长35%，获批量居全市第二位，仅次于渝北区，保障涪陵区一大批重大产业、基础设施项目落地。

【安置工作】 完成鸡爪坪、太乙门、龙头港等安置房分配工作，分配房屋2942套，安置2792户、7172人；完成新城元素安置房157户319套房屋的产权办证工作；体育南路等6处安置房维修整治和水电气一户一表改装工作基本完成；完成5317人的征地安置参保工作。

【“两线三片一城”项目落地】 制定下发《关于成立服务“两线三片一城”项目建设工作领导小组的通知》，设立综合协调、征地拆迁、用地保障、房地产产业发展、执法、督导问责6个工作组，全年共获相关用地批文19宗、358公顷。

【“大棚房”清理整改】 加强清理排查，全区26个乡镇街道共排查清理大棚等农业设施4479个、占地面积243.86公顷，上报市的违法违规项目23个。完成拆除整改项目20个，正在整改3个，并对占用耕地建农业设施的22个项目进行规范管理。

城区建设

【概况】2018年，涪陵城市建设按照构筑绿色屏障、发展绿色产业、建设绿色家园“三篇大文章”的要求和区委“两线三片一城”建设部署，江南城区围绕“外联内畅”目标，完善城市组团间及组团内部路网，加快城市道路体系建设。全年实施项目29个，建设城市道路约18千米，建成1座跨江大桥，建设2座立交桥，5座人行天桥，5个公共停车场，完成投资36.94亿元。

【城市道路】对外联系交通加强。对接沿江高速涪陵南的连接道路——涪陵区沿江高速公路涪陵南互通连接线道路工程建成通车，对接沿江高速涪陵西的鹅西路、涪南路（鹅颈关隧道至鹅颈关立交）综合改造工程加快建设。组团间的交通连接畅通。加强新老城区间，以及江南、江东、江北等组团间交通联系，乌江大桥复线桥、南滨路二期、涪丰北线拓宽工程一期建成通车。组团内部路网完善。江东插旗支路一期基本建成，通江路、高天路一期加快建设。同步建设26.5千米雨污水管网。

【城市公共配套】 建成实验小学天湖校区、高山湾人行天桥等5个人行过街设施。建成投用区图书馆（滨江大道）、大塘停车场、易家坝等5个公共停车场，新增停车位850个，建设恒昌路二期、顺江移民安置区B区、荔圃路区幼儿园等公共停车场。

【城市公共空间】 江东文化广场二期完成主体工程，开展涪陵高速路出入口及连接道景观提升工程、南滨路二期工程景观绿化工程、景观灯饰工程等项目前期工作，优化提升公共空间。

村镇建设

【概况】 2018年村镇建设立足“实施乡村振兴战略”新发展理念，围绕“产业兴旺、生态宜居、乡风文明、治理有效、生活富裕”乡村发展总体要求，推动小城镇基础设施建设、美丽宜居村庄、农村旧房整治等工作的实施，推进农村基础设施和公共服务设施配套完善、居住条件改善，为实施乡村振兴打下硬件基础。

【小城镇基础设施建设】 全区村镇建设任务计划进展有序，完成投资2.24亿元，实施建设项目79个。市政基础设施：完成白涛永胜路二期、龙潭滨河北路道路、义和科兴路道路等新建改建硬化油化道路56.68千米，共计30.56万平方米，铺装李渡致韩场湿地公园步道、石沱场镇等人行道透水砖2.62万平方米，安装路沿石14.8千米、路灯353盏，新建给水、排水、电力燃气管网38.92千米，添置车载垃圾箱164个、垃圾桶7260个，新建改建青羊集镇、百胜和双河集镇公厕等18个。公共配套设施：启动、完成大顺石墙村和清风村、江北韩家村等村级公共服务中心4个、龙潭广场停车场和同乐地下停车场2个。公共空间建设：完成增福延寿山地公园1个，武陵山市政广场、同乐集镇休闲广场、马武民协农民新村广场等广场4个。公共环境整治：蔺市、焦石镇等建筑物外立面整治10.82万平方米。

【市级美丽宜居村庄】 南沱镇睦和村彭家院子、连丰村麦子沱、睦和村天坪3个村庄获批2018年美丽宜居村庄市级示范点，3个点污水、垃圾、市政设施、公共设施、庭院整治等项目投资663万元。

【市级绿色村庄】 李渡韩龙村、江东文峰村等20个村成功创建2018年市级绿色示范村庄，创建村遵循绿色村庄组织管理、房屋及设施、绿色环境、绿色生活、绿色生产、绿色建筑等几大要素要求，开展创建工作，推动相关项目建设。

【农村建筑工匠培训】 按照市建委《关于下达2018年农村建筑工匠培计划的通知》（渝建〔2018〕246号）要求，重庆市下达涪陵区农村建筑工匠培训计划为80人。涪陵区2018年6月28日—7月2日开展工匠第一期培训工作，完成培训101人。培训内容涉及从业基础知识及乡村振兴相关政策、改善农村人居环境、房屋构造知识、建筑材料知识、建筑结构知识、建筑施工技术及组织管理、边坡治理及滑坡知识、建筑安全知识等方面，并组织学员前往武陵山乡改善农村人居环境建设现场观摩学习。

【危旧房改造】 建立农村危房改造“六步工作法”“双百分百认定法”等工作制度，农村居民对危房改造工作的认知度和获得感明显增强。完成农村“三类”贫困人员存量C级危房改造1598户，D级3620户，D级完成率占区上目标任务2000户的181%，兑换补助资金约1.55亿元，存量危房改造全部完成。

勘察设计

【概况】 2018年，辖区内审批初步设计项目65个，建筑面积107.95万平方米，总投资48.46亿元；办理竣工验收备案登记项目69个，建筑面积181.37万平方米，总投资37.11亿元；对17个勘察项目的作业情况进行现场抽查。加强对勘察设计质量通病治理。加强勘察设计行业从业人员监督管理，强化辖区内勘察设计市场动态监管。

【勘察设计审查】 涪陵区城乡建委建勘审查中心为全区建设项目施工图及变更、地勘成果提供审查，为建设项目抗震、消防、节能、环保、卫生、人防等执行强制性标准、规范审查，为高切坡、深开挖、高填方提供施工图审查。全年施工图审查业绩稳中有降，营收稳中有升，同比增长0.55%。房屋建筑工程施工图设计文件审查233项，审查面积143万平方米，项目投资22316万元，同比减少16.54%。其中民用建筑项目205项，建筑面积118万平方米。勘察文件审查1210项，同比增加3%。项目审查共涉及建筑设计单位204家，勘察单位156家。发放施工图审查合格书1343份。经施工图审查，查出违反国家强制性条文122条，违反国家规范条文8435条，违反质量通病条文188条。对审查出的问题进行修改更正复审通过。

【技术延伸服务】 全年受邀参加现场技术咨询服务18次、初设评审39次、方案论证19次。提前为送审项目服务125次、为重庆市内其他区县送审项目服务41次、为勘察文件项目审查提供全程服务125次。

【资料归档入库】 经审查通过且归档入库的施工图设计文件图纸共1444套。其中施工图审查图纸归档204套，勘察成果审查图纸归档近1240套。提供对外查阅施工图设计文件审查档案资料8次。

建筑业

【建筑业经济运行】 2018年，建筑业在地产值483亿元，同比增长6.74%；增加值108.06亿元，在全区国内生产总值中占比10.04%；区属建筑业企业实现总产值482.39亿元，同比增长1.2%；完成税收6.2亿元。

【资质结构】 晋升特级资质企业1家，新增市政工程一级企业1家；全区有建筑业企业372家，其中：总承包企业144家（特级1家、一级16家、二级45家、三级82家），专业承包企业63家（一级4家、二级37家、三级22家），不分等级专业承包155家、施工劳务不分等级10家。

【人才队伍】 全区建筑业从业人员约10万人，其中：注册建造师2260人，建筑工程技术管理人员1.35万余人。

【行业发展】 形成龙头企业领军，骨干企业紧随，中小企业追赶的良性格局。中科建设集团产值保持100亿元，群洲、兴达产值超过40亿元，吉力产值超过20亿元，荔枝、跨越、万美、澔业、合正园林、泰诚、武陵等企业产值超过10亿元，产值上亿元的民营企业达31家。

【建筑产业现代化】 中科大业公司成功创建为全市4家建筑产业现代化综合示范基地之一，并取得16项国家专利，挂牌成立智能建筑研究院、智能科技研究院，承建的中科大厦被住建部评为全市唯一的装配式建筑综合示范项目，其“装配式钢－混凝土混合结构建筑及其信息化建造成套技术”获得“重庆市科技进步一等奖”。

房地产业

【机构设置】 重庆市涪陵区房地产业管理局（以下简称房管局）机关内设十个科室：办公室、计划财务科、政策法规科、组织人事科、监察审计科、住房制度改革管理科、物业管理科、房地产市场管理科、物业专项维修资金管理科、房屋住用安全管理科。直属3个事业单位：涪陵区国有土地上房屋征收与补偿办公室、涪陵区住房保障中心、重庆市涪陵区房地产业管理局新城区管理中心。房管局有职在编职工96人（其中局机关31人），离退休职工42人。

主要职责：贯彻执行国家房地产以及住房保障、住房制度改革、国有土地上房屋征收与补偿等法律、法规、规章和方针政策。管理监督房地产市场；负责全区商品房预售许可的管理工作；负责房地产中介机构和中介人员的监管工作。负责编制全区公共租赁住房、廉租住房、经济适用住房等的规划，并组织实施；负责公共租赁住房、廉租住房、经济适用房和国家直管公房的管理工作。组织实施全区国有土地上房屋征收与补偿工作。负责全区物业服务活动的指导、管理和监督；依法规范物业服务秩序，负责全区物业专项维修资金、各类房改资金的归集、管理和使用监督。负责全区房屋住用安全的管理监督，依法查处房地产领域违法行为。

【住房保障工作】 通过完善政策制度、强化准入退出、规范住用管理等多种举措，加大公（廉）租房优化使用力度，盘活保障房源，2018年全区新增分配公（廉）租房2617套，分配公（廉）租房15434套，分配率87.76%。其中区房管局直接管理的公（廉）租房10138套，已配租9910套，分配率97.75%。

【国有土地上房屋征收工作】 全年实施国有土地上房屋征收项目8个，共283户，签约269户。其中旧城改造二期扫尾任务207户，完成198户，因公共利益整合出让地块清零完毕。

【房地产市场管理】 加强对商品房预售及预售资金收存的监管工作，全年核准商品房预售面积105.71万平方米，未发生一起因资金链断裂造成烂尾楼的情况。开展为期5个月的房地产市场秩序专项整治行动，制止和依法查处违法违规行为。联合相关部门对全区27个在售房产地开发项目销售现场开展执法检查8次，发出整改通知书7份，行政处罚1件。

【物业管理】 以“百日攻坚”行动为抓手，创新分片推进、集中攻坚、督导检查三项制度，成立12个督导小组，分四轮对全区625个物业服务区域实行分片包干全覆盖督导检查，对城区16个重点物业服务区域实施常态化巡查。攻坚以来，发出《责令限期整改通知书》347份，整治各类问题1376个，清理“牛皮癣”160余万张、污水坑凼7000余处，清运卫生死角垃圾1200余吨，投放灭鼠毒饵粘1.2万个、蟑螂药17万份，新购置分类垃圾桶3750个。报请区政府审定印发《关于加强物业小区矛盾纠纷调处工作的通知》，健全“区、街道、社区”三级矛盾纠纷化解机制，落实16个区级相关部门工作职责，促使社会各方主动参与小区管理，依法、及时、就近排查化解小区各类矛盾纠纷。全年对排查出的866件物业矛盾纠纷进行化解，对12319、市长公开信箱及数字城管中心交办的381件案件办理回复。

【房屋安全管理】 区政府印发《关于做好城镇危房动态监测工作的通知》，建立健全全区危房风险管控体系并逐步扩大工作覆盖面，加大D级危房搬离和C级危房整治力度。完成全区52幢D级危房数据信息采集并通过市上验收。区政府印发《建立老旧住宅首期物业专项维修资金激励机制的通知》，解决全区老旧住宅共有部位和设施设备的维修、更新改造资金筹集难等问题。崇义街道试点实施老旧住宅楼院整治工作。

【各项常规性工作】 按要求完善清理全局证明事项、公共服务事项清单和规范性文件，上报备案，确保全局业务工作在法治轨道上运行。提高行政复议应诉质量，全年15件行政诉讼、6件行政复议，无一件败诉或被撤销。对历史遗留问题和当前突出信访问题落实包案化解工作责任制，全年66件信访案件均按规定办理回复并妥善处置。

城市管理

【机构设置】 涪陵区城市管理局是负责涪陵城市环境卫生管理、市政基础设施管理、城市园林绿化管理、数字化城市管理的主管部门。2018年末，内设办公室、组织人事科、财务审计科、市政设施科、园林绿化科、综合管理科等6个科室，在编人员15人，其中领导班子成员7人。下辖区环卫处（区水域环卫处）、区市政处、区园管处、区照明广告处、区数字城管中心、区市政园林局新城区管理中心等7个事业单位。

【城区环境整治】 市容环境卫生专项整治，以街道为主体，整治社区75个、背街小巷314条、城乡接合部44处，清理卫生死角5272处、“牛皮癣”20万余张、乱堆乱放9595处，清除垃圾5万吨，整治占道经营6.3万件（次）。签订“门前三包”责任书1.4万份。完成车行道、人行道装修2万平方米，完成南门山等6个下穿道及黄金海岸等5个地通设施整治；窗口卫生专项整治，完成沙溪沟火车站、火车北站、高山湾客运枢纽、客运东站、公交首末站等卫生整治，整治公厕2座、改造旱厕7座，增设公厕无障碍设施11处、安装无障碍电梯1台，增设果皮箱、垃圾桶126个，充实巡查保洁人员48人；空中管线专项整治，完成9个街道辖区151个路段及点位20万米线路整治工作，拆除、新增和捆扎不规范线缆近150万米；户外广告专项整治，拆除违规设置各类户外广告、店招店牌1800余块，共计1.5万平方米；占道经营专项整治，清理占道经营和骑跨店门经营行为8万件，暂扣、处罚7000件，督促清理夜市占道行为8000余次；建筑工地专项整治，检查在建工程727个（次），发出《责令改正违法行为通知书》38份，督促各建筑工地更换、加高围挡约8000米，张贴公益广告3200幅；闲置空地专项整治，开展城区闲置地普查，对具备条件的闲置地、高边坡、高堡坎进行绿化、柔化，共计复绿30处，其中闲置地绿化6.5万平方米，高边坡、高堡坎绿化9.5万平方米，补植补栽乔木3万余株、灌木33万株；城区菜市场专项整治， 整治26个城区菜市场；停车秩序专项整治，建成投用6个公共停车场共1200个停车位，规范划设停车位1176个；查处机动车违规占用人行道乱停乱放2.6万起，拖移违停摩托车3.3万辆。

【城市景观工程】 北山公园完工开放，占地133万平方米，增加沿线景观眺台与核心景观区域，打造景观3.2万平方米；插旗山公园完工开放，占地面积约35万平方米；桥南公园基本建成，占地约12万平方米。江南城区重要景观节点更换鲜花100万盆；新城区节点栽植花卉78.3万株。

【农村生活垃圾治理】 农村生活垃圾有效治理行政村比例达98%，有效治理覆盖常住人口比例达93%，通过国、市验收。

【“厕所革命”】 完成城区23座公厕建设改造和乡镇86座公厕建设改造；运用互联网定位手段，对江南城区的市政公厕位置进行标注，发布“涪陵区数字公厕地图”。

【垃圾分类试点】 以生活垃圾减量化为核心，资源化、无害化处置为目标，推进垃圾分类试点工作。区属党政机关率先推行强制垃圾分类；马鞍街道杨二坪社区等8个（村）社区开展居民生活垃圾强制分类示范试点；分类试点比例10%，生活垃圾回收利用率达20%。

【环境卫生管理】 城区保洁面积720万平方米，新增环卫作业车辆9台、垃圾中转箱80个（3立方米）、垃圾压缩箱6个；涪陵城区生活垃圾运至石沱垃圾焚烧发电厂进行焚烧处理，清运生活垃圾8.4万吨；道路清洗用水144.7万吨。

【市政设施管理】 维护车行道、人行道15750平方米，栏杆除锈刷漆5300米，安装人行道隔离桩313根；对城区22座桥梁伸缩缝进行清理、修复，新安装人行道隔离桩313根；解决道路设施占道挖掘等行政审批案件153件。

【园林绿化管理】 每月平均修剪绿篱3次、修整草坪1次、修剪景观桩头1次，全年除草25万平方米；城区绿化普遍施放基肥2次，普防施药5次、针对性重点防治10次；江南滨江公园、乌滨公园新增2个“24小时”公益书吧；聚云山公园、江东滨江公园、江南滨江公园、白鹤森林公园、两江广场、易家坝广场建设公共直饮水点30个。

【城市照明广告管理】 处理线路短路、漏电等安全隐患2720处；更换乌杨路、太白大道等破损线路31172米、损坏灯罩灯具1800套；对迎宾大道、兴华中路、人民东路、人民西路3100盏路灯进行维护，对6000余盏路灯清洗上漆，亮灯率99%，路灯设施完好率98%；维护景观照明77处，景观照明设施完好率95%以上；备案店招店牌298件。

【数字化城市】 整合共享区公安局视频监控系统，接入涪陵区江南、江东、江北、新城区等重要主次干道共计627个监控点位视频信息；数字城管主动发现问题并上报案件57216件，立案50218件，结案45934件；接市“12319城市服务热线”445件，结案445件；接区“12319城市服务热线”182件，结案154件；接“四城同创”接市民投诉、咨询案件190件，结案150件。

综合执法

【职能改革】 剥离国土、文化执法职能，完成国土、文化执法机构整体划转，人员分流、资产分割、事权划分平稳过渡。增加食药监、水务等涉及城市管理的职能职责。将4个执法支队日常管理、日常考核、城管责任等全面下沉中心城区街道，实现城区9个街道、4个园区和武陵山旅游区执法监管属地化、执法保障全覆盖。

【城市管理执法】 清理纠正占道经营、跨门经营行为8万余起；集中拆除主次干道违规设置的户外广告1800起、1.5万余平方米；开展江南城区大型户外T型广告牌专项整治，完成15块户外广告拆除。督促清理夜市占道行为7900余；按照“三有三限三控”要求，分段落实整改措施，崇义荔圃路开展夜市规范化管理。公安治安特勤支队处罚城区机动车人行道违停3万台（次），罚款600万元。

【拆违治违】 启动城区环境综合整治三年拆违攻坚工作，2018年拆违40余万平方米。及时查处绿地澜屿、泽胜温泉城、金科天宸等小区违建，采取停水、停电、拆表、控料等措施，处置新增违建业主150余户，冻结违建房产证300余户。开展清理公职人员参与违法建设专项工作，共清查出公职人员180人、违建面积1.8万平方米。群众举报的20多个典型案件移送相关部门追责。区纪委监委约谈提醒当事人30余人次。配合南滨路二期项目建设，组织拆除源亨砂石、翰龙加油站等违建钉子户5起、面积2000余平方米；配合五马军用机场项目建设，协助蔺市镇、机场办拆除万松村违建3起、面积500余平方米，回填鱼塘100余亩；配合桥南公园建设，拆除多年未整治的34起、4000余平方米违法棚房；配合乌江大桥至涪陵南道路改造，连续攻坚，拆除违建钉子户5户、面积1800余平方米。制定《土地房屋征收未登记建筑认定相关问题处置办法》，完成1086户无证建筑认定工作任务。完成312个疑似违法用地图斑的勘验、测绘和调查取证核实工作，根据测绘勘验情况，立案查处65宗，查处率100%，圆满完成执法任务，顺利通过市级验收。新建改造临时农贸市场4个，合理设置临时规范摊点80余个。

【环保执法】 依法查处露天焚烧垃圾行为37起，取缔燃煤行为28起，督促夜市烧烤业主实施碳改气（电）100余家。开展建筑工地夜间施工专项整治，管控建筑工地夜间施工噪声扰民82起。积极协同配合公安机关开展坝坝舞规范行动，协助劝导坝坝舞30余次。建立扬尘污染源信息系统和防治信息定期通报制度，完成扬尘检查300台次，纠正违规行为90起，完成太白大道、滨江大道等10条扬尘控制示范道路的创建和巩固。严查在途建筑垃圾运输车辆397辆，纠正违规行为52起，立案查处14起。开展在建工程及弃土场安全检查80余次，继续推进城区建筑垃圾消纳场落实和16家违规消纳场的清理。

生态文明

概述

【概况】 2018年涪陵城区空气优良天数达333天，同比增加22天，占总监测天数的91.2%，空气中主要污染物PM2.5、PM10、氮氧化物浓度分别为37、59、36微克/立方米，分别比去年同期下降15.9%、16.9%、5.3%，二氧化硫年均浓度已连续三年低于国家一级标准；区域环境噪声平均值52.9分贝，交通干线噪声平均值65.7分贝，城市建成区夜间功能区噪声达标率80%；长江清溪场、乌江麻柳嘴、碧溪河百汇3个断面水质全部达到或优于III类，乌江涪陵段水质类别首次全面达到地表水环境质量II类标准，水质状况为优；城区饮用水源水质达标率100%，乡镇集中式饮用水水源水质达标率88%。

【机构设置】 涪陵区环境保护局属涪陵区政府组成部门，是主管全区环境保护和环境监测的专门机构。2018年，在职在编职工83人，党组及领导班子成员6人，内设办公室（挂环境宣传教育科牌子）、组织人事科、考核督查科、污染防治科（挂放辐射管理科牌子）、污染物总量减排科、建设项目审批科、生态环境保护科。下属3个事业单位，即：涪陵区环境行政执法支队、涪陵区生态环境监测站和涪陵页岩气环保开发与技术服务中心；涪陵区环境行政执法支队为副处级事业单位，涪陵区生态环境监测站和涪陵页岩气环保开发与技术服务中心为全额拨款正科级事业单位。

城市环境

【噪声污染整治】 全区噪声达标区面积55.97平方千米，年内完成涪陵城市区域环境噪声功能区划分调整，新创市级“安静居住小区”1个、复验8个。完成三检院空调噪声和泽胜5号楼9楼平台排风机噪声治理；区域环境噪声平均值52.9分贝，交通干线噪声平均值65.7分贝，城市建成区夜间功能区噪声达标率80%。

【大气污染整治】 2018年，涪陵区城区空气优良天数位列渝西片区并列第一，无重污染天气发生。持续进行交通污染控制，开展机动车路检2163辆次，完成率108%；开展机动车排放检验机构现场检查10次；建立非道路移动机械信息报送制度，按季度上报使用信息，每月开展施工工地非道路移动机械现场检查；完成对汽油年销售量5000吨以上加油站调查摸底工作，每季度对加油站、储油库、油罐车油气回收装置运行情况开展监管检查；完成龙头港岸基供电设施建设。控制扬尘污染，加强施工扬尘、道路扬尘、脏车入城、运输扬尘、绿带积尘以及裸露扬尘控制，建设或巩固扬尘示范道路10条，建设或巩固扬尘控制示范工地10个，城市建成区道路机扫率达到88%以上。控制工业污染，禁止新建20蒸吨/小时及以下燃煤锅炉，完成金龙公司1台10蒸吨/小时燃煤锅炉清洁能源改造；完成建峰化肥等4家企业清洁生产审核，完成2个油库和华峰化工、常捷医药挥发性有机物治理；督促预拌混凝土生产企业全面落实粉尘、扬尘控制“十项”要求，并开展环境执法监测；组织华新水泥和20家烧结砖瓦企业开展错峰生产，完成20家烧结砖瓦企业大气污染整治工作。控制生活污染，年内扩大高污染燃料禁燃区面积15平方千米，总面积达52.7平方千米；完成40家餐饮经营单位和20家机关、企事业单位食堂油烟污染整治任务并达标排放；督促服装干洗行业按要求设置异味和废气处理装置并正常使用，鼓励使用低挥发性有机物干洗溶剂。

【固体废物管理】 强化土壤污染管控和修复，完成农用地和重点行业企业土壤污染状况详查年度任务，建立完善土壤污染治理与修复项目库，完成5块潜在污染地块调查评估；全区医疗废物和汽修行业废机油处置实现全覆盖；加快推进江森电池重金属和金龙公司电镀废水减排工程；强化涪化磷石膏渣场环境监管，确保环境安全。

水环境

【河长制和次级河流整治】 继续推进“河长制”，由区四大班子领导担任河长，全覆盖配备河库警长，逐一落实对区内36条重点河流的保护责任。围绕“水十条”，按照水环境质量“只能变好、不能变坏”的管理要求，开展水污染防治工作。长江支流无劣v类断面，城市建成区无黑臭水体，2个国控断面水质优良比例100%；长江清溪场、乌江麻柳嘴、碧溪河百汇3个断面水质全部达到或优于Ⅲ类，乌江麻柳嘴断面和白涛断面总磷浓度分别为0.09、0.1毫克/升，同比下降43.8%、33.3%；乌江涪陵段水质类别首次全面达到地表水环境质量Ⅱ类标准，水质状况为优；完成长江清溪场、渠溪河木瓜洞2个国考断面水质自动监测站建设，完成乌江麻柳嘴、碧溪河斑竹、油江河增福3个市考断面水质自动监测站年度建设任务。建立健全流域联防联控机制和渠溪河流域上下游横向生态保护补偿机制。推进梨香溪、涞龙河、油江河、白水河、沙溪沟5条次级河流综合整治工作，强化次级河流日常巡查、监测工作，河流水面无浮萍、水藻聚集现象。

【饮用水源地保护】 完成马武红旗水库等14个乡镇集中式饮用水水源地规范化建设，乡镇集中式饮用水水源地规范化建设比例达20%以上；船舶废弃物接收处置工程暨清漂码头工程建成投用，49家固定船舶单位签署《船舶废弃物接收协议》，实现95%船舶垃圾上岸集中处理。据监测，全区城区饮用水源地水质达标率为100%，乡镇集中式饮用水源地水质达标率达88%以上。

【污水处理设施建设】 城区污水处理厂扩建及提标改造工程全面完工并投入使用，新建城市污水管网12.93千米，完成乡镇街道污水管网建设项目29个63.97千米，珍溪、蔺市、新妙、武陵山、青羊、大木、丛林7座生活污水处理设施完成技改并稳定运行。投资一个亿对全区42家榨菜企业开展榨菜生产废水整治工作，其中中央环保督察6家企业全部完成深度改造，91家加油站完成地下油罐防渗改造。推进长江乌江涪陵段污染项目整治，投资3000万元建设14个工程项目，建设6套一体化污水处理设施、4套生化处理设施和4段23千米污水管网，工程已全部建成投运，每日将新增污水处理能力1000立方米，每日可截流污水3000立方米，涉及沿江3万余人。全区城市生活污水集中处理率94%，乡镇生活污水集中处理率85%，农村生活污水集中处理率70%，大型畜禽养殖场粪污处理设施装备配套率90%。

【河道管理】 严格涉河建设项目监管，

全年共审批办结涉河建设项目15件，转报长江委4件。规范河道砂石资源管理，2018年涪陵区全面暂停河道砂石资源出让，维护长江干流涪陵段河道河势稳定。继续强化长江、乌江河道监察巡查，着重打击涉河违法建筑、乱倾乱倒弃土弃渣等行为，通过“清四乱”专项行动，清查整改河流“四乱”问题7件。完成21条河流1400千米河道划界任务，完成全区21条50平方千米及以上河流河道调查评价、河道名录登记工作。

【水生态建设】 2018年，继续严格实施水资源管理制度，完成2018—2020年各乡镇（街道）“三条红线”（用水量、用水效率、水功能区水质达标）指标重新修订及分解下达。对全区各乡镇街道和工业园区的取水许可办理情况和水资源费征收程序进行全面清理，强化取水许可监管和水资源费征收，做到按季度征收，按取水量、发电量征收，全年水资源费征收入库1033.5万元。按照程序颁发取水许可证，新增取水许可证42件，入库取水许可证累计达151件，保有在线计量设施68套。规范入河排污口审批及监管，开展第二次污染源普查入河排污口清理普查，完成新增及遗漏排污口的清查统计工作。开展全区农村集中供水工程运行管理和水质检测专题培训，定期开展每月一次的19处水功能区水质监测、45处农村饮水水质监测，并及时汇总上报水功能区水质监测成果。针对存量入河排污口全面开展设置审批及登记备案工作，凡新增规模以上入河排污口全部纳入设置审批范畴，2018年新批复入河排污口设置44个。2018年涪陵区水功能区水质总体达标率达到90%以上。

【节水型社会建设】 编制完成《重庆市涪陵区节水型社会建设“十三五”规划》；按照城市用水实行计划用水和节约用水的原则，加强城市供水和节约用水管理，2018年8月，涪陵区接受市城管局组织的城镇供水规范化管理考核，成绩优异，城镇供水得分88分，二次供水得分84.5分（硬性要求为总分不得超过90分）。经统计估测及区内有关部门反馈，2018年全区用水总量约5.18亿立方米，万元工业增加值用水量约58立方米，实现万元国内生产总值和万元工业增加值用水量下降年度目标。

【水土流失治理】 完成《重庆市涪陵区水土保持规划（2016—2030年）》底稿编制，并通过专家评审，按程序送批。区级水土流失重点预防区划分成果通过市水土保持总站、市环科所联合审查。全年征收水土保持补偿费320万元，清理追缴水土保持补偿费86万元。综合治理水土流失面积28平方千米。加大对市级审批的生产建设项目水土保持检查力度，全年先后检查巡查12次，初步实现对在建市级审批的生产建设项目全覆盖监督检查。开展“未批先建、未拦先弃、未验先投”等违法行为重点调查，累计发放12份《责令停止水事违法行为通知书》。配合完成国家生态环境保护审计涉及涪陵区的水土保持单向审计。

污染防治

【污染物减排】 做好排污许可证平台管理和维护工作，按要求对已核发国家平台许可证进行后期数据校对和审核，对照许可名录，完成屠宰及肉制品加工、铝冶炼等16家企业排污许可证发放。通过城区污水处理厂扩建及提标改造，完善乡镇污水处理厂二三级管网，推进榨菜废水处理厂深度治理等工作。完成1.43万头存栏生猪当量污染治理配套设施工程整改，畜禽养殖废弃物综合利用率90%。加强企业在线监测装置实时监控和采样对比，适时掌握企业污染物排放情况。

【老污染控制】 推进能通老电厂关停、华新水泥脱硝提标改造、涪陵金龙有限公司燃煤锅炉清洁化改造，督促全区20家烧结砖瓦厂和水泥企业错峰生产。进一步加强未批先建和久试不验项目的跟踪服务工作，年内对97个历年来遗留下来的未批先建和久试不验工业项目进行了跟踪服务和督办，基本完成79个项目的整改，下发《建设项目环境管理督办通知书》68份，处罚久试未验项目12个，处罚金额222万元。

【新污染控制】 清理“两线三片一城”项目环评执行情况并建立台账，完成涪陵中心医院新城区分院、实验中学迁建等48个“两线三片一城”项目环评报告书或表的审批。全年完成新扩改建项目环评文件审批109个，其中《建设项目环境影响报告书》22个、《建设项目环境影响报告表》87个、备案《建设项目环境影响登记表》248个和竣工环保验收项目104个。

【环境安全防范】 加快修订《涪陵区突发环境事件应急预案》《重庆市涪陵区龙桥工业园区突发环境安全事件应急预案》和《长江三峡库区涪陵流域突发水环境污染事件应急预案》，督促辖区内环境风险企业完成企业突发环境事件应急预案修订及企业突发环境事件“一源一事一案”编制。开展城市集中式饮用水源和龙桥、白涛园区突发环境事件风险评估，督促龙桥工业园区、中化重庆涪陵化工有限公司及其磷石膏渣场3个历史遗留环境安全隐患问题如期完成年度整改任务，督促沿江重大环境风险企业投保环境责任保险。进一步落实“五个第一时间”要求，科学处置易引发环境污染的突发事件，继续实现一般、较大、重大、特大突发环境事件零发生。全年无重、特大突发环境事件和生态破坏事件发生。

【生态文明体制改革】 完善生态司法修复机制，与检察院共同建立环境公益诉讼协作机制，依法监督渔政、水警、森林、国土等部门移送该类案件，并将恢复性司法修复理念引入生态环境保护时间，邀请共同参与监督生态司法修复。研究部署运用大数据审计手段推动领导干部自然资源资产离任审计，完成南沱镇领导干部自然资源资产离任审计试点工作。开展生态环境损害赔偿制度改革工作，完成刘某某、瞿某某2起非法捕捞水产品生态环境损害赔偿案件。

环境管理

【环境监察】 开展污水达标排放、固危废规范处置、在线监测系统正常使用、企业环保信息主动公开、查处久试不验违法企业“五大专项”执法行动和榨菜、屠宰、船舶制造、废旧物品回收、建筑施工等“五大行业”专项整治，重拳打击各类环境违法行为。2018年全区约谈各类企业51家次，立案调查各类环境违法案件157件，发出行政处罚决定书146件，罚款1044.3万元，其中实施按日连续处罚1件，移送公安机关实施行政拘留8件，涉嫌犯罪2件。全面开展第二次全国污染源普查，全区清查确定入户调查对象3820家，其中工业企业3432家，集中式污染治理设施146家，畜禽养殖场183家，入河排污口52个，生活源锅炉5个，工业园区2个；入户调查对象3820家全部完成数据采集和区级质量核查，污染源普查数据100%上报进入生态环境部电子政务专网。探索区级环保督察，率先在全市建立基层乡镇生态环保集中常态化督察机制，区信访安全督查组履行环保督察工作职责，负责对各乡镇街道、园区、区级相关部门环保职责落实情况开展集中督察，在2年内实现督察全覆盖，至2018年底完成2个园区、3个部门、3个街道、6个乡镇共14个单位首批区级环保督察，首轮督察调阅相关文件资料4200余份，深入村社（居委会）85个，受理群众来电举报37个，现场核查点位330余处，开展个别谈话149人次，制作调查问询笔录20份，梳理出各类环境问题235个，均督促整改到位。

【环境监测】完成国控市控地表水、市控饮用水、水华预警监测等环境水质监测。完成国控断面采测分离工作和两个国控考核断面水质自动站的建设工作，确定市控水质自动站建设点位并完成设计。完成69个乡镇饮用水源地的调查监测工作，每季度对乡镇河流水库45个断面水质进行监测，对青羊镇青羊村、马武镇外坝村开展农村环境质量监测。完成65厂次的重点排污单位重点污染源监督性监测和14厂次的在线监测仪器比对监测，完成区控企业监督性监测150余次，完成10家VOCs企业、20家烧结砖瓦企业专项监测。开展辖区内的各种污染纠纷和应急监测工作。全年获取各类监测数据8万余个。

【中央环保督察问题整改】至2018年底，中央环保督察交办的33个问题和中办二次回访调研反馈的8个问题全部按期整改完成；中央环保督察反馈的67个问题除中化涪陵化工问题外，其余问题全部整改完成。

生态保护和修复

【生态保护】全区湿地面积保有量13566.67公顷，完成退耕还林2666.67公顷；开展自然保护区生态环境监督检查、自然保护区人类活动遥感监测实地核查和“绿盾2018”自然保护区监督检查专项行动。国家审计署重庆特派办指出的大木山自然保护区问题全部整改到位，拆除核心区和缓冲区低密度建筑10栋，累计拆除建筑面积4655平方米，缓冲区旅游设施全部划转至大木山自然保护区管理处使用管理，调整为森林防火或野生动物保护等用途，并完成挂牌、制度上墙和设施配置。强化土壤污染管控和修复，完成农用地和重点行业企业土壤污染状况详查年度任务，建立完善土壤污染治理与修复项目库，完成5块潜在污染地块调查评估。涪陵区制定了打好污染防治攻坚战行动计划，明确未来三年重点目标和164项重点工程任务，部分指标已达到或超过重庆市污染防治攻坚战主要指标要求。按照做好“三篇大文章”的要求，牵头开展构筑绿色屏障工作，加大重要生态系统保护和国土绿化力度，开展生态脆弱区治理，严守生态保护红线，优化生态空间格局，加强大气、水、土壤环境保护与治理，构筑长江上游绿色生态屏障，建设山清水秀美丽涪陵幸福涪陵。2018年，全区生态保护红线面积233.23平方千米，林地面积1400平方千米，森林覆盖率45%，森林蓄积量814万立方米，人均绿地面积40.17平方米。

【规划环评和项目环境准入】深化“放管服”改革和优化营商环境，推进环保行政审批改革，取消试生产排污临时许可证核发、建筑工程夜间施工排污临时许可证核发和竣工环保验收（废水、废气部分）审批，规范保留的环评文件审批、排污许可证核发等7项环保行政许可事项的审批流程、审批申请材料，并全部入驻行政服务中心实行一窗办理、限时办结，对不符合规定的项目一律不予审批。年内拒绝李渡园区引进贵金属精加工、10万吨废矿物油再生基础油项目、尼龙生产、龙桥园区龙头港散煤物流，珍溪东源始发科技公司餐厨垃圾综合利用5个项目。加强辐射安全许可和辐射类建设项目审批，新办理辐射安全许可证5件、重新办证14件、变更办证17件，延续办证23件，许可证注销1件，审批辐射类建设项目环评备案10件。持续推动页岩气环保科技工作健康发展，页岩气中心成功申报为国家自然科学基金依托单位，建成市级工程中心实验室，全年共承担各级科研课题20项，完成科研项目结题8项，新申报科技项目7项，其中“页岩气压裂返排水达标排放处理关键技术研发与应用示范”被市科委立为2018年重庆市技术创新与应用示范专项重点研发项目。

【国家生态文明建设示范区创建】涪陵区继续推进国家生态文明建设示范区创建，年内成功创建为重庆市生态文明建设示范区。全区村镇饮用水卫生合格率达95.5%，年内启动了全区74个集中饮用水源地规范化建设工程，实施锁口丘、张家嘴等城乡供水一体化工程。城镇污水处理率达92.0%，年内完成了城区污水处理厂A标提标和二期扩建工程，完成珍溪、蔺市、新妙、南沱、青羊、大木等乡镇污水处理技改工程和珍溪、义和、中峰、蔺市、龙桥、新妙等场镇污水管网建设。村庄环境综合整治率达86.14%，年内打造了蔺市镇连二村、南沱镇睦和村等一批环境优美整洁、乡风文明、村容整洁的环境综合整治示范点。

环保宣传教育

开展环保法“十进”活动，制作大型环保公益宣传牌5块，在700余个楼宇电梯间、商超、车站等设置LED视频宣传和平面广告牌，在太极、宏声、涪陵饭店等大型酒店设置宣传牌400余个，配合城乡建委、交委等部门，利用建筑工地、公交车、出租车设置环境宣传标语和字幕1000余幅。区环保局与巴渝都市报、手机报、电视台、广播电台等本地主流媒体开展战略合作，强化环保法律法规宣传。组织开展环保开放周（日）活动，邀请人大代表、政协委员、社会人士、学校学生等累计1500余人次到企业、乡村、部门参观，了解环保工作措施取得的成绩，使社会公众对控污治污工作的认识普遍提高。将环保法律法规汇编成册，分发到各乡镇街道、企业及社会公众，提升群众学法、守法、护法自觉性。开展“六•五”环境日宣传活动，发放各类宣传资料10000余份，现场受理群众各类环保举报投诉20余件次。开展生态环保征文比赛，在全区中小学征集环保征文1000余篇。

商贸服务业

概 述

涪陵区商务委是主管全区商贸流通和对外经济贸易的区政府组成部门。机关内设科室15个，下属事业单位商务行政执法支队和集体商业管理办公室。2018年，全区实现社会消费品零售总额273.3亿元、增长12.1%，其中限上法人企业实现增长15.8%；实现批发零售商品销售额936.1亿元、增长13.6%，其中限上法人企业实现增长13.4%；实现住宿餐饮业营业收入64亿元、增长12.5%，其中限上法人企业实现增长3.4%。完成外贸进出口总额55.8亿元人民币、同比增长18.8%，总额及增速分别居全市第11位、第15位，增速比全市平均增速高2.9个百分点、比上年度提升3位；其中出口总额29.6亿元，同比增长32.7%，比全市平均增速高14.9个百分点，进口总额26.2亿元，同比增长6.2%。实际利用外资1.58亿美元、同比增长26.7%，总额、增速分别居全市第13位、8位，比上年度分别提升2位、10位。

商贸流通

【商贸市场建设】 年内，重庆涪陵综合保税区完成规划区内一、二期的征地拆迁及一期1.82平方千米场平，并建成2栋共2.3万平方米的保税仓库、2栋共2.4万平方米的标准化厂房。封关所要求的建设项目A区达到预期进度，其中，8层综合办公楼主体完工4层，查验区（主卡口、次卡口、查验仓库）主体工程完成，检疫处理区主体工程完成，11千米围网已完成基础2400米。一期B区六横四纵10.3千米道路工程按封关要求打表推进，基本达到预期目标。新规划建设的2栋标准化厂房和3栋保税仓库，建筑面积7万平方米，进行基础施工。万达广场主体完工，网麦电商产业园主体竣工，粮油交易中心二期开工建设。澳洲国际商贸城建成开业。渝东国际商贸城二期、涪陵农产品交易中心项目有序推进。智慧商圈完成规划编制和实施方案评审。

【商贸市场发展】 推进工业企业设立独立法人销售公司，盘活工业存量向商业增量转移，榨菜集团、华峰集团、葵花药业等13户企业完成组建。推进升限入统工作，对专业市场、商业综合体、限上个体企业等进行调研，探讨升限入统渠道和方法，提出新的措施办法，限额以上法人企业已达253户。促进消费，盘活消费存量，组团参加首届中国国际进口博览会和第21届“西洽会”等大型交易会，举办中国重庆•涪陵榨菜产业博览会、第二届渝东（涪陵）汽车文化节等品牌节会，提升打造梨花节、西瓜节、龙眼节、杨梅节等具有一定区域影响的乡村品牌节会活动。盘活外贸存量，开展“政银企合作、共建综保区”对接活动，引导企业设立外贸进出口贸易公司。

【转型升级】 推进泽胜中央广场、宝龙广场等商业综合体提质发展，无线Wi-Fi系统投用，永辉超市两大型门店开业，渝东国际商贸城市级特色烧烤夜市街开街，首家无人超市投入运营。限上法人企业实现网络销售额34.2亿元，同比增长25.3%；实现网络零售额16.2亿元，同比增长23.6%；实现农产品网络零售额2.25亿元、同比增长25%；实现连锁经营销售额119.5亿元，同比增长17.8%。新建15个末端配送网点，电商产业园城乡配送一体化仓储物流基地投用，引进韵达快递物流基地项目，推进物流集约化发展。实施“中国好粮油”行动计划，2.1万吨区级储备粮保管良好，750吨应急成品粮储备到位，18万吨储备粮账实相符、质量完好。

【示范创建】 成功获批涪陵综合保税区，涪陵区成功创建国家外贸转型升级基地、全国粮食流通执法督查创新示范单位，启动国家级高新区和国家级口岸申报建设前期工作。成功创建1个市级商贸综合服务中心。荣获2017年度粮食安全行政首长责任制市级考核优秀奖（一等奖）。完成91座加油站防渗改造，解决存在多年的重大环保风险隐患。

【优化环境】 狠抓安全稳定。落实安全生产企业主体责任和行业监管责任，开展安全隐患大排查大整治，保持零事故、零死亡，开展矛盾纠纷排查化解，推进行业扫黑除恶工作，实现良好稳定态势。加强行业管理。开展成品油、液化石油气、酒类、汽车、再生资源等行业管理，加大商务执法及行政处罚力度，落实“双随机一公开”监管，行业运行整体有序。开展商务扶贫。区商务委牵头开展商务扶贫集团工作，落实驻村工作队管理办法，商务局全年拨付青羊镇各类帮扶资金12.46万元，制定《涪陵区深化电子商务扶贫行动方案》，全年完成农产品网上零售额2.3亿元，同比增长25.8%，其中销售贫困户农产品200余万元。落实“三百”行动。重点是解决落实“三百”行动中涉企问题5个，开展了民营企业政策清理和提出制订建议，从行政许可事项办理、政策扶持、问题协调、市场秩序整治、依法行政等多方面优化营商环境。开展商务大调研。组织开展商务产业发展9大课题专项调研，实现了摸清底数、找准问题、把握态势、明确思路、确定措施的工作目标，并形成调研成果汇编。

对外经贸

成功获批涪陵综合保税区，综保区全球招商工作全面启动。推进口岸功能提升，推进龙头港功能设施完善，龙头港铁路专用线取得接轨意见函等前期手续，加快与中欧班列（重庆）和中新（重庆）互联互通国际陆海贸易新通道互联互通。出台《国家外汇管理局涪陵中心支局关于涪陵区内陆开放高地建设战略推动计划》。制定《涪陵内陆开放高地建设行动计划实施方案（2018—2020）》和《关于做好稳外贸稳外资稳外经工作的实施意见》。成功与新加坡中华总商会签订《关于共同推进中新（重庆）战略性互联互通示范项目的合作备忘录》。推动落实稳外贸稳外资稳外经工作和政策措施，实施外商投资负面清单管理。重庆海关驻涪陵办事处升格为涪陵海关，推进落实关检查验融合、国际贸易“单一窗口”等各项贸易便利化措施。成功实现华通电脑跨境融资模式由投注差变更为全口径跨境融资宏观审慎管理模式，成为全市唯一一家变更外债管理模式的企业。

粮油购销

【粮食流通管理】 推进“优质粮食工程”项目建设，重点实施重庆龙潭米业公司6000亩优质稻谷生产基地、金健米业（重庆）公司年产4.5万吨大米智能加工生产线、重庆渝妹儿米业日处理120吨粮食烘干、重庆渝妹儿米业

10000亩优质粮食生产基地、重庆涪粮农业公司9100亩优质粮食生产基地等项目建设。加大宣传力度，利用粮食科技活动周和“世界粮食日”活动周，进机关、进学校、进社区、到农村宣传农作物病虫害防治、节粮减损、膳食营养健康等知识。引导企业开展粮食购销贸易，建立长期稳定的产销合作机制，组织粮食企业参加中国哈尔滨全国粮食交易会、郑州全国粮食产销对接会，鼓励区内粮油企业积极与国内粮食主产区对接，建立长期稳定的产销合作关系，初步统计，全区全年向外省购进大米4.8万余吨，面粉面条0.8万余吨，玉米等杂粮2万余吨。支持粮食产业发展，召开全区粮食产业经济发展会议，出台《关于大力发展粮食产业经济的实施意见》(涪陵府办发〔2018〕57号)。开展粮食市场预警监测，落实统计工作职责，配备统计人员，开展粮油企业统计人员业务培训，指导督促辖区内入统粮油企业建立统计台账和按时直报统计，统计数据真实准确，没有错报漏报，开展粮油供需平衡专项调查。

【地方储备粮管理】 推进粮食物流基础设施建设，实施金健米业重庆粮油食品基地建设项目一期、涪陵粮油交易中心、道道全重庆有限公司日产600吨油脂精炼等重点项目，完成地方粮食储备2.1万吨任务。加强区级储备粮管理，制定《涪陵区区级储备粮管理办法》《涪陵区区级储备粮油轮换管理办法》。加强储备粮库存检查，按照轮换计划组织轮换。执行“一规定、两守则”，落实安全生产责任，加强中央储备粮、市级储备粮和成品粮安全监管，全年共检查15批次，50余人次。严格政策性粮食收购资金管理，2018年度农发行涪陵分行发放地方储备粮贷款6228万元，多形式、多渠道筹措市场化粮食收购资金1000万元。安排粮食储备、粮食仓储设施建设维护、农业支持保护补贴资金10792万元，区级储备粮、成品粮储备费用1000.5万元。

【粮食应急保障和质量监管】 修订完善《涪陵区粮食应急预案》，建立健全粮食应急供应体系，提高粮食应急能力。加强粮油供应网络管理培训和检查，将乡镇街道对辖区粮油应急供应网络建设情况纳入年度目标考核。2018年度，落实22万元区级财政资金、29万元市级财政资金完善粮油应急供应网络，提高粮食应急供应能力，确保紧急情况下的粮油应急调配。制定《涪陵区粮食质量监管实施细则》，加强粮食质量安全监管和监测工作，保障粮油检验监测业务经费。制定《涪陵区进境粮食疫情防控体系》《涪陵区进口粮食疫情风险防控管理措施》，建立进口粮食疫情联防联控制度体系，完善疫情风险和疫情防控管理措施。将粮食口岸建设纳入企业无小事“三百”行动，落实责任领导和责任人，督促、支持、鼓励完善口岸现代化建设。

供销管理

【概况】 2018年，全区供销系统实现商品销售总额41.77亿元，同比增长12.15%，其中：农产品经营额25.89亿元、同比增长16.19%，农资供应量47000吨。全系统实现汇总利润1791万元，同比增长12%，所有者权益3.45亿元，同比增长6.62%。全年改造新建基层供销社4个，发展农民合作社30个(其中股份合作社10个)，建成农村综合服务社57个。完成涪陵农资商贸城项目建设、“涪陵青菜头”拓市鲜销及北京推介会、旧城改造（二期）促征等重点任务，推进强化基层社合作经济组织属性专项试点、农村再生资源（农膜）回收利用等专项工作，安全生产事故未突破区政府下达的控制指标。涪陵区供销社2018年被国家人社部、全国供销合作总社联合授予“全国供销合作社系统先进集体”称号，是全市获此殊荣的2个区县供销社之一；连续三年荣获全国总社信息工作先进集体称号；在市总社2018年度区县供销社综合业绩考核中，连续5年荣获特等奖。

【供销综合改革】 2018年涪陵区启动强化基层社合作经济组织属性专项试点工作，区供销社把专项试点列为综合改革的关键任务和重要抓手，发挥改革试点的突破、示范和引领作用。区政府于7月召开全区专项试点动员大会，同时印发《关于强化基层社合作经济组织属性专项试点工作实施方案的通知》（府办发〔2018〕128号），明确专项试点的目标任务和工作要求。截至12月底，全区25个乡镇（街道）全部完成入社入会信息上报，24个乡镇通过审核达到入社入会率70%以上的目标任务；按要求完成涪陵区农村合作经济组织联合会的换届选举，10个乡镇农合会分会挂牌运行。专项改革试点密切了供销社与农民在组织上、利益上的联结。

【为农服务体系建设】 投入121.71万元改造或新建大顺明家、武陵山龙塘、安政、马鞍4个基层供销社，实现经营服务在涉农乡镇（街道）全覆盖。投入资金266.2万元打造龙潭、马武、焦石、珍溪4个市级基层供销社示范社，提升供销合作组织建设质量。依托基层社、电商公司、农民合作社和基层网点，全年建成农村综合服务社57个，累计达到139个，满足农民群众生产生活需要。发挥农民合作社服务中心的服务平台功能，指导专业合作社与农业龙头企业达成代耕代种代收协议，2018年全区供销系统开展农业社会化服务总面积达到5200公顷次，促进小农户与现代农业有机结合。加快乡镇农资配送中心（庄稼医院）建设，2018年改造提升6个，以建设农村综合服务社、乡村电商服务站为手段完善村社农资经营点，村社级网点达到348个。加快构建农产品电商营销网络，指导电商公司做好现有352个“涪陵e生活”乡村电商服务站的运营，畅通消费品下乡、农产品进城双向流通渠道。争取20万元项目资金在马武建成小型农产品交易市场1个，全年销售量60多万元，有效解决当地农产品卖难问题。促进电商服务站与乡镇农贸市场联合合作，为涪陵青菜头、胭脂红萝卜、增福土鸡等特色农产品搭建销售新通路，2018年供销系统实现电商销售总额3.4亿元。持续开展农民合作社小额贷款工作，2018年共向11家合作社发放惠农贷款2030万元，累计突破7000万元，支持专业合作社高质量发展。

【重点任务】 开展“三社”融合发展试点，推进《涪陵区关于推进“三社”融合发展的实施意见》的起草制定工作，2018年共引领发展农民专业合作社30个（累计发展449个），合作社发展实现数量与质量同步提升，进一步巩固了“三社”融合发展根基。启动废弃农膜回收利用，开展对全区农、地膜市场销售和使用情况的调查，加快建设乡镇（街道）回收利用网点，全年建成网点6个、回收废弃农膜15.49吨。举办“涪陵青菜头”鲜销（北京）推介会，邀请北京及周边地区的商超、餐饮等50多家企业负责人参会，北京、涪陵两地客商达成多项购销协议。

【社有资产管理】 推进基层社资产办证工作，办理土地证163份，进度完成过半。规范社有资产营运、监督和管理，对长期闲置、破损老旧房屋进行整治并重新招租，全年直属企业资产实现出租收益384万元。深化企业产权制度改革，引导建立股权结构多元、股东行为规范、内部约束有效、运行高效灵活的现代企业制度，促进社有企业转型升级、创新发展。

广告业

【概况】 广告主体持续增长。2018年新发展广告市场主体300户，其中广告公司50户。

【广告专项整治】 开展互联网广告、非法集资广告、房地产广告、使用国家领导人形象广告、“流量不限量”电信服务广告等专项整治，立案查处一批虚假违法广告案件。同时，为做好创建“全国文明城区”“国家卫生区”，狠抓烟草广告和医疗广告清理整治，烟草广告得到彻底清理，非法医疗广告得到有效遏制。

【案件查办】 截至11月30日，共立案查处广告违法案件39件，较去年同期的21件增长85.71%。特别是在总局、市局部署“流量不限量”电信服务广告专项整治之前，在三大电信营运商“流量不限量”电信服务广告一出现就引起分局高度重视，经充分研究后决定及时立案调查，并及时对三大电信营运商和广告发布者发布虚假广告做出了处罚决定。

【广告监测督查】 开展媒体广告、户外广告、店堂广告、小区广告等监测17次，开展烟草广告、医疗广告专项督查14次，发现严重违法广告11件，全部交由辖区工商所处理。为构建虚假违法广告部门协同监管工作机制，区工商分局于5月3日牵头召开了有11个部门相关负责人参加的涪陵区整治虚假违法广告部门联席会议第一次会议，制定了联席会议制度，明确了部门工作职责，并通过设立联络员制度加强了部门之间的工作联系。

文化·体育·旅游

文化体育机构

涪陵区文化委员会（挂涪陵区体育局牌子）是区政府主管全区文化、体育、广播电视和新闻出版工作的政府组成部门。2018 年，涪陵区文化委员会包含直属文化体育单位 11 个，即：文化市场执法支队、区图书馆、区少儿图书馆、区文化馆（挂区非物质文化遗产研究保护中心牌子）、区博物馆（挂区文物管理所、白鹤梁题刻原址水下保护工程管理处牌子）、区乌江画院（挂涪陵美术馆牌子）、区体校、区体育馆管理中心、涪陵歌舞剧团有限责任公司、涪陵体育产业发展有限公司、涪陵滨江健身中心管理有限公司；乡镇、街道文化体育服务中心 27 个。

区文化委内设机构 12 个：办公室、组织人事教育科、计划财务科、政策法规科、公共文化服务科（非物质文化遗产保护科）、文化艺术科、群众体育科、竞赛训练科、广播电视科、新闻出版科、文物科、产业市场科（行政审批科）。有公务员 28 人，工勤人员 4 人，离退休人员 83 人。

文学艺术

【文艺成果】 举办了第二十届乌江文艺奖评选，共收到申报作品 87 件，评出文学类一等奖 2 件，二等奖 3 件，三等奖 3 件；艺术类一等奖 7 件，二等奖 7 件，三等奖 6 件。组织全区广大文艺工作者投身到讴歌时代和人民的文艺创作活动中，全年全区文艺家在各级报刊发表文学作品 370 余篇；在市级以上赛事和展览中获奖、入展 160 人次，其中：邓波的书法作品分别在全国第二届大字书法艺术展和全国第二届行书作品展中入展，肖勇的《卓嘎奶奶》等四幅作品入选“最美中国人”各族群众笑脸照片征集展示活动并在“砥砺奋进的五年”大型成就展中展示；出版专著文集 8 部；发表论文 30 篇。综合性歌舞艺术剧目《巴歌渝舞》获选重庆市精品剧目参加全市巡演；舞蹈《青疙瘩 疙瘩青》参加 2018 年全国中老年春节联欢晚会，并在广西桂林“三月三”全国少数民族文艺会演中获银奖；舞蹈作品《江上荔枝情》、音乐作品《焦石山上歌对歌》分别在全市乡村文艺调演中获二等奖和最佳人气奖；在第六届重庆市戏剧曲艺大赛（戏剧类）决赛中，戏剧作品《山中那棵核桃树》获一等奖，《“洋”妹儿进我家》获二等奖。

【文艺活动】 坚持以人民为中心的创作导向，组织文艺工作者开展形式多样的文艺沙龙、文艺采风、改稿会、作品赏析会等活动共 180 余场次。组织实施“拥抱新时代”涪陵区 2018 年春节团拜会暨文艺演出，首次进行电视现场直播。

【社会文艺】 组织实施区五运会开幕式文体展演《活力新时代》、“幸福涪陵跳起来”—涪陵区 2018 年舞蹈大赛。开展流动文化服务进村活动 1224 场次；实施周末广场文艺演出 50

场次，开展公益性文艺演出60场次，实施脱贫攻坚文化志愿者活动92场次；组织20支“红色文艺轻骑兵”，走进城镇社区、农村院落开展文艺演出、展出、培训等文化服务活动180场次；举办各类培训班58期，参训人数2000多人次。开展2018年世界读书日和“全民阅读月”系列主题活动，依托“涪州讲坛”“阅读服务进社区”文化品牌举办各种讲座、读书会、诗歌朗诵会等群众性读书活动12场次。完成民间文艺团队星级评定工作，评选出“五星”级民间文艺团队8个。组织社会力量参与文化建设。全区180余家艺术培训机构开展舞蹈、声乐、器乐、书画等类别的艺术培训，参培人数23000余人次；联合贵博国际、建玛特、宝龙广场、泽胜广场、美心红酒小镇等企业举办2018年涪陵区青少年现场书画大赛、第三届“未来之星”青少年才艺大赛、经典诵读比赛、全民健身坝坝舞大赛、全民K歌大赛、武陵山民歌大赛、白鹤梁•中国农民丰收节等一系列群众文化活动，丰富市民文化生活。

【文艺合作与交流】 本土群众文艺季刊《涪州》创办发行，新出版文学专著3部；举办第三届“我为涪陵写首歌”原创歌曲大赛；开展涪陵美术家“行走涪州”写生创作活动，联合重庆市文联举办了首届《“行走涪州”美术作品邀请展》；长篇小说《伐兵》等11项文艺创作重点项目列入《重庆市当代文学艺术创作工程规划（2018—2021年）》；摄制了涪陵人文形象宣传片《景行行止•人文涪陵》、电视音乐专辑《涪州之恋》。

公共文化

【文物博物】 白鹤梁水下博物馆获评全国青少年研习实践基地、全国水情教育基地、重庆市民俗文化新地标；青羊镇获得第七批中国历史文化名镇称号。加强地面文物保护，大顺乡大顺村传统村落文物保护项目、陈万宝庄园三期修缮工程、施家祠堂修缮工程竣工并通过验收；刘作勤庄园维修工程、邱家榨菜作坊维修工程进展顺利。完成年度野外考古发掘任务，出土文物135件。开展文物建筑和博物馆消防安全大检查，代表重庆市接受国务院文物消防安全考核。完成涪陵文物保护检查评估工作并获全市一等奖。新增8项市级非物质文化遗产名录；《涪陵民间文学（上下卷）》出版发行；万绍碧获评第五批国家级非物质文化遗产代表性项目代表性传承人。组织非遗生产性企业参加重庆市非遗博览会。加强古籍图书保护利用，完成古籍《九成宫醴泉铭》再版工作。

【公共图书馆】 在全国第六次公共图书馆评估定级中，区图书馆、区少儿馆评定为国家“一级图书馆”。区图书馆（含少儿馆）新馆全部功能开放。新增5个24小时书吧、5个乡村大书房。

文化产业

【概况】 新增文化市场主体47家、规上企业2家。涪陵体育产业发展有限公司被市体育局评为2018年重庆市体育产业示范单位；重庆互爱科技产业园被市文旅委评为市级文化创意产业园。组织9家企业参加西部动漫节、重庆市文化产业博览会。规范市场审批程序，审批演出活动53场次，延续市场主体43家。组织开展重庆市第二届文化消费季活动，拉动消费1.3亿元；加大体彩销售发行工作力度，新增网点24个，全区在售网点达114个，销售发行体育彩票1. 8亿元。完成涪陵大剧院附属设施业态策划工作，会同国投集团编制开发利用方案。开展招商引资工作，协议引资6000万元。涪陵大剧院上演大型舞剧《粉墨春秋》《一把酸枣》等优秀剧目共90余场次，新增艺术培训服务项目。

【文化市场整治】 围绕“秋风”“净网”“固边”“清源”“护苗”五大专项行动，开展文化市场排查整治。共计检查文化市场375家次，建立“一户一档”台账118家，立案查处15起，罚款2.8万元；取缔非法出版物摊点2家，收缴非法出版物510张(册)；及时处理举报投诉19起。

出版印刷

【内部资料性出版物管理】 加强内部资料性出版物的审读、审批，严把进出口关。全年依法审读、审批全区128家党政机关、企事业单位编写的内部资料性出版物128种258件，印数23.6万册，发放内部资料性出版物准印证号258个。审读发现不合格内部资料性出版物8种。

【版权管理】 强化法规培训。采取以会代训的方式，组织召开全区出版物零售发行单位、印刷包装企业、音像制品等经营单位的法人或专职人员法律法规培训会议6次，有1120人次参加相关培训学习。强化法规宣传教育。在“3•15”消费者权益日、“4•26”保护知识产权宣传周、“12•4”法制宣传日、举办法律知识进乡村、进校园等活动，开展以“护助少年儿童健康成长，拒绝有害出版物及信息”为主题的“绿书签”等新闻出版相关法律法规宣传活动3次，发放各类法律法规宣传资料12种3万余份，现场接待过往群众咨询181人次。推进软件正版化工作。全区共有102家党政机关单位、人民团体和24家区属国有企业单位共升级安装计算机桌面操作系统和办公系统正版软件7556套。市场管理规范。组织区“扫黄打非”各成员单位封堵查缴政治性非法出版物，屏蔽删除非法有害信息，扫除淫秽色情、凶杀暴力、封建迷信等文化垃圾，查缴侵权盗版出版物，查缴非法报刊、查处违规印刷行为，开展联合专项集中整治行动12批次，出动行政执法人员1260人次、执法车辆420台次，检查印刷复制企业128家次，书报刊零售书店、网络书店252家次，软件销售企业40家次，收缴非法盗版出版物1214册，问题地图548册（张），问题地球仪108个，查处取缔无证经营书店8家。

【印刷包装业】全区有出版物印刷企业3家，内刊印刷企业7家，包装装潢印刷企业31家，其他印刷品印刷企业24家，拥有32条自动化生产流水线、1021台配套印刷设备，印刷产品涉及出版物印刷、精品软包装（食品包装）、精品硬包装、药品包装、工业品包装、礼品包装、商标印刷和环保油墨等领域，聚合形成三峡库区涪陵印刷包装产业园。全区全年印刷业工业总产值24.15亿元，年工业销售总额20.13亿元，利税总额1.7亿元，解决社会就业人员2602人。

【印刷人才培养】 由区文化委员会、区人力资源和社会保障局、区总工会联合主办、区职业技能鉴定中心、区印刷协会承办的2018年涪陵印刷包装行业高技能人才免费培训班于11月10日结束，有38名学员通过国家职业技能鉴定，取得劳动关系协调师职业资格证书。至此，涪陵印刷业主管部门共为企业培养输送了202名印刷、设计专业技术中级人才、64名高级客户服务管理师、23名二级客户服务管理师、20名高级劳动关系协调师和18名二级劳动关系协调师。

【出版物零售业】 2018年全区有出版物零售发行书店82家、网络零售发行书店3家、电子音像出版物零售店5家、邮政报刊亭25个，分布全区28个乡镇、街道办事处。全年115家零售发行单位实现出版物销售总额1.08亿元，利税总额1041万元，解决就业人员321人。出版物发行首次突破亿元大关。

巴渝都市报社

【机构设置】 巴渝都市报社内设中层机构办公室、新闻办、采访部、报纸编辑中心、新媒体部、发行经营中心、计财监督部、设备部、广告部等9个中层机构。有职工107人，其中在编职工61人，社聘人员46人。有领导7人，高级职称人员6人，中级职称8人，初级职称24人。

【报纸宣传报道】 宣传报道“学习贯彻党的十九大精神”市、区“六进”宣讲活动，宣传报道全区学习贯彻党的十九大精神动态消息、典型报道。完成“把习近平总书记重要讲话精神落实在重庆大地上 涪陵篇”“在习近平新时代中国特色社会主义思想指引下——新时代 新作为 新篇章”“沿着习近平总书记指引的方向奋力前进”“新时代 我奋斗 我幸福”“脱贫攻坚”“兴调研 转作风 促落实”“中央有部署 重庆有要求 涪陵在行动”“扫黑除恶进行时”“决胜‘基本解决执行难’”等重大主题宣传。重点策划全国、市和区“两会”，“创建全国文明城区、创建国家卫生区‘百日攻坚’”“树立企业无小事理念 优化营商环境聚焦‘三百’行动”“‘两线三片一城’项目建设追踪”“涪陵山水画卷”“庆祝改革开放40周年”“全区网络媒体走基层”“全面深化改革进行时”“党员干部亲属涉权事项”“民生工程改变我们的生活”“征兵进行时”“2018年涪陵区双创活动周”“涪陵区第四次经济普查”“家在社区”“家在涪陵”“谁不说咱涪陵好”“2018世界旅游小姐大赛涪陵分赛区”等全媒体报道。完成四大班子领导政务活动采访报道及全区重要会议时政报道。加强经济形势、社会事业发展、生态文明建设、社会主义核心价值观、维护社会和谐稳定等宣传报道。

【外宣报道获奖】 2018年，巴渝都市报社记者深入生活，开展“走转改”活动，同时注重新闻策划，打造精品力作，数度斩获大奖。巴渝都市报荣获金长城传媒奖“2017年中国传媒融合发展年度影响力都市报”，《牢记殷殷嘱托——涪陵娃与习近平通信的故事》被评选为2018中国报业重大主题宣传年度双十佳融合传播奖；“爱涪陵”客户端编辑和推送质量在全市38个区县官方客户端中保持领先优势，连续17个月被评为“重庆十佳客户端”，稿件《武陵山国家森林公园冬季唯美雪景，不输北国风光》被评为“十佳稿件”，“简约山居杯”乡风民俗摄影大赛第一赛季点赞投票活动获得“优秀运营奖”。“城会玩——涪陵本土文艺范的乐园”获2017－2018年度中国报业深度融合发展十佳音频奖，“幸福涪陵•魅力乡镇 新媒体走基层”H5系列产品获2017－2018年度中国报业深度融合发展十佳H5奖。视频《牢记总书记殷殷嘱托 建设新时代美丽睦和》获重庆人大新闻奖一等奖。全媒体直播《大江奔流——涪陵：长江标准眼 水下白鹤梁》获新华社现场云优秀报道奖。“爱涪陵”客户端获得“2018全国地市网络媒体最具影响力十强客户端品牌”称号。巴渝传媒网获得“2018全国地市网络媒体综合实力二十强品牌”称号。重庆涪陵手机报在全市区县手机报中获评突出贡献奖。

【媒体融合报道】 策划全国、市、区“两会”以及区委五届四次全委会等重大时政报道。据不完全统计，2018年，巴渝传媒网上传各类稿件总计22600多条。爱涪陵App共推送稿件13000多篇，开设“晨读党报”“早茶”“我要问”等众多栏目。重庆涪陵手机报开设固定栏目“精彩导读”“今日首读”“涪陵要闻”“聚焦城乡环境综合整治”“涪陵警事”“涪州热图”等，共出版202期，平均每期刊发稿件18条左右。此外，支持每日更新。截至年底，为“涪陵网”提供稿件1456篇。

【新媒体技术应用】 网站、“爱涪陵”

客户端密切配合开展线上线下活动，陆续开展数期2018社科普及项目朗读会、“乡村振兴我体验我快乐”系列活动等，以文图直播、视频直播、论坛或客户端发帖等形式为活动宣传造势。直播等新媒体技术有突破，推出涪陵手机台，实现由“手机直播”迈向“摄像机直播”，推出数个VR产品以及H5产品。

【意识形态工作】 贯彻落实中央、市、区对意识形态工作的要求，落实意识形态工作责任制，成立意识形态工作领导小组，制定意识形态工作责任分工，落实好党委主体责任，分管领导直接责任，班子成员“一岗双责”。

完善相关规章制度，加强对新闻宣传和舆论引导工作的意识形态管控。加强网络问政及舆情管控，加强网评队伍建设，严格把握稿件推送程序，对各平台推送的稿件，及时跟进评论且正面发声。各媒体平台、网络、终端强化人防技防。

【队伍建设】 思想政治建设：以党建为统领，履行党委主体责任，党委书记是第一责任人，班子成员“一岗双责”。按照中、市、区委的决策部署，结合本单位实际积极谋划、主动作为，用实际行动做好党的建设、新闻宣传工作、创文创卫等各项工作。纪律作风建设：社党委落实党风廉政建设和反腐败工作主体责任，纪委落实监督责任，党委班子成员、支部书记、部门负责人认真履行“一岗双责”，贯彻执行中央八项规定精神、市委和区委的贯彻实施意见，开展“纪律作风建设年”活动，开展“官僚主义形式主义突出问题专项整治”，纠正“四风”问题。制度建设：完善《党委会议事规则》《落实党的建设责任实施办法（试行）》《健全完善推进“两学一做”常态化制度化长效机制》《纪委会议事规则》《廉政风险安全风险防控和意识形态工作管理制度》《落实意识形态责任制具体管理办法》《党员领导干部联系党外人士制度》《电子档案管理和查阅制度》《总值班制度》《工作人员平时考核》《工资薪酬改革及绩效考核制度》等内部运行管理制度，强化制度执行，激发干部职工的创造活力，确保各项工作正常、有序、高效运转。组织建设：加强基层党组织规范化建设，严肃党内政治生活制度，开展“三会一课”“主题党日”、组织生活会和民主生活会。开展“党员联系群众，群众评价党员”活动，开展清溪沟社区共建共联共享活动等。打造“以人民为中心，为人民书写、为人民讴歌”党建品牌。围绕全区中心工作，积极履职：开展“全国文明城区”“国家卫生区”创建工作，在第四轮创卫督查考核中荣获“先进单位”称号。推进“脱贫攻坚”行动，选派落实驻村干部1名，调整结对帮扶干部，开展帮扶工作。开展“三百行动”，走访调研对接企业（涪陵金色农业有限公司），为企业排忧解难。完成报社外立面改造工程，优化办公环境。

【经营活动】 稳定原有传统广告市场的同时，践行融媒体运作新模式。通过对内规范各项制度管理，通过各种措施和手段，开展会展活动和策划活动，如：小记者活动、世界旅游小姐大赛等。

涪陵广播电视台

【概况】 2018年涪陵广播电视台下辖8个新闻媒体：涪陵人广播电台，呼号“涪陵人民广播电台”，使用FM103.4MHz、FM101.1MHz两个频率播出，每日05:55开始播音至次日00:05结束，播音18小时10分钟；涪陵电视台，开办涪陵综合、涪陵都市、涪陵科教三个频道（各一套节目），涪陵综合频道通过大木山7291转播台用3CH1000W无线发射，涪陵综合、涪陵都市、涪陵科教三个频道通过涪陵广电网络公司有线传输，每日08:10

开机播出至次日00:20结束，播出16小时10分钟；涪陵广播电视台官网；无限涪陵App；涪陵手机台；涪陵广播电视台微信；涪陵广播电视台微博；无限涪陵抖音号。2018年台内设中层机构在保持上年9个不变的情况下进行了调整，设立办公室、组织人事教育科、总编室、新闻部、新媒体部、专题纪录片部、广播部、技术播出部、经济部；全台职工总数86人，其中台领导6人，副高级职称人员10人，中级职称人员25人。

【主题宣传】 推出《推动重庆各项事业沿着习近平总书记指引的方向奋力前行》《精准脱贫进行时》《建设“山清水秀美丽之地”在行动》《智能化 为经济赋能 为生活添彩》《推动“两线三片一城”项目建设步伐 全面提升涪陵城市品质形象》《创建全国文明城区 创建国家卫生区“百日攻坚”》《看效果》《壮阔东方潮 奋进新时代》等15个主题报道，共计400余条稿件。开展“建设山清水秀美丽涪陵 幸福涪陵”电视系列访谈活动，完成基层组织建设、民生实事、基础设施建设等7场电视访谈活动和2场广播访谈，共860分钟的现场录制及505分钟的成品制作，在涪陵电视台、涪陵人民广播电台、巴渝都市报、无限涪陵手机客户端等多媒体刊播。

承办涪陵区首届微视频大赛，共收到260多件作品，评出《轮椅上的重生》《一张烈士的素描》《孝》《无翅之飞》等18件优秀作品，并分别在多平台展播。

【文化栏目】 电视文化类节目《涪州纪事》推出的电视作品，《我的高考》《水：滋养生命的故事》《涪陵青菜头进京“赶考”记》《江上清漂人》《“搭积木”建高楼》《村医陈正勇》《“菜乡”之涪陵汉子榨菜情》《碉楼探幽》《交通人的一天》《增福山水增福人》《探寻蔺市之美》《君子古镇音与画》等纪录片得到好评。“美丽乡村”系列节目中的《美丽乡村·蔺市行》系列节目播出后，得到区委书记周少政的肯定。《钩深大讲堂》节目《涪州古桥轶事》《宋代“涪州五贤”》《涪州古城故事》《青羊那些事儿》等文化讲堂。

【广播业务】 栏目全新改版。升级改版《涪陵路况播报》节目，利用大数据平台实时监控，与交巡警支队建立整点播报和直播引导机制，与出租车驾驶员搭建实时沟通平台等多种方式拓宽信息来源，增加实时路况播报频次。全新推出《直播早高峰》和《直播晚高峰》节目。内容涵盖本地新闻、公益宣传、法律咨询、实时路况、交通信息、热点话题、餐饮导航等诸多方面，两档直播节目成为区广播电视台“收听率最高，关注度最广、参与市民最多，服务功能最强”的广播栏目。

【媒体建设】 内容建设、注册用户量取得突破，强化用户意识、服务意识，建立以页面点击量、日均点击量、注册用户数为主要指标考核评估体系。推出新媒体产品《南沱镇睦和村党员：请总书记放心，我们一定带领群众发家致富，越过越好！》《养眼大片：涪陵怎么这么美》等；改版“无限涪陵”App，优化版面设置及布局，新增直播专栏、话题模块等板块；利用新媒体承办“书香涪陵·品味经典”涪陵2018朗读大赛，报名人数569人，收到作品494个。开办融媒体创新节目《江城悦读会》34期，分享了《穆斯林的葬礼》《猛虎嗅蔷薇》《亲爱的安德烈》《江城》等多部优秀作品，涉及涪陵本土文化、旅途见闻、人生哲学等多方面的话题；《涪陵区首届少儿春晚现场直播》《文明交通 从我做起》《重庆市涪陵区第五届运动会开幕式》等近20场新媒体直播，提高点击量和互动性；《新妙镇：努力打造特色精品小城市》《马武镇：节日模式开启 乡村旅游发力》《特色旅游：蔺市镇乡村振兴的“新引擎”》等自办节目依托新媒体推介，效果良好。2018年，“无限涪陵”App注册用户数达210000户。

【外宣创优】 提质增效，排名创历史新高。2018年区广播电视台在重庆广电集团（总台）共计用稿547.5条，用稿总量排名区县第3位；在《重庆新闻联播》用稿209.5条，排名区县第2位；联播用稿量在外宣历史上取得新突破，首次超过万州区，仅次渝北区。全年14件广播电视作品分别荣获重庆新闻奖、重庆市广播电视优秀作品奖、重庆市区县好新闻奖等奖项。其中，《昆虫病理“基因密码”破解 重庆发现农药“识虫慧眼”》获得重庆市广播电视优秀作品奖一等奖。电视专题《缺水13天》《“搭积木”建高楼》获“第四届重庆市区县广播电视好新闻奖”二等奖；广播专题《“重庆龙头港今天开港，长江乌江航运实现‘黄金’对接”》获“重庆市广播电视优秀作品奖”二等奖。策划制作《梦想翱翔——纪念改革开放40周年航拍新涪陵》宣传片，推出《两线三片一城》《100秒看重庆•涪陵》《涪陵区道德模范好人榜》《涪陵榨菜》《四城同创宣传片》《印象涪州•硐楼》《印象涪州•平湖美景》《畅游涪州：秀美两江》《航拍涪陵》等12个电视宣传片、欣赏片。

【安全播出】 完善《涪陵广播电视台网络与信息安全管理办法》，加强网络与信息安全管理，强化防范意识，完善网络与信息防护技术体系，加强对重要岗位人员和第三方人员的管理，对网络、计算机终端、病毒、密码、存储介质、端口等做出明确规定，使网络安全管理工作常态化，提升网络信息安全防护能力。严格执行频率频道安全播出制度和“一岗双责”制度，对制作、播出机房等重点岗位实行定期巡查，加强“三重”时期安全防范。全年完成涪陵人民广播电台和涪陵电视台安全播出工作三万余小时，在重要时间启动安全播出应急预案30余次，向上级单位汇报安全播出情况50余次。保证元旦、春节、五一等节日期间的安全播出，保证全国、市、区“两会”等重要活动期间的安全播出，2018年无重大安全播出责任事故发生。

体　育

【概况】 新建社区体育健身点23个。举办各类精品赛事12次，其中，国际赛事2次（美国明星队与重庆三海兰陵队对抗赛、第三届海灯国际武术节“海灯传奇”中外拳王争霸赛）、全国比赛5次（全国少年足球邀请赛、全国室内五人制足球比赛、全国田径大奖赛、全国田径省市区邀请赛、NBL全国男子篮球联赛涪陵赛区主场14场比赛）、市级比赛5次（重庆市第八届全民健身运动会网球比赛、渝东南门球比赛、渝东南象棋比赛、重庆市青少年儿童泰拳比赛、重庆市青少年网球积分赛）。

【体育赛事】 组织开展门球邀请赛、老年人羽毛球比赛、四季登山、“健康校园杯”中小学生跳踢比赛、乒乓球羽毛球等以及乡镇、街道全民健身活动120项次；各单项体育协会全年开展群体活动200余次。公共体育场所向市民免费开放18万人次。开展社会体育指导员、裁判员培训2期，新增社会体育指导员2445名。举办涪陵区第五届运动会，正式比赛项目17个，参赛运动员11000人次。

【竞技体育】 组织600余人次参加市级年度锦标赛、冠军赛27项，共取得金牌68枚、银牌65枚、铜牌60枚。区体校输送运动员雷挺婕在43届世界国际象棋奥林匹克团体赛中获团体冠军；刘银在2018年雅加达亚运会上获得软式网球团体铜牌；吴佳雪参加2018年全国跆拳道冠军赛获女子67公斤第三名，并获国家健将证书。全年确认国家二级运动员22人，一级运动员4人。

旅　游

【机构设置】 涪陵区旅游发展委员会是区

政府主管全区旅游工作的政府组成部门。2018年2月，涪陵区旅游局变更为涪陵区旅游发展委员会，有直属单位1个。即：涪陵区旅游质量监督管理所。区旅发委内设机构3个：办公室、行政审批科、规划开发科。截至12月底，有公务员10人，工勤人员1人，离退休人员7人。

【旅游接待与出游】 2018年累计接待境内外游客1930万人次，同比增长24%；实现旅游综合收入122亿元，同比增长25%。

【旅游客源市场开拓】 组织涪陵区旅游企业参加第22届重庆市旅游节暨城际旅游交易会、中国西部国际投资贸易洽谈会、第九届长江三峡国际旅游节等旅游节会活动，走进成都、上海等地开展旅游宣传推介。借势对口支援政策，与温州、台州旅游部门签订战略合作协议，推广工会疗休养旅游产品，打开浙江市场。以交旅集团为主体实施团队游客来涪奖励营销政策，武陵山大裂谷、白鹤梁、816等景区全年接待团队游客28.5万人次。三峡游轮市场取得重大突破，接待长江三峡游轮在涪停靠129航次、接待游客12411人次，同比增长64%，特别是涉外游轮“长江探索号”的定期停靠，不仅带来外籍团队游客4417人，更是打通了涪陵旅游走向国际市场的水上通道。与长师院联合举办首届涪陵全域旅游发展论坛，10余名旅游业大咖和200余名高校旅游学者齐聚涪陵。

【旅游景区与设施建设】 古今花海成功创建3A级景区，全区A级景区达到8家。大木乡、武陵山乡等2乡5镇创建市级域旅游示范乡（村）。整合资金1000万元推进大木迎新社区、黄草山十二居、万松里石磨一条街等重点项目建设，新建成三峡笋竹园、三峡梦幻花海等5个乡村旅游游客接待中心，推进道路交通、乡村旅游标识标牌和旅游厕所等公共服务配套设施的建设。投资1370万元，全区新（改）建旅游厕所50座。

【旅游行业】 全年旅游业固定资产投资约66亿元，签约“北山文旅康养度假区”等旅游招商引资项目3个，协议资金40.5亿元。以全国文明城区创建为契机，在全区招募508名旅游志愿者，组建24支旅游志愿者服务队伍，每个节假日和旺季的周末，在高速路口、景区景点、国道319等游客集散点，开展文明旅游劝导、旅游咨询、提供饮水、急救药品等志愿服务。组织实施区级旅游突发事件综合应急演练——两江游轮碰撞事故应急救援演练。依法开展安全检查和旅游市场秩序整治。全年共出动214人次，检查旅游企业158家次、导游18人次；对安全生产违法行为行政处罚2件，罚款2500元，移交违法线索1条；受理旅游投诉1件，办结1件。旅游市场秩序良好、安全稳定，连续多年无游客有效投诉、无旅游安全责任事故。

【旅游节庆活动】 全年举办“榨菜嘉年华”等乡村旅游节会活动24起，乡村旅游接待超900万人次。

旅游区管委会

武陵山旅游区管理委员会

【概况】 武陵山旅游区位于涪陵区东南端、乌江下游东岸，距涪陵城区38千米，东与武隆相连，西与乌江相依，南接白涛街道，北与丰都相邻，全域面积213平方千米，属典型的“喀斯特”地貌。旅游区由武陵山乡和大木乡组成，全域人口共4500户1.25万人，其中城镇人口0.32万人。旅游区内森林茂密、空气清洁、气候宜人，森林平均覆盖率达82.7%，负氧离子含量达2900个/立方厘米，夏季平均气温20℃，适合休闲养生度假。旅游区全年接待游客358.2万人次，同比增长28.4%；实现旅游综合收入13.8亿元，同比增长38.2%；过夜游客105.6万人次，同比增长24.06%。

武陵山旅游区管理委员会成立于2013年6月，内设综合协调处，下设规划建设处、招商宣传处、服务管理处三个事业单位，驻有公安处、国土所、工商所、综合行政执法大队、景区勤务大队五个区级部门延伸机构。管委会有在编干部职工31人（含公安、国土、工商、执法大队、勤务大队），其中班子成员4人（党工委书记、主任1人，专职副书记1人，副主任2人）。

【度假区建设】 全年完成投资1.4亿元，完成旅游交通设施修复整改、环境卫生综合整治、旅游干线沿途广告清理整治、公厕水电完善、旅游干线灯饰及绿化景观修复等5A创建外部环境问题整改85项。编制完成提升创建规划，启动创建方案制订、项目策划等工作，建成投用饮水保障工程，加快推进龙塘湿地、武金路、迎宾大道项目前期工作。

【5A创建】 全面升级大裂谷景区内旅游厕所、游览设施、标识系统等八大要件，完成景区道路整治、游步道铺装以及文化植入等景观提升项目45个，武陵山旅游公司荣获全市首批放心消费创建示范单位、重庆市2018年旅游工作先进单位等荣誉称号。

【文旅融合】 成功举办了首届巴文化旅游节、七夕音乐节、首届重庆山歌会、第二届中国（大木）花园节以及武陵山国际帐篷露营节等节会活动。其中，首届重庆山歌会邀请渝、湘、鄂、黔等武陵山片区三省一市43支代表队80余个优秀节目参加展演，累计吸引2万余游客现场观看。持续开展武陵山民歌征集评审比赛活动，面向全国征集创作歌曲200余首，成功举办的第二届武陵山民歌大赛吸引区内外350余人参赛，成功组织武陵山民歌参加第九届全国中老年合唱艺术节邀请赛获明星金奖、参加第五届七彩夕阳国际中老年艺术节获国际交流金奖，推进武陵山民歌走出重庆、走进国家大剧院、走入维也纳金色大厅。编印《大武陵》旅游季刊杂志4期，完成农耕枳巴文化壁绘3幅，开展巴文化标识的运用植入10户，为旅游附力文学、摄影、音乐、曲艺等内涵魅力。制作完成旅游度假区形象宣传片，通过市都市旅游节暨城际旅游交易会、北京巅峰文旅大会等平台以及城区楼宇轿厢、公交车视频及车身、商圈LED进行旅游形象推广，借助“抖音”、“快手”等新媒体开展宣传营销，全方位加强旅游区对外宣传。

【服务监管】 组织开展旅游管理从业人员培训，切实提升旅游区监管服务人员能力，全年培训旅游管理人员40余人次，培训景区从业人员及农家乐经营人员530余人次，分片区培训驾驶员200余人次。建成投用旅游区公共安全管理系统（一期），启动旅游区公共安全管理系统（二期）建设，安装旅游干线IP广播12个，维修安装减速震荡标线20处，维修更换安全标识标牌82块，完成农家乐实名登记系统建设93家。以冰雪极端天气应急抢险、夏季旅游高峰以及重大节会活动为重点，扎实开展旅游环境综合整治，排查整治旅游安全隐患80余起，开展道路交通巡逻疏导管控2000余次，疏导冰雪天气游客车安全离境3000余辆，协调稳控金子山风电设备撤场，常态化开展旅游市场经营秩序、食品药品安全、农民工工资保障以及景区安全秩序监管，实现监管服务全覆盖。

【资源管控】 编制完成大木山市级自然保护区总体规划，编制完成角帮寨旅游开发策划方案，推动大木乡、武陵山乡开展乡总体规划修编及村规划编制，启动武陵山旅游区生物多样性评价工作。严格按照区政府部署拆除了大木山自然保护区核心区违法建筑10栋3222平方米，复耕复绿1838平方米，完成云雾阁森林防火瞭望站、野生动物监测点、水晶湖野生动物救护点以及游客生态教育体验中心的挂牌整改任务。完成农房普查清理，严把农房建设审批、选址、建设、风貌关，制定旅游区特别是自然保护区违建农房分类处置方案，建立健全违建查处联动机制，开展农房建设联合监管巡查200余次，拆除违规违法建设8处，规范养蜂、游摊、广告等旅游秩序。开展建设用地报批73公顷，获用地计划38公顷，完成征地拆迁65户，开展卫片图斑整改复耕35亩，开展国有建设用地供应7宗40.7公顷。

【招商引资】 积极融入渝东南、渝东北旅游联盟，展示武陵山旅游资源和产品，主动出击赴四川成都、浙江温州、台州等地开展旅游推介战略合作，开展旅游综合项目接洽30余个。

【旅游度假品质提升】 以增强游客的体验性和舒适性为出发点，高水准推出飞越丛林体验项目，并首次利用声光电创新打造夜花园两者得到了游客的广泛认同。以开展美丽乡村建设、农家乐实名登记系统建设和特色菜品技能大赛为抓手，不断提高乡村旅游品质，扎实推进金子山、咪水洞市级美丽乡村示范点建设，农家乐实名登记系统安装实现全覆盖，成功举办特色菜品厨艺大赛收集打造特色菜品30余道。建成投用旅游区公共安全视频监控系统，完成武角路一期扫尾工程，建成投用大木场镇游步道、武陵山市政广场，完成48千米花园环道景观提升，栽植花卉品种110类200余万株，全力协调推进双江水库、杨家湾水库建设。

【从严治党】 组建四个党员联系小组对点联系景区、农家乐业主、机关群众19人，有效解决了旅游用水保障不足、场镇管理混乱、宣传营销无序等问题30余个，党员与群众的血肉联系进一步融洽。严格按照全区“三百”行动工作要求大力优化营商环境，按照项目化、清单化落实责任领导、处室、人员进行跟踪解决，有效解决门票预订、景区管理、土地审批等问题5个，企业满意度100%。着力构建“1+2”党员服务体系，构筑党员教育管理、旅游服务维权、旅游诚信评价、旅游文化推介、旅游特产展销、旅游交流展示六大平台，实现党建与旅游融合发展，使113名流动党员找到了“新家”，设立党员先锋岗28个，授牌党员经营户78户，开展送清凉志愿活动6次，通过党建领航切实为游客提供了咨询、导游、求助等优质服务。

江北旅游区管委会

【概况】 江北旅游区管委会成立于2013年，代表区政府履行江北旅游区的统筹协调和开发建设管理职责，负责整体推进江北旅游区管辖范围内的旅游项目建设。领导班子成员由1名党工委书记、1名管委会主任、12名兼职副主任和2名专职副主任组成。管委会下设综合协调处、规划建设处、招商处。

【北山新城项目】 实施北山项目清产核资工作。招商引资工作取得进展，成功签约涪陵北山国际文旅康养游度假区项目。维护社会稳定，加强安全维稳风险防范，确保春节、两会、春季开学等重大节假日及敏感时间节点，未出现群访、集访及到市进京情况。

【涪州古城项目】 点易园综合整治工程一期2018年完成投资约4941万元（含土地费），完成总工程量的约60%。主要完成以下工作：完善立项批复、水保方案审查、预算财评、建设用地规划许可证等项目前期相关手续；完成点易园景区原有仿古建筑的拆除重建、修缮和复建等主体工程施工；石板铺装完成40%，绿化种植完成15%。

【涪陵1898榨菜文化小镇项目】 项目自实施以来，主要推进了规划设计、立项报批、征地拆迁、环境评估、土地报批和签订公建项目代建协议等工作。8月，由于业主单位退出，区政府与重庆万正实业有限公司所签定《涪陵1898榨菜文化小镇项目投资协议》《涪陵1898榨菜文化小镇项目投资补充协议》解除，经过多方协调，未出现任何不稳定因素，项目目前已暂停。

信息产业

中国电信涪陵分公司

【概况】 中国电信股份有限公司涪陵分公司是大型国有通信企业，成立于1996年，主要经营重庆市辖区内固定电话、移动通信、卫星通信、互联网接入及应用等综合信息服务，云计算、大数据、物联网、光网络、移动互联网等新型业务，是一家综合的智能信息化服务运营商，2018年全年收入突破2亿元。2018年有在职员工274人，有党支部6个、党员160人。分公司持续保持重庆市级文明单位、重庆市级消费者信得过企业、重庆市级诚信经营企业，高笋塘营业厅持续保持"全国青年文明号"称号。

【基础建设】 2018年完成投资2365万元，在无线网、光宽网方面，通过推进双提升、强网护航，各项指标全面改善、全年总体趋势向好，有效支撑市场发展。完成LTE扩容建设开通800M站点135个、1800M站点7个、室分新技术站点10个、室分EPC项目站点42个、扩容站点51个，规划行政村站点70个，投入设备132套。新增FTTH端口34980个，累计光网末级端口能力达到320128个，覆盖住户449529户。城镇光网覆盖率达到100%，行政村住户覆盖率75%。全年机房整治30个，电源隐患整治及改造累计完成36个，完成29组机房电池更换；光接入网OBD累计整治2.1万个，完成进度100.7%。光衰专项整治保持稳定在97.6%以上。

【渠道拓展】 2018年，新建销售型实体门店24家，其中城区覆盖型门店9家，农村15家；核心商圈门店新建8家，累计达到15家，全年实体渠道有效门店131家。

【优质服务】 持续推进装维"五项服务承诺"，深化"当当慢"，降低重复投诉，优化透明服务，拓展服务触点，加大"中国电信重庆客户"微信号公众号的推广，做好商机单转化率、弹屏等工作。规范和量化各级员工和外包合作方人员的服务行为，突出服务行为的价值。在窗口服务方面，围绕服务环境、服务礼仪、便民措施、服务效率、环境氛围等五方面内容，不断创新服务理念、拓展服务领域、提高服务质量，展示文明风采，塑造良好形象。拓展服务窗口，为用户提供更加方便、快捷、高效及个性化的服务环境。厅内增设自主缴费、查询、打印机等自助服务设备，提供饮水机、老花镜、客户座椅等便民设施。

【新型业务】 加快智慧城市建设，探索加快两化建设（信息化、工业化），探索智慧城市及应用，设计开发出互联网＋教育、互联网＋医疗、互联网＋交通、雪亮工程、物联网、云服务、总机服务、商户通、商企通等一系列信息化行业应用产品，广泛应用于涪陵各大中型企事业单位。

【扶贫攻坚】 带头落实帮扶责任制，成立扶贫攻坚领导小组，重点抓好网络能力扶贫和信息化扶贫工作，63个建档立卡贫困村光网通达率100%，设立25个扶贫专柜办理点，1264户建卡户、17个建卡贫困村享受信息扶贫优惠，发动党员群众自发捐款26530元。

中国移动涪陵分公司

【概况】 中国移动通信集团重庆有限公司涪陵分公司（以下简称中国移动重庆公司涪陵分公司）成立于1999年10月10日，隶属于中国移动通信集团重庆有限公司，公司积极致力于移动通信技术创新、业务创新和服务创新，2018年有员工200多人，通信用户数67万户。

【业务发展】 分公司积极推进国家“互联网+”战略，坚决贯彻提速降费指导思想，牢固树立“以客户为中心”的理念。近年来通过出台流量不限量套餐、取消流量漫游费等方式，营造良好的推广氛围，辅以咪咕视频、咪咕音乐、咪咕阅读等手机应用，全面解决个人客户通信、娱乐、社交需求，丰富了移动用户精彩手机生活；依托家庭宽带，辅以家庭短号等家庭产品，同时提升存量家庭宽带带宽，推广OTV互联网电视，加大农村宽带建设和资源投入，循序渐进丰富城乡居民家庭生活。分公司立足统筹城乡信息化暨乡村振兴、智慧城市建设，稳步向各个乡镇辐射，利用专线、商宽、云办公、物联网、和教育和覆盖全区所有乡镇村社的医疗卫生专网等信息化产品，因地制宜满足集团客户的信息化需求，推进涪陵区政务信息化、企业信息化进程，全面服务工业与农业、城市与农村、社会与家庭、单位与个人，有效促进了涪陵区社会信息化水平的提高，推动了当地经济发展。2018年完成通信服务收入4.8亿元。

【网络建设】 2018年分公司无线网络2G基站达到1000个，实现2G网络覆盖率达到99%以上；4G基站3000个，实现城区核心区域道路覆盖率达到99%以上，入室覆盖率达到97%以上；基本实现全区所有26个乡镇街道及赶集街道全覆盖，实现风景区核心区域、高速路沿线全覆盖，行政村村委区域全覆盖，80%以上农村区域有覆盖。有线宽带户线数规模达55万户线，在城镇实现全面积宽带网络覆盖，覆盖率达到99%以上；所有行政村均实现光纤全接入，完成近200个行政村宽带覆盖全覆盖，致力实现农村大面积宽带网络覆盖。传输光缆近15000千米，在涪陵区域内形成完善的传输基础网络，可以满足无线网及有线网的传输宽带需求。

【新技术应用】 分公司充分利用移动通信网络优势、多元化的通信业务及良好的服务，培育数字化服务，推进涪陵经济和社会信息化的战略发展，开展5G建设和发展，推进大数据和人工智能应用，为涪陵经济和社会建设服务发展做出贡献。

中国联通涪陵分公司

【概况】 涪陵联通主要经营移动通信业务、固定通信业务、数据通信业务、网络接入业务和各类电信增值业务。2018年，公司固定资产规模达到3亿元，建成覆盖全区的移动通信和数据网络，实现移动通信及宽带网络在涪陵城乡全覆盖的目标，用户规模超过20万。

【网络建设】 2018年公司移动基站总数达到1300余个，利用LTE 4G网络技术优势，全面提升主城区、工业园区、重点乡镇、高速路、风景区的网络覆盖能力，均实现全面覆盖， 4G平均下载速率达到58M，学校、酒店、商务场所等人流聚集重点区域下载速率达到300M；4G无线网络覆盖至全区26个乡镇、街道办事处，行政村覆盖率达到88%，城乡均可通过移动网络实现“移动互联网”“物联网”等众多信息化项目的应用。公司响应“宽带中国”战略，推动“光网城市”建设，公司具备80G的互联网上行出口带宽能力，光网络覆盖家庭已超过10余万户，宽带互联网业务覆盖城区及所有乡镇集镇，具备向光纤到户家庭提供100M以上宽带及4K视频业务的能力。

【新技术运用】 涪陵联通依托重庆联通水土云数据中心并发挥4G和互联网的优势，结合涪陵各行各业信息化发展需求，以数据智能化创新发展为战略路径，打造数字时代地区发展新优势，以加强新兴技术应用、强化智能网络基础设施建设和服务供给侧结构性改革为工作重点，推动5G实验网建设，促进人工智能、智能制造发展，推进互联网、大数据、人工智能的深度融合，实施“互联网+”在教育、医疗、交通、政务等领域的落地应用，对各行业创新商业模式、优化内部管理、提高生产效率和经济效益起到了积极的作用。

金融业

概述

【概况】截至2018年末，涪陵区基本构建起涵盖银证保等11个门类共计82家机构的金融服务体系。其中银行业金融机构22家、营业网点215个（含二级分行、支行、分理处和储蓄所），保险业金融机构33家，证券类金融机构9家，小额贷款公司5家，融资性担保公司3家，国有典当公司2家，金融要素市场1家，基金公司1家，基金管理公司4家，融资租赁公司1家，保理公司1家。2018年12月末，全区社会融资规模余额1444.39亿元，全年新增119亿元，直接融资增量占当年社会融资规模新增量的91.32%；金融机构各项存款余额770.76亿元，较年初增加26.83亿元，同比增长3.6%，增速同比上升1.61个百分点；金融机构各项贷款余额542.70亿元，较年初增加5.04亿元，同比增长1%；银行机构不良贷款与不良贷款率“双降”，不良贷款余额3.31亿元，较年初减少0.78亿元，不良贷款率0.61%，较年初下降0.15个百分点；证券机构共开立证券投资账户13.32万个，累计证券交易量730.71亿元，融资融券2.03亿元，托管总市值达77.55亿元；保险公司累计承担风险保额1422.57亿元，同比增加29.45万元。

【涪陵银保监分局】2018年，原涪陵银监分局落实重庆银监局党委和区委、区政府的各项工作要求，聚焦防风险、强服务、促改革、提质效。重点监管举措有：突出底线思维，打好三年风险防控攻坚战的开局战；突出提质增效，服务实体经济发展；突出改革开放，促进行业高质量发展；推进机构改革。涪陵银保监分局于2018年12月21日挂牌成立，对全区银行业、保险业依法进行全面监管。

【金融学会】涪陵金融学会特色智库建设初显成效，“普惠金融研究中心”成为涪陵区首批社科智库。年内，1项课题成功申报“重庆市涪陵区第十次哲学社会科学优秀成果”，3篇论文在涪陵区政协“大力实施乡村振兴战略征文”活动中获奖，3篇研究报告被《重庆金融》采用，1篇通过《当代金融研究》初审。年内学会围绕防范化解金融风险、扶贫攻坚、服务实体经济、乡村振兴主题，组织会员单位深入开展“金融宣传五进”。学会完成武陵山片区“金惠工程”验收评估专题片《金惠工程在重庆》。

【银企交流平台】 2018年以来，涪陵区将筹建银企互联网对接平台作为构建政银企良性互动交流机制的基础，推出的集电脑版、手机版和微信公众号三位一体的“涪陵银企合作服务网”于2018年11月正式上线运行，该平台通过发布金融产品及供求信息、传达政策法规和提供贷款申请咨询洽谈等方式，为全区银企合作提供实时、高效、便捷的对接交流平台，改善金融服务质量、支持实体经济发展。

【扶持企业改制】涪陵区在完善企业改制上市组织领导机构、制定出台上市（挂牌）政务服务事项规程、建立拟上市企业资源库管理机制的基础上，修订出台了《进一步支持企业改制上市的意见》（涪陵府发〔2018〕53 号），从新增奖励政策、提高奖励标准等方面加大政策扶持力度，增强企业改制上市的决心和信心，提高企业直接融资占比。即新增区内拟上市企业入库、完成股改、申报资料经证监会受理等三项财政奖励政策，单户企业奖励资金最高新增 80 万元；提高企业成功上市奖励，单户企业奖励资金新增 400 万元；提高企业成功上市后的税收奖励，对企业成功上市后区级留成部分的税收由原文件 3 年内环比奖励提高至现在 5 年内定比奖励。

【金融精准扶贫】 涪陵区持续引导金融资源向“三农”倾斜，多举措开展金融精准扶贫工作。一是货币政策工具与扶贫小额信贷产品双轮驱动，确保金融扶贫顺利推进，截至 2018 年末，全区金融扶贫贷款余额 8.12 亿元，同比增长 52.19%，带动服务贫困人口 14331 人次；足额落实到位扶贫小额信贷风险补偿资金 3500 万元，全区 8024 户建卡贫困户共获得 2.09 亿元扶贫小额信贷，贫困户获贷率为 45.74%，获贷率在全市排名前三。二是特色电商着眼解决农民“买卖”之忧。农行涪陵分行通过与各类电商平台的对接，打通“农产品进城、工业品下乡”的通道；邮储银行涪陵分行充分发挥中国邮政资金流、物流、信息流“三流合一”的特色优势，助推农产品外销。三是“精准脱贫保”助力巩固脱贫攻坚成果。区政府为贫困户统一购买了“精准脱贫保”保险，涵盖小额意外保险、大病补充保险、疾病身故保险、贫困学生重大疾病保险、农房保险等五个险种，为全区 25 个乡镇的近 1.6 万人提供风险保障，进一步巩固扶贫脱贫成果。

【地方金融风险防控】 进一步建立健全打非工作机制。出台《涪陵区防范化解金融领域重大风险工作方案》《涪陵区非法集资监测预警工作制度》等制度文件，完善非法集资举报奖励制度。推进风险排查和专项整治行动。加强对投资类企业、电子商务公司、P2P 网贷平台、农村合作社、房地产等重点行业企业的风险排查；以“消费返利”型非法集资、涉嫌非法集资广告咨询信息、非法融资放贷等为重点，针对性开展系列专项整治；开展互联网金融风险专项整治，本地注册法人机构 P2P 平台实现 P2P 业务的清零，风险总体可控。加强宣传教育。组织开展部门、金融机构集中宣传，利用报纸、电视等传统媒体以及网络、微博、微信等新媒体开展多种形式的宣传；对民间投融资、互联网金融、市场零售等案件高发行业领域进行重点教育劝诫；对当下多发的以“消费返利”等为名开展的非法集资活动启动风险警示预防机制；通过进社区、进村社、进工厂、进学校、进家庭宣传政策、讲解知识，对中老年人、城市低收入者、务工人员、在校学生等人群进行重点教育引导。依法稳妥分类处置。综合运用经济、行政、法律等手段，依法合理处置非法金融活动、化解金融风险，2018 年以来，全区新立非法集资案件 3 起（涉案金额 1633 万元、涉案人数 129 人），立案数量同比下降 25%；行政手段化解风险 3 起、化解率达 50%；建立辖区积案化解工作机制，提升积案化解质效，化解积案 2 件，化解率达到 28.6%。

【保险服务】 做好中央财政补贴保险险种的提标工作，有效解决传统农民“靠天吃饭”而保障水平不够的现状；构建起融合自然灾害公众责任保险、政府救助保险、政策性农村住房保险的巨灾保险体系，推进巨灾保险试点工作，为全区民生保障和持续改善加上一道防火墙；推进“险资直投”支农融资贷款业务，为投保农业保险的新型农业经营主体提供低成本、无抵押的贷款，解决农业经营主体的融资难题，实现从支农保险服务到支农融资服务的跨越。截至 2018 年末，保险业金融机构实现保费收入 37.09 亿元，保险深度 3.45%、保险密度 3226 元 / 人；正式启动水稻收益保险等品种，全区政策性农业保险险种已达 11 项，全年累计拨付 3541 万元保费补贴资金，为全区提供 18.2 亿元风险保障；全年共办理巨灾保险理赔 757 笔，赔付金额 192.46 万元；发放险资直投支农贷款 1243 万元。

银 行

【概况】2018 年，涪陵区银行业金融机构贯彻落实稳健的货币政策，各项存、贷款保持稳步增长。截至 2018 年末，各项存款余额 770.76 亿元，较年初增加 26.83 亿元，同比增长 2.6%；各项贷款余额 542.7 亿元，较年初增加 5.04 亿元，同比增长 0.94%。全区银行业不良贷款余额与不良贷款率分别降至 3.31 亿元和 0.61%，分别比年初下降 0.78 亿元和 0.15 个百分点。

涪陵区 2018 年银行业主要统计数据

项目名称	本期余额	比年初增减数	项目名称	本期余额	比年初增减数
一、各项存款	7707578	268341	一、各项贷款	5426950	50357
（一）境内存款	7705611	269072	（一）境内贷款	5426927	50358
1. 住户存款	4589258	198985	1. 住户贷款	2197723	190633
（1）活期存款	1431353	19157	（1）短期贷款	307606	-667
（2）定期及其他存款	3157904	179828	消费贷款	131772	15840
2. 非金融企业存款	1970880	-146613	经营贷款	175834	-16506
（1）活期存款 2	990831	-1305	（2）中长期贷款 2	1890117	191299
（2）定期及其他存款 2	980049	-145308	消费贷款 2	1768447	162281
3. 广义政府存款	1118205	228536	经营贷款 1	121670	29018
（1）财政性存款	101698	5341	2. 非金融企业及机关团体贷款	3229205	-140274
（2）机关团体存款	1016507	223194	（1）短期贷款	996385	-206555
4. 非银行业金融机构存款	27269	-11836	（2）中长期贷款	2151781	148465
（二）境外存款	1966	-731	（3）票据融资	81039	-82185
二、金融债券	——	——	（4）融资租赁	——	——
其中：境外发行	——	——	（5）各项垫款	——	——
三、卖出回购资产	——	——	3. 非银行业金融机构贷款	——	——
四、借款及非银行业金融机构拆入	——	——	（二）境外贷款	23	-1
五、联行往来（净）	——	——	二、债券投资	62	57
六、应付及暂收款	88102	-1241	其中：境外债券	——	——
七、各项准备	47657	8007	三、股权及其他投资	——	——
八、所有者权益	82515	12761	四、买入返售资产	——	——
其中：实收资本	9000	——	五、存放非银行业金融机构款项	——	——
九、其他	-157638	-20299	六、联行往来（净）	2270888	209759
			其中：境内存放二级准备金	125929	-20507
			七、金银占款	——	——
			八、中央银行外汇占款	——	——
			九、应收及预付款	28985	12194
			十、投资性房地产	——	——
			十一、固定资产	41328	-4798
资金来源总计	7768213	267569	资金运用总计	7768213	267569

注：本表统计数据均为本外币。（单位：万元）

【金融风险防范化解】 年内人民银行涪陵中心支行牵头成立涪陵区金融稳定协调领导小组，推动出台《涪陵区坚决打好防范化解重大金融风险攻坚战实施方案》，牵头召开涪陵区金融稳定工作联席会，对辖区金融风险状况进行全面分析研判；与10个地方部门签署《涪陵区反洗钱、反恐怖融资、反逃税监管协作备忘录》，与涪陵区商务局签署涪陵区典当行业反洗钱监管合作协议，建立外向型企业状况信息和数据共享机制，形成反洗钱监管合力；定期收集辖区政府、企业、居民、金融机构、区域金融生态等6部门50余个稳健性指标开展监测评估，摸清风险实情。涪陵区严厉查处违法违规行为，全年开展各类执法检查25次、巡查核查10余次，对3家银行机构、1家企业进行行政处罚共246.9万元；开展反洗钱调查6起、移送犯罪线索3起、洗钱案立案1起，协助破获1起特大骗取出口退税案；配合处置1起涪陵区某重点企业债务问题，配合查处1家公司非法经营P2P业务，对1家公司开展了P2P网络借贷风险专项整治整改验收，及时遏制企业债务风险向金融机构蔓延。

【助力污染防治】 人民银行涪陵中心支行推动涪陵区委、区政府将“引导金融机构创新绿色金融服务模式，支持绿色信贷、绿色保险、绿色债券、绿色担保和绿色产业基金发展，实施绿色金融工程”纳入《重庆市涪陵区实施生态优先绿色发展行动工作方案（2018—2020年）》。助推完成涪陵区海绵城市工程一期项目建设第三方专业机构绿色认证、可研报告编制、交易商协会申报材料准备工作，为力争成为全市第一只30亿元绿色债务融资工具奠基铺路。引导商业银行建立完善绿色信贷工作机制、加强绿色金融工作，对授信客户划分为绿色、蓝色、黄色、红色类别，授信绿色交通、垃圾发电、节能环保等资源循环利用项目，严格执行“环保一票否决制”。

【服务实体经济】 运用货币政策和宏观审慎政策“双支柱”框架，引导金融机构合理控制信贷投放，向经济高质量发展和薄弱领域倾斜。制定《金融服务实体经济高质量发展示范行动分工方案》，在民生领域金融服务、精准脱贫攻坚金融服务、创新驱动发展金融服务等六个领域牵头创建示范典型。牵头构建小微企业金融服务“几家抬”机制，组织开展2次银企政对接会，推动“涪陵银企合作服务网”建设，开展免费工商代办业务网点58个。建立小微企业每周走访制度，到20余家小微企业开展金融服务调查，并现场解决企业困难。推出《涪陵区内陆开放高地建设战略推动计划》，涪陵区实施“优化营商环境三百行动”、推进综合保税区审批服务“马上办、就近办、一次办”及10项外管改革措施统一实施。完成辖区1家重点企业跨境融资模式，将企业跨境融资人民币余额上限提至20多亿元，支持外向型企业发展。

【支持乡村振兴】 重庆农商行总行与涪陵区政府签订《乡村振兴金融服务战略合作协议》，对接涪陵区国家级现代农业园、乡村旅游、农业产业发展。政策性金融机构为城乡基础设施建设提供中长期、低成本资金支持。银行、保险等金融机构围绕农村一二三产业融合发展，采取“一行一品”的方式，开发产品和服务，实施金融支持乡村振兴战略。创建并成功验收13个乡村振兴金融服务示范典型。探索创建“见机制、见对象、见产品、见规模、见风控”的“五见”农村投融资机制，相关成效5次被《金融时报》报道。

【普惠金融】 人民银行涪陵中心支行推动移动支付便民示范工程，涪陵“云闪付1分钱坐公交”活动上线，成交量居全市第一。开展国债下乡，创建涪陵区马鞍街道为国债下乡示范乡镇。推动涪陵区社会信用体系建设，推广“信用涪陵”平台运用。全辖个人信用报告自助查询点增至9个。推进三大现金服务工程、硬币自循环和反假币工作，设立1179个现金服务点，全年对20个银行网点进行暗访。实施“零售服务企业小面额现金服务工程”，重点保障38家大中型企业小面额现金需求。在涪陵区50条线路292辆公交车电视上开展为期250天的“爱护人民币，共建文明城市”宣传、在涪陵30余个智能阅报栏和18个报刊亭灯箱持续投放3个月的反假货币宣传；成立“立信”服务队深入长江师范学院诚信教育演讲比赛，2018年开展“宪法宣传教育年”“普及金融知识，守住‘钱袋子’”等各项金融知识宣传50余次，不断提升金融消费者素养。

【中国农业发展银行重庆市涪陵分行】 2018年，该行获评涪陵中支银行业金融机构A等单位。截至2018年末，各项存款余额6.96亿元、各项贷款余额19.8亿元，缴纳税收411.41万元。

【中国工商银行股份有限公司重庆涪陵分行】 截至2018年末，该行各项存款余额69.43亿元，较年初增长0.54亿元；各项贷款余额63.11亿元，较年初减少4.41亿元。全年实现中间业务收入6988.62万元，实现净利润1.05亿元，缴纳各项税金2386.56万元。

【中国农业银行股份有限公司重庆涪陵分行】 截至2018年末，该行各项存款余额69.08亿元，各项贷款余额69.08亿元；实现拨备前利润2.11亿元，营业收入2.96亿元，实现中间业务收入7124万元，全年投放小额扶贫贷款827.3万元。

【中国银行股份有限公司重庆涪陵分行】 截至2018年末，该行各项存款余额37.21亿元，各项贷款余额44.19亿元，分别较年初增加0.9亿元和3.16亿元；实现营业收入1.36亿元、净利润1.1亿元；不良贷款余额5265万元、不良率1.19%，分别较年初减少877万元，0.31个百分点。

【中国建设银行股份有限公司涪陵分行】 该行截至2018年末，全辖13个营业网点，224名在岗员工，各项存款余额98.7亿元、各项贷款余额97.5亿元，分别比年初增加11亿元和1.5亿元；实现中间业务收入3722.74万元，实现利润24151.14万元。该行建成全区首个银行业场所“劳动者港湾”，为广大劳动者提供便民服务。

【交通银行股份有限公司重庆市涪陵支行】 截至2018年末，该行各项贷款余额38.65亿元，比年初增加2.22亿元；各项存款29.7亿元，比年初增加15.41亿元；不良贷款余额为678万元，不良贷款率0.17%。全年完成经营利润4805万元，经济利润3210万元。荣获中银协五星级服务网点并挂牌。

【中信银行股份有限公司重庆涪陵支行】 截至2018年末，该行各项存款余额28.64亿元、比年初增加12.77亿元，各贷款余额25.13亿元、比年初减少3.54亿元，实现利润6387万元，缴纳各项税收603.3万元。

【中国光大银行股份有限公司重庆涪陵支行】 截至2018年末，该行各项存款余额7.54亿元、各项贷款余额4.17亿元，分别别年初增加2.14亿元和1.88亿元。

【平安银行股份有限公司重庆涪陵支行】 截至2018年末，该行管理资产7.22亿，较年初增长1亿元，各项存款余额2.81亿元、各项贷款余额3.24亿元，全年各类零售贷款发放额1.6亿元，环比增长300%。

【招商银行股份有限公司重庆涪陵支行】 截至2018年末，该行各项存款余额36.89亿元，各项贷款余额6.28亿元，实现经济利润0.85亿元。

【上海浦东发展银行股份有限公司重庆涪陵支行】 截至2018年末，该行各项存款余额11.37亿元、比年初增加0.93亿元，各项贷款余额12.21亿元、比年初增加5.21亿元，不良贷款余额12.83万元，全年签发银行承兑汇票3.29亿元。

【兴业银行股份有限公司重庆涪陵支行】 截至2018年末，该行各项存款余额为14.27亿元，各项贷款余额17.79亿元。

【中国民生银行股份有限公司重庆涪陵支行】 截至2018年末，该行各项存款余额4.55亿元，各项贷款余额1.07亿元，分别比年初增加0.31亿元和0.43亿元。

【恒丰银行股份有限公司重庆涪陵支行】 截至2018年末，该行各项存款余额2.15亿元，各项贷款余额12.05亿元。全年实现中间业务收入2.16万元，实现营业利润6044.81万元，缴纳各项税金573.16万元。

【哈尔滨银行股份有限公司重庆涪陵支行】 截至2018年末，该行各项存款余额10.65亿元，较年初增加0.28亿元；各项贷款余额2.08亿元，缴纳各项税金176.2万元。

【成都银行股份有限公司重庆涪陵支行】 截至2018年末，该行各项存款余额1.94亿元、各项贷款余额1.38亿元，荣获2018年重庆分行“优秀团队”称号。

【重庆银行股份有限公司涪陵支行】 截至2018年末，该行各项存款余额30.45亿元，各项贷款余额25.1亿元，缴纳各项税金1784.65万元。

【重庆三峡银行股份有限公司涪陵支行】 截至2018年末，该行各项存款余额6.45亿元，各项贷款余额1.94亿元，小微企业授信53户，授信余额7540万元。

【富滇银行股份有限公司重庆涪陵支行】 截至2018年末，该行各项存款余额3.76亿元，其中对公存款3.61亿元，对私存款0.15亿元。各项贷款余额5.03亿元，其中贷款余额5.02亿元，银行承兑汇票余额0.01亿元。全年实现经营利润2146万元，缴纳各项税金135.15万元。

【重庆农村商业银行股份有限公司涪陵支行】 截至2018年末，该行各项存款余额达188.95亿元，各项存款日均净增8.59亿元；各项贷款余额61.37亿元，贷款日均净增8.37亿元；缴纳各项税金7460.61万元。

【中国邮政储蓄银行有限责任公司重庆涪陵分行】 截至2018年末，该行各项存款余额97.64亿元，较年初增长8.98亿元；各项贷款余额28.23亿元，较年初增长15.58亿元。其中，普惠小微企业贷款结余11.19亿元，增速17.67%；涉农贷款净增2.47亿元，累计发放扶贫小额信贷1701户，金额6309万元。

【重庆涪陵中银富登村镇银行有限公司】 截至2018年末，该行贷款余额3.27亿元，存款余额1.42亿元， 资产总额为3.58亿元，其中贷款余额3.27亿元，占资产比重为91.15%，不良贷款率为2.03%。负债总额为2.7亿元，其中存款1.42亿元，占比为52.84%。投入的注册资本金0.9亿元，2018年末资本净额为0.89亿元。全部风险加权资产为3.22亿元，资本充足率为27.52%。营业收入2089.15万元，营业支出1870.79万元，净利润182.74万元。

保　险

【概况】 截至2018年末，全区共有各类保险业金融机构33家，实现保费收入37.09亿元，同比增长17.88%。其中：寿险保费收入30.04亿元、同比增长20.66%；产险保费收入6.57亿元、同比增长7.36%。

【中国人民财产保险股份有限公司涪陵分公司】 该司下辖涪陵区、南川区、武隆区、垫江县、丰都县五个分支机构。2018年，涪陵本部实现保费收入3亿元，支付各项赔款1.98亿元，缴纳各项税收925.23万元。

【中国太平洋财产保险股份有限公司涪陵中心支公司】 2018年，该司按照“践行精神、主动作为”的工作思路，坚持“求实创新、团结敬业”，强化内部管理，全年实现保费收入

7082.83万元，支付各项赔款3484.35万元，结案率为94.6%。

【平安财产保险股份有限公司涪陵中心支公司】 该司下辖丰都、垫江、武隆、石柱四家四级机构，2018年，涪陵本部实现保费收入1.48亿元，支付各项赔款0.6亿元，实现经营利润4354万元。

【永安财产保险股份有限公司涪陵中心支公司】 该司2018年实现保费收入108.37万元，其中车险47.9万元，非车险60.47万元；支付各项赔款28.88万元，结案率达59.22%。

【天安财产保险股份有限公司涪陵支公司】 截至2018年末，该司全年实现保费收入846.96万元，年度保费同比增长21.3%，其中车险保费516.94万元，同比增长12.8%，非车险保费330万元，同比增长37.5%。年度计划达成率为84.2%. 已决赔付金额497.36万元，已决赔付率61.58%。

【中华联合财产保险股份有限公司涪陵中心支公司】 2018年，该司实现保费收入1872.88万元，其中车险实现保费收入1562.19万元，非车险310.69万元；支付各项赔款790.8万元。全年共计缴纳地方税收80.32万元。

【利宝保险有限公司涪陵中心支公司】 2018年，公司累计完成保费830.05万，其中车险760.97万，非车险69.08万。综合赔付率62.9%，综合赔付率40.6%，综合成本率103.5%。

【中国大地财产保险股份有限公司涪陵中心支公司】 该司始终秉承简单、高效、务实、合规的价值观和诚信为先、稳健经营的理念，坚持依法合规为基础的工作方针，聚精会神谋发展。截至2018年末，实现保费收入5089.43万元，支付各项赔款2477.34万元。

【华安财险股份有限公司涪陵支公司】 该司2018年实现保费收入1187.27万元，其中车险778.55万元，非车险408.72万元；受理客户案件约1120件，已决赔款924.9万元，立案结案率达101.91%。

【安邦财产保险股份有限公司涪陵中心支公司】 该司是安邦财产保险股份有限公司在涪设立的三级中支公司，公司有员工8人，2018年实现保费收入225.9万元，支付各项赔款104.2万元。

【阳光财产保险股份有限公司涪陵中心支公司】 该司2018年实现保费收入2010.1万元，其中车险保费1736.84万元；支付各项赔款1455.03万元。

【都邦财产保险股份有限公司涪陵支公司】 该司2018年达成保费收入1417.51万元，赔款支出716.66万元，实现经营利润72.94万元。

【安诚财产保险股份有限公司涪陵中心支公司】 截至2018年末，该司实现保费收入2267.72万元，综合赔付率55%，综合费用率91%，经营利润205万。

【渤海财产保险股份有限公司涪陵支公司】 该司2018年7月正式成立开业运营以来，完成保费收入461.61万元，其中车险收入458.044万元，非车险3.57万元；支付各项赔款19.94万元。

【安盛天平财产保险股份有限公司涪陵中心支公司】 该司2018年保费收入19.31万元，其中车险18.55万元，非车险0.76万元，赔款支出27.76万元。

【中国人寿财产保险股份有限公司涪陵区支公司】 该司2018年共计实现保费收入1481.1万元，其中车险实收保费726万元，企业财产险实收保费755.1万元，货运险实收保费12万元，责任险实收保费95万元，意外险实收保费139万元；综合赔付率57.35%。

【中国人寿保险股份有限公司涪陵区支公司】 该司2018年共实现保费收入3.53亿元，其中新单业务收入1.67亿元；缴纳税收429.34万元。

【中国太平洋人寿保险股份有限公司涪陵中心支公司】 截至2018年末，该司实现保费收入1亿元，完成新保保费2055万元；缴纳各项税金73.89万元。

【中国平安人寿保险股份有限公司涪陵中心支公司】 2018年，该司改革创新，开拓进取，业务各方面得到健康发展。全年实现保费收入4.34亿元，其中新单业务收入1.74亿元。

【泰康人寿保险股份有限公司涪陵中心支公司】 该司下辖涪陵本部、武隆、垫江、长寿、丰都、南川6家分支机构，2018年，涪陵本部实现保费收入1.33亿元，其中新单业务收入0.38亿元，结案率100%。

【新华人寿保险股份有限公司涪陵中心支公司】 该司2018年度，实现保费收入1.39亿元，其中新单业务收入0.26亿元。

【太平人寿保险股份有限公司涪陵中心支公司】 截至2018年末，该司实现保费收入3716.83万元，其中新单保费收入1660.61万元。

【中国人民人寿保险股份有限公司涪陵中心支公司】 该司2018年共计实现保费收入8391.43万元；全年共处理各类理赔案件146件，结案率100%。

【富德生命人寿保险股份有限公司涪陵中心支公司】 2018年，该司实现保费收入3.39亿元，其中，新单保费收入1.52亿元；全年完成处理投诉件27件，理赔件数是301件，首访成功率个险99.97%，银代88.83%。

【阳光人寿保险股份有限公司涪陵中心支公司】 该司下设涪陵、丰都、彭水、石柱、垫江、5个四级机构，2018年，涪陵本部实现保费收入5.54亿元；累计发生理赔案件2742件，其中2018年发生理赔案件880件，综合赔付率为1.16%，结案率为100%，全年无有效投诉案件；全年缴纳各项税金245.84万元。

【中宏人寿保险股份有限公司涪陵营销服务部】 2018年，该司实现保费收入1355.37万元，其中新单保费收入231.94万元。

【幸福人寿保险股份有限公司涪陵中心支公司】 2018年，该司实现保费收入6081.13万元，理赔结案率100%。

【光大永明人寿保险有限公司涪陵中心公司】 该司2018年实现保费收入921.15万元，其中期交保费收入45.38万元，趸交保费收入588.58万元，续期保费收入287.19万元。全年共处理各类理赔案件39件，结案率100%。

【建信人寿保险股份有限公司涪陵中心支公司】 该司2018年2月正式开业运营，截至2018年末，规模保费收入10936.23万元，其中期缴保费1321.79万元，趸缴保费9614.44万元。

【百年人寿股份有限公司涪陵中心支公司】 该司自2018年10月正式开业运营以来，实现保费收入1.27亿元，均为新单保费收入。

证　券

【概述】 截至2018年末，全区证券业金融机构总数达9家，托管总市值77.55亿元，累计证券交易额730.71亿元，融资融券2.03亿元，实现营业收入0.36亿元。

【西南证券重庆涪陵营业部】 2018年，该司以传统经纪业务为依托，拓展中间业务创收增收，实现市场份额稳升，全年新增资产3694.99万，全年新开账户532户，实现证券交易270.45亿元、融资融券日均余额1.63亿，利润1444.94万元。

【招商证券重庆涪陵广场路营业部】 该司于2013年8月入驻涪陵，是招商证券第一百家营业部，也是涪陵第三家入驻的证券机构。2018年全年新增有效户2000余户，营业部客户共2万余名。营业部与长江师范学院合作，为该校毕业生提供工作岗位和就业机会。

【中信建投证券重庆涪陵广场路营业部】

2018年该司企业融资、收购兼并、证券经纪、证券金融、固定收益、资产管理、股票及衍生品交易等各项业务快速发展，并搭建了研究咨询、信息技术、运营管理、风险管理、合规管理等业务支持体系。截至2018年末，该司实现证券交易量208.96亿元，客户期末资产为4.34亿元，实现净利润194.86万元。

【国信证券股份有限公司重庆涪陵中山路证券营部】 2018年末，该司总资产2393.88万，净资产480.82万，客户托管资产1.2亿，其中限售股托管0.003亿，员工15人，全年实现营业收入244.91万元。

【申万宏源证券重庆涪陵中山路营业部】 该司2018年新增资产27853万，全年新开账户593户，实现证券交易29亿元、融资融券日均余额534万，利润-150.93万元，缴纳税收19.3万元。

创新型金融机构

【概述】 截至2018年末，小贷公司贷款余额34.57亿元；融资性担保公司在保余额13.46亿元，年内累计担保9.12亿元；金融要素市场健康发展，林交所全年累计实现林地交易面积1646.67公顷、金额0.15亿元。

【重庆市涪陵区金诚小额贷款股份有限公司】 截至2018年末，该司资产总额12.36亿元（其中贷款余额10.90亿元）；资产负债率为24.16%。全年实现营业收入0.71亿元，上缴各项税费887.32万元，实现净利润3299.92万元。

【重庆市涪陵区金石小额贷款股份有限公司】 该公司成立于2011年1月，注册资本金3亿元。2018年，公司累计发放贷款3.16亿元，共计130笔，贷款余额3.46亿元，实现业务收入3511.35万元。

【重庆商汇小额贷款股份有限公司】 该公司成立于2011年10月，注册资本金为人民币10.42亿元。公司于2015年8月10日，在全国中小企业股份转让系统挂牌上市，成为整个西南地区第一个在新三板挂牌上市的小贷公司。截至2018年末，公司累计发放贷款205.64亿元，贷款余额17.44亿元，其中，三农、微企贷款累计8.69亿元。

【重庆市涪陵区金泰小额贷款有限公司】 该公司成立于2014年12月，注册资本金1.7亿元，有综合部、业务发展部、风险控制控部、财务部四个部门。截至2018年末，公司贷款余额19077万元，贷款损失率为0。

【重庆市涪陵区银科融资担保有限责任公司】 2018年，该公司新增担保业务130笔，担保金额6.62亿元，年末在保项目154笔，在保责任余额9.78亿元，历年累计担保金额近70亿元，累计提取风险准备金1.2亿元。

【重庆市涪陵区兴农信用担保有限公司】 2018年公司新增担保业务146笔，担保金额2.39亿元，全年实现收入738万元，利润总额201万元，期末在保项目151笔，在保金额2.60亿元。

【重庆涪商融资担保有限公司】 该公司是经重庆市金融办公式批准设立的专业融资性担保公司。公司成立于2011年7月，有注册资金1.3亿元。截至2018年末，公司在保余额10466万元，在保客户29家。

【重庆涪陵区国融典当有限责任公司】 该公司是经中华人民共和国商务部、重庆市经济委员会批准成立的涪陵区国有全资典当融资特种服务企业。公司成立于2009年10月，注册资本1亿元，控股股东为重庆市涪陵国有资产投资经营集团有限公司。2018年，公司新增发放当金6254万元，年末在当余额12639万元，完成营业收入1224万元，其中取得息费收入1166万元，实现利润总额873万元，上缴税费201万元。取得净利742万元。公司总资产达到14793万元，净资产14374万元。

【重庆市益瑞典当有限公司】 该公司成立于2012年8月，注册资金6000万人民币，经中华人民共和国商务部批准的成立的国有独资公司，属于大型综合性典当融资特种服务企业。2018公司资产总额10389万元；营业收入651万元；交纳增值税36万元；交纳企业所得税61万元。

【重庆国兴融资租赁有限公司】 该公司成立于2015年11月，注册资本金5亿元，是一家由重庆市涪陵国有资产投资经营集团有限公司控股的中外合资企业。公司被国家税务总局涪陵区税务局评定为“纳税信用A级纳税人”荣誉称号，并成功申报进入涪陵区拟上市（储备）企业资源库。截至2018年末，公司资产总额达到19.23亿元，净资产5.67亿元；收入1.22亿元，实现税后净利润5060万元；起租项目7.73亿元，成交项目25个。

【重庆涪陵林权交易所】 该所2018年紧紧围绕“建设服务全市的林权要素市场”的总体目标，推进体制机制改革，完善市场功能、拓展市场广度深度、恪守规范服务宗旨。引导林农林地打包规模化流转，促进林地规模化开发经营。全年实现林地交易23宗、面积80公顷、金额56.3万元。

财政·税务

财　政

【概述】 2018年，涪陵区财政局内设22个科室，下辖6个事业单位（其中包括1个副处级单位），在职职工133人(其中局领导班子6人)。全区一般公共预算收入完成55.31亿元，下降8.5%；国有资本经营预算收入完成1.33亿元，下降38.6%；政府性基金预算收入完成50亿元，增长101.5%。全区一般公共预算支出126.54亿元，增长0.1%；国有资本经营预算支出7489万元，增长836.1%；政府性基金预算支出61.71亿元，增长88.5%。

【服务经济发展】 财政局执行页岩气资源税税率优惠、研发费用加计扣除、增值税税率下调、小规模纳税人认定标准统一、重点行业增值税期末留抵税额返还等重大减税政策，减轻企业税收负担。发挥助保贷和转贷应急周转金等资金作用，全年发放中小微企业转贷应急周转资金3亿元、“助保贷”贷款0.86亿元、创业担保贴息贷款1.7亿元。兑现各项招商引资优惠政策，支持各类招商引资企业发展。加强创新驱动发展战略，综合运用财税金融政策措施，支持基础研究、应用技术研究与开发、科技成果转化与推广、专利资助、科学技术普及。支持大数据智能化发展。推动成立涪陵区企业改制上市工作领导小组，牵头制定《企业上市（挂牌）相关政务服务事项规程》，建立协同推进工作机制。牵头制定《关于进一步支持企业改制上市的意见》，激励扶持企业改制上市。2018年，有上市挂牌企业40户，其中主板6户，梯队形成20户拟上市企业。财政局完善金融机构服务体系，3家保险公司入驻涪陵，全区各类金融机构总量达82家。创建“涪陵银企合作服务网”，发展科技金融和应收账款融资。发展普惠金融，支持小微企业、“三农”和精准脱贫，全区小微企业贷款余额132亿元、涉农企业贷款144亿元。按照保障有力、保障有据、保障有度原则统筹资金调度，通过统筹“三本预算”，整合上级专项，利用政府债券资金，保障全区重点项目支出。

【民生保障与改善】 落实各类学校公用经费补助，确保学校正常运转。落实第三期学前教育行动计划，支持公办幼儿园和普惠性幼儿园建设；清理住宅小区配套建设幼儿园问题。支持义务教育阶段薄弱学校改造任务，落实学校校舍维护、排危整治等资金，改善办学条件。落实各教育阶段家庭困难学生财政资助政策，促进教育公平。落实乡村教师岗位补贴和工作补贴，落实中小学校、幼儿园安保和寄宿制生活老师补助。支持职业教育发展。支持区图书馆搬迁及文化馆、图书馆总分馆建设，支持博物馆、文化馆、美术馆及体育场馆等免费或低收费向社会开放，保障大剧院、歌舞团日常运行及政府购买演出服务资金。支持区五运会、广场文艺演出等群众性文体活动开展和流动文化进基层活动，支持本土群众文艺季刊《涪州》创办发行。支持启动白鹤梁申遗工程。落实城镇登记失业人员、高校毕业生、农村劳动力、三峡库区移民、复转军人和外来人员等重点人群创业就业培训、社会保险、职业技能鉴定等各项资金扶持政策，促进各项就业工作开展。落实稳岗补贴、发挥失业保险基金作用，支持企业稳定岗位工作。落实优抚对象抚恤、城乡低保、特困人员生活救助等各项社会保障政策。强化孤残儿童福利、经济困难的高龄失能老年人养老服务补贴和养老机构设施建设等社会福利事业资金保障。支持残疾人康复、就业和扶贫。支持机关事业单位养老保险制度改革，推进机关事业单位养老保险实收实支工作。落实医药卫生体制改革，支持推进公立医院综合改革。支持基层医疗卫生机构发展，落实基层医疗机构补助及乡村医生养老、医保等补助政策。强化疾病预防控制、妇幼保健、精神卫生、重大疾病预防控制、突发公共卫生事件应急处理等基本公共卫生和重大公共卫生服务经费保障。落实城乡居民合作医疗保险和基本公共卫生服务经费财政补助提标。支持中医事业发展。支持加强食品和药品安全监管及市级食品安全示范区创建。加大公共交通投入，落实优惠人群乘车补贴、新能源车购车补贴，农村客运营运补贴和保险补贴等补贴。做好政法部门基础设施建设和装备支出经费保障，保障政法部门政法办案、应急处置、装备配置等资金需求。落实司法救助、法律援助、社区矫正、人民调解等社会治安综合治理经费。保障政法部门刑事侦查、治安、禁毒等资金需求，强化扫黑除恶专项斗争经费保障。

【城乡融合发展】 支持脱贫攻坚，落实专项扶贫资金，统筹整合财政涉农资金，确保“脱贫攻坚”投入稳中有增，保障健康扶贫、教育扶贫、产业扶贫等资金需求。支持加快实施贫困户C、D级危房改造。推进扶贫小额信贷发放和利息补贴工作，提高贫困户获贷率。助推乡村振兴，支持村级集体经济组织发展试点和“三变”改革试点，支持国家现代农业园创建、特色效益农业发展及农旅融合发展。改善农村基础条件，落实资金建设“四好农村路”，多渠道筹集农村饮水提升工程资金。推进农业保险提标增品，在投保的10项政策性农业保险的基础上，落实中央财政补贴保险险种保额和保费提标，并首次开展生猪收益保险试点。推进全区巨灾保险试点相关工作，构建融合自然灾害公众责任保险、政府救助保险、政策性农村住房保险的巨灾保险体系。支持生态文明建设，加大“四城同创”工作支持力度，保障河长制实施资金需求，落实城乡污水处理设施建设运行和污染治理等经费，支持生态屏障建设，推进农村人居环境整治，推动城乡生态环境改善。

【财政改革管理】 启动实施预算公开评审，建立涪陵区预算编制公开评审制度，由人大代表、审计专家等组成联合评审组，年中分两次对56个部门（单位）申请追加的81个重点专项开展公开评审；编制2019年部门预算时，对所有项目支出实施公开评审，提高预算编制质量。实施绩效评价，建立项目指标体系制定及进展情况反馈机制，规范绩效评价工作。扩大评价范围，政府性投资项目纳入评价范围；增加重点评价项目，全年选取297个项目开展预算绩效评价，其中预算单位自评项目255个，财政重点评价项目42个。加大涉农资金整合力度，统筹整合涉农资金，支持乡村振兴、脱贫攻坚。整合农口之外的教育、民政、交通等领域专项资金，整合使用9807万元。完善项目资金监督管理办法，建立项目台账精准管理，严格项目预算管理和资金拨付程序。完成全区行政事业单位房屋、土地资产清理。关注乡镇财政体制运行情况，组织开展专题调研，研究解决运行中出现的新情况。实施国库集中支付电子化管理改革，印发涪陵区国库集中支付业务电子化管理暂行办法等文件，做好业务流程梳理、系统改造、系统部署、人员培训等工作，按照“先试点、再推开”原则，分批次推动改革完成，部门预算单位电子支付实现全覆盖。加强财政投资评审工作，印发政府投资项目中介机构库财政局分库管理制度及考评实施细则，严格中介机构考核，上线运行评审信息管理系统，做好项目“后评价”工作，提高财政投资评审工作效率和质量，全年完成财政投资评审项目905个，审减金额4.12亿元。执行预决算信息公开制度，建立区级预算单位预决算公开长效机制，督促各预算单位按照统一时间、统一平台、统一格式公开预决算信息。建立专项支出动态调整机制，贯彻落实区委办、区府办《关于调整取消部分财政扶持补助政策的通知》要求，调整或取消37项财政扶持补助政策，开展第二批财政扶持补助政策清理。建立预算稳定调节基金制度，在编制2018年预算时将预算稳定调节基金调入使用以平衡预算。执行零结转制度，对预算单位未执行完的本级财力安排的预算，全部收回统筹安排。推进行政事业单位内部控制规范建设，组织开展行政事业单位内部控制建设专题培训；加强指导督促，推动完成2017年行政事业单位内部控制报告编报工作，组织开展全区内部控制建设监督检查。

【重大风险防范化解】 推动成立全区防范化解政府性债务风险领导小组，建立政府性债务管控工作机制。配合发改委审查年度政府投资项目计划，确保政府投资项目建设资金需求在地方政府可承受范围内。争取新增债券资金发行额度，保障重点项目建设资金需求，降低融资成本。完成全区政府性债务清理核查；对政府融资主体资产进行清理，掌握其资产结构、分布、状态等情况。对融资主体公司债务和现金流量等情况进行动态监测。根据要求对截至2018年6月30日的存量隐性债务编制十年化解方案，并督促实施，完成全年化解任务。健全打非工作机制，开展风险排查、专项整治工作，依法稳妥分类处置，遏制区内非法金融活动。同时，履行地方金融机构监管职责，防范化解输入性风险，守住不发生区域性、系统性金融风险底线。

税　务

【概况】 国家税务总局重庆市涪陵区税务局于2018年7月5日挂牌成立，负责区域内各项税收、社会保险费和有关非税收入的征收管理工作。共有派出机构13个，由5个专业税务所和8个属地税务所构成，在职和离退休干部职工661人。2018年，共组织各项收入148.3亿元，其中，税收收入完成105.9亿元，同比增长7.97%，社保费和非税收入入库42.4亿元；区财税收入质量优化，区级税收收入41.7亿元，同比增长8.8%，税收占区级一般公共预算收入的比重达75.4%。

【征管机构改革】 7月5日，国家税务总局重庆市涪陵区税务局正式挂牌成立，负责涪陵区域内各项税收、社会保险费和有关非税收入征收管理工作。9月21日完成“三定”方案，9月30日13个派出机构成立，分别是：国家税务总局重庆市涪陵区税务局第一税务所、国家税务总局重庆市涪陵区税务局第二税务所、国家税务总局重庆市涪陵区税务局第三税务所、国家税务总局重庆市涪陵区税务局第四税务所、国家税务总局重庆市涪陵区税务局第五税务所、国家税务总局重庆市涪陵区税务局敦仁税务所、国家税务总局重庆市涪陵区税务局荔枝税务所、国家税务总局重庆市涪陵区税务局江东税务所、国家税务总局重庆市涪陵区税务局江北税务所、国家税务总局重庆市涪陵区税务局马鞍税务所、国家税务总局重庆市涪陵区税务局白涛税务所、国家税务总局重庆市涪陵区税务局马武税务所、国家税务总局重庆市涪陵区税务局龙桥税务所。

【税收法治】 制定《国家税务总局重庆市涪陵区税务局依法行政领导小组工作规则》，结合重庆市税务局出台的《重庆市税务行政处罚裁量权基准制度（试行）》，制定实施意见，供辖区税务所参考。成立依法行政、行政复议、行政诉讼应诉、税收执法责任制、促进民营经济发展税收服务、支持企业改制重组税收服务等8个工作领导小组，组建领导小组办公室。组织干部职工法制理论知识网考，参考率100%，通过率98.15%。共有4名公务员持有A类法律职业资格证书和律师工作证，分别安排在法制管理、风控管理、税源管理等税收业务工作岗位。

【税收政策】 落实调整增值税税率政策和个人所得税改革工作。对内强化干部职工业务培训，对外加大政策宣传力度。开展纳税辅导，落实各项税收优惠政策，2018年，全区享受各项企业所得税税收优惠政策减免税额8.7亿元。享受各类增值税减免退税额8.1亿元。减免财行税、资源税、环保税5.68亿元，其中：资源税9608万元、印花税824万元、土地增值税2.51亿元、契税1.49亿元、环境保护税690万元、耕地占用税43万元、房产税1051万元、城镇土地使用税4639万元、车船税21万元。

【税收征管】 做好前后台业务划分和业务流程梳理工作，理清税收管理员工作职责。依托《全国税收征管规范（1.2版）》、《全国税务机关纳税服务规范（2.3版）》和核心征管系统岗位权限，对638项税收征管业务进行梳理，确认“业务归口管理部门”和“业务承办部门”，确定各项业务流转节点。建立税收管理员A、B角制度和委派制度，梳理明确基础管理、事中事后管理等多个方面税收管理员工作职责。在管户调整方面，自行开发3个工具软件，并于9月2日完成管户调整工作。

【纳税服务】 组织召开“‘两会’代表委员话春风”活动、“税务开放体验日”活动和各类纳税人座谈会。听取各界对落实税制改革、税收征管和纳税服务等方面意见建议，接受监督和评议，找准差距和不足，推动税收工作改进完善。与国土部门协作，建立二手房交易办证“一窗受理、内部流转、限时办结、窗口出件”，缩短领取房产证时间到1小时内。与工商部门协作，共同设立1个税务清税注销专窗，优化办理企业税务注销程序。推进“一窗通办”，缩短纳税人排队等候时间40%，推行自助办税，涪陵区办税服务厅按照业务类型分设4个自助办税区域，配备34台桌面云电脑，由多名办税人员一对一辅导纳税人学会操作和使用网上电子税务局。设有自助终端机13台，可自行办理认证报税、领取发票、车辆购置税申报等业务。

【队伍建设】 2018年，涪陵区税务局强化党的建设，以党建统领全局，把党的领导贯穿税收改革发展各方面和全过程。强化业务培训，开展岗位练兵、新老同志传帮带。强化作风建设，开展廉政谈话、纪律培训。强化群团工作，开展工青妇主题活动。2018年涪陵区税务局新招录5名公务员，11名科级干部试用期满转正。有52人获奖，其中：荣获三等功5名，荣获嘉奖42名，荣获优秀工勤人员5名。抓好干部教育培训，全局有46名干部职工取得税务师、注册会计师、律师、高级工程师、高级会计师等资格，10人被纳入国家税务总局素质提升“115工程”。全年送培总局培训2人次、市局培训36人次，培训时长223人天，其中送培初任培训5人，送培科干任职培训6人。开展9期干部职工集中脱产培训，培训658人次，培训时长3948人天。

【纪检监察】 开展落实中央八项规定精神和纠正“四风”暨机构改革纪律作风专项检查工作。通过列席党委会，局长办公会，加强对重大事项决策过程的监督。全年组织开展明察暗访139次，明察暗访单位和部门210个，对发现的问题予以解决纠正。畅通廉政举报热线，邀请部分园区、乡镇、街道领导，全国、市、区人大代表和政协委员体验税务工作，征求纳税人意见，拓宽监督信息来源渠道。组织各单位签订廉洁承诺书30份，向社会公开廉政声明13次。开展科所级领导干部述职述廉37人次，区局纪检组长同下级单位主要负责人谈话6人次，领导干部任前廉政谈话6人次，10人对婚丧喜庆事宜进行报告和备案。

经济监督管理

自然资源监督管理

【概况】 重庆市涪陵区国土资源局位于重庆市涪陵区体育南路7号，内设11个行政科室和6个直属事业单位，下辖涪陵新城区、龙桥、白涛3个国土分局及23个基层管理所（其中6个所人员未到岗），2017年末共有在编在岗工作人员351名，其中行政36名（包括工勤人员），分局、所206人，局直属事业单位109人。重庆市涪陵区规划局位于重庆市涪陵区太极大道15号，内设5个行政科室和3个直属事业单位，2018年末共有在编在岗工作人员41名，其中行政18名（包括工勤人员1人），局直属事业单位23人。

2018年，涪陵区规划和自然资源局共承办区委、区政府和市局交办件748件，办结710件，办结率95%；涪陵区土地节约集约利用、土地利用秩序、土地利用计划执行获国务院办公厅通报表扬，并获经营性建设用地指标1000亩奖励。

【耕地保护】 出台《加强耕地保护和改进占补平衡方案》，与26个乡镇街道签订目标责任书，强化耕地数量、质量、生态三位一体保护；办理建设项目耕地占补平衡新增耕地指标392.87公顷；收取耕地开垦费1910万元、耕地指标交易价款1.62亿元。打造土地整治精品工程、亮点工程，大顺乡大田村等（3）个村“山水林田湖草”综合整治纳入全市示范项目，通过市局规划设计评审；投资8357万元，完成11个项目市级竣工验收，建成高标准农田面积2676.33公顷，新增耕地296.13公顷。完成23个农村建设用地复垦项目市级竣工验收。实施地票交易754亩，获得地票收入1.43亿元。

【矿山监管】 建立矿山动态巡查机制，累计开展矿山动态巡查200余次。投入资金899万元，完成5家关闭矿山生态恢复治理。开展矿山地质环境工程治理，完成41.8公顷地质环境治理恢复与生态修复初验收工作。办理采矿权延续（变更、新立）登记16家，办理建设用地项目压覆矿产审批92宗，收取采矿权出让收益3312万元。

【行政执法】 完成执法体制改革，组建了国土执法支队。进一步完善体制机制建设，区政府出台《关于进一步落实土地共同监管责任的通知》，区国土局与区检察院联合发文《关于在国土资源监管工作中加强公益诉讼协作配合的若干意见》。全年非法采矿案件立案4件，移送区公安局5件；核查土地卫片执法图斑404个，立案查处43宗，非立案查处470宗，经整改完成36个复耕复绿图斑、面积12.87公顷，通过2017年度市级土地卫片验收；全年办理行政复议和诉讼案件36件。

【土地利用和供后监管】 科学编制《2018年度国有建设用地供应计划》，保障土地供应。全年供应土地86宗、942公顷，同比增长27%，供地率60%，土地价款入库47.9亿元（商住用地入库35.2亿元），同比增长88%。催收欠缴土地出让价款3.3亿元。房地产投资106亿元，入库税金9.62亿元。开展闲置土地清理，发送43宗《闲置土地调查通知书》和《闲置土地询问通知书》，收回闲置土地8宗、35.87公顷，收回低效用地11宗、95公顷，盘活存量地96.7公顷。储备土地106.4公顷，争取市局下达涪陵区土地储备专项债券资金13亿元，支付专项债券资金11.32亿元。

【国土调查和测量登记】 开展第三次国土调查工作，成立区第三次国土调查领导小组，下设领导小组办公室在区规划和自然资源局，配备24名专兼职人员；做到三调工作人、财、物应保尽保，确保按时按质完成国家任务。完成2017年度土地变更调查工作，对自然资源部下发的925个、430.27公顷遥感监测图斑进行调查整改后，调查数据成果通过市级核查和确认。完成全区单宗地测量共437余宗，面积563万平方米；办结全区初始登记土地55宗，面积233万平方米。开展历史遗留问题处理以及土地权属核查工作。

【土地征收和地价测算】 加强土地房屋扫尾攻坚，完成集体土地征收154.07公顷，占任务的99%；完成房屋拆迁663户，占任务的91%。推进征地区片综合地价测算制订工作，完成信息、资料和基础数据收集、整理、核对。

【证照办理】 深入“放管服”改革，提效增速不动产登记办证，增设窗口7个，开通“绿色通道”，各项业务在法定时限的基础上再压缩80%；与区税务局实现“一窗受理、集成办理”，“二手房”买卖转移办理时间从法定15个工作日缩短为“一小时办结”。全年共发放不动产权证书33000余本；办理商品房登记14683户、交易金额71.09亿元，存量房登记8037户、交易金额35.21亿元；数字化加工不动产权属档案92000余宗。

【信访稳定】 全年接访群众147人次，受理重庆信访信息系统信访案件78件，办理公开信箱46件、群工网22件、回复政府信息系统群众咨询事项31件。解决全区夹心房连体房复垦、荔枝顺江二组征地拆迁、江北黄旗和新妙石沱项目征地安置等遗留问题37件。

【脱贫攻坚】 全员参与新妙镇岔河村等5个村脱贫，120名帮扶干部结对帮扶134户贫困户，选好配强驻村工作队第一书记和工作队员常驻新妙镇，全年共拨付6.5万元产业扶持资金，支持贫困户发展产业。实施贫困村土地整治和建卡贫困户复垦，全年启动贫困村土地整治项目21个，在建8个；开展建卡贫困户复垦，受理184户建卡贫困户复垦申请。

国有资产监督管理

【概况】 重庆市涪陵区国有资产监督管理委员会组建于2011年9月，根据区政府授权，代表区政府履行区属国有资产出资人职责，依法享有资产收益、参与重大决策和选择管理者等出资人权利，督促监管国企落实国有资产保值增值责任，维护国有资产出资人权益。内设6个科室，为办公室、改革发展科、产权管理科、考核分配科、组织人事科、财务监督科，另直接管理副处级直属事业单位重庆涪陵林权交易所。机关现有在职在编职工15人，其中领导班子成员5人。

2018年纳入区国资委直接监管的国有及国有控股企业共11家，分别为太极集团、榨菜集团、宏声集团、商务集团、国投集团、交旅集团、城建集团、新城区开发集团、龙桥园区集团、白涛园区集团、国丰实业。

【经济效益】 截至2018年底，纳入监管的区属国企资产总额2151.35亿元（含参股企业），所有者权益767.34亿元，较上年同期分别增长11%、4.8%。区属国企集团实现营业收入197.53亿元，同比增长16.45%；实现利税总额29.21亿元，利润总额15.55亿元，同比分别增长10.97%、3.05%。上缴财政国有资本收益1.33亿元。其中商业一类企业分别占整体营业收入和利润总额的76.14%、50.99%，净资产收益率达9.27%。

【国企改革】 区国资系统认真落实中央和市委、区委交办的各项重点改革任务，推进国资国企改革。一是推动国企“混改”。全面完成能源集团混合所有制改革、高管持股和聚龙电力“四网融合”股权重组，5.5亿元改革重组资金如期到位，开创了全市各区县集团层面混改先河，树立了央地合作典范；推动太极集团启动集团层面“混改”，混改立项于年底报请区政府审议同意；推动宏声集团进军现代物流产业，与世界知名物流企业合作，拟通过增资扩股方式在南岸东港建仓储物流基地。通过近年发展培育，目前全区混改国企户数比例已达46.8%。二是供给侧改革持续深化。印发《涪陵区处置国有“僵尸”企业实施方案》，清理国有“僵尸”企业26户，完成其中6户企业处置工作；以企业债务风险防控为着力点，通过定向增发、引入投资者和债权转股权等方式，有效抑制商业类企业资产负债增速，其中商业一类企业去债务杠杆成效显著，同比下降9.49个百分点；综合施策去库存，分类分批制定国有企业固定资产租售方案，对国投、交旅、龙桥等国有企业超7万平方米房屋资产进行公开挂牌招租、处置。三是推进转型发展。推动太极集团完成20亿元定增资金募集，形成新的战略联盟，太极医药城李渡厂区和龙桥中药提取中心智能化设计进入实施阶段，西南药业原料药工厂投资5亿元落户白涛；推动榨菜集团继续实施“走出去”战略，在辽宁盘锦投资7.2亿元新建5万吨萝卜干项目；引导国有资本投向，优化国有资本结构，在新能源产业开发上“引资引智”，组建国宏特来电公司、中油涪新能源公司，开辟了新能源板块业务；聚焦转换企业发展动能，按照“聚焦主业、分离辅业”的原则，指导各区属国有重点企业开展中长期发展规划编制，厘清转型发展思路。四是遗留问题处置有序。扫尾行政事业单位所属国企改革，完成电影公司职工安置，渝星驾校、天一物业清算注销和饲料公司破产终结；继续推动中渝在涪国企剥离办社会职能，13家市属企业完成总进度的93%，9家央企全部签订改造实施协议，并进入施工阶段。

【国资监管】 区国资委履行出资人职责，推进以“管资本”为主的监管职能转变，提升监管质量和服务质量。一是起草《区国资委以管资本为主推进职能转变实施意见》，拟取消审批事项2项，下放监管权力6项，授权事项8项，督促指导企业同步完善三会制度和决策机制。二是拟定《关于规范区属行政事业单位所属国有企业改革后有关管理工作的通知》，明确监管权限和责任，涵盖资产监管、高管履职、考核、经济审计、工资总额管理、党建和纪检监察等方面内容。三是优化财务监管体系，按照分类管理原则，优化各类企业财务编制项目，完成各国企集团2017年度决算及2018年度预算审核；建立了国资监管机构、被审计单位、专业审计机构、纪检组共同参与的四方会审机制，整改各类审计问题98项；推进国企管理公开化透明化，向区人大常委会专项汇报2017年度国有企业资产管理情况；清理2017年度国企经营收益情况，上缴财政国有资本收益1.33亿元。四是执行分类考核机制。项目化清单式开展考核管理，完成各区属国有重点企业2017年度经营业绩考核和国企高管薪酬兑现，并将国企集团负责人薪酬发放情况通过网络向公众公开。五是加强投融资管理。严格执行《区属国有企业投资监督管理办法》，抓好对企业投资项目的事前、事中、事后监管，审核批复4宗投资；严控融资总额，严把成本上限，规范报批程序，防范和化解债务风险；印发《涪陵区推动优化企业资产负债结构实施方案》（涪国资发〔2018〕231 号），明确债务结构调整具体措施及要求；全年审批国企抵押、质押、担保贷款等融资事项 71 宗。六是透明规范处置国有资产。依法开展国有企业资产损失核销审批，核销国有企业固定资产 1154.92 万元；及时办理各企业产权处置、新设、占有、变动等审批服务工作，严格执行进场交易制度，审批资产处置 9 宗，资产招租 20 宗，成交金额超 3000 万元。七是安全生产信访维稳。督促企业加强安全组织机构建设，强化企业安全生产主体责任，层层签订目标责任书，建立了国资系统安全生产每季度例会制度和“日周月”报告制度；对出资企业开展安全检查 12 次，整改问题及隐患 18 项；顺利通过国家应急管理部、住建部等七个部门对金科铂金大厦的消防检查；督促建设类国有企业落实“一金三制”保障农民工工资发放，完成国有企业政府性项目拖欠农民工工资清理整治；按照信访工作规范，处理信访案件 26 起，处理网络舆情 3 起，办结率 100%；宣传发动系统干部职工参与扫黑除恶专项斗争，组织系统企业对工程建设、招投标等重点领域开展线索和问题排查 70 余次，处置阻挠施工事件 1 起；全年国资系统安全稳定形势稳定可控，未发生较大安全事故，未出现规模集访事件。

【社会效益】 全年区属国有企业承担区内基础设施建设 187 项，完成建设投资 52.19 亿元，全方位保障了全区要素供给、基础设施建设、民生改善和经济发展需要。商务集团在粮食储备、民生保供方面继续发挥积极作用，全年收购粮食 73576 吨，销售粮食 62207 吨，完成粮食轮换 29149 吨，储存中央、市级、区级储备粮吨超 10 万吨。国投集团积极拓展融资渠道、创新融资工具，完成全年融资任务，有力保障了全区经济社会发展和企业发展的资金需要。交旅集团聚焦交通码头基础设施建设和旅游景区打造，港龙头作业区一期工程、大石溪码头一期工程完工投运，大裂谷景区入选“首届重庆文化旅游新地标 40 强”。城建集团聚力污染防治攻坚战，全年处置生活垃圾 4.87 万吨、医疗废物 853.48 吨、污水 1281.48 万吨，转运污泥 5243 吨。新区、龙桥、白涛三家园区集团对标“两线三片一城”项目建设，推进园区道路、市政配套工程和招商项目土地场平及整治工程，华为云计算中心、铜鼓湖公园等一批项目建成投用，环城西路二期、鹤凤大道二期等交通道路工程节点如期竣工。国资扶贫集团对口帮扶武陵山乡工作，全年委机关组织干部职工集中开展结对帮扶 3 次，走访慰问建卡贫困户 100 人次，国资扶贫集团驻村工作队完成对全村 416 户、1056 人遍访两次，每月完成对全村 57 户建卡贫困户遍访一次，累计入户走访超千次，开展扶贫强农惠农政策、扫黑除恶专项斗争宣讲 56 次，乡风文明清洁评比 10 次，组织手工工艺品制作大赛 1 次、结绳培训 2 次；协助乡党委、政府及村支两委完成 11 户 D 级危房改造，推荐 16 户困难群众获批小额扶贫贷款，规划了以乡村旅游为核心的产业发展蓝图，启动 3、4 组 6 千米乡镇环线建设，筹资 35 万元基本解决了百花桥村人畜饮水难题，进一步夯实脱贫攻坚成果。

【党风廉政】 完善责任机制，贯彻各级纪检工作会议精神，落实“转职能、转方式、转作风”工作目标和要求，印发机关党委主体责任清单和纪委监督责任清单、国资系统 2018 年党风廉政建设和反腐败工作要点，签订党风目标责任书 14 份、领导干部廉洁承诺书 6 份。强化党风廉政学习教育，将党规党纪、党风廉政和反腐败工作重要会议精神纳入国资系统各级党组织中心组、干部职工理论学习、入党积极分子培训、业务知识培训必学内容，实现了国资系统纪律学习全覆盖。开展各类警示教育活动，开展国企中层及以上管理人员谈心谈话、提醒、函询、诫勉 20 余次，组织系统警示教育活动35场次，8000人次受到教育。加强专项督查和问题整改，组织开展系统“四风”和扶贫攻坚等问题专项督查5次，查阅2017年1月以来财务账目及原始凭证1000余册，查出问题31项，并责成各企业对排查问题进行了及时整改。抓好办信办案，持续加大对重点领域、重点环节、重要岗位、重点人员的日常监督检查力度，驻区国资委纪检组查办问题线索30余件，给予开除党籍处分1人。

安全生产监督管理

【压实企业主体责任】 强化企业主要负责人责任。将企业主要负责人履职情况纳入执法检查重要内容，督促企业负责人落实安全生产责任制度、定期开展风险研判、严格执行“日周月”隐患排查制度，推动企业按规提取和使用安全生产费用。落实全员安全生产责任制。区政府安委办印发了《企业全员安全生产责任制工作实施方案》（涪安办发〔2018〕73号），将企业全员安全生产责任制落实情况纳入日常检查内容。开展标准化创建。2018年全区完成标准化创建达标企业216家（其中：一级1家、二级24家、三级191家），181家规上（限上）企业全部创建达标；同时鼓励推动52家小微企业完成岗位达标和专业达标。严格风险管控和隐患排查治理。推动企业构建完善双重防控体系建设，督促企业每月定期开展风险研判，制定管控措施；规范开展“日周月”隐患排查制度，做到重大隐患整改责任、措施、资金、时限、预案“五落实”。完善技术管理体系。将企业技术管理体系建设纳入执法检查内容，推动矿山、危险化学品、建设施工、道路运输、冶金机械、民爆等重点行业企业开展技术管理体系建设，督促企业明晰各级技术负责人安全生产技术管理的权利和责任，严格执行安全技术规程、措施方案编制、论证、决定、实施和监督的有关制度。

【监管执法】 强化政府责任。2018年，区政府先后5次召开安委会全体成员单位（扩大）会议对全区安全生产工作进行安排部署，区委常委会、区政府常务会专题听取安全生产工作汇报6次，区政府主要领导带队检查安全生产工作5次，区政府各分管副区长月均带队检查安全工作1次以上。根据市委市政府要求，制定出台了地方党政领导干部安全生产责任制规定实施方案，进一步压实各级党政领导干部安全生产责任。严格监管执法。坚持“检查诊断、行政处罚、整改复查”闭环执法，开展负面清单（包含“打非”）治理，坚持“一案双查”和“三责同追”，落实行政与刑事处罚衔接制度，推进安全生产标准化，安全生产与职业健康一体化监管实现全覆盖。交通、建设、危险化学品、非煤矿山、消防等12个重点行业均实现执法处罚月度“清零”，共计罚款达878.39万元，暂扣吊销各类证照640个，关闭取缔各类生产经营场所197处，处理事故责任单位10家、相关责任人员12人。强化执法保障。区政府按规定落实了安全生产执法和应急救援用车，全区27个乡镇（街道、园区）至少保证了1台执法车辆，安监办监管能力规范化建设全面完成。

【社会共建共治】 加强基层网格化管理。依托社会综治平台，以村（社区）为基本单元，合理划分网格，建成全域覆盖、资源整合、上下联动、运行高效的基层网格化监管体系，常态化开展网格员队伍业务培训，将相关工作经费纳入各乡镇（街道）财政预算，充分发挥网格员走访巡查、整改跟踪作用，延伸监管触角。严格企业诚信管理。坚持将企业安全生产违法违规行为纳入诚信管理，不断完善（信用涪陵）社会信用体系建设数据更新和录入工作，做到有惩必录，共报送信用数据615条，成功入库数据598条，占上报总量的97.24%。推行安全生产责任保险。矿山、危险化学品、烟花爆竹、交通运输、建筑施工、民用爆炸物品、金属冶炼、渔业生产等行业领域全面推广实施安全生产责任保险。加强安全宣传培训。开展青年安全生产示范岗创建、“安康杯”知识竞赛、“安全生产月”等活动，针对性开展安全宣传教育“七进”活动，成功打造敦仁街道安全文化一条街；组织全区各乡镇（街道、园区）及区级行业主管部门安全监管人员370余人，进行为期5天的全区安全监管干部执法业务培训，累计培训高危行业企业主要负责人、安全管理人员、特种作业人员3188人次。

【重点行业专项整治】 道路交通领域。持续深化农村道路交通安全“三化六体系”建设，新建公路“生命工程”100千米；持续推进道路隐患治理工作，全年投入资金2370万元，整治隧道、桥梁、国省道与农村公路交叉口等各类道路安全隐患近200项；探索构建客货运企业风险管理和GPS动态监控管理新模式，建成总质量12吨以上重型货车GPS集中监控中心，将全区3800余台重型货车纳入集中监控，并将车辆GPS超速等违法行为纳入交警非现场执法进行处罚；建成道路运输行业安全监管平台，将全区14家客运企业、12家危险品运输企业、10家规模以上普货企业、11家公交出租运输企业、17家驾驶员培训学校、8家承修客车、危险品运输车辆的修理厂纳入风险系统进行统一管理。建设施工领域。2018年以来，对项目经理违法违规行为共计扣减174分，其中记满12分2人，已被市城乡建委责令停止执业1年；对8名履职情况存在突出问题的安全管理人员发出《限期整改通知书》8份，并实施行政处罚；严格执行安全生产许可证暂扣和吊销规定，对区外项目发生安全事故的2家企业实施安全生产条件复核，拟对其实施暂扣安全生产许可证处理。非煤矿山领域；持续开展露天矿高陡边坡和附属设施、尾矿库“头顶库”、油气企业承包商、地勘企业钻井现场及附属设施安全专项整治，注销14家长期停产“僵尸”企业安全生产许可证，下达停止作业指令4份，立案处罚34.9万元，处罚金额居全市第一。水上交通领域。开展“防事故险情、保冬春安全”百日攻坚、砂石船舶、危险货物港口船舶、抗风能力较弱的客渡船等专项整治，拆解抗风能力较弱客渡船2艘，纠正航道违法行为44起，查处非法码头8处，实施行政处罚238次，罚款81.48万元；查处渔船非法违法行为13起，罚款5.66万元。危险化学品领域。深化危险化学品生产经营企业“安全体检”及动火、受限空间等危险作业专项整治，推进精细化工、爆炸性化学品生产装置自动化控制设施改造，生产、进口危化品企业登记证到期换证率达100%，危化生产企业和存在重大危险源的经营储存单位全面完成“安全体检”，重大危险源罐区均实现温度、压力、液位等信息的监测以及可燃和有毒气体泄漏检测报警，一、二级重大危险源全部具备紧急切断功能。消防领域。紧盯高层建筑、城乡接合部、“三合一”“多合一”场所以及人员密集场所、电气火灾、地下工程、群租房等重点领域，加大隐患排查整治力度，全年检查单位7530家次，督促整改火灾隐患13639处，罚款156.42万元，责令“三停”110家，临时查封163家，拘留20人，此外7月初涪陵区顺利通过国务院消防工作考核检查。工贸领域。推进粉尘防爆、涉氨制冷、有限空间、城郊接合部、委外作业等专项整治工作，清理整治一批城郊接合部企业“三合一”“多合一”场所，落实推动落后产能退出工作任务。职业健康领域。开展粉尘危害和铅蓄电池生产企业尘毒危害专项治理共计29家，开展工业企业职业病危害普查，全区存在职业危害425家（停产、半停产等僵尸企业38家），已申报企业410家，职业病危害申报率96.5%，开展职业病危害因素定期检测评价262家，完成劳动者在岗职业健康检查17910人（企业申报接触职业危害19026人），劳动者在岗职业健康检查率94.1%。

【安全保障基础建设】 严格安全准入。将安全作为城乡规划布局、设计、建设、管理的前提条件，落实重大安全风险"一票否决"制度；高危及工商贸规模（或限额）以上企业安全生产、职业卫生"三同时"建设实现全覆盖；督促指导辖区高危企业定期进行风险信息采集录入，共录入企业312家、风险1600余条，所有录入风险均针对性制定了风险控制方案和应急方案，并绘制了涪陵区行业风险分布图。强化城市运行安全保障。围绕城市高层建筑、大型综合体、隧道桥梁、管线管廊、燃气设施、电力设施及电梯、游乐设施、风景名胜区、供排水、防洪设施等重点基础设施和场所开展"拉网式"安全检查，全年检查生产经营单位18853家次，排查各类问题隐患21103项，完成整改20200项，整改率达96%。提升应急救援能力。深化安全生产应急救援"三支队伍"建设，区应急中心配备应急管理人员5名，聘请相关专业人员20余人组建了危化、矿山、消防3支救援指挥队伍；构建形成1支消防综合救援队、6支企业专业救援队及其他企业专（兼）职救援队伍的"1+6+X"应急救援队伍体系；全年涪陵区应急执法检查下达整改指令13份，行政处罚13.5万元；进一步完善了应急救援协调联动机制，与垫江、长寿、南川、武隆、丰都等周边区县签订应急联动合作协议。

公共资源交易监督管理

【概况】 涪陵区全年完成公共资源交易项目608个，总成交102.63亿元，增收节资3.57亿元（其中：工程招投标交易项目395个，交易额31.23亿元，节约资金1.43亿元；政府采购项目166个，交易额2.16亿元，节约资金0.37亿元；土地交易项目47宗，交易额69.24亿元，溢价1.77亿元）。与2017年比较，2018年入场交易项目数增加44个，增长7.8 %，总成交额增加48.16亿元，增长88.45%（其中：工程招投标交易项目增加19个，交易额减少6.66亿元；政府采购项目增加23个，交易额增加0.34亿元；土地交易增加2宗，交易额增加54.48亿元）。建成全流程电子招投标系统并成功启用，实现区政府目标考核要求；强化政府采购集采代理机构内控管理，政府采购节资率14.57%，超区政府绩效目标考核值3倍。

【放管服改革】 强化服务职能，按照区编委的批复，结合新出台法规及区府办《关于印发涪陵区工程建设项目招标投标活动监督管理办法的通知》（涪陵府办发〔2018〕18号）文件精神，深化公共资源交易制度改革。及时与区发改委、区财政局、区国土局等部门协调，主动退出监管职能，承接服务事项；通过建立服务清单，明确退出开标现场的监督见证管理活动，承接评标专家抽取、比选库抽取、招标代理机构考核公示、保证金支票或银行保函保存等服务事项，做到不越位不缺位；根据财政部87号令要求，重新修订政府采购委托代理协议，强化采购人主体责任，明确集采代理机构委托服务职能，促进依法交易。提升营商环境，落实国家各项营商政策，按照区价格主管部门调减收费标准的要求，及时清退工程建设交易和土地交易服务费13.34万元；按照国家有关部门的规定，退还工程建设招投标保证金时同步清退银行同期利息共计11.07万元，降低投标成本，营造良好政策政务环境。推进服务高效，实行"一窗式"受理，提供标准化服务，营造便利的办事环境。设置前台统一受理业务，让服务对象少跑路，办事更集中更便捷；压缩办理时间，限时办结服务事项，通过公开服务承诺制，将工程建设招投标、土地招拍挂、比选项目办理入场事宜缩至当日内完成，政府采购文件编制缩至7个工作日内完成。

【内控管理】 健全交易现场管理制度和服务规范，修订完善四大服务清单，制定现场管理制度11个，建立现场服务规范7个，规范交易流程和环节，确保服务标准化。实行业务流程“三段式”管理，前台统一接件、开标由业务科室负责、评标设立定点值守岗统一管理，确保服务程序化。制订岗位职责，严格实行不相容岗位分设，形成相互监督制约又紧密衔接的内部运行机制，确保交易公平化。落实保密责任，防范交易风险，与承担保证金收退的银行、系统运维单位、网络平台四方签订责任书，做好未开标保证金信息保密工作；制定公共资源交易信息及资料保密制度，防范失泄密事件发生。

【优化服务环境】 涪陵区公共资源交易中心经过充分论证和精心设计，将办公、开标、评标事项的办理分别集中到相应区域，使其易识别易管理。设置前台统一接件区，增设形象墙。将中心办公室、平台开标室分别调整进入办公区、开标区，且将评标区同其进行物理隔离。建成封闭的专家等候休息区，配置了政府采购档案室、职工值班休息室。统一设置服务场所标识标志，配齐相关便民服务设施。

【提升交易质量】 涪陵区公共资源交易中心通过开评标室的电子化改造、设备采购、网络通信线路建设、保证金账户的开设、开评标流程确认及系统测试等工作，于9月在全市首批建成全流程电子招投标系统。12月上旬，武陵山足球场建设项目通过项目审核备案、公告发布、投标文件投递、保证金缴入、开评标等全流程电子化操作获得圆满成功，标志涪陵区公共资源交易迈入“互联网+”的新时代。运用信息技术，与中心网站链接，在政府网站固定板块适时全面公开评标、中标等信息，充分保障交易各方知情权。

物价监督管理

【自来水价格管理】 按照《成本监审办法》和《政府制定价格听证管理办法》的相关规定，对增福水厂、百胜水厂2017年的经营成本进行审核，按听证程序召开听证会，核定增福水厂、百胜水厂自来水销售价格。对部分乡镇供水价格情况进行调研，特别是针对乡镇自来水安装收费进行了全面的了解。开展农业综合水价改革调查工作，开展全区中型、小一型水库农业用水水价成本监审，完成全区农业生产、经济作物、养殖业用水价格核定工作。开展乡镇（指场镇）居民用水价格成本监审工作。

【电力价格管理】 根据重庆市物价局的要求，先后3次降低一般工商业用电价格，降幅10.26%，并按重庆市的统一要求，对全区转供电情况进行清理、规范。

【天然气价格管理】 指导、协助重庆祥龙燃气公司和涪陵四合燃气公司完成天然气管输价格成本临审工作，顺利完成管输价格的核定；开展涪陵管道燃气配气价格改革试点工作，对涪陵燃气公司开展成本监审。针对乡镇天然气管沟开挖回填及青苗赔偿收费行为中存在问题，进一步规范全区乡镇天然气安装过程中管沟开挖回填及青苗赔偿收费行为。按照国家发展改革委和重庆市物价局的要求，调整全区居民用气价格和非居民用气价格。

【交通价格管理】 协调重庆市物价局、市运管局完成高山湾枢纽站收费标准的核定及附属停车场停车收费的核定工作。开展农村客运车辆票价和出租车收费的调研。

【价格监测和农本调查】 做好日常价格监测工作，发挥遍布城乡36个采价点的作用，加强对与群众生活密切相关的蔬菜、粮油、生猪、猪肉、农资、家禽、鸡蛋等价格的监测。以监测数据为基础，及时掌握价格变化状况，做到预警预报，全年共上报监测数据18104条。加强价格走势的分析预测工作，每月对价格走势进行分析、预测、预报，全年撰写价格分析预测专题材料12篇。开展农产品成本调查，完成涪陵特色农产品——青菜头种植成本调查。完成中籼稻、生猪上下半直报和中籼稻常规、玉米常规、蚕茧堂常规、中籼稻成本预测、玉米成本预测、种植意向、存售粮、农资购买、电话询价等工作。

质量技术监督管理

【机构设置】 2018年，涪陵区质量技术监督局内设办公室（监察室）（法制科）、行政许可科、质量科、计量科、标准化科、认监科、特监科、执法大队，在职职工23人，其中领导干部5名。

【民生实事】 完成乡村社区医疗机构计量免费检定工作，2018年共检定基层医疗机构424家医用计量设备1817台(件)，医疗机构检定率100%，医用计量设备完成率为100.11%，确保基层医疗机构医用计量设备量值的准确可靠。

【行政许可】 推进审批服务“马上办、网上办、就近办、一次办”改革，行政审批事项全部实现网上办。除需要现场核查的项目外，承接市局下放的食品相关产品生产许可证受理环节、本局办理的行政许可原则上实现即收即办、当场发证，许可时限远远低于区政府要求的承诺时限。简化行政许可数量，将实行工业产品生产许可证管理的产品压减37%，压力管道、工业气瓶使用登记由单批次登记变为按使用单位登记。2018年共受理单位资格许可11家，办理特种设备使用登记1524台（套），停用、报废、拆除857台，开工告知516件。

【质量强区战略】 年内召开了涪陵区第二届质量大会、举办了全区“质量月”活动启动仪式暨涪陵区优秀QC小组活动成果交流会。推动质量强区与创新驱动融合发展，落实区政府奖励企业208万元。强化质量品牌建设，培育3家重点企业申报第七届市长质量管理奖评选，新创13个重庆名牌（知名）产品。为质量提升重点行业和企业量身举办质量专题培训会，共培训65名质量工作者。组织辖区企业到重庆格力公司观摩“质量月”活动，开展质量月、世界计量日、世界标准日、世界认可日等主题活动，面向消费者、在校学生宣讲8场（次），制作安全知识展板26块，印发安全乘坐电梯常识等彩页10000份，接待群众现场咨询200余人（次）。

【标准化建设】 推进“标准化+”行动，持续开展标准化示范建设，绿陵实业农业标准化试点示范项目获市局批准，天原化工国家节能标准化示范和海林黑猪市级农业标准化示范项目有序推进。指导区行政服务中心实施国家级政务服务标准化示范，涪陵区政务服务模式逐渐从制度管理型向标准导向型转变，成为全市标杆，登上《重庆日报》。优化标准结构，帮扶渝东南农科院制定2个重庆市地方标准，年初由市局批准立项；帮扶海林黑猪制定1项团体标准，提升社会事业和现代农业标准化水平，自我声明公开企业产品标准90个。夯实标准化发展基础，15人取得标准化工程师资格。

【产品质量安全监管】 严格工业产品生产许可条件及证后监管，对6家食品相关产品企业进行了现场检查。规范产品质量监督抽查工作，按全过程视频记录的新抽样要求完成国抽任务6批次，完成监督抽样196批次，依法对20家企业的20个批次产品进行了“双随机”抽样。加快建立以信息公示为特点的新型监管机制，向“信用涪陵”公共信用信息平台数据库归集报送行政许可信息1620条，行政处罚信息14条。

【计量监管】严格民生计量、安全计量监管，开展计量专项监督检查，共检查6家集贸市场和3家超市电子计价秤585台，未发现计量故意作弊等违法行为；完成91个加油（气）站664把加油枪监督检查，加油（气）机受检率达到100%，出租车计价器受检率达到98.6%，完成对3家生产企业定量包装商品抽样工作，维护了公平公正的市场计量环境。

【认证认可监管】强化对检验检测机构资质认定评审活动的现场监督，对8家参加能力验证的检验检测机构进行了现场观察，对2家检验检测机构资质认定评审活动实施现场监督，对11家检验检测机构、14家强制性产品认证获证企业、9家自愿性认证获证企业开展日常检查，提升检验检测机构、认证获证企业全面质量管控能力。督促126家获证组织完成质量管理体系升级换版，指导156家自愿性认证获证企业完成指定质量管理工作、落实企业主体责任。

【特种设备安全】推进监管方式创新，以网格化促责任落实，以标准化强规范管理，以信息化提监管效率，2018年，全区特种设备事故起数、死亡人数，实现“双零”目标。持续开展危化品领域特种设备综合治理、特种设备安全隐患排查治理等专项整治行动，累计检查特种设备生产使用单位121家，下达特种设备安全监察指令书35份，一般事故隐患整治率达到100%，重大事故隐患整治率达到96%，在用固定特种设备检验率达到92%，86家20台及以上特种设备使用单位全部达到B级以上，完成报废气瓶处置2129只。组织开展电梯事故、长输管道泄漏事故应急救援演练各1次，开展安全培训2次，累计培训人员300余人次。

【行政执法】开展电线电缆、地条钢、农资机械、农村公路建材、塑胶管道、改装车、烧结砖瓦以及儿童玩具等专项执法检查，抽检螺纹钢3组、PE塑胶管道2组，检查电线电缆、农资生产厂家3家、涉钢企业3家，对违法行为进行立案调查。全局共办理立案案件52件，大要案8件，涉案物品金额1340万元，位列全市质监系统第2名。

【服务民营企业发展】坚持“企业无小事”理念，争取市局支持，多次协调市特检院，圆满解决贵博翡翠城项目入户电梯检验问题。对接帮扶华新水泥公司，协调解决该企业完善消防审批手续、办理林业许可等4项问题，助推该企业实现税收增长2000万元。

固定资产投资

【概况】全区全年完成固定资产投资406.1亿元，增长2.5%，其中基础设施投资119.5亿元，增长14.1%，占投资总额的比重为29.4%。分产业看，第一产业投资3.2亿元，下降39.8%；第二产业投资154.7亿元，增长0.8%；第三产业投资248.2亿元，增长4.6%。“三园四地”园区投资完成186.9亿元，增长6.1%，占全社会固定资产投资比重为46%。全年工业投资完成154.7亿元，增长0.8%，其中园区工业投资102.8亿元，占66.5%。房地产开发投资105.9亿元，下降1.8%。

【重点项目建设】全年共实施区级重点建设项目70个，完成投资109.8亿元。其中政府主导类项目40个，完成投资57.2亿元。完工投用华为涪陵云计算数据中心、白涛堤防工程、页岩气田二期产建等项目；加快推进南两高速、马武至龙潭一级公路、玉屏公园、江东滨江路二期、蔺市堤防、涪陵区涞滩河库岸整治、杨家湾水库等项目；开工建设涪陵中心医院新城区医院、涪陵科教产业实训基地、聚龙大道西段道路工程等项目。社会资本类项目30个，完成投资52.6亿元。完工华峰年产20万吨铝板带箔、华晨鑫源汽车涪陵生产基地项目二期、元利科技3万吨/年脂肪醇和4万吨/年环保溶剂、太极医药城A区太极科技创新中心及院士工作站、同讯电力实业有限公司生产基地、鑫华通电子信息产业集群基地项目、金健米业重庆粮油食品基地建设项目一期等项目；加快建设涪陵万达广场、中石化涪陵页岩气产业基地（研发中心）、万润LED产业园等项目；开工华峰年产10万吨差别化氨纶扩建、涪陵农副产品交易中心、中机信息重庆数据中心、中国火锅国际产业园等项目。

劳动就业

【概况】2018年，全区城镇新增就业29557人，城镇登记失业人员就业12303人，城镇就业困难人员就业4492人，城镇登记失业率3.16%，控制在市级目标3.8%范围内；持续保持城镇零就业家庭动态为零；全区就业局势总体稳定。全年发放各类就业补贴6900万元，惠及城乡劳动者3.6万人次。全区离校未就业高校毕业生就业率达99.6%。开展各类职业培训109期培训5230人。新增发放创业担保贷款1.69亿元，直接、间接带动8000余人创业就业。举办各类招聘会177场，提供就业岗位25.12万个次，达成就业意向1.69万人次。

【人力资源管理】2018年，坚持“四措并举”，引进多层次多类别人才490人。在区人力资源市场设立人才“一站式”服务平台，组织企业参加国内国际引才引智大型活动37次。2人成功入选全市首批“鸿雁计划”人才名单；55名区外本专科毕业生和技能型人才落户涪陵。做好机关事业单位干部职工管理工作，组织开展科级及以下干部培训班7期336人；完成机关事业单位干部职工学历确认254人次；审批机关事业单位退休604人；审批机关事业单位各类工资、津补贴等业务3.75万人次。做好军转干部管理服务，完成15名营职及以下军转干部安置工作。全区人事考试工作公平稳定。截至2018年底，全区享受国务院特殊津贴专家27人，国家突贡专家3人；具备专业技术职务任职资格人员3.26万人；获得职业资格证书技术人才16.96万人。

【构建和谐劳动关系】2018年，开展涪陵区构建和谐劳动关系示范点建设，顺利完成市协调劳动关系三方委员会的检查验收。落实劳动合同和集体协商制度，审查集体合同37份，涉及企业12户职工3363名；审批98户企业申请执行特殊工时制度，涉及职工3.7万人。完成全区94户样本企业薪酬调查和8户制造业企业人工成本监测工作。加强劳动保障监察执法，开展企业劳动保障守法诚信等级评价，强化违法行为失信惩戒制度，深化“双随机一公开”机制，加大“治欠保支”工作力度，全面落实“一金三制”，农民工工资拖欠问题得到改善，全年发生案件128件，立案查处61件，涉及劳动者5563人、金额5784.85万元。劳动保障监察执法示范区建设完成市上检查验收。加强基层调解组织建设，提升调解仲裁效能，畅通劳动维权渠道。全年接收仲裁申请770件，立案处理727件，结案696件（含上期34件），结案率91.1%；调解结案460件，调解率66.1%。与市三中院、区法院建立裁审衔接机制，推动仲裁审理社会公信力。

审　计

【概况】2018年，涪陵区审计局人员编制55人，实有49人，设有办公室、法规审理科、整改督查与内审管理科、重大政策跟踪审计科、财政审计科、企事业审计科、农业与资源环保审计科、投资审计科、经济责任审计科（经济责任审计工作联席会议办公室）、电子数据审计科；下设重庆市涪陵区审计中心（事业单位）。2018年，涪陵区审计局共完成审计项目98个，其中专项审计调查1个，查出主要问题金额353.86亿元，其中违规金额19.24亿元、管理不规范金额334.61亿元；审计发现非金额计量问题140个；损益（收支）不实金额16.73亿元；出具审计报告和专项审计调查报告98篇，被批示、采用97篇。审计处理处罚金额42.69亿元，其中应上缴财政1.98亿元、应归还原渠道资金17.26亿元、应缴纳其他资金207万元、应调账处理金额23.45亿元；移送司法机关、纪检监察机关和有关部门处理事项38件，移送处理人员1人，移送处理金额21.20亿元。审计促进整改落实有关问题金额7.67亿元；审计促进拨付资金到位275万元；核减投资额7.08亿元；移送处理落实事项1件。审计提出建议125条，被采纳123条；推动被审计单位制定整改措施12项；促进被审计单位制定、完善规章制度15项；提交审计信息111篇，被批示、采用46篇。向社会公告审计结果2篇。

【财政审计】 按照市局统一部署，对丰都县2017年度预算执行和决算草案实施了审计；采用“1+N”管理模式和“八统一”组织方法，运用大数据分析，对30个区级部门（单位）2017年度预算执行和其他财政财务收支情况进行同步审计；采取统筹安排、统筹推进、统一运用大数据审计方式，对10个乡镇（街道）财政决算实施同步审计。

【经济责任审计】 对6个单位7名党政领导干部和1名企业领导人员实施了任期经济责任审计；抽调34人分7个审计小组，开展了太极集团（上市公司）3名主要领导人员任期经济责任审计；探索开展南沱镇主要领导干部自然资源资产离任审计。督促28个单位完成33名领导干部经济事项离任交接。

【固定资产投资审计】 组织开展了涪陵区坪西坝岸线环境综合整治工程、涪陵区沿江高速公路两汇互通连接线道路工程、浙江工业园公租房工程等125个政府投资建设项目竣工结（决）算审计；对涪陵中医院迁建工程、大华公寓公租房项目、白鹤森林公园工程、三峡库区涪陵长江乌江汇合口东岸段综合整治工程、李渡体育中心工程、华为涪陵云计算数据中心（一期）等13个政府投资建设项目实施了全过程跟踪审计。

【企业审计】 围绕企业投资、运营和管理，贯彻落实“三重一大”决策制度以及公司法人治理和内部控制等，对涪陵新城区开发集团和龙桥园区集团等2户区属国有企业实施了2017年度财务收支审计。

【专项资金审计】 组织开展涪陵区2016—2017年度残疾人事业发展情况专项审计调查、2017年度保障性住房跟踪审计；实施2018年度交通行动计划落实情况跟踪审计；对涪陵区2017年5月至2018年9月河长制执行情况实施了专项审计。

【信息化建设】 完成审计数据分析专网建设；集中对171个五年轮审规划单位的财务数据进行了采集；修订完善了《数据中心管理办法》《电子数据保密安全管理办法》。

【内部审计】 核定37个单位年度内部审计项目备案计划，完成40余份内部审计报告报备。全区完成内部审计项目592个，促进增收节支1.51亿元。制定了局领导和业务科室分片联系指导监督内部审计工作制度。

统　计

【机构设置】 2018年，涪陵区统计局设办公室、法制科、国民经济综合核算统计科、工业统计科、固定资产投资统计科、贸易与人口就业统计科、服务业和农村经济统计科、能源资源统计科、组织人事教育科9个内设机构。

机关行政编制20名，工勤人员1名，其中局长1名，副局长3名。科级领导职数10名。年内新招录公务员1名，干部退休1名，年底机关行政人员实有18名，工勤人员1名。有下属全额拨款的科级参公事业单位两个，分别是涪陵区社会经济调查队、涪陵区统计普查中心。年末社会经济调查队实有7人，其中队长1人；普查中心实有4人，其中主任1人。

【调查网络建设】 全区各乡镇、街道、园区都建立了统计管理办公室，有专人负责统计工作。乡镇街道统计管理办公室挂靠在经发办，统计办主任由经发办副主任兼任。2018年底全区有935家企业纳入国家统计局联网直报平台报表统计，直报企业均配备了专兼职统计人员。非联网直报企业或单位实行抽样调查，抽中单位均有专兼职统计人员负责报表。区级政府部门均设置了具有统计职能的相关科室。

【统计改革】 2018年区委办、区府办印发《涪陵区深化统计管理体制改革方案》，为全区深化统计管理体制改革奠定基础。按市统计局的要求，年初出台《涪陵区调整优化部分统计调查业务分工实施方案》，5月份顺利完成统计局与国家统计局涪陵调查队部分统计调查业务分工调整改革工作。探索“新产业、新业态、新商业模式”、互联网大数据等新经济统计方法制度，配合市统计局探索建立“高质量发展统计监测指标体系”。做好自然资源资产负债表编制的基础工作，抓好战略性新兴产业统计。

【统计监测】 加强国家一套表联网直报企业的数据在线审核和数据监测工作，坚持“四级在线审核”制度。围绕全区发展目标，发挥政府综合统计职能，加强季度GDP的预警预测，提前发现问题及时分析原因，为政府经济运行调度提供工作建议。将“四上企业”网上直报数据监测作为对乡镇街道考核的主要内容，按照《涪陵区乡镇（街道、园区）统计工作考核办法》，坚持月度考核、季度通报、年终考评的工作模式，推动乡镇（街道、园区）做好统计数据监测工作。加强对部门和行业统计业务指导，做好统计指标含义和口径范围的解释，重点关注与GDP核算相关的主要经济指标的运行情况。做好升规入统工作，2018年升规入统企业78家，年末全区纳入网上直报系统的“四上”法人企业有935家。

【统计服务】 提供统计数据服务，及时发布统计公报，编印统计手册、统计年鉴、统计月报。推进统计智库建设，区统计局制定了《涪陵区统计研究课题管理办法》，通过完善制度、强化激励、鼓励创新等多种方式，激发干部职工开展统计分析研究积极性，2018年完成统计研究课题18个，统计分析与决策咨询30余篇，撰写信息142条，有4篇文章获区领导批示，3个社科项目顺利结项，1篇文章获重庆市2016—2017年度统计制度方法改革研究优秀成果二等奖，1篇文章获市统计局区县优秀统计分析报告评比一等奖。开展“三百行动”，联系群崴电子公司，了解企业生产经营情况，协调解决企业面临的困难和问题。

【依法治统】 学习贯彻中央《关于深化统计管理体制改革提高统计数据真实性的意见》《统计违纪违法责任人处分处理建议办法》《防范和惩治统计造假弄虚作假督察工作规定》等统计法律法规。推进统计法纳入区委党校领导干部教育培训工作，提高领导干部的统计法制意识。反对和惩治任何形式的统计违纪违法行为，2018年查处4家构成统计违法行为的企业。

【启动第四次全国经济普查】 2018年5月涪陵区启动了第四次全国经济普查，及时成立区、乡两级普查机构，有序开展各项工作。一年来，完成了机构搭建、经费保障、小区划分、“两员”选聘、宣传动员、业务培训、单位清查、比对核实等方面工作。全区27个乡镇（街道）共划分422个普查区、565个普查小区，共选聘

“两员”731人，其中普查指导员134名、普查员597名。2018年9月初，区经普办对乡镇（街道、园区）普查指导员、普查员进行了“全覆盖、分批次、多频率、多角度”的清查业务培训。9—11月份，全区顺利完成单位清查工作，共清查登记各类单位23500个，居渝西片区第一位；登记个体经营户66706个，居渝西片区第二位。12月，组织开展经济普查宣传，为正式登记工作顺利开展营造良好的舆论环境；同时分批次、分专业召开全区经济普查正式登记前的“两员”业务培训会议，为正式登记奠定基础。

科学技术

概　述

【概况】2018年，涪陵区科技工作围绕区委区政府中心工作，坚持新发展理念，聚焦高质量、发力供给侧、推动智能化，抓重点、补短板、强弱项，以创建国家高新区为重点，突出实施以大数据为引领的创新驱动发展战略行动计划、军民融合发展战略行动、科教兴市人才强市战略行动计划。全区R&D投入强度达到2%，有效发明专利突破300件，科技进步贡献率提高到55%。涪陵区获全国地市级防震减灾工作综合考核先进单位，区政府获第十三届重庆高交会暨第九届国际军博会优秀成交奖，区科委获第十三届重庆高交会暨第九届国际军博会优秀组织奖、重庆市科技系统先进集体、第五届重庆科普讲解大赛优秀组织奖、全国防震减灾知识大赛预赛（西部赛区）优秀组织奖、2018年度区县地震工作部门防震减灾工作目标考核优秀等多项表彰奖励。

【国家高新区建设】2018年1月12日，市政府以“渝府〔2018〕2号”文批准设立重庆涪陵高新技术产业开发区，同步推进国家高新区升级创建工作。5月，市科委组织专家对涪陵高新区升创国家高新区开展考核评估，考核优秀，具备升级创建国家级高新区基础。11月，邀请国家高新区考察调研专家、长城战略研究院副总经理陈文丰作高新区高质量发展专题报告，召开高新区规划成果展示厅方案论证会。区委、区政府牵头编制涪陵高新区产业发展规划和战略发展规划，提出“一心四区”建设规划，打造科技创新中心，建设环长江师院创新创业生态圈、科技城区、现代中医药火炬基地、先进制造业基地，提升涪陵高新区区域规划、功能定位和产业布局。完成涪陵高新区组织架构、科技投入、高新技术企业培育、研发平台建设等系列考核指标的达标工作。区政府向市政府报送升级创建国家高新区的正式申请，向市科委报送升级创建的函，推动市政府向国务院报送《关于涪陵高新区升级为国家高新区的请示》。培育引进大业智能建筑研究院、大业智能科技研究院、斯威汽车研发中心等重点研发平台，获批重庆市第一批战略性新兴服务业（科技研发）集聚示范区，启动国家火炬涪陵现代中医药特色产业基地建设，承办全国火炬特色产业基地研讨会，开展打造特色载体推动“双创”升级示范开发区创建工作。

【创新主体壮大】全区新增市级科技型企业242户，总数达554家，排全市区县第5位，争取科技型企业创新券补助经费458万元。新培育国家高新技术企业30家，获批市级高新技术产品86个，获市上新创高新技术企业补助560万元、高新技术企业研发经费补助757.32万元。高新技术产品产值、高新技术企业产值分别增长25.8%、21.2%。新培育“牛羚”科技企业17家、“瞪羚”科技企业4家，数量排全市区县前列。中化化工、宏声印务2家企业入选重庆企业专利创新百强榜，天原化工、中石化涪陵页岩气勘探开发公司、华晨鑫源3家企业创建为市级知识产权优势企业，国市级知识产权优势示范企业达到16家。

【研发平台建设】 页岩气研究院、太极医药研究院等平台建设持续推进，新创华兰生物血液制品工程中心、弛源化工乙炔深加工工程中心、长江师院生态环境多源监测工程中心等3家市级工程技术研究中心。新获批华峰新材料研究院、首瀚智能技术研究院、央都生物研究院等3家市级新型研发机构。

【众创平台打造】 金渠国家科技企业孵化器入驻涪陵科技创新中心，涪陵区解决孵化场地3500平方米，引进入驻智能制造、信息数据类研发和服务企业16家；互爱科技孵化园引进互联网科技企业63家，升级规上服务业企业3家；新组建孵化场地8000平方米的智桐创业园；涪陵区加快建设孵化场地2000平方米的多邦国家级众创空间。组建涪陵区众创空间建设发展联盟，整合高校院所研发型众创空间与市场化众创空间创新创业资源，全区众创空间孵化场地达到4.4万平方米，入驻企业、创客团队649个，实现销售收入4390万元。联合区发改委、区财政局、区工商分局开展众创空间运营情况专项考核，兑付众创空间奖补经费75万元。组织申报国家级众创空间2家、市级科技企业孵化器1家。

【科技项目攻关】 涪陵区争取市级科研项目47项，资金2900万元。其中：长江师范学院获得市级基础研究项目18项，8家企业获得市级产业类重点研发专项科技经费支持2200万元，榨菜产业发展、中药材产业发展方面争取市级科研项目6项230万元。下达2018年度科技指导性项目3批次67项；争取300万元的企业创新和存量企业提质增效资金，支持科技成果转化项目。落实企业研发投入优惠政策，争取14个政府属科研及技术服务机构获研发投入增量市级激励补助292.7万元，企业研发费用加计扣除额达到2.6亿元，其中：科技型中小企业研发费加计扣除1947万元、高新技术企业所得税减免2583万元。

【知识产权管理】 涪陵区创设国家区域专利信息服务（重庆）中心涪陵分中心，成为全市首批7个专利信息服务试点区县之一；创建重庆市创新方法推广应用分支基地，成为全市首批5个分支基地试点区县之一。开展国家知识产权试点城市创建，太极集团“藿香正气口服液新适应症、大数据与商业模式及一带一路战略下的高价值专利培育计划”项目获涪陵区首个重庆市高价值专利培育计划项目，获得市级财政50万元经费支持；环正科技“湿法油烟净化器专利侵权风险分析”项目、首瀚智能技术研究院“全自动铝盖清洗机专利侵权风险分析”项目获得市级专利风险防控示范项目支持。全年，全区专利申请1896件，同比增长12.72%；发明专利申请410件，同比增长44.37%；专利授权1316件，同比增长50.57%；有效发明专利拥有量324件，同比增长18.25%；万人发明专利拥有量2.79件，同比增长18.22%。

【科技合作交流】 涪陵区加强浙涪科技对口支援合作，组织浙江省技术专家先后6次到涪陵种植现场，指导柑橘、葡萄、番木瓜等生产管理，培训技术人员200余名。组织38家企事业单位、4个工业园区的84项高新技术和成果、50项技术需求先后参加重庆高交会、深圳高交会、重庆国创会，签约技术交易项目27项。登记技术合同7项，实现技术合同成交额18.77亿元。开展武隆科技对口支援合作，组织相关专家和企业负责人，围绕孵化器建设、梨高效栽培、榨菜和中药种植收购开展科技帮扶活动。

【促进创新创业】 举办以“高水平双创，高质量发展”为主题的双创活动周，开展大数据智能化赋能涪陵发展高峰论坛、科技型企业创新驱动培训服务、创业导师授课、“电商发展困境与机会”主题培训、银企对接会、科技成果推介等8场主题活动。组织30个优秀科研项目面向100余家中小型企业开展成果推介，参加人数千余人，宣传受众近万人。组织21个项目参加2018年涪陵区创业种子基金支持项目优选活动。启动涪陵区科技型企业知识价值信用贷款组建工作，按时回收区创业种子投资基金第一期免息贷款资金，实行“双高”企业、高层次人才准入和项目优选活动相结合，拓宽区创业种子投资基金支持范围，新遴选投资“双创”项目17个。

【服务科技人才】 引进北交大人才团队、中科院上海高研院、海外华人团队在涪成立中涪科瑞工业技术研究院、中科联创智能制造研究院、欧美聚智科技公司等研发企业。选派科技特派员212名进企进村，为97家企业与合作社和63个贫困村开展新品种培育和引进、新产品新工艺研发、科技成果转化、技术推广、科技培训与技术指导等服务，重点指导贫困村脱贫攻坚。组织开展区第五届拔尖人才自然科学领域和工程技术领域初评推荐工作，从64名申报人员中评选推荐15名拔尖人才。

【科技成果转化】全区登记科技成果110项，获2017年度重庆市科学技术奖有3个，其中：上甲电子、长江师范学院、中南大学联合实施的“利用工业废弃物制备高性能锰锌铁氧体关键技术及产业化”项目获2017年度重庆市科技进步一等奖。中科大业、重庆大学等联合实施的“装配式—混凝土混合结构建筑及其信息化建造成套技术研究及应用”项目拟获2018年度重庆市科技进步一等奖。涪陵区推动中涪科瑞工业技术研究院与川东船舶、涪陵化工、华新水泥、博瑞变压器开展智能制造、大数据、新材料等成果转化对接；撮合中科院上海高研院与榨菜集团合作，联合开展青菜头自动化抽筋技术成果转化；引进海外高层次人才与太极集团对接，探讨富氢水、健康智能检测装备成果转化。

【科技普及】 举办涪陵区“科技活动周·走进校园行动”科普活动，开展机器人创意表演、天文观测体验、科学幻想绘画等科技活动，举办“绿色‘涪气’造福山城”页岩气科普知识、防震减灾科普知识讲座。组织开展2017年度青少年科技创新区长奖评选表彰，徐子蕴等5名中小学生获得青少年科技创新奖，江东街道中心小学校和严宗昌老师获得青少年科技创新培育奖。组织参加第五届重庆科普讲解大赛，白鹤梁水下博物馆2名选手获优秀奖，涪陵区获优秀组织奖。

重大科技成果及应用

【概况】 2018年，全区登记科技成果110项，获得重庆市科学技术奖3项，其中：一等奖1项、三等奖2项。登记技术合同7项，技术合同成交额18.77亿元，技术交易额3983万元。

【利用工业废弃物制备高性能锰锌铁氧体关键技术及产业化】 该成果获得重庆市科技进步一等奖，由重庆上甲电子股份有限公司、长江师范学院、中南大学联合完成。针对中国软磁功能材料锰锌铁氧体粉料生产工艺流程长、原料纯度要求高、资源利用率低、能耗高、环境污染严重等突出问题，通过技术和设备的自主创新，颠覆传统工艺，研发集湿法冶金、化学分离工程和矿物工程技术于一体的无氟除杂分离技术，发明锰、锌、铁全利用与杂质元素定向调控新方法，构建窑炉尾气二氧化碳循环利用共沉淀技术，设计悬浮低温瞬时烧成系统，设计兼顾高饱和磁感应强度（Bs）和宽温低磁芯损耗（Pcv）的锰锌铁氧体制备工艺，建成国内唯一利用工业废弃物为原料制备高性能锰锌铁氧体粉料生产线，提出并实施高性能锰锌铁氧体粉料的清洁生产技术，解决了产业化中的关键技术难题，打破了国外技术封锁和市场垄断，对中国软磁制造业的技术进步具有极大的促进作用。授权国家发明专利5项、实用新型专利3项，发表SCI论文19篇，近3年产品累计销售收入10.34亿元、新产品毛利2.72亿元。

【环己烯合成精己二酸成套技术开发及应

用】该成果获得重庆市科技进步三等奖，由重庆华峰化工有限公司、长江师范学院、华峰集团有限公司联合完成。针对中国精己二酸产品质量低、生产设备和技术受到国外垄断的实际，以提高精己二酸品质为目标，构建以复合氧化物为载体还原催化剂活性组分前体制备单层分散型催化剂的低温高效合成工艺，解决了国内外苯选择性加氢制环己烯催化体系存在选择性差、效率低等技术难题；发明负载有酸性离子液体深度脱除苯中噻吩硫化物吸附体系，实现苯中噻吩硫化物高效率低成本脱除；设计整套具有自主知识产权的苯选择性加氢制备环己烯的反应装置及工艺，设计精己二酸分离、脱色和结晶系统以及硝酸和催化剂回收系统等成套专利装置，建成具有完全自主知识产权全球最大单套产能的精己二酸生产线，制定达到国际先进水平的企业标准，生产出品质达到国际先进水平的精己二酸，形成世界最大的精己二酸生产和出口基地。授权国家发明专利4项、实用新型专利11项，发表专业学术论文12篇，近3年实现销售收入50.3亿元、利税15.3亿元。

【出口榨菜蔬菜牛肉全过程安全控制技术规范标准化研究与示范应用】 该成果获得重庆市科技进步三等奖，由重庆出入境检验检疫局、涪陵出入境检验检疫局、西南大学、重庆市农业科学院、重庆大学联合完成。以重庆特色出口农产品榨菜、高山蔬菜、鲜冻牛肉为研究对象，基于全球视角下榨菜及类似产品、蔬菜、牛肉风险预警特征及规律研究，实施风险监测及风险管理，并基于中国食品安全阶段性特征，建立榨菜非传统安全风险监测及出口榨菜蔬菜牛肉防护计划，建立从源头到出口可追溯体系。

科技创新平台建设

【概况】 2018年，全区新创市级科技研发平台4个，其中：重庆市页岩气绿色高效开发产业技术创新中心批准为重庆市技术创新中心；重庆市新型研发机构3个，分别是：重庆华峰新材料研究院、重庆首瀚智能技术研究院、重庆央都生物研究院。

2018年，全区拥有国家级工程实验室1个、国家级企业技术中心1个。拥有国家级科技企业孵化器1个、国家级示范生产力促进中心1个。拥有市级科技研发平台70个，其中：重庆市重点实验室2个、工程技术研究中心10个、新型研发机构5个、企业工程技术研究中心9个、工程实验室1个、工程研究中心2个、企业技术中心41个。博士后科研工作站5个、院士专家工作站4个，众创空间19个。参与组建市级产业技术创新战略联盟4个，提升发展涪陵区检验检测服务产业技术创新联盟。全区技术创新机构主要分布于材料化工、电子信息、生物医药、装备制造等产业领域。

国家级工程实验室

编号	机构名称	机构层次	依托单位
1	南方芥菜遗传改良和栽培技术国家地方联合工程实验室	国家级	渝东南农科院
2	榨菜品种改良栽培技术重庆市工程实验室	重庆市级	渝东南农科院

重庆市重点实验室

编号	机构名称	依托单位
1	无机特种功能材料重庆市重点实验室	长江师范学院
2	武陵山区特色植物资源保护与利用重庆市重点实验室	长江师范学院

重庆市工程技术研究中心

编号	机构名称	依托单位
1	重庆市现代中药制药工程技术研究中心	太极集团重庆涪陵制药厂有限公司
2	重庆市特种船舶数字化设计与制造工程技术研究中心	泽胜投资集团造船有限公司、重庆交通大学、涪陵金渠企业孵化器
3	重庆市榨菜工程技术研究中心	重庆市涪陵榨菜集团股份有限公司
4	重庆市芥菜工程技术研究中心	重庆市涪陵区农业科学研究所
5	重庆市水稻抗稻瘟病育种工程技术研究中心	重庆市渝东南农业科学院
6	重庆市低品位磷资源利用工程技术研究中心	中化重庆涪陵化工有限公司
7	重庆市页岩气开发环境保护工程技术研究中心	重庆市涪陵页岩气环保研发与技术服务中心
8	重庆市血液制品工程技术研究中心	华兰生物工程重庆有限公司
9	重庆市乙炔深加工工程技术研究中心	重庆弛源化工有限公司
10	重庆市生态环境多源监测技术及应用工程技术研究中心	长江师范学院

重庆市新型（高端）研发机构

编号	机构名称	依托单位
1	中石化重庆页岩气产业技术研究院	中石化重庆涪陵页岩气勘探开发有限公司
2	重庆洪吉航空遥感技术研究院有限公司	重庆洪吉航空遥感技术研究院有限公司
3	重庆华峰新材料研究院有限公司	重庆华峰化工有限公司
4	重庆首瀚智能技术研究院有限公司	重庆首键医药包装有限公司
5	重庆央都生物研究院有限公司	重庆喜旋生物有限公司

重庆市企业工程技术研究中心

编号	机构名称	依托单位
1	重庆市汽车板工程技术研究中心	重庆万达薄板有限公司
2	重庆市变压器工程技术研究中心	重庆市亚东亚集团变压器有限公司
3	重庆市大为醇醚燃料工程技术研究中心	重庆大为石化有限公司
4	重庆市中邦农药剂型工程技术研究中心	重庆中邦药业（集团）有限公司
5	重庆市特种船舶企业工程技术研究中心	重庆川东船舶重工有限责任公司
6	重庆市发酵型泡菜企业工程技术研究中心	重庆市涪陵辣妹子集团有限公司
7	重庆市儿童口服药物企业工程技术研究中心	葵花药业集团（重庆）有限公司
8	重庆市电力变压器企业工程技术研究中心	重庆博瑞变压器有限公司
9	重庆市抗菌类药物中间体企业工程技术研究中心	重庆常捷医药化工有限公司

重庆市工程实验室

编号	机构名称	机构层次	依托单位
1	榨菜品种改良栽培技术重庆市工程实验室	重庆市级	渝东南农科院

重庆市工程研究中心

编号	机构名称	依托单位
1	生态环境高光谱遥感监测技术重庆市工程研究中心	长江师范学院
2	建设物全生命周期健康检测与灾害防治重庆市工程研究中心	长江师范学院

国市级企业技术中心

编号	机构名称	机构层次	依托单位
1	国家企业技术中心	国家级	太极集团公司
2	重庆市企业技术中心	重庆市级	中化涪陵化工有限公司
3	重庆市企业技术中心	重庆市级	重庆建峰化工股份有限公司
4	重庆市企业技术中心	重庆市级	重庆市涪陵辣妹子集团有限公司
5	重庆市企业技术中心	重庆市级	重庆川东船舶重工有限责任公司
6	重庆市企业技术中心	重庆市级	重庆中邦药业（集团）有限公司
7	重庆市企业技术中心	重庆市级	葵花药业集团（重庆）有限公司
8	重庆市企业技术中心	重庆市级	重庆科宝电缆股份有限公司
9	重庆市企业技术中心	重庆市级	重庆大为石化有限公司
10	重庆市企业技术中心	重庆市级	重庆市涪陵榨菜（集团）有限公司
11	重庆市企业技术中心	重庆市级	重庆中科建设（集团）有限公司
12	重庆市企业技术中心	重庆市级	重庆市涪陵三海兰陵有限责任公司
13	重庆市企业技术中心	重庆市级	重庆市涪陵区紫竹食品有限公司
14	重庆市企业技术中心	重庆市级	重庆万达薄板有限责任公司
15	重庆市企业技术中心	重庆市级	华兰生物工程重庆有限公司
16	重庆市企业技术中心	重庆市级	重庆正元香料有限公司
17	重庆市企业技术中心	重庆市级	重庆华峰化工有限公司
18	重庆市企业技术中心	重庆市级	重庆中江船业有限公司
19	重庆市企业技术中心	重庆市级	重庆常捷医药化工有限公司
20	重庆市企业技术中心	重庆市级	重庆南瑞博瑞变压器有限公司
21	重庆市企业技术中心	重庆市级	重庆三爱海陵实业有限责任公司
22	重庆市企业技术中心	重庆市级	重庆建峰浩康化工有限公司
23	重庆市企业技术中心	重庆市级	重庆宏图油墨有限公司
24	重庆市企业技术中心	重庆市级	重庆美心翼申机械股份有限公司
25	重庆市企业技术中心	重庆市级	中石化重庆涪陵页岩气勘探开发有限公司

续表

编号	机构名称	机构层次	依托单位
26	重庆市企业技术中心	重庆市级	重庆天原化工有限公司
27	重庆市企业技术中心	重庆市级	华晨鑫源重庆汽车有限公司

重庆市中小企业技术研发中心

编号	机构名称	依托单位
1	重庆市中小企业技术研发中心	重庆正里元实业有限公司
2	重庆市中小企业技术研发中心	重庆天华照明有限公司
3	重庆市中小企业技术研发中心	重庆市涪陵区志贤食品有限公司
4	重庆市中小企业技术研发中心	重庆市涪陵区国色食品有限公司
5	重庆市中小企业技术研发中心	重庆斯托赛克塑业有限责任公司
6	重庆市中小企业技术研发中心	重庆市涪陵宝巍食品有限公司
7	重庆市中小企业技术研发中心	重庆市涪陵区渝杨榨菜有限公司
8	重庆市中小企业技术研发中心	重庆昱泰制罐有限公司
9	重庆市中小企业技术研发中心	重庆市涪陵区红日升榨菜食品有限公司
10	重庆市中小企业技术研发中心	重庆宏声印务有限责任公司
11	重庆市中小企业技术研发中心	重庆市同讯电力实业有限公司
12	重庆市中小企业技术研发中心	重庆春阳密封制品有限公司
13	重庆市中小企业技术研发中心	重庆群崴电子材料有限公司
14	重庆市中小企业技术研发中心	重庆中宝生物制药有限公司
15	重庆市中小企业技术研发中心	重庆豪山办公家具有限责任公司

国市级博士后科研工作站

编号	机构名称	机构层次
1	太极实业集团股份有限公司博士后科研工作站	国家级
2	重庆市涪陵区农业科学研究所博士后科研工作站	国家级
3	重庆万达薄板有限公司博士后科研工作站	重庆市级
4	重庆市涪陵中心医院博士后科研工作站	重庆市级
5	重庆市博士后科研工作站创新实践基地（依托单位：新城区社保所）	重庆市级

市级院士专家工作站

序号	依托单位	涉及领域	机构层次
1	太极集团有限公司	医药	重庆市级
2	中石化重庆涪陵页岩气勘探开发有限公司	页岩气	重庆市级
3	重庆德环科技有限公司	生态环保	重庆市级
4	长江师范学院	综合	重庆市级

国市区级众创空间

序号	众创空间名称	平台层次	建设单位
1	多邦众创空间	国家级	重庆市涪陵区金渠企业孵化器有限责任公司
2	涪陵“新车间”	国家级	重庆市涪陵区盛锦资产管理有限公司
3	“元素E家”众创空间	重庆市级	长江师范学院
4	机电梦工场众创空间	重庆市级	
5	智创旅游驿站	重庆市级	
6	神农科创园	重庆市级	
7	易物通慧创空间	重庆市级	
8	福临创业谷	重庆市级	重庆工贸职业技术学院
9	圆梦园	重庆市级	重庆市渝东南农业科学院
10	品鉴硅谷.重庆	重庆市级	重庆品鉴科技有限公司
11	启智众创空间	重庆市级	重庆市玖道门投资有限公司
12	新概念众创空间	重庆市级	重庆文阳建筑工程咨询有限公司
13	多客众创空间	重庆市级	重庆冠泰科技有限公司
14	汇科众创空间	重庆市级	重庆汇科实业有限公司
15	焦耳传媒众创空间	涪陵区级	重庆焦耳文化传媒有限公司
16	56号花园众创空间	涪陵区级	重庆御天商业管理有限公司
17	互爱科技众创空间	涪陵区级	重庆互爱科技有限公司
18	涪陵电子商务众创空间	涪陵区级	重庆市涪陵区电子商务产业发展有限公司
19	涪陵文化创意产业园众创空间	涪陵区级	重庆尚宜市场经营管理有限责任公司

涪陵区加入的重庆市产业技术创新战略联盟

编号	产业技术创新战略联盟名称	机构层次	涪陵区入盟单位
1	重庆市天然气化工产业技术创新战略联盟	重庆市级	天原化工、建峰化工
2	重庆文化•旅游产业技术创新战略联盟	重庆市级	白鹤梁水下博物馆、长江师范学院、工贸职业技术学院、凯高玩具公司、长美影视动画设计公司、齐圣食品公司、聚岩石材公司7家单位入选联盟首批成员单位
3	重庆市特种船舶产业技术创新战略联盟	重庆市级	川东造船厂、泽胜造船公司、祥利船舶制造公司、大为船舶制造公司、中江船业公司、帝力游艇制造公司等6家船舶制造企业
4	重庆市中药产业技术创新战略联盟	重庆市级	重庆太极实业（集团）股份有限公司

高新技术产业

【概况】 按照“创新、聚集、领办、孵化、培育、生成”的科技型企业发展路径，培育国家高新技术企业、重庆市科技型企业，发展高新技术产业。推动涪陵工业园区成功创建为市级高新技术产业开发区，全区有效期内国家高新技术企业达81家；新增市级高新技术产品86个，市级高新技术产品达334个，高新技术产品产值304亿元。引导企业通过创新驱动实现新发展，支持涪陵区战略性新兴产业培育和传统优势产业转型升级。

国家高新技术企业（有效期内）

序号	企 业 名 称	认定时间
1	凯高玩具（重庆）有限公司	2018年11月21日
2	重庆茂捷汽车变速器有限公司	2018年11月21日
3	重庆盛时达汽车有限公司	2018年11月21日
4	华兰生物工程重庆有限公司	2018年11月21日
5	重庆中科建设（集团）有限公司	2018年11月21日
6	重庆赋昇汽车零部件有限公司	2018年11月21日
7	重庆市涪陵区金龙有限公司	2018年11月21日
8	太极集团重庆涪陵制药厂有限公司	2018年11月21日
9	重庆南涪铝精密制造有限公司	2018年11月21日
10	重庆海陵活塞环有限公司	2018年11月21日
11	重庆市涪陵区威云机械制造有限公司	2018年11月21日
12	重庆南涪铝业有限公司	2018年11月21日
13	重庆联祥融合塑业有限公司	2018年11月21日
14	重庆逸合峰生物科技有限公司	2018年11月21日
15	重庆常捷医药有限公司	2018年11月21日
16	重庆山玖能源科技发展有限公司	2018年11月21日
17	重庆富丽华车用饰品有限公司	2018年11月21日
18	重庆市宏图油墨有限公司	2018年11月21日
19	重庆首键医药包装股份公司	2018年11月21日
20	重庆上甲电子股份有限公司	2018年11月21日
21	重庆市涪陵区吉阳农业开发有限责任公司	2018年11月21日
22	重庆河邦建材有限公司	2018年11月21日
23	重庆均利密封科技有限公司	2018年11月21日
24	重庆点易科技有限公司	2018年11月21日
25	重庆智寰传动科技发展有限公司	2018年11月21日
26	重庆佳润塑料包装有限公司	2018年11月21日
27	美心翼申机械股份有限公司	2018年11月21日
28	重庆全景通用动力机械有限公司	2018年11月21日
29	重庆睿汇科技有限公司	2018年11月21日
30	重庆全景机械制造有限公司	2018年11月21日
31	重庆川东船舶重工有限责任公司	2018年1月23日

续表

序号	企 业 名 称	认定时间
32	重庆市仓兴达科技有限公司	2018 年 1 月 23 日
33	重庆科宝电缆股份有限公司	2018 年 1 月 23 日
34	重庆斯托赛克塑业有限责任公司	2018 年 1 月 23 日
35	重庆市亚东亚集团变压器有限公司	2018 年 1 月 23 日
36	重庆三爱海陵实业有限责任公司	2018 年 1 月 23 日
37	重庆天华照明有限公司	2018 年 1 月 23 日
38	重庆特发信息光缆有限公司	2018 年 1 月 23 日
39	重庆中宝制药有限公司	2018 年 1 月 23 日
40	重庆市涪陵太极印务有限责任公司	2018 年 1 月 23 日
41	重庆万丰奥威铝轮有限公司	2018 年 1 月 23 日
42	重庆善通有限责任公司	2018 年 1 月 23 日
43	重庆建峰化工股份有限公司	2018 年 1 月 23 日
44	重庆市同讯电力实业有限公司	2018 年 1 月 23 日
45	重庆鑫源动力制造有限公司	2018 年 1 月 23 日
46	重庆市涪陵区强箭气体有限公司	2018 年 1 月 23 日
47	重庆伊申特科技发展有限公司	2018 年 1 月 23 日
48	重庆喜旋生物科技有限公司	2018 年 1 月 23 日
49	重庆西查奇科技有限公司	2018 年 1 月 23 日
50	重庆钰淳汽车配件有限公司	2018 年 1 月 23 日
51	重庆宇宝保温工程有限公司	2018 年 1 月 23 日
52	重庆渝湘精密机械有限公司	2018 年 1 月 23 日
53	重庆中药饮片厂有限公司	2018 年 1 月 23 日
54	重庆洲琪科技发展有限公司	2018 年 1 月 23 日
55	重庆江尚塑料制品有限公司	2018 年 1 月 23 日
56	重庆华玮旭电子有限公司	2018 年 1 月 23 日
57	重庆万达薄板有限公司	2018 年 1 月 23 日
58	重庆春阳密封制品有限公司	2018 年 1 月 23 日
59	重庆市涪陵区李渡星耀橡塑有限公司	2018 年 1 月 23 日
60	重庆南瑞博瑞变压器有限公司	2018 年 1 月 23 日
61	重庆鹏凯精细化工有限公司	2018 年 1 月 23 日
62	重庆伟恩机电制造有限公司	2018 年 1 月 23 日
63	重庆福维科技有限公司	2018 年 1 月 23 日
64	重庆市赛特刚玉有限公司	2018 年 1 月 23 日
65	重庆宏声纸箱有限责任公司	2018 年 1 月 23 日
66	重庆理想包装有限责任公司	2018 年 1 月 23 日
67	重庆润丰塑料制品有限公司	2018 年 1 月 23 日
68	重庆宏声印务有限公司	2018 年 1 月 23 日
69	葵花药业集团（重庆）有限公司	2016 年 12 月 5 日
70	重庆剑涛铝业有限公司	2016 年 12 月 5 日
71	重庆三海兰陵有限责任公司	2016 年 12 月 5 日

续表

序号	企 业 名 称	认定时间
72	重庆弛源化工有限公司	2016 年 12 月 5 日
73	重庆群崴电子材料有限公司	2016 年 12 月 5 日
74	华晨鑫源重庆汽车有限公司	2016 年 12 月 5 日
75	重庆市涪陵区塑料制品厂	2016 年 12 月 5 日
76	重庆天原化工有限公司	2016 年 12 月 5 日
77	重庆品鉴光电照明有限公司	2016 年 12 月 5 日
78	重庆卡维迪夫汽车零部件制造有限公司	2016 年 12 月 5 日
79	重庆浩珑机械有限公司	2016 年 12 月 5 日
80	重庆建峰浩康化工有限公司	2016 年 12 月 5 日
81	重庆乔盛玻璃有限责任公司	2016 年 12 月 5 日

地震与气象科技

【地震监测预报】 年内启动建设重庆市地震烈度速报与预警工程涪陵区同乐基准站项目，项目占地 870 平方米，2018 年 5 月完成地形图测量、土地预审手续和规划选址意见书办理。年内重庆市地震局更换了地磁测向的仪器设备和传输线路，确保地磁观测数据质量稳定。2018 年全区地震监测运行正常，观测数据质量稳定，运行率达 99.47%，无缺报漏报。

【地震科普宣传】 全年涪陵区开展了 7•28 地震纪念日、防灾减灾日、国际减灾日、邢台地震纪念日、学雷锋、安全生产月等宣传活动，全方位开展防震减灾法律法规和科普知识宣传活动。实现多渠道、多形式、多平台开展科普宣传。创新科普宣传形式，如在公交车上播放视频、组织留守儿童学习防震减灾知识、布置暑期作业等。组织 5.2 万人次机关企事业单位干部职工、学生及市民参与全市防震减灾网络知识竞赛，参赛人数连续五年全市排名第一。邀请市科普宣讲团成员为荔枝希望小学校上千余名师生授课。利用科技活动周开幕活动、唐山地震纪念日等活动，分别为凉塘小学校、城三校的师生代表和鸣羊嘴社区、义和镇临江村群众、村民代表讲解地震科普知识。开展示范单位创建工作，成功创建城三小为市级防震减灾科普示范学校，全区有国家级地震安全示范社区 4 个、国家防震减灾科普示范学校 2 所，市级地震安全示范社区 6 个、示范学校 5 所；区级各类示范单位 36 个。

【气象科技】 持续推进与渝东南农业科学院、长江师范学院环境科学院交流合作。打造涪陵榨菜智能农业和物联网系统，为涪陵创建全国农业产业园提供助力。与区交巡警支队签订气象服务合作协议，为公众出行及交通安全生产提供有力的科技支撑。年内新增副研级高工 2 名、工程师 1 名，开展 3 个技术岗位竞聘，截至 2018 年年底，本科以上学历比例 62.5%、中级以上职称比例达 53.1%。区气象局荣获全国重大气象服务先进集体、第十届中国气象学会科普工作先进集体。年内新增科研项目 1 项，发表论文 10 篇，开展和参加学术讲座 5 次，科研成果登记 4 项，《实现预警服务标准化、响应规范化管理，提升气象灾害应急水平》获中国气象局创新项目。

社会科学

社科建设

【党建引领】 开展"三会一课"学习教育、"做廉洁党员"等主题党日活动，将党员公益日活动与"创文""创卫"活动相结合，实现"党建"与"双创"双赢。按程序转入2名在社科联工作党员的组织关系，规范党员管理。按照干部选拔任用规定，动议、民主推荐、考察、讨论决定干部任用1名，做到公平、公正、公开。

【制度建设】 编制《涪陵区哲学社会科学事业发展规划（2018—2028）》，编印《涪陵社科工作手册》，明确职责，规范业务工作实务与流程。完善学习、培训、工作等制度，健全激励机制，严肃纪律，确保工作高效运转。

【意识形态管控】 召开社科领域意识形态工作会3次，开展"八项规定""十二个不准"教育活动，学习《落实中央八项规定精神有关政策规定》《关于认真组织学习重庆日报彻底肃清孙政才恶劣影响和薄熙来、王立军流毒系列文章的通知》文件精神，开展社科刊物、网站，社科研究基地、社科普及基地等社科阵地清除孙政才恶劣影响和薄熙来、王立军流毒工作。严格执行20人以上各类社科活动申报备案制度。

【智库建设】 编制《涪陵区新型智库管理办法（试行）》，培育三峡生态环境保护研究中心等涪陵区首批社科智库9家，完善《社科人才专家库》专家113人，并按法学、经济学、政治学、社会学等13个专业进行分类管理。李良品编著的《中国土司学导论》（著作类）获国家民族事务委员会二等奖，彭寿清、龚志祥、王希辉、田华编写的《新型城镇化背景下自治州市同城有关问题调查研究》（调查报告类）获国家民族事务委员会三等奖；张明富、熊正贤、何侍昌、王凤羽获重庆市人民政府通报表彰。

【社科研究】 开展区社科规划年度项目立项37项，社科事业项目立项12项，周煌文化研究重大项目立项10项。获国家社科基金项目立项14项、省（市）级社科基金项目立项21项。完成2017年度及以前41个区社科规划项目结项评审工作，社科事业项目结项10项，结项率92.7%。编印《涪陵区哲学社会科学规划项目优秀成果提要汇编》1000册，分送各机关企事业单位。完成区政府重大委托课题《涪陵经济地理》（专著）结题工作并获优秀等级。启动2018年全区重大社科规划项目《"涪陵"沿革研究》（专著）调研、编撰工作。出版《涪陵实施乡村振兴战略研究》等专著55部，发表《中国传统民本思想刍议》等学术论文411篇，其中核心期刊刊载110篇。获国家民委二等奖1项、三等奖1项，重庆市政府社科优秀成果二等奖1项、三等奖3项，进一步增强了涪陵社科研究的凝聚力和影响力。

【资政服务】 编报《社科研究》主题资政报告6期，召开区资政服务专家座谈会2次，开展"智库涪陵"论坛2期，产生金点子、好建议108条，为区委区政府"绿色发展""乡村振兴战略"科学决策提供重要参考和理论支撑。

【学术活动】 培育区级人文社科重点研究

基地4个。开展“涪陵改革开放40周年理论与实践研讨会”“第三届易经与现代文明学术研讨会”等学术活动10场次，征集学术论文、研究报告205篇，产生金点子、好建议398条。开展专题调研10次，获区级及以上领导和部门采用建议意见52条。

【社团管理】 开展2017年度社科类社团综合目标考核，合格率87%。组建涪陵区国学文化促进会，为国学爱好者搭建了学习交流平台。完成收藏协会、会计学会等3个社团换届选举指导工作，修改完善章程、财务管理、学术规范等制度30余个。引导社科类社团、社科研究基地和社科普基地，依法开展全国“两会”精神宣讲、第二届中国土司论坛等学术活动20余场次，受众面逾2000人次。

【社科普及】 区博物馆成功创建第四批重庆市人文社会科学普及基地。评审立项《钩深大讲堂》、“乌杨树之家”社科普及系列活动等资助项目5个，开展“涪陵故事”“国学经典”等系列主题讲座61场次，《涪陵榨菜文化精神》等专题讲座30场，受众面达20000人次。组织在校大学生学习习近平总书记重要讲话精神读书交流会3场次，开展公务礼仪等专题讲座4场次，受众面达500人次。编辑出版《涪陵周煌》等普及读物5套13200册，培育社科普及读物品牌和特色。

【社科刊物传媒】 编辑发行区委区政府机关刊物《三峡新论》4期4000册，刊发区情调研、涪州文化、学习与探索等社科理论文章102篇。编发《涪陵社科》简报4期，编录120余条社科重要信息。升级涪陵社科网站，建立微信公众平台，更新涪陵社科信息200余条，其中新华网、凤凰网、华农网、中国社科网、巴渝传媒网分别转载涪陵社科信息22条、区政府网“涪陵要闻”28条。

【社科评奖】 制定《重庆市涪陵区哲学社会科学优秀成果评奖实施细则》。召开哲学社会科学优秀成果评奖委员会办公会、涪陵区社科评奖环节规范问题专家座谈会，落实《专家评审承诺书》《专家评奖标准》措施。完成117项参加涪陵区第十次社科成果评奖的申报、审查、初评、会评、复评和终评工作，评出奖励成果35项。其中一等奖5项、二等奖12项、三等奖18项。

档　案

【概况】 2018年，区档案局（馆）为区政府直属正处级（参公）事业单位，实行一个机构、两块牌子的管理体制，内设办公室、法规人事科、业务指导科、信息技术科、保护技术科、编研征集科、档案管理科7个科室。在编在职人员22名，其中：局长1名、副局长2名、纪检组长1名，正副科级实职干部8名。

2018年，区档案局印发修订后的《重庆市涪陵区文书档案条目录入细则》（涪档案发〔2018〕22号），推进基层档案业务建设。年内对150个基层单位的档案工作开展上门、电话、QQ群指导服务。组织开展华新水泥涪陵公司乌江三门子码头、重庆中机龙桥热电联产项目、白涛化工园区生产生活用水供水管网工程档案专项验收。指导2017年扶贫档案工作问题整改落实，对全区有扶贫任务的24个乡镇街道、80个贫困村的扶贫档案工作进行了专项督查和通报。主动配合全区开展的农村土地承包经营权确权登记颁证工作，指导各乡镇（街道）、村（居）抓好确权颁证工作文件材料的规范收集整理。抓好全区档案人员业务培训工作，按照涪区委干教办〔2018〕2号文件要求，与区委党校联合举办五期档案人员培训班，参训人员696人。

【档案馆库建设】 2018年，依法按规完成接收与消毒杀虫9个单位的应进馆合格数据与实体档案10342卷，接收与消毒杀虫寄存区的国土局涪陵新城区·涪陵工业园区分局等国土档案256927卷和6个市属国有企业退休人员人事档案425卷，区档案馆馆藏纸质档案已达912394卷（册）。在确保档案安全和依法履行查借阅审批手续基础上，接待区内外各机关、企事业单位、社会团体、人民群众来馆查阅利用档案6035人次，提供档案利用53541卷，出具证明材料6677件12744页。按照《各级国家档案馆开放档案办法》和《各级国家档案馆馆藏档案解密和划分控制使用范围的暂行规定》，开展馆藏到期档案的鉴定开放、划控和解密工作，完成32个全宗1983—1986年25426卷36533件档案开放鉴定和划控。其中：绝密档案372件、机密档案1064件、秘密档案784件、延期开放档案5154件、应开放档案29114件。

【档案信息化】 2018年，推进档案数字资源建设，完成数字化管理软件系统升级，提高了档案查阅便捷性和数据安全性。加快馆藏档案数字化加工进程，完成馆藏档案数字化加工档案20654卷、录入条目396217条、原文图像2365879幅。严把进馆档案质量关，对9个单位进馆档案2324卷、51510件、条目91561条、原文图像904760页数据和质量进行检测验收，区档案馆馆藏档案数字化率达67%。

【“党建＋档案见证”参观活动】 挖掘区档案馆馆藏资源，发挥“档案馆爱国主义教育基地”“涪陵区情教育基地”“重庆市中小学档案教育社会实践基地”资政育人的作用，传播社会正能量。2018年，接待全区16个单位659人（次），参观区档案馆爱国主义教育基地和开展“主题党日”等活动。

地 方 志

【区志编纂】 全面完成430余万字的《涪陵区志》总纂工作，完成区志总编室和编委会办公室自审、区级史志专家初审，并送重庆市地方志办公室复审。

【年鉴编写】 在去年首度公开出版涪陵年鉴的基础上，编纂出版《涪陵年鉴（2018）》，全书60余万字、300余幅图片，记载和反映全区各行业系统上年度工作成果，保存了当下发生着的历史。

【旧志整理】 搜集国内现存清代以来《涪州志》6种版本并进行抢救性整理，与国家图书馆出版社合作，影印出版了〔清•康熙〕《重庆府涪州志》1函3册、〔清•乾隆〕《涪州志》1函8册、〔清•道光〕《涪州志》1函16册、〔清•同治〕《重修涪州志》1函10册、〔清•光绪〕《涪乘启新》1函1册、〔民国〕《涪陵县续修涪州志》1函6册，各影印200套。同时组织区内史志专家对《涪州志》6种版本进行点校整理。

【地情丛书编纂】 挖掘地方历史文化内涵，提升地方历史文化现实价值，丰富地情研究资料数据库，出版“涪陵历史文化丛书”之十一《涪陵民间文学》上下卷共100万字。为纪念涪陵榨菜商品化120周年，组织力量编纂地情书《涪陵榨菜年谱》，形成45万字的稿件，理清了涪陵榨菜的发展历史，与国家图书馆出版社开展出版事宜。

【志书审查】 完成对《涪陵地理志（清代—2006）》《重庆市涪陵区国土地资源志（1987—2016）》《重庆市涪陵区农业志（1986—2015）》《重庆市涪陵区统一战线志（1950—2016）》《梨香社区志（1949—2017）》等志书逾100万字进行审查，的审查，保证了志书政治、史实、体例等方面的质量。

【资料征集和利用】 联合区历史学会开展改革开放40周年征文活动，联合区武陵山特色文化研究会开展名村名镇历史文化研究征文活动，收到征文二十余篇。向区纪委（监委）提供涪陵本土历史人物勤廉故事11则5500余字，向区人大办公室、巴渝都市报社等单位以及来访社会人士提供史志资料查询服务十余次，提供利用史志资料70余万字。

教　育

概　述

【概况】 2018年，全区有各级各类学校371所，比上年增加18所，增加5.1%；在校学生17.42万人，比上年增加47人，增加0.02%；有教职工13363人，比上年增加87人，增长0.66%。全区学校占地373.09万平方米，比上年减少3.93万平方米，减少1.04 %；校舍建筑面积212.44万平方米，比上年减少2.07万平方米，减少0.97 %。全年教育经费总收入25.81亿元，比上年增加1.77亿元，增加7.4 %；总支出26.19亿元，比上年增加1.2亿元，增加4.8%。

2018年涪陵区教育事业情况

单位：所、人

	学校数	毕业生数	招生数	在校生数	教职工数	
					计	其中专任教师
总计	371	45612	46499	174200	12821	10394
中等职业教育	5	4610	5229	14282	812	615
普通高中	8	8049	7575	23672	1814	1714
普通初中	40	8770	13931	33728	3105	2782
普通小学	97	13716	10461	72448	4063	3822
特殊教育	1	17	21	173	27	25
学前教育	220	10450	9282	29897	3000	1436

注：数据来源于《2018—2019年学年初涪陵区教育事业统计综合报表》

2018年涪陵区办学条件情况

单位：万平方米、万册、亿元、万GB、台

	占地面积	校舍面积		运动场地面积	固定资产值		图书		教学用计算机
		计	其中教学行政用房		计	其中教学仪器设备值	计	其中电子图书	
总计	373.1	212.44	117.79	96.75			313.93	46.18	
中职教育	46.85	25.55	13.10	6.82	6.63	0.84	31.70	10.52	2590
普通高中	62.93	32.31	15.89	11.48	4.67	0.42	51.24	0.08	2176
普通初中	99.94	60.13	28.65	30.39	7.18	0.75	82.67	18.89	5268
普通小学	123.59	64.29	37.67	35.44	9.27	0.99	114.84	12.87	7333
特殊教育	0.45	0.33	0.11	0.12	*	*	0.32	0.01	*
学前教育	39.34	29.83	22.37	12.50	*	*	33.16	3.81	*

注：数据来源于《2018—2019年学年初涪陵区教育事业统计综合报表》

2018 年涪陵区教育经费与办学水平情况

单位：万元、元、%、人、年

类别	数量	类别	数量
教育经费总收入	258082.16	每万人口在园幼儿数	256
其中：国家财政性教育经费	232326.01	每万人口在校小学生数	620
社会捐、集资办学经费	91.42	每万人口在校初中生数	289
事业收入	21486.88	每万人口在校高中阶段学生数	203
教育经费总支出	261884.39	学前三年毛入园率	91
其中：事业性经费支出	261553.3	小学适龄人口入学率	100
基本建设投资项目支出	1752.03		100
财政预算内教育经费支出占财政支出的比例	31.5	高中阶段教育入学率	99
政府教育财政拨款的增长与财政经常性收入的增长比例	0.58	小学毕业生升入初中比例	100
小学生均预算内教育事业费	8534.26	初中毕业生升入高中阶段教育比例	99
初中生均预算内教育事业费	13593.07	教育人口占总人口的比例	15
普通高中生均预算内教育事业费	15136.42	人均受教育年限	

【学前教育】 实施《涪陵区第三期学前教育行动计划》，新改扩建一批公办园、回购配建一批小区园、转制一批非普惠性民办园，新增公办园和公办民营普惠园 22 所，学前三年毛入园率达 91%、普惠率达 85%，乡镇标准化中心幼儿园基本实现全覆盖。发挥优质园示范引领作用，开展城乡公民办园合作办园 104 所，整体提升保教质量，新增等级幼儿园 11 所，达 181 所、占比 82.3%。

【义务教育】 推进义务教育标准化学校建设，基本完成薄弱学校改造任务。义务教育入学率达 100%、巩固率达 98%、三类残疾儿童入学率达 93.6%。实施乡村学校振兴工程，通过城区优质学校与乡村学校合作办学、设施设备升级改造、音体美紧缺学科教师补充、优质高中招生指标和教育经费进一步倾斜等方式，助推乡村教育质量提升。出台《统筹城乡义务教育城乡一体化改革发展实施方案》，促进城乡义务教育优质均衡发展，国家义务教育发展基本均衡区顺利通过市政府复查验收。

【普通高中教育】 实施普通高中发展促进计划，推进全区普高教育优质、特色发展，提升普通高中教育教学水平。高水平普及普高教育，普通高中毛入学率超 99.1%，普高学生就读市级以上重点中学比例达 69%。加强核心素养培养，积极开展高中生综合素质评价，促进学生全面和个性发展。完善高中学校办学功能，抓好高中教师全员培训，有序推进高考综合改革。全区共 4721 人参加首次高职分类考试，报考人数全市第二，高考质量连续多年位居全市区县前列。

【中等职业教育】 深化校企合作、产教融合，新增校企合作企业 9 家、共 182 家，新增校外实训基地 6 个、共 133 个，外聘教师 186 名，开设订单式培养班 20 个、培养学生 1034 人，新增“3+2”专业 7 个、达 22 个，45 个专业中有 30 个专业紧贴涪陵产业发展，基本实现重点专业对重点产业全覆盖，中职生就业率超 98%。加快推进高水平中职学校建设，新增市级中职骨干专业 2 个、市级中职专业（含虚拟仿真）实训基地项目 3 个，卫校、职教中心入选重庆市中职学校高水平建设单位。举办全区第十一届中职学校职业技能大赛。

【高等教育】 协助高校争取市、区政策支持，支持长江师范学院围绕高水平师范综合大学建设，对接地方经济发展，新增市级特色专业1个、学士学位授权专业2个，创建全国国防教育特色学校；重庆工贸职业技术学院新增专业2个、达36个，确认为市级示范性高等职业院校、市级优质高等职业院校建设项目立项建设单位；涪陵电大新增外联办学单位7家、培训学员4035人，办学规模连续10年位居全市电大第一。

【教育改革】 制定教育体制机制改革实施方案，制定新时代教师队伍建设实施方案，制定推进教育管办评分离，促进政府职能转变实施方案，推进教育领域综合改革。推进城乡义务教育一体化发展，推动十四中与义和中学、十五中与江北实验中学、十六中与龙桥中学、机关幼儿园与贝尔幼儿园合并办学，“合并、托管、合作”三种办学模式改革义务教育、普通高中实现全覆盖。推进学前教育改革，提高公办普惠园学位供给，新建公办附设园8所、举办公办民营普惠园13所，全区公办园占比46.2%，普惠率85%。深化招生制度改革，首次实施普通高中建档立卡贫困家庭学生降5分录取政策，首次采用网上查询方式公布学生中考成绩和录取学校，将涪陵五中、实验中学、涪高中招生计划的70%均衡投放到全区初中学校。

【队伍建设】 市医药卫校、市二交技校纳入区教委管理，划转区少年宫由团区委管理，启动全区中小学编制调整核定工作。选拔任用科级干部32名、轮岗科级干部18名，多批次安排200余名干部参加治校能力研修。加强城乡教师配备，9个批次招聘、选调教师377名，其中采取预签考核制招聘公费师范生43名，为历年最多。开展首届教师全员教学大比武活动，357名教师参加市级学科竞赛、论文大赛获奖。推进校长教师交流轮岗，657名城乡干部教师参与支教、顶岗、走教和交流学习。举办校园长任职、教师基本功培训9800余人，选送299名干部教师参加国培、市培，首次入围重庆市国培项目区县。新增区级拔尖人才15名，市级名师优师、正高级教师14名，建立名师、名校长工作室33个。评审正高级教师7名、副高级教师92名、中初级教师265名，完成教师增资和发放工作，认定教师资格1105人。

【教育基础建设】 全年投入资金1.27亿元，有序推进23个项目建设，新改扩建校舍12.7万平方米、改造运动场7.7万平方米、新增学位1.4万个、床位8600个，现已建成投用13个、主体完工3个、开工建设1个、正在办理前期手续6个，区级重点项目实验中学新校已开工建设，涪陵十四中兴华中路校区改造工程已挂网招标。完成50所学校、51幢教学楼增设通道改造工作。

【教育投入】 落实中央、市、区教育经费投入政策，全年财政性教育经费拨款23.2亿元，其中中央、市级资金3.5亿元。在足额划拨各类教育经费的同时，落实中职“双师型”教师、外聘教师补助资金595万元，推动中职学校提档升级。安排维修改造长效资金2763万元，保障学校日常校舍维修。推动阳光财务，及时公开教育经费预决算和“三公经费”，加强重点项目资金使用管理监督检查，盘活存量资金。

【教育装备与信息化建设】 推进学校教育装备标准化建设，投入2523万元，更新交互式班班通944套、课桌椅（凳）3万套，配备图书18.25万册。建成涪陵教育城域网，班均带宽达60MB。完成“中小学视频会议及教师培训系统”建设，实现网络在线同步课堂、专递课堂、优质课、示范课、联合教研、赛课评课等活动。开展“智慧校园”创建工作，涪陵九中、涪陵十四中、浙涪友谊学校、荔枝希望小学等4所学校获全市首批“智慧校园”示范学校。

【德育工作】 坚定立德树人宗旨，落实《涪陵区中小学德育精细化管理实施意见》，着力完善“三全”育人模式，开展“扣好人生第一粒扣子”教育活动，培养中国特色社会主义事业合格接班人。评选新时代好少年12名、最美少年64名、最美班级67个，学生唐逸凡获评“全国最美中学生”、牟思翰获评重庆市美德少年。涪陵十四中等3所学校德育课程入选全市30个德育品牌。涪陵信息技术学校被评为全国青少年毒品预防教育“6•27”工程示范校。

【民办教育】 落实民办教育促进法精神，新办民办幼儿园3所、民办教育培训机构9所，全区民办教育机构达214个，在校学生（幼儿）3.7万人，占全区在校学生（幼儿）的21%，逐步形成公办、民办教育共同发展的格局。修订民办教育年检细则，将校舍及附属建筑物质量鉴定报告、消防验收证明等作为年检的重要条件，取缔、关停14所民办教育机构，推动民办教育提档升位。督促所有民办教育机构进行校舍安全性能鉴定，鉴定率达100%。重庆市涪陵外国语学校“微课的研发与运用模式研究”和“民办学校多元创客教育校本课程开发”两项国家级课题已进入实施过程。涪陵信息技术学校创建成全国青少年毒品预防教育示范学校。

【成人教育】 以促进就业创业为目标，依托中职学校面向城乡全体劳动者提供普惠性、均等化、贯穿学习和职业生涯全过程的技能培训，全年开展各类职业培训109期，培训5230人，家服培训312人，失业人员培训736人。涪陵电大创建了全国首家新农村学院和监狱学院，2018年非学历继续教育培训9275人、成人学历教育8112人。

【体卫艺与科技教育】 开展阳光体育运动、大课间活动。开展艺术课程，创新研学旅行育人模式，开展戏曲进校园工作。学生体育竞技水平不断提升，举办15个学生赛事，参加市级以上赛事，获国家等级奖80个，市级等级奖402个。举办第八届中小学科技节，参展科技作品2381件，评选优秀作品986件，提升学生创新精神和实践能力。加强学校食堂管理，落实各校专兼职校医。强化学生健康教育，实施学生体质健康干预。

【党的建设】 落实党建工作目标责任制，突出党组织政治功能，4次召开党建共同体会议，将基层党建等单设50分进行专项考核。升格改建基层党组织21个，新增党建示范校（点）14所，打造党建品牌2个。27个党组织按期换届并实行书记、校长“一肩挑”，发展新党员47名，培训党务干部323名、入党积极分子88名。各级党组织书记上党课700余节，“党员联系群众、群众评价党员”参与率达100%，“七一”期间表扬优秀党员、党务工作者150名、先进党组织20个，评选优秀党建创新案例6个。建立思想政治工作室，加强学校意识形态工作，“多学科整合党建示范课堂”促进党建融入课程。推进“互联网+党建”，“涪陵教育党建”发布党建信息100余条，“涪陵组工”信息刊载教育党建12条，“涪陵共产党员”微信公众号发布信息16条。

【党风廉政工作】 支持派驻纪委监委开展监督执纪，落实从严治党主体责任、推进依法治教和廉政建设，贯彻落实党风廉政建设和反腐败工作的“一岗双责”，推进扫黑除恶专项斗争，集中开展《监察法》学习宣讲。常态开展办学行为、师德师风等5个专项治理，完善内控制度27项。聚焦“四风”问题整治，开展“以案四说”警示教育，安排251名干部及家属参观廉政教育基地。组织开展《党章》《宪法》《监察法》《纪律处分条例》《事业单位工作人员处分暂行规定》等法律法规教育。

【安全稳定】 建立教育系统安全稳定防控体系，构建“教委—教管中心—学校”梯度安全防控网络，压实工作责任，严格责任倒查。完善人防、物防、技防和心防“四防”措施，配备校园保安1002名、宿管员502名，安装摄像头 6464 个，配置防爆器具 6250 件。落实学校日排查、教管中心日抽查、区教委周巡查隐患排查整改制度，全年下发安全通报 40 期，排查梳理安全隐患 1904 项，整改 1848 项，整改率达 97.1%，未整改的均落实管控措施；受理人民来信 120 件，接待来访群众 970 人次。

【教育民生】 投入 4800 万元实施营养改善计划，为 7 万余名小学生提供每日营养餐，为 1.8 万贫困生提供每日爱心午餐，为 4.9 万留守儿童、贫困生在 3 个传统节日发放礼品。有序推行“学校管理、集中核算、企业服务、营养食谱”的食堂运行模式，规范学校食堂管理。实施留守儿童关爱工程，开通亲情电话 550 部，建设亲情视频聊天室 148 间，指定学生代理家长。

【教育科研】 加强教育科研工作，加强分层次、“问诊式”教学视导，落实包片包校制度。举行全区教师全员教学大比武，参与教师 9012 人、参与率达 99.1%，举办教育教学专题讲座 167 场次，成功申报国家级课题 1 个、市级课题 29 个。强化学科和课堂教学研究，获市级以上说课、赛课等级奖 52 人次。制定实施提高教育质量实施方案，标本兼治学生过重课业负担，遏制学前教育小学化倾向，小学良好率达 98.2%、中考及格率达 84%、普通高考上线率提升至 99.5%。

【教育督导评估】 加强督导队伍建设，新增 14 名幼儿园责任督学，全区 221 所公民办幼儿园实现责任督学挂牌督导全覆盖；上线重庆市教育督导管理系统和责任督学手机 App，推进教育督导手段信息化、现代化发展。开展开学工作、校园安全、规范幼儿园办园行为、全面改薄等 7 个专项督导检查，开展小学教育质量监测 2 次，参测学生 24431 人。积极创新教育评价机制，组织开展 2018 年教育满意度网络调查，调查对象涉及 161 所中小学幼儿园的近 10 万名家长，共收回有效问卷 72304 份，收集并筛选出家长向学校提出的意见、建议近万条；组织开展学校领导干部离任经济责任审计，完成内审报告并下发书面的内部审计决定。

【群团工作】 全面加强职工之家建设，区级以上模范职工之家达 72 个、职工书屋 88 个。举办第 34 个教师节文艺展演、首届中小学微电影创作大赛、教职工太极拳比赛等活动，组织参加涪陵区第五届运动会获优秀组织奖。为教育系统 3500 名女职工购买特殊疾病保险。开展送温暖活动，慰问困难教职工 800 人次，发放慰问金 80 万元。组织开展“扣好人生第一粒扣子”市级示范主题活动，“青春守护者计划”公益课堂等主题教育活动 10 余次。评选表彰涪陵区“十佳少先队辅导员”“十佳少先队员”各 10 名。

【教育服务与教育扶贫】 组织高考、成考、自考、教师资格考试、高职单招考试、硕士研究生考试，2.6 万人次报考，实现“平安考试”目标。制定落实《涪陵区教委 2018 年脱贫攻坚行动方案》《涪陵区教育精准扶贫三年行动实施方案（2018—2020 年）》《涪陵区实施重庆籍建档立卡贫困家庭大学生学费资助工作方案》，开展扶贫征文大赛 1.6 万人次，印发资助政策告家长书 20 万份；开展“万名教育访万家”活动，实施每名教师至少结对帮扶 1 名贫困学生，3 次组织 8000 多名干部职工深入 17570 户贫困家庭，及时掌握贫困家族适龄学生在校状况及受资助情况；精准落实从幼儿园到大学的各项资助政策，向 6.5 万名学生发放资助金 2.1 亿元（含建卡贫困户学生 13885 名），实现应助尽助，有效确保贫困学生不因家庭经济困难而失学。接受重庆市审计局扶贫资金专项审计，代表重庆市顺利通过脱贫攻坚迎国检省际交叉检查考核工作。关工委工作进一步加强，举办爱国主义教育辅导报告、时事政治、法制和科技知识教育讲座 170 余场次。

高等院校简介

【长江师范学院】 是一所重庆市属普通本科院校，位于重庆市涪陵区聚贤大道16号。2006年9月，由涪陵师范学院更名为长江师范学院。是年，面向27个省、市、自治区招生，录取新生5351人，2018届毕业生5269人。有全日制在校学生20190人，教职工1558人，学院占地116.02万平方米，校舍建筑面积66.60万平方米，学校教育经费总收入64960.83万元，总支出66806.26万元。

是年，学院根据应用型高水平师范大学建设要求，实施学科专业结构优化和院（部）重组及专职科研机构改革，优化重组原机械与电气工程学院，成立机器人工程学院、材料科学与工程学院；优化重组原化学化工学院，成立新的化学化工学院、绿色智慧环境学院；拆分原政治与历史学院（马克思主义学院），分设马克思主义学院、政治与历史学院；成立大数据与智能工程学院、现代农业与生物工程学院。重庆民族研究院与乌江流域社会经济文化研究中心合署，单独设置武

陵山特色资源开发与利用研究中心、地方政府治理研究中心、武陵山片区民族理论政策研究基地、重庆教育改革研究中心。

专任教师人数达1248人，其中博士355人，具有正高级职称教师145人、副高级职称教师320人。投入高层次人才引进经费2030.1万元，引进全职博士52人，柔性引进特聘教授16人。教师晋升教授10人，晋升副教授35人，晋升高级实验师1人，晋升研究员2人。获批重庆市名师1人、重庆市高校中青年骨干教师5人、重庆市最美教师2人。入选重庆市第四批哲学社会科学领军人才1人、重庆市巴渝学者特聘教授3人。有教育学、民族学、化学、园艺学等“十三五”市级重点建设学科4个，材料科学与工程、计算机科学与技术等“十三五”市级重点培育学科2个。获批重庆市研究生导师团队（培育）及研究生联合培养基地，兼职硕士生导师70人以上。获重庆市协同创新团队1个，重庆市哲学社会科学领军人才特支计划和重庆市十佳科技青年奖各1人。成立长江上游龙眼荔枝工程技术研究中心。是年，获纵向科研项目265项，签订横向科研项目598项。获批国家自然科学基金项目13项、国家社会科学基金项目及全国教育规划项目等14项，获批教育部人文社科项目10项，获批国家民委项目6项，获批重庆市社科规划项目29项、重庆市科委项目36项、重庆市教委科技项目40项、重庆市教委人文社科项目25项。师生公开发表论文849篇，出版著作47部，其中专著38部。授权职务发明专利156件。4幅作品入选全国美展、32幅作品入选重庆美展。获植物新品种认定1项。成果获省部级以上政府奖9项。学院有本科专业53个。金融工程、园林专业获批学士学位授予权，食品科学与工程、化学专业入选重庆市首批本科一流专业培育项目，电子信息科学与技术专业立项重庆市智能类市级特色专业建设项目。学科竞赛获国家级奖项367项、市级奖项1121项。学生考研上线611人，录取422人。

学院派出出国出访团组5个15人次，接待国外来访团组19批47人次。新增美国、英国、加拿大等合作院校10所，合作院校达29所。与蒙古国立乌兰巴托大学签署联合培养博士和硕士协议，3名教师受聘为乌兰巴托大学兼职博士生导师，实现学院中外联合培养博士“零”的突破。全年聘请外教16人。学生赴国外交流学习和社会实践123人，招收24个国家的83名学历生和45名交换生，在校留学生达141人。

【重庆工贸职业技术学院】 是重庆市人民政府举办的全日制普通高等职业学校，有80余年的办学历史。学院位于涪陵区涪南路108号，

占地28万平方米，校舍面积14.5万平方米，固定资产4.49亿元，馆藏图书54.8万册，教学科研仪器设备总值6502万元，专任教师275人，其中博士2人、硕士70人，教授12人，副教授105人，双师素质教师173人，重庆市中青年骨干教师4人，涪陵区科技拔尖人才25人，设6个教学系，开办36个专业，高职在校生6159人，留学生26人。2018年，发展党员80名，制定优质高职院校建设工作激励措施和责任追究办法等系列规章制度，较好地完成各项建设任务，取得国家级标志性成果13项、市级标志性成果69项。

是年，送培博士1人、硕士4人，国内培训393人次，海外培训2人次，骨干教师能力提升30人，“双千双师”交流锻炼教师2人。晋升教授1人、副教授2人，新增双师教师9人。6人因公出访德国、澳大利亚、缅甸，18名教师获澳大利亚职教体系TAE四级证书。与德国汉斯•赛德尔基金会合作，培训7个省市的30名专业负责人。招收2018级缅甸留学生14名。新增专业2个，5个市级骨干专业建设任务基本完成，牵头的3个职业教育集团获准备案，建设双基地项目1个、培育建设双基地项目2个。加强对外合作，与柬埔寨工业技术学院、亚龙智能装备集团股份有限公司达成共建“丝路学院”框架协议。新增合作企业9家，与华通电脑、华晨鑫源合作开展现代学徒制定向人才培养。深化教学改革，1个市级综合改革试点项目结项，市级教改项目新增5项、结题7项，5门市级在线开放课程上线。推进创新创业教育，获重庆市互联网+大学生创新创业大赛铜奖1个、优秀奖1个，众创空间新增注册公司2家，入驻创业团队达15个，孵化企业8家，6个团队获得区创业大赛优秀奖。改善实训条件，新建校内实训室23个，新增教学科研仪器设备总值463万元，生均10556元。提升教学质量，强化职业技能训练，结合专业特点开展技能竞赛，承办“巴渝工匠”杯重庆市第十一届高等职业院校学生职业技能大赛“工业产品数字化设计与制造”赛项和“重庆工贸职院杯”第五届重庆市纺织服装行业十佳服装制版师大赛。学生获全国职业院校技能大赛一等奖奖牌1个、二等奖奖牌9个、三等奖奖牌3个；获重庆市高职院校学生职业技能竞赛团体一等奖3个、二等奖9个、三等奖16个，个人一等奖1个、二等奖1个、三等奖10个。2018届毕业生毕业率达95.9%，签约率达93.41%，105人升入本科院校学习。31名学生被评为重庆市普通高校先进个人，23名学生被评为重庆市优秀毕业生。

【涪陵广播电视大学】 于1979年1月开办，是一所地方所属的具有事业单位法人资格的现代远程成人教育高校，实行党委领导下的校长负责制。校本部占地16.67万平方米，建筑面积达21267平方米。校外建有两个学院、七个学习中心。在职教职工54人，专职教师30人，其中，高级职称11人，中级职称20人，兼职教师80人。学校建有地面卫星接收装置、120兆校园网、电子图书馆、多媒体教室、双向视频教室、远程教育体验中心、云教室等现代化多媒体远程开放教育系统。建校40年来已经毕业学生5万余人。学校开设有本、专科上百个专业，是重庆地区规模最大的独立设置的地方电大，是全国示范性基层电大、全国电大招生先进单位、全国奥鹏教育VIP单位，重庆市电大教育先进单位、重庆市模范职工之家、区级最佳文明单位。

2018年，学校在党的十九大精神指引下，在区委、区政府的正确领导下，立足地方经济社会发展需要，深度推进开放大学试点建设及转型发展，不断推进教育教学改革，“二推四进”发展战略稳步实施，大胆探索送教到基层，服务地方经济社会发展的有效途径，深入乡镇、园区、行业、职校办学成效显著。学校教育教学目标管理、精细化管理引领全市，成功申报重庆电大乡村振兴特色学院；5位教师在重庆市第五届微课大赛中获奖，综合成绩名列全市第一；办学规模继续保持全市第一，注册学生8000余人。学历教育稳步发展，本专科招生2841余人，继续保持全市领先地位；非学历教育迅猛发展，面向区内外举办各类非学历教育培训50期，培训学员1万余人次。

国、市级重点中等职业教育学校简介

【重庆市医药卫生学校】 创建于1958年，历经涪陵地区卫生学校、重庆市第三卫生学校，2008年更名至今。新校区位于李渡新区太白大道19号。学校占地13.72万平方米，固定资产2.74亿元，其中教学仪器设备3000余万元。在编教职工191人，其中正高职称10人，副高级职称47人，双师型教师85人，博士研究生1人、硕士研究生37人。开设9个专业，在籍大、中专学生6500余人。是重庆市卫生类唯一一所"国家级重点中专学校"，是"国家中等职业教育改革发展示范学校""全国医药卫生系统先进集体"。

2018年，学校以提升质量为核心，优内涵、强硬件、重服务、促发展，成功创建重庆市首批中等职业学校校园文化特色学校，成功申报重庆市首批高水平中职学校建设项目。代表重庆市参加由教育部等联合主办的全国职业院校护理技能大赛，总成绩列全国参赛的106所卫生类职业院校第一名。新增正高级职称资格3人、区级梯级培养工程表彰11人、区级模范教师1人、区级拔尖人才1人。新增市级康复治疗技术实训基地、药剂专业双基地和康复VR实训基地，获市财政375万元资金支持，药剂专业成功申报市级骨干专业。816人参加"3+2"转段、737人参加对口高职考试，通过率分别达96.2%、92.2%，创历史新高；1098人参加全国护考，通过率达60.7%，比全国中职平均水平高约20个百分点。校本招生2207人，其中"3+2"学生538人、青海藏区学生95人。成人大专招生41人，联合办学招生1011人。

【涪陵区职业教育中心】 始建于1963年，位于涪陵新区太白大道21号。2009年1月被教育部命名为"国家级重点中等职业学校"，2015年10月被教育部、人社部、财政部确定为第二批"国家中等职业教育改革发展示范学校"，是全国职工培训示范点、重庆市涪陵区三峡移民就业培训基地、全国国防教育特色学校、重庆市涪陵区浙涪移民就业培训基地。2018年，学校成功跻身于30所重庆市高水平中等职业学校立项建设学校；高星级饭店运营与管理专业成为市级现代学徒制试点、汽车运用与维修专业成为市级紧缺专业，计算机应用专业成为市重点建设实训基地；中职对口高考本科上线77人，专科上线474人，总上线551人，本科上线人数比2017年净增25人，组织师生参加技能大赛获市级三等奖以上68人次，获区级三等奖以上165人次，其中田方、杨粒、何婷婷三位教师参加全国职业院校技能大赛职业院校教学能力比赛获二等奖。举办市关工委中职分会第三片区"杰出老校友回母校"主题教育活动；开展德育课题研究，重庆市"十二五"中职德育专项规划课题《中职学校学生自我教育实践研究》结题；招收新生1075名，安置410余名学生到海尔电器、宗申动力、金科大酒店、重庆轨道交通等名优企业就业，毕业生就业率达98.5%；成功转型机电技术应用专业升级为工业机器人方向，与泰国4所高职院校签订了合作备忘录，开展国际文化交流活动2次。

【重庆市第二交通技工学校】 建于1979年，现位于涪陵新区聚贤大道21号，系国家级重点技工学校、国家级高技能人才培训基地、重庆市交通高级技工学校（筹）、重庆市中职示范校建设学校、全国内河船员培训基地、全国职工教育培训示范点。学校占地7.35万平方米，校舍建筑面积53552平方米。现有教职工171人，在校全日制技工学生1788人。2018年，学校招生720人，重大网络教育学院在校学历教育学员达323人，完成各类职业培训9105人。国家级高技能人才基地建设验收合格，获国家授牌；成功获批重庆市交通高级技工学校（筹）；教师荣获市级三等奖以上11个、学生获区级三等奖以上15个。

【重庆市第一职业中学校】始建于1939年，是一所有近百年办学历史的市级重点中等职业学校。位于涪陵新区李渡街道和平路90号，占地83060平方米，建筑面积22779平方米。有专任教师102人，专业课教师73人，其中双师型教师60余人，大学本科学历教师90%以上。现开设烹饪与营养膳食、园林技术、特种动物养殖、高星级饭店运营与管理、汽修汽驾、电子技术应用等6个专业，在籍学生835人。学校秉持“厚德励志、博智重技”的校训，德育为首，促进教育，加强学校精细化管理，2018年对口升学考试高考上线率居全区同类学校前茅。推进精准扶贫，参加涪陵区三峡后续工作职业教育技能培训3包，就SYB创业、电工、中式烹饪、母婴护理、家禽养殖、种植技术、柑橘栽培、花椒栽培、李子栽培等9个专业培训680余人。

部分普通高级中学校简介

【涪陵第五中学校】位于涪陵区迎宾大道555号，前身是1903年创建的涪州官立模范高等小学堂，现为重庆市首批重点中学、全国现代教育技术学校、全国群众体育先进单位、成都军区“国防生源基地”学校。学校占地近20万平方米，校舍建筑面积约13万平方米，现有113个教学班，学生6660余人，其中高中教学班89个，学生5360人，初中教学班24个，学生1300余人。在职教职工371名，研究员级教师5人，高级教师146人，中级教师118人；在职特级教师1人，全国优秀教师5人，全国劳模2人，国家级骨干教师2人，全国优秀班主任1人，全国五一劳动奖章获得者1人。学校已形成“尚美求真”的办学理念、“正心养德”的校训、“博学笃行”的校风、“自主自立”的培养目标和“自主发展”的办学特色，2018年，学校成功申报重大课题1项、学科创新基地1个、精品选修课程4门，高考再获佳绩，重本上线914人，600分以上优生202人，其中张沥尹同学以625分获涪陵区文科第一名，吴宇轩同学以683分获学校理科第一名。中考毕业205人，上涪陵五中、实验线104人，比率为50.7%。

【涪陵实验中学校】创建于1991年，是重庆市政府命名的首批市级重点中学。学校以“以人为本，德才兼备，里仁为美，追求卓越”为办学理念，以提升办学质量为目标，不断优化教育教学方法、管理措施，2018年高考重本上线874人，其中，谢岫薇同学被清华大学录取。中考考入实验中学、五中上线比率为56%。是年，学校获重庆市第三批中小学心理健康特色学校，市学生生涯规划创新实验基地，成都电子科技大学、中国农业大学优质生源基地，第20届涪陵区青少年科技创新大赛优秀组织奖等21项集体荣誉。区级梯级人才表彰40人，学校表彰教师90余人，学生获文学理化生竞赛等各级各类奖项660余人次。

【涪陵高级中学校】始创于1097年，源起北宋著名教育家、理学家、帝师程颐在涪州的北岩书院（今重庆市涪陵区江北），亦名钩深书院。几经变迁，学校现地处涪陵新城区太白大道2号。学校占地面积17.67万平方米，建筑面积5万余平方米，活动场地2万余平方米；校园绿化覆盖率达85%；现有高中教学班78个，学生5200余人，教职工297人，专任教师280人。2018年，深入实施“激情八步精细课堂”“三大步励志教育”。开展与梁平一中、忠州中学、秀山一中等兄弟学校的教育教学合作，打造渝东“六校联盟”，实现教学相长、互助互惠。荣获涪陵区“五四红旗团委”称号。加强学校安全教育，被教育部评为“国防教育特色学校”。

【涪陵第十七中学校】 始建于1994年，名为龙潭实验班，1997年更名为龙潭镇中学，2000年更名为重庆市涪陵第十七中学校，同年8月被确定为高完中，2010年评为区重点中学，2013年评为市重点中学。学校占地面积73265平方米，绿化面积16100平方米，建筑面积28410平方米，运动场地26046平方米。学校有33个教学班，其中初中班19个，高中班14个，教职员工131人，学生1581人。学校以“犁耕人生、扬长发展”为办学理念，以“勤犁精耕、崇德正心”为校训，大力弘扬“脚踏实地、勤劳质朴、坚韧不屈、开拓创新”精神，做好综合高中改革试验，其中旅游和电子技术专业成效明显，高考上本科19人，重师录取4人。荣获全国青少年校园篮球特色学校、重庆市依法治校示范校等荣誉称号。2018年参加中考265人，五中、实验中学录取49人；高考257人，本科上线38人，升学率为100%。

【涪陵第十八中学校】 位于涪陵区黎明路124号，创办于2005年，是涪陵区教委直属中学、区重点中学。学校现有教职工205名，专任教师202人，其中高级教师39人，中级教师82人，市区级骨干教师45人。学校占地面积38646平方米，建筑面积23222平方米。学校以“文化艺体双发展”为办学特色。2018年，加强与浙江长兴中学的对口帮扶，选派43名教师到浙江长兴中学蹲点学习。深入推进与涪陵五中合作办学，派出15名教师到涪陵五中任教，200余名学生在涪陵五中就读。800名学生参加高考，上线率达100%，其中文化一本上线26人，川美上线12人，最高分612分，创校来历史新高。

【涪陵第一中学校】 源于“涪州官立师范中学堂”，始建于1911年的“涪陵县立中学校”，百余年间，十易其名。1978年，被四川省政府批准为首批高完中，从2011年秋期起不再招收初中学生，单办高中。现位于涪陵滨江大道一段58号，占地面积12994.4平方米，教学班37个，学生1912名，教职工152人，其中，专任教师144人，硕士研究生学历4人。2018年，学校自筹600万多元改善办学条件，建成标准化考场40间，更新多媒体37套，购置课桌凳椅2200套、学生用床370张，完善消防系统等，开展国家课题“基于核心素养的‘四环一线’课堂教学路径”论证研究，高2018级12班学生刘畅考入清华大学美术系，学校艺术特色教育品牌得到彰显。

【涪陵第二中学校】 创建于1942年，校址蔺市南坪四堰坝（现惠民乡视远坝），校名中正中学，后改名为涪南中学。1946年迁至蔺市溪嘴（现蔺市镇大桥村），改校名为涪陵县第二初级中学。1988年更名为涪陵市第二中学校，1996年更名为重庆市涪陵第二中学校。2005年2月，随三峡移民迁至蔺市镇报本祠街2号。现占地面积42649平方米，校舍建筑面积18516平方米。现有教学班19个，学生726人，教职工109人，其中区级中青年骨干教师15人，高级教师32人，中级教师42人。2018年中考升市重56人，高考上线达108人。

【涪陵第七中学校】 位于涪陵区白涛街道建峰南路7号，1958年建校，2005年8月与建峰化工总厂子弟中学合并。占地面积47002平方米，建筑面积16748平方米。现有教职工93人，教学班14个，在校学生508名，其中高中教学班6个，学生182名，初中教学班8个，学生326名。2018年，初一招收新生192人，高一招生85人，较毕业生出口净增113人。学生社团21个，羽毛球社团连续两年获区比赛团体第一名，被评为重庆市羽毛球特色学校；科技社团获市级科技类奖项12人次，1名学生获得区科技创新区长奖，1位教师老师被评为市科技教育先进个人。2018年1月《巴渝都市》对学校社团活动进行了报道。

【涪陵第十中学校】 是区教委直属中学，其前身是革命先烈李蔚如在弋阳桥创办的农民运动讲习所。学校占地面积27353平方米，建筑面积21189平方米；有教职工109人，学生970人（含高中、初中和小学）。2018年111人参加中考，市重上线45人，其中上线五中、实验中学23人。高2018级学生高考上线率100%。学生参加征文、航模等各类竞赛获三等奖以上76人次，参加区第七届中小学生跳踢比赛，荣获乡镇初中女子第二名、男子第三名。关爱留守儿童和贫困学生，慰问留守儿童30余人次，为7名特别贫困学生免除所有费用，为2名残疾儿童送教上门。

【涪陵第二十中学校】 是2011年涪陵九中和师院附中高中部剥离合并成立的一所高级中学校，位于涪陵区望州路22号。学校占地面积30305.14平方米，校舍面积29440平方米。教职工161人，教学班34个，在校学生1925人。学校以“德可正，学可长”为办学理念，以艺体、日语教学为特色。2018年，教育部高考综合改革基础条件评估专家组调研学校高中新课改准备情况，对学校给予肯定。高2018级563人参考，重本上线1人，上线563人，上线率达100%。

部分初级中学校简介

【涪陵第四中学校】 位于涪陵区清溪镇东升路139号，是区教委直属的一所农村初级中学。学校创建于1954年，现占地面积2.7万平方米，总建筑面积1.5万余平方米，运动场7500平方米；有教学班20个，学生888人，在职教职工107人。学校大力推进精细化管理，创造性实施“1331”扁平管理模式。2018年，全国教育信息技术“十二五规划”专项课题“信息技术环境下至善语文教育理论与实践研究”成功结题，第十二届重庆市中小学生校园影视评选分别获专题类、新闻类一等奖，获全国校园专题二等奖。2018级27名学生考入市重高中五中、实验中学，位居农村中学前茅。

【涪陵第六中学校】 创立于1957年，原名为涪陵县第六初级中学校，建址于距涪陵城43公里的涪陵区青羊镇安镇社区英才路98号（原名为青羊公社安镇大队）塘坎。是一所寄宿为主，走读兼容的公立初级中学。1983年10月，学校更名为涪陵市第六初级中学校，1984年11月，易名为涪陵市第三职业中学校。1997年，因普及“九年制义务教育”改为现名—重庆市涪陵第六中学校。学校现有教职工41人，在校生384人。占地面积33832平方米，绿化面积15000平方米，建筑面积10059平方米，学校总资产1123多万元。2018年，学校继续推进与涪陵十五中的合作办学，初2018级参考65人，升入涪陵五中、实验中学11人，升入涪高中19人。黄凌川老师参加“一师一优”赛课获全国部级奖。学校获区教育教学质量考核一等奖、党风廉政建设一等奖。

【涪陵第八中学校】 创办于1958年。位于国家级页岩气基地——涪陵区焦石镇文教路85号。学校占地面积53025平方米，建筑面积14430平方米。现有学生518人，教职工66人，其中在职46人。2018年，学校投资4万元，开展主题党日活动12次。投入46万元改善学校办学条件，焦石镇党委政府给予10万元作为教学质量奖和教师节慰问职工专项奖励。学校获党风廉政建设工作一等奖、安全稳定一等奖、年度目标综合考核二等奖。

【涪陵第九中学校】位于涪陵城区育才路3号，始建于1965年，是原四川省首批高完中。学校占地面积15534平方米，建筑面积15927平方米，学校有教学班43个，学生2100人。在职教师145人。2018年，组织和委派教师参加国家级、市区级各项培训、观摩、外出学习研讨活动达428人次，教师发表论文46篇，全国教育信息技术研究专项课题"基于信息基础的'5+1双循环大课堂'教学模式研究"成功立项。成功申报首批重庆市智慧校园建设示范学校。开展与重庆两江育才中学、武隆白马中学等区内外学校的"联动、共研"活动；深入开展与罗云中学、百胜中学的合作办学。获评涪陵区首批中小学素质教育示范校，涪陵区学校体艺卫教育工作先进集体等荣誉称号。

【涪陵第十一中学校】位于马武镇桦榕街374号，创办于1972年。占地面积约3.8万平方米，现有教学班14个，学生581人，在职教师85人。学校教学区、运动场、生活区分布合理，绿化面积达5775平方米。2018年，学校投资60余万元，对教学楼、男生旧宿舍进行了外墙漆改造。加强教学设施设备投入，全校实现交互式班班通。修订绩效工资发放办法，转为既重注结果考核又注重过程考核。

【涪陵第十二中学校】创办于1973年，位于涪陵区珍溪镇新苑路1号。占地2.6万平方米，建筑面积1.6万平方米。现有教学班14个，学生566人，教职工105人。2018年，投入28万元完成学生食堂打饭厅阳光棚改造工程，投入3万余元添置办公电脑25台，更换学生餐桌56套。136名学生参加涪陵区初中"二合一"考试，32人升入市重点高中，其中，涪陵五中录取11人、涪陵实验中学录取12人。

【涪陵第十四中学校】于1999年8月由海陵子弟校转制成立。学校现有97个教学班，5300余名学生，379名教职工。2018年，学校创造性地开展德育教研活动，举行"毕业盛典"、"告别红领巾步入青春门"等重大活动。选派优秀学生前往美国参加学校联谊活动，与西南大学联合开办"科学智趣 学行天下"冬令营活动。深入推进"五三一"成长课堂教学改革，逐步实现智慧化课堂，"成长教育"高效课堂成效显现，教学质量持续提升，2018年中考，三个校区参考总人数1347人，上市重高1104人，上五中和实验中学608人。成功申报市级重点课题1项，区级规划课题3项。

【涪陵第十五中学校】创办于1987年。2018年，合并原江北实验学校，成立涪陵十五中江北校区。学校现设A、B校区和江北校区3个校区。A校区位于涪陵区黎明北路15号，B校区位于涪陵区黎明西路铁塔巷7号，两校区占地约2.3万余平方米；江北校区地处北山脚下，长江之滨，点易园旁，占地面积2.3万余平方米。学校有教学班61个，学生3700余人。2018级796名学生参加二合一考试，市重上线789人，占比99.1%，上五中、实验中学线306人，占比38.4%。持续推进合作办学，到涪陵四中、六中、十二中、二十一中送教9堂，开展集中评课、集体备课等教研9次，180余人参加了课堂教学观摩、学习和研讨。

【涪陵第十六中学校】学校创建于1999年8月，时隶属涪陵区荔枝街道办事处，2008年8月划归涪陵区教委直管，2009年8月从涪陵区望州路33号整体搬迁到桥南路11号。2018年6月龙桥街道初级中学合并到校，设立十六中龙桥校区。学校总占地面积63763平方米，校舍面积40387平方米。2018年，学校教职工242人，67个教学班，学生3816人，其中住校生2736人。2018年，学校实施扁平化管理，深入打造"345"主体课堂。教师参加各类竞赛获奖和发表论文300项次，学生参加各级各类活动获奖360项次。国家级课题"主体教育校本课程资源开发实践研究"通过结题评审。

【长江师范学院附属中学校】创建于1981年，地处涪陵区江东街道团结路35号原长江师范学院江东校区，占地2.6万平方米，校舍建筑面积40738平方米。学校现有教职工54人，其中高级教师21人，一级教师29人。在校学生556名，其中住校生526人。2018年，学校深入推进与实验中学的合作办学，加强联合教研，教育质量不断提升，2018年初中毕业126人，升入五中、实验中学21人，涪陵中学50人，市重高中升学率50%以上。

【涪陵巴蜀中学校】是一所经市教委批准，由涪陵区教委创办的全日制公办初级中学。位于涪陵新城区李渡新区艾家坝6号，于2015年9月1日落成开学。学校占地46530平方米，校舍24628平方米，现有教师117人，教学班32个，学生1632人。2018年，学校首届初三毕业生中考成绩优异。获“涪陵区依法治校示范单位”“涪陵区党建系统党建示范校”“涪陵区首届教学大比武集中展示活动‘优秀组织奖’”“第七届中小学生艺术展演活动暨2018年涪陵区中小学生舞蹈声专场比赛一等奖”等荣誉十余项，教师获奖87人次，其中市级三等奖以上25人，区级三等奖以上39人，其他类获奖若干。

九年一贯制学校简介

【涪陵区浙涪友谊学校】前身为始建于1938年的涪陵城区第四小学，为支持三峡工程建设，由箱子街66号整体移民迁建到现址。2003年11月浙江省直机关捐资65万元，2004年5月19日时任浙江省委书记习近平同志率浙江省党政代表团捐资一千万元，支援迁建工程，并亲自为新校奠基。2005年12月学校建成投入使用，是一所九年一贯制学校。学校占地3.34万平方米，建筑面积4.32万平方米，有教学班61个，学生3235人，教师192人。学校加强感恩教育以“品格教育”课题研究为载体，开展“专注”学习能力培养。学校先后荣获全国学校毒品预防教育工作先进单位、全国消防示范校、全国科普调查体验活动先进集体、重庆市最佳文明单位等100余项荣誉称号，学生参加各级各类比赛获国家级奖20个、市级奖68个、区级奖168个。

【上海新纪元（重庆）学校】位于涪陵新区学府路，是上海新纪元教育集团投资创办的一所非营利性民办寄宿制学校，投资2.4亿元，占地8.9万平方米。现设有小学部、初中部和国际高中部，68个教学班，在校学生2600余人，教职员工330余人。学校以“宽而有制、从容以和”为办学理念，以“尊重差异、提供选择、开发潜能、多元发展”办学原则，引进澳大利亚VCE国际教育项目，与国际教育接轨。2018年，荣获涪陵区艺术（舞蹈）特色学校、区体育特色学校、重庆市轮滑运动示范学校、重庆市教育创新先进单位。在各级各类比赛中，学生获奖217项，教师获奖117项，学校获奖25项。参加区统考，小学及初中年级成绩居全区同类学校前列。

部分小学校简介

【涪陵城区第七小学校】创办于1960年，是原四川省首批重点小学。学校现为“一校三区”的办学格局，占地面积7.04万平方米，校舍面积4.23万平方米。学校现有教学班141个，学生9026名，教职工352名。其中有特级教师4人，正高级教师1人，高级教师17人，全国模范教师1人。2018年，学校紧紧围绕“1358”培养目标，扎实开展教育科研，全面实施“五课”教学大比武，深入推进青蓝工程和新教师工作室建设，组织学生、教师积极参加各类竞赛活动，教师获区级以上表彰奖励220人次，其中，获区级以上赛课获一、二等52次，获全国赛课特等奖1人，学生获奖4000余人次。

【涪陵城区实验小学校】 原名涪陵市实验小学，创建于1993年8月，时在涪陵高炮团租房办学。1996年，学校搬迁至涪陵城区北斗支路7号。2012年7月，根据涪陵区委、区政府义务教育均衡发展战略部署，原涪陵区荔枝红庙小学整体并入实验小学，成为实验小学天湖校区。两校区占地共4.33万平方米，有教学班119个，教职员工311人，学生7178人。2018年，学校深入开展精细化管理，师德师风、安全稳定、教育质量等工作。各项工作获区级以上奖励67项，荣获2018年度第十二届全国教师教学设计创意大赛、合国教师教学设计创意先进单位，重庆市创建文明校园先进学校，涪陵区文明校园，涪陵区少先队改革先进集体，涪陵区五好退教协等称号。

【涪陵城区第三小学校】 创建于1999年8月，原为城七校分校，2001年9月开始独立办学，2003年春期更名为涪陵城区第三小学校。原校址位于涪陵区人民东路后街106号（原积城区党校），2009年7月，学校搬迁到涪陵区兴华中路47号（原水电校）。学校现占地面积19453平方米，校舍建筑面积20691平方米。学校现有43个教学班，2301名学生，112名在编教职工。学校以“人品教育”为办学特色，大力推进书法、剪纸、口风琴、校园足球等特色项目建设。2018年，新建教学综合楼全面竣工投入使用，学校正式启动重庆市书法名校创建工作，加强队伍建设，开展与长江师院、区教科所、区名师工作室、各级培训机构的联合培训及实践活动。学生获奖1600人次，教师获奖350人次，成功创建重庆市防震减灾科普示范学校、课堂内外创新作文大赛基地学校、重庆市梦想课堂自然教育示范学校；荣获重庆市航模比赛获四个项目团体一等奖。

【涪陵城区第六小学校】 位于涪陵区人民东路4号，创办于1913年，现分为南门山校区和乌江校区。学校占地面积为29977平方米，建筑面积为36627平方米。学校现有89个教学班，5131名学生，在职教职工241人。2018年，推进原图书馆楼层接管改造及教学楼改造升级工程，稳步推进校园文化提档升级工程。国家课题“生态教育校本课程开发与实施研究”成功结题。学校被命名为全国青少年校园篮球特色学校，涪陵区首批德育品牌学校，被区教育工委表彰为先进基层党组织。

【涪陵城区第十一小学校】创建于1930年，是一所全日制公办城区序号小学。位于李渡马鞍双庙街109号，原名涪陵区李渡街道马鞍小学校。2010年12月更名为重庆市涪陵城区第十一小学校。学校占地面积15405平方米，校舍面积8383平方米。现有43个教学班，学生2763名，在编教职员工137名。学校编印校本教材《致真尚善》《致真明理》《经典求真》；创办校刊《平行线》、学生刊物《小脚印》。获涪陵区爱国卫生先进单位、涪陵区普法宣传先进单位、重庆市小学生合唱节优秀组织单位等荣誉称号。

【涪陵区荔枝希望小学校】创建于1997年，位于涪陵区太极大道61号，由前国务院李鹏总理捐款修建并亲自题写校名。学校前身为荔枝千块石村校。学校占地面积15799平方米，校舍面积11628平方米，现有教学班60个，在校学生3414人，教职员工165名。2018年，学校加紧办理四环路建设工程项目手续，完成四环路小学建设工程方案审批。开展合作学校联合教研，选派优秀教师送教下乡到清溪、靖黔、同乐、龙潭等小学。学校荣获集体荣誉72项，获重庆市最美校园书屋，重庆市智慧校园建设示范校、区卫生示范学校，区健康学校，市少儿美术特色基地学校，市中小学科技教育“先进集体”等殊荣。

部分学前教育学校简介

【涪陵区幼儿园】 前身为始建于1930年的私立明德幼稚园，是首批重庆市一级幼儿园。现有总园、鹤鸣分园、实验分园三个园区，其中，总园位于崇义街道荔圃路19号，鹤鸣分园位于荔枝街道太极大道47号，实验分园位于荔枝街道太极大道20号。三个园区占地面积共7652平方米，校舍面积12313平方米，户外活动场地5130平方米。园内设施设备齐全，有幼儿活动室和睡房30间，有多功能场馆38个。教职工126人，大中小班27个，在园幼儿890名。2018年，全面推进教育改革，派遣优秀教师到薄弱民办园、乡镇中心园送课10余次，精准帮扶8个幼儿园，帮助4所民办园转制为公办民营普惠园。贯彻落实《关于全面深化新时代教师队伍建设改革的意见》，建立“3818”（即3层8部18岗）管理模式，成功申报重庆市“新时代幼儿教师队伍建设改革”研究项目。年度获集体奖项30余项，教师获区级以上奖励114人次、学生获奖62人次。

【涪陵区机关幼儿园】 始建于1950年，原隶属于涪陵区直机关工委，2009年整合涪陵区卫生幼儿园，2017年归口涪陵区教委管理。现有总园和玉屏分园2个园区，总园位于涪陵区武泰路2号，占地面积8667平方米，建筑面积9548平方米，玉屏分园位于新城区玉屏小区，占地面积4000平方米，建筑面积2400平方米，2018年8月正式报名招生。幼儿园有大、中、小班共28个班级（总园22个班，分园6个班），在园幼儿共873名，教职员工133人，是重庆市一级普惠幼儿园、示范幼儿园。2018年，加强党风廉政建设和师德师风主题教育活动，健全完善幼儿园内设机构，实行层级管理，量化考核细则。获先进基层党组织、教育科研先进集体等荣誉称号15项。

【涪陵区城区第二幼儿园】 创建于2013年，位于广场环路6号，建筑面积4707平方米，办学规模12个班，360余名幼儿。现有教职工59人，本科学历占比90%，是区教委直属公办园，重庆市一级普惠园。2018年，制定完成幼儿园2018—2022五年发展规划。1例游戏案例入选“教育部优秀游戏案例征集重庆市推荐名单”，教师论文、赛课等获得国家级、市级、区级奖项70余项，其中，园长谭明琴在重庆市园长研究课竞赛中获得一等奖。开展“以案说安——我身边的安全案例”征集活动，共征集安全案例28篇，开展各类特色教育活动16次。

【涪陵区城区第三幼儿园】 位于涪陵区人民东路后街106号（原城三校旧址），2013年2月动工建设，2014年9月开园招生，是重庆市一级幼儿园、贯彻实施《3～6岁儿童学习与发展指南》实验基地园。全园占地面积6670平方米，建筑面积3347平方米，户外活动场所3680平方米。现有教学班8个，在园幼儿271名。教职工39人，其中专任教师18人。2018年，市级课题“民间儿童游戏在幼儿教育中的开发与运用研究”顺利开题，创新民间游戏109个，研究成果获涪陵区第三届教育科研优秀成果一等奖。选送作品《涪陵三幼五一美食节》获第十五届全国中小学校园影视校园新闻评比一等奖。获重庆市少年儿童阳光体育幼儿体操比赛团体一等奖。

【涪陵区城区第四幼儿园】 位于涪陵新城区马鞍杨二坪社区安置小区内，重庆市二级普惠制幼儿园，在编教职工25名。幼儿园占地2380.6平方米，建筑面积2053平方米，户外活动场地1038平方米。全园共有大中小班9个，幼儿290名，教职员工42名。幼儿园以“启睿养，健乐长”为办园理念，以“四心”（爱心、精心、细心、耐心）为办园宗旨，让幼儿快乐成长 。2018年11月与浙江省路桥区中心幼儿园签订了三年校际合作协议。

【涪陵区城区第五幼儿园】创办于2014年5月，同年9月开园，位于涪陵新城区鹤凤大道双溪移民点。占地4960平方米，园舍面积3992平方米，绿化面积1987平方米，户外活动场地2000平方米。现有教学班10个，在园幼儿310名，教职工42名。2018年，接待区内、外来园参观指导500人次，与浙江省路桥区滨海中心幼儿园签订校际合作协议，派遣教师到金银分园支教。目前，教师撰写论文150余篇，国家级刊物发表3篇，获国家级一等奖3篇，市级获奖5篇。

其他教育机构简介

【重庆市涪陵区特殊教育学校】成立于1990年4月，1999年6月与李渡区特殊教育学校合并迁入八角井教师进修学校，2000年6月合并涪陵市工读学校，2014年6月迁入现址——崇义街道高山湾居委三社。现有教职工27人，其中专任教师25人、市级特殊教育骨干教师4人，教学班9个，在校学生167人。占地面积4481平方米，建筑面积3330平方米。2018年，为7名重度残疾学生送教上门，选派教师参加各级各类培训82人次。教师鲁朝惠获“重庆市2018年特殊教育优质课”一等奖，唐睿思获得市委宣传部“梦想100”人生规划大赛·学业规划一等奖。学生陈敏被选入市残疾人运动队，在2018年全国残疾人田径锦标赛1500米中获得第五名。李香南、秦聪参加“共享芬芳·我的梦”中西部地区公益巡演活动。舞蹈《寄望》获2018年涪陵区中小学生舞蹈、声乐专场比赛一等奖。

卫生健康

概述

2018年，全区共有医疗卫生机构617个，其中各级各类医院40个（三级甲等综合医院1个、县级医院1个、专科医院1个、其他设置的综合医院6个、民营医院31个）、专业公共卫生机构5个、基层医疗卫生机构27个（乡镇卫生院18个、社区卫生服务中心9个）、门诊部8个、诊所（医务室、卫生所）148个、村卫生室391所。实有床位6834张，每千人口床位为5.89张；在岗人员9018人，其中卫生技术人员7083人；执业（助理）医师2749人，每千人口执业（助理）医师为2.37人；注册护士2998人，每千人口注册护士为2.58人。总诊疗人次566.3万人，其中门急诊人次544万人次，平均每门诊人次费用为162.58元，人均全年担负门诊人次为614.33人次，医师人均全年担负门诊人次为1855.99人次。入院22.56万人次，出院22.51万人次。实际开放总床日数246.34万床日，实际占用总床日数195.05万床日，出院者占用总床日数193.56万床日，病床使用率为79.18%，病床周转次数为33.36次，出院者平均住院天数为8.6天，住院病人人均住院费用为6438.34元，出院者平均每日住院医疗费为748.82元。人均全年担负住院床日为216.29床日，医师人均全年担负住院床日为767.59床日。全区户籍人口114.49万人，户籍出生8537人，死亡7292人，人口出生率7.43‰，较2017年下降0.87个千分点；人口自然增长率1.08‰，较2017年下降0.78个千分点；出生政策符合率99.05%，较2017年下降0.07个百分点。居住人口115.18万人，居住出生8422人，死亡7024人，人口出生率7.28‰，较2017年下降0.77个千分点；人口自然增长率1.21‰，较2017年下降0.62个千分点；出生政策符合率99.03%，较2017年下降0.07个百分点。孕产妇死亡率11.87/10万，婴儿死亡率、5岁以下儿童死亡率3.8‰、5.58‰。

疾病预防与控制

【概况】 全年全区无甲类传染病病例，无传染病暴发流行，无传染病类突发公共卫生事件，无严重精神障碍患者肇事肇祸案事件发重重。巩固消除碘缺乏病、消除疟疾防控成效。乙类传染病报告发病率162.90/10万，低于全市平均水平。全区连续10年无传染病暴发流行、25年无霍乱、39年无白喉、40年无脊髓灰质炎病例，艾滋病等重大传染病保持低流行态势。免费治疗肺结核患者790例、免费治疗艾滋病患者603人。

【疫苗接种】 儿童“八苗”接种率达99%。年内进一步加强预防接种门诊规范化建设，打造敦仁、龙潭、新妙3个信息化预防接种门诊。

【毒品食品监测】 实行社区戒毒美沙酮药

物维护治疗免费服药，入组率为58.6%，年维持治疗率为86.83%。年内完成国家食品安全风险监测项目和地方食品安全风险监测项目、开展食源性疾病监测和食物中毒流行病学调查。

医政管理与改革

【医院管理】以等级医院创建为抓手，提升医院管理。涪陵协和医院成功创建为“国家二级乙等综合医院”，涪陵李志沧中医骨伤医院成功创建为“国家二级甲等中医骨伤医院”。以名科建设项目为平台，强化专科医疗水平。实施涪陵区名医名科名院建设工程，命名一批区级名科，将一批有基础有潜力的科室纳入区级名科建设范围。开展涪陵区医护人员“三基”技能竞赛，全区63个医疗机构参赛队252名选手参加复赛决赛。实施新一轮“改善医疗服务行动计划”，通过建立预约诊疗、远程医疗、日间手术、检验检查结果互认制度，使患者看病更加方便，二级以上医院全面开展优质护理服务，推行医务社工和志愿者服务，加强医疗人文关怀，使群众就医更加温馨。在全区二级及以上公立医院开展为期5个月的民生监督暨过度诊疗专项整治行动，门急诊次均费用下降4.97%，人均住院费用下降0.42%，药占比下降3.14%。在首个中国医师节中，50名优秀医师、40名优秀护士、10名优秀基层医院院长获得区级表彰。

【医药卫生体制改革】按照“两取消、一调整、六配套、一建立”的改革路径，深化公立医院综合改革。涪陵中心医院开展编制管理创新试点，区人民医院开展薪酬制度改革试点。继续实施预约诊疗、便民门诊等12项医改便民措施，持续构建分级诊疗模式。全区共建立专科联盟12个、协作型医联体34个、指导型医联体4个。建立健全药品供应保障制度。继续实施药品购销“两票制”改革，4家二级及以上医院投入使用药械信息全程追溯系统。制定《涪陵区药品集中采购实施方案》，建立药品目录动态调整机制、各级医疗机构之间药品目录衔接机制。开展短缺药品监控和直报，综合调配短缺药品，保障临床用药需求。

基层卫生

基础设施持续改善，统筹资金210万为基层医疗卫生机构购置主要数字化诊疗设备。争取财政资金405万元，维修、改造50个村卫生室。对第一批133台健康一体机进行系统升级。投入资金87.5万建成区内双向转诊系统并上线使用。启动实施涪陵区优质服务基层行活动。建立专家库，印发《实施方案》，将全区基层医疗卫生机构纳入创建计划，明确时间、对标对表、压实责任，推进基层医疗卫生机构等级创建工作。加强村医队伍管理，新进22名乡村医生从事公共卫生工作。完成对乡村医生的绩效考核和专项补助拨付工作，开展落实离岗乡村医生养老和医疗补助政策相关工作。做实做细家庭医生签约服务，规范签约服务提供主体，实现辖区全覆盖。调整家庭医生签约服务工作任务，把工作重点向提质增效转变。建立上下级联系机制，制作家庭医生双向转诊通讯录。加强宣传，组织城区5个街道社区卫生服务中心家庭医生团队在涪陵广场集中开展以“你健康、我服务，牵手身边的家庭医生”为主题的宣传活动。统筹资金87万，上线家庭医生签约服务平台，实现信息化监管。组织70名基层医生开展全科医生转岗培训，组织120名乡村医生开展2018年度基层卫生人员能力提升培训，另外开展了“提升基层医疗服务能力专家行动”涪陵区学术培训、基层首诊50个病种诊疗培训、基层高血压防治管理指南培训等多种培训活动。联合区财政局制定考核方案和补助标准，委托第三方专业机构对27个基层医疗卫生机构和6个专业公共卫生机构进行考核。

中医药服务

实施基层中医药服务能力提升工程，投入中医药适宜技术推广经费25万元，为5个基层医疗卫生机构中医馆提档升级。投入资金39万元建成基层中医馆健康信息平台。涪陵郭昌毕骨伤科医院筋伤科、涪陵李志沧中医骨伤医院骨伤科立项市级中医重点专科建设项目。江东街道社区卫生服务中心、新妙中心卫生院立项建设市级基层医疗卫生机构中医特色专科。区中医院康复医学科命名区域重点学科，涪陵中心医院中医科、区中医院肿瘤科纳入区级名科建设。实施中医药“百千万”人才工程，组织65名基层医务人员开展“万名基层中医药实用型人才”培训。启动第三批市级中医药师带徒工作，申报指导老师19名，继承人26名。申报市级中医药继续医学教育项目20个。开展“西学中”培训，30名学员通过结业考试。推进中医医术确有专长人员医师资格考核。实施“中医中药中国行——中医药健康文化推进行动”，以《中医药法》实施一周年为契机，开展以“中医药健康你我他”为主题的中医药健康文化宣传活动，组织区中医院、12家民营中医医院、1家中医坐堂医诊所共计14家中医医疗机构，120余人在涪陵广场集中开展大型义诊宣传活动，组织区中医院等4家单位参加中医药健康文化知识大赛。

妇幼保健

推进区妇幼保健院标准化建设与规范化管理，促进保健与临床服务实质融合。继续开展基层妇女保健和儿童保健规范化门诊建设活动。加强妇幼学科建设。开展母婴保健服务技术人员资格考核。举办3次孕产妇和新生儿死亡评审会，加强妊娠风险筛查和预警管理。全区医疗机构活产8088个，成功抢救特别危急重症孕产妇5人、新生儿17人。进一步优化防治体系，在区行政服务中心大厅设置免费婚检室，实现婚检和孕前优生健康检查“一站式”服务，推进出生缺陷二、三级预防，产妇孕期艾滋病、梅毒、乙肝检测率99.44%，系统超声筛查率71.7%，唐氏综合征及产妇游离DNA筛查率43%。新生儿听力筛查率81.4%，代谢疾病筛查率95.86%。开展农村妇女两癌检查，检查2.7万余人，检出癌及癌前病变病人84人，宫颈癌早诊率98.65%，乳腺癌早诊率70%，均优于市控目标，阴道镜符合率市级质控名列全市第一。组织开展计划生育手术并发症鉴定，完成鉴定12例，其中市级鉴定1例。

卫生法治

【法治建设】 健全普法工作机构，制定年度普法计划。组织全系统人员参加“千万市民学宪法”知识竞赛活动，发放宣传资料30余种5000余份，举办法制专题讲座30余场次，累计参与人数1万余人次。开展卫生计生干部职工学法差异化考试，参与“以案释法”典型案例征集活动，报送2件并入选涪陵区以案释法典型案例选编。全年无行政诉讼案件，行政复议案件共2件，均维持原处罚决定。完成卫生计生系统“七五”普法中期评估。清理规范委机关政务服务事项14项、委所属医疗机构政务服务事项71项。清理卫生计生证明事项5项，取消3项，保留2项。逐项制定和公开目录四办清单及指南。推进行政审批制度改革，实行“两集中、两到位”，建立首席代表机制，完善信息公开、首问负责、一次告知等制度。建立行政审批标准化体系，制作审批项目服务指南、审批流程及运行图。拓展审批服务延时、预约、快递、代办等服务152件。推行“一审一核”，实施公共场所卫生许可告知承诺制改革。实行首席全权审批，医师、护士电子化区域备案注册共1121人。建立健全规范性文件合法性审查和备案工作机制，清理规范性文件15件，其中：废止6件。执行部门政策措施公平竞争审查制度。

【卫生监督】 全年监督单位3594户6072户次，监督覆盖率100%。实施综合监督执法改革，初步形成“区、乡、村”三级监督执法网络。推进“双随机一公开”，开展学校卫生、公共场所、医疗卫生、传染病防治、计划生育技术服务、放射卫生、生活饮用水双随机监督抽检工作。出动监督员460人次，车辆165台次，检查单位315户。全年抽检完成率99.06%，完结率100%。共立案查处案件67件，罚款1.5万元。加强信用信息体系建设公开各类信用信息2000余条，对2家不良记录医疗机构暂缓行政许可，对11家典型诚信“红名单”单位优化监督检查频次，对1家严重失信“黑名单”单位加强日常监管。严厉打击非法行医，联合工商、公安、食药监等部门开展打击非法行医联合整治行动2次，对离岗乡村医生实施告诫制度，发出告诫书500余份。全年共劝阻停止违法行为250余人次，取缔游医牙医155人次，查处并办结无证行医案74件，罚款26.74元，向公安机关移送涉嫌非法行医罪的案件4件，已立案3件，其中法院已判刑1件。开展“校园蓝盾2018”学校卫生专项监督检查行动，检查学校154所，对25所中小学给予了警告的行政处罚。对49家中医医疗机构开展传染病防治和感染防控监督执法专项监督检查。对89家医疗卫生单位开展了传染病防治分类综合评价工作，有78家单位综合评价合格，合格率达87.6%，其中优秀单位2家。

医学教育科研与合作交流

全区66个医疗单位建立继教微机网络管理系统，5615名专技人员使用新平台进行学分统计和管理；医疗单位参与率100%，专业人员参与率和合格率均在90%以上。利用新继教管理平台举办市级项目68场次、区级项目66场次、单位自管项目54场次，参加培训达3万人次。获市科委医学科研项目立项3项，市科卫联合医学项目（中医）立项9项，重庆市博士后科研项目三等特别支助1项，获批区科委指导性项目18项。巩固1个“国家级重点专科”、1个“市级医学重点学科”、5个“市级医疗特色专科”成果；推进2个国家级中医特色专科（专病）、4个市级区域重点学科、8个市级医疗特色专科（临床重点专科）、妇幼保健重点专科1个创建工作；新获批市级区域重点学科2个（涪陵中心医院麻醉科、重症医学科），新获批临床重点专科1个（涪陵中心医院康复科）；启动区级“三名”（名医、名科、名院）工程建设，命名表彰30个名科。184名基层卫生人员完成长沙医学院成人大专和本科层次学历教育学习全部毕业，70名专技人员参加全科医生转岗培训，5名全科医生参加全科医生骨干培训，10名专科医生参加紧缺专业培训，25名卫生专业技术人员参加市级公共卫生服务项目技能岗位培训；国家级住院医师规范化培训基地涪陵中心医院培训规范化住院医师91名（其中全科医学专业20名），学员在遵义医学院实习生技能比赛中获得特等奖第一名；市级中医住院医师规范化培训基地区中医院招收中医住院医师培训学员10名。推进吴阶平泌尿外科中心、产前基因检测、远程移动动态心电监护、远程医学影像中心等合作项目的推广应用、效益追踪、费用追收和监管。1名医疗技术骨干赴西藏昌都市人民医院执行援藏工作任务；1名副高职称业务骨干对口支援巴布亚新几内亚莫港总院，圆满完成国家援外援藏医疗任务。

供血用血

全年共采集全血22613人次，35971个单位，机采血小板983人，1643个治疗量，机采血小板采集同比降低了5.47%。其中，制备红细胞悬液36390单位；洗涤红细胞167单位；冷沉淀4131单位；生产临床新鲜冰冻血浆5970袋10711.5单位。采血量同比增长1.58%。全年向辖区内各医疗用血单位提供全血7.8升；红细胞悬液36181单位；解冻去甘油红细胞4单位；冷沉淀3690单位；机采血小板1643个治疗量；临床新鲜冰冻血浆30828单位，成分输血比例99.8%，临床供血量同比增长1.61%。全年共采血88次。

人 民 生 活

居民收入与消费

【人均地区生产总值】 2018年全区地区生产总值(简称GDP)达到1076.13亿元，比上年可比增长7.1%；按平均常住人口计算，人均GDP为92443元，比上年可比增长6.2%；按全年人民币兑美元平均汇率（6.7081元/美元）换算，达到13781美元。

【城乡居民收入和消费】 2018年全区常住居民人均可支配收入29437元，比上年增长10.2%。按居民常住地分，城镇常住居民人均可支配收入36642元，比上年增长8.7%。城镇居民可支配收入中，人均工资性收入22083元，增长8.9%；人均经营净收入4208元，增长7.1%；人均财产净收入2561元，增长4.3%；人均转移净收入7790元，增长10.6%。城镇居民人均消费支出28477元，比上年增长7.0%。2018年农村常住居民人均可支配收入14691元，比上年增长9.1%。其中，人均工资性收入4284元，增长7.9%；人均经营净收入5791元，增长8.8%；人均财产净收入442元，增长4.0%；人均转移净收入4174元，增长11.4%。农村居民人均生活消费支出12287元，增长5.8%。

【城乡居民收入差距】 2018年农村居民可支配收入增长继续快于城镇居民，城乡居民收入差距进一步缩小，二者收入比由2017年的2.50 ∶ 1缩小为2.49 ∶ 1(以农村居民收入为1)。

【恩格尔系数】 反映居民生活质量和消费结构变化的重要指标——恩格尔系数逐年下降，2018年全区城镇居民恩格尔系数为33.5%，比上年下降了0.4个百分点；农村居民恩格尔系数为37.9%，比上年下降了0.4个百分点。

【居民住房】 2018年末城镇居民人均住宅建筑面积35.93平方米，农村居民人均住房面积42.42平方米，均呈逐年扩大之势。

【全面建成小康社会实现程度】 据市统计局核定，2017年涪陵区全面建成小康社会实现程度为97.72%，比2016年提升1.32个百分点。2018年实现程度初步测算为98%，比上年提高0.28个百分点。

工资与就业

【职工工资】 2018年全区城镇非私营单位在岗职工平均工资为72724元，比2017年增加9457元，同比名义增长14.9%。私营单位职工年平均工资为44912元，比2017年增加了1048元，同比名义增长2.4%。分行业看，非私营单位人均工资水平最高的是采矿业，达到18.5万元，最低的是住宿餐饮业，为4.3万元；私营单位人均工资水平最高的是金融业，为6.7万元，最低的是农林牧渔业企业，为3.3万元。

【社会就业】 2018年末全社会从业人员为77.9万人，比上年增加0.3万人。分产业看，第一产业18.08万人，第二产业26.63万人，第三产业33.19万人。分城乡看，年末城镇从业人员45.03万人，农村从业人员32.87万人。年末城镇登记失业人数为5106人，城镇登记失业率为3.16%。农村劳动力转移呈回流态势，区内就近转移人数增加，2018年农村劳动力转移就业30.06万人，比上年增加1.1万人，其中区内转移11.93万人，增加4.45万人；区外市内转移8.29万人，市外转移9.87万人，分别减少2.73万人、0.59万人。

【社会服务】 2018年末，全区每万人拥有医院和卫生院床位58.5张（按常住人口算，后同），每万人拥有卫生技术人员60.6人。每万人拥有律师数2.24人，三大指标均比上年提高。年末全区各类社会养老机构47个，社会养老机构收养床位4051张，入住人数2164人。年末拥有城镇社区服务中心3个，城镇社区服务站119个，农村村级服务中心303个。

城市化

【城市建设】 2018年末，城市建成区总面积达到71.5平方千米，比上年扩大3.1平方千米；城市总供水能力（包括自备水源）达到26.03万吨/日，全年供水总量5426万吨；供水管道总长达到1527千米。天然气供气总量15.85亿立方米，液化石油气供气总量2125吨。年末有城市公共交通车490辆，出租车878辆。年末城市园林绿地面积2951公顷，其中城市公共绿地面积2075公顷。建成区绿化面积达3050公顷，建成区绿化覆盖率为42.53%。

【城市环境】 2018年城区环境空气质量满足优良天数333天。空气中二氧化硫、氮氧化物、可吸入颗粒物年日均值分别为0.018毫克/立方米、0.036毫克/立方米、0.059毫克/立方米。城区环境空气细颗粒物（PM2.5）平均浓度为37微克/立方米。区域环境噪声和道路交通噪声平均值分别为52.9和65.7分贝，长江、乌江水质基本稳定在Ⅱ类水域水质标准。

【城镇化率】 根据重庆市1%人口抽样调查资料计算，2018年末全区常住人口116.80万人，再次超过户籍人口，其中城镇人口80.26万人，常住人口城镇化率为68.72%，比上年提高1.54个百分点。同时根据公安部门户籍资料，2018年末全区户籍人口115.13万人，比上年减少0.7万人，其中，城镇人口51.38万人，户籍人口城镇化率为44.6%。

社会事务

民 政

【机构设置】 区民政局是主管全区民政工作的政府组成部门，贯彻落实党中央、国务院部署，履行民生保障、社会服务、社会治理和专项行政管理职责。区民政局设九科一室，有直属单位14个。行政编制20名（核定数），设局长1名，党委副书记1名，副局长3名，科级领导职数12名，机关后勤服务人员事业编制1名；所属（代管）事业单位编制146个，实有137人。局党委下设党总支1个，党支部14个，党员184人。

【基层政权和社区建设】 “党建+城乡社区治理”模式和村（居）务公开“五统一”制度建立完善；出台《重庆市涪陵区加强乡镇政府服务能力建设工作方案》和《关于加强和完善城乡社区治理的实施意见》，制定基层治理“三事分流”工作机制，培育城乡社区协商示范点和农村社区建设工作示范点6个，涪陵区城乡社区综合服务设施覆盖率达100%。

【社会组织】 社会组织事中事后监管加强。新培育发展社会组织14个，变更登记22件，注销登记8件，完成610个社会组织加载统一代码新版登记证书换发工作，开展打击整治非法社会组织和校外培训机构专项治理行动。

【社会工作】 社工队伍壮大。2名社工入选区级拔尖人才，专业社会工作服务机构发展到4家，开发社会工作岗位596个，有社会工作室220个，社会工作相关领域人才达4100人，“情暖夕阳”老年社工服务项目常态开展。

【区划地名】 推进区划地名和界限管理，完成第二次全国地名普查，牵头完成涪陵长寿边界联合检查。

【殡葬管理】 殡葬管理和服务优化。全市首个城市公益性公墓“宝鼎山陵园”建成投用，涪陵区遗体器官捐献纪念园建成，免除困难群众基本丧葬服务费254人，专项整治殡葬领域突出问题、服务创新现代殡葬礼仪。

【婚姻登记】全年办理结婚登记9500余对，补办结婚登记5100余对，离婚登记5650余对，补办离婚登记证610余本，收养登记9件，登记合格率100%。

社会保障

【社保体系建设】2018年，全区养老保险、医疗保险、失业保险、工伤保险等各类险种累计参保225.89万人次，累计新增参保10.04万人；累计征收各项社会保险费41.86亿元。连续第14年调整企业退休人员养老待遇；顺利完成2018年机关事业单位退休人员待遇和城乡居民基本养老保险基础养老金的调整工作；为448万人次发放各类保险待遇共计57亿元。推进全区机关事业单位养老保险改革；推进公立医院综合改革；深化医保改革，全区医保总额控制支付总额共计7.8亿元。全区累计实现社保减负6.3亿元。与全国32个省、市（自治区）15508家医院实现异地就医联网结算；首次开通居民医保微信缴费通道，广大城乡居民足不出户便能自助缴费参保。开展社保稽核工作，加强医保基金监管，规范定点医药机构管理。

【脱贫攻坚】 2018年，落实各项就业扶贫政策，落实就业扶贫资金159.62万元；引导开发农村生态公益性岗位托底安置211名贫困劳动力就业，落实岗位补贴63.35万元；实施农民工回引工程，新增农村富余劳动力转移就业1.44万人，新增回引农民工返乡就业创业1.33万人；开展农村劳动力各类培训3588人；提供创业担保贷款5129万元支持354户农村劳动力稳定创业。全区特困人员参加城乡居民基本养老保险率100%；低保对象、建档立卡贫困人口，政策知晓率基本达100%；为6512名困难群体代缴养老保险金46.8万元。实施高校毕业生“三支一扶”计划，完成招募、招聘4人；为基层医疗卫生机构招聘急需紧缺专业技术人员35名；落实乡镇基层事业单位专业技术人员职称考试倾斜政策，有10人享受降分政策。技工院校2018年建卡贫困户家庭学生免费接受技工教育252人，民办培训学校培训建卡贫困户645人；落实各类减免补助资金107.27万元。

社会福利

【城乡低保】 低保救助水平稳步提高，城乡差距逐年减小。城乡低保标准每人每年分别达到6552元和4920元，城市低保对象8181户14064人，享受人数占全区非农业人口的2.71%，全年发放城市低保金7916.97元；农村低保对象12791户21796人，享受人数占全区农业人口的3.38%，全年发放农村低保金8860.69万元。

【留守儿童关爱保护】 举行“合力监护、相伴成长”专项行动和“乡村振兴、暖心关爱”慰问留守儿童活动，全区8438名留守儿童获得成长监护。

【残障和慈善福利】 落实残障人士“两项补贴”资金834万元，惠及15298名残障人士；全区福彩销量1.26亿元；“幸福涪陵、慈善之夜”文艺晚会和“慈善一日捐”活动、慈善“6个一”爱心行动。

社会救助

【精准扶贫】 发挥民政兜底脱贫功能，农村低保制度与扶贫开发制度有效衔接，民政惠民济困保覆盖5.3万人，5824名农村建档立卡贫困对象纳入农村低保。

【医疗救助】 医疗救助扶贫力度加大。整合医疗救助、基金救助、慈善救助、临时救助、慢性病救助等救助政策，缓解农村建卡贫困对象因病致贫、因病返贫、看病难、看病贵问题，2018年医疗救助资金总量达4800余万元。

【特困人员供养】 特困供养提标。特困人员供养标准达每人每月710元，2018年发放5111人，资金总量4220万元。

【临时救助】 启用临时救助信息管理系统，2018年下拨临时救助资金720万元，受益群众4000余人。

【灾害救助】 救灾防灾减灾一体实施。2018年全区遭受8次较大洪涝、风雹等自然灾害侵袭，23个乡镇（街道）46868人受灾，因灾直接经济损失4986.9万元。全区启动灾害救助机制，下拨2017—2018年冬春生活救助资金233万元、“5.17”风雹灾害资金16万元、发放救灾棉被1600床，“巨灾保险”赔付177.68万余元。焦石镇东泉社区成功创建全国综合减灾示范社区。

【流浪乞讨救助】 开展“夏季送清凉”和“冬季送温服”专项行动，全年救助355人次，城市街面基本无流浪乞讨人员。

老年人

【养老事业】养老事业加快发展。《涪陵区推进养老服务业发展促进医养深度融合的实施意见》出台实施，社会办养老机构建设补助标准由6000元/张提高到13000元/张，市场参建养老设施门槛降低；社区养老服务优化、养老机构质量提升、乡镇敬老院提档升级“三大工程”启动实施，6个社区养老服务站建成竣工；涪陵老来乐社区养老服务中心、荔枝望涪社区养老服务站等新型养老服务平台良性运营，年服务人员超5000人次，养老信息化建设取得进展。

【医养结合】推进医养结合发展模式，区中医院与区社会福利院开展医养合作，全区46所养老机构与对应乡镇卫生院签订医养合作协议，入住老人享有7×24小时医疗保障。

军休安置

【优抚安置】双拥优抚政策落实，中央投资项目“军休苑”二期工程竣工，优抚医院综合改革完成。采集优抚对象信息34340条，发放抚恤补助金5240.67万元，慰问3.5万人次。完成退役士兵安置，完成接收退役士兵415人，免费技能培训154人，阳光安置8人。

【慰问帮扶】涉军诉求人员困难解决，同有关部门疏导化解全市涉军人员大规模聚众集访10余次，接待处理来信来访退役军人800余人次，协调解决51人的危房改造、公益性岗位和子女入学等问题。

妇女儿童

【妇女儿童维权服务】发挥区法律援助中心驻妇联工作站和12338维权服务热线的作用，为广大妇女儿童提供专业的法律宣传、维权咨询和调解服务，接待来访妇女儿童案件98件，结案率100%。通过人大代表建议、政协委员提案等，解决了农村“两癌”妇女救助、特殊儿童上户口等群众反映强烈的问题。联合区法院建立家事纠纷调解协调机制，推动解决家事矛盾，努力实现“为社会减压、为家庭疗伤、促社会和谐”的目标。

【妇儿工委相关工作】实施好涪陵区妇女儿童发展规划（2011—2020年），召开全区妇女儿童工作会议1次，组织开展监测评估工作1次、督导工作1次，确保全区妇儿工委相关工作顺利开展。

【维护青少年合法权益】走进社区服务社会治理，开展“筑巢——闲散青少年自助成长服务”“青春守护者计划——儿童防性侵教育”等品牌活动510余场次，覆盖1.8万人次。走进农村服务脱贫攻坚，汇聚社会力量，开展希望工程“精准扶贫·圆梦行动”，共募集各类助学捐款24.9万元，40名品学兼优、家庭贫困的学生得到资助；协调社会资源筹集资金28.26万元，“冬日阳光·温暖你我”、壹基金凝冻温暖包关爱1310名农村困境儿童。走进基层团组织为青年“充电”，打造“青年加油站”品牌，采用青年点单和社会化招募的方式，开展烘焙、演讲、茶艺、插花、健身等系列活动，服务青年近2000人次，切实增强团员青年的获得感。

残疾人

【残疾人民生保障】实施保障工程。全区残疾人建卡贫困户享有低保兜底、重病患者医疗救助、农房保险、救灾政策打捆扶助和医疗救助基金五大长效保障机制，为可持续脱贫加装“安全阀”。推进精准扶持。投入105.2万元对全区2104户建卡贫困残疾人实施“一户一技能”培训和产业扶持；为3373人次建卡贫困残疾人发放两项补贴193.575万元。落实残疾人民生实事。投入69.53万元对545名贫困残疾人居家托养服务进行补贴；投入30万元为100户残疾人家庭实施无障碍改造；投入174万元对116户农村贫困残疾人D级危房进行改造。残疾人共享小康工程覆盖面日益扩大。

【残疾人康复】 开展残疾人精准康复服务。开展精准康复服务试点，为1410名残疾人提供助听助明助行服务；为822名困难精神残疾人实施送医送药；为88名（其中涪陵区户籍31名）肢体残疾儿童进行矫治手术；对28名脑瘫儿童、16名听力残疾儿童、7名孤独症儿童和21名智力残疾儿童进行康复训练；有康复需求的残疾儿童和持证残疾人接受基本康复服务率94.58%，辅助器具适配率91.35%。推进政府购买服务。对6名脊髓损伤残疾人和16名肢体残疾人康复治疗（训练）、5名残疾人运动员常态化训练和59名残疾人居家托养实施政府购买服务。推进服务设施建设。区残疾人康复托养中心配套工程手续全部完成，进入装修阶段；完成市级标准化示范性社区康复站建设3个，村（社区）康复室80个；残疾人辅助性就业机构建设加快推进。

【残疾人教育就业】 开展助学扶持。对25名学前教育残疾儿童及经济困难残疾家庭儿童进行扶持，为60名残疾人学生和经济困难残疾家庭子女接受高等教育发放助学金15.3万元；对无法到校接受义务教育的重度残疾儿童少年，实施“一人一案”送教上门服务。开展青壮年扫盲。坚持“脱盲”与“脱贫”相结合，学文化与学科技相促进，对120名残疾人开展扫盲培训。促进残疾人就业创业。加强残保金征收，入库3040.61万元；举办专场招聘会12场，新增就业349人；投入44万元对1个残疾人文化创意创业基地和6个种养殖业、加工业基地（大户）实施了扶持；开展残疾人电子商务培训40人，促进残疾人网上就业；新出台《涪陵区残疾人就业创业扶持办法》《涪陵区用人单位按比例安排残疾人就业补贴和长比例奖励办法》《涪陵区发展残疾人辅助性就业机构认定管理办法（试行）》，投入了200多万元，对残疾人创业就业、按比例就业和辅助性就业进行扶持。加大技能培训力度。对400名残疾人进行职业技能和岗位技能培训；残疾人参加“巴渝工匠杯”全市残疾人职业技能竞赛获个人一等奖、二等奖、最佳拼搏奖和组织奖；参加全市残疾人“双创”大赛，2个项目进入决赛。

【增强残疾人参与意识】 丰富残疾人精神文化生活。在200户残疾人家庭实施“五个一”活动，丰富残疾人文化生活。办好各类活动。相继承办了以“听见未来，从预防开始”为主题的第19次全国“爱耳日”重庆市宣传教育服务月活动、以“协作与融合，创新与共享”为主题的3D打印科普与民间手工技能知识走进特校活动和“共享芬芳”中西部地区百场巡展巡演走进涪陵活动，尤其是“共享芬芳”中西部地区百场巡展巡演走进涪陵活动受到中国残联的书面表扬。推动残疾人体育运动发展。完成残疾人“康复体育关爱家庭计划”600户；开展“残疾人健身周”系列活动；参加全市残疾人游泳锦标赛获较好成绩；推荐2名田径运动员在市上长训。突出残疾人事业宣传特色。深化新闻媒体的残疾人专版专题宣传，巴渝都市报出专版4期，涪陵人民广播电台、涪陵电视台播专题4期；无臂青年吴晓凡身残志坚的创业故事走进中央电视台《向幸福出发》栏目，并进入“感动重庆十大人物”前20名；区残联根据残疾人邓磊为原型拍摄的《轮椅上的重生》获全区首届微视频大赛一等奖（第1名）。

【残疾人合法权益保障】 做好法制宣传教育。利用“12•4”全国法制宣传日和各专门协会开展活动期间，在残疾人群体中宣传宪法和推进法治宣传教育。规范残疾人证合法管理。

将残疾人证办理纳入风险防控管理，严格标准，规范管理，严把程序关和质量关，杜绝了人情证、关系证等违规办证现象。残疾人特惠政策落实到位。为40名残疾人发放残疾人机动轮椅车燃油补贴共计1.04万元，为22名残疾人发放残疾人C5驾照补贴共计2.2万元，为13名残疾人办理下肢残疾人车辆重庆绕城高速及以内六条射线高速套餐通行费免缴，重庆市主城区“两线一桥”限号限行期间为9名残疾人发放残疾人代步车临时标识牌。加大政策宣传。通过干部联系基层机制、微信公众号、残疾人节日、专门协会活动之机，加大对助残政策的宣传力度。启动“联通智慧助残”。与重庆联通涪陵分公司共同开展“联通智慧助残”，为残疾人量身打造便捷实惠的专属信息平台。建立领导接访机制。全年共接待来访残疾人24人，处理来信3件，信访案件办结率实现100%。

防灾减灾

【地灾防治】 健全群专结合的地灾防治“四重”网格化管理机制，保证“两卡一案”全覆盖。严格执行24小时应急值守，发布预警信息1.8万余条，上报监测信息2.6万余条。成功预警处置地灾险情19起，应急转移群众47户177人。加大项目治理，投入资金3000余万元，珍溪华山路老街危岩等33个地灾隐患点工程治理全部完工。争取市局政策支持，将全区437户地质灾害搬迁避让对象实施建设用地复垦，实现受威胁群众从“不想搬”到“主动搬”，为区政府节约财政支出1311万元；打捆政策，完成全区45个隐患点139户461人的搬迁避让工作。全区连续多年实现地质灾害领域零伤亡。

【防洪减灾】 承担涪陵新城区城乡供水任务的红星中型水库主体工程、复建公路和管理用房完工，渠系工程扫尾建设初步完成，征地移民安置工作通过市级专项验收，实验性蓄水运行情况良好；作为市级骨干水源项目的黑塘、双江两座中型水库工程建设按时序推进；完成杨家湾水库大坝主体工程建设，完成2017年度1000口已整治山坪塘竣工验收工作，全区已注册病险山坪塘将全部“销号”；水利沟、火石沟、墨线桥、观音阁、荞子沟、中坝山、赛马口、金钗堰等9座新建小型水库的可行性研究报告编制中；石沱场镇防洪护岸综合整治工程、镇安场镇防洪护岸综合整治工程可研报告编制完成，均通过审批；蔺市堤防工程黎香溪右岸和长江右岸堤防段（Ⅰ标段）堤防通过完工验收，长江左岸堤防段（Ⅱ标段）完成1.2千米堤身建设；清溪堤防工程可研阶段等前期工作完成；白涛堤防建成，全线移交投用；龙潭河重点河段（涪陵新城区）综合治理工程、龙潭河群英村农业园河段综合治理工程、麻溪河土井村河段综合治理工程等3个中小河流治理项目加快推进建设。进一步补充完善了山洪灾害监测预警系统、水雨情应用系统（水文监测系统）及涪陵区突发事件预警信息发布平台等，完成山洪灾害防治非工程措施项目群测群防体系建设与预警监测系统补充完善，成功举办全区27个乡镇街道防汛抗旱工作业务培训，成功开展大木花谷景区、武陵山大裂谷风景区小流域示范预警演练。

【消防概况】 涪陵区消防支队设司令部、政治处、后勤处、防火处四个职能部门，下辖战勤保障大队、培训基地和5个执勤中队。2018年，涪陵区火灾四项指标比上年三降一平；保持了连续18年无较大以上火灾事故发生的良好局面。支队全年接警出动3086次，出动车辆4892台次，出动警力28696人次，抢救疏散被困人员1700余人，抢救财产价值近3000万元；开展了319国道交通事故、增援达州商贸城火灾、万州公交车坠江等事故处置。

【消防保障】 完成水陆消防站及训练基地

一期工程综合楼基础施工；采购13辆“高、精、尖”消防车辆；完成消防员个人防护装备统型，新式个人防护装备全部配备到位；对1.51万件（套）灭火救援装备进行清查核查和数据会审；成功研发高层建筑灭火装备吊升系统。

【火灾防治】 加强消防安全监管，全年督促整改火灾隐患14015处，罚款161.07万元，三停114家，查封168家；完成200栋老旧居住建筑改造，安装12套电气火灾监控、3540个独立式烟感，新建47个市政消火栓；对83处（12万余米）电气线路敷设不规范的路段进行整治；火灾事故实现人员“零伤亡”。

【地震灾害预防】 加强防震减灾工作行政审批事项改革，将“影响地震观测环境的新建、扩建、改建建设工程审批”纳入建设项目审批流程；地震安全性评价调整审批时序，由原来的立项备案阶段调整为初步设计前完成，由原来的业主承担费用调整为政府聘请中介机构集中对开发园区进行地震安全性评价。区科委与区政府应急办、区科委、区城乡建委、区教委、区卫计委5个部门联合开展《中国地震动参数区划图》使用现状和地震应急保障检查，现场抽查涪陵五中、碧桂园天玺湾、金科集美郡工程的五代区划图使用现状，结果显示建设工程抗震设防达标率100%；各乡镇街道对辖区内的建筑物进行自查，结果良好。继续开展群测群防工作，组建社区（村）一级“三网一员”工作队伍，对人员实行动态管理，在村社干部换届选举后及时调整，将队伍从原来的522名扩充到1317名，人员覆盖全区所有村社，将地震科普宣传、宏观观测、灾情速报等三个群测群防网络落实到个人。

【地震应急救援】 开展涪陵区地震灾害预评估工作，广泛收集震害预测基础数据，开展震害预测现场调查，形成《涪陵区地震灾害损失预评估和应急处置要点报告》。加强地震应急预案管理，各乡镇街道和防震减灾成员单位完成预案编修工作，全区地震应急预案达到86部，建成完善横向到边、纵向到底的应急预案体系。2018年8月，运用建成的地震应急指挥中心技术系统开展区级部门地震应急演练。制定应急救援队伍训练方案，12月份组织18名队员在罗云金山子开展地震应急实战训练，以“实战＋竞赛”模式展开，分别进行集结待命、千米徒步行军、艰难救援、速搭帐篷和爱心传递等项目。

【防震减灾】 做好地震烈度速报与预警系统涪陵同乐基准站建设项目，完成地形图测量、勘界等前期工作。市防震减灾科普宣讲团到涪陵开设防震减灾科普课堂，协调区交委在公交车上播放地震科普视频，指导涪高中、荔枝希望小学及乡镇街道开展地震应急疏散演练，组织27个乡镇街道开展防震减灾科普宣传活动，开展地震演练10次，举办地震科普讲座20场，接受群众咨询1000余次，发放地震宣传资料2万余份。组织5.2万余人参加第六届重庆市防震减灾网络知识竞赛暨第三届重庆市防震减灾微信平台知识竞赛活动，获得全市第一名；涪陵高级中学校获得全国防震减灾知识大赛预赛（西部赛区）高中组二等奖。

乡镇·街道

敦仁街道

【概况】 敦仁街道位于长江与乌江交汇处，辖区东北与江东街道、江北街道隔江相望，西南与崇义街道、荔枝街道交错接壤，是千年涪州古城所在地，涪陵城市的发源地，与崇义街道敦崇仁义而得名。街道面积4.3平方千米，辖17个社区居委会，1个移民小区管委会，199个居民小组，户籍人口71311人。辖区有党政机关、企事业单位共240个，有各类企业、个体工商户及商业服务网点7000余个，中小学校6所，幼儿园14所，公园2个，各种文化娱乐场所223家，涪陵天主教堂亦坐落界内。境内有两江广场、大剧院、金科世界走廊、涪州古城墙、白鹤梁水下博物馆等多处浏览观光景点。

【经济发展】 2018年全街地区生产总值63.3亿元，同比增长8%；固定资产投资1.2亿元；城镇居民可支配收入31092元，同比增长10%；分别完成企业总产值、营业收入、利润105.20亿元、140.47亿元、6.06亿元，分别同比增长15.7%、17.2%、17.2%。本级财政收入完成4805万元。新增个体1298户，其中：企业192户，微型企业72户。商标任务57件，实际完成122件，完成率为214%。市场主体发展任务750户，实际完成1490户，完成率为198%。开展以企招商、中介招商、委托招商和代理招商。新引进琨洲房产公司，招商引资协议资金12亿元，占全年目标任务3亿元的400%；实际到位资金5.56亿元，占全年目标任务2亿元的278%。完善民营经济公共服务体系，落实街道服务企业“五个一”工作制度，为企业服务。优化营商环境专项行动，全年为企业争取各类政策扶持资金760万元，解决各类矛盾纠纷13起。发展社区商业服务，完成移民小区菜市场等3个菜市场标准化建设，3个便民市场提档升级，新建15个社区便民超市。

【城市建设】 推进城区环境综合整治，拆除违法建筑234处，面积11798.48平方米。完成旧城改造拆迁任务91户，占全年任务102户的89.22%。制作大型漫画长廊4处，办专栏、固定展板50余块，发放宣传便利袋3万余个和扇子3万余把、给居民一封信等资料5万余份。规劝行人闯红灯、乱穿马路、乱扔垃圾、车窗抛物、乱停乱放等不文明行为1300余次。开展市容集中整治60余次；清理违规、破损户外广告262起、1738平方米；清理牛皮癣23781处；清除乱贴乱画3100处，整治卫生死角96处。整治危旧堡坎5处，疏通下水沟1125米，清掏化粪池12个，设置警示标志5处，安装化粪池预警系统5套，新建围墙105米，更换路灯线路1120米，更换背街小巷路灯240余盏。清理完17个社区卫生死角，清运垃圾161车，936吨。推进生态文明建设，开展万人卫生大扫除3次，清除暴露垃圾、卫生死角58处370吨，保洁清运率达100%；开展长乌两江岸线日常巡查441人次；取缔露天烧烤摊点2家；暂扣落地式音响41台、壁挂式音响65个；办理扬尘各类案件3件，处理运输车辆8辆，罚金2500元；清查工业源、生活源518家。投放鼠药2.82万包，鼠药投放率达99%以上。办理城管案件5700余件，结、办案率99.96%，市民满意率100%，红榜率100%。闲置地块增绿、补绿3135平方米。基本完成石嘴后街等39栋老旧小区的消防设施设备改造。完成第四次经济普查摸底工作，完成新生菜市场、灌溪沟三楼便民市场、移民小区便民市、灌溪沟菜市场整治。南门山菜市场完成工程量75%。完成33个点位空中管线整治。

【社会稳定】 开展扫黑除恶专项斗争，推行网格化管理，走访居民群众3万多户、8万多人次，收集梳理意见建议780多条，为群众办理好事实事360余件。戒毒（康复）复吸率、执行率等各类指标均达预期目标；创建无邪教示范社区2个；社区矫正人员无漏管；112名重症精神病员监护到位，无危害社会行为发生；完成社会治安重点地区挂牌整治1处；集中开展校园周边环境专项整治5次；累计查处打击各类违法犯罪行为1398件，刑案立案、治安发案同比分别下降13.69%、10.12%。强化安全生产"一岗双责"制和企业主体责任制，签订目标责任书300余份，强化安全生产工作组织领导，召开安全生产和大检查会议、例会、专题研究联席会议25次。开展安全宣传教育活动，设立现场安全宣传站16次，印发宣传资料2万多份、标语169条（幅），组织消防、地震、交通、食药品各类培训、应急演练活动35次。开展消防、危化品、食药品等安全执法检查活动986家（次），发现安全隐患256处，整改完毕238处。主要领导接访、下访累计100次、165件，街道领导干部接访、下访累计342次、280件，调处率100%。排查调处各类矛盾纠纷1350件，矛盾纠纷调处率达100%，化解率达98 %。网上受理办理信访案件105件，市级督办1件，办结率达100%。17个社区开通网上视频接访，网上信访代办件72件，群众满意率达100%。教育转化信访重点人员2户，化解历史遗留个案1件。

【民生保障】 完成建峰集团等7家市属国有企业移交协议签订，完成建峰集团涪陵小区物业分离移交整治项目。推进江南城区老旧住宅楼综合整治工作。新增就业2100人，办理"4050"社保补贴办理512人，个人创业担保贷款92人、1546万元，失业保险金人数340人；接受经济建设民工社会保险补贴申请登记12人。养老保险新参保78人，缴费1880人61万元。2019年居民医保参保人数21886人，参保金额785万元；新审批低保36户48人1.61万元，停发131户212人9.75万元；廉租房通过审批62户；慰问贫困人员132户18.38万元；办理《敬老优待证》86本，发放高龄津贴73.07万元。计生特扶105人、44.1万元。完成新纪元菜市场B区和敦仁移民小区综合整治项目申报立项，核发各类移民救助214.64万元。组织参加全区大型综合文化体育活动共6次，全街各社区开展文化体育活动150次，社区书屋图书外借达1920人次；做好兵役预备登记，民兵组织整顿和社区民兵连长集训；开展退役军人信息登记工作，完成退役军人录入登记4406余人；为民代办失业证、残疾证、生育服务证等便民服务2.5万余件次。

主要领导名录

党工委书记　刘　华
人大工委主任　陈福铭
办事处主任　舒兴权
党政办电话　61039577

崇义街道

【概况】 崇义街道位于涪陵江南主城西城，面积11.24平方千米，辖13个社区和1个移民小区，常住人口13.7万人。辖区交通便捷，设施完善，产业兴旺，资源丰富，文化厚重。400公顷城市森林“氧吧”，5000米重庆最美滨江大街，“水下碑林”白鹤梁，“天赐香汤”温泉城，千年名刹法雨寺，百年榨菜原创者邱寿安故居等自然人文景观，彰显街道的深厚底蕴。街道2018年国内生产总值65.4437亿元，同比增长13%；规上工业总产值4.4617亿元，工业增加值绝对额1.5726亿元，同比增加16.9%；固定资产投资额5000万元以下实现1496万元，房地产20.3821亿元，投资总额20.5317亿元；规上交通企业营业收入实现2.0945亿元，同比增长20.9%，规上服务企业营业收入实现1.5783亿元，同比增长24.9%，限额以上批零销售额65.9255亿元，同比增长6.8%，限额以上住宿餐饮营业收入8816万元，同比下降1.3%，实现城镇居民人均可支配收入37227元，同比增长8.5%；招商引资新签项目5个，到位资金2.5亿元，本级财政收入实现7732万元。

【经济发展】 优化产业结构，提质发展中慧美食街、贵博商业街、渝东国际商贸城“两街一城”产业，增强商贸物流、住宿餐饮、旅游娱乐的产业实力，促进产业发展质量效益和水平提高。坚持“企业无小事”“招商引资无小事”理念，落实全区优化营商环境及“三百”行动要求，制定《营商环境服务行动方案》，开展街道领导、部门负责人联系企业、服务企业活动和涉企问题化解活动。成立11个走访组，共对接联系企业52户，召开企业座谈会7次，收集企业问题55件，协调解决涉企问题12件，移交区级相关部门43件。与成都银行签订合作协议，利用街道商会、微企协会平台，为中小微企业提供融资服务。7户微企获得区政府微型企业后续扶持奖励资金41万元。

【征地拆迁】 加大集体土地征地拆迁、国有土地房屋征收遗留尾子户促迁工作力度。人民西路一期旧城改造房屋除武警四支队未移交拆除外，其余安全拆除；完成人民西路二期旧城改造房屋征收补偿协议签约，拆除7万平方米；完成集体土地房屋拆迁签约4户，其中潘家花园地块2户，高天路项目2户。投资880.95万元，完成背街小巷、基础设施2个移民项目。

【拆违治违】 成立专项工作领导小组，下设拆违治违办，并成立2个拆违小组和1个调查程序组。按“坚决遏制新增、分类处置存量”的总要求，建立“街道统领、支队主抓、部门联动、社区为本、居民参与”工作联动机制。全年拆除各类违法建筑47615平方米，其中中慧6平方米、绿地澜屿、泽胜温泉城等大型楼盘在建违法建筑拆除120余户8227平方米，消除了遗留多年的中山西路秋月门社区、桥南公园规划范围、迎宾大道两侧等300余处39388平方米存量违法建设，规划卫片违法建筑拆除面积1400平方米。

【绿色家园】 推进“大棚房”问题专项清理整治，整改完成高山湾二组粮食晾晒场。加强环境监管，建立一般污染源企业档案38个，第二次污染源普查工业企业430家，固体危险废物集中收集贮存27家，按时回复12369中心投诉转办函41件，回复满意率达100%。实施国土绿化提升行动，森林抚育林面积133公顷，松材线虫病除治面积85公顷；农村“四旁”、房前屋后、小区空地、庭院、阳台植绿兴绿面积约4公顷；补植公共绿化和小区绿化带60处，面积1000余平方米。推进河长制工作，加强河库巡查管理，推进污水专项整治，做好中央环保督查及市级河长制督查等各级迎检工作。

【创文创卫】 组建创建办，分设创文办、创卫办，抽调专人负责日常工作；建立综合协调、定期考核、随机督查、责任追究等制度；所有街道干部下沉到联系社区，包路段包楼栋，责任到人，共同整治。采取多种形式加强宣传，共张贴海报3000余张，制作宣传牌1800余块，召开各类会议200余次、宣讲240场次，制作漫画墙3300余平方米，发放宣传品11万余件，群众参与率95%、满意率达到90%以上。整治污水管网21处，整治牛皮癣、乱贴乱画楼栋282个、面积达14.74万平方米，整治卫生死角1332处，清运垃圾和乱堆乱放1027车5000余吨，整治骑门跨店经营4600余店次，整治问题突出区域10多处。开展“七文明七优化”和“三百评选”活动，评选“100个文明家庭、100名文明市民标兵、100个文明门店”。整合辖区工商、食药监、公安等派驻单位力量，打造示范路段、经营场所，促进创建活动向社会全覆盖。

【社区阵地】 完善街道公共服务中心功能，改造升级服务设施，新建无障碍通道、无障碍厕所、母婴室等，建成面积500平方米、设施设备齐全的一流规范化公共服务中心。推进街道14个社区便民服务网点建设，投资120余万元改善秋月门等3个社区便民服务网点。

【平安稳定】 开展扫黑除恶专项斗争，刑事案件、侵财类案件发案率下降33.1%，治安案件发案率下降20.6%。推进治安防控体系建设，建成视频监控中心和网格化管理中心，城区“五张网”建设初步形成。开展重点地区整治工作，被列为区级（B类）社会治安重点整治地区的秋月门社区得到有效整治。建立完善邪教人员20人、重性精神障碍患者81人等“六类”人员基础台账，落实帮教管控工作措施，辖区无重点人员滋事生祸事件发生。坚持领导干部公开接访、下访制度，全年共接访约访下访96批次，涉及450人次，排查矛盾纠纷89件，化解84件，其中化解信访积案老案10件；网上信访信息系统受理群众来信来访31件，均按时办结。

【民生保障】 审批临时困难救助，审核发放救助金81户10.29万元。完善特殊困难家庭建档工作，预防遏制特殊困难家庭因病返贫，特殊困难家庭新增建档15户16人，停发79人。落实优抚政策，慰问贫困家庭968户，完成重点优抚对象和退役士兵慰问。规范廉租住房保障工作，初审和上报新申请廉租房资料36户，低保复查45户，低收入复查1户。开展退役军人和其他优抚对象信息采集工作，完成信息采集1500余人。帮助支持失业人员创业，累计发放小额担保贷款1070万元，完成就业技能培训332人，发放失业人员就业援助卡476张。开辟就业岗位，城镇新增就业人员1490人，城镇登记失业人员就业人数585人。开展城乡居民基本养老保险、城乡居民医疗保险工作，居民医保参保23717人，办理“4050”社会养老保险补贴519人。开展养老待遇享受生存认证以及退休人员社会化管理工作，区内认证9856人。严格审批低保申请，加强低保管理程序监督，新增低保家庭49户86人，停发低保203户360人。开展劳动监察，处理劳动纠纷投诉、欠薪举报案件10余起。

【党的建设】 对标对表查摆问题，肃清孙政才恶劣影响和薄熙来、王立军流毒。坚持党工委中心组学习制度、每月2次集中政治理论学习制度和主题党日活动，组织中心组学习26次，组织干部职工政治理论集中学习24次。突出基层事务共治共享，落实“五帮一”工作机制，完成龙王沱社区后进基层党支部整顿转化，秋月门、双宝等社区阵地提档升级。建立完善专题报告、述责述廉等6个党风廉政建设配套制度，出台崇义街道干部作风建设“十严禁”规定。完善《全面从严治党“两个责任”清单》，与街道干部签订《廉政从政承诺书》《廉洁守纪承诺书》。约谈党员干部176人次。组织街居干部、派驻部门负责人观看《忏悔警示录》，组织街道干部到涪陵监狱接受警示教育，开展廉政文化进机关、进社区活动，筑牢广大干部职工思想防线。开展廉政风险排查，排查整改廉政风险点12个。推行社区“三个零”制度和党员干部“涉权事项”公开工作，发送手机短信 80 余条 3 万余人次。运用监督执纪“四种形态”，提醒谈话 10 人，开除党籍 1 人，撤销党内职务 1 人，“四种形态”共处理 14 人。

主要领导名录

党工委书记　张必钧

人大工委主任　周德胜

办事处主任　秦之明

党政办电话　72800222

荔枝街道

【概况】 荔枝街道地处涪陵中心和主城西南、西北城郊接合部，是江南主城的政治、经济、文化中心。面积 126 平方千米，辖 6 个社区、12 个行政村，常住人口近 20 万人。辖区水陆交通便利，319 国道、渝怀铁路、渝黔高速、涪南（川）路、涪丰（都）路穿境而过，城区三环路、四环路、涪蒿路等主干道联通其境。境内拥有大量的石灰石、黄沙等矿产资源和生态植被好、气候宜人的旅游资源。

【经济发展】 全街地区生产总值 130 亿元，同比增长 11.6%；非公经济总产值实现 121 亿元，同比增长 4%；固定资产投资完成 25 亿元；实现财政总收入 2.68 亿元，其中本级财政收入 1.11 亿元，连续两年突破亿元大关，本级可支配财力持续增强。城乡常住居民人均可支配收入分别为 40118 元、15213 元，同比增长 8.8%、9.2%。产业结构进一步优化，三次产业比调整为 1∶43∶46。招商引资成果丰硕。新引进项目 10 个，实际到位资金 3.5 亿元，增长 6%；招商引资在建亿元以上项目 3 个，完工亿元以上工业项目 2 个；新发展中小微企业 387 家，个体工商户 600 户，农业企业 2 个，家庭农场 3 家。

【城市提升】 以“双创”为抓手，优化环境提升城市品质，创新载体提升市民文明素质。全年完成 9 个菜市场、135 条背街小巷、265 个三无小区（楼栋）、24 块城区闲置空地环境整治，清理破损广告牌 1977 处，牛皮癣 8 万余张，卫生死角 1232 处、垃圾 7224 吨，整治骑（跨）门店和占道经营行为 5 万余次，清理“僵尸车”307 台，拆除地锁 135 个，增设垃圾箱 541 个，修复破损路面 4000 平方米，集中完成“十乱”现象和“五小”行业整治，完成涪蒿路、涪南路两侧共 1.8 万平方米美化绿化亮化工程。查处违法建筑 521 户共 14.96 万平方米，拆除在建违法建筑 302 户 4.11 万平方米，消除存量违法建筑 219 户 10.85 万平方米。完成土地征收任务 5.02 公顷，签订拆迁协议 101 户，保障重点项目顺利推进。创新实施“巷长制”“路长制”和“楼长制”，落实巡查监管责任，巡查整改各类问题 2692 个；实施千民干部群众、千民志愿者“两千”志愿服务行动，志愿服务时长累计 30000 个小时；对辖区居民户、门店、物业公司、单位小区等开展系列创先争优评比活动；开展“进万家门、入千家店”满意提升行动，进入辖区 8 万居民户、5 千家门店，签订“门前三包”责任书 1 万余份，发放《双创倡议书》和宣传物品 9.75 万份（个）。

【乡村振兴】 推进脱贫攻坚。开展“回访”和联心走访活动，办理扶贫小额贷款 115 户，转移劳动力 100 余人，完成 C、D 级危房改造 42 户，完成公路通畅通达工程 26.1 千米，新建“四类人员”人行便道 21.8 千米、水利设施 7 处，铺设、维护人饮管网共 8 千米。产业发展态势向好。全年新发展“九叶青”花椒 200 公顷，新发展蜜蜂 3700 桶，土鸡养殖规模突破 8 万只，新栽种花果、蔬菜 80 公顷。人居环境大幅提升。完成改厨 40 户，改厕 525 户，铺设垃圾桶 629 个，垃圾箱 38 个，农村生活垃圾收集率达 98% 以上，整治农户房前屋后乱堆乱放 3000 余户，清理陈年垃圾 100 余吨。

【生态环保】 以解决突出环境问题作为建设生态文明的突破口，打好污染防治攻坚战。

完成工业企业污普清查1134家，处理污染投诉110余起，取缔豆腐作坊4家，立案查处5家。完成辖区14家非煤矿山关停工作，完成复绿整治3家。实施城市扬尘、燃煤锅炉、机动车排气、露天焚烧和餐饮油烟、建筑施工噪音等污染专项整治，全年升级安装油烟净化器40家，检查黄标车171车次，处置油烟污染投诉154件，噪音污染143件，露天焚烧14件，立案查处11起，罚款13万元。以“河长制”为抓手，开展乌江、小溪河、梓里河、319乌江沿线等辖区河域污染治理工作，全年清理沿（江）河两岸垃圾500余吨，完成街、村两级河长巡河696次，完成小溪河沿线22户养殖户“一户一策”专项整治，共计减少生猪量920头，小溪河水质由劣Ⅴ类改善为地表水Ⅲ类；推进梓里场镇污水处理厂二三级管网建设，完成皂角沟水库水生态系统修复工作。

【民生事业】 推进十大民生工程和二十件民生实事，完成交委、血站安置房等6个老旧小区“一户一表”改造及公共设施维修工程，完工顺江、大塘等6个移民安置小区综合帮扶项目，完成73栋老旧住宅消防设施升级改造，新匹配6229平方米社区用房面积，完成交付1602平方米。严把低保政策，推进“阳光低保”，全年低保减少174人。实施积极就业政策，发放小额贷款2712万元，开展就业培训538人次，新增就业人数5300余人，落实五保老人、孤困儿童、贫困家庭等各项保障救助政策。

【平安稳定】 安全生产工作稳步推进。全年开展安全生产领域大排查2526次，排查隐患764处，完成整治753处。特殊人群管控井然有序。落实吸毒人员、邪教练习人员和精神病患者管控帮教等工作，完成4625户7220名流动人口“一标三实”信息采集，安装视频监控157个，推进“雪亮工程”，打通安防最后1千米。信访形势总体平稳可控。受理群众来信来访信访事项85件，累计排查矛盾纠纷398件，化解370件，化解率93%。完成各类重大活动信访维稳任务22次，处置和参与协调群体性信访事项8起。扫黑除恶斗争专项行动纵深推进。采取传统媒体和新媒体方式融合宣传，做到宣传覆盖无死角，回复核查问题线索，开展市、区级治安重点整治区域集中整治12次，确保辖区平安稳定。

主要领导名录

党工委书记　冯星贵

人大工委主任　罗仁华

办事处主任　肖正权

党政办电话　72865345

传　　真　72870009

江东街道

【概况】 江东街道地处长江、乌江交汇处，与涪陵主城一江之隔，是涪陵“一城两区五组团”之一和城区向东发展的重要拓展区，凭乌江大桥、乌江二桥与主城融为一体，103省道、涪丰石高速、渝怀铁路、渝利铁路穿境而过，水陆交通便利，是“西部水运之乡”、水陆运输黄金集散地。街道辖6个社区、15个行政村，计158个村（居）民小组，2万余户5.8万人，其中城镇人口2.7万人。辖区面积147.74平方千米。耕地面积3200公顷，林地面积80.17公顷。境内地貌高低起伏，沟谷清幽，植被繁茂，自然生态保存良好，历史遗迹丰富，人文景观独特，有桫椤自然保护区和雨台山、御泉河等风景名胜区。街道党工委委员11名，其中党工委书记1名，党工委副书记2名（办事处主任、专职副书记各1名），人大工委主任、纪工委书记、政法书记、组织委员、宣传统战委员各1名，副主任3名（兼武装部长1人），党工委序列外副主任1名。副调研员1名，副处长级干部3名，保留正处级待遇干部1名，保留副处级待遇干部4名。街道办事处下设党政综合办事机构（12个）：党政办公室、党群办公室、经济发展办公室、社会事务办公室、人口和计划生育办公室、农业综合开发办公室、社会治安综合治理委员会办公室、财政办公室、移民办公室、信访办公室、新能源开发利用办公室、土地复垦办公室、村级财务代理中心。人民代表大会办公室、监察室按规定设置不变。以上机构规格均为科级。另设武装部、工会、团工委、妇联、科协、残联等机构。事业单位（8个）：农业服务中心、林业工作站、文化体育服务中心、安全生产监督管理办公室、市政公用事业管理办公室、交通管理所、规划建设管理环保所、社会保障服务所。以上机构规格均为科级，经费形式为全额拨款。

【经济发展】 2018年，街道实现国内生产总值28.77亿元，同比增长(以下简称同增）10%；完成中小企业总产值99.64亿元，工业总产值30.28亿元；固定资产投资22亿元，同增22%；农村常住居民可支配收入1.53万元，同增9.9%；城镇常住居民可支配收入3.61万元，同增9.2%。财政总收入8897万元，为预算77%，同降14%。其中地方财政收入3242万元，为预算78.1%，同降14.4%。

【招商引资】 2018年，引进新建项目13家，协议资金2.76亿元，到位资金1708万元（其中市外企业7家，协议资金5900万元，到位资金700万元）。续建项目2个，协议资金23亿元，到位资金9.95亿元。引进万达广场商管、四川蓝光地产、饿了么餐饮配送等知名企业。

【城乡建设】 建城区面积扩大，城镇化水平提高。2018年，插旗市政公路工程、万达广场、金科集美郡、碧桂园、海怡天御江苑项目施工中。完成江东高速公路匝道外立面整治工作。江东街道新增城市建成区面积40.2公顷。建成区新增常住人口26985余人（大华廉租房入住6400余人；群沱子高速公路安置房入住710余人；磨盘沟安置房新入住690余人，插旗二组高速公路安置房入住760余人，插旗江东堤防安置房18430余人），建成区常住人口达72385人，常住人口城镇化率达70%。村镇建设完成情况：全年完成村村通道路硬化25000平方米；天台场镇栽植行道树50株。天台场污水处理厂配套管网工程于2018年7月完工。新建垃圾堆放池1个。全年完成农村村民建房167户1.67万平方米。外立面改造22幢1.1万余平方米，消防整治11幢。坚持规范市容环境秩序联合执法整治，处理案件8200余件。新划交通标线5条街、300个小车位，200个摩托车位，设禁停标志12套。排查整改市政设施150余处。拆除违法建设2092.68平方米，整治4000余平方米。城市建成区改造40.2公顷。常住人口城镇化率达到70%。启动水利工程4处，完成辖区戒毒所到磨盘沟弃土场水箅子损坏堵塞项目、江东加气站到农商行公路边沟外露项目、磨盘沟大桥边沟外露项目、涪天路变电站到涪清路边沟外露项目、团结路口到团结桥公路边沟外露项目建设任务，总投资25万元；完成营盘、金桃、朝阳等15个村居202户建卡贫困户自来水安装，总投资35万元。页岩气能源建设累计建成平台27个，钻井117口，协议157份，兑现补偿资金557.92万元，产气量年度达41.2651亿立方米，累计辖区产量超100亿立方米，完成页岩气建设产能既定目标任务。

【三农工作】 水稻种植面积1013.93公顷，最高单产580千克，平均507千克，玉米种植面积1564.93公顷，最高单产494千克，平均452千克。推广“两杂”良种：水稻19011千克，玉米35211千克，良种普及率100%，推广新品种16个。全年粮食总产量2.1万吨。种植3333公顷（复种、含青菜头），其中：常种植蔬菜800公顷、鲜食青菜头703公顷、加工青菜头987公顷，蔬菜产量6.2739万吨。全年果品生产总产量2100吨，产值700万元。

2018年底生猪存栏20101头，牛存栏489头，山羊存栏1718只，家禽存栏95734只（其中鸡72161只，鸭15200只，鹅8373只），兔存栏10918只，蜂1857箱。生猪出栏48046头，增20.1%；牛出栏488头，增13.5%；羊出栏1869只，增18.3%；家禽出栏26.02万只，增11.2%；禽蛋238吨。维修养护刘家冲等6座水库，江东片区4座，天台片区2座。维修养护山坪塘5口、修复水毁工程5处、清淤渠道10千米。完成农业机械推广60台，完成年度补贴任务4.8万元，拖拉机年检率达96%。清理变型拖拉机49台，办理完手续报废20台。全年无农业机械安全事故发生。开展农村土地承包经营权确权登记颁证工作，完成18个村、126个组实地调查测量工作，涉及农户9948户，土地4000余公顷；推进三资清理和改革相关基础工作。

【精准扶贫】 街道18个村（居）有扶贫开发任务，其中：整村脱贫村4个（凉水村、太阳村、磨溪村、铁场村），2018年新增扶贫重点村1个（朝阳村）。有扶贫对象共730户2274人，其中：脱贫648户2055人，未脱贫82户219人。扶贫到户产业规划302户、40万元。落实耕地地力保护补贴4150公顷、382万元，重大农作物保险713.2公顷、32万元，退耕还林直补153万元。扶贫小额信贷放贷309户、515.7万元。完成D级危房改造138户，C级危房改造5户。落实就业技能及政策培训400人。

【社会事业】 全年出生人口485人，符合政策生育率达99.80%；生殖健康服务覆盖率达98%。受理“4050”社保补贴358人（新增257人），发放养老补贴105万元、医保补贴11万元。就业贷款担保152户、2272万元。新增就业1317人；享受失业保险125人。城乡居民养老保险累计参保324人，181万元。城乡居民医疗保险参保率达95%。农村居民最低生活保障新增40户、98人，停发314户、402人；城镇居民最低生活保障新增16户、29人，停发189户、218人。回引农民工返乡创业296人，实现农村劳务转移就业12579人，劳务总收入12.09亿元。临时救助困难群众409户、32万元，冬春生活救助312户、13万元。慰问优抚对象1423人、军烈属62户。落实退役士兵和优抚对象信息采集1226人。落实80周岁以上老人老龄津贴1366名、50万元；高龄失能老人养老服务补贴230人、55.2万元。实施科教兴市、人才强市行动，教育两基学前儿童入学率达87%，小学、初中入学率均达100%，巩固率达100%；落实中小学营养改善计划、幼儿园贫困幼儿资助和中小学蛋奶工程。

【平安稳定】 坚持“有黑扫黑、无黑除恶、无恶治乱”原则，开展扫黑除恶专项斗争。全年无恶性事件发生。开展日周月隐患排查和执法检查，排查、整改单位138个、一般隐患844条，整改率达100%；渔船办证率达100%、受检率达100%。开展烟花爆竹打非行动5次，收缴鞭炮1019件、烟花543件。查处食品、药品、化妆品等案件9起，没收非法加工牛油9408千克，开展专项整治和检查40余起。开展劝导站和路检路查执法摩托车等违法整治，处罚交通违法200余件。落实39个地质灾害监测点“两卡一案”，加强排查和巡查，搬迁避让11户，复垦187户。做好非洲猪瘟防控工作，组织专业督查10余次；配合区级部门处理从湖南、湖北等疫区贩运生猪产品2次，6640千克，并进行无害化处理；整治餐厨剩余物饲喂生猪23户，2277头。开展矛盾纠纷攻坚化解，建立ABCD类人员、涉军、涉教重点矛盾纠纷维稳“专班”39个，落实“一岗双责”责任制；受理网上信访信息系统97件。领导接访群众517件。涉及矛盾纠纷239件，化解235件，化解率达98%；中央、市上和区委、区政府领导交办事项办结率达100%；劝返14起21人进京上访事件。实现到市大规模集访零发生，重大信访恶性事件零发生。

【党建工作】 开展“全面落实‘两点’定位‘两地’‘两高’目标和‘四个扎实’要求，建设山清水秀美丽涪陵幸福涪陵”学习调研活动，领导带头制定并完成9个调研主题任务，组织专题学习7次，其他会议学习28次，边调研边解决问题9件，形成调研报告9份。肃清孙政才恶劣影响和薄熙来、王立军流毒。运用监督执纪“四种形态”处置问题线索3件。开展党组织标准化、规范化建设，实施党建五大工程，打造党建示范带8个，党建示范点8个。加强后进支部整顿。全年新发展党员13人。推行“党员联系群众，群众评价党员”制度，753家非公企业和社会组织实现“两个全覆盖”，4个城区大党建格局初步形成。依托“群工系统”受理、办结事项1198件，办结率100%；受理、办结民事代办755件，办结率100%。开展庆“七一”系列活动，表彰先进基层党组织9个、优秀党务工作者9名、优秀共产党员47名。组织中心组和干部职工集中学习12次。对机关、村（社区）、学校和企业党组织进行全覆盖宣传62场次，受众8000余人。处置华龙网、爱涪陵、涪风论坛等网络舆情53件次，舆情处理回复率100%。新开通江东街道微信公众号，每周一期，宣传街道重大信息。

主要领导名录

党工委书记　赵　勇
人大工委主任　李林森
办事处主任　夏嘉川
党政办电话　72372807

江北街道

【概况】 江北街道成立于1995年12月，位于涪陵城北，街道面积78.09平方千米，辖5个社区（点易、黄旗、碧水、北坪、永柱）、9个村（来龙、韩家、二渡、大渡、李寺、邓家、高家、北雁、松坪），2018年末总户数18571户，总人口53054人，其中城镇人口19367人，乡村人口33687人；男26242人，女26812人。集体所有农用地4367公顷，其中：耕地2840公顷，林地1447公顷。现有行政机构11个、事业单位8个、内设机构2个。实有在编在职人员92人。是年，街道科室和个人获得国家、市、区各种奖项51项。保持市级文明单位、市级卫生单位、市一级档案单位称号。全年完成国内生产总值24.7亿元，同比增长(下同)7.5%；非公经济总产值完成27.5亿元，增10%，非公有制工业企业产值4.6亿元，增11%；全街固定资产投资完成4亿元，超目标0.5亿元；本级财政收入2276万元，增17.9%。农林牧渔业总产值4.1亿元，增7.9%。2018年人均可支配收入15790元，增11%。

【党的建设】 加强政治建设，领导班子成员带头上党课，引导党员干部增强“四个意识”，坚定“四个自信”，坚决做到“两个维护”，始终做到头脑特别清醒、立场特别坚定；肃清孙政才恶劣影响和薄熙来、王立军流毒；配合区委政治巡察，班子成员认领24个具体问题，分类提出58条整改措施，落实71条具体意见，均限时整改到位；全体干部职工排查党员干部亲属涉权事项，村（社区）干部落实“三个零”制度。推进思想建设，学习贯彻习近平新时代中国特色社会主义思想，党工委中心组、干部职工政治理论全年各学习12场次，开展巡回宣讲100余场，“两学一做”学习教育常态化制度化；开展社会主义核心价值观宣传，加强十提倡十抵制系列宣传，推荐评选好人线索200条，开展新闻宣传报道21篇（期），上报推送采用信息174条；落实意识形态“一岗双责”，开展集中学习教育4次，排查舆情风险点6个，处理回复问政舆情20条。做好组织建设，推行“党员联系群众、群众评价党员”工作制度，村（社区）干部带头走访联系服务群众，解决困难、化解矛盾、指导生产；实施韩家、碧水2个村便民服务中心新建工程，完善14个村（社区）便民服务中心标准化建设，整顿转化后进党支部1个，新增选聘4名本土人才到村任职，丰富“主题党日”活动，强化党建扶贫力度，推动基层党建工作水平提升。开展作风建设，围绕“全域旅游”课题和街道工作重点，兴调研转作风，全体干部职工带着课题下基层、访群众、解难题，形成调研报告5篇；全年查处违反中央八项规定精神问题线索8件，立案查处党员干部1人，给予警告处分1人，诫勉谈话6人，谈话批评11人。推进纪律建设，建立1478人的监察对象台账，落实监督执纪“四种形态”，全年运用“第一种形态”处理27人，“第二种形态”处理2人，立案查处党员干部2件，给予党纪处分2人；全年召开党风廉政建设专题工作会5次，通报市、区、街道违纪案例41例，开展主题党日“以案四说”警示教育4次。提高群众满意度，分类梳理涉及街道民调反馈108条意见建议，落实责任部门和责任村（社区）。发送宣传短信60000条、微信公众号推送民生信息20余期。

【文旅项目】 完成“北山新城”项目清产核资，北山公园建成投用、云海路建设完成通车，点易园综合整治工程一期完成总工程量的60%。伟光汇通公司与区政府签约投资115亿元打造爻里文化旅游小镇、北山康养度假小镇、北山森林生态公园为一体的国际康养旅游度假区；国家现代农业产业园核心区落地江北，其项目基本敲定。

【环保建设】 加强污染源头治理，坚持河长巡河制度，梳理问题清单，限期整改落实，每月督办销号；巩固杨柳溪污染治理成果，开展来龙河整治。加强榨菜污水排放整治，对废水直排、废渣直倾、污染物乱排的污染单位制定个性化处置方案并严格执行。完善污水管网系统。开展长江排污口和集中居民点生活污水整治，完成大渡、二渡村、永柱社区等沿江居民点生活污水处理设施设备改造升级。黄旗、碧水社区3个居民点生活污水治理项目加紧建设中，韩家、二渡2个村4.8千米污水管网和涪陵城区江北片区污水管网三峡后扶项目有序推进。注重环保日常管理。每月对辖区66家污染企业和2家饮用水源企业监察监测，办理回复环保投诉34件，环保立案5件，独立办案1件。对江北辖区394家榨菜加工户、36户企业和1个污水处理厂开展污染普查工作。完成市级生态文明示范乡镇街道和绿色村庄创建工作90%的指标。

【创文创卫】 安装公益广告90余处，开展文明劝导等志愿服务活动1000余人次；强化道德引领作用，开展新乡贤、孝顺儿女、“美丽庭院”、清洁户、“最美家庭”、文明家庭、感动重庆月度人物及重庆好人等评选活动。开展综合整治，清扫垃圾100余吨，清理卫生死角1000余处，清理牛皮癣300余处，乱贴乱画1500余张；开展集中拆违行动，拆除户外广告、乱搭乱建等违法建（构）筑物等101起，面积约1.3万平方米；整治污水沟5条、裸露粪坑78处，清理小型积水1560余处；加大“五小”行业检查，做好场所公共卫生，完成黄旗农贸市场升级整治工作。强化问题整改，累计投入资金约120万元，加强对创文创卫问题整改。创文第三方实地考察发现不规范问题35项，市爱卫会专家调研发现问题15项，区城市管理局排查市容环境问题清单55项，全部整改完毕。街道成功通过创文“国考”和创卫市级检查验收。

【脱贫攻坚】 全街共有建档立卡贫困户307户965人，包括已脱贫户272户880人，未脱贫户35户85人。排查农户8562户，查摆无错评、漏评、错退情况。全年完成23户71人脱贫，新增贫困户12户，贫困发生率低于1%，无返贫户。落实扶贫政策，完成获贷户195户540.5万元，获贷率达63.5%。完成

D级危房改造79户，C级危房改造115户。所有农村建卡扶贫户签约家庭医生服务，参加扶贫精准脱贫保险，安全饮水达标率100%。资助农村贫困大学生和新入学生学费31名，贫困家庭中小学生享受“爱心午餐”195人。学前教育阶段享受贫困资助65人，享受资助金额11.498万元；义务教育阶段享受资助219人，享受资助金额11.61万元。推进帮扶工作，对新增和易返贫户106户制定产业规划，农户可获13.28万元产业补贴。打造邓家村扶贫车间、葛亮山乡村旅游环线，完成贫困劳动人口技能培训100人次，完成“四类人员”人行便道建设202户19.4千米，全年建设道路36.8千米、硬化公路12.3千米、养护乡村公路120多千米。

【综合治理】 开展扫黑除恶专项斗争，设立举报信箱15个，张贴公告1300余份，发放宣传资料1.9万余份，2009—2018年处分违纪党员干部33人。做好人民调解、防邪处邪、铁路护路、禁毒戒毒、特殊人群服务管理、法治理论宣传教育等系列工作。排查安全隐患，严格执法检查，开展打非治违行动3次，安全警示约谈4次，罚款4000元；开展非煤矿山等重点领域执法检查，罚款2.96万元；协调处理4件亡人突发事件的善后处理、社会稳定工作；开展企事业单位消防安全知识宣传讲座培训、演练20次，检查各行业领域共1865处，出动检查人员2374人次，排查整改一般隐患1573项。维护社会稳定。领导干部公开接访、约访、下访群众150余批600余人次，化解矛盾纠纷67件次，化解新老疑难问题5件，申请工作经费15.5万元。动态调整53名信访重点人员，慰问帮扶困难信访群众15人次，累计劝返到市进京上访13批次。

【社会事业】 推进民政工作，新建北坪社区养老服务站，新建残疾人康复室3个；采集退役军人和其他优抚对象信息共1042条，完成录入系统99%。慰问512人（户）贫困人员，发放资金24.2万元，临时救助123人次11.3万元；落实1837名特困人员、高龄老人、失能老人等福利资金92.7万元；发放义务兵优待金44人43.5万元；落实172人次残疾人补贴、慰问、困难补助资金11.5万元。不断强化社会保障。城镇新增就业总人数1239人，开发公益性岗位15个，生态公益性岗位就业6人；城乡居民医疗保险参保41625人，参保资金755.7万元；上报调低和停发低保共443户，审批新申请低保39户69人；上报廉租住房申请18户，核查取消廉租房保障对象13户；办理城镇职工保险参保468人，完成养老指纹认证6354人次，申报川汉公路经济民工服务年限43人。落实健康惠民政策，投入资金约140万实现计划生育奖励扶助全覆盖；走访慰问计划生育特殊困难家庭25户40人，发放慰问金1.6万元；免费为1500名妇女两癌筛查，为辖区居民建立健康档案，为65岁以上老人免费体检。推进教育事业发展，公办学校7所，其中：1所九年一贯制学校、5所完全小学、1所幼儿园，在职教职工211人，在校学生916人、幼儿园112人；民办学校7所，其中：1所九年一贯制学校、6所幼儿园均为普惠制幼儿园。两所寄宿制学校配备热水沐浴系统和急救箱，各校饮用水达到规定要求。北雁小学、李寺小学、黄旗小学、碧筱小学完成单通道改造；中心幼儿园、李寺小学、黄旗小学完成通槽式厕所改造以及主水管增压；各学校按照“双创”要求标准完成照明和无障碍设施改造。完成世忠小学原址重建和地灾治理，实现江北实验学校、碧水小学分别与十五中、城一校联合办学。

主要领导名录

党工委书记　彭　豪
人大工委主任　刘福贵
办事处主任　熊铁骑
党政办电话　72160278

李渡街道

【概况】 李渡街道历史悠久，相传因唐代诗人李白在此渡江而闻名。街道滨临长江北岸，地处重庆市三峡库区生态经济圈核心地带，距涪陵主城区15余千米，东邻江北街道、百胜镇，南邻涪陵新城区，西接义和镇，北抵黄草山与长寿区接壤。辖区通车公路达189.57千米，等级公路达168.67千米。李渡街道面积110平方千米，耕地42.67平方千米（其中田20.67平方千米，土22平方千米），林地38.67平方千米；辖区有6个社区、13个行政村，129个村（居）民小组，总户数16567户，总人口39997人，其中农业人口30891人，非农业人口9106人。有在编干部职工151人，其中行政60人，事业91人，有科级领导干部20名，其中正职15名；退休干部98人，村（社区）干部83人。街道行政内设机构11个，事业单位7个。2016年换届后，领导班子成员12名，平均年龄为49岁。街道行政内设机构12个，事业单位7个。

【经济发展】 2018年，街道完成农业总产值3.15亿元，非公有制企业总产值14.93亿元，工业总产值3.79亿元，固定资产投资5997万元；实现农村居民人均可支配收入1.44万元，同比增长11.2%；城镇居民人均可支配收入3.96万元，同比增长10.2%。截至11月30日，街道2018年完成税收收入2273万元，占预算额的88.09%，比上年同期增长13.06%；完成支出6574万元，为预算的69.31%，比上年同期减少1.34%。

【乡村振兴】 打造"兴宏牛肉""岚马血橙、花椒""山仑杨梅、油茶"和"新龙李子"等品牌，助推辖区特色产业持续向好发展。依托辖区骨干休闲产业项目（黄草山十二居），合理规划辖区生态休闲旅游项目，投入资金500万元开工建设黄百生态走廊配套工程和水磨滩果园配套工程，同时逐步建设兴宏农庄、黄草山十二居、山仑油茶基地等乡村旅游示范点。推进新农村实施乡村振兴战略行动和国家现代农业产业园建设重点项目，累计投入1500余万元完成了民俗酒店建设、3000平方米生态停车场、250千伏配电房、人居环境整治、生产便道、饮水安全和山坪塘建设，正在推进便民服务中心和400吨冻库建设。

【民生实事】 投入450万元开工建设垭口、山仑村高效节水灌溉项目和两龙、新龙、云星村水土保持项目。投入860万元完成2017年农村公路撤并村通畅工程17.2千米，投入926万元建设2018年第一批通组公路19.99千米，投入900万元建设2018年第二批通组公路18.4千米。投入842万元实施龙桥社区移民精准帮扶项目，硬化道路4.45千米，整治河道和完善给水管网。投入60万元在致韩场镇新建2座公厕，改建致韩、石龙、石泉原有3座公厕。

办理困难群众临时救助152户17.16万元，特困群体大病救助210人14.5万元；核减因家庭收入增加后不符合条件低保户79户，新增90户因病致贫低保户，为640户1169人发放低保金186万元；清理发放残疾人生活、护理补贴559人17.07万元。征收居民养老保险费280万元、22267人，实现城乡居民养老待遇指纹认证全覆盖，完成领取待遇人员指纹采集认证6120人。完成2019年居民医保参保筹资工作，共590万元32210人；发放创业担保贷款40人495万元。完成296户539人共计26.95万元的独生子女父母奖励金发放工作，慰问计生贫困户、失独家庭150余户51400元。完成16000多户土地确权外业测绘工作。

【生态保护】 控制面源污染，督促养殖户建设完善粪污处理设施；禁止农作物秸秆露天焚烧，高标准治理榨菜废水污染，处理环保信访投诉11件次。完成国土绿化任务123.33公顷，实施松毛虫集中药防266.67公顷，投入

70万元开展松材线虫病防治；投入16.6万元清理维护防火阻隔带17条12.9千米，设置防火检查站4个，确保森林防火零火情。完成国土卫片执法案件6件，森林督察案件4件，有效保护林地资源；完成土地卫片执法12个案件的查处工作，其中立案查处2件。

【脱贫攻坚】 严格按照流程识别评议，全街新识别贫困户21户39人，预脱贫55户129人，贫困人口自然增加29人，自然减少87人。在春节、中秋等重大节日慰问贫困户810户24.3万元；122户贫困残疾人享受补助11万余元；落实低保兜底政策，122户241人享受补助共29.2万元；资助中小学1420人36.29万元；完成C、D级危房改造184户，补助资金828.75万元；发放扶贫小额贷款333户666万元。投入13万余元为265户贫困户安装自来水；投入1196万元完成3个贫困村21.76千米砼路面硬化工程，直接受益群众3300余户9500余人；投入300万元实施“四类人员”便民道建设43千米，287户贫困户直接受益。

【平安建设】 按照《重庆市党政领导干部安全生产责任制实施细则》精神，牢固树立安全发展理念。全年未发生一起安全生产死亡事故，持续保持了街道的平安稳定。全年各行业（领域）安全隐患督查督办共出动检查人员1411人次，排查治理企业/设施1216处，排查治理隐患企业/设施782处，整改率100%；利用辖区道路交通视频监控和卡口抓拍各类道路交通违法行为1500余件，消除安全隐患1500余处；推进变型拖拉机专项整治，共注销、切割报废农用车23台次。

主要领导名录

党工委书记　袁　闯
人大工委主任　项显菊
办事处主任　钟晓平
党政办电话　72101660
传　　　真　72101662

龙桥街道

【概况】 龙桥街道位于涪陵城西长江南岸，东连崇义街道、西接蔺市镇、南靠马武镇、北眺李渡新城区，距主城10千米，2008年5月由原龙桥镇、酒店乡合并组建而成，辖7个社区、6个村共138个村（居）民小组，总人口4.16万人，面积87.79平方千米，典型的集城郊、农村和工业园区为一体的城乡接合部。新老城区之间重要景观通道南滨路二期建成通车，龙桥街道作为新老城区发展的战略支点以及城市建设连接的重要节点，融入涪陵新老城区发展。街道交通优势突出，长江黄金水道顺境而过，南涪铁路、渝怀铁路等铁路干线横纵全境，沿江高速、南涪高速在辖区内纵横交汇，龙头港是5000吨级船舶、万吨级船队常年能够到达的长江上游的最西端港口，是集铁公水为一体的交通枢纽。辖区产业优势突出，辖区内供热、电力、固废处置场、污水处理厂等配套完善，有中化涪陵化工、蓬威石化、中机热电、常捷医药等区级重点企业，龙头港顺利开港营运，是全区工业、物流经济发展的主战场。街道有机关干部职工164人，行政编制47人，事业编制人员117人。

【经济发展】 2018年全街地区生产总值11.83亿元，同比增长12%；农民人均可支配收入14769元，同比增长8.9%；城镇居民人均可支配收入36066元，同比增长8.3%。固定资产投资全年完成1.22亿元。规模以上工业企业增加值实现1.07亿元，同比增长8.9%。本级公共财政收入完成2538万元，同比增长33.58%。榨菜、果蔬、畜牧三大传统优势产业不断巩固，380公顷晚熟柑橘示范基地初具规模，213.33公顷花椒基地已见成效。企业支撑持续发力，中小企业总产值完成100亿元，同比增长12.1%；21家“四上”企业（规模以上工业企业、限额以上批零住餐企业、规模以上服务业企业、资质以上建筑业企业）实现总产值16.47亿元，同比增长17.96%；新发展企业49家，签订协议资金1.66亿元，到位资金1.1亿元。商贸旅游势头强劲，全年新增个体工商户190户，发展商贸流通企业14家，培育限上批零企业2家、限上个体餐饮3户；限额以上商贸企业实现商品销售总额9.75亿元。钢龙汽车主题公园、泽举钢结构加工配送中心、宣城农业仓储物流配送中心（钢材市场）三大专业市场投入使用，特色农家乐旗栎桃花里投入运营。

【创文创卫】 结合创文创卫“百日攻坚”行动，加大道路冲洗和保洁频率，推进生活垃圾分类处置，落实“门前三包”责任，规范骑门跨店经营，清理乱堆乱放物品和僵尸车，加大车辆乱停乱放处罚力度，整治场镇破损道路4500平方米，改造龙桥场镇建筑外立面4.8万平方米。对袁家农贸市场实施标准化菜市场整治，对沙溪便民市场实施改扩建。新建改建公厕3座。开展市级生态文明建设示范街道创建工作，补植补造园林绿地1500平方米，补栽、更换枯死行道树30棵。整改违法建筑5.4万平方米、拆除违章搭建6.03万平方米。

【生态环保】 开展“碧水”“蓝天”“绿地”“田园”“宁静”五大行动。完成酒店场镇二、三级污水管网建设，三蛟建材有限公司、巴鹰节能建筑有限公司的大气污染防治升级改造，桂怡食品有限公司榨菜污水处理站技术改造。加快农村人居环境整治，完成农村改厕620户，在石塔社区试点开展农村生活垃圾分类处置。河长制工作全面铺开，街道、村（社区）两级河长巡河757次。长江龙桥段和龙桥河污染综合治理完成，沙溪沟、袁家溪河流“一河一策”整治方案完成区级评审。

【惠民实事】 持续聚焦精准扶贫。开展精准识别大排查，238户贫困户申请小额信用贷款818万元，改造C、D级危房35户、建设人行便道9.8千米。硬化村社道路18.5千米，扩建道路3千米。新增城乡低保38户；发放医疗救助20.73万元，临时困难救助15.5万元，灾害救助7.89万元，失独家庭慰问金2.5万元。城乡居民医疗保险和养老保险参保率100%，1720名民政对象享受医保减免。双桂社区、汤家院村农村移民安置区精准帮扶项目、北拱移民迁建集镇小区环境综合整治工程、袁家社区精准帮扶项目等一批三峡后续项目和库区基金项目开工建设。北拱社区养老服务站改建项目完成。酒店小学教学楼完工投入使用。

【平安稳定】 推进扫黑除恶专项斗争，完成区扫黑办交办问题线索，线索查结率达100%。完善社会治安防控体系，落实吸毒人员、精神障碍患者等特殊人群管控措施。安全信访平稳可控，全年发生安全生产死亡事故一起，死亡一人，死亡指标控制在区政府下达的指标内。坚持领导接访、干部下访制度，累计接访192次，处理信访事项80件次，化解信访积案1件。涉军、涉教等重点群体情绪稳定，未发生群体性事件、未发生到市进京非正常上访。

【服务园区】 围绕区委区政府中心工作，树立“服务园区就是促进发展”的理念，做好征地拆迁、厂社矛盾纠纷等工作，为龙桥工业园区、龙头港物流园区建设提供支持。完成南滨路二期征收集体土地8.93公顷、拆迁房屋76户，拆除企业5家。鹅西路征收集体土地29公顷、39户拆迁房屋已签订协议。组织龙桥工业园区、龙头港物流园区、高速公路等项目1018户、1461套安置房的分配，落实专人负责安置小区的协调服务，安置户成立业委会，公开选择物业公司。协调处理两大园区施工中的矛盾纠纷，处置征地拆迁安置历史遗留问题46件，处置园区群体环保信访事件，确保园区企业正常生产。

主要领导名录

党工委书记　申光杰

人大工委主任　冉龙刚
办事处主任　骆小龙
党政办电话　72132005
传　　　真　72132525

白涛街道

【概况】 白涛街道成立于2008年，由原白涛镇和山窝乡合并而成，位于涪陵东南部，距城区24千米，面积201平方千米，居全区街道、乡镇第一，辖17个村（居），126个村（居）民小组，总人口6.5万人，是全区唯一的三峡移民全迁街道。是市级工业园区—白涛园区所在地，国家级页岩气示范区的核心区域，武陵山旅游区的重要节点，乌江流域重要的物资集散地，素有“千里乌江第一镇”的美誉。交通运输“铁、公、水”兼备，乌江、国道319线、渝怀铁路横贯全境，梓白高速、渝怀复线抓紧建设。有816核军工洞体、历史厚重的小田溪巴王陵遗址、雄奇险峻的乌江画廊和风景秀丽的大溪河景区。有建峰、华峰、天原、华新水泥等一批市区级重点企业和街道企业400余家，城市建成区面积2.8平方千米，是一个典型的以工带农、小城市带大农村的街道。

2018年，街道实现GDP17.95亿元，增长13.5%；农业总产值3.74亿元，增长6.8%；中小企业总产值60.1亿元，增长17%；固定资产投资2.1亿元；城镇居民人均可支配收入3.79万元，增长7.2%，农民人均收入1.49万元，增长9.5%；本级财政收入2795万元；完成招商引资项目9个，协议资金4.1亿元，到位资金1.14亿元。

【内设机构】 街道下设党政综合办事机构12个：党政办公室、党群办公室、经济发展办公室、社会事务办公室（挂民政办公室）、人口和计划生育办公室、社会治安综合治理委员会办公室、财政办公室、移民办公室、信访办公室、服务园区发展办公室、人民代表大会办公室、监察室。以上机构规格均为科级。按相关规定设置武装部、工会、团工委、妇联、科协、残联等机构。

事业单位7个：重庆市涪陵区白涛街道农业服务中心、重庆市涪陵区白涛街道林业工作站、重庆市涪陵区白涛街道文化体育服务中心、重庆市涪陵区白涛街道安全生产监督管理办公室、重庆市涪陵区白涛街道规划建设管理环保所、重庆市涪陵区白涛街道社会保障服务所（挂社区服务中心牌子）、重庆市涪陵区白涛街道经济服务所。以上机构规格均为科级，经费形式为全额拨款。

核定行政编制48名，机关后勤服务人员事业编制4名；科级领导职数12正3副。

街道党工委委员11名、党工委序列外的副主任1名，其中党工委书记1名，党工委副书记2名（办事处主任、专职副书记各1名），人大工委主任、纪工委书记、政法书记、组织委员、宣传统战委员各1名，副主任3名含武装部长（兼）1人。调研员1名，保留副处级待遇干部5名。

【城市建设】 加大项目建设力度，永胜路二期、兴隆路连接路建成投用；改造农贸市场1个，山窝小学教学综合楼完成初验，白涛农贸市场及停车场、兴隆广场、山窝场镇改造即将完工，建峰东路即将开工建设，2个停车场项目、巴王路雨污分流前期工作启动，白涛二甲医院、白涛实验小学项目有序推进，公共服务功能提升。加大违法建筑拆除力度，完成建成区彩钢棚摸底调查，制定分类处置方案，按照改拆结合的原则，拆除违法建筑40处、1.6万平方米，完成彩钢棚改造7300平方米、拆除2400平方米。实行“常态保洁+联合执法+智慧管理”的城市管理新模式，建成视频监控系统，新增摄像头95个，主次干道覆盖率达100%，查处违停3165起，乱停现象得到遏制。开展常态化巡查，对乱设摊点、乱停乱放等及时劝导和查处，严禁大货车入城，规范流动摊点125处，处罚人行道违停427起。采取疏堵结合的方式，协调辖区单位对外开放公共区域，新增停车位300余个。

【服务三区发展】 树立“服务三区就是促进发展”理念。服务化工园区，完成30户园区储备项目土地房屋扫尾攻坚任务，完成兴盛路、环己酮等项目土地征收3.8万平方米，拆迁房屋115户5.6万平方米，协调各类矛盾纠纷500余件，确保物流通道、重庆圆利、华峰停车场等6个项目的建设。服务页岩气开发，完成平台及采集二期项目征地22万平方米，续租土地40万平方米，完成1个平台土地复垦和7个平台复垦方案设计。协调临时用地43万平方米，矛盾纠纷300余件，确保页岩气消防通道、消防应急救援中心供气管线、南川水江至白涛输气管道的建设。服务武陵山旅游区，开展旅游环线综合整治，规范柚子摊点85个，农家乐25家，安装大型旅游宣传标语22幅500余平方米，协助管护好武白路花园环道。组建旅游志愿者服务队1支，开展志愿活动32次，服务游客7000余人次，助推武陵山大裂谷景区创建5A和816地下核工程景区创4A。打造建峰军工小镇、补偿梓白高速炮损、协调渝怀铁路建设等工作。

【农业农村发展】 完成乡村振兴战略实施方案编制，启动三门子村乡村振兴示范点建设，开展农村土地确权工作，推进“五大振兴”。突出基础先行，建好“四好农村路”、实施“厕所革命”，保障城乡居民生产生活用水，建好“四张网”，补齐农村基础设施短板。硬化道路64千米，社道路硬化率达96%，整治养护水利设施3座，养护道路232千米，完成农村厕所改造700座，新建蓄水池2座，新铺设供水管网3.1千米。建成农村生活垃圾收运系统，配备垃圾桶1169个、垃圾转运箱65个，农村人居环境综合整治工作通过区级检查验收。开展“崇德向善”乡贤评选，评选出23名优秀典型，140名“身边好人”，制止大操大办67起，开展移风易俗工作，弘扬传统美德，倡导文明新风。筑牢组织人才保障，整顿软弱涣散党组织1个，培育致富带头人45名，发挥农村专业人才作用，培育白涛红苕粉、联农花椒、三红蜜柚、渝东黑山羊等特色农业品牌，培育种植大户127户，组建专业合作社6个，通过“无公害农产品”认证4个，白涛三红蜜柚获得重庆首届柚博会“十佳名柚”称号。

【脱贫攻坚】 实行干部一对一帮扶，全体驻社干部利用“周二下乡日”等时间，逐户上门宣传政策，召开院坝会560余场，为贫困群众解决实际问题200余个，完成小额信贷282户567万元，完成扶贫人行便道44.93千米，改造C、D级危房89户，扶贫对象动态调整106人。开展健康扶贫暖心行动，贫困户健康签约服务556户1553人。以花椒专业合作社为龙头，发动3个贫困村种植花椒100公顷；定期举办扶贫专场招聘会，帮助56名困难群众在企业实现就业，协助73名贫困群众实现阶段性务工就业，向贫困户提供公益性岗位13个。

【社会管理】 取缔占道经营摊位150余个，拖移僵尸车65辆，清理牛皮癣、门头广告4500余处，清除垃圾260吨。采取“拆迁复绿、见缝补植”等措施，新增绿化面积近2.5万平方米，城镇绿化率达43.7%。向1300余名群众及时发放困难补助、低保、残疾人补贴等320余万元，停发调整低保158户188人，申报社保补贴、失业保险425人次163万元，城乡医保参保3万人、养老保险参保1.7万人，开展就业培训7期，培训356人，回引农民工就业300余人。申报移民后续项目3个、库区基金项目2个、对口支援项目1个。建成村（社区）规范化综合文化服务中心15个，开展庆祝建国

69周年文艺会演、送戏曲进乡村等各类文体活动32次。完成孕优检查71对，开展老年人免费体检4475人，义诊2150人，两癌筛查3027人，母婴设施公共场所配置率达80%以上，居民健康素养水平达15%以上。加大教育投入，落实资金16余万元，解决实际问题8个，加强师德师风建设，提升辖区教学质量，小学毕业测试和质量抽测成绩名列全区前茅，建峰小学名列全区中心校第一名，中考升入重高66人，高考专科及以上上线94人，升学率达100%。

【平安建设】 开展道路交通、校园周边、消防、危化品、食品药品安全、非洲猪瘟染疫猪肉产品等领域大排查大整治大执法行动800余次，开展各类宣传135次，发现并整改隐患问题763个，安监办被评为“全国安全生产监管监察先进单位”。开展大排查大下访大化解活动，领导干部接访下访100余次，约访涉稳重点人员125人次，化解苗头隐患23个、信访积案2件，调解矛盾纠纷900余件。采取感情交流、困难帮扶、专班稳控等办法，强化重点人员管控，信访稳定工作荣立区委三等功，建峰社区创建全国民主法治示范社区。推进扫黑除恶专项斗争，发放宣传资料2.6万余份，发送宣传短信7万余条，摸排线索22条。加强社会治安防控，开展常态化巡逻，破获各类案件340余件，打掉犯罪团伙2个，挽回群众经济损失200余万元。全年，处置应急事件9起，未发生一起到市进京非法上访事件，未发生一起食品药品安全事故，未发生一起公共卫生事件，非洲猪瘟得到防控，社会治安状况好转。

主要领导名录

党工委书记　傅　云

人大工委主任　代远田

办事处主任　李如华

党政办电话　72706001

马鞍街道

【概况】 马鞍街道成立于2016年6月，位于涪陵新城区腹地，北部与李渡街道接壤，西南与义和镇毗邻，东部与江北街道交界，南部与龙桥街道隔江相望，融城市、乡村、园区、城郊于一体，是涪陵综合保税区、高新技术产业开发区所在地。面积80平方千米，辖20个社区，173个居民小组，户籍人口7.73万，常住人口15万。全街有37个党支部，1957名党员。在编干部106名，行政干部职工42名（其中领导班子成员11名，保留副处级待遇2名，副调研员1名），行政工勤6名事业干部57名，下设8个行政机构和5个事业单位。入驻企业159家，其中投产企业116家，规模以上工业企业76家，个体工商户6000余家。辖区有党政机关、企事业单位20家，医院（诊所）等医疗机构29家，各级各类学校42家，在校学生53115人。2018年，农村及城镇常住居民人均可支配收入分别增长10.3%、9.5%。

【城市管理】 重点开展老旧小区、城市主干道、校园周边等各类整治行动，劝导违规占道经营、骑跨门经营行为5800余起，立案查处77起；取缔固定摊点160个，清理乱堆物品358起，整顿夜市商贩895家次；清理违规、脏乱户外广告900余处；增设公共停车位2699个。开展违法建筑专项整治，拆除存量违法建筑8.1万余平方米，整治凌乱空中管线8.4万米。推进城乡垃圾集中处置，新增650个户外垃圾桶和小型垃圾箱，新设农村生活垃圾收集点119处，建设乡村垃圾收运平台136处，清理历史存量垃圾3000余吨，实现辖区城乡垃圾收运一体化管理。推进城市景观改造。养护苗木74.9万平方米、行道树2.06万株，春、秋季补植3万平方米，恢复绿化面积约1.5万平方米，共栽植花卉80万余株。推进市政设施管理建设。

累计普查管网约700千米，检查井清理1500余座、内窥检测5000米、管网疏通9000米，污水管网应急抢险32处，在10多个老旧小区内新增设停车位4136个，建设“四好农村路”13.5千米。

【环境保护】 推进环境保护专项整治，开展中央环保督察组交办问题整改、污染源普查、八大环保领域专项整治等工作。清理处置斜阳溪废品收购点工业固废约4000吨，榨菜企业废水治理率100%。立案查处环境违法案件34件。投资107万元，实施“一河一策”治理，辖区长江段、涞滩河、龙潭河水质稳定上升。辖区全年空气质量优良天数为333天，比上年增加22天。

【民生保障】 巩固脱贫攻坚成果。完成46户贷款任务，贷款资金168万元。新增贫困户就业工作岗位12个，确保无贫困户返贫和新增贫困户。完成2965名征地农转非参保安置人员的结算工作，辖区养老保险覆盖率96.94%，城乡居民医疗保险参保率99.8%。城乡低保核实新增37户70人，停发44户75人。开展技能培训661人，举办各类招聘会132场次，达成就业意向10537人，城镇新增就业2516人。申报失业保险197人，发放创业贷款59笔1102万元。兑现欠薪工资3483万元，涉及农民工954人。发放各类民政资金267万元，兑付各项惠民资金134.9万元，发放残疾补贴47.13万元，涉及755人。推进31个三峡移民后扶项目建设，到位三峡移民后扶项目资金2.6亿元，新争取三峡移民后扶项目资金计划5395万元，浙江对口支援到位资金630万元，组织新区义务教育阶段教师与浙江台州市优秀教师开展教学交流活动。

【平安稳定】 推进“扫黑除恶”专项斗争，提高思想站位，明确目标任务，建立联席调度会、工作联系指导、情报信息共享等工作机制。全面发动宣传，召开82场宣讲会、发放10万多份宣传资料，落实“谁主管、谁负责、谁摸排”负责制，共收到各类线索8条，立案查处1条。创新社会治理方式，开展基础信息采集工作，实行网格化管理，运行“互联网+创新社会治理”公共服务综合信息平台，抓好精神障碍患者、涉邪人员、吸毒人员、社区矫正等特殊重点群体的管理服务，辖区全年无影响大、危害大的刑事、治安案件发生。化解信访积案，全年接待来信来访182件（次），领导干部下访约访群众303件（次），全部办结，开展积案化解工作，化解信访积案3起，排查化解矛盾纠纷275件，特别是征地拆迁、养老保险、欠薪欠保、企业改制等领域的不稳定因素，确保全国、市区两会期间、智博会、中非合作论坛等重点时段辖区的社会稳定。落实安全生产“党政同责、一岗双责”责任制，健全完善“属地管理、分级监管”等制度，安全生产事故指标严控在区政府下达的控制指标范围内，安全生产工作总体可控，开展重点行业（领域）安全生产大宣传大排查大整治大执法行动。新创建安全管理标准化达标企业14家，累计已创建达标企业74家，占规上工业企业数量的90%，基层安全监管能力建设创建达标通过区级验收，安全生产和安全监管基础能力得到提升。

主要领导名录

党工委书记　庹　灿
人大工委主任　胡　进
办事处主任　毛晓东
党政办电话　72190001
传　　真　72180166

珍溪镇

【概况】 珍溪镇位居三峡库区，地处涪陵东北长江北岸，滨临长江黄金水道，涪丰北线贯通全境。上距涪陵城区30千米，下距丰都县城40千米，1992年撤区设镇和2008年撤乡并镇两次行政区划调整后，北与长寿、垫江连界，东北与丰都县接壤，西与百胜镇相连，南与南沱镇隔江相望。面积181.45平方千米，建成区面积3.82平方千米，辖25个村委会、3个居委会、195个村（居）民小组（其中174个村民小组、21个居民小组），总人口8.4万人，其中镇区常住人口2.3万人。2018年，镇党委、政府设党政综合办事机构26个，其中设党政综合办事机构17个，行政单位11个，事业单位6个，有干部职工194人。珍溪镇公路通车里程915.59千米，其中省道17千米，县道58.29千米，乡道35.22千米，村道348.58千米，社道456.5千米。镇区内公交、客运班车路线20条，镇域内通车率100%。

【工业经济】 营商环境进一步优化。深化"放管服"改革，实行企业审批全程代办制度。配合区委区政府开展"三百行动"，全年到企业开展上门服务达170余次，提出建议115条，被企业采用62条。创建个体工商户管理平台，实现一站式管理服务，完成26家个体工商户工商信息变更、税务登记等工作。招商引资成效凸显。拓宽招商引资渠道，主动对接各类企业与业主320次，达成合作20余家，增加本级财政收入200余万元。新注册企业28家，协议资金2.8亿元，到位资金1.1亿元，新建总投资2.57亿元的招商引资项目5个，续建招商引资项目2个。建筑产业园建设稳步推进。中科大业投入资金4亿元，完成大半山矿区173.33余公顷林地、耕地流转，已签订协议并拆迁农房15户，签订房屋拆迁协议39户，矿山业已建成并开始生产，为建筑产业现代化基地配套的码头和料仓即将投入运营。

【农业发展】 特色产业效益明显。发展桑、菜、果、猪四大农业特色支柱产业，全年产茧120万千克，蚕农收入4100万元；榨菜种植5133.33公顷，产量18万吨，菜农收入1.3亿元；保有水果面积4000公顷，产量4.2万吨，果农收入1.7亿元；出栏生猪8万多头，养猪收入超2亿元。农业基础不断强化。完成26个村（社区）135个小组18690户土地确权工作，实测面积8615.33公顷；完成240户的宅基地复垦工作，增加耕地7.47公顷。投资180万元，完成中峰村环湖道路建设项目和小型水库后期扶持公路硬化工程；投资90万元，完成吉安水库除险加固和永义、三角村饮水安全巩固提升工程；投资196万元，完成修建中乐、三角、石牛、永义、洪湖等村四类人员连接入户路28千米；投资1000万元，推进市级现代农业园建设，在东桥等村集中进行生产便道、水系配套等建设。在贫困村大力发展特色效益农业，卷洞村种植中药材紫苏3.33公顷、无公害蔬菜4.67公顷，永义村发展花椒43.33公顷，中乐村发展沃柑66.67公顷和翠红李33.33公顷，石牛村发展黄金梨33.33公顷，三角村发展柑橘（纽荷尔、华红）133.33公顷。乡村活力明显增强。探索农村资源变资产、资金变股金、农民变股民改革，东桥村采用"村集体＋企业＋农户"模式，建设东桥泰升现代农业观光示范园。一期工程占地规模70.67公顷，农户以64公顷土地入股，村集体以6.67公顷村级林地入股，泰升公司以设施农业、生产管理技术、运营管理入股，组建新型农业经营主体。新建农民专业合作社24个、家庭农场4个。新增城镇就业1654人，返乡创业吸纳就业5023人，转移劳动力2.33万人，实现劳务经济收入4.2亿元。大力发展"休闲采摘＋文化体验"乡村旅游，举办"第四届桃花节"和"第三届脐橙休闲采摘节"，全年接待游客突破20万人次，为村民创收400余万元。

【城乡建设】 城乡规划和管理并行。开展"创建全国文明城区、创建国家卫生区"双创行动，推进珍溪场镇市容、卫生、交通三大秩序整治，投资110万元，清除场镇周边卫生死角78处、牛皮癣小广告350处，处置场镇垃圾1500吨。完成珍溪镇总体规划（含控规）修编和2个一类村及8个二类村村域现状分析及规划指引工作。完成建筑产业化PC预制构件基地征地1.77公顷和珍溪法庭项目0.18公顷。推进鲜花小镇建设，投入210万元，完成栽植以桂花树为主的树木750株，打造5千米4条道路的景观大道。规划审批新建农房121户，完成D级危房改造269户、C级危房改造125户。完成美丽庭院70户和东桥村绿色村庄示范村的申报工作。投资1045万元，建设珍溪镇东桥村农村移民安置区精准帮扶项目；投资469万元，建设珍溪集镇派出所等四个边坡治理工程；投资1337万元，建设观将村农村移民安置区精准帮扶项目，其中便民服务中心修建完成，部分道路在建设；投资50万元，完成中乐村5组磨子岩蓄水影响滑坡治理工程。交通网络更加完善。投资3259万元，启动实施2018年通组公路（第一、二批）建设77.45千米；投资100万元，完成七里滩公路桥连接道路工程；投资60余万元，实施水毁抢险工程、排除安全隐患14处，对渠大路、新水路、杉麻路、大林路、水口路等破损路面进行整治；完成乡村道管养268千米。

【环境保护】 推进生态保护建设。开展重庆市级生态文明建设示范镇创建工作。完成污染源普查登记入库802户；对35起环境污染纠纷及投诉全部进行调查处理，调查率达100%，完成环境违法行为立案调查案件5起。投资688万元，完成中峰污水处理厂及污水管网工程；完成西桥村2个污水处理站和杉树湾、永义、仁义、百汇污水处理厂及珍溪污水处理厂的扩容工程建设，新建雨污管网1350米、二级管网750米。开展河长制工作。加强水环境综合治理，清理水域环境各类垃圾1000余吨，投资560万元，建设碧溪河典型流域面源污染综合治理项目；推进城乡人居环境整治行动，完善农村生活垃圾收运体系，推广“户分类、村收集、镇转运、区处理”模式，着力解决“五乱”，投入280万元，配置垃圾桶4312个、垃圾箱体126个、垃圾运输车辆27台，配备农村保洁员32名，清理各类垃圾4100吨，发展乡镇和村级可再生资源回收站点4个，农村生活垃圾得到治理。筑牢生态屏障防线。治理水土流失2000公顷，植树16万株，完成333.33公顷低效林改造、退耕还林新造林80公顷、森林中幼林抚育333.33公顷，森林病虫害防治5066.67公顷，全镇866.67公顷松材线虫防治工作顺利通过区级验收。开展爱国卫生工作，推进“厕所革命”，新改建公厕8座，完成农村卫生厕所改造225户。

【改善民生】 脱贫攻坚进一步推进。建立“企业+贫困户”“企业+合作社+贫困户”等模式，全年发放贫困户产业发展补助资金48万元，带动380户贫困户增收致富；开工建设贫困村公路通达工程2.2千米、通畅工程20千米。开展扶贫就业技能培训5期，惠及贫困人口260人，提供贫困群众公益性岗位21个，贫困群众转移就业1756人，培育创业致富带头人12人，带动贫困群众36户；累计完成扶贫小额信贷审核放贷628户，贷款金额2375万元。完成2018年126户367人脱贫计划。城乡社会保障救助体系进一步完善。城乡居民合作医疗保险资助人员参保率达100%；发放自然灾害救助金、临时救助金、特困人员二次救助金和各类优抚金139万元；城乡低保实现动态管理，开展低保大清查，做到应保尽保，应退尽退，共取消城乡低保502户1408人、新增69户139人；投资36万元，完成仁义社区养老服务站建设和珍溪中峰敬老院修缮工程；完成珍溪中心福利院选址、立项、设计等前期工作。社会事业进一步发展。人口计生工作不断推进，符合政策生育率达99.2%；完成90对孕优检查，发放奖扶资金15万元。义务教育质量不断提升，义务教育入学率达100%，考进市级重点高中115人，共发放助学金近16万元；投资2000万元，新建中峰小学、大胜小学、杉树湾小学教学楼和扩建中峰中学操场，建成校舍3827平方米、扩建校舍5421平方米；共投入30余万元改善校园环境。文化体育事业不断繁荣，投资102万元，对区级文物保护单位施家祠堂进行修缮，荣获涪陵区第五届运动会乡镇组太极比赛第一名；完善28个村（社区）文体服务中心功能建设，广播实现村村响、电视实现户户通，新增体育健身场所3处，累计送文化到乡村文艺演出25场、放映电影300场。

【社会治理】 开展扫黑除恶专项斗争，抓好与同基层反腐拍蝇、城乡低保清理、社会治理、校园周边环境整治、基层后进党支部整顿相结合“五大专项”行动。开展防邪工作，开展“敲门行动”，逐人建立涉邪人员信息档案，走访涉邪教人员31人，上报拟解脱在册邪教人员28人。开展矛盾纠纷排查化解工作，排查矛盾纠纷392件，化解385件，化解率达98.2%；来信来访累计205件，解决203件，息诉息访14件，完成市区交办5件，解决突出信访问题14件。推进智能化社会治安防控体系建设，安装监控摄像头49个，覆盖场镇各处重点地段、场所，全年破获刑事案件25件，打击21人；办理行政案件69件，拘留44人，罚款11人，查获吸毒人员9人，强制隔离3人；群众安全感在90%以上，社会治安稳定好转。安全生产形势持续稳定向好。落实“党政同责、一岗双责、齐抓共管、失职追责”制度。严格按照“属地管理”和“三个必须”要求，建立健全安全生产责任体系和立体安全监管网络，开展道路交通、工贸企业、烟花爆竹、食品药品、非煤矿山等行业领域的打非治违和安全生产大排查大整治大执法专项行动18个，检查生产经营单位1415家，排查隐患1802件项，督促整改率100%。防汛抗旱、森林防火、地质灾害等工作扎实推进，防灾减灾救灾和突发事件应急处置能力持续提升。投入30多万元，扎实开展非洲猪瘟防控工作，非洲猪瘟疫情得到有效防控。

主要领导名录

党委书记　秦　学
人大主席　张跃仕
镇　　长　邱国光
党政办电话　72172053
传　　真　72172474

百胜镇

【概况】 百胜镇地处涪陵区北部，总面积147.37平方千米，其中陆地占96.0%，水域面积占4.1%，耕地面积5666.67公顷，森林覆盖率41.2%，涪垫路、涪杉路、涪丰路北线纵贯全境。镇辖1个社区、19个村，下设5个居民小组、135个村民小组，辖区总人口47685人，有苗族、土家、彝族、仡佬、壮族等16个少数民族。百胜镇有着“全国农产品加工示范基地镇”“重庆市级榨菜特色产业基地镇”“重庆市中小企业创业基地镇”等美称。2018年完成GDP24.4亿元，农民人均纯收入15702元，城镇居民可支配收入36080元，同比增长9.5%、9.7%、9.4%。

【特色农业】 实施“城郊农业功能区”战略，推动特色效益农业发展。种植水稻1346.67公顷，产量10350吨，种植玉米1600.67公顷，产量12250吨，全年完成粮食产量26200吨；全镇种植青菜头4333.33公顷，产量16万吨，其中外运鲜销4.7万吨，产值11200万元；蔬菜种植1657.33公顷，产量44400吨，种植紫苏等中药材533.33公顷，产量500吨。果品方面：红肉蜜柚种植100公顷，产量25万千克；西瓜种植533.33公顷，产量6000吨；齐曲宏大桑葚、太平花地樱桃、桂花苑草莓进一步巩固发展，全镇果品生产总量18100吨。牧渔方面：全镇有20头当量及以上养殖户64家，畜牧业总产值达到2.13亿元。依托丛林西瓜、齐曲村桑葚、太平市村樱桃、红花村红心蜜柚及中心村一何园水上垂钓、桂花村农业产业园，通过强化上述基地的建设与管理，加大对外宣传推介，全镇以上述基地为核心的“四采摘、一垂钓、一观光”乡村旅游格局加快形成，全年接待游客5万余人次，产值800万元。

【基础设施建设】 场镇基础设施进一步完善。总投资3200余万元的百胜、双河、永安三个场镇移民综合帮扶项目完工，场镇的道路、管网、绿化、照明、市场、公厕等设施更加完善，功能更加健全。道路建设与管护推进。百胜场镇绕场公路持续推进；完成2017年度14.5千米畅通工程，启动实施2018年63千米通组公路建设；完成“四类贫困人员”人行便道修建40.5千米；双河、三台三峡移民精准帮扶项目及永安场生态家园项目如期启动；全镇146.6千米镇、村道路及60.6千米扶贫社道、14座桥梁管理养护全面落实，整治主次干道隐患27处，养护管理水平进一步提升。水利建设推进。完成2016—2017年170口山坪塘综合工程质量评价；投资110.13万元的薛家岩小（二）型水库除险加固工程顺利完工；投资141万元的水洞口小（二）型水库除险加固工程有序推进；完成百胜集中供水厂至太平市水厂制水车间DN300水管闸阀预埋；农村自来水管网及水表全面优化，城乡供水一体化落地实施。推进电网升级改造。针对镇内部分村电网陈旧、老化，影响生产生活的问题，主动向区政府、区级有关部门汇报争取，实施完成新河、大石、观音3个村电网升级改造，有效解决了辖区内企业、村民生产生活用电问题。

【人居环境】 推进垃圾治理。完善垃圾收运设施，推行“户分类、村收集、镇转运、区处理”的农村垃圾分级处理模式，以“四清四化”和“五改”为主要内容，实行日巡查、月检查、季考核制度，建立“红黑榜”，严格“社—村—镇”三级联动监控机制，垃圾定点收集、定时清运、无害化处理和资源化利用工作全面推进。推进厕所革命。以化粪池、便池、冲洗设备等“两池一洗”为主要内容，完成改厕202户。开展生态环境建设。推进环保五大行动，以禁止野外焚烧秸秆、榨菜废水乱排放、饮用水源地保护为重点，定期或不定期进行巡查监管；开展国土绿化提升行动，完成573.33公顷松材线虫病防治工作任务，完成266.67公顷退耕还林、200公顷中幼林抚育、133.33公顷天保封育、6公顷路旁植树等育林项目；开展畜禽养殖废弃物资源化利用工作，完成镇内13户规模生猪养殖户异位发酵床建设，推广测土配方肥料10220公顷、有机肥6.55万吨，面源污染治理成效明显。

【精准扶贫】 开展脱贫攻坚大走访大排查大整改，对全镇1048户在册贫困户进行实地走访或电话回访，走访、回访率100%，对照“一达标、两不愁、三保障”“一出、三不出”标准和“七步两公示一公告”的程序，完成建卡贫困户动态调整，2018年脱贫56户156人。对全镇293户易返贫和未脱贫户进行产业到户规划，共规划资金33万元；完成大石村蚕桑种养殖革新，对43户贫困户因户施策，筹集资金11万元用于购置桑苗和养蚕设施设备；因地制宜发展种植产业，红花村发展红肉蜜柚100公顷，同时引进葡萄、蜂糖李等进行试种，带动红花村产业发展；隆兴村开展花椒种植，种植面积已达100公顷；开展股权制度改革量化分红，紫竹村107名贫困人口每人分红250元。危房改造“三类人员”C级危房122户、D级危房129户，共兑付补助资金736.5万元；力推扶贫小额贷款，实现466户贫困户贷款1579万元；促进贫困人口就业，未脱贫人口纳入公益性岗位27人，每人每月可收入600元。

【社会民生】 落实城乡居民养老保险和医疗保险制度，全镇养老保险参保36000余人，参保率达95%，医疗保险参保38543人，参保率达97%；落实小额贴息贷款金额450万元，统筹推进城乡就业，新增城镇就业1200人。兑付耕地综合保护补贴525万元；兑付涉林项目补偿补贴142万元，惠及农户8900户；兑付复垦项目权利人复垦补偿资金502万元，惠及农户130户。把握保民生、保底线要求，做好低保工作，年初在册低保1508户2512人，在全镇开展低保重新调查审核后，减少592户1210人；开展各类弱势群体救助，发放特困人员医疗救助金16.7万元，发放高龄津补贴56.2万元，发放临时救助金9万元，发放冬春生活救助金17万元，发放优抚对象救助慰问金6.34万元。

【平安建设】 完善矛盾纠纷协同治理机制，共受理矛盾纠纷328件，成功调处326件，全年信访总量58件，按期办结率达100%，满意率达98.5%，信访形势总体可控；开展扫黑除恶专项斗争，以打击“12类”涉黑涉恶犯罪活动为重点，不断加大线索核查力度，有效遏制黑恶势力滋生蔓延。坚持以道路运输、建筑、消防、烟花爆竹、地灾、非煤矿山等领域为重点，强化安全生产责任制落实，各类安全生产事故得到有效防范和遏制，全镇安全生产形势总体可控。以创建食品安全示范乡镇为抓手，开展监督检查，开展各类专项整治20多项，备案农村家宴经营者10人，监督检查农村家宴100余次；强化日常执法检查，完成各项抽验任务，全年立案19起，处罚没款16.3万元，群众食品药品安全感进一步提升。

主要领导名录

党委书记　杨　军
人大主席　甘立学
镇　　长　宋拥军
党政办电话　72153029
传　　真　72153354

青羊镇

【概况】 青羊镇位于涪陵区西南部，面积107.64平方千米，辖9个村，2个居委，74个村（居）民小组。全镇总人口25481人，其中城镇居民6088人，农村居民19393人。农村外出务工5131人。现有耕地4168.5公顷，森林面积4822公顷，森林覆盖率53%。镇内设有行政机构10个，在岗职工32人，其中镇领导（保留处级干部4人）13人，另有工勤人员1名。下属事业单位6个，在岗职工41人。全镇下辖党支部19个，共959名党员。镇内有卫生院1所，卫生人员28人；乡村医疗点11个，卫生人员11人。有学校4所，在校学生1109人，教职工107人。青羊镇获得“重庆市环境优美乡镇”“重庆市历史文化名镇”等多种荣誉，在2018年获批为第七批中国历史文化名镇（涪陵区唯一一个国家级历史文化名镇）。2018年成功创建为重庆市级生态文明建设示范镇，拥有区级文物保护单位11个，有市级文物保护单位1个。2018年末地区生产总值7.42亿元，较上年同期增长（下同）9.53%；固定资产投资1.21亿元，下降64.24%；农业总产值2.51亿元，增长4.7%。乡镇规上企业工业总产值绝对额1.26亿元，增长8.1%；财政收入1864万元，同比减少64.66%；农民人均可支配收入1.43万元，同比增长8.6%。

【产业结构调整优化】 2018年粮食生产达2.13万余吨，水产产量300余吨。完成全镇120户农业技术推广体系改革与建设项目（科技示范户）的指导。推广水稻、玉米新品种2个，申报农产品品牌3个。全镇种植李子106.67公顷，完成兴安村13.33公顷百果园、群英村40公顷李子产业园产业规划。青羊村钏男猕猴桃种植基地规模达33.33公顷。在工农村新种植花椒33.33公顷，花椒基地规模扩大到53.33公顷，在吴家村发展苦荞头、白花前胡等中药材

6.67公顷，大梁子山生态牧场规模233.33公顷。兴冠农业园基地规模达33.33公顷，启动农业观光园建设，采用避雨技术建设5个独立品种采摘果园，打造观光体验式田园综合体。生猪存栏1.75万头、母猪1246头、牛689头、羊2451只、种兔1452只、蜂342桶、鸡9.75万只、鸭4.22万只、鹅6582只。全年出栏生猪（包括农民自食）3.02万头、牛175头、羊3428只、禽兔32.46万只。

【乡村旅游】 加强旅游项目推介，做好旅游整体规划。依托陈万宝庄园古建筑群、青羊湖、双石桥水库等历史文化和自然生态旅游资源，编制《陈万宝庄园旅游环境推介》《双石滨湖康养小镇规划》《青羊镇旅游开发规划简介》等一系列推介资料。投入228万元，完成大梁子山上山景区泥结石道路硬化3.8千米。完成传统村落数字博物馆的拍摄和资料的收集。投入250万元启动了四合头庄园修复项目，完成工程量的55%。投入130万元，实施陈万宝庄园步道、围墙、附院的四期修缮工程，主体工程修缮完成。

【道路交通建设】 进一步修编完善全镇道路网规划，完成2018—2020年农村公路建设规划。总投资1124万元，完成2017年公路硬化计划19.1千米。投资2208.87万元，启动2018年通达通畅工程54.1千米，完成34千米。完成全镇331个公路涵洞的清理工作。对镇村道路进行合同化管理，核定全镇公路养护里程175千米。完成“马—龙”一级路建设前期征地拆迁工作，配合“马—龙”一级路青羊段施工，重点完成21.452公顷林木砍伐清理，规划弃土场5个。

【水利建设】 投入245万元和345万元，分别完成青羊镇2017年度大中型水库库区和移民安置区生产扶持项目——青羊公路硬化的全部工程量和青羊湖生态观光园建设30%的工程量。投入660万元，完成龙潭河群英农业园河段综合治理主体工程。投入120万元，完成2018年水保项目经果林栽植量的80%，工程部分现完成60%。投入110余万元，实施塘坎水库和宋家庙水库病险水库除险加固工程。完成全镇411口集体山坪塘确权颁证工作和全镇水系普查工作。

【镇村建设】 修正迎龙村、山大村、青羊村、吴家村、三合村、兴安村等6个村的村规划编制。保护永久性测绘标志，加强测绘成果保密工作。投入250万元，完成双石场镇二、三级污水管网建设，新建污水管网2.68千米，污水收集处置率95%以上。投入165万元，实施青羊镇污水处理改扩建工程配套管网工程（第四段），完成污水管网新建1.42千米，修建雨水沟渠0.25千米。核查认定非“三类”人员C、D级危房2963户，全部张贴危房安全警示牌。办理《乡村建设规划许可证》140余份，审批建筑面积约2.32万平方米，控制公路沿线、场镇、重要交通路口附近项目实施，实现实地踏勘、放线建设。

【人居环境工作】 农村人居环境整治成效初显。完善农村垃圾收运系统，为全镇11个村（居）配发垃圾收运三轮车9辆、垃圾桶1312个、垃圾箱体38个、硬化垃圾桶场地400余个，拆除原有垃圾房368个，与村（居）签订垃圾收运设施管护协议，落实了垃圾收运人员11名，建立完善农村村庄保洁制度，开展垃圾“分类分拣、源头追溯、定点投放”试点，引导村民对垃圾实行初步分类处置，确保“户集、村（居）收、镇运、区处理”系统有效运行。开展环境卫生评比活动，开展宣传会30余次，制作宣传栏12块、横幅36幅，发放宣传单6000份，张贴门前“三包”责任书6000份。组织人员300余人次开展道路沿线、河流水体垃圾清理6.5吨。加强市政基础设施维护管理，维修市政设施8处，集中清理场镇建筑垃圾堆放点5次，种植花箱64个。河长制工作深入推进。开展常态化的巡河工作，做到发现问题及时汇报、及时处理。开展河道“三清”工作，共清理河道19条，128.7千米，清理垃圾38.6吨，清理河道中的树木179根、竹子624根，清理垮塌堵塞河道4处、清淤6处，参与清理人员1261人次。制定《青羊镇河道污染源整治实施方案》，重点对老青羊场污水处理站进行整治。落实管护人员11人和人民监督员19人，全面加强对辖区内河库管护，制定安装47块河长制公示牌，接受广大人民群众监督。“厕所革命”成效显著。镇财政投入62万元新建镇安场镇畜牧站、双石场镇铁炉二类公厕2座，新建陈万宝庄园3A级旅游公厕1座，改造老青羊、后花园公厕2座。积极开展农村卫生厕所改造，完成农村卫生厕所改造300户。

【民生事业发展】 开展脱贫攻坚工作，开展脱贫攻坚大排查大整治工作，摸排走访农户10094户，摸排走访率100%，开展“三率一度”走访、摸排、政策宣传工作，通过大排查纳入档外新增贫困户7户17人，返贫3户9人，整户取消3户14人，自然增加5人，自然减少38人。做好2018年度扶贫信息动态调整工作，新识别贫困户1户2人，脱贫18户52人，自然增加19人，自然减少23人。开展大走访大排查大整改“回头看”工作，收集汇总问题18个，全部整改到位。发展扶贫农业产业，兴安村和吴家村组织农户试种中药材（前胡、金荞麦）13.33公顷；全镇李子产业规模达106.67公顷，其中蓝思农业开发公司在兴安村2社流转土地20公顷，建成涪陵区第一个标准化优质李扶贫示范园；钏男果蔬种植专业合作社、茂绿农业开发公司、豖福生态农业公司等，在农业项目方面均有贫困群众参与。扶贫股权化改革共实施项目4个，带动贫困农户48人持股51万元。全年兑付产业到户项目补助资金16.1万元，完成“四类人员”人形便道建设30.75千米，304户贫困户共计获得小额扶贫贷款836.2万元，完成2018年贫困户D级危房改造81户、C级危房改造32户。开展农村低保专项治理，整户取消77户139人，调整金额43户，调减15户17人，新增低保对象24户36人。发放特困医疗救助金11.99万元、临时救助15.22万元。50名建卡贫困户享受医疗救助金3.94万元，30名建卡贫困户享受健康扶贫基金6.68万元。强化就业服务，开展农民工技能培训6期300人。安置贫困户6人到非全日制公益性岗位。新增城镇就业人数1468人；15人次申报享受4050补贴8.7万元；12人申报小额贷款165万元；8人办理享受失业保险7.6万元。受理农民工欠薪2起，支付拖欠工资2.7万元。居民养老保险参保14547人，征收保费178.25万元。受理并上报经济建设民工工龄认定材料42份。办理生育服务证143本。30人申报计生奖励扶助3.84万元，223人申报独生子女父母一次性奖金10.7万元。抓好重点人群5367人的健康管理，儿童免疫建证建卡率100%。开展健康教育知识讲座61次，健康咨询活动10次。投入近120万元整治六中、双石小学排污管网和教学楼正立面。落实资金160万元对中心校、双石小学学生食堂进行维修整治。组织教职工参加片区教研联合体及“教学大比武”210余人次，获一、二、三等奖87人。今年中考，参考57人，11人被五中、实验中学录取，19人被涪陵其他高中录取，市重高升学率达52.6%。抓好宣传思想教育阵地建设，张贴文明城区宣传画217张、标语130幅，办理专栏14期、文化墙6处。利用学雷锋日、国际志愿者日、党员活动日等，开展“卫生大扫除”“夜间治安巡逻”“四万”行动，组织志愿者250人开展义务植树活动，种植栾树1.33余公顷1000棵。实施免开工作，农家书屋、图书阅览室、电子阅览室等共接待读者700余人次，开展文化下乡活动2次，赠送图书500册。向群英、青羊等9个村续配农家书屋图书、刊物、音像制品567册。注册文化志愿者200余人，举办趣味活动及比赛6场次。

【平安和谐建设】 推进“领导干部下访接访制度”，通过采取领导包案的方式化解基层矛盾纠纷。共排查出各类矛盾纠纷80件，调解76件，干部下访系统录入96条，来信来访17件，办结17件，市长信箱来信8件，办结7件。落实66名刑释解教人员的帮教责任和帮教人员；加强6名社区服刑人员和26名在册吸毒人员全方位管理和管控。开展扫黑除恶工作，开展街头宣传2次、悬挂宣传标语30幅、出动宣传车2台，散发宣传资料7000余份。全镇发生治安案件25件，查处25件，刑事案件11件，侦破7件。完成1家药店二类医疗器械备案，办理食品经营许可证38件，办理“三小”备案13份，查办案件9件，开展抽检29批次，合格率100%；开展快检75批次，合格率93.3%。开展安全生产大排查、大整治，查处各类交通违法行为680余起，其中摩托车违章行为500余起，罚没收入2.5万余元。加强安全隐患的排查和整治，全年出动检查人员1572人次，排查企业设施1103处，各类安全隐患101条，整改率达到100%。

【廉洁施政】 转变政府职能，加强法治政府和执政能力建设。深入村（居）广泛听取群众意见，解决群众关心的热点难点问题12件。规范村（居）证明事项管理，精简群众办事流程。依法行政更加规范。购买服务聘请法律顾问1名，为11个村（居）聘请法律工作者。坚持高标准、严要求、重实效的原则，建立完善机关管理制度，开展纪律作风整治，巡查督查15次，通报12次。坚决抵制“四风”，倡导勤俭办事，进一步规范公务接待、公务用车。深入推进惩治和预防腐败体系建设，加强对工程建设等重点领域权力运行的制约和监督。

主要领导名录

党委书记　张　建

人大主席　何事穗

镇　　长　况　琼

党政办电话　72730009

南沱镇

【概况】 南沱镇西距涪陵城区24千米，东距丰都县23千米，水陆交通发达，素有“涪陵东大门”之称。全镇面积67.16平方千米，辖12个村（社区），76个村（居）民小组，共计13243户，37630人，其中农户6484户、22864人。是三峡移民大镇、全国农村创业创新园区、市级现代农业综合示范工程实施乡镇和涪陵现代农业园区、重庆市平安渔业示范乡镇；红星渡槽、花莲坝牌坊、大宝梁子墓群成功申报市级文物单位；连丰村麦子沱、睦和村天坪、彭家院子成功创建市级美丽宜居示范村庄。

【产业发展】 依托良好的现代农业基础，推进产业融合发展。发展榨菜、竹笋、荔枝、龙眼、柑橘、杨梅、火龙果、木瓜和涪陵黑猪等特色农产品。成功创建重庆市名牌农产品2个，新增有机农产品3个，无公害农产品3个，授权有效专利19件，新建专业合作社4个，规范化建设家庭农场2个，新发展电商平台2个，打造“山水田园美，四季花果香”的新农村。结合榨菜和笋竹优势特色产业，推进“三变”改革。建立和完善风向堡榨菜专业合作社和竹泰笋业股份合作社，与749户农户签订入股协议，建立了农户与产业发展的利益联结机制。突出江岛特色、移民特色、田园特色、产业特色，立足红星渡槽、百年龙眼树、优质鲜果等历史人文和自然生态资源禀赋，发展乡村旅游。建成1000平方米竹文化广场、600平方米观光廊道，培植2.6千米以格桑花、紫薇花为主的鲜花带，打造生态柑橘观光采摘园和生态乡村旅游基地，组织开展各类休闲节庆活动，促进了特色农产品的销售。2018年累计接待游客30余万人次，销售水果1.5万吨，实现销售收入4500余万元。统筹实施乡村振兴战略，指导睦和村编制完成《村规划》《睦和村实施乡村振兴综合试验示范实施方案》；突出产业振兴主导地位，发展壮大农业农村经济；储备乡村振兴农业重点项目36个，规划投资4.6亿元。积极开展柑橘大实蝇防控工作，投入20余万元完成830公顷柑橘成虫诱杀任务，组织村社果农检拾蛆果10.48万千克；采取综合防控措施，抓好非洲猪瘟防控工作。

【城乡面貌】 进行场镇提档升级，争取三峡后续项目和市级人居环境整治资金共6000余万元，实施南沱、龙驹、焦岩三个移民迁建集镇小区综合帮扶、睦和村农村移民安置区精准帮扶和美丽宜居示范村庄建设、“四好农村路”示范建设等项目。建成广场2个、停车场2个、篮球场1个，改造人行道3.82万平方米、安装路沿石8500米，改造公共厕所3个、更换人行树1423株、改造弱电管网3500米；拆除彩钢棚，改造睦和村彭家院子、天坪居民点屋顶50户；改造供水管网8500米，进一步提升了全镇饮水安全；改造污水处理厂2座，铺设雨水管网4.6千米、污水管网4.3千米；投入130余万元改善场镇卫生和处理生活垃圾，建立了农村生活垃圾“户集、村收、镇运输、区处置”的新模式，实现农村生活垃圾处理全覆盖；对庭院进行“四清四改”，创建市级美丽庭院130个，建设节点花园3处，绿化美化房前屋后及公共区域1万平方米；打造5.4千米示范路，油化村道路1千米、硬化村社道路6.5千米；打造20千米的紫薇大道，沿线栽植紫薇6500株，建设观景台3处。落实河长制，开展1157次有效巡河，发现、处理河库问题30余个，打击处理涉河违法排污行为3件，清理河流垃圾及漂浮物70余吨；投入280余万元实施大洞溪流域农业面源污染综合整治项目，修建河流沿线农业废弃物收集箱20个和生态拦截带1853平方米，清理河道底层淤泥6837平方米，建设生态浮床192平方米，安装震频式太阳能杀虫灯100台、黄（蓝）粘虫板10万张；开展全国第二次污染源普查工作，全面完成南沱镇115家工业企业、13个集中式污染处理设施、22家畜禽养殖场、16个水产养殖污染点、8个土壤污染检测点、6个入河排污口的污染源入户调查和录入工作；开展宣传培训活动，实现化肥、农药零增长；完成国土绿化提升行动造林任务143.33公顷。

【社会民生】 推进脱贫攻坚，完成“三类人员”C级危房改造93户，D级危房改造98户，清理一般农户C、D级危房792户；落实“四类人员”人行便道项目，涉及10个村68个社216户，完成建设里程16.5千米；规划扶贫项目74户，补助资金98345元；累计发放小额扶贫贷款284户1031.5万元，获贷率超过50%。投资53万元建成龙驹花椒烤房及附属设施，解决了鲜椒滞销问题；完成农网改造348户，新增变压器5台，安装路灯217盏；移动、电信、广电等无线和有线网络实现村级全覆盖。转移农村劳动力11525人，实现劳务总收入44154万元；医保筹资人数28665人，城乡居民养老保险基金征缴255万元，做到应保尽保。解决重点优抚对象的生产、生活、住房困难，发放低保、五保、临时困难等各类救灾救济救助资金500余万元；建立南沱镇空巢老人服务站，完善敬老院安全工作日巡查制度，强化殡葬改革管理制度；推进“厕所革命”，新建改建卫生厕所200户；开展各类文化体育活动、培训、展览25次，播放惠民电影136场；南沱中学与十九中、南沱中心校与城七校、关东小学与城十校结成对子，开展合作办学，学习先进的教育理念、教学方法，南沱中心校荣获重庆市第二期领雁工程项目优秀学校称号，创建重庆市书法艺术特色学校，“乡村学校少年宫”连续4年获市级评估特等奖；开展志愿服务14次，参与300余人次，受众800余人次。

【平安建设】 推进政务值班标准化建设和基层应急管理规范化建设，加强风险信息动态管理，开展了5•12机关地震避险、夏季消防高层建筑疏散暨森林灭火、防汛和地灾避险等6场应急综合演练。镇政府消防队共出警117次，其中火警15次；开展企业安全执法检查95家次，发出整改通知55条，消除安全隐患154起；交通安全现场纠违543例，实现罚没收入5万余元；打击非法存储、运输烟花爆竹4起，收缴180件；安全责任事故实现“0”目标。开展食品药品安全整治40余次，行政处罚立案13件、办结13件，全年食品药品安全事故零发生。调处信访事项199件次，调解矛盾纠纷279件次，完成人民调解司法确认案件47件次，调处2起意外死亡事件。加强对群众权益保护工作力度，协调解决1起多年劳资纠纷，为44名农民工讨回薪资近17万元；兑现重性精神障碍患者有奖监护资金13余万元，保障了患者权益；打击刑事犯罪案件12起14人，刑事案件立案数14件，侵财性案件立案11起，惩处6人。做好校园及周边整治工作，加强对邪教组织及人员的打击处置工作，抓获“9•11”专案涉案人员2人，缴获囤积物资40余吨，维护国家安全和社会稳定；开展扫黑除恶工作，对重点领域进行了全方位拉网式摸排，加强对基层干部的行为记录审查，处理违规违纪人员2名，社会治安防控体系建设不断加快。

主要领导名录

党委书记　张正书
人大主席　叶相兰
镇　　长　董心雄
党政办电话　72735002
传　　真　72735124

马武镇

【概况】 马武镇位于涪陵西南部，距涪陵城区20千米，车程20分钟。2008年5月乡镇建制调整，由马武镇、惠民乡、太和乡合并而成，面积161.53平方千米，镇辖17个村、2个社区、126个村（居）民小组，12910户、4万余人，城镇化率32.4%，森林覆盖率48.2%。境内有省级文物保护单位碑记桥，千年银杏、清溪沟、白鹤湾等马武新十景及136个自然人文景点，有马武将军文化馆、农耕文化馆、古今散文馆、涪陵电大马武新农村学院、全国首个乡镇级中国散文学会创作基地等文化传播基地，有古今花海、清溪山谷、坪上花溪、林晟园等生态旅游资源。是市级文艺创作基地、市散文学会创作基地和《雾都夜话》栏目群众演员培训拍摄基地。涪南公路纵贯全镇，南涪高速公路在境内设有出口，到南川、丰都、武隆40分钟，重庆主城60分钟。

2018年，马武镇国内生产总值17.7亿元、增长10.6%，农业总产值5.83亿元、增长6.9%，农村常住居民人均可支配收入15812元、增长10.2%，工业总产值8.82亿元、增长7.45%，本级财政收入2336万元、增长14.7%；固定资产投资3.48亿元，完成区上调整后目标的108.8%，规上工业产值4.69亿元。

【机构设置】 党政办：负责人大、政协、宣传、统战、党史、地方志、文秘、机要、保密、档案、应急、依法行政以及机关后勤管理和内外事务的综合协调等工作。

党群办：负责组织、人事、群团、老干部以及机构编制等工作。

监察室：负责纪检、监察、武装等相关工作。

综治办：负责社会治安综合治理、群防群治、矛盾纠纷多元化解、信访接待、信访事项办理、信访维稳等工作。

财政办：负责财政收支、预决算、财务管理、审计及税收等工作。

经发办：负责经济发展规划与指导服务、社会经济统计、物价、科技发展、科协、节能降耗、商贸流通、信息化管理、项目管理等工作。

食药监办：负责食品的生产、流通、餐饮和药品、保健品、化妆品以及医疗器械的监督管理和违法违规行为查处等工作。

社事办：负责民政、社保、就业、医保、殡葬改革、低保、基层政权建设、残联等工作。

文卫办：负责文化、体育、计生、卫生和教育等工作。

企服中心：负责招商引资、工商联和企业统计、服务及安全生产等工作。

农服中心：负责农业、农经、农技、农机、水利、扶贫、旅游、烟草、畜牧等工作。

林业站：负责森林防火、森林病虫害防治、林政执法、资源保护等工作。

规建所：负责规划、建设、环保、场镇管理、交通建管等工作。

安监办：负责安全生产、车辆、船舶、道路交通安全、救灾抢险、消防等工作。

【经济发展】 推进商会机制创新，建立商会“互助基金”，先后为会员企业提供周转资金1200万元，为企业融资5000万元，马武商会被区工商联推荐申报“全国四好商会”。繁都能源、平发贸易成功升限，华美塑业顺利升规，拓亨建设公路承包资质实现三升二，坤和建筑荣获全区建筑业10强称号，衡生农业、雨杰农业等5家企业被评为区级重点龙头企业，南桂园实业、马武电力公司等8家公司被评为区级“守合同，重信用”企业。川马食品投资400余万元进行技改解决榨菜废水污染问题，伟塑公司投入700万元进行升级改造，引进欣锦源林业公司与华茂林业合作，投入500万元对模板厂进行提档升级，引进展泓家具投资300万元盘活德庆祥药业闲置厂房。全年新引进企业29家，注册资金1.42亿元，到位资金1.6亿元，固定资产投入4585万元，新增税收329万元。全镇中小企业达278家，其中工业企业32家、建筑房地产企业33家、商贸服务企业118家、物流企业43家、其他企业52家，产业结构优化。

【农旅融合】 落实特色效益农业经济带项目，硬化悦溪农业8.6千米生产便道，建设雨杰农业瓜果长廊、停车场、农业园附属设施，完成从古到今、悦溪农业、硚梨山庄等5个A级标准化旅游公厕建设，古今花海创建为国家3A级景区，惠民、石朝门、方碑3个村申报创建市级“全域旅游示范村”。巩固市级商贸强镇成果，推进农家乐标准化建设，新培育农家乐5家，建立镇域电商中心服务站，实现线上线下宣传销售推广；举办梨花节、桃花节、采果节等节会活动，接待游客30万人次，实现乡村旅游收入5000万元。以南方早熟梨等品种形成的“十里梨子长廊”为核心，强化惠万路沿线500公顷优质水果休闲采摘观光带建设管理，新发展各类中药材66.67公顷，依托民协、均田、外坝、平桥等村蔬菜专业合作社，蔬菜种植面积突破3333.33公顷、榨菜种植面积突破2000公顷。

【基础建设】 按照“四好”公路要求，投资3918万元实施道路拓改15.4千米、硬化67.59千米，马龙一级路一二标段完工并启动了三标段建设。实施高家湾、适合、枫香树、沙肚子水库除险加固及红旗水库技改扩建项目，整治卫东水库渠堰10千米，启动蒲江村人饮项目。加大基本农田保护力度，落实总投资4060万元的小坝、平桥、方碑、石朝门等村土地整治项目。推进厕所革命，新（改）建公厕14座，实施农村改厕429个。开展“院落四清”“设施三改”“公共环境六整治”行动，完成277户D级危房、63户C级危房改造，完成马武中心场镇污水处理厂升级改造。投入200万元新增压缩式垃圾收运车2台，设置垃圾箱体85个、垃圾桶600组、高标准垃圾围栏120组，实现5户以上大院垃圾收集全覆盖，农村生活垃圾有效处置率95%。规范农房审批程序，查处违法建筑2起，依法强制拆除1起。

【生态环保】 推进“五大环保行动”，开展污染源普查，对辖区252个污染源单位进行了实地清查和数据采集。加大环境突出问题治理，停产整治桃屋、川马等榨菜企业和马武、惠民2家屠宰场，强化华美公司、兴旺红砖厂等工业企业污染治理及限养区畜禽养殖场污染综合整治，督促企业累计投入治理资金419万元。建立健全镇、村两级河长和河库警长体系，实施龙桥河、小溪河、清溪河流域环境整治。实施国土绿化提升行动，新一轮退耕还林种植三代杉树333.33余公顷。实施红旗水库、沙肚子水库水源地规范化建设，集中式饮用水水源地水质达标率100%。加大环境违法案件查处力度，建立环保、水利、畜牧、农业等部门联合执法机制，查处环境违法案件5件，清理整顿违法违规企业1个。

【农村改革】 启动清产核资、量化确权和农村土地承包经营权确权登记颁证工作，推进农村集体产权制度改革。开展“三社”融合发展改革试点工作，成立以供销社、合作社、农业企业和农户联合的股份合作社。农村合作经营化程度提高，新成立专业合作社3个、家庭农场5个。推进农业“接二连三”，拓宽融资渠道，协助旅游产业申报贷款2000万元。

【脱贫攻坚】 强化扶贫动态管理，新识别增加建卡贫困户8户23人，自然增加97人、减少129人。加强扶贫项目建设，完成8个村43千米“四类人员”人行便道建设和65户C、D级危房整治改造，实施平桥村6组道路整治，林口村、小坝村6组道路硬化。强化产业扶贫，发放扶贫小额信贷386户、911.2万元，落实产业补助资金22.52万元。贫困户人均纯收入达9100元，实现88.57 %的贫困户稳定脱贫。

【社会事业】 就业创业工作稳步推进，发放再就业小额贷款260万元，组织技能培训210人，新增就业1150人，落实公益性岗位23个。城乡养老、医疗保险实现全覆盖，养老保险征缴额达336万元，医保参保率达96%，落实特殊疾病补助202人次、21万元，市外就医报账71人次、42万元。加强城乡低保动态管理，新增61户113人，停发75户191人，落实贫困户低保兜底184户363人。强化社会救助，实施倒房重建6户，发放临时救助、冬春生活救助、医疗救助金63万元，落实计生奖励扶助、失独等资金191万元。高度重视老年工作，发放高龄津贴5038人次49.78万元、失能老人生活补贴60人7.2万元，投入资金16万元修缮太和、蒲江敬老院，改善五保老人生活条件。

【平安稳定】 开展安全生产大排查大整治大执法行动，全年辖区道路交通、民房火灾等安全事故同比下降31.7 %。打好非洲猪瘟防控阻击战，未发生动物重大疫情。坚持矛盾纠纷大排查、领导干部大接访和信访积案大研判机制，排查矛盾纠纷168起，化解165起，处理信访疑难积案48件。落实重点时段、重点人群稳控专班制度，妥善处置不稳定因素5件。狠抓扫黑除恶专项斗争，强化治安管理，人民群众安全感不断提升。全年立刑事案件28件，同比下降55%，破获刑事案件16件，移送起诉13人；立治安案件62件，治安处罚20人。

【教科文卫】 开展马武镇第三届全民健身运动会，参加区五运会10个项目比赛，获得拔河、女子乒乓球及趣味钓鱼全区第一，男子篮球乡镇组第二名的好成绩。开展“打黄打非”进基层活动，规范文化市场及校园周边秩序。提升卫生公共服务水平，开展老年健康体检及妇女

“两癌”筛查。巩固市级卫生镇成果，新创健康社区1个、卫生单位（村、社区）2个，全镇累计创建市级卫生单位5个、市级卫生村2个、区级卫生单位12个、区级卫生村（社区）14个。

主要领导名录

党委书记　熊国勇

人大主席　李　毅

镇　　长　卢　伟

党政办电话　72732022

新妙镇

【概况】 新妙古称“新庙”，因庙宇多而得名。新妙镇地处重庆东部，涪陵西部，长江南岸，与南川、巴南、长寿区交界，面积139.12平方千米，辖22个村、1个社区，总人口5.6万人，耕地面积5635公顷，森林面积6160公顷。城镇建成区面积3.9平方千米，建成街道总长约22千米。新妙镇距重庆南岸茶园新区37千米，距涪陵城区45千米，沿江高速公路、茶涪二级路、204省道贯穿全境，南两高速公路（南川区—两江新区）与沿江高速公路交汇新妙。2018年，镇党委政府设党政综合办事机构16个，分别是党政办、党群办、人大办、财政办、经发办、综治办、社事办、移民办、食药监办、农服中心、林业站、社保所、文体中心、规建所、安监办、企办室。在编行政事业干部共计124人，其中党政领导15人（保留副处级以上待遇干部3人），大学生村干部3人。区直属部门9个，分别是派出所、司法所、畜牧站、教管中心、涪十中、国土所、卫生院、法庭、工商所。

【经济建设】 2018年地区生产总值实现15.8亿元，增长12.9%；完成固定资产投资2.2亿元；农业增加值实现3.6亿元，增长4.5%；城乡居民人均可支配收入达到3.64万元、1.45万元，分别增长8.9%、9.3%；本级财政收入实现1167万元。农业发展提质增效。推进特色农业持续发展，柑橘、畜牧、蚕桑等特色高效农业体系初步形成，种植榨菜2800公顷，产值达6000万元；种植蜜本南瓜、莲藕、辣椒等时令蔬菜1000余公顷，实现产值4500余万元；333.33公顷晚熟柑橘有效管护。扶持和培植新型农业经营主体6家，其中农民专业合作社4家、家庭农场2家，“三品一标”绿色食品认证2个，累计流转土地2566.67公顷。举办首届“中国农民丰收节”，加强新妙粉条、辣木叶片等农特产品销售与对外宣传。强化重大动物疫病防控，“非洲猪瘟”防控工作有序有效开展，全年出栏生猪5.1万头，家禽71.3万只，畜牧业实现产值2.3亿元。工业和民营经济发展势头良好。企业总产值实现46.4亿元，增长7.5%；乡镇企业营业收入实现47.9亿元，增长8.7%。投资1000余万元的重庆维凯塑胶有限公司正在建设。招商引资成效明显。完善招商引资工作机制，制定招商引资考核激励办法，完成注册企业31家，引进资金1.7亿元，到位资金1.2亿元。优化营商环境，开展“三百行动”。树立“企业无小事”理念，完善领导干部、部门联系企业制度，走访民营企业36户100余人次，收集归纳意见建议16条，切实解决企业转型升级中的难点卡点，营商环境得到有效改善。现代服务业发展壮大。陈家湾商圈集聚能力持续上升，商业零售、餐饮酒店等商业种类增加；全年新注册商标34件，新增私营企业55户，其中微企17户，新增个体工商户189户，第三产业增加值实现9.3亿元，增长14.2%。

【城乡建设】 加强小城市管理。巩固鲜花小镇成果，栽种花卉32万余株，湿地公园二期种植景观树540株，新建公厕5座。实施创文创卫攻坚行动，开展市容环境治理，开展交通秩序整治，规范杰勋广场乱停乱放行为，安装“天眼”视频监控系统实现小城市全覆盖。

全年劝导、查处乱停乱放违章车辆共3700余辆；规范经营摊点1200余个，整治占道经营、骑门摊点410余处；整治乱涂乱画和清除牛皮癣3000余处；拆除临时搭建附作建筑物1000余平方米。推进基础设施建设。投资3979万元完成北门村、十字村、普陀村移民精准帮扶项目，北门村、郑家村库区基金项目完成预算编制。投资895万元的大岭村、岔河村土地整治项目全面完工。投资1100余万元完成丛扇路、崇甘路等14.7千米道路硬化工程；投资1900余万元实施45千米通组公路硬化工程；加强管护乡道33千米、村道147千米。实施天宝寺饮用水到新妙完善工程，解决饮用水源不达标问题。投用四合、开平集镇污水处理厂；建设两汇集镇污水管网扩网工程。开展农村人居环境综合整治。实施以竹篱栅栏编制、道路整治整修、庭院绿化美化、垃圾清运清除为内容的“竹篱笆”行动，编制竹篱笆栅栏5万米，整治村社道路125千米，整洁庭院1.02万余户。配置垃圾车22辆、垃圾桶150个，清运陈年垃圾910余吨，农村生活垃圾清运保洁覆盖率达100%。推进乡村振兴规划。完成新妙总体规划修编，完成新妙镇乡村振兴战略实施方案、北门村乡村振兴试验示范实施方案和北门村乡村振兴总体规划设计方案。生态文明建设成效显著。申报“市级生态文明建设示范镇”通过专家组评审。落实“三大攻坚”行动，推进河（库）长制工作，累计投入100余万元对龙潭河、游江河等河流进行清漂保洁；全面禁止肥水网箱养鱼，打击电鱼、毒鱼等违法行为，辖区29条河流、6座水库、1453口山坪塘等水环境质量得到改善。启动第二次全国污染源普查，建立健全215家企业（工商户）污染源档案和污染源信息数据库。加大环保执法力度，全年共查处环保违法案件5件。抓好森林防火和松材线虫防控工作，实施5000公顷天保工程二期、森林生态效益补偿和天然商品林管护；完成退耕还林486.67余公顷，植树8万余株。

【民生事业】 实施打赢脱贫攻坚战三年行动计划，2018年实现58户161人脱贫。发放扶贫小额贷款460户972.15万元，完成贫困人员C、D级危房改造207户，投资356万元完成53千米“四类人员”生产人行便道建设项目，开展扶贫就业技能培训和种养殖技术培训522人次。社会保障能力不断提升，城乡居民养老、医疗保险参保率均超过95%；就业扶持不断加强，发放政策小额贷款899万元。采集完成1348名退役军人和其他优抚对象信息，筹集110余万元对困难家庭实施救助。全项参加区第五届运动会，荣获全区“优秀组织奖”；举办1000余人参与的第四届镇运动会；弋阳国民师范学校、刘伯承护国之役纪念馆2个红色旅游景点共接待革命传统教育5000余人次；启动“村村通、村村响、村村都能讲”惠民工程，完成小坪、游江等7个村安装调试工作。涪十中创建“市级防震减灾科普示范校”。教师和学生个人获奖592人次，投资1400万元的新妙中心校学生食堂宿舍竣工投用。医药卫生体制改革扎实推进，组建9个家医团队划片开展家庭医生签约服务工作；新建十字村卫生室，整修中观、小坪等5个村卫生室；全面实施两孩政策，计生民生各项政策落到实处，发放奖励、扶助金37.7万元。强化食品药品安全监管。助推创建国家食品安全示范城市。全年出动执法人员1400余人次对辖区内的食品销售经营单位、餐饮服务单位、学校食堂等单位检查督查721户次，立案查处10件。

【平安建设】 强化安全生产监督管理。落实安全生产“党政同责、一岗双责”责任制，开展大排查大整治大执法专项行动，对365个生产经营单位或场所集中排查，发现并整改隐患186项，整改率达100%。发挥专职消防队作用，出动处置83次，挽回经济损失150余万元。开展扫黑除恶专项斗争。通过走村入户、场镇集中宣传、悬挂标语等形式，对扫黑除恶专项斗争的主要工作内容和重点打击的12类黑恶乱现象进行广泛宣传。狠抓村组干部违纪违法整治，对290名村组干部进行了违纪违法信息核查，共排查出问题线索112条，处理19人。狠抓信访稳定。发生刑事案件76件，打击犯罪嫌疑人14人；受理行政案件69件，处理违法人员63人，其中行政拘留23人；全年内未发生民转刑案件。推进“天眼”工程，安装69个摄像头覆盖新妙场镇。全国“两会”和市“两会”等重要节点期间，无一例到市进京集访和到非接待场所上访，无一例特殊人群肇事肇祸事（案）件发生。提升防灾减灾能力，强化应急队伍建设和物资储备，抓好森林防火、松材线虫病除治、防汛抗旱等工作。

主要领导名录

党委书记　张晓藩
人大主席　李晓明
镇　　长　张必文
党政办电话　72702031
传　　真　72701169

蔺市镇

【概况】 蔺市镇位于涪陵西郊，地处长江南岸，距涪陵城区20千米，到重庆主城40分钟车程，渝怀铁路、渝巴路及沿江高速横贯全境。全镇面积163平方千米，集镇城区面积2.2平方千米（其中建成区绿地面积693.34平方千米），耕地面积6905公顷，森林面积7130公顷，森林覆盖率50%；空气质量好、无工业污染。全镇辖17个村、7个社区，人口4.98万人，建成区常住人口1.24万人。2018年，全镇实现地区生产总值20.1亿元，同比增长8%。完成固定资产投资4.53亿元，本级财政收入3100万元。城镇居民人均可支配收入达3.83万元，同比增长10.1%；农村居民人均可支配收入达1.57万元，同比增长11%。

【经济发展】 古镇建设顺利推进，长江堤防二期2千米建设进展顺利，建设地块完成初步场平，与北京结绳文化公司达成建设结绳小镇初步意向。美心红酒风情小镇通过3A级景区专家评审。禅宗小镇观音寺主体工程完工，长江石磨纪公园规划通过专家评审，万松里民宿文化村开工建设。加大旅游推介力度，持续举办“庆龙节”“梨花节”“红酒节”“灯会节”“高跟鞋彩色跑”等活动，接待游客45万人次，旅游收入实现4200万元。完成农业生产总值6.5亿元。粮食产量4.1万吨，“2+X”特色高效农业体系初步形成，榨菜种植346.67公顷，建成中药材基地333.33公顷，水稻制种、白茶、柑橘、畜禽养殖等特色产业稳步发展。涪陵白茶获得中国地理标志认证，蔺市特醋传统酿造技艺申报重庆市非物质文化遗产。承办重庆市首届中国农民丰收节涪陵区特色专场活动。完成招商引资15户，实际到位资金1.2亿元。完成规模以上工业总产值6.8亿元，望仙糯米酒出口韩国。商贸日趋活跃，社零总额达6.54亿元。海源物业荣获“2018中国物业服务百强企业”称号，美心红酒风情小镇成功打造全区最大的红酒卖场。完成全国第四次经济普查清查摸底。

【城镇建设】 承办全区集镇建设管理现场会。集镇功能持续完善，在新获批的全区城乡总规中，将蔺市镇明确定位为全区四个功能组团之一。停车位达到200个的室内公共停车场和6座旅游公厕建成投用。凤阳大道房屋外立面改造项目进展顺利，完成15幢改造。完成集镇18亩空地绿化美化，国家园林城镇创建工作通过市级验收。集镇管理加强，投入40万元安装交通查违纠违视频监控系统，有效杜绝车辆乱停乱放。引入物管公司对场镇绿化进行专业养护管理，及时维护市政照明等设施，建立常态化巡查队伍严管占道经营，市容环境整洁有序。人居环境显著改善。在各村开展“清院坝、清沟渠、清垃圾、清散养、改厕、改厨、改圈、改排水”的“四清四改”行动，共清除卫生死角385处，清运生活垃圾3880吨，改造卫生厕所1100户。连二村对院子墙体进行彩绘，植入农耕文化和本土自然风光。开展“环境卫生村、环境卫生户、党员卫生示范户”和“最美阳台、最美庭院”评选活动，村民卫生习惯改善。龙泉村被评为市级环境卫生示范村。

【生态发展】 环保设施建设加快。美心片一体化污水处理设施建成投用，改建投用蔺市主场镇污水处理厂，堡子、五马等撤并集镇污水主管网改造项目开工建设。督促华龙榨菜厂新建污水处理厂并完工投用。义务植树9万余株。河流管理更加精细。建立“1+2+N”河长制责任体系，对长江、梨香溪、清溪沟和13条次级支流、19座水库、1149口山坪塘进行全面清理治理，镇村两级河长巡河实现常态化。严格落实榨菜半成品加工户废水集中收运处置，完成清水塘和同心水库集中式饮用水水源地规范化建设，关停、关闭清溪沟沿线2户规模养殖场。完成中央环保督察反馈问题整改。开展第二次全国污染源普查，57户普查任务全面完成。开展生态环保“五大行业”专项整治，关停美心集团梨原门业，平易粮油完成煤改气，严控露天秸秆焚烧，立案查处环境违法案件4件。

【社会发展】 脱贫攻坚扎实推进。完成贫困户识别退出动态调整，新增贫困户5户12人，脱贫19户44人，巩固稳定脱贫户863户2820人；落实贫困户到户产业补助14.36万元，发放扶贫小额贷款439户放贷1126万元，获贷率达51%；持续为贫困户发放樱桃、李子、无花果3300株；免费开展贫困户实用技能培训，参与人数400余人次，新建“四类人员”人行便道70.9千米，精准脱贫实现全覆盖；五尧村被评为全市扶贫开发工作先进集体。民生实事广泛惠民。建设通组路57.6千米、美化道路10千米，创建区“四好农村路”示范乡镇；完成龙泉水库生态修复、除险加固和6个水库管理房建设，完成C级危房改造62户、D级危房改造160户；在万松村先行先试“三变”改革，农户以土地、林地、房屋等入股，采取“保底+效益”分红的形式增收；完成土地确权颁证及13个村户籍制度改革农村建设用地复垦项目。社会保障逐步健全。居民医疗保险参保38710人、养老保险参保10957人，农村小额人身保险参保4784份；低保实现应退尽退、应保尽保，救助受灾群众、困难群众1052户；80岁以上老人高龄津贴、残疾人补助、计生奖扶一次性奖励全面落实。社会事业全面发展。教育质量全面提升，适龄儿童入学率100%，高考上线率97%，蔺市小学女子足球队代表涪陵区参加市级联赛；参加区第五次运动会成绩优异；特殊家庭医生签约服务100%。

【平安建设】 开展安全生产大排查大整治大执法，排查一般隐患188件，整改186件，落实监控2件。严格食品药品监管，立案11件，收缴罚款3万元。完成古镇房屋91套电线改装，基本消除电线老旧引发火灾安全隐患。做好非洲猪瘟防控、松材线虫病防控、森林防火、防汛抗旱、渔船安全等工作，农业生产安全形势总体平稳。平安蔺市持续加强。完善社区警务室、立体监控摄像头等监管平台，组建1360人的志愿防护队伍，镇、村、社“三级”平安体系不断完善。深入开展扫黑除恶专项斗争，依法打击惩治违法犯罪，刑事案件立案率下降26%。

主要领导名录

党委书记　谢成洪
人大主席　周大川
镇　　长　何　伟
党政办电话　72110001
传　　真　72110604

清 溪 镇

【概况】 清溪镇位于涪陵区东部，地处长江南岸，距涪陵城区12千米，东邻南沱镇，西连江东办事处，南接罗云，北靠长江。镇内气候宜人，资源丰富，交通发达，商贸繁荣，是涪陵再生有色金属特色产业园所在地、西南地区重要的铜铝产品生产基地和全区“四大功能组团”之一，也是三峡移民重镇。清溪镇交通便利，是渝西地区通往丰都、湖北省等地的主要通道，G348国道、渝利铁路、涪丰石高速公路贯穿全境。全镇面积80平方千米，辖10个村（居）委、84个村（居）民小组，9866户，3.3万人，海拔150～850米，立体气候特征较为明显，耕地面积3600公顷，林地面积2400公顷。镇党委下属党总支部1个，党支部23个，党员1057人。2018年实现生产总值11.29亿元，同比增长3.6%；城乡居民人均可支配收入分别达到36274元和14892元，同比分别增长9.5%和11%；规上工业企业总产值5.7亿元、固定资产投资1.3亿元；地方财政收入实现2077万元，较去年增长9.3%。司法所被司法部评为全国人民调解先进集体，信访稳定工作被区委区政府记集体三等功，交安办被市交安办表扬为优秀乡镇交安办，2017年综合目标考核被区政府评为出色完成任务单位。

【实施乡村振兴战略】 按照“小、特、精”特色效益农业和休闲观光农业的发展思路，加快发展青菜头、果品、藠头、花椒等产业，新种植花椒300公顷，新管护柑橘133.33公顷、枇杷113.33公顷、葡萄12公顷，全年青菜头产销4.6万吨，蔬菜1.6万吨，水果1400吨。科学发展畜牧养殖业，全镇生猪存栏1.2万头、出栏2.7万头，禽兔存栏12.5万只、出栏29.1万只，牛羊存栏2300头（只）、出栏3000头（只）。加快农村基础设施建设，实施清石路6.2千米路基改扩工程，新建人行便道43千米、通畅工程13千米，启动聚龙桥建设及大湾坝桥加固工程。完成2018年“青龙村农村饮水安全巩固提升工程”。争取国家资金240万，启动胜利、松树、龙舌溪三座水库除险加固工程建设。完成麻溪河丰收村河段（白洞溪）综合治理项目初设方案批复工作，争取资金1300万元。实施青龙、四合、丰收农网改造工程。清溪场镇346户、土地坡片区1300户、双龙和四合322户天然气安装工作稳步推进。全面启动农村生活垃圾专项治理工作，新投用垃圾车（箱、桶）1654件，配备村保洁员9名。加快农村卫生厕所建设改造，完成农村改厕202户。加快实施危旧房改造，完成C级危房改造66户、D级危房改造51户，完成农村集体土地农房审批30户及667户危房认定处置工作。加快乡村旅游发展，打造双龙村乡村旅游示范点黄家院子，完成旅游固定投资7500万元，新建改建旅游厕所4座，补助资金8.8万元。举办建设葡萄节、青龙枇杷节等乡村旅游节活动，2018年全镇乡村旅游接待游客8600人次，综合收入210万元。

【特色园区服务】 化解园区各类矛盾纠纷180余起、2700余人。调解园区基础建设项目欠薪纠纷600余起，追回兑现民工工资1900余万元。完成东城小区、通江走廊、保障性住房225人的养老保险资格申报审批工作。配合完成园区3.3万平方米公租房建设及部分装修工程，完成园区污水处理厂建设及大朗厂区滑坡治理工程，督促东发碳素公司完成环保整改，协助渝湘、博鼎公司生活污水接入场镇二、三级管网。组织园区企业集中招聘，累计为园区企业输出劳务人员900余人。做好2个钻井平台页岩气开发协调服务工作。

【招商引资工作】 依托清溪园区，培育壮大铝型材加工、农副产品加工、船舶制造、房产开发、物流商贸等本土产业，新发展各类市场主体224户，培育成长型微型企业入库20户，新申请注册商标8件。签订招商引资协议41个，成功引进企业32户，到位资金1.6亿元，并与全国民营企业500强的富海能源集团公司签订战略合作协议。

【特色城镇建设】 加快场镇规划建设，统一整体风貌，建设滨江风貌特色镇。投入900万元、完成1千米康居路升级改造工程，将原有6.5米车行道拓宽至20米（含人行道）双向四车道。投入1200万元，启动中心校运动场扩建治理项目。投入470万元，启动涪四中滑坡治理项目。投入1400万元，启动清溪集镇正立面综合整治。完成G348国道清溪场镇至南沱高速匝道口6千米路面升级改造和平原桥、吊嘴桥危桥改造工程。推动综合市场建设、东城小区土地招拍挂、库岸综合整治项目申报等工作。开展全国文明城区、国家卫生区创建工作，补植花卉苗木5000余株，更换、新增路灯120余盏，投放垃圾桶370个，清理僵尸车24辆、“牛皮癣”广告400余处，新增临时停车位180个，劝导不文明行为2000余次。推进重点整治工作，完成清溪垃圾中转站建设前期工作，清溪垃圾填埋场垃圾、渗漏液的全部转运工作。

【生态环境环保】 坚持“绿水青山就是金山银山”的发展理念，做好“三篇大文章”，加强乡村生态文明建设，推进生态保护修复工作，启动实施国土绿化提升行动，加强两轮退耕还林9500亩633.33公顷造林成果巩固，完成新一轮退耕还林186.67公顷、四旁植树8公顷和全民义务植树8万株，做好森林防火和松材线虫病防控工作。投资2500万元，完成清溪场镇污水处理厂及7千米二、三级污水管网建设，完成土地坡集镇污水处理厂及2千米二、三级污水管网建设，完成三个居民点约3.5千米污水管网及化粪池改造建设，实现污水处理全覆盖。开展第二次全国污染源普查，开展污染源排查3次，共排查出居民聚集点生活污水排放点、箱涵11个，畜禽养殖2家和工业企业7家，停产整顿工业企业3家。推进2018年水源地建设、大气污染防治、土壤治理等生态环保工作。重视环境信访问题处理，全年处理环保投诉纠纷、网络舆情24起，回复处置率100%。

【“河长制”工作】 健全河长制有关管理体系，完成“一河一策”编审，落实河长巡查、河道管护等八项工作制度，强化河库巡查及保洁工作，累计巡查河库1000余次，巡河里程1170千米。强化污染治理，消除河道白色垃圾、河道弃渣和建筑垃圾等约150吨，投资450万元、完成清溪段四合和平原村污水管网主体工程建设。投资60余万元，完成麻腊溪青龙咀1.6万立方米存量建筑生活垃圾治理。投资400万元，全面取缔山坪塘肥水养鱼，关停、关闭畜禽养殖场5家。指导业主自筹40万元，完成存栏1500头生猪污染治理零排放达标示范工程，实施畜禽粪污资源化治理养殖场环保设施50户。

【民生实事办理】 完成7户24人脱贫攻坚任务。驻村工作队帮扶贫困村药品、食品、肥料、衣服等物资22.6万元。完成贫困户323户29.3万元产业扶贫，购买精准脱贫保695户53万元，发放小额扶贫贷款425户1109万元。带动贫困户种植藠头66.67公顷，管护经果林233.33公顷，促进434户建卡贫困户增收。开展扶贫知识培训31场4495人次，帮助79名贫困群众在清溪园区就近就业。完善帮扶单位29个、干部229人，帮扶贫困户868户。开展民政资金监管突出问题整治、农村低保工作中腐败和作风问题专项治理工作，新增低保对象59户103人，停发140户209人，调整补助金额102户221人。发放各类惠民资金220万元，最低生活保障金384万元，各类困难救助金160万元。发放创业担保贷款400万元，新增城镇就业1093人，城镇登记失业人员就业522人。兑现计生奖扶政策441人、54.8万元，计生特扶政策26人、

20.8万元，独生子女一次性奖励金282人、14.1万元。承办涪陵区第五届运动会钓鱼比赛，举办28次镇级全民健身文化体育活动，获区第五届运动会区政府表彰4项。教育成效逐步提升，获得体育、科技、演讲等教育类比赛团体、个人一等奖5项，二等奖6项。涪四中升入五中、实验中学27人，升入涪高中48人。

【三峡移民工作】 完成2019年平原村农村移民安置区精准帮扶项目申报批复，总投资1350万元。完成集镇房屋安全隐患综合整治工程施工图设计及预算编制。有序推进双龙、四合移民安置区精准帮扶项目。做好双龙、平原、四合基础设施建设和四合灌溉水池及道路建设等项目申报工作。推进三峡移民对口支援工作，争取浙江对口支援无偿援助资金73.6万元、对口支援教育捐赠15万元，选派25名中层干部、村（居）支部书记赴浙江桐庐县参加培训，学习乡村振兴、人居环境综合治理等知识。

【社会综合治理】 开展扫黑除恶专项斗争“四大战役”，严打“村霸”“社霸”和侵害群众利益行为。加强治安风险防控，治安案件下降20%、刑事案件下降24%，“八类”案件下降200%，清溪派出所获区公安局集体三等功表彰。加强多元化解工作，成功调解案件739件，其中司法确认556件。推动领导干部接访下访活动，接访295件次，处理纠纷863件次，办结率达100%。开展大排查大整治大执法各类专项行动15次，共查处违法行为826起、罚款2.8万元。定期开展“三类”车辆驾驶人安全学习，全区“路长制”试点工作全面启动。加强应急工作，高效开展地质灾害专项应急演练和民兵应急训练。开展非洲猪瘟防控工作，有效防控非洲猪瘟疫病流入。落实食品药品主体责任，共立案查处案件10件。推进国土资源工作，加强耕地及基本农田保护，查处关停6个无证非煤矿山，并对2个图斑复耕复绿、13个地质灾害隐患点动态巡查，完成四合村横路片、双龙村九社（清石路）危岩治理工程。

主要领导名录

党委书记　刘原椿
人大主席　曹仿学
镇　　长　张言浩
党政办电话　72713030

石沱镇

【概况】 石沱镇地处长江南岸，是涪陵西部的移民大镇，上距重庆城区50千米，下距涪陵城区30千米。北临长江与义和镇隔江相望，东与蔺市镇连界，南与新妙毗邻，西与长寿区和巴南区接壤。全镇辖长江航道8千米，设客货码头1个，龙海石化输油专用码头1个，渝怀铁路一线二线横穿全境，设三级客货站一个。境内属沿江、低山丘陵区。土壤以棕紫泥、冲积土土壤、冷沙黄泥为主，年平均温度18℃，年均降水量1000～1200毫米。全镇面积102.24平方千米，辖13个行政村、1个居委会，100个农业社11个居民小组，总人口33973人，户数14244。场镇建成区面积143公顷，耕地面积4362公顷，森林面积3465.25公顷，森林覆盖率34%。

全年地区生产总值7.28亿元，同比增长12%。全社会固定资产投资完成4.73亿元；财政收入985万元，可用财力3008万元，同比增长14%。城镇常住居民人均可支配收入3.63万元，同比增长13%；农村常住居民人均可支配收入1.42万元，同比增长15%；社会消费品零售总额1.63亿元，同比增长15%。

【产业发展】 传统农业稳步推进。全年粮食种植面积4213.33公顷、产量1.89万吨；榨菜种植面积1866.67公顷、产量6.5万吨；果品种植面积1280公顷、产量1.25万吨、果品产值2217.66万元；柑橘种植面积893.33公顷，产量1.1万吨；蔬菜种植面积1173.33公顷、产量2.71万吨。全年出栏生猪3.26万头，牛447头，羊717头，家禽42.54万只，其中鸡20.42万只，鸭15.74万只，鹅6.38万只。特色产业可圈可点。结合乡旅特色有针对性地申报农业储备项目22个。创建“三品一标”3个，其中无公害品牌2个，绿色品牌1个。编制完成《石沱镇2018—2020年乡村旅游工作发展实施方案》。

【基础设施】 城乡基础设施日趋完善。投资1100万元的移民迁建集镇小区综合帮扶项目和雨水管网工程主体工程完工，铺装人行道透水砖3000平方米，安装路灯150盏，铺设雨污管网8500米。石和二、三级污水管网和污水处理厂已完成主体工程建设。客运站、农贸市场实施方案和初步设计调整方案、概算、施工图、财政预算通过评审并获批复。成功申报富广村、烈火村农村移民安置区精准帮扶项目和石沱移民迁建集镇小区综合帮扶项目等3个后续规划项目，项目资金总计7463万元。农电农房等基础要素得到保障。总投资达542万元的长益村农网升级改造工程投入使用，投资3500万元的长益村和大山村土整项目在实施。全年完成D级危房改造126户，C级危房改造21户，完成“四类人员”入户人行便道43千米。有序推进“大棚房”问题专项清理整治。清理“大棚房”各类问题10个，对辖区21个地块进行现场现状核查，将7家纳入“大棚房”问题专项清理范围，涉及占地面积0.10公顷。

【道路建设】 全年共投资5050万元新开工实施道路交通项目7个，建设里程84.81千米，建成后辖区沥青路和水泥路里程211.97千米，占道路总里程的53%。

【水利建设】 落实辖区1399口山坪塘的管护责任，整合资金对山坪塘进行病险除治，核查并整改100户贫困户饮水困难问题，落实富广长益水厂的日常维护管理工作。

【招商引资】 全年招商引资注册企业27个，其中实体企业2个，包含商贸、科技、农业、设计、测绘等多个门类。

【脱贫攻坚】 成立脱贫攻坚领导小组，组建11个专项工作组，完善工作联席会议制度。派驻98名干部组建驻村工作队14个，实现干部帮扶全覆盖。出动各级干部270人次深入开展脱贫攻坚大排查大走访行动，共走访排查农户9608次，排查并完成问题整改46个。争取资金9200余万元，完善农村水电路网基础设施；扶贫小额信贷贷款536.2万元；实施健康签约服务2016人次；资助困难学生329人，购买精准脱贫保593户；贫困户医疗救助213人，“一站式”医疗结算救助31.56万元、住院再次医疗救助5.61万元；重大节日慰问重点贫困人群276户，提供8个公益性岗位；全年实现脱贫15户33人，无返贫现象。

【征地拆迁】 全年专题研究征地拆迁及遗留问题工作协调会18次，处理个案36个，解决遗留问题16个，征收集体土地2.832公顷，拆迁房屋33户。完成了新石组团光明片区符合征地安置条件的达龄人员102人基本养老补助金推选审查工作。中央环保督查项目酒井污水处理厂4.35公顷全面开工建设，完成了石沱片区污水处理厂11.25公顷构(附)着物的清理工作。

【扫黑除恶】 采取组织全面发动、党员全面带动、群众全面推动等举措，张贴公告500份、悬挂标语150条、制作专栏15个、发放宣传单1.2万份、出动宣传车150台次、召开村社会议300余次、发送扫黑短信1万余条，确保辖区群众知晓率达100%。强化线索排查，组织各村（社区）排查涉黑涉恶线索168次，做到村不漏社，社不漏户。

【经济普查】 成立石沱镇第四次全国经济普查领导小组，划分普查小区15个，选聘普查指导员和普查员18名，摸底清查底册单位404个，清查率100%，底册有效单位363个，新增7个，清查数占底册的比重为91.58%；个体户清查1027户，登记数占底册数的136.21%，其中有证个体户452个。

【生态文明】 投入资金120余万元，完善农村垃圾处置设施设备，建立“户打包、村收集、镇运输、区处理”的垃圾清处模式，全区农村垃圾治理现场会于2018年7月17日在石沱召开。实施农村人居环境综合整治，对4个居民点周边的65千米村道沿线、180座民房进行集中整治。将每月10号确定为“全民义务大扫除日”，建立人居环境综合治理季度考核制度。评选出“最美庭院”30个，创建“绿色村庄”1个。全年制止违法建设行为16起，开具停违通知书6份，消除存量违法建筑2.4万平方米。建立了河长制工作领导管理体系，印发了《石沱镇全面推行河长制工作方案》，对全镇10条主要河流、3座水库、1399口山坪塘和166口蓄水池开展水质现状摸底调查，编制完成“一河一策”“一库一策”。落实镇、村两级河长24名，人民监督员10名，聘请16名河库管护人员。全年巡河约750次，清理水体垃圾30余吨，整改河道堵塞问题4处，清除淤泥6处、强拆涉河违法建设7处。全年调查处理环保投诉案件30余起，推进环保“网格化”管理工作，落实环保义务监察员32名，开展环境安全“四大专项行动”，对全镇12家企业、101家个体户开展污染源普查工作，发放宣传资料4000余份。落实经费22万元，做好2个饮用水源地的环保监督和2个水厂的日常监管工作，完成14个农业面源污染点普查工作，建立水质检测常态化机制，多方位、深层次确保辖区群众饮水安全。实施国土绿化提升行动，全年完成义务植树6.4万余株，农户四旁植树10公顷，特色经济林改造120公顷。

【平安建设】 按照“控增量，减存量，多元化化解”的工作总基调，调解各类纠纷234件，司法确认41件，涉及金额1794余万元。社会治安总体平稳，石沱派出所全年刑事打击处理9人，办理治安案件30件，治安拘留20人，调解纠纷100余件，110警情同比下降66.67%。开展道路交通专项整治，共处罚各类违规驾驶行为1018起，扎实开展劝导站建设。积极化解和防范重大风险5件，妥善处置集访事件11件次。继续深入推进食品安全示范创建工作，出动执法人员450人次，出具执法意见书48份，发现问题248起、责令整改248起，严把“准入关”，共办理食品经营许可证70家，开展抽检33个批次，快检107个批次，评选出58篇优秀“食品安全创建”学生征文。共受理食品安全投诉2件，满意度100%，立案14件，办结14件，办结率100%。认真开展“非洲猪瘟”防控工作，与辖区养殖大户、屠宰场等25个单位和个人签订《防控责任书》，发放《禁止使用餐厨废物喂养生猪告知书》550份，设置检查站5个，实行24小时值班制度，以高压态势推动防控工作有序开展。严筑“七道防线”，严防森林火灾，确保有害生物成灾率控制在3‰以内。

【民生事业】 石沱中学重高升学率连续八年居全区同类学校第一名。镇中心校小学在全区教学质量分析中，首次以超全区平均分15.9分的好成绩，在全区24所中心校（二类学校）中名列第一名。石和小学以超同类学校（三类学校）平均分20.35分的成绩，在全区55所三类学校中排列第七名。完成城镇新增就业1376人，城镇登记失业人员303人。成功申报创业扶持贷款9户，发放资金180万元。组织开展就业技能培训3期，惠及群众164人。经济建设民工补保增发待遇申报140人。整合资金15.6万元临时救助困难人员232户。落实计划生育各项法定奖励优惠政策和奖励扶助制度，全年共发放奖励扶助资金66.7万元、特别扶助资金36.96万元、独生子女一次性奖励21.4万元，组织25对夫妇参加孕前优生健康检查。全面开展农村土地承包经营权确权登记颁证工作，完成14个村（居）、104个村民小组、7695户农户，97065个地块，6万余亩面积的现场指界工作。完成44宗6981亩土地流转情况清理归类工作，调处流转纠纷案4起。协助辖区企业获取各类专利8项，其中发明专利1项，引导和组织辖区6家企业新创重庆市科技型企业并入库。全镇共建立居民健康档案25217份，建档率90%，0～6岁儿童健康管理率100%，访视率100%。加强农家书屋管理，对全镇14个“农家书屋”进行了全面检查，配送书籍1000余册。

【五件实事】 长益村、太和村等4个村17.9千米撤并村农村公路硬化全面完成；总投资1800万元的湿地公园实施方案和初步设计方案、概算、施工图均通过评审并获批复；光明村、青春村便民服务中心进入选址设计阶段，梧桐村办公室整改完成；投入2206万元的长益村土地整治项目完成工程量的85%；投资800万元的石沱敬老院完成初步设计评审，并通过专家评审。

主要领导名录

党委书记　陈松涛
人大主席　傅　文
镇　　长　苏　凌
党政办电话　72720101
传　　真　72720024

龙 潭 镇

【概述】 龙潭镇位于涪陵区西南边缘，距涪陵主城区60千米，距南川43千米，距重庆主城90千米。全镇面积129.3平方千米，耕地面积5632公顷，森林面积5027公顷，森林覆盖率45%，空气质量好、无工业污染。辖22个村（居）委会，123个村（居）民小组，1.6万户4.7万人，其中场镇建成区面积1.5平方千米，城镇常住居民1.5万人。龙潭镇是市级中心镇、重庆首批“民间文化艺术之乡”。

【场镇规划建设管理】 基础设施建设力度加大。完善人民、团田等2个村村规划，办理乡村建设规划许可证316户，规划的指导性和可操作性不断增强。配合重点工程建设，南两高速路进展顺利，马龙一级路四标段龙潭辖区三工区开工建设。实施“四类人员”人行便道及通组公路建设，实施国土整治项目及病险水库整治。完成苹果山公园、人行道升级改造、路灯安装和时代广场停车场建设，农村生产、生活条件改善。场镇管理力度加大。通过拆危拆违拆旧、美化洁化绿化项目的建设，推进市容环境专项整治，占道经营、乱搭乱建行为得到制止；通过专项行动、集中志愿行动，清除城镇卫生死角15处、“牛皮癣”广告320余张、破损户外广告20余幅、积存垃圾10余吨。增加二、三级管网管理维护。城乡环境改善力度加大。开展绿色家园三年实施行动计划，办公区域垃圾分类收集处置，“门前三包”责任制落实到位。农村生活垃圾前端收运系统有序运行，配备三轮车22辆，落实区、镇级经费18万元，农村大院、公路沿线和陈年垃圾定期清理，垃圾定点投放行为逐步养成。新建公厕8座、农村卫生厕所250户，建成美丽庭院30户，农村人居环境明显改善。

【农业产业发展】 全年粮食种植面积5466.67公顷，产量2.8万吨；兑现2018年农业支持性保护补贴资金486万余元、2017年种粮大户补贴资金62万余元；发展优质水稻2666.67公顷（其中富硒稻200公顷）。发展中药材73.33公顷，发展蔬菜1333.33公顷，发展西瓜、猕猴桃等特色水果260公顷；水产养殖86.67公顷。新认证“三品一标”无公害农产品3个，申报绿色农产品1个。完成蔬菜样品监测200个，确保农产品质量安全。农业经济转型进一步做实。农村承包地“三权”分置改革、集体资产量化确权改革、第四次全国经济普查和农村土地确权颁证工作稳步推进。培育农村新型经营主体，转变农业发展方式，新增专业合作社3个、家庭农场3个，组织农户“入社入会”4834户、入会率80.94%。向62家企业和种养殖大户发放担保贷款1700万元，缓解融资难题，促进一二三产业融合发展。做强做优现代农业园区，新引进并发展小龙虾产业13.33公顷。畜禽养殖进一步做强。全年生猪存栏2.9万头、出栏6.8万头，牛存栏1942头、出栏640头，羊存栏2678只、出栏4076只，家禽存栏43万只、出栏104万只；畜牧业产值占农业产值64.3%。

【生态环境保护】 实施市级森林抚育项目333.33公顷，培育疏林地及未成林地33.33公顷，完成四旁植树30公顷、油茶补植补造206.67公顷，栽植厚朴12.8万株；兑付2003年退耕还林144.13公顷27万元、2014年退耕还林58.34公顷26.2万元；办理采伐证109份、蓄积141.8立方米；松材线虫病除治一次性通过区级验收。围绕“一控两减三基本”目标，推进“化肥农药使用量零增长行动”，限制性农药全面禁止使用。强化农业农村面源污染治理，引导142家畜禽养殖企业对污染治理配套设施进行整治完善。河（库）长制深入实施，全年各级河长开展巡河1550次，上报并解决问题15起；落实15万元专项经费，建立龙潭河及支流日常管护、考核机制，改造水生态环境。打好“蓝天保卫战”，开展秸秆禁烧执法宣传，严查露天焚烧垃圾、塑料等污染大气行为。

【社会民生改善】 公共服务水平提升。龙潭中心幼儿园、十七中学生食堂及图书综合楼建设项目顺利推进，办学条件改善；开展办学模式改革，实现区域内合作办学，支教、“走教”活动成效明显；十七中中考上五中、实验中学录取线49人，高考上线256人，本科37人。医改工作推进，执行药品“两票制”采购和零差率销售，开展14项基本公共卫生服务，免费老年体检3513人，家庭医生签约服务17607人次，龙潭中心卫生院门诊47161人次，住院3139人次，开展各类大中型手术430例，出院病人治愈好转率93%。开展服务企业“三百”行动，落实集中走访服务民营企业工作，帮助企业解决问题4个，政企沟通更加快捷高效；全年新发展个体工商户168个、商标16件，分别增长9.1%、228.6%，企业获得外观设计型、实用新型专利10件、申报发明专利4件；全年注册企业19个，注册资金1.4亿元。文体惠民活动广泛开展，全年播放惠农电影262场；自办并播放宣传项目40个；为20个农家书屋配送图书2640册、音像制品380张。举办渝妹儿稻香节等地方特色活动20次。落实2019—2021年农网升级改造计划，将惠及17个村（居）6400户。新安装天然气用户500户，向场镇周边村组延伸，全镇天然气用户逾3000户。新增加自来水用户450户，全镇自来水覆盖率超93%。4G网络覆盖率、农村光纤到户率、广播电视无线数字化使用率不断提升。城乡养老、医疗保险、社会救助保障水平持续提高，全年办理失业登记168人，新增就业1178人，办理小额贷款33人420万，城乡居民养老保险参保26314人，城乡居民医疗保险参保35966人，受理异地就医报销135人次100万元，申报特殊疾病201人。通过民政、残联、计生和社会帮扶等各种专项经费发放救助金100多万元，救助困难家庭2000余户。开展低保对象全面清理工作，收入超过最低生活保障的予以取缔，并建立生活困难群众信息采集机制，将符合低保条件的群众纳入，经过入户调查、领导小组会议审核和村上评议等流程，停发371户631人197780元、调增13户4人1577元、调减176户160人76847元，新增低保44户63人15022元；全镇现有城镇低保44户50人、农村低保511户790人。新（补）办残疾人证89人次，新增残疾人生活补贴4人、重度残疾人护理补贴31人，残疾危房改造8户12万元。新增计生奖励扶助48人5.38万元，兑现独生子女父母奖励金249人12.45万元、奖励扶助金746人85.8万元、计生奖扶对象医保补贴579人10.3万元、手术并发症5人1.6万元，完成孕优检查67对134人。

【平安稳定建设】 严格执行“党政同责、一岗双责”，开展安全生产大排查大整治大执法，领导班子成员带队检查安全生产工作130余次，排查并解决问题237个，开展执法检查260次，发现隐患1020个，整改1015个，整改率99.5%；开展消防检查300余次，排查隐患75条，整改70条；查处各类交通违法行为820件，罚没收入3万余元，全年无安全生产死亡事故发生。对327家农村家庭举办宴席进行检查指导，立案查处食品药品案件17件，移送公安1件，没收各类违法食品药品200余千克，收缴罚款23万元，全年无重大及以上食药品安全事件发生。加强地质灾害防治，对全镇15个隐患点常态化巡查上报，完成双河村4组湾里头地灾滑坡重点隐患的应急处理。非洲猪瘟等动物重大疫病防控等工作成效明显；防汛抗旱、森林防火等防灾减灾救灾和突发事件应急处置能力持续提升。立案查处滥伐林木案7起、擅自改变林地用途案13起，移交刑事案件1起，罚没收入9.6万元。开展防邪、禁毒、流动人口、平安建设以及肇事肇祸等精神障碍患者的管理服务工作。推进德胜村、新义村“市级无邪教示范村（社区）”创建；对131名肇事肇祸等严重精神障碍患者的监护人购买监护人责任保险，共计1.2万元，兑付116名在家管理服务肇事肇祸等精神障碍患者2017年11月—2018年11月有奖监护协议补助32.7万元。做好特殊人群管理工作，全年接收社区服刑人员8人、解除7人，无脱管漏管，全年共接洽刑满释放人员33人、重点帮教人员3人，帮教率100%。全年破获刑事案件23起、立刑事案件33起、查处各类治安案件95起、查处赌博案件2起；扫黑除恶专项斗争扎实开展，发放宣传资料3万余份，开展宣传170场次，接举报线索18条。“七五”普法有序开展，公共法律服务体系覆盖22个村（居）；法庭受理并审结各类民商事案件397件，其中，判决86件，服判息诉率98.8%。加强矛盾纠纷排查、加大干部接访下访和重点人群疏导力度，排查矛盾纠纷198件次，化解195件次；人民调解民间纠纷173件，其中疑难案件45件，司法确认32件，尤其是龙桦新城、杨家祠堂和时代广场等8个开发项目500余户水、电、气安装及遗留问题处理，久拖不决的新大街征地拆迁安置房依理依法分配，123户土地复垦农户遗留问题等一批重点群访集访得到有效处置。

主要领导名录

党委书记　陆永华
人大主席　秦文书
镇　　长　张浩特
党政办电话　72118049
传　　真　72118494

义 和 镇

【概况】 义和镇，因古御河桥谐音而得名，位于涪陵西北部长江上游北岸，东壤涪陵新城区，西南临长江与蔺市、龙桥、石沱隔江相望，北止黄草山脊与长寿但渡镇相连，有长江水岸线24千米，客货运码头4个，距重庆主城区80千米，距涪陵城区20千米。面积99.45平方千米，下辖12个行政村，4个社区，139个村（居）民小组，共4.8万余人，行政事业干部165人。辖区森林面积4000公顷，森林覆盖率40.22%；旅游资源丰富，有“涌秀”石刻、韩公韩婆、巴寡妇•清、万寿桥、刘作勤庄园、巴山夜雨景区、水磨滩湿地公园等文旅景点，形成花卉苗木、晚熟柑橘、笋竹、葡萄、火龙果、樱桃、李果、蜂蜜等特色农业体系，每年结合“一村一品一景”举行“一汇八节”，打造集休闲度假、亲子采摘、旅游观光、游戏娱乐于一体的乡村旅游目的地。2018年全镇地区生产总值21亿元，同比增长9.7%；实现企业总产值89.92亿元，同比增长3.52%，农业增加值3.62亿元，同比增长4.7%；一般公共预算收入3383万元，同比增长48.9%，位居全区各乡镇之首；城镇和农村常住居民人均可支配收入分别达到3.61万元和1.49万元，分别同比增长8.6%、8.9%。

【经济建设】 2018年全镇各类经济实体达到2592个，全年新引进企业36家、注册资金1.5亿元，其中注册资金上千万企业5家、上百万企业18家；“电商+”效应持续释放，打造“1+2+16”电商发展模式，上线农特产品150余个，实现网络销售收入1000余万元，带动农民持续增收。攻坚征地拆迁，完成集镇规划项目拆迁78.33公顷，完成华通电脑项目二期拆迁任务，妥善处置高峰村77户炮损问题；控违查违持续用力，全年查处违法建设行为82件，发放执法告知书238份，实施自行拆除37件1.142万平方米，土地复耕1.66万平方米；集镇建设有序推进，全年累计投入2080万元，全面完成科兴路及镇安移民帮扶小区道路改造、油化、人行砖铺装工程，场镇建成区面积增加16公顷，新增城镇人口1235人，城镇化率达到51.2%，稳步推进解决职工团购房、集镇小产权房等历史遗留问题。

【农旅融合发展】 全年引进和成立农业企业9家，新培育农民专业合作社12家，发展种植大户150户；继续发展农产品“三品一标”，全年申报无公害农产品1个、绿色食品18个，蔬菜残留农药检测合格率达100%；农产品加工产业快速发展，完成青菜头加工3.86万吨、竹笋加工300吨，产自义和的茨竹沟竹笋、茨竹沟土鸡、义和原浆糯米酒、展禾辣木酒、展禾辣木面等尤为盛名，“义和产”优质土货远销北京、上海等城市。持续实施“厕所革命”，全年完成10所标准化旅游厕所建设，继续开展“一汇八节”，成功举办第二届柑橘采摘节、第三届李花节和李果采摘节、首届笋竹园丰收节和农业园水果采摘节等节会活动，全年累计接待游客15万人次，实现旅游收入约600万元。

【人居环境整治】 城乡面貌持续改观，累计投入550余万元，打造松柏、高峰2个人居环境示范点，保持“鲜花小镇”常绿常新，新改建停车场2个、公厕4座，优化改造旧场镇，规范农贸市场，健全城乡保洁及垃圾清运机制。“五清五改五化”效果突出，完成清垃圾6000余吨、清院坝1万余户、清除牛皮癣600余处，清沟渠60千米、清散养8000余户、清残垣断壁500余处，处置乱倒垃圾行为15起，实施“五改”1000余户，投入148万元，对高峰村等8个村级便民服务中心实施规范化改造；投入15万元完成农村改厕300户，评选清洁户1.3万余户、整洁庭院270个。

【基础设施建设】 道路更加畅达，累计投入2390万元，完成全镇54.3千米农村“四好公路”建设，其中实施道路硬化通畅工程39千米、通达工程15.3千米，完成人行便道建设57.7千米。水利更加完善，全年维修养护小（二）型水库8座、山坪塘587口，修复水毁工程4处，养护渠道29.5千米；累计投入497.5万元，实施4个村的柑橘灌溉、高效节水灌溉、水库除险加固等工程；完成100户农村人饮工程安装入户；完成全镇山坪塘和人饮管护工作，镇安、大柏片区水质得到有效改善。移民更加惠民，全年申报移民项目5个、争取资金2559万元，完成三峡后续精准帮扶、场镇道路改造、移民道路硬化等项目建设；培训致富带头人和新型农民300余人；投入200余万元，完成场镇400户居民天然气安装工程。

【精准脱贫工作】 扶贫力量得到充实，初步形成“1315”大扶贫格局，挂牌成立“1”个镇扶贫办，优化调整帮扶干部217人；配备镇、村两级扶贫联络员“30”人；组建“15”支镇级扶贫工作队、15个专项脱贫攻坚小组和15个村级扶贫工作站。精准识别有序推进，严格遵循“八步两评议两公示一比对一公告”程序，新识别建卡扶贫户3户8人，新脱贫42户108人，自然增员26人，减员59人。政策宣传保障切实到位，累计组织扶贫政策培训3500人次，发放《政策汇编》1720册，入户宣传930次；全面落实健康扶贫各项政策，为734户2200人统一购买“精准脱贫保”，累计救助扶贫户468人次，各类医疗救助报销63.7万元。产业扶持取得实效，因地制宜为126户易返扶贫户及56户未脱贫户规划发展产业，争取到户资金15.2万元，发放鸡、鸭、鹅苗5304羽，以及猪、羊163只（头），蜜蜂62桶，人均增收1050元；投入1200余万元完成了149户D级、40户C级、47户小修小补的危房改造工作；镇财政自筹资金为23户无房无证困难群众改造危旧房；完成“四类”人员人行便道硬化40千米。金融扶贫成效显著，累计发放小额信贷426户933.9万元，建卡扶贫户获贷率51.08%；加快推进12个农业项目财政补助资金股权化改革，落实扶贫户574人股权290.48万元，共计分红14.35万元。

【生态环境保护】 生态建设更加有力，全年完成义务植树9万株，新造林570公顷；累计投入58万元，抚育森林333.33公顷，除治松材线虫病及松毛虫病800公顷，完善森林防火带等基础设施建设，确保全年无森林火灾发生；生态扶贫效应明显，发展笋竹林133.33公顷，抚育管护麻竹林66.67公顷，累计兑现各类林业补助资金367.8万元，林业总产值达2.35亿元。环境保护常抓不懈，全年累计投入环保资金416.5万元，狠抓大气污染防治，密切水环境质量监控，污水处理厂实现全年污水处理32万吨，巡查饮用水源地36次；强化环境安全监管，立案查处环境违法案件5件，有效化解信访投诉案件22件，编制完善《义和镇突发环境事件应急预案》；做好第二次全国污染源普查、农业污染源普查工作；巩固市级生态文明建设示范镇创建成果，助推国家生态文明建设示范区创建；完成中央环保督察组、国家生态环境部交办的4个突出环境问题整改任务；开展环境噪声专项整治，义和场镇成功创建重庆市级环境噪声达标区。

【民生保障工作】 全年清理停发农村低保265户375人、调减23人，新增低保12户21人；做好“惠民生，暖人心”工程，累计发放各类民政救助金、津贴6800余人次170余万元；发放残疾人两项补贴871人次51万元，培训农村建卡贫困残疾人119户，落实残疾人D级危房改造及其他帮扶资金15万元；完成1002名退役士兵信息采集、录入工作；投入60万元，完成镇安敬老院设施改造和设备添置。社会保障惠民利民，完成城乡居民基本养老保险中青年参保及城乡居民医疗保险集中参保任务，征缴社保基金424万元，筹集医保资金793.7万元；做好就业创业工作，完成城镇新增就业1243人，帮助困难人员就业94人，超额完成创业担保贷款发放任务，总金额595万元；落实“4050”社保补贴78人次，补贴金额26.38万元；申报失业保险金35人次，发放金额22.45万元；农村生态公益性岗位安置贫困户劳动力8人，补贴资金1.8万元。

【城乡社会治理】 开展扫黑除恶专项斗争行动，全年累计召开各级各类学习部署会议650余次，多形式开展宣传2000余次，制作宣传展板17张，发放宣传资料1.65万份、排查举报线索5条。安全生产全面升级，深入开展道路交通、烟花爆竹、校园校舍、建筑工程、消防火灾等安全生产重点行业领域专项整治，累计整治各类安全隐患96个，出具执法文书

892份；查处交通违法行为802起，罚没收入5.3万元，开展中小学师生、驾乘人员、企业员工、高危行业安全教育27场次，受教育群众8000余人。食品药品监管有力，开展“地沟油”、校园周边、食品加工小作坊、冷藏冷冻食品单位、非洲猪瘟染疫猪肉市场清查、农村假冒伪劣食品专项整治等13项整治行动，从严查处食品药品违法案件15件，没收不合格食品2000千克，罚没金额11万元；推进“明厨亮灶”，对全镇食品药品安全实行风险分级和量化分级管理，分级管理率达95%。平安建设持续深化，建立镇级综治网格指挥分中心，实现辖区视频监控数据共享；全镇新增设高清视频探头数量70余个，实现重点区域和重点路段全覆盖，新增场镇警务室3个，治安巡逻频次多、力度强，辖区治安、刑事案件发生率明显下降；全年排查化解各类矛盾纠纷57件、涉军涉教等历史遗留问题12件。

【教文卫事业发展】 教育事业稳步推进，投入5万元，进行校舍维修改造、教学资源优化，2018年幼儿入园率达99%，小学、初中入学率达100%。文体事业蓬勃发展，统筹抓好精神文明建设和开展群众性文化体育活动，实施移风易俗“十抵制十提倡”工程，常态化开展“红黑榜”评选，围绕创文创卫等中心工作，深入开展交通劝导、义务清扫、爱心助老等志愿服务活动，策划拍摄《爱在义和》《绿色信念》《山水新城·幸福义和》等正面宣传视频，妥善化解各类网络舆情；开展国庆文艺会演、全民健身运动会等文体活动，完成流动文化下乡文艺演出24场，在涪陵区五运会、重庆市农民水果采收运动会等各类体育竞技比赛中屡获佳绩；完成辖区广播村村响升级改造，对镇内44处文物点开展GPS定位安全巡查，实施刘作勤庄园抢救修缮项目建设。卫生计生有序推进，坚持计划生育基本国策，落实“全面二孩政策”，生育秩序保持平稳，全年发放计划生育一次性奖励金36.55万元、特殊困难家庭慰问金3.6万元；投入40万元，进一步更新完善医疗基础设施，全年医疗门诊累计接待2.17万人次、住院接待1901人次，完成家庭医生签约服务1.64万人，认真落实建卡扶贫户医疗救助政策，累计实施救助减免12万元。

主要领导名录

党委书记　代富荣
人大主席　肖　强
镇　　长　陈熙尧
党政办电话　72150200
传　　真　72150174

焦石镇

【概况】 焦石镇位于涪陵东南部，东邻丰都县，西连江东街道，南接白涛街道，北靠罗云乡，镇政府驻焦石大道229号，距涪陵城区33千米。因镇内有较多深灰色岩石，风化后表面呈黑色，似烧焦状，故名“焦石”。主要出产烤烟、榨菜、玉米、水稻、中药材等作物，盛产花椒和蜂蜜，其中烤烟种植面积连续三年位居全区第一，着力发展的甲鱼、野猪、娃娃鱼、香猪、奶牛等特色养殖渐成气候。焦石镇于1992年7月撤区建镇，2018年全镇辖11个村，3个社区居委，户籍人口3.1万余人。面积166.44平方千米，海拔225～1372米，森林面积10533.33公顷，森林覆盖率63%，耕地面积4533.33公顷。镇内可开发的旅游资源较多，着力打造的白鹿村高山生态旅游初具接待能力。民间文化底蕴深厚，“焦石山歌”成功申报为重庆市第四批非物质文化遗产，正申报国家级非物质文化遗产。2018年，实现地区生产总值13.68亿元，同比增长12.5%；社会固定资产投资6.2亿元，完成目标任务103%；地方财政收入完成1999万元，在克服财政增收的困难前提下，完成年度预算的68%，同比减少25%。新招商企业62个，注册资金2.4亿元，到位资金5650万元，分别同比增长8%、17%、13%。

【页岩气开发】 推广页岩气开发服务的“焦石经验”，巩固全国能矿资源型特色小城镇成果。2018年境内有页岩气平台43个，平均日产气900万立方米，焦石产气量占全区50%以上。完工焦页10、14、15号平台复垦项目，完成新建平台宣传动员、分户量地工作以及6个平台扩场前期工作。加强生态监测和生态修复，推进完钻平台复耕复绿工作。完成一期试验井组10余公顷征占地补偿与养老保险工作，二期上部地层和加密井征地任务顺利完成。境内3个新建平台进场，14口加密井开钻。

【特色农业发展】 发挥涪陵榨菜集团华凤榨菜厂、重庆市涪陵区福叶烟叶种植专业合作社等3个专业合作社的示范引领作用，构建以榨菜、烤烟、中药材、青花椒为主的特色效益农业产业体系。全年种植榨菜3000公顷、烤烟266.67公顷、中药材200余公顷、花椒533.33公顷。蔬菜种植1200余公顷，实现蔬菜产量35000吨；果品产量3400余吨，实现果品总产值600余万元。实施特色经济林改造206.67公顷、退耕还林123.6公顷，完成天保封育林133.33公顷，抚育20公顷。实施农业品牌战略，春汇农业生态有限公司、塘泉甲鱼、亮晶晶葡萄等申报“三品一标”认证。开展二轮农村土地承包确权颁证纠错工作，完成纠错157宗。防控非洲猪瘟，严堵、严管、严查，未发生疑似病例。开展土地确权登记颁证，明确耕地保护面积3900公顷。

【基础设施建设】 实施道路整治工程，投入1428万元（其中自筹300万元），实施通达工程4条9.11千米，通畅工程13条26.16千米，便民路43千米。实施水利设施提升工程，投资118万元，新建蓄水池9口，蓄水5200立方米，解决2022人（其中贫困人口236人）的饮水困难；投资60万元，完成小型水库移民困难扶助项目楠木人饮工程；投资82.6万元，开工建设双河沟水库除险加固整治工程，有效灌溉面积达到106.67公顷。实施燃气安装工程，完成向阳、楠木、东泉等3个村（居）695户天然气安装；实施网络建设工程，加大白鹿村有线宽带和4G基站建设力度，4G信号有效覆盖率达90%以上，光纤覆盖率达90%以上。

【场镇环境建设】 完成14个村（居）村庄村域现状分析及规划指引编制工作，高标准编制白鹿村（一类村）、大溪村（二类村）2个村规划；投资1200余万元，持续推进焦石大道沿线建筑物外立面改造120栋，处理存量违法建筑20栋、6万平方米。持续推进卫片违法图斑整治和复耕复绿，推进“大棚房”问题专项清理整治行动，遏制农地非农化乱象。园区物流通道（过境路）征地拆迁养老保险有序推进，扩大建成区面积2.5公顷。新增城镇人口410人，城镇化水平提高0.8个百分点。持续推进场镇增绿工程，鲜花小镇、国家园林城镇创建成果得到巩固。开展场镇秩序整治，重点治理乱停乱靠、乱搭乱建现象，实施焦石场镇大车禁行工作。开展农村生活垃圾治理，投入100余万元，合理布置垃圾箱体58个、垃圾桶1900个、垃圾转运车16辆。落实村级保洁员30人，清运存量垃圾528吨。评比美丽庭院90户，加大农户人居环境宣传力度，镇村居民的卫生意识明显增强。投资1000万元，完成焦石、复兴场镇二、三级管网改扩建工程和悦来社区污水处理站厂区和主管网建设。开展全国第二次污染源普查、环境安全隐患排查整治等专项治理行动，环保行政执法案件立案5件、处罚3件、罚款12万元。在光华村、白鹿村实施“农村四旁树”造林4公顷，美化农村生活环境。开展各级河长巡河103次，清理河道9.6千米、白色垃圾20余吨，16条次级河流溪沟流域畜禽养殖污染得到有效整治，3条区级重点河流断面水质均在II类以上。启动创建国家卫生镇，做好1个市级卫生村、5个区级卫生村创建工作。扎实开展农村改厕，完成改厕350户。

【脱贫攻坚】 实施贫困户危房改造工程，完成C级危房改造30户、D级危房改造140户、小修小补4户，兑现补助资金520万元。实施贫村扶贫道路建设，投资342.4万元，实施瓦窖村优选路通畅、通达工程，拓宽整治2.8千米，道路硬化6.2千米；投资351万元，实施向阳村优选路通畅、通达工程，拓宽整治2.1千米，道路硬化5.96千米。实施贫困村人行便道整治工程，投资250万元，整治“四类人员”人行便道43千米。开展扶贫小额信贷工作，全镇建卡贫困户获贷384户781.85万元，获贷率52.24%。实施健康扶贫工程，为189人次住院患者减免50463元，贫困人口建档、家庭医生签约服务率均达到100%。建卡贫困户实行动态调整，新增建卡贫困户11户34人，脱贫25户60人，完成年度脱贫任务。

【社会事业】 改善教学环境，争取上级投资1500余万元，新建焦石中心幼儿园、涪八中教师办公楼等教育场所，争取社会投资20万元，修缮焦石中心校教学楼。投入教育教学质量奖20余万元，稳步提高基础教育水平。初升高毕业生被涪陵五中和实验中学共录取30人、涪高中录取16人。在焦石小学开展春蕾计划项目，为困境儿童发放温暖包500余人次近10万元。提升卫生服务覆盖面，规范建立居民健康档案23454份，家庭医生签约11255户，建卡贫困户签约率达100%。页岩气员工专用门诊和VIP病房提供门诊服务5602人次、住院服务120人次。持续扩大社会保障覆盖面，17975人参加城乡居民社会养老保险，25280人参加城乡居民合作医疗保险，参保率达96.3%；新增低保79户、149人，农村和城镇低保人数达582户、每月发放低保金33.8万元。开展白内障复明普查235例，完成手术25例，22名精神障碍患者免费服药，开展残疾人实用技术培训118人，计划生育家庭奖扶39人。发放各类慰问帮扶、救济救助资金90.67万元。推动居民就业，新增就业人员501人，单位就业495人，为13名家庭困难人员办理了公益性岗位。吸引返乡农民工创业，解决创业资金小额担保贷款280万元。推进文体旅游，建成5个乡村旅游公厕，接待过境游客1.2万人次。瓦窑村成功举办焦石镇庆祝首届中国农民丰收节文化活动，组织“焦石民歌节目”参加市内精品文艺节目展演、宣传10余次，参加涪陵区第五届运动会。

【安全稳定】 开展社会治安综合治理，打击各类违法犯罪行为，防范化解各类社会风险。进一步加强社会治安防控体系建设，推进矛盾纠纷多元化调解，强化吸毒人员、精神障碍患者、涉军、涉教等重点人员管控，全年无重点人员肇事肇祸案件发生。查处治安案件34件，其中治安拘留14人；立刑事案件31件，破案13件，打击起诉10人，刑事拘留14人，未发生恶性治安刑事案件。开展扫黑除恶专项斗争，收到涉黑涉恶线索举报8起，调查结束7起、立案调查1起。开展矛盾纠纷调处，调解各类矛盾纠纷462件，成功率100%，完成人民调解协议司法确认40件，受理群众来信来访196人次。开展安全生产隐患大排查、大整治、大执法活动，排查安全隐患879处，整改率100%；查处交通违法行为1519起，处罚1304起，罚款6.52万元；未发生一起食品药品安全事故和地质灾害事故。

主要领导名录

党委书记　袁　闯

人大主席　岳良安

镇　　长　李俊杰

电　　话　72743039

武陵山乡

【概况】 武陵山乡地处涪陵区东南端，

清代为龙庆场，新中国成立后设龙塘乡，2002年更名为武陵山乡。乡东南西部与武隆区相接，北与白涛办事处毗邻。海拔最高1968米，最低175米，地质为“喀斯特地貌”。面积132平方千米，耕地面积1359公顷，森林面积9333.33公顷，森林覆盖率82.7%。有乌江河岸线12.5千米。境内旅游资源丰富：有4A级风景区武陵山大裂谷，有传统村落—角帮风情古寨，有佛教寺院—金山寺。全乡辖6个行政村，1个社区，34个村民小组，5个居民小组，3252户、8502人，城镇化率45%。全乡有11个党支部，358名党员。在编干部80名，行政干部职工31名（其中领导班子成员10名，保留副处级待遇干部1名），行政工勤5名，事业干部44名，大学生村干部2名。2018年，全乡农村居民人均可支配收入实现14457元，旅游业收入达到5.4亿元，农村居民储蓄余额实现2.3亿元。武陵山乡先后荣获“全国特色景观旅游名镇”“全国美丽宜居小镇”“全国创建无邪教示范乡镇”“国家级卫生乡”等称号。

【旅游发展】 武陵山乡全力支持武陵山大裂谷创建5A景区，持续开展旅游环境综合整治，组织旅游志愿服务25次，武陵山大裂谷成功入选首届重庆文化旅游新地标40强。开展征地拆迁“百日攻坚”行动，拆除龙塘坝、枯草塘房屋95户31000平方米，分配安置房16户5245平方米，完成5A创建项目协议流转土地21.07公顷，土地补偿200万元。推进全域旅游，规范农房建设管理，新建民宿客栈19家，打造了一批以梧桐居和武陵伴山为代表的民宿酒店，旅游接待能力达到152家6500张床位25000个餐位。2018年接待游客180万人次（其中过夜游客52000人次），实现旅游收入5.4亿元，带动就业2300人，村民旅游收入占比达42%，乡村旅游成为全乡人民增收致富的主导产业，梧桐居、武陵山寨被评为重庆市首届最美巾帼农家乐。

【特色农业发展】 2018年，累计流转土地815.53公顷、林地1800余公顷，种植烤烟145.33公顷、糯苞谷217.33公顷、高山土豆386.67公顷、蔬菜500公顷，新发展中药材1000亩、辣椒100亩；全年出栏生猪6301头、牛1115头、山羊4759只、兔4767只、家禽39086只；巩固金子山村高山蔬菜采摘基地、立帝坪现代农业示范园建设成果，做大做强糯苞谷、蔬菜、土豆、老腊肉等“武陵山货”品牌，完成“三品一标”认证7个，实现农产品销售收入6000万元。

【中小企业发展】 全年新培育农业龙头企业1个，新发展微型企业2个、个体工商户53户，新培育农民专业合作社3个，引进乡村酒店项目6个。2018年，中小企业总产值完成2.96亿元，增长15%，实现利润5900万元，创税312万元。

【集镇建设】 全力打造旅游主干道观景长廊，建成花园环道19000平方米。新建市政广场14200平方米、车行道3950平方米、活动广场1250平方米、生态停车位103个。巩固鲜花小镇建设成果，新配置花箱20个，栽植草花22万余株、花卉乔木400余株，新增绿化面积6500平方米。新建垃圾分类收集点64个，增设垃圾桶420个、箱体23个、垃圾围栏38个，农村生活垃圾实现了定时收集、定点清运，公共卫生、市政绿化保持了常态化管理，全乡垃圾处理率达95%，无害化处理率达100%。

【美丽乡村建设】 完成4个村规划编制和审批，完成3个村域现状分析及规划指引报告，开展“美丽乡村•一事一议”项目建设，完成“龙塘月色”重庆市改善农村人居环境市级示范片建设，完成咪水洞、红椿堂、学堂堡三个美丽宜居市级示范村庄建设，新建广场4个、旅游公厕3个、生态停车场7处，安装太阳能路灯100盏；规范农房建设19户，责令停止违法建设16处，责令拆除4处，规范整改2处；

实施了“厕所革命”，完成农村农户改厕400户。

【基础设施建设】 完成金子山、乐道村公路油化11千米，百花桥村在建6千米，修建人行便道15000米；金子山、乐道村安装燃气主管道4.6千米、入户800户；投入180万元扩建水厂1座、人饮提灌站3个，安装供水管网1.85万米，自来水入户率达96%，群众饮水安全全面保障。

【环境保护】 开展河长制工作。完善《武陵山乡河长会议制度》等制度7个，落实各级河长、警长、河道管护人员28人，开展河道清理8次，集中清理各类垃圾420余吨，完成河道修复275米，河岸绿化12500平方米，河长累计巡河265次，巡查发现整改问题7件，各条河流水质均达到二类标准。改善环保设施。投资580万元完成污水处理厂扩能技改，污水处理能力提升至2300立方米/天，全乡生活污水集中处理率达67%；投资260万元完成场镇污水管网扩能技改，新增二、三级管网1200米、化粪池3口、化油池3口；投资60万元实施乐道村农村环境连片整治，修建污水处理站1个，安装管道1100米。处置环境问题。推进环境保护“五大行动”“美丽乡村，洁净家园”环境综合整治行动，开展中央环保督察问题整改和自然保护地专项整治，处理大木山自然保护区违法行为5起、土地卫片执法2起、违法建设16起。投入200万元进行了人居环境美化亮化，投入120万元完成退耕还林200公顷，投入34万元完成荒山造林10公顷、四旁植树10公顷、义务植树20000株，兑付森林生态效益补偿资金138万元，做好森林防火、松材线虫病防治和防林地侵占等工作，确保生态资源安全。

【脱贫攻坚】 继续巩固脱贫攻坚成果，2018年全乡脱贫7户20人，贫困发生率0.36%。开展脱贫攻坚大走访活动，全乡5个帮扶单位238名帮扶干部入户走访9416户次，开展扶贫政策宣讲477人次，清理解决突出问题68件；规划产业到户扶贫项目85户10.18万元；发放扶贫小额信贷171户517.5万元，获贷率43.5%；住院医疗实行“先诊疗后付费”和“一站式结算”服务，个人支付比例不超过10%，实施医疗救助111户、补贴12.08万元；落实学生爱心午餐180名、蛋奶工程363名，节日慰问学生596名1.2万元，补助贫困学生631名10.63万元；完成危旧房改造48户，培育创业致富带头人3人，带动贫困群众9户，建卡扶贫户王力旭同志被评为“重庆市最美扶贫志愿者”。

【社会事业】 坚持教育优先，实现适龄儿童“零辍学”，改造学校公共卫生厕所。健全全乡诊疗体系，增添医疗设备，完善家庭医生签约服务机制，全乡城乡居民医保参保98%，养老保险参保92%，五保、低保和民政医疗救助1405人，发放优抚补贴23.63万元。吸引农民工返乡就业创业200人，落实公益就业岗位3个，劳动力转移3080人次，实现劳务收入6283万元。先后组织开展了五一书法比赛、首届民间手工艺品大赛、特色菜品制作大赛、冬季运动会，组织参加了第二届武陵山民歌大赛和全区第五届运动会，丰富群众文化生活。

【民生工程】 龙塘湿地项目完成前期工作，达到招投标条件；龙塘月色改善农村人居环境市级示范项目全面完成；金子山村农村移民安置区精准帮扶项目纳入计划，开展前期工作；武陵山全民健身中心和足球场设施项目完成招投标；百花桥至金子山村6千米公路油化项目完成工程量的60%；武陵山村移民安置区精准帮扶项目基本竣工；居民点对外交通一期工程11千米油化项目全面建成投入使用。

【安全稳定】 落实安全生产责任制，开展水陆交通、消防、旅游、建筑施工、森林防火、食品药品、农产品质量等安全生产专项治理，开展涪陵区食品安全示范乡和重庆市平安农机示范乡创建工作，开展各类安全检查142次，排查隐患238条，整治237条。加强自然灾害应急预警，规范整合应急物资储备，完善应急预案17个，开展应急演练4次，有效处置各类突发事5件。开展扫黑除恶专项斗争，推进“雪亮工程”，依法打击各类违法犯罪活动，接警出警300余次，查处治安案件20件，刑事案件立案11件，成功查出聚众赌博案件1起，刑拘35人，没收赌资7万余元。推进了“七五普法”，巩固了创建国家无邪教示范乡成果，实现到市进京非访、重大刑事案件零发生。

主要领导名录

党委书记　庹　灿

人大主席　李　伟

乡　　长　周　坤

电　　话　72712503

传　　真　72712100

大顺乡

【概况】 大顺乡系涪陵革命老区乡镇之一，地处涪陵西南部，四周与青羊镇、龙潭镇、增福乡、新妙镇和南川区太平场镇、乾丰乡接壤。全乡面积96.97平方千米，平均海拔高度700米，辖1个农村社区、10个行政村、76个村（居）民小组，9200户2.4万人。实有耕地3866.67公顷，林地面积4666.67公顷，森林覆盖率52%；辖区内有16座小（二）型及以上水库，山坪塘534口，水面400余公顷。全乡公路410千米，其中硬化路140千米。乡内设党政办、党群办、财政办、经发办、社会事务办、综治办、人大办、监察室8个行政部门；设农业服务中心、林业站、社保所、安监办、规建所、文体中心6个事业部门。全乡在编行政事业干部70名，其中党政领导10名。有乡级中学1所、小学2所、幼儿园1所，教职工116人，在校学生1788人。有乡级卫生院1所，在职医务人员25名。2018年完成地区生产总值5.04亿元，农业总产值2.32亿元，同比增长8.2%，农民人均可支配收入13459元，同比增长7.3%，地方财政收入570万元，同比增长22.6%，完成固定资产投资1.06亿元。

【产业振兴】 中药材种植产业迅速发展。2018年，从无到有发展种植中药材773.5公顷（其中上半年种植440.17公顷，下半年种植333.33公顷），占全区种植面积2666.67公顷的29%；在天宝寺村以“三变”改革模式建成太极集团良种繁育、试种、示范标准园区26.67公顷，清风村、明月村两个20公顷以上连片种植示范点，2至6.67公顷示范点8个。示范大户28户种植186.67公顷，带动142户贫困户种植26.03公顷。特色小镇建设提速。在全乡打造白象中医庄园和天宝寺田园综合体等5大功能园区，建设涵盖中药材种植、中医药养生、康体运动、健康管理、文化创意的康养特色小镇规划已提交区委、区政府审查，并根据审查意见加快修改完善。休闲观光农业产业进一步壮大。5个千万级投资额度的新型农业经营主体加大休闲、观光农业的扩能建设力度，集观光、休闲、体验、拓展训练等功能为一体的休闲农业产业已形成产能。

【人才振兴】 深化与涪陵电大战略合作，参与专业技能培训、“一村一大”学位教育等培训980人；深挖“九顺”合作潜力，开展“九三讲堂”，培育农业特色产业带头人20人；突出新型职业农民培训。结合大顺发展及农户需求开展中药材种植、茶叶种植、果树栽培等新型职业农民培训、技术培训10期，培训1500人次，培育中药材种植大户28户。

【文化振兴】 利用红色文化资源，依托国家AA级红色旅游景区李蔚如故里，利用主题党日活动等引导党员、群众知党恩、听党话、跟党走，年均开展各类活动达200余场次；推进具有大顺元素的文化艺术作品创作，“长江师范学院美术实践教学基地”和“涪陵区美术家协会大顺创作基地”等6个艺术创作基地落户大顺，全年开展培训、艺术创作等31批次2600余人次参加，创作作品1300余个。推荐“三百”工程（百名孝顺儿女、百名文明市民、百名十星文明户）10名，获得区委区政府表彰8名，推荐身边好人102人，推荐新乡贤22人，以孝顺儿女柏坪村赵仁全的感人故事为原型，拍摄微视频《坚守》，营造了良好的孝老爱亲氛围。统筹山水林田湖草系统治理，加大退耕还林、林木采伐审批、松材线虫病除治和森林防火工作力度，2018年实施退耕还林2007公顷、封山育林200公顷和荒山造林106.67公顷，特色经济林改造40公顷，农村四旁植树233.33公顷。争取投资5000万大田村山水林田湖草综合整治市级示范项目落地；增加农业生态产品和服务供给。将乡村生态优势转化为发展生态经济的优势，目前通过“三品一标”认证8个。

【基础设施建设】 道路建设加速推进。投入1100余万元实施大田、大顺、清风、兴农等村四好农村路通畅工程硬化道路27千米、改扩建道路33千米；南两高速大顺段公路路面基本成型、隧道即将贯通，全长4.2千米的高速出口至明家场连接道完成规划设计即将启动，马龙一级路剩余标段完成招投标并启动实施，出境道路建设全面提速；进一步完善道路养护机制，全覆盖养护道路82.3千米，将道路养护与农村垃圾清运相结合，道路养护人员收益进一步提高；投入30余万元实施明大路等主要交通干道整治8.2千米，协调“高指办”投入50余万元实施增福至大顺、明家至明月、林和至明月等施工破损路面修复及清扫，保障群众安全出行。水利设施更加完善。争取大中型水库后期扶持政策，投入资金263.36万元实施水库除险加固3座，全乡12座小（二）型水库实现除险 加固全覆盖；投入32.94万元维修整治渠堰750米，新建及维修渠堰达13.7千米；启动实施柏坪村66.67公顷高效节水灌溉项目；认真抓好已整治山坪塘、水库等管护工作，严厉打击破坏水利设施的违法行为，534口山坪塘、14座小（二）型以上水库全部落实管护责任人，新增安全标示牌70块；实施农村饮水解困工程，投入资金10万元新铺设人饮管网28千米解决饮水困难户89户，全乡人饮管网达到580千米、饮用安全自来水用户达到9000余户，分村社因地制宜探索科学的人饮管网管护工作机制，农村饮水安全更有保障。土地利用更加合理。加快推进农村承包地“三权”分置改革，土地承包经营权确权登记颁证基本完成，集体资产量化确权改革稳步推进，中药材种植户与企业利益联结机制初步建立。农村土地流转进一步规范，全乡土地规模经营集中度达39.8%，主要农作物耕种收综合机械化率达47%。大力实施土地综合整治项目，兴农土地整理项目完成条田整治及生产大道开挖60%工程量，石墙村土地整理项目已完成招投标；农村“三变”改革稳步推进，集中开展闲置土地和房屋清理处置，推动闲置土地和低效用地再开发。天河寨共享农庄通过闲置宅基地和耕地进行“三变”改革，租赁农户闲置宅基地和流转农户200亩土地，农户保底分红金12万元，村资产管理委员会管理收入金1万元，农户务工收入可增加14万元。2018年，新兴村探索盘活农村闲置宅基地结合土地流转，收储宅基地19户3300余平方米，流转土地13.33余公顷，实现集体收入100余万元，涉及农户户均增收6万余元，且还有长期的收益分红。天宝寺村2组引进太极集团，利用26.67公顷土地入股，种植中药材实施“三变”改革，盘活撂荒地10余公顷，实现务工收入55万元，土地入股分红15万元，涉及农户户均增收1.8万元。

【改善保障民生】 社会保障政策全面落实，城乡居民养老保险、医疗保险、农村低保等社会保障体系基本实现全覆盖。培训农民工1300人，转移劳务输出11050人，新增就业

547人、市外农民工返乡创业368人，发放“4050”灵活就业社会保险补贴6.93万元，开发生态公益性岗位人数14人，发放生态公益性岗位补贴2.57万元。持续开展群众临时困难救助、优扶对象关怀工作，全年新增特困人员12人，注销4人，救助慰问特殊困难群体、优扶对象267人（户）10.5万元，落实惠民济困保险政策，申报解决相关资金0.96万元，落实最低生活保障制度，农村低保新增11户20人，自然调减29户44人，开展低保专项治理工作，核查取消10户17人清退金额7520元。加强农村流失儿童、空巢老人排查管理服务，完成退役军人登记等工作。开展城乡文化互动活动，完成惠民放映及文化演出76场，群众的文化生活更加丰富。落实计生奖励扶助政策，发放计生奖扶64.99万元、一次性奖励9.5万元。教育事业提质发展，办学条件明显改善，中心校迁建工程基本完成，中心幼儿园迁建工程完成基础建设，即将进入主体建设。教育质量显著提高，2018年中考上五中、实验中学18人，上涪高39人，参与各类竞赛获奖人数达到220人次。全市扶贫对象动态管理培训会在大顺召开，顺利完成全市脱贫稳定性排查试点工作，探索建立部门联动、“不诚信”曝光、举报投诉等“五大机制”，总结排查指标和分类标准供市级参考运用推广。围绕“两不愁、三保障”脱贫标准，整合各类资金2000余万元，推进产业扶贫、住房安全、教育扶贫、健康扶贫等十大精准扶贫行动，贫困村驻村帮扶工作队实现全覆盖，全年减少贫困人口111人。落实产业发展到户68户；完成“三类”贫困人员C、D级危房改造123户；投入27万余元资助贫困学生885名，实现应助尽助；发放扶贫小额信贷资金1357.5万元，惠及贫困户348户；实施建卡贫困户医疗兜底救助，“精准脱贫保”实现全覆盖。开展安全生产大排查大整治大执法，安全生产形势稳定向好。强化防灾减灾救灾能力建设，森林防火、防汛抗旱、地灾防治等工作成效显著。加强矛盾纠纷联动排查，加大干部接访下访和重点人群疏导力度，一批重点信访突出问题得到有效处置。扫黑除恶专项斗争扎实开展，全年办理治安案件210件、刑事案件8件，打击8人，行政拘留7人，群众安全感、满意率保持在较高水平。

【生态环境保护】 加强生态环境保护。全面落实河（库）长制，河长、库长、河库警长、人民监督员、管护员等全覆盖责任到人，每月召开工作例会研究处理疑难问题，解决各类问题26件，清理河（库）漂浮及周边存量垃圾50余吨，查处各类违法排污行为5件。强化农业面源污染治理，对全乡23户畜禽养殖场进行了土地消纳的面积核实、拟定养殖当量、治污设施设备的整改，限制性农药全面禁止使用，加强生态保护和修复，强化松材线虫病除治，从严执行林木限额采伐制度，严禁乱砍滥伐，实施天然林保护、退耕还林等重点工程，实施退耕还林项目200公顷，封山育林项目200公顷，发展种植以四季青、厚朴为主的苗木100万余株。加强污染防治力度。加快污水处理设施建设，新建大顺、明家二、三级污水管网通过验收，污水处理厂长期正常运营，场镇污水收集处理率达到80%；加快推进农村改厕工作，补助20万元完成农村改厕400户。投资40万元新建红枫湖旅游厕所、明家农贸市场厕所；完成大顺中学污水泵站整改，解决污水外流污染问题；开展全国第二次污染源普查，建立清查台账68家；大力开展六五世界环境日等宣传工作，发放宣传资料1000余份；及时处理环保投诉问题2件。强化重点区域土壤分级分区管理，无公害、绿色有机产品种植面积达1040公顷。加快美丽乡村建设。实现建成区常住人口约5328人，新增城镇常住人口54人，城镇化率达31.6%。开展农村人居环境综合治理，推行畜禽养殖圈养，清理农村存量垃圾500余吨，布设垃圾桶1200余个、垃圾箱体50个，投入资金10.2万元硬化投放点381个、收集点40个；推进“资源变风景、民居变民宿”，建设具有代表性的美丽庭院100个；投入280余万元完成大顺村泡桐树古民居修复工程；改善农村居民出行环境，修建便民路42.3千米。大田、大顺两个中国传统村落历史文化名村保护规划通过上级评审，市级卫生场镇、市级生态文明建设示范乡建设成果进一步巩固。

主要领导名录

党委书记　潘登锡

人大主席　李　奇

乡　　长　陈德明

党政办电话　72128039

传　　真　72128114

同乐乡

【概况】 同乐乡地处涪陵区南部，距涪陵城区56千米，是涪陵、南川、武隆三个区县的交界之地，于2008年5月涪陵区行政区划调整由原聚宝乡和同乐乡合并而成。全乡面积97.66平方千米，辖13个行政村1个居委会73个村（居）民小组，8661户24285人，劳动力15763人，农业从业人员8236人；有耕地面积2370.2公顷，森林面积3757.1公顷，森林覆盖率48%；有领导班子成员9人，副处级干部3人，内设党政综合办事机构13个，事业单位6个，行政干部职工33人，事业工作人员57人；有中学1所，九年制业务教育学校1所，小学2所，幼儿园2所，教职工129人；有卫生院1所，敬老院2所。2018年，全乡GDP达到7.85亿元，同比增长13.1%；固定资产投资额实现2.2亿元；农民人均可支配收入达到14005元，同比增长9.3%。农村居民存款余额实现2.98亿元；本级财政收入1571万元，同比增长79.33%。同乐乡是农业部命名的现代农业示范园，是市级文明乡、市级生态建设示范乡。

【农村经济】 2018年，同乐乡在稳定粮食生产的基础上，推进土地流转，发展规模特色效益农业，拓宽老百姓的增收渠道。全乡建成1600公顷优质稻种植基地。新发展中药材种植76公顷、花椒80公顷、水果33.33公顷，在实胜、雪峰等村发展名优白茶100余公顷，在仁寿、聚宝、长青等村种植红心萝卜200余公顷，采取“合作社+农户”的模式在仁寿、七一、联兴等村完成了林业产业油茶种植项目8000余亩。山羊出栏9400头，生猪出栏4万余头，家禽出栏30万余只。

【基础设施建设】 推进农村四好路建设，启动实施通达公路23.2千米，通畅公路26.4千米，完成雪峰、实胜等村以工代赈建设，投资294万元完成43千米“四类人员”人行便道建设；投资400万元启动5座小（二）型水库除险加固整治工程，投资300万元启动雪峰山旅游度假区饮水安全工程，投资500万元完成解放村农综项目，投资600万元启动实施七一村土地整治项目，投资700万元启动实胜村农综项目。启动雪峰4社小烂坝居民点建设工作；完成解放、雪峰等5个村的规划前期评审工作，完成C、D级危房改造124户，完成场镇太阳能路灯安装34盏、前进村居民点14盏，投资1500万完成同乐商贸中心主体建设，配套建设完成1000平方米休闲广场、二级公厕1座和地下停车场25个车位，完成前进村三级公厕建设1座，完成农户卫生厕所310户。结合农村公路养护管理，将场镇和乡村公路沿线卫生保洁整体承包给专业保洁公司负责，收到良好效果，多次获得区考核等次奖。同时对场镇占道经营、乱搭乱建进行集中清理整顿，提升场镇管理水平。

【雪峰山旅游发展】 贯彻落实“旅游兴区”战略，以打造“避暑休闲+高山静湖度假+田园养生养老”4A景区为目标，抓好雪峰山旅游度假区开发建设。抢抓乡域总体规划、雪峰山旅游度假区总体规划和永久基本农田划定工作机遇，实现雪峰度假区旅游、建设、交通、国土等多规合一，保证各类项目建设落地。成立雪峰山旅游开发有限公司非公党建支部，与雪峰村党支部一起通过抓基层党建促乡村振兴，完成景区白茶种植1500亩、高山水果53.33公顷、红枫园和蚂蚁寺休闲草坪23.33公顷、蓝莓基地18.67公顷、2000米林间便道。

【社会民生事业】 完成同乐中心校科技综合楼、聚宝中学厕所改造工程，完成聚宝中学、聚宝幼儿园、同意小学消防楼梯项目。推进“河长制”工作，更换完善9座水库的河长制公示牌内容的编制及安装，落实全乡12条河流村级河长及部门职责，组织专项行动7次，处置白色垃圾近16吨、打捞漂浮物清理堵塞物近15立方米、枯枝木（竹）6万余根，完成14个村（居）12条河流河道清淤、清障工作，实行巡河常态化。开展农村人居环境综合整治和“四清四改”行动，加强场镇保洁，做到日清日扫，完成村社干道263个垃圾桶和52个垃圾箱体的地面硬化，投放垃圾箱体52个、垃圾桶1000余个，落实环境卫生门前三包责任制7000余户。通过民政、扶贫和社会帮扶等各种专项经费发放救助金46万元，救助困难家庭805户；发放高龄津贴25.69万元；新增五保户9人；健全和完善留守儿童管理，核查留守儿童540人；新增低保23户47人，增加发放资金14450元，调减24户42人，减少发放资金12740元。开展精准识别大排查，新增建卡贫困户38户107人，脱贫28户95人，抓好100户未脱贫和易返贫户产业规划工作，落实到户补助资金15.4万元。着力解决住房安全问题，改造C级危房16户，D级危房88户，跟进落实饮水、用电保障。发挥扶贫驻村工作队及相关部门帮带作用，逐户排查疑难问题，落实医疗、教育等到户扶持政策。开展建卡贫困户小额信贷工作，放贷235户625.5万元。

【平安和谐建设】 通过领导干部接访下访，接访群众300余人次，下访受理63人次，录入系统63件次，办结63件次，办理信访件26件，以“抓基层、打基础、化矛盾”纠纷调处累计排查288件次，成功化解矛盾纠纷43件，人民调解司法确认10件。按照“一岗双责”责任制，明确18名涉军人员、5名涉教重点人员、2名老上访户的稳控责任；开展扫黑除恶专项斗争工作，集中摸排黄赌毒、盗抢骗等突出问题，收到交办问题线索5条，查结4条，协查1条。坚持“谁主管，谁负责”和“党政同责，一岗双责”的原则，开展道路交通、建筑施工、危化物品、烟花爆竹、食品药品安全、地质灾害等重点行业领域安全专项整治，排查各类安全隐患140起，逐一落实责任人（单位）进行整改，整改率达100%。加强道路交通执法力度，全年出动执法人员850余人次，受检车辆2000余台次，处罚违规车辆760余台次，共罚款2.8万余元。全年全乡无重大群体性事件、恶性治安和刑事案件，实现了安全生产责任事故零死亡和非法上市进京上访零目标。

主要领导名录

党委书记　高　翔
人大主席　秦朝洪
乡　　长　杨　陵
党政办电话　72125006
传　　真　72125124

罗云乡

【概况】 罗云乡地处涪陵区东部，东与丰都县湛普镇、包鸾镇接壤，西邻江东街道，南邻焦石镇，北接清溪镇、南沱镇，距离涪陵城区38千米，全乡海拔高度在385至1200米。全乡面积72.8平方千米，辖8个行政村和1个社区，42个村（居）民小组，耕地1559公顷，林地3392.7公顷，森林覆盖率46.6%。2018年GDP实现4.69亿元，同比增长10.3%，农业增加值1.35亿元，同比增长5.6%；企业增加值9220万元，同比增长15.8%；第三产业增加值2.42亿元，比上年增加11%。农村居民可支配收入实现14011元，同比增长12.1%；固定资产投资1亿元，实际完成1.12亿元，完成计划的112%。2018年本级财政收入达到968万元比上年715万元增长35.4%，创历年最高。

【农业产业结构】 粮食种植面积2866.67公顷，产量1.4万吨；榨菜实现应种尽种，面积达1466.67公顷；烟叶种植173.33公顷，产量285吨，中上等烟叶占比100%，实现本级税收140万元；全年生猪出栏2.6万头，牛羊出栏0.6万头，家禽出栏22万余只，孔雀、鸵鸟等特色禽类2000只。

【基础设施建设】 开展"焦－罗－南"页岩气快速通道和江东经罗云至焦石段路面升级改造相关前期工作，加快村通组公路建设，完成2018年村通组公路27千米；申报2019年至2020年修建计划70千米；完成2017年国家重点水土保持项目，投资约96.5万元，完成200方蓄水池2口，便道4000米；皂角湾2口水池改扩建，新安装管网7100余米，解决全乡40户贫困户的饮水安全。争取了花堡洞、老龙洞水源综合利用项目，下达资金150余万元；启动鱼亭子村农网改造，完成和兴场"亮化"工程、安装太阳能路灯45盏，协调企业、社会人士捐资，为辖区学校安装太阳能路灯20盏。完善场镇基础设施建设，完成和兴场镇污水处理厂建设，新修和兴场镇等公厕3座。

【民生事业发展】落实医疗救助176人次、17.3万元，发放临时救助118人次，金额13.3万元，参加城乡居民养老保险10668人，居民医保1.5万人；加大残疾人社会保障力度，发放残疾人各类补贴、补助、奖励40多万元；发放独生子女一次性奖扶金88户、90人，发放金额4.4万元，新建村卫生室1个；开展农村低保中腐败和作风问题专项治理、党员干部涉权事项核查清理，取消低保75户；退役军人和其他优抚对象信息采集工作有序推进。罗云中学135人参加中考，升入市级重点中学51、区级重点中学7人，升重率42.96%；卫生院收治门诊病人13369人次，住院病人1532人，完成手术192台，收入344.9万元，较上年增长15%；公共卫生服务十四项稳步推进，全年65岁以上老年人免费体检1393人次，重点人群家庭医生签约100%，贫困人员住院二次补偿269人次，共计6.89万元，公共卫生服务三方检查较上年上升9名。

【平安建设】 加大食品、药品检查执法力度，全年完成案件10件、罚没1.8万元，全年未发生食品安全重大事件；受理治安案件131起，查处131起，警告处罚123起、拘留处罚8人；调解民事纠纷237起；查获吸毒人员并治安拘留6人，4人被强制隔离戒毒，1人被责令社区戒毒，1人被处以行政处罚，司法确认35件。开展以宪法、监察法为主的法制宣传，接受区政府"七五"普法中期督导检查。开展信访工作，妥善处置复垦、厂社矛盾等信访事件。加强特殊人群管理，对3～5级34名精神障碍患者落实责任管控，发放监护人奖励9万余元；发放扫黑除恶宣传资料2000余份、宣传折页1500余份；制作标语61余幅、展板10块；结合主题党日活动和院坝会议，向群众宣传讲解扫黑除恶专项斗争政策，群众知晓率100%。

【脱贫攻坚】 完成危房改造C级125户、D级100户，建成扶贫公路27千米、人行便道43千米、饮水安全提升工程5处，农户改厕253户，贫困户小额信贷308户、获贷率41.34%，全年脱贫39户。规划榨菜、生猪、蚕桑、中蜂等产业165户、补助资金22.76万元。鼓励贫困户积极务工就业，本乡公益岗位就业10人，辖区企业打工近20人，外出务工多人。建卡扶贫户参加居民医保100%。兑付建卡贫困户医疗救助基金69人5.36万元、特困人员医疗救助基金98人10.07万元、资助贫困学生47人37.6万元。

【“河长制”工作】 全乡共组织集中清理白色垃圾24次，清理垃圾、漂浮物等45余吨；各级河长共巡河2503次，发现问题30个，解决30个。建立巡河护河志愿服务长效机制，境内4条区级河流水质全面达标，取缔岩凤沟水库非法养鱼1处。抓好农村生活垃圾治理，完善各村居垃圾收运系统，投入20余万元，设置农村生活垃圾桶1120个，配备垃圾收运车8辆、勾背式收运车1辆、垃圾收运员9名，确保“户集、村收、乡运、区处理”系统的有效运行。推进畜禽污染治理，全乡排查发现问题58件，整改落实50件。

【乡村振兴】 谋划符合实际的“3+3+X”特色农业产业发展思路。巩固青菜头、烤烟、核桃三大传统产业种植规模，发展优质中药材、蚕桑、孔雀等三大新兴种养殖产业，发展红心猕猴桃、李子、梨子、花椒等小特精产业。围绕绿色矿山创建目标，推动顺志、浩洋、龙源等非煤矿山改造升级，推进龙凤石矿业建设，形成符合生态文明建设要求的绿色矿业发展新模式。依托本乡生态资源和老区红色资源，打造铜矿山高山农业旅游康养和罗云坝、干龙坝田园乡村旅游以及红色旅游融合发展模式。

主要领导名录

党委书记　殷志勇
人大主席　张广飞
乡　　长　陈　伟
党政办电话　72751088
传　　真　72751011

增福乡

【概况】 增福乡位于重庆主城东部、涪陵西部，地处涪陵、南川、巴南三区交界之地，面积81.6平方千米，辖9个行政村、62个村民小组，共7525户19357人，其中城镇人口2952人。有耕地2974.67公顷，森林资源5133.33公顷，森林覆盖率达62.7%。境内海拔处于208～892米，地貌以河谷、丘陵、低山、平坝为主。属亚热带湿润季风气候，冬冷夏热，湿润多雨，四季分明，立体气候显著，无严寒酷暑，年均气温保持在17℃左右。有百岁老人4人，96～99岁18人，90～95岁52人，高龄比例接近全区水平的5倍，素有“增福”“延寿”之美誉。增福乡成功创建市级文明乡、卫生乡、生态乡和应急管理示范乡，启动国家级生态乡创建工作，增福土鸡取得重庆市著名商标、重庆名牌农产品、国家地理标志证明商标、绿色食品认证等。

增福乡领导班子成员11名，行政内设机构11个，分别是党政办、党群办、财政办、经发办、计生办、民政办、综治办、食药监办、人大办、残联、高协办。下属事业单位部门8个，分别是安监办、农业服务中心、林业站、社保所、规建所、交管所、文体中心、市政办。直管部门6个，分别是国土所、派出所、司法所、卫生院、畜牧站、教管中心。乡党委辖1个党总支、12个党支部，党员705名。乡属机关事业在编职工65人（其中公务员32人，事业干部25人，工勤人员8人），退休干部10人，大学生村干部3人，“三支一扶”1人。

2018年，地区生产总值5.27亿元，同比增长11.1%；农业总产值1.85亿元，同比增长4.5%；固定资产投资1.82亿元；农民人均可支配收入1.41万元；地方财政收入1001万元。

【农村经济】 加大农业基础设施投入，鼓励大众创业、万众创新，引导农民抱团式发展。全年粮食播种面积3269.2公顷，粮食总产量13.38万吨；榨菜产量2.5万吨；蔬菜产量7800吨；果品产量1000吨；管护退耕还林和水保项目花椒60公顷，新栽花椒33.33公顷，鲜花椒产量7500千克；新栽植优良杂柑沃柑2.2万株共33.33余公顷；耕地地力保护补贴251.17万元；蚕茧产量近2.5万千克；完成延寿村土地整理A、B项目，补贴农机购置126台，折合惠农补贴10.23万元。

【增福土鸡】 加快推进增福土鸡原种保护，重庆盛牧农业有限公司投资300万元建设增福土鸡核心选育场。2018年出栏增福土鸡51万只。成功举办首届增福土鸡文化节，重庆主城、涪陵城区和周边区县在内的5000余人前来观展和参与活动。

【基础设施】 加快完善“交通、水利、信息、能源”四张网络，推动乡村全面振兴。加快完善交通网。继续协调“南两”高速公路建设，解决施工中出现的矛盾纠纷，保证施工顺利推进。打响交通建设会战，完成15千米三星、高丛、花园优选路工程，实施40千米第二批通达通畅工程，建成43千米人行便道；加快完善水利网。投资7万元建成河坝7社32户人饮工程，全乡人畜安全饮水覆盖率达100%；管护3个村水保项目经果林。加快完善信息网。解决小湾、黄龙基站建设，4G信号覆盖率达100%，引导发展农村电子商务，新增电商服务站2个。加快完善能源网。实施永红村新一轮农村电网改造，解决102户D级危旧房改造户用电问题。推进民政、医疗、文化、教育、卫生及各种惠民政策的落实，保障和改善民生。

【民生工程】 开展扶贫大排查。2018年5月、7月，组织62名驻村包组干部两次深入7600户农户家中开展大排查，做到户户见面、人人过关。为101户易返贫困户，22户未脱贫户规划了生猪、土鸡、土鸭、榨菜等扶贫产业。新增建卡贫困户17户35人。新建2个村卫生室，改扩建3个村卫生室。建立健全居民健康档案12574份，家庭医生签约服务2854人，免费体检1278人。落实计生民生政策，新增计生奖扶、特扶、一次性奖励金对象226人，发放各类扶助资金65万元。加强对困难弱势群体的关爱，发放困难救助、临时救助、优抚、慰问、高龄补贴等资金50万元。通过包社干部调查、村社评议、乡级评审等程序，开展低保专项治理清查，取消低保118户182人。完成490名退役士兵和其他优抚对象基本信息采集登记。落实433人次残疾人生活、护理补贴25.98万元。城乡居民合作医疗保险参保率达97.2%，参加城乡社会养老保险13332人。开展创业就业培训3场次，完成城镇新增就业470人，发放小额贷款145万元，聘任5名全日制、8名非全日制公益性岗位。

【文化教育卫生】 明确“33711”整治规范工作思路，倡导节俭操办婚宴、丧事、70岁及以上“整十”寿宴3类宴席，全面整治其他各类超过十桌的办宴行为；实行干部、党员、群众三类申报备案制度，坚持先报批后操办原则；联合食药监办、监察室等七个部门打击查处违规办宴中的违规违纪违法行为；制定十项违规办宴行为分类处理办法；倡导农村普通人情礼金控制为100元。全年备案审批宴席252起，同比减少45起，实现了应报尽报、先备后办。劝退拟办宴席6起，为群众节约礼金20多万元。改扩建延寿村便民服务中心，将乡综合文化站图书阅览室、电子阅览室整合到延寿村便民服务中心，提升延寿村文化综合服务能力。建立文化长廊、乡村大书房、梦想课堂、农村讲习所等，进一步配备健身器材、组建多支坝坝舞队伍，丰富群众文化体育生活。

【基层组织建设】 开展党员联系群众。62名驻村包社干部全年遍访群众2～3次，召开社员大会3次，广泛搜集社情民意，乡村干部作风进一步转变。不断完善信息化建设，办文办会基本实现无纸化，成功创建区级公共机构节能示范单位。参与“千万市民学宪法”活动，做好“七五”普法工作。落实行政首长应诉制度，加快依法行政科学化、民主化、规范化、法制化进程，形成依法治乡的良好氛围。与区级部门签订行政执法委托书5项，清理执法主体8个、执法人员29名，开展交通、林业、建设、计生、食药、文化等行政执法20余起。提升依法行政水平，按要求报备规范性文件，完成乡七届人大三次会议以来提出的意见建议31件，办结率、满意率均为100%。完成事业单位车改，严格执行公车改革制度，严禁公车私用、私车公养；加强办公用品管理，完成1200件办公设备登记备案。坚持权力监督制约，坚决执行“一把手”不直接分管财务、人事制度。开展场镇公开接访、意见征集活动4次，召开场镇居民见面会2次，解决群众诉求100余件。

【安全稳定】 开展扫黑除恶专项斗争，坚持“有黑扫黑，有恶除恶，无恶治乱”，重点对赌博乱象进行打击治理，开展查处行动6次。坚持“安全第一、预防为主、综合治理”的方针，按照“党政同责”“一岗双责”的原则和“三个必须”的要求加强安全生产和信访稳定工作。检查各类生产经营单位130余家次，排查安全隐患和问题285条，行政处罚18家，罚款2万余元。落实粮食安全行政首长责任制，稳定粮食生产，保障粮食安全。结合创建食品安全示范城市，广泛宣传食品安全知识，发放宣传资料3000多份；完成农村家宴备案252起，开展专项整治，处罚5件，罚没款7700元。狠抓治安巡逻、法治进村，严厉打击违法犯罪行为。全年发生治安案件14件，同比下降12.5%；刑事立案10件，同比下降25%，抓获犯罪嫌疑人4人。抓获吸毒人员6人，强制隔离戒毒1人。加强重点人员管控，强化网上信访建设与管理，推进网格化管理，实现重要时期和节点社会稳定。领导干部场镇公开接访2次接待群众500余人次；排查矛盾纠纷367件，有效调处363件，解决信访问题38件次。开展“家庭拒绝邪教”活动，签卡率达95.27%。投资16万元完成雪亮工程和社区警务室建设。

主要领导名录

党委书记　夏强伟
人大主席　秦大远
乡　　长　田景林
党政办公室　72728001
传　　真　72728077

大木乡

【概况】 大木乡位于涪陵区东南部，与武隆区、丰都县接壤，距涪陵城区57千米，辖区面积96.3平方千米。海拔580～1980米，平均海拔1000米，年平均气温15摄氏度左右，年均降水量1100～1200毫米，7—9月白天平均气温27摄氏度、夜间20摄氏度。全乡辖5个行政村、1个居委会，23个村民小组，总人口4336人，户数1160户。实有耕地1034.33公顷，森林面积5511.73公顷，森林覆盖率82.5%。全乡设行政事业单位15个，分别是党政办、党群办、财政办、经发办、纪检监察室、综治办、社事办、食药监办、人大办、农服中心、林业站、社保所、文体中心、规建所、安监办。在编行政事业干部共计64人，大学生村干部2人。区直属部门5个，分别是派出所、司法所、畜牧站、教管中心、卫生院。辖区有大木花谷•林下花园和武陵山森林公园2个AAAA级景区。大木乡曾获得全国环境优美乡、国家生态乡、全国休闲农业和全国乡村旅游休闲示范点、重庆市特色旅游景观名镇等称号。2018年，全乡完成地区生产总值2.99亿元，增长11.0%；农业增加值4309万元，增长5.0%；固定资产投资4.8亿元；农民人均可支配收入13787元，增长8.9%。

【农业发展】 2018年完成农业生产总值5985.4万元，同比增长5.1%。绿色食品种植面积达874.67公顷，占全乡农作物种植面积的65%。完成高山莲白、高山糯玉米绿色食品申报及土样检测工作，宣王村香桃、李子两个绿色食品获得中国绿色食品认证。全年生猪存栏2431头、出栏2363头；牛存栏1359头、出栏1121头；家禽存栏7051只、出栏17971只；羊存栏2984只、出栏2595只；蜂1735箱。组织14个专业合作社整体推出“大木山货”，山中竹、林下菌、糯玉米等农产品附加值达300%。积极开展“三变改革”，推进迎新社区、土井村等5个村（居）民小组的农村产权制度改革试点工作，整合集体资产，实现清产核资，充分挖掘和利用优势资源，探索出适合本地实际的经济发展模式，破解“空壳村”发展难题。支持鼓励农民群众利用自有设施发展乡村旅游，增加财产性收入。全乡现有523户农户，流转土地5432亩，实现年收入123万元。

【基础设施建设】 全乡158.57千米，硬化57.14千米，油化54.44千米。铺设天然气管道8.5千米，入户使用220户。农村电网率达100%。全年完成通畅工程道路5.1千米，新修人行便道12千米，硬化场镇支路4条2千米，建设休闲步道3千米，农村路网更加健全。新建2500平方米郁金香文化广场，旅游公厕4个，公共Wi-Fi实现场镇、景区免费全覆盖。完成雨台村、宣王村移动信号基站和迎新2组加油站项目选址征地工作。卷大（卷调—大木）路完成工程总量的15%。双江水库主体工程完成左坝肩开挖至高程796米，右岸开挖至高程758米和改道公路的路面硬化，完成取水塔边坡及基础开挖60%，完成核桃坪隧洞掘进及临时支护710米，同时启动了借水工程项目。杨家湾水库大坝浇筑和复建公路全部完成，占工程总量的95%。

【乡村旅游发展】 有以“八间山舍”高端民宿为代表的农家乐168家，民宿户均收入超过10万元。成功举办第二届中国大木花园节、国际帐篷节、庆祝改革开放四十周年文艺晚会和承办涪陵区第8个中国旅游日活动；组建了大木乡山歌合唱队、秧歌队、舞蹈队，创作了《大木大木我的家》《大木特产人见人夸》等本土特色民歌30首，彰显旅游品牌的号召力。

【脱贫攻坚工作】 全乡共有建档立卡贫困户161户590人，全部识别精准，无漏评、错评、错退情况，无返贫户。推行干部驻村联系群众制度，干部职工累计走访群众6200余人次。完成19户农村D级旧房改造，补助资金95万元；小额信贷72户，发放资金218.8万元，获贷率44.72%；完成产业帮扶到户21户，补助产业发展资金2.88万元；引导16户贫困户共16人到就近企业务工；开展1次建档立卡贫困户培训班，累计培训贫困户197人次。全乡2018年实现7户17人预期脱贫，贫困发生率0.67%，同比下降0.15%。

【民生保障】 实行家庭医生签约服务，重点人群和贫困人口签约率100%。严格落实建卡贫困户门诊免收挂号费、住院免收预付金及“一站式”结算报销后超出部分救助政策。进一步规范低保申报程序，强化民主评议，加强动态管理。2018年，新增农村低保7户13人、停止14户25人、动态调整8户13人，月平均发放低保金4.4万元；开展临时救助79人次，救助金额9.82万元；发放特困人员救助36人次、医疗救助40人次、高龄津贴551人次，金额39.9万元。2018年全乡医保参保3777人，参保率达96.6%，推广居民网上自助缴费功能，提高医保参保办理效率；加强就业与再就业指导培训，开展各类技能培训11次，受益590人次，累计新增就业岗位60余个；暑假期间开展为期1个月的“假期七彩课堂”，为50名儿童丰富了暑假生活；旅游高峰期开展了为期2个月的旅游志愿服务活动，45名志愿者为广大游客提供了便捷服务。

【安全稳定工作】 全年共出动安全隐患

排查检查组69个，267人次，涉及企业及相关经营单位113家，排查出各行业（领域）隐患92条，整改90条，整改率98%。查处纠正各类违法行为232起，罚款8.6万元，确保了全乡未发生较大以上安全生产责任事故。开展“防邪教”“禁毒”、矛盾纠纷大排查工作，坚持班子成员每周接访坐班制，全年共排查出各类矛盾纠纷276起，全部落实到基层化解，调处率100%。部署“扫黑除恶”专项斗争工作，发放“扫黑除恶”专项斗争宣传单4000份，分类建立了黑恶势力线索台账。做好非洲猪瘟防控工作。成立工作领导小组，部署四个防控检查点，投入资金10万元，抽调30人24小时值班，严守严查疫区进入大木乡的车辆、人员。有效监管食品药品安全，规范食品药品经营行为，全年共发放食品安全资料3000余份，开展专项检查112次，查处违法案件8宗，罚款金额1.04万元，新办理食品经营许可证65家，注销2家，办证率达98%，小摊贩备案13家，备案率100%。

主要领导名录

党委书记　夏　晖
人大主席　杨秀海
乡　　长　刘俞佟
党政办电话　72755003
传　　真　72755010

人物·光荣榜

全国最美志愿者

孙　蓉　女，重庆市涪陵区人，生于 1963 年 5 月，汉族，现为涪陵区红十字社区志愿服务队秘书长。

孙蓉是涪陵区第一支志愿者服务队的创建者，她的丈夫杨忠民是她的第一个支持者。在最初的志愿服务道路上，她仅仅只有丈夫杨忠民的支持，现在，她带着 330 人一起从事志愿服务活动。未来，她希望有更多的爱心人士加入到志愿服务这个队伍，用一颗乐于助人的爱心来帮助那些需要帮助的人们。

2006 年 5 月，43 岁的孙蓉第一次接触到志愿服务活动，“当时有网友号召给贫困学生捐书，我就主动联系了他们”。孙蓉的想法得到丈夫杨忠民的支持后，夫妻俩一起把家里的书籍整理出来，由她带到涪陵区大木乡双江小学。

在参加过几次网上组织的志愿服务活动后，孙蓉感慨颇深，决定组建一支专业的志愿者服务队伍，更加有针对性地开展活动。2007 年底，孙蓉召集 10 多位亲人、朋友，组成了涪陵的第一支志愿者服务队伍——涪陵志愿者大队。

2008 年夏天，在了解到涪陵区江东街道金桃村 5 组时年 54 岁的村民陈晓平，为照顾精神病的妻子和体弱多病的 3 岁幼儿陈继飞，没有时间参加劳动生产而致家庭贫困、生活艰难的情况后，孙蓉和队员们讨论决定，一是将陈继飞接到城内一位志愿者开办的幼儿园免费照顾，并联系城内一所小学接纳孩子免费上小学，生活都安排在志愿者家里；二是将陈晓平患精神病的妻子送到精神病医院接受正规治疗；三是带领志愿者给陈晓平家盖厨房、修猪圈、建鸡窝，教陈晓平种植水稻、喂猪养鸡。通过两年的时间，陈晓平一家人终于走出了困境。

孙蓉夫妻俩本身并不富裕，现在仍住在一幢修建于 20 世纪 80 年代的楼房内，只有 40 多平方米的地方，但她还是将其中一间 10 多平方米的房间用来作为商议志愿者活动的固定场所，一家人靠着丈夫一人在学校做后勤工作的工资维持生活。尽管如此，夫妻俩仍然坚持走在志愿服务的路上，并乐此不疲。

2009 年，对于孙蓉和杨忠民来说，有不一样的意义。

这一年，他们改名为涪陵区红十字社区志愿服务队，有了自己的服务章程和组织，更加明确了服务方向。这一年，他们 21 岁的儿子杨帅大学毕业回到涪陵，也加入了他们的服务队。2018 年，孙蓉被中央宣传部、中央文明办、全国妇联等 11 个国家部委授予“全国最美志愿者”称号。

助人为乐“中国好人”

方　鹏　男，1980 年 10 月生，退伍军人，中共党员，涪陵区华丰宾馆有限公司保安。

中国人民解放军成立 90 周年前夕，涪陵区敦仁街道望栏桥社区退伍军人方鹏又一次来到涪陵区中心血站，无偿捐献了1个单位的血小板（相当于200毫升全血），这是他第98次无偿献血，其累计献血量达22600毫升。

2005年8月，他第一次参加无偿献血。从那时起，方鹏就开始了撸袖献血的马拉松，从此一发不可收拾。“我几乎每个月都会来献两次血小板，已经形成习惯了。一想到自己的血能挽救别人的生命，我就感到很自豪。”采集血小板需要一个多小时，方鹏时不时调整自己的坐姿，期间，他向记者讲述献血的经历及感受。

在这13年如一日的无偿献血中，方鹏已经累计献血98次，献血总量达22600毫升。其中累计献血12次、献血小板82次（91个治疗量，5次是献的2个血小板，一个血小板相当于200毫升全血）。

“我的目标是50岁以前献血200次。为了实现这个目标，我很注意自己的身体健康。无偿献血是一件光荣、积德的事情，利己利人，如果大家都不愿意无偿献血，那么躺在病床上的病人需要用血时，血从何而来？我是一名共产党员，既然我拥有健康的体魄，就要力所能及为社会做贡献。想到自己献出的每一滴血，都能挽救更多人的生命，能让更多危在旦夕的病人渡过难关，我就感到很自豪、很欣慰。”方鹏说。

“我父亲是一位老共产党员，在他的带动下，我与我的姑妈、姑父纷纷加入无偿献血志愿者队伍，一献就坚持了13年，以后我们会继续定期无偿献血。”方鹏说。方鹏一家人坚持常年无偿献血的事迹在亲戚、朋友、邻居之间广为流传，是大家心中敬佩的“献血世家”。他们四人因无偿献血多次受到国家级、区级表彰。方鹏及其姑妈、姑父曾被国家卫计委、中国红十字会总会、中国人民解放军总后勤部卫生部授予全国无偿献血奉献奖金奖，其父亲曾被授予铜奖。一家人还曾分别荣获涪陵区无偿献血奉献奖金奖、涪陵区无偿献血先进个人三等奖、涪陵区无偿献血工作先进个人等。无偿献血，捐髓救人，传递爱心，挽救生命。由于坚持了13年的无偿献血，方鹏至今已积攒了厚厚的一叠无偿献血证，这些红本本不仅是他的荣誉，也是一名退伍军人为社会做贡献的见证。

在2005年的时候，方鹏在公安局治安大队上班，配合公安干警多次抓获犯罪分子，多次受到领导的表彰。2014年，他在白鹤梁水下博物馆上班，上班期间捡到一条黄金手链，立马上交到博物馆里。

2018年11月，方鹏登上中央文明办发布的“中国好人榜”。

全国“五一劳动奖章”获得者

余 政 男，1962年7月出生，农工民主党员，大学本科，重庆市涪陵中心医院神经外科主任，2015年，荣获“优秀援藏专家”称号；2015年，荣获涪陵五一劳动奖章；2016年，荣获重庆五一劳动奖章。

余政同志于1983年从泸州医学院医学系本科毕业后，在重庆市涪陵中心医院先后从事普外科、胸外科、脑外科及泌尿外科等临床工作，1990年正式进入神经外科领域。作为重庆渝东南地区脑外科领域的专家和学科带头人、涪陵中心医院神经外科创始人，余政同志见证了涪陵中心医院神经外科从无到有、从小到大、从弱到强的过程，亲历了涪陵中心医院神经外科学技术不断进步，逐渐走到全市领先地位的历程。

作为涪陵区的科技拔尖人才，在进行临床治疗的同时，余政还开展了多项相关的临床科研工作。他主研的《快速立体定向技术在高血压脑出血微创治疗中的应用研究》曾获得涪陵区科技进步二等奖，该技术已在在国内得到广泛的推广应用。先后在《创伤外科》《中国微侵袭神经外科杂志》《中国综合临床》《重庆医科大学学报》《重庆医学》等杂志上发表论文40余篇，参编《颅脑损伤外科临床关键技术》《颅脑创伤基础与临床》等专著。

不管是余政同志的业务能力还是管理能力，均得到业界专家、单位领导干部及广大群众的一致好评，曾先后多次获得市、区先进表彰。2009年在他的带领下涪陵中心医院神经外科荣获重庆市医学重点学科荣誉称号——涪陵区唯一一个市级医学重点学科。

余政同志既是主任医师，又是一名医学教授，除从事医疗事物外还担任教学及科研工作。他备课认真，诲人不倦，自己几十年的知识和专业技能及临床经验毫不保留地传给他的弟子和学生。

自担任涪陵区政协委员以来，余政同志履职尽责，心系民生，深入了解民情，就各项事业和群众生活的重要问题进行研究，如实地反映社情民意、提出有益于人民的好方案，积极参政议政，为涪陵区的社会发展出谋划策，尽可能地把一名委员应该发挥的光和热传递给身边的群众，在社会和谐建设中做出贡献。先后提出《关于医保工作的建议》《关于职工医保和城乡医保药品报销目录均等化的建议》《关于尽快实施大病二次报销的建议》《关于解决中小企业用地困难的建议》等一系列高质量提案和建议。

2016年9月，重庆市组建首批组团式援藏医疗队派驻西藏昌都地区，开展医疗卫生对口支援工作，余政同志报名参加，最终如愿成行。西藏高寒缺氧，气候恶劣，地广人稀，离家万里，工作和生活会遇到很多困难。余政说：“正是这样一个特殊的环境，刚强了我的骨骼，磨练了我的意志，锤炼了我的身心，让我学会了用积极乐观的态度去面对困难、战胜困难，学会了在艰苦的工作、生活中去寻找快乐，以良好的心态、饱满的热情和昂扬的斗志去对待事业、对待人生。”

全国“安康杯”竞赛优胜集体

重庆群洲实业（集团）有限公司

重庆中烟工业有限责任公司涪陵卷烟厂制丝车间生产乙班

“重庆好人”获得者名录

严云淑　重庆市涪陵区醉花荫乡村旅游专业合作社负责人

魏绍荣　重庆市涪陵区罗云烈士陵园义务讲解员

陆忠余　重庆市涪陵区白涛街道崇山村村民

勾　霞　重庆市涪陵区环卫新安洁保洁员

何国强　重庆市涪陵区珍溪镇观将村村民

盛成波　重庆市涪陵区同乐乡齐丰村村民

方　鹏　重庆市涪陵区华丰宾馆有限公司保安

重庆五一劳动奖状获奖单位

重庆市涪陵区国家税务局

重庆市涪陵区财政局

重庆“五一劳动奖章”获得者名录

陈　瑜　重庆中烟工业有限责任公司涪陵卷烟厂

傅以伦　重庆槐果园畜禽养殖有限公司

蒋　琪　重庆市涪陵区地税局

覃德云　华晨鑫源重庆汽车有限公司

熊　盟　重庆市涪陵中心医院

重庆市工人先锋号获奖班组

太极集团西南药业股份有限公司粉针剂车间

中化重庆涪陵化工有限公司余热发电车间

附　录

涪陵区国民经济和社会发展主要统计指标数据

指标名称	单　位	2014 年	2015 年	2016 年	2017 年	2018 年
一、土地、人口与劳动力						
土地面积	平方千米	2942.34	2942.34	2942.34	2942.34	2942.34
# 建成区土地面积	平方卡米	57.9	62.0	65.5	68.4	71.5
年末总户数 (户籍数)	万　户	46.33	46.20	46.11	45.71	45.37
年末总人口（公安户籍人数）	万　人	116.67	116.19	116.42	115.83	115.13
# 男性	万　人	59.41	59.18	59.27	58.91	58.53
女性	万　人	57.26	57.01	57.15	56.92	56.60
# 农业人口	万　人	68.21	67.57			
非农业人口	万　人	48.46	48.62			
# 城镇人口	万　人		53.00	51.90	51.74	51.38
乡村人口	万　人		63.19	64.52	64.09	63.75
户籍人口城镇化率	%		45.6	44.6	44.7	44.6
常住人口（1% 人口抽样调查推算数）	万　人	113.61	114.08	114.82	116.02	116.80
# 城镇人口	万　人	70.64	72.76	75.15	77.94	80.26
常住人口城镇化率	%	62.18	63.78	65.45	67.18	68.72
当年出生人口（公安户籍数）	人	11483	11724	12374	12331	10794
当年死亡人口（公安户籍数）	人	7338	7263	6940	12944	9635
人口自然增长率（公安户籍数）	‰	2.80	3.02	2.38	2.41	1.69
年末劳动力资源总数	万　人	92.50	92.8	93.44	94.39	95.02
年末全部从业人员数	万　人	76.30	76.50	76.90	77.60	77.90
第一产业	万　人	19.10	18.68	17.68	17.68	18.08
第二产业	万　人	26.85	26.70	27.40	27.60	26.63
工业	万　人	14.35	14.20	14.50	14.50	12.43
建筑业	万　人	12.50	12.50	12.90	13.10	14.20
第三产业	万　人	30.35	31.12	31.82	32.32	33.19
从业人员按城乡分						
城镇从业人员	万　人	41.54	42.21	43.66	44.36	45.03

续表

指标名称	单 位	2014 年	2015 年	2016 年	2017 年	2018 年
农村从业人员	万 人	34.76	34.29	33.24	33.24	32.87
年末城镇失业人员（登记数）	人	4092	3462	5145	4640	5106
年末城镇登记失业率	%	2.03	2.01	2.27	2.89	3.16
二、综合经济						
地区生产总值（当年价格）	万 元	7574764	8131946	8962164	9922417	10761281
第一产业增加值	万 元	479735	517697	582941	604485	653012
第二产业增加值	万 元	4660970	4932925	5386658	6048192	6134325
# 工业增加值	万 元	4054369	4237351	4576080	5080194	5053679
建筑业增加值	万 元	606601	695574	810578	967998	1080646
第三产业增加值	万 元	2434059	2681324	2992565	3269740	3973944
人均生产总值（按常住人口计算）	元	67215	71430	78306	85968	92443
（按当年平均汇率折算）	美元	10985	11469	11789	12733	13781
年末人民币对美元汇率中间价(人民币/1美元)		6.1190	6.4936	6.9370	6.5063	6.8755
人民币对美元平均价 (人民币 /1 美元)			6.2283	6.6423	6.7518	6.7081
地区生产总值指数 (%，可比)	上年 =100	112.0	111.9	111.1	109.7	107.1
第一产业增加值	上年 =100	104.8	104.3	104.5	104.1	104.7
第二产业增加值	上年 =100	114.1	112.8	112.6	111.4	107.7
# 工业增加值	上年 =100	114.0	112.1	111.6	111.4	108.1
建筑业增加值	上年 =100	115.0	117.9	118.5	111.7	105.7
第三产业增加值	上年 =100	108.9	111.2	109.6	107.2	106.7
人均生产总值指数 (%，可比)	上年 =100	110.1	110.7	110.5	108.7	106.2
三、农业						
年末常用耕地面积	公 顷	102696	102825	103230	100915	101033
农业机械总动力	万千•瓦	73.4	76.6	77.0	80.12	80.32
化肥使用量（折纯）	万 吨	4.11	4.03	3.98	3.95	
有效灌溉面积	公 顷	34980	36570	36570	38520	38933
总播种面积	公 顷	185456	180316	184661	187862	
# 粮食作物	公 顷	90800	89671	91818	91820	91765
蔬菜面积	公 顷	74645	72957	77050	80050	
农林牧渔业总产值 (当年价)	万 元	719798	777255	871871	894255	966741
农业总产值	万 元	493448	529003	595500	615570	678915
林业总产值	万 元	25353	28389	34017	43414	51318
牧业总产值	万 元	150361	165214	184750	172255	170394
渔业总产值	万 元	39041	41741	44170	46108	47942
农林牧渔服务业	万 元	11595	12908	13433	16908	18172
农林牧渔业总产值指数 (可比)	上年 =100	104.8	104.3	104.5	103.1	105.0
农产品产量						

续表

指标名称	单 位	2014 年	2015 年	2016 年	2017 年	2018 年
粮食产量	吨	422630	425947	434148	437812	440272
油料产量	吨	6190	6581	6866	7328	
麻类产量	吨	784	699	670	605	
烟叶产量	吨	1522	1660	1765	1791	
蚕茧产量	吨	2709	2810	2916	3024	3045
茶叶产量	吨	660	668	786	847	
水果产量(含果用瓜)	吨	123705	130110	140874	156791	
蔬菜产量	吨	2011702	2071135	2169469	2281979	
#青菜头产量	吨	1496851	1506260	1596151	1600300	1601574
肉类总产量	吨	69292	68356	66725	66536	68381
#猪肉产量	吨	53976	52168	49693	49502	51184
牛羊肉产量	吨	2810	3207	3522	3693	3625
禽蛋产量	吨	10371	11349	11600	11958	12494
禽肉产量	吨	12506	12981	13510	13341	13572
水产品产量	吨	20550	20960	21250	20810	19100
年末大牲畜存栏头数	万 头	3.95	3.96	3.91		
年内出栏肥猪头数	万 头	73.25	70.83	67.25	66.72	68
年末生猪存栏头数	万 头	51.08	46.67	45.07	44.71	44
当年造林面积	公 顷	4043	7334	5100	4667	5366
四、工业						
全部工业增加值(当年价)	亿 元	4054369	4237351	4576080	5080194	5053679
工业增加值指数(现价)	上年=100	114.0	112.1	111.6	111.4	108.1
规模以上工业企业单位数	个	212	268	265	259	259
#亏损企业	个	33	34	27	27	24
亏损面	%	15.6	12.7	10.2	10.4	9.3
在规模以上工业企业中:						
#大型企业	个	13	17	20	14	14
中型企业	个	39	38	36	38	32
小型企业	个	160	213	209	207	213
五、建筑业						
建筑业注册企业单位数	个	146	143	141	153	146
建筑业注册企业从业人员	万 人	12.53	12.56	14.62	14.00	15.54
建筑业注册企业总产值	亿 元	346.97	388.93	446.14	476.78	482.39
建筑业在地企业总产值	亿 元	244.17	319.26	369.86	452.53	483.05
房屋建筑施工面积	万平方米	1807.39	1320.00	1646.96	1892.69	1674.29
房屋建筑竣工面积	万平方米	919.12	534.15	624.22	530.24	581.59
#住宅	万平方米	768.50	435.71	531.81	444.55	451.57

续表

指标名称	单 位	2014 年	2015 年	2016 年	2017 年	2018 年
六、交通运输、邮电通信						
公路通车里程	千米	4923	5711	5728	5827	5814
# 等级公路里程	千米	4253	4877	5046	5181	5236
机动车拥有量	辆	161634	180864	189865	213928	235154
民用汽车拥有量	辆	80975	97177	118092	121028	134186
# 私人汽车	辆	67511	83725	106508	115687	126123
货物运输量	万 吨	5780	6177	6703	7328	8035
# 公路	万吨	3160	3395	3470	3762	4236
水运	万吨	2620	2782	3233	3566	3799
货物周转量	万吨千米	3792618	4539274	5319692	6065800	6497341
# 公路	万吨千米	203709	254631	280999	326574	352906
水运	万吨千米	3588909	4284643	5038693	5739226	6144435
客运量	万 人	3257	2951	2631	2324	2567
# 公路	万 人	3257	2951	2631	2324	2567
旅客周转量	万人千米	139233	149904	121274	94426	98707
# 公路	万人千米	139233	149904	121274	94426	98707
港口货物吞吐量	万吨	2273	2507	2766	3052	3072
年末邮电局所数	所	63	71	72	69	63
邮政业务总量	万 元		9477	13592	16196	19568
电信业务收入	万 元		61447	65927	65391	69510
年末固定电话用户	户	199158	184896	190237	170900	221047
年末移动电话用户数	户	981488	986094	1084845	1078555	1198380
国际互联网用户数	户	185151	210546	280275	249114	355448
七、固定资产投资						
全社会固定资产投资额	万 元	5785957	6704630	7892108	8000793	4061437
# 基础设施投资	万 元	1371150	1786804	2750101	2468252	1195016
# 民间投资	万 元	2710306	2878459	3150939	3922260	1854521
按构成分：						
建筑安装工程	万 元	4400603	5118623	6348530	7035237	3215393
设备工器具购置	万 元	959402	1157211	1034766	604761	373310
其他费用	万 元	425952	428796	508786	360795	472734
按三次产业分：						
第一产业	万 元	61083	54313	120717	127212	32291
第二产业	万 元	3075931	3271143	3380865	3720166	1546675
# 工业投资	万 元	3075931	3217847	3377795	3713166	1546675
第三产业	万 元	2648943	3379174	4390500	4153415	2482471
# 房地产投资	万 元	720235	932015	985654	1078489	1059305

续表

指标名称	单 位	2014 年	2015 年	2016 年	2017 年	2018 年
# 旅游投资	万 元	262495	652346	902291	1042686	
商品房屋销售建筑面积	万平方米	108.10	126.08	158.80	171.72	139.87
# 住宅	万平方米	100.44	106.83	137.60	152.97	121.39
商品房屋销售额	万 元	578407	657889	750842	844236	765089
# 住宅	万 元	515249	540102	625803	740138	664859
商品房待售面积	万平方米	35.40	54.09	63	48.94	75.29
八、能源						
万元 GDP 能耗	吨标准煤 / 万元	0.757	0.745	0.67	0.668	
万元 GDP 电耗	千瓦•时 / 万元	801.64	754.76	676.65		
单位工业增加值能耗	吨标准煤 / 万元	0.642	0.657	0.586		
九、商业						
社会消费品零售总额	万 元	2005427	2296993	2603076	2438823	2732903
# 批发零售贸易业	万 元	1752842	2004102	2268558	2150366	2419560
住宿餐饮业	万 元	252585	292891	334518	288457	313343
按限额分						
# 限额以上	万 元	1414499	1473250	1718649	1708605	1869066
限额以下	万 元	590928	823744	884427	730218	863837
批发零售业商品销售总额	万 元	5117671	6101634	7138664	8238049	9361156
住宿餐饮业营业收入	万 元	390066	467053	554050	569047	640330
十、对外贸易						
进出口总额	万元			457429	469281	557545
出口	万元			227131	223200	296108
进口	万元			230298	246081	261437
实际利用外资额（境外资金）	万美元	10715	6223	15123	12498	15833
实际利用内资额（市外国内）	亿 元	253.92	303.76	270.45	312.35	71.93
国际旅游者人数	人	667	602	803	61705	104204
国内旅游者人数	万 人	757.29	883.63	1201.08	1542.99	1921.23
旅游总收入	万 元	389248	478044	721121	980572	1229098
星级饭店数	个	5	5	5	5	5
十一、财政、金融						
财政总收入	万 元	1532171	1517640	1441475	1456958	1702606
地方财政收入	万 元	1006157	1035061	860008	874456	1066416
# 一般公共预算预算收入	万 元	500744	565304	613950	626305	553085
# 税收收入	万 元	310740	357078	360250	383661	417356

续表

指标名称	单 位	2014 年	2015 年	2016 年	2017 年	2018 年
地方财政支出	万 元	1505415	1835332	1624214	1601745	1889982
#一般公共预算预算支出	万 元	938286	1265070	1180989	1263640	1265402
#一般公共服务支出	万 元	150449	108214	99060	101312	96743
教育事业费	万 元	167082	168951	169976	171015	182773
社会保障和就业	万 元	97023	123068	126220	125319	134047
年末金额机构本外币存款余额	万 元	6277697	6946320	7294014	7439237	7707578
年末金额机构人民币存款余额	万 元	6211973	6883064	7161260	7377466	7667661
#住户存款余额	万 元	3405599	3750671	4049989	4384092	4583489
年末金额机构本外币贷款余额	万 元	4385340	4448972	4806970	5376599	5426950
年末金额机构人民币贷款余额	万 元	4373527	4408005	4799008	5370076	5422392
#短期贷款	万 元	1345395	1242217	1236672	1511142	1303921
中长期贷款	万 元	2982649	3053143	3400054	3695678	4037410
票据融资	万 元	45439	105300	162257	163231	81039
十二、教育						
学校数	所	164	163	162	157	156
#普通高等学校	所	3	3	3	3	3
中等专业学校	所	1	1	1	1	1
普通中学	所	47	48	48	48	48
职业中学	所	6	6	6	6	6
小学	所	107	105	104	99	97
专任教师总数	人	9979	10082	10013	10473	10766
#普通高等学校	人	1173	1191	1212	1461	1549
中等专业学校	人	130	131	128	126	128
普通中学	人	3976	4008	3982	4090	4085
职业中学	人	541	526	543	534	653
小学	人	4159	4226	4148	4262	4351
招生数	人	46835	41168	41153	42158	46019
#普通高等学校	人	8089	8130	7261	7666	8011
中等专业学校	人	2314	2349	2132	2168	2215
普通中学	人	18491	15896	16814	18132	21506
#高中	人	9069	7080	7224	7724	7575
初中	人	9422	8816	9590	10408	13931
职业中学	人	4182	3911	3515	3671	3826
小学	人	13759	10882	11431	10521	10461
在校学生总数	人	173434	173596	168915	168832	172228
#普通高等学校	人	26237	30417	26459	26000	26349
中等专业学校	人	6468	6447	6266	6211	6194

续表

指标名称	单 位	2014 年	2015 年	2016 年	2017 年	2018 年
普通中学	人	56274	52852	51601	51640	57400
#高中	人	28316	25633	23897	22925	23672
初中	人	27958	27219	27704	28715	33728
职业中学	人	14001	10995	9585	9372	9837
小学	人	70454	72885	75004	75609	72448
毕业生数	人	42378	41327	41349	41914	42240
#普通高等学校	人	6888	7223	7408	7788	7095
中等专业学校	人	1897	1994	2015	2024	2055
普通中学	人	19856	19274	18934	19101	16819
#高中	人	9489	10040	9940	9774	8049
初中	人	10367	9234	8994	9327	8770
职业中学	人	4495	4235	3725	2856	2555
小学	人	9242	8601	9267	10145	13716
学龄儿童数	人	67864	71150	72632	73325	69786
小学入学率	%	100	100	100	100	100
幼儿园数	个	176	174	197	198	220
入园幼儿数	人	32209	33104	32196	31163	29897
十三、卫生						
卫生机构数	个	207	237	225	230	228
#医院、卫生院	个	43	48	52	56	58
疾病预防控制机构	个	2	2	2	2	2
妇幼保健院	个	1	1	1	1	1
卫生机构床位数	张	5556	5964	6221	6367	6834
#医院、卫生院	张	5423	5808	6065	6161	6624
卫生机构人员数	人	6765	7851	8267	8570	9018
#卫生技术人员	人	5580	5896	6309	6583	7083
#执业医师、助理执业医师	人	2215	2272	2365	2518	2749
注册护士	人	2221	2354	2619	2857	2998
十四、科技、文化						
R&D 经费支出占 GDP 的比重	%			1.59	1.83	
剧场、影剧院数	个	2	6	6	9	10
广播人口覆盖率	%	99.36	99.49	99.91	99.92	99.9
电视人口覆盖率	%	98.25	98.25	97.87	97.88	97.89+
公共图书馆	个	2	2	2	2	2
公共图书馆藏书	万册	84.7	88.5	95.1	111.55	114.58
十五、人民生活						
全面建成小康社会实现程度	%	93.97	95.9	96.4	97.72	

续表

指标名称	单 位	2014 年	2015 年	2016 年	2017 年	2018 年
城镇居民人均住宅建筑面积	平方米	39.6	41.1	35.5	35.8	35.93
农村居民人均住房面积	平方米	38.6	40.7	41.6	42.2	42.42
城镇单位在岗职工年平均工资	元	53501	56644	60123	63267	72724
全体居民人均可支配收入	元	19785	21884	24144	26715	29437
城镇常住居民人均可支配收入	元	26149	28450	30897	33709	36642
城镇居民人均消费支出	元	20298	22463	24321	26604	28477
#食品支出	元	7159	7850	8392	9012	9536
城镇居民恩格尔系数	%	35.3	34.9	34.5	33.9	33.5
农村常住居民人均可支配收入	元	9963	11089	12253	13466	14691
农村居民人均生活消费支出	元	8366	9377	10424	11609	12287
#食品支出	元	3497	3771	4094	4449	4658
农村居民恩格尔系数	%	41.8	40.2	39.3	38.3	37.9
社会福利收养单位	个	37	37	37	37	36
社会福利收养单位床位数	张	3140	3821	3420	2465	2306
城市居民最低生活保障人数	人	21516	19108	16020	15722	14064
农村居民最低生活保障人数	人	24861	28878	26397	26645	21796
年末农村贫困人口	人	101714	52514	3116	4093	2333
参加城镇基本养老保险职工人数	人	180958	189232	201168	209078	229159
参加城镇职工基本医疗保险年末人数	人	180331	188900	196727	208768	220784
参加失业保险年末人数	人	105594	107115	108002	112807	117821
参加工伤保险年末人数	人	112503	115521	157972	170315	209659
参加生育保险年末人数	人	88446	91828	96362	101701	
十六、社会治安						
火灾事故件数	件	294	191	196	205	211
火灾伤亡人数	人	2	2	0	3	0
火灾损失金额	万元	386.12	281.38	93.63	308.73	324
交通事故件数	件	229	240	153	173	161
交通事故受伤人数	人	335	350	182	229	210
交通事故死亡人数	人	42	38	38	35	37
交通事故损失金额	万元	35.64	54.2	22.86	44.9	119.79
刑事案件立案数	件	4378	4357	4337	3047	3296
十七、城市建设与生态环境						
年末实有铺装道路面积	平方米	291	315	338	304	346
城市道路长度	千米	139	142	126	137	144
年末自来水厂生产能力	万吨/日	16.5	16.5	25.48	25.53	26.03
供水管道长度	公 里	432	451	695	1089	1527
全年供水总量	万 吨	3133	3860	4794	5183	5426

续表

指标名称	单 位	2014 年	2015 年	2016 年	2017 年	2018 年
#生活用水量	万 吨	1920	1926	2493	2661	2816
用水人口	万 人	122.5	126.0	91.0	100.5	103.5
天然气供气总量	万立方米	132137	145935	136600	150980	158470
#生活用量	万立方米	6353	7100	7733	8319	8922
液化石油气供气总量	吨	2111	2156	1994	2222	2125
#生活用量	吨	2108	2156	1994	2222	2061
年末实有公共汽车营运车辆数	辆	414	468	485	475	490
全年公共汽车客运总量	万人次	9434	9812	9301	8612	8609
年末实有出租汽车数	辆	848	878	878	878	878
园林绿地面积	公 顷	2330	2417	2604	2812	2951
#公共绿地面积	公 顷	1658	1777	1895	1936	2075
绿化覆盖面积	公 顷	2645	2734	2701	2904	3050
#建成区绿化覆盖面积	公 顷	2421	2510	2701	2904	3050
人均公共绿地面积	平方米	24.3	26.0	28.1	27.6	28.3
公园面积	公 顷	497	517	633	756	756
环境污染治理投资	万 元	119608	60448	63581	51927	43677
废水排放总量	万 吨	5624	5941	5436	5624	5849
工业废水排放总量	万 吨	1500	1656	1439	1573	1496
工业二氧化硫排放量	吨	68516	95193	87236	65247	43589
工业固体废物排放量	万吨	0.56	0.49	0.38	0.41	0.32
生活垃圾清运量	万 吨	19.3	21.5	21.0	20.5	18.1
生活垃圾处理量	万 吨	19.3	21.5	21.0	20.5	18.1
城区环境空气质量满足优良天数	天	344	344	266	311	333

乡镇街道基本情况一览表

（2018 年末）

乡镇名称	辖区面积（平方千米）	村委会(个)	社区居委会(个)	年末户籍人口(人)	#城镇人口(人)
合 计	2942.34	303	119	1151312	513789
一组					
马鞍街道	80.00		20	77341	75275
李渡街道	97.28	13	6	39997	9106
敦仁街道	1.22		17	71311	71311
崇义街道	12.77		14	52515	52515
荔枝街道	125.53	12	6	99482	88400
江东街道	146.57	15	6	51158	28855
江北街道	81.04	9	5	53054	19367
龙桥街道	87.91	6	7	41583	26914
二组					
白涛街道	218.05	12	5	46946	36441
百胜镇	147.37	19	1	47685	6536
珍溪镇	184.46	25	3	82309	12344
清溪镇	78.73	9	1	33085	7735
南沱镇	68.32	11	1	37401	9431
蔺市镇	163.32	17	7	49829	12381
石沱镇	102.24	13	1	33809	6521
义和镇	99.44	12	4	47986	6070
新妙镇	139.15	22	1	46512	13012
三组					
马武镇	163.37	17	2	39207	9487
青羊镇	107.54	9	2	25456	6088
龙潭镇	129.15	20	2	46147	6994
同乐乡	97.66	13	1	24285	0
大顺乡	96.67	10	1	23921	0
增福乡	81.89	9		19357	0
焦石镇	166.43	11	3	30661	9006
罗云乡	72.69	8	1	18031	0
大木乡	80.90	5	1	4238	0
武陵山乡	112.64	6	1	8006	0

2018年涪陵区乡镇街道GDP总量及增速

乡镇名称	GDP 总量（万元）			分三次产业		
	2017 年	2018 年	比上年增长(%)	第一产业	第二产业	第三产业
一组						
涪陵新城区（含马鞍街道）	2961633	3346967	13.0	19293	2957629	370044
李渡街道	85051	94674	11.3	31523	37922	25230
敦仁街道	691933	777108	12.3	0	241969	535139
崇义街道	579093	654437	13.0	0	171641	482797
荔枝街道	1167199	1302543	11.6	11869	517412	773262
江东街道	250001	279172	11.7	26904	67068	185200
江北街道	231997	258850	11.6	26129	185514	47207
龙桥街道	105581	118353	12.1	23977	37385	56991
二组						
白涛街道	158330	179757	13.5	25382	46153	108223
百胜镇	223096	244274	9.5	48205	110339	85729
珍溪镇	263554	290432	10.2	61660	117649	111123
清溪镇	108927	112882	3.6	28418	34696	49768
南沱镇	91043	94458	3.8	31065	32957	30436
蔺市镇	171720	194876	13.5	44484	36809	113583
石沱镇	60102	67095	11.6	22437	11814	32844
义和镇	192040	210755	9.7	36237	99222	75296
新妙镇	139911	158013	12.9	37643	20689	99680
三组						
马武镇	160337	180965	12.9	39405	46533	95026
青羊镇	65971	74224	12.5	18113	12756	43355
龙潭镇	90441	101710	12.5	26264	18616	56830
同乐乡	69367	78457	13.1	15948	22058	40451
大顺乡	45035	50466	12.1	23207	6049	21209
增福乡	47420	52669	11.1	18472	16571	17627
焦石镇	121558	136753	12.5	24228	37906	74619
罗云乡	42060	47377	12.6	13809	8539	25029
大木乡	26939	29905	11.0	4309	2601	22995
武陵山乡	40988	45970	12.2	6767	11224	27979

2018年涪陵区乡镇街道财政收入和支出

单位：万元

乡镇名称	乡镇财政收入			乡镇财政支出		
	2017 年	2018 年	增长（%）	2017 年	2018 年	增长（%）
一组						
涪陵新城区（含马鞍街道）	161466	280493	73.7	161671	308353	90.7
李渡街道	2346	2541	8.3	7685	8193	6.6
敦仁街道	5252	4807	-8.5	4927	4607	-6.5
崇义街道	11583	7732	-33.2	9849	9690	-1.6
荔枝街道	11600	11095	-4.4	8719	10109	15.9
江东街道	3785	3242	-14.3	4588	3493	-23.9
江北街道	1932	2276	17.8	2877	3230	12.3
龙桥街道	1900	2538	33.6	5275	5873	11.3
二组						
白涛街道	3024	2795	-7.6	7570	5832	-23.0
百胜镇	599	719	20.0	4444	5870	32.1
珍溪镇	1764	2297	30.2	6558	7764	18.4
清溪镇	1899	2077	9.4	3779	6603	74.7
南沱镇	612	1134	85.3	2136	4982	133.2
蔺市镇	3007	3254	8.2	9800	6160	-37.1
石沱镇	1494	987	-33.9	2911	4198	44.2
义和镇	2271	3403	49.8	6501	6730	3.5
新妙镇	1378	1167	-15.3	5716	5594	-2.1
三组						
马武镇	2037	2336	14.7	3968	5032	26.8
青羊镇	1132	1866	64.8	2576	3962	53.8
龙潭镇	514	696	35.4	2345	3655	55.9
同乐乡	876	1571	79.3	2318	3081	32.9
大顺乡	465	570	22.6	4342	2334	-46.2
增福乡	648	1001	54.5	2033	2324	14.3
焦石镇	2682	1999	-25.5	4305	4483	4.1
罗云乡	715	968	35.4	2197	2180	-0.8
大木乡	101	91	-9.9	1827	2080	13.8
武陵山乡	587	407	-30.7	2909	3541	21.7

2018年涪陵区乡镇街道固定资产投资和农村劳动力转移

乡镇名称	固定资产投资额(万元)			农村劳动力转移（人）		
	2018年合计	5000万以下	5000万以上	2017年	2018年	增长（%）
一组						
涪陵新城区（含马鞍街道）	1300345	118276	836943	18995	13439	-29.2
李渡街道	7147	5997	1150	19582	19853	1.4
敦仁街道	28967	14237	3110			
崇义街道	205317	1496				
荔枝街道	251721	8181	6124	7802	7802	0.0
江东街道	218007	7700		13354	12579	-5.8
江北街道	36437	5288	5121	14327	19851	38.6
龙桥街道	12225	1665	3950	8706	15348	76.3
二组						
白涛街道	20748	13150	7598	10998	7245	-34.1
百胜镇	16160	7660	8500	17801	19923	11.9
珍溪镇	25022	22022	3000	23039	23968	4.0
清溪镇	13010	4931	7579	10476	10653	1.7
南沱镇	6911	6911		10438	11786	12.9
蔺市镇	41960	19293	20767	15139	12305	-18.7
石沱镇	45498	44818	680	9211	9051	-1.7
义和镇	18599	10678	6121	11400	8976	-21.3
新妙镇	21779	14029		15558	17558	12.9
三组						
马武镇	34893	25787	9106	8281	13755	66.1
青羊镇	12091	12091		7528	7383	-1.9
龙潭镇	12077	9045	3032	15363	15775	2.7
同乐乡	27350	10860	16490	9976	9525	-4.5
大顺乡	10508	623	9885	9396	12243	30.3
增福乡	18209	18209		7277	7874	8.2
焦石镇	60610	50540	10070	13603	12986	-4.5
罗云乡	11040	1540	9500	6755	6315	-6.5
大木乡	48010	48010		1523	1408	-7.6
武陵山乡	30597	23025	1145	3072	2985	-2.8

2018年乡镇街道农业增加值和粮食产量

乡镇名称	农业增加值（万元）			粮食产量（吨）		
	2016 年	2017 年	2018 年	2016 年	2017 年	2018 年
一组						
马鞍街道	21466	199 19	19293	4485	4383	4407
李渡街道	28047	29119	31523	8451	8451	8498
敦仁街道	-	-	-			
崇义街道	-	-	-			
荔枝街道	10632	10986	11869	10103	10103	10160
江东街道	24192	24948	26904	19474	19474	19583
江北街道	23313	24158	26129	12710	12710	12781
龙桥街道	21306	22128	23977	12062	12062	12129
二组						
白涛街道	22519	23470	25382	18786	18786	18891
百胜镇	42581	44404	48205	23591	23691	23823
珍溪镇	54928	57028	61660	35476	36470	36674
清溪镇	25254	26327	28418	14599	14599	14680
南沱镇	27614	28725	31065	10122	10122	10178
蔺市镇	39203	40975	44484	34709	35709	35917
石沱镇	19960	20786	22437	15440	15440	15526
义和镇	32214	33531	36237	16022	16391	16382
新妙镇	33270	34741	37643	26382	26382	26530
三组						
马武镇	34646	36125	39405	30220	30317	30486
青羊镇	16094	16765	18113	18759	18759	18864
龙潭镇	23136	24170	26264	34088	34991	35195
同乐乡	14009	14677	15948	20065	20162	20274
大顺乡	20541	21438	23207	15625	15581	15718
增福乡	16365	17113	18472	13108	13258	13382
焦石镇	21577	22446	24228	17518	17518	17616
罗云乡	12177	12744	13809	12609	12609	12680
大木乡	3796	3977	4309	1893	1893	1903
武陵山乡	5933	6222	6767	7851	7951	7995

2018年乡镇街道农村居民和城镇居民人均可支配收入

乡镇名称	农民居民可支配收入（元）			城镇居民可支配收入（元）		
	2017 年	2018 年	比上年增长（%）	2017 年	2018 年	比上年增长（%）
一组						
马鞍街道	13328	14541	9.1	34008	36865	8.4
李渡街道	13205	14433	9.3	36323	39592	9.0
敦仁街道				35264	38332	8.7
崇义街道				34311	37227	8.5
荔枝街道	13931	15213	9.2	36873	40118	8.8
江东街道	13952	15152	8.6	33058	35703	8.0
江北街道	14225	15591	9.6	32979	35980	9.1
龙桥街道	13562	14769	8.9	33302	36066	8.3
二组						
白涛街道	13621	14915	9.5	34815	37948	9.0
百胜镇	14314	15702	9.7	32980	36080	9.4
珍溪镇	14603	15946	9.2	34251	37265	8.8
清溪镇	13417	14557	8.5	33127	35810	8.1
南沱镇	13989	15206	8.7	32556	35258	8.3
蔺市镇	14190	15481	9.1	34782	37808	8.7
石沱镇	12340	13426	8.8	32135	34866	8.5
义和镇	13660	14876	8.9	33286	36149	8.6
新妙镇	13224	14454	9.3	33458	36436	8.9
三组						
马武镇	14348	15596	8.7			
青羊镇	13142	14272	8.6			
龙潭镇	12933	14200	9.8			
同乐乡	12814	14044	9.6			
大顺乡	12393	13459	8.6			
增福乡	12938	14141	9.3			
焦石镇	13866	15114	9.0			
罗云乡	12449	13633	9.5			
大木乡	12660	13787	8.9			
武陵山乡	13251	14457	9.1			

2018年重庆市各区县常住人口和城镇化率

区县名称	2017年			2018年		
	常住人口（万人）	城镇化率（%）	全市排位	常住人口（万人）	城镇化率（%）	全市排位
全 市	3075.16	64.08		3101.79	65.50	
万州区	163.58	65.45	14	164.75	66.88	14
黔江区	47.76	49.10	23	48.39	50.67	23
涪陵区	116.02	67.18	11	116.80	68.72	12
渝中区	65.90	100.00	1	66.00	100.00	1
大渡口区	35.50	97.41	2	35.70	97.56	2
江北区	87.44	96.09	3	88.51	96.20	3
沙坪坝区	115.08	95.08	5	115.20	95.57	5
九龙坡区	121.51	93.00	6	122.50	93.51	6
南岸区	89.10	95.37	4	91.00	95.70	4
北碚区	80.58	82.27	7	81.10	83.58	7
渝北区	163.23	81.53	8	166.17	82.80	8
巴南区	106.72	80.38	9	108.82	81.67	9
长寿区	83.75	64.40	15	85.50	66.07	15
江津区	137.40	66.57	13	138.70	68.43	13
合川区	139.01	67.17	12	140.72	68.83	11
永川区	112.00	67.90	10	114.20	69.76	10
南川区	58.21	59.05	17	59.11	60.85	17
綦江区	109.85	61.07	16	109.98	62.53	16
大足区	78.74	57.19	18	78.86	58.86	18
璧山区	74.00	56.26	19	74.80	58.24	19
铜梁区	72.54	54.80	21	72.60	56.57	21
潼南区	71.57	52.24	22	72.06	53.91	22
荣昌区	71.00	54.82	20	71.56	56.58	20
开州区	118.05	46.38	24	118.11	47.97	24
梁平区	65.33	44.69	27	65.41	46.34	27
武隆区	34.72	42.68	29	34.82	44.17	29
城口县	18.43	34.86	37	18.44	36.23	37
丰都县	57.86	44.94	25	58.52	46.48	25
垫江县	69.06	44.77	26	70.18	46.35	26
忠 县	72.45	43.21	28	73.88	44.79	28
云阳县	92.67	42.30	32	93.14	43.85	32
奉节县	72.79	42.36	31	73.33	44.02	30
巫山县	44.83	39.90	34	44.68	41.41	34

续表

区县名称	2017年			2018年		
	常住人口（万人）	城镇化率（%）	全市排位	常住人口(万人)	城镇化率（%）	全市排位
巫溪县	38.53	35.30	36	38.32	36.69	36
石柱县	37.91	42.46	30	37.80	43.94	31
秀山县	48.05	40.25	33	48.57	41.86	33
酉阳县	54.91	33.62	38	54.71	35.00	38
彭水县	49.08	35.31	35	48.85	36.83	35

2018年各区县地区生产总值及人均生产总值

区县名称	地区生产总值				人均地区生产总值	
	绝对额（亿元）	全市排序	比上年增长(%)	全市排序	绝对额（元）	全市排序
全 市	20363.19		6.0		65933	
万州区	982.58	6	0.1	37	59853	18
黔江区	247.29	28	7.4	18	51439	21
涪陵区	1076.13	4	7.1	21	92443	5
渝中区	1203.85	3	0.9	36	182540	1
大渡口区	228.13	30	2.7	35	64082	16
江北区	1027.87	5	9.0	13	116836	2
沙坪坝区	936.41	7	3.2	33	81328	6
九龙坡区	1211.25	2	3.6	32	99279	3
南岸区	724.78	11	2.9	34	80487	7
北碚区	551.79	15	5.7	27	68257	13
渝北区	1543.09	1	-2.8	38	93691	4
巴南区	781.22	10	7.1	21	72489	9
长寿区	597.49	13	6.2	25	70604	12
江津区	902.33	8	10.0	2	65362	15
合川区	712.93	12	6.5	24	50973	22
永川区	845.67	9	9.9	5	74772	8
南川区	280.37	26	7.2	20	47796	25
綦江区	555.64	14	6.7	23	50551	24
大足区	517.65	17	7.3	19	65691	14
璧山区	527.30	16	10.0	2	70874	10
铜梁区	456.98	20	9.6	8	62972	17
潼南区	380.95	21	9.5	10	53047	19
荣昌区	504.88	18	9.5	10	70831	11
开州区	473.13	19	7.6	16	40068	31

续表

区县名称	地区生产总值				人均地区生产总值	
	绝对额（亿元）	全市排序	比上年增长(%)	全市排序	绝对额（元）	全市排序
梁平区	331.26	22	9.6	8	50674	23
武隆区	181.63	32	6.2	25	52237	20
城口县	55.78	38	4.8	29	30256	35
丰都县	234.96	29	9.8	6	40378	30
垫江县	316.95	23	4.5	31	45526	27
忠　县	307.95	24	9.8	6	42089	28
云阳县	275.05	27	10.1	1	29605	36
奉节县	300.68	25	8.3	14	41155	29
巫山县	142.64	36	10.0	2	31871	34
巫溪县	103.73	37	8.2	15	26995	38
石柱县	175.97	33	4.7	30	46486	26
秀山县	185.64	31	9.2	12	38426	32
酉阳县	157.96	35	5.3	28	28820	37
彭水县	170.11	34	7.5	17	34741	33

2018年重庆市各区县固定资产投资额、社会消费品零售总额

区县名称	固定资产投资		社会消费品零售总额			
	比上年增长（±%）	全市排位	绝对量（亿元）	全市排序	比上年增长(%)	全市排序
全　市	7.0		7977.01		8.7	
万州区	1.1	33	317.21	9	1.7	36
黔江区	8.1	25	66.41	29	8.3	23
涪陵区	2.5	31	273.41	11	12.1	17
渝中区	2.8	30	659.54	2	6.8	27
大渡口区	9.5	23	46.56	33	2.6	35
江北区	9.1	24	537.83	4	6.5	29
沙坪坝区	-8.5	36	365.41	6	3.5	33
九龙坡区	0.1	34	641.36	3	6.2	30
南岸区	6.2	29	443.04	5	6.9	26
北碚区	14.1	9	160.36	15	5.7	32
渝北区	21.9	1	665.56	1	6.8	27
巴南区	15.4	7	364.75	7	7.9	24
长寿区	1.5	32	134.22	18	3.4	34
江津区	10.2	18	278.00	10	12.7	13
合川区	11.4	12	269.74	12	12.3	16

续表

区县名称	固定资产投资		社会消费品零售总额			
	比上年增长（±%）	全市排位	绝对量（亿元）	全市排序	比上年增长(%)	全市排序
永川区	10.2	18	344.82	8	14.3	3
南川区	11.0	13	143.55	16	12.5	14
綦江区	10.2	18	168.19	14	10.1	20
大足区	10.2	18	128.98	19	10.8	19
璧山区	10.2	18	134.78	17	12.9	12
铜梁区	6.7	27	116.81	22	13.7	7
潼南区	13.6	10	85.78	25	11.4	18
荣昌区	10.7	14	117.21	21	13.1	10
开州区	10.6	15	189.12	13	8.8	22
梁平区	10.5	16	104.63	23	14.2	5
武隆区	-28.9	38	44.98	34	10.0	21
城口县	-4.1	35	13.16	38	0.3	37
丰都县	17.0	5	51.78	32	14.5	2
垫江县	-15.8	37	90.79	24	-0.9	38
忠　县	13.0	11	81.28	26	12.4	15
云阳县	16.9	6	118.44	20	14.8	1
奉节县	17.5	4	71.31	28	14.3	3
巫山县	19.4	3	43.05	35	14.2	5
巫溪县	6.4	28	27.77	37	7.2	25
石柱县	19.9	2	56.85	31	13.0	11
秀山县	14.7	8	76.67	27	13.2	9
酉阳县	7.9	26	42.51	36	6.2	30
彭水县	10.5	16	65.84	30	13.3	8

2018年重庆市各区县财政一般公共预算收入、支出

区县名称	一般公共预算收入			一般公共预算支出		
	绝对数(亿元)	全市排位	比上年增长（±%）	绝对数(亿元)	全市排位	比上年增长（±%）
区县合计	1406.6		-1.5	3211.4		3.7
万州区	55.5	6	-16.2	127.7	2	-13.8
黔江区	25.2	20	12.8	65.0	26	13.4
涪陵区	55.3	7	-8.5	126.5	3	0.1
渝中区	46.4	12	-6.7	71.3	18	-15.4
大渡口区	21.4	23	10.6	35.5	38	2.3
江北区	77.8	1	1.1	101.1	7	-1.2

续表

区县名称	一般公共预算收入			一般公共预算支出		
	绝对数(亿元)	全市排位	比上年增长（±%）	绝对数(亿元)	全市排位	比上年增长（±%）
沙坪坝区	55.2	8	-17.7	88.8	13	-5.1
九龙坡区	69.2	4	14.8	107.0	5	10.6
南岸区	63.5	5	-9.8	96.2	12	-7.9
北碚区	30.4	18	4.4	58.6	32	3.1
渝北区	75.5	2	21.9	106.3	6	0.4
巴南区	48.1	10	27.6	83.8	15	9.3
长寿区	35.8	14	1.6	66.6	24	-0.2
江津区	71.2	3	10.0	134.9	1	12.2
合川区	40.7	13	10.6	99.2	8	3.8
永川区	46.6	11	5.0	108.7	4	7.4
南川区	23.4	21	4.6	59.2	31	-1.6
綦江区	33.4	15	-5.8	97.8	9	1.3
大足区	30.8	17	-5.1	97.0	10	9.0
璧山区	52.9	9	-2.2	82.3	17	5.8
铜梁区	32.1	16	12.0	63.8	27	17.7
潼南区	20.2	25	0.2	69.6	20	0.2
荣昌区	28.3	19	12.2	71.0	19	15.1
开州区	23.3	22	0.1	97.0	10	5.5
梁平区	20.9	24	1.1	69.6	20	9.6
武隆区	12.8	32	-10.6	48.7	36	-4.6
城口县	4.2	38	10.8	40.4	37	18.0
丰都县	19.6	26	6.3	68.6	23	2.3
垫江县	17.0	28	-9.8	68.7	22	7.3
忠　县	18.5	27	12.9	60.2	30	0.9
云阳县	16.0	29	1.2	84.0	14	5.7
奉节县	15.7	30	-6.2	83.4	16	4.0
巫山县	10.4	36	-5.9	62.5	28	16.8
巫溪县	7.6	37	2.7	50.9	35	5.7
石柱县	10.5	35	-18.4	51.2	34	1.1
秀山县	12.6	33	6.2	56.5	33	15.1
酉阳县	11.3	34	-4.3	65.4	25	7.5
彭水县	13.3	31	-0.5	62.2	29	13.0

2018年重庆市各区县级税收收入

区县名称	2017年			2018年		
	绝对数(亿元)	全市排位	同口径增长(±%)	绝对数(亿元)	全市排位	同口径增长(±%)
区县合计	1476.3		7.3	1055.6		8.5
万州区	43.5	7	7.8	38.9	9	-10.5
黔江区	16.1	19	20.2	19.1	18	18
涪陵区	38.4	9	10.4	41.7	8	8.8
渝中区	39.6	8	7.0	37.8	10	-4.6
大渡口区	15.5	20	9.6	17.5	20	12.8
江北区	63.4	1	3.5	65.2	2	2.9
沙坪坝区	49.3	4	2.2	44.5	6	-9.7
九龙坡区	47.1	5	12.4	55.7	3	18.1
南岸区	51.8	3	7.1	55.5	4	7.2
北碚区	21.4	16	10.1	24.6	15	15.1
渝北区	54.1	2	12.8	68.6	1	26.8
巴南区	33.3	10	21.2	43.4	7	30.2
长寿区	27.8	12	1.9	27.3	14	-1.5
江津区	44.7	6	11.3	48.7	5	9
合川区	27.6	14	8.1	28.2	13	2.4
永川区	27.8	12	2.9	29.4	12	5.7
南川区	11.7	23	16.5	13	24	10.7
綦江区	23.3	15	-3.5	22.8	16	-2
大足区	17.4	18	13.2	17.8	19	2.4
璧山区	28.0	11	4.4	31.9	11	14.1
铜梁区	19.3	17	10.8	21.6	17	11.5
潼南区	11.1	25	11.8	12.3	26	10.7
荣昌区	14.4	21	7.0	16.6	21	15.5
开州区	13.5	22	-5.8	15	22	10.7
梁平区	11.7	23	13.0	12.8	25	10.2
武隆区	8.0	33	8.5	8.2	34	3.2
城口县	2.4	38	23.9	2.7	38	11.7
丰都县	10.3	27	11.4	11.8	27	14.7
垫江县	11.0	26	5.2	11	28	0.4
忠　县	8.7	28	17.5	13.5	23	54.5
云阳县	8.7	28	18.4	10.1	29	15.5
奉节县	8.6	30	20.0	9.8	30	13.7
巫山县	5.5	36	17.7	6.6	36	19.2

续表

区县名称	2017 年			2018 年		
	绝对数(亿元)	全市排位	同口径增长（±%）	绝对数(亿元)	全市排位	同口径增长（±%）
巫溪县	3.9	37	16.3	4.3	37	9.1
石柱县	7.4	35	7.5	7.4	35	-0.8
秀山县	8.0	33	19.8	8.4	33	5.4
酉阳县	8.5	31	-2.5	8.6	31	1.5
彭水县	8.4	32	5.9	8.5	32	1.3

2018年重庆市各区县全体居民人均可支配收入

区县名称	2017 年			2018 年		
	绝对数（元）	全市排位	比上年增长(%)	绝对数（元）	全市排位	比上年增长(%)
全 市	24153		9.6	26386		9.2
万州区	26406	15	10.2	29047	15	10.0
黔江区	19824	27	11.2	21935	27	10.6
涪陵区	26715	13	10.6	29437	13	10.2
渝中区	37175	1	8.5	40484	1	8.9
大渡口区	34591	6	9.4	37443	6	8.2
江北区	35884	2	9.1	39220	2	9.3
沙坪坝区	34720	5	8.5	37697	5	8.6
九龙坡区	34940	4	8.9	38035	3	8.9
南岸区	34947	3	8.7	37886	4	8.4
北碚区	32095	8	9.2	35076	8	9.3
渝北区	32482	7	9.2	35557	7	9.5
巴南区	31865	9	9.4	34917	9	9.6
长寿区	25821	16	9.8	28122	17	8.9
江津区	27585	11	10.6	30330	11	10.0
合川区	26491	14	10.0	29089	14	9.8
永川区	28032	10	10.3	30810	10	9.9
南川区	23749	20	10.2	26107	20	9.9
綦江区	22568	21	11.0	24664	22	9.3
大足区	24489	18	11.9	26906	19	9.9
璧山区	27102	12	12.1	29888	12	10.3
铜梁区	25739	17	12.2	28341	16	10.1
潼南区	22541	22	12.4	24813	21	10.1
荣昌区	24443	19	11.8	26926	18	10.2
开州区	19572	28	10.2	21560	28	10.2

续表

区县名称	2017 年			2018 年		
	绝对数（元）	全市排位	比上年增长(%)	绝对数（元）	全市排位	比上年增长(%)
梁平区	21395	24	10.6	23625	24	10.4
武隆区	20279	26	11.2	22440	26	10.7
城口县	14093	36	10.0	15545	36	10.3
丰都县	19186	30	11.1	21271	29	10.9
垫江县	21697	23	10.9	23863	23	10.0
忠　县	21121	25	11.2	23422	25	10.9
云阳县	17000	32	10.7	18747	32	10.3
奉节县	16551	33	11.0	18329	33	10.7
巫山县	16411	34	10.8	18173	34	10.7
巫溪县	13474	38	10.1	14835	38	10.1
石柱县	19251	29	11.0	21228	30	10.3
秀山县	17827	31	11.0	19664	31	10.3
酉阳县	13912	37	11.1	15395	37	10.7
彭水县	15794	35	11.1	17493	35	10.8

2018年重庆市各区县城乡居民人均可支配收入

区县名称	城镇常住居民人均可支配收入			农村常住居民人均可支配收入		
	绝对数（元）	全市排位	比上年增长（%）	绝对数（元）	全市排位	比上年增长(%)
全　市	34889		8.4	13781		9
万州区	36820	12	8.4	14318	24	9.4
黔江区	32435	27	8.8	11806	30	9.4
涪陵区	36642	14	8.7	14691	21	9.1
渝中区	40484	1	8.9			
大渡口区	37911	10	8.2	19847	4	8.2
江北区	39998	2	9.1	20110	2	8.4
沙坪坝区	38630	7	8.3	19676	5	8.3
九龙坡区	39391	4	8.4	20028	3	8.8
南岸区	38703	6	8.2	21039	1	8.3
北碚区	38563	9	8.4	18897	6	8.5
渝北区	39546	3	8.6	17950	11	8.7
巴南区	38984	5	8.7	18254	8	9
长寿区	35055	18	8.1	15571	16	8
江津区	36397	15	9.2	18248	9	9.3
合川区	34875	20	8.6	17254	13	8.9

续表

区县名称	城镇常住居民人均可支配收入			农村常住居民人均可支配收入		
	绝对数（元）	全市排位	比上年增长（%）	绝对数（元）	全市排位	比上年增长（%）
永川区	36749	13	9.1	18244	10	9
南川区	34067	24	8.5	14631	22	8.5
綦江区	30892	31	8.2	14895	20	8.2
大足区	34836	21	8.5	16313	15	8.5
璧山区	38590	8	8.9	18698	7	8.6
铜梁区	36913	11	9	17949	12	8.5
潼南区	33596	25	8.6	15204	18	8.4
荣昌区	35066	17	8.8	17051	14	8.7
开州区	30945	30	8.4	13443	25	9.3
梁平区	34317	23	8.6	14983	19	9.6
武隆区	35290	16	8.6	12871	27	9.6
城口县	26932	36	8.1	9458	36	9.2
丰都县	31352	29	9	13044	26	9.9
垫江县	34504	22	8.2	15237	17	9
忠　县	35029	19	9.1	14588	23	9.7
云阳县	27950	35	8.5	12001	29	9.5
奉节县	28105	34	8.8	11146	31	9.8
巫山县	30165	32	8.7	10208	34	9.1
巫溪县	24938	38	7.9	9324	37	9.1
石柱县	32584	26	8.3	12845	28	9.3
秀山县	32352	28	8	11116	33	9.1
酉阳县	26601	37	8.2	9719	35	9.8
彭水县	29124	33	8.6	11144	32	9.3

2018年重庆市各区县进出口总值

区县名称	2017 年			2018 年		
	绝对数（亿元）	全市排序	比上年增长（%）	绝对数（亿元）	全市排序	比上年增长（%）
全　市	4508.25		8.9	5222.61		15.8
万州区	7.34	21	-80.0	8.54	22	16.4
黔江区	3.66	24	115.2	0.34	33	-90.6
涪陵区	46.94	11	2.6	55.75	11	18.8
渝中区	141.59	4	0.2	103.85	8	-26.7
大渡口区	18.04	17	27.2	20.41	16	13.1
江北区	365.34	3	-0.4	334.43	3	-8.5

续表

区县名称	2017年			2018年		
	绝对数（亿元）	全市排序	比上年增长（%）	绝对数（亿元）	全市排序	比上年增长(%)
沙坪坝区	1949.40	1	22.7	2387.45	1	22.5
九龙坡区	115.56	6	-26.6	147.1	4	27.3
南岸区	89.49	9	-47.1	102.38	9	14.4
北碚区	96.55	8	-0.3	101.58	10	5.5
渝北区	1213.92	2	8.6	1415.73	2	16.6
巴南区	117.68	5	4.8	104.79	7	-11.0
长寿区	107.70	7	65.6	135.72	5	26.2
江津区	58.75	10	55.0	113.36	6	92.5
合川区	15.72	18	22.7	25.63	13	63.0
永川区	30.74	12	-6.0	36.28	12	18.0
南川区	20.57	15	34.3	15.25	18	-25.8
綦江区	5.15	23	-59.3	5.79	24	14.6
大足区	9.59	19	-17.7	13.16	19	37.2
璧山区	18.48	16	36.4	23.55	14	27.5
铜梁区	6.77	22	36.5	11.58	20	71.0
潼南区	8.43	20	-24.6	9.77	21	15.9
荣昌区	22.81	13	-47.7	18.43	17	-19.2
开州区	1.52	29	-24.7	1.58	29	4.1
梁平区	2.14	28	-5.0	2.72	26	26.9
武隆区	0.47	32	-44.7	1.14	31	142.3
城口县				0.08	38	
丰都县	3.38	26	-2.8	2.24	27	-33.7
垫江县	3.20	27	0.9	6.26	23	95.8
忠 县	1.14	30	23.1	2.17	28	89.7
云阳县	0.52	31	59.1	1.18	30	128.7
奉节县	0.15	35	-52.4	0.33	35	128.0
巫山县	0.30	34	59.5	0.34	33	15.8
巫溪县				0.09	36	
石柱县	3.44	25	94.3	3.86	25	12.4
秀山县	0.41	33	42.2	0.81	32	100.1
酉阳县	21.56	14	55.3	23.09	15	7.1
彭水县				0.09	36	

2018年重庆市各区县金融机构存贷款余额

区县名称	2017年		2018年			
	金融机构人民币存款余额（亿元）	金融机构人民币贷款余额（亿元）	金融机构人民币存款余额（亿元）	全市排序	金融机构人民币贷款余额（亿元）	全市排序
全　市	33718.98	27871.89	35651.57		31425.87	
万州区	1095.38	620.76	1129.33	7	665.75	8
黔江区	226.37	238.37	260.78	30	250.96	22
涪陵区	737.75	537.01	766.77	10	542.24	12
渝中区	4744.81	3962.55	4766.38	2	4233.23	3
大渡口区	423.29	475.41	502.55	18	607.77	9
江北区	6131.98	6346.06	6416.28	1	7123.04	1
沙坪坝区	1594.29	1212.96	1647.19	5	1302.62	5
九龙坡区	1766.3	1562.23	1902.95	4	1923.97	4
南岸区	1238.61	1093.42	1314.56	6	1204.38	6
北碚区	632.88	474.6	682.11	12	553.45	11
渝北区	4180.05	4646.76	4521.49	3	5404.17	2
巴南区	765.02	621.91	842.95	9	716.07	7
长寿区	506.87	294.63	540.66	16	332.48	17
江津区	833.47	487.92	933.33	8	572.15	10
合川区	695.2	330.67	749.51	11	386.89	15
永川区	580.15	468.06	638.02	13	498.88	13
南川区	333.77	242.85	364.48	26	306.17	19
綦江区	602.57	402.54	635.34	14	426.37	14
大足区	351.73	277.28	367.31	25	303.46	20
璧山区	445.62	311.62	538.40	17	360.22	16
铜梁区	425.51	310.1	481.66	19	312.22	18
潼南区	328.61	179.12	358.68	27	224.89	26
荣昌区	343.45	216.88	368.00	24	259.27	21
开州区	578.73	225.71	621.59	15	236.82	24
梁平区	378.86	155.82	410.09	22	196.75	31
武隆区	215.23	190.54	214.69	34	196.85	30
城口县	104.56	59.39	114.30	38	76.83	38
丰都县	301.61	148.56	324.02	28	162.31	34
垫江县	333.24	193.84	368.41	23	229.22	25
忠　县	413.77	182.74	437.22	21	223.70	27
云阳县	414.99	162.65	452.93	20	199.13	29
奉节县	300.55	195.07	322.94	29	244.67	23

续表

区县名称	2017年		2018年			
	金融机构人民币存款余额（亿元）	金融机构人民币贷款余额 （亿元）	金融机构人民币存款余额（亿元）	全市排序	金融机构人民币贷款余额 （亿元）	全市排序
巫山县	196.04	158.99	207.60	35	174.45	33
巫溪县	159.26	73.78	181.23	37	103.17	37
石柱县	216.51	129.21	236.16	33	162.14	35
秀山县	207.41	172.19	237.18	32	203.51	28
酉阳县	236.23	140.49	248.51	31	156.94	36
彭水县	186.61	179.57	190.80	36	188.62	32

涪陵区司法局

区委书记周少政调研公共法律服务中心建设

2018年，全区司法行政系统围绕上级部署和全区中心工作，紧扣“124”工作思路，认真履行职责，为服务地方经济社会发展和民主法治建设做出了积极贡献，全年工作在重庆市司法局执法执业综合目标考核中荣获一等奖。白涛街道建峰社区被司法部、民政部表彰为“全国民主法治示范社区”，清溪司法所被表彰为“全国人民调解工作先进集体”。

一是普法宣传成果丰硕。首次将普法责任制落实情况纳入政府绩效目标考核，在区农业农村委、区水务局等7个单位开展干部学法差异化考试，组织全区6.8万余名干部群众参加“千万市民学宪法”网上知识竞赛活动，普法的针对性进一步增强，覆盖面持续扩大。

区委常委、政法委书记刘康中查看人民调解案卷

二是人民调解创新升级。新成立环境保护、城市管理、征地拆迁、土地承包和商事纠纷5家行业性专业性调委会，持续巩固完善人民调解规范化建设成果，调解组织规范化率95%以上。2018年共调解各类民间纠纷15095件，人民调解作为维护社会稳定的第一道防线作用发挥明显。

农民工向清溪司法所赠送锦旗

三是特殊人群管控有力。组织开展创建“社区矫正规范化建设示范单位”活动，认真落实戒毒警察参与社区矫正工作试点，社区矫正衔接率、管控率及信息录入率均达100%，无因履职不到位导致脱管漏管发生。深化“五及时”帮教衔接机制，对重点帮教对象落实必接必送措施，接送率达100%。

副区长古明洪到司法局调研指导工作

开展禁毒法治宣传

四是法律服务优化提升。健全公共法律服务体系，已建成区级公共法律服务中心1个、乡镇（街道）公共法律服务工作站27个、村居公共法律服务工作室422个，实现了公共法律服务实体平台全覆盖。2018年，全区法律服务工作者担任法律顾问700余家，代理案件3549件，办理法律援助案件392件、认罪认罚案件777件、公证案件4164件、法医临床司法鉴定439件，服务经济发展和保障改善民生成效明显。

公共法律服务中心接收群众咨询

涪陵区民政局

区委书记周少政（中）、区民政局局长蒋国辉（右二）调研佛光养老院，并与院内老人亲切交谈

区长种及灵调研军休苑项目

涪陵区民政局是主管全区民政工作的政府组成部门，主要履行兜底社会救助、基本社会服务、基础社会治理、双拥优抚安置和专项行政管理职责。2018年，局机关设九科一室，行政编制20名，局长1名，党委副书记1名，副局长3名，科级领导职数12名；有直属单位14个，事业单位编制146个。

2018年，区民政局在区委、区政府的坚强领导下，深学笃用习近平新时代中国特色社会主义思想，围绕中心、服务大局、积极作为、稳中求进，在保障和改善民生等方面投入超5.6亿元，服务对象超20万人次，在区政协民主评议民政工作中获得100%满意率，民政事业发展稳中有进、稳中向好的局面进一步巩固。

市民政局巡视员关楷分（左一）在副区长钟涛（右二）陪同下检查救灾仓库

社会救助水平持续提升。城乡低保和特困供养提标10%左右，将3119户、5824人建卡贫困对象纳入低保保障范围，占全区农村低保21796人的26.72%，为建卡贫困户稳定脱贫发挥了兜底保障作用；创新建立了“1+3+1”医疗救助制度体系；焦石镇东泉社区成功创建全国综合减灾示范社区。

区民政局党委书记、局长蒋国辉（中）和区民政局党委委员黄清明（右一）走访慰问马武镇碑记村贫困户李英学

养老服务短板加快补齐。出台并实施《涪陵区推进养老服务业发展促进医养深度融合的实施意见》，开展养老服务质量提升行动，实施养老服务改造提升“三个一批”工程，市级示范社区养老服务中心建成投用。

社会治理工作创新开展。“党建+城乡治理”模式广泛推广，培育示范点6个，社区办公服务用房刚性配建政策出台实施，城乡社区综合服务设施覆盖率达100%，2名社工入选全区拔尖人才推荐名单，社会组织总数保持全市前列。

国防和军队服务稳妥推进。采集优抚对象信息34340条，发放抚恤补助金5240.67万元，慰问3.5万人次，接收退役士兵415人，免费技能培训154人，8名符合安置条件的转业士官，全部阳光安置到企事业单位工作，军休苑二期工程完工。

专项事务管理持续优化。圆满完成第二次全国地名普查，建成投用全区首个城市公益性公墓，深入开展“夏季送清凉”和“冬季送温服”流浪乞讨人员救助专项行动，占街乞讨现象基本消除，节假日办理婚姻登记等工作受到广泛好评。

区民政局领导为罗云中心小学部分留守儿童发放书包等学习用具

举办“幸福涪陵 慈善之夜”慈善文艺晚会

受助学生领取“民政惠民济困保”升学补助

养老机构开展消防应急演练

涪陵区港航管理局

区委书记周少政检查水上交通春运安全

重庆市交委副主任梁雄耀调研龙头港建设

全市港航系统廉政文化建设示范单位交流会代表参观局廉政展厅

局长汪剑波检查运输船舶证照

2018年，区港航局以党的“十九大”精神为指引，在区委区政府的坚强领导下，积极主动融入“一带一路”和长江经济带国家战略，以“长江经济带发展纲要”为指南，不忘初心、砥砺前行，持续推进“生态优先、绿色发展”新水运进程，长乌两江航运枢纽建设取得较大突破，水运对地方经济发展的支撑作用更加凸显。

一是安全形势持续稳定。辖区水上交通连续保持186个月“零死亡”。

二是“绿色屏障”建设成效显著。辖区8处饮用水源保护区内码头船舶全部清零，趸船全部实现“零排放”，中央环保督查交办的三项整改任务全面完成。

三是水运行业健康发展。继续保持水运发展三项主要指标世界内河领先、六项指标全市领先的优势地位。成功引进重轮集团集装箱、滚装专业航运公司，水运主要生产指标实现逆市增长。

四是加快基础设施建设。龙头港二期5#、6#泊位完成桩基础和接岸挡土墙浇筑，二号进港通道正在持续推进；建成大石溪项目并完成交工验收；清溪两江物流中转基地项目临时码头完工，永久性码头的前期工作顺利推进。

五是水运科技研发提速。启动船舶智能辅助巡航系统研发工作；进一步优化升级乌江水文预警预报系统功能，增强预警应急准备能力；完成内河液货船舶快速堵漏技术应用课题研究，填补了内河船舶在海损事故中处置液货泄漏技术的空白，对有效防止危化品船舶泄漏污染水体事故具有重要意义。

庆祝建党97周年诵读比赛

重庆市涪陵区

区委书记周少政、区委副书记周波调研区残障儿童训练中心

区委副书记、区长种及灵现场
听取区残疾人康复托养中心建设情况

2018年，涪陵区残联机关内设办公室、业务2个职能科室；在职人员11人，其中理事长1人，副理事长3人（含挂职1人），中层干部2人，工勤人员1人。下属残疾人就业服务所事业编制8名，在职人员8名。全区残疾人工作在区委、区政府的领导下和市残联的精心指导下，深入学习贯彻习近平总书记系列重要讲话和视察重庆重要讲话精神，紧扣实施“八项战略行动计划”、打好“三项攻坚战”任务，以中国残联七次代表大会、市残联五次代表大会提出的各项工作为中心，突出聚焦打赢残疾人脱贫攻坚战这一重点，服从和服务全区发展大局，坚决将党的十九大精神全面落实在各项残疾人工作中，为促进残疾人全面小康和建设山清水秀美丽涪陵幸福涪陵做出了积极贡献。

区委常委、区纪委书记、区监委主任常金辉与
清溪镇丰收村残疾人张茂祥交谈，了解残疾人脱贫攻坚情况

区人大副主任姚明勇、副区长钟涛慰问残疾人

市残联党组成员、副理事长任能君（前排左数第八）
参加我区承办的第19次“全国爱耳日”重庆市宣传服务月活动

市残联党组成员、副理事长谭正萱调研涪陵区残疾人工作

残疾人联合会

区政协副主席杨平带领部分区
政协委员调研涪陵区无障碍建设工作

副区长钟涛召集相关部门安排部署残疾人工作

涪陵区成功举办中国残疾人艺术团“共享芬芳”中西
部地区百场巡展巡演走进涪陵活动，图为舞蹈“千手观音”

区社科联调研残疾人脱贫攻坚工作

全区残疾人系统干部赴延安接受爱国主义教育

区残联党支部赴红岩接受革命传统教育

区残联想残疾人之所想、急
残疾人之所急，真心帮扶残疾人，
确保残疾人在全面小康进程中不掉队

区残联干部职工政治理论学习

重庆市涪陵区

区委书记周少政、区长种及灵在榨菜博览会上参观供销社企业展台

2018年，区供销社认真贯彻党的十九大精神和习近平新时代中国特色社会主义思想，全面落实区委、区政府安排部署，全系统实现商品销售总额417680万元，同比增长12.15%。其中：农产品经营额258877万元，同比增长16.19%；农资供应量47000吨。全系统实现汇总利润1791万元，增长12%；所有者权益34524万元，增长6.62%。全年改造新建基层供销社4个，发展农民合作社30个（其中股份合作社10个），建成农村综合服务社57个。圆满完成涪陵农资商贸城项目建设、“涪陵青菜头”拓市鲜销及北京推介会、旧城改造（二期）促征等重点任务，顺利推进基层社合作经济组织属性专项试点、农村再生资源（农膜）回收利用等专项工作，安全生产事故未突破区政府下达的控制指标。涪陵区供销社2018年被国家人社部、全国供销合作总社联合授予“全国供销合作社系统先进集体”称号，是全市获此殊荣的2个区县供销社之一；连续三年荣获全国总社信息工作先进集体称号；在市总社2018年度区县供销社综合业绩考核中，连续5年荣获特等奖。

2018年，我区全面启动强化基层社合作经济组织属性专项试点工作，区供销社把专项试点列为综合改革的关键任务和重要抓手，切实发挥改革试点的突破、示范和引领作用。区政府于7月召开全区专项试点动员大会，同时印发《关于强化基层社合作经济组织属性专项试点工作实施方案的通知》（府办发〔2018〕128号），明确专项试点的目标任务和工作要求。截至12月底，全区25个乡镇（街道）已全部完成入社入会信息上报，24个已通过审核达到入社入会率70%以上的目标任务；按要求完成涪陵区农村合作经济组织联合会的换届选举，10个乡镇农合会分会已挂牌运行。通过专项改革试点，深化拓展了供销社综合改革实效，密切了供销社与农民在组织上、利益上的连接。

社领导陪同副区长钟涛考察学习浙江“三位一体”工作经验

市供销社领导来涪调研“三社”融合发展工作

供销合作社

2018年，共投入121.71万元改造新建大顺明家、武陵山龙塘、安政、马鞍4个基层供销社，实现经营服务在涉农乡镇（街道）全覆盖。投入建设资金266.2万元，着力打造龙潭、马武、焦石、珍溪4个市级基层供销社示范社，提升供销合作组织建设质量。依托基层社、电商公司、农民合作社和基层网点，全年建成农村综合服务社57个，累计达到139个，切实满足农民群众生产生活需要。发挥农民合作社服务中心的服务平台功能，指导专业合作社与农业龙头企业达成代耕代种代收协议。2018年，全区供销系统开展农业社会化服务总面积达到78000余亩次，促进小农户与现代农业有机结合。加快乡镇农资配送中心（庄稼医院）建设，2018年改造提升6个，以建设农村综合服务社、乡村电商服务站为手段完善村社农资经营点，目前建成村社级网点348个。加快构建农产品电商营销网络，指导电商公司做好现有352个“涪陵e生活”乡村电商服务站的运营，畅通消费品下乡、农产品进城双向流通渠道，争取20万元项目资金在马武建成小型农产品交易市场1个，全年销售60多万元，有效解决当地农产品卖难问题。大力促进电商服务站与乡镇农贸市场联合合作，为涪陵青菜头、胭脂红萝卜、增福土鸡等特色农产品搭建销售新通路，2018年供销系统实现电商销售总额3.4亿元。持续开展农民合作社小额贷款工作，2018年共向11家合作社发放惠农贷款2030万元，累计突破7000万元，支持专业合作社高质量发展。

区供销社牵头举办“涪陵青菜头”鲜销（北京）推介会

促进供销社、信用社、农民专业合作社“三社”完善功能、融合发展是市委、市政府赋予全市供销系统的重要使命，涪陵区把推进“三社”融合改革列为2018年农业农村体制改革重点任务。区供销社在深入调研基础上，积极推进《涪陵区关于推进“三社”融合发展的实施意见》起草制定工作。2018年引领发展农民专业合作社30个（累计发展449个），实现合作社数量与质量同步提升，巩固了“三社”融合发展根基。由涪陵区马武供销社、重庆四季风日用品公司、涪陵奎成农业发展公司及相关种植大户融合组建涪陵区涪惠沣稻谷种植股份合作社，合作社按照社员代表大会、理事会、监事会“三会”管理架构，与上市企业金键米业开展产业链合作，总结积累试点经验，统筹推进全区“三社”融合工作。

启动废弃农膜回收利用工作。按照《涪陵区废弃农膜和包装物回收利用工作方案（2018—2020年）》明确的回收利用工作任务，区供销社完成对全区农、地膜市场销售和使用情况的调查，加快建设乡镇（街道）回收利用网点，全年建成网点6个、回收废弃农膜15.49吨，超额完成目标任务。

基层供销社开展农业社会化服务现场

重庆市涪陵区

区委书记来我局调研

市政府督查组检查餐厨泔水处理情况

2018年底，全区共有常年存栏20头生猪当量以上畜禽规模养殖户1372户，其中生猪1070户，肉牛72户，山羊119户，家禽104户，肉兔7户；有畜牧龙头企业15个，其中国家级农业产业化重点龙头企业2家，市级龙头企业3家，区级10强农业企业2家，区级重点农业龙头企业11家。2018年，全区出栏生猪68.12万头（统计调整数）、家禽896.50万只、牛1.53万头、羊10.62万只，继续保持全市排名靠前。涪陵地方特色畜牧产业继续保持良好发展势头，全年出栏涪陵黑猪4万头、增福土鸡285万只、渝东黑山羊2.2万只、肉兔65万只。

全面完成16个市级下达的畜禽养殖场、1.4万个生猪当量粪污治理。55个养猪场已完成粪污处理异位发酵床建设，完成目标任务的100%。全区畜禽粪便综合利用率达到73.5%，已达到市上70%的考核目标。

全区共有畜牧品牌28个，其中国家驰名商标1个，获“中华老字号”称号1个，国家地理标志证明商标4个，入选国家级“畜牧遗传资源保护品种”目录1个，获农产品地理标志2个，获无公害畜产品认证3个，获绿色食品认证2个，获重庆市名牌农产品2个，获重庆著名商标4个，入选重庆市级非物质文

开展涪陵区畜牧兽医学会第四次会员代表大会

河长制工作：来龙河现场办公

参观涪陵正大饲料厂

畜牧兽医局

市农委组织各区县有关人员参观我区养殖企业

市农委领导和荷兰专家考察我区养殖业

化遗产1个，入选“重庆名特农产品”目录7个。

开展动物卫生监督执法，出动执法人员360余批次1300余人，调查、处理生猪及其产品违规运输350起，办理违法案件27件；开展兽药饲料行政执法监管，出动执法人员500余人次，发出《责令整改通知书》16份，办理行政处罚案件5件、收缴罚没款25050元，没收过期兽药47.06千克，销毁不合格饲料160千克，过期霉变饲料原料2580千克。2018年，组织参加市总工会、市人力资源和社会保障局、市农业委员会联合举办的全市动物检疫技能竞赛，获“优秀组织奖”。

局领导中心组学习

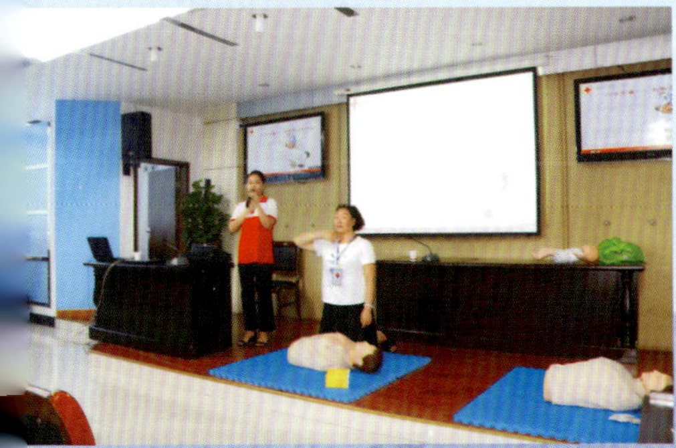

区红十字会来我局开展健康知识救护讲座

开展主题党日活动

主办涪陵区首届增福土鸡文化节

重庆市涪陵区

涪陵消防救援支队迎旗授衔和换装仪式

2018年，是涪陵消防支队强基蓄势、攻坚突破、稳中求进之年。支队全体指战员在区委区政府、总队党委的坚强领导下，以创先、争先、领先的昂扬姿态和务实举措，始终围绕大局、忠诚履职，戮力同心、接续奋斗，确保了队伍管理和社会面火灾形势的“双稳定”，队伍呈现出蓬勃发展、竞相比拼的好局面。

古区长带队开展消防安全检查

2018年，支队代表重庆市迎接国务院消防工作考核获评“优秀”；喜获总队2018年度“先进支队”“勤政廉政先进单位”“执法质量考评优秀单位”“执勤岗位练兵先进单位”等殊荣；在总队岗位练兵考核中，综合排名全市第四名；在128个执勤中队中，所属5个中队全部被总队评为执勤岗位练兵先进中队；两支政府专职队参加全市业务竞赛获得团体第四名和第六名；在总队各类评比竞赛中，取得2个二等奖、2个三等奖；在渝东片区各类评比竞赛中

授衔换装仪式

消防救援支队

副区长杜海波参加支队党委扩大会议

渝东片区水域救援

取得5个第一名；3名指战员受到部局表彰，9人荣记个人三等功，在涪陵消防发展史上留下了难忘印记，书写了更加灿烂的篇章。

2018年，支队接警出动3086次，出动车辆4892台次，出动警力28696人次，抢救疏散被困人员1700余人，抢救财产价值近3000万元；特别是在处置319国道交通事故、增援达州商贸城火灾、万州公交车坠江事故中，支队指战员表现出的英勇善战、不怕牺牲的精神，充分展现了新时代消防救援队伍主力军和国家队的风采。

我是“小小消防员”

授衔换装仪式

龙海石化演练

萌娃和消防员叔叔在一起的新春时光

清溪集装箱起火

黄旗花圈厂火灾

除夕执勤

李渡街道

区委书记周少政到街道开展慰问

区人大常委会主任李景耀到街道慰问贫困户

李渡街道历史悠久，相传因唐代诗人李白在此渡江而闻名。街道滨临长江北岸，地处重庆市三峡库区生态经济圈核心地带，距涪陵主城区10余千米，东邻江北街道、百胜镇，南邻涪陵新城区，西接义和镇，北抵黄草山与长寿区接壤。街道面积110平方千米，耕地4266.67公顷（其中田2066.67公顷，土2200公顷），林地3866.67公顷；辖6个社区、13个行政村，129个村（居）民小组，总户数16567户，总人口39997人。其中农业人口30891人，非农业人口9106人。

2018年，李渡街道完成GDP 73321万元，增长4.8%；完成固定资产投资7147万元、农业总产值44256万元。非公有制企业实现总产值149253万元，工业产值59928万元，实现营业收入154983万元。农村居民人均可支配收入14433元，增长9.3%；城镇居民人均可支配收入39592元，增长9%。

2019年，街道确定了“服务新区、做美城镇、振兴乡村、建强队伍”的工作思路，将紧扣“三点一线”（“三点”——斜阳溪小企业基地、致韩场镇、黄草山片区，“一线”——原国道319沿线）工作重心，树立以一域服务全局的思想，围绕新区的需要抓好服务配套；全力推进城镇建设，建设文明宜居的美好家园；做好三篇绿色大文章，打造黄草山特色旅游带；深化原国道319一线发展，提升群众满意度与获得感，努力推动经济社会全面发展。

李渡街道举办“我与国旗合个影”活动

李渡工商联捐资助学

李渡街道举办“学雷锋”

区委副书记周波调研街道国家现代农业产业园建设工作

区委常委、常务副区长杜海波调研李渡街道工作

区委常委、政法委书记刘康中到李渡街道调研平安稳定工作

街道领导调研辖区产业发展

李渡街道开展人居环境大扫除整治活动

李渡街道“风动黄草山、花漫十二居”风车节开幕式

敦仁街道

重庆市委常委、宣传部部长张鸣在
涪陵区委书记周少政陪同下调研涪陵创问创卫工作

区委常委、宣传部部长徐瑛检查指导街道工作

敦仁街道位于涪陵江南主城区长乌两江交汇处，是千年涪州古城所在地，涪陵城市的发祥地，是涪陵区唯一的纯城区街道。街道面积4.3平方千米，户籍人口78981人，常住人口12余万人。辖区有党政机关、企事业单位240个，有各类企业、个体工商户及商业服务网点7000余个，中小学校11所，幼儿园23所，公园2个，各种文化娱乐场所213家，涪陵天主教堂亦坐落境内。辖区有两江广场、大剧院、金科世界走廊、涪州古城墙、白鹤梁水下博物馆等多处游览观光景点。

充分发挥都市核心区域的优势，多措并举，辖区经济稳步增长， 2018年，全街地区生产总值63.3亿元，同比增长8%；固定资产投资1.2亿元；城镇居民可支配收入31092元，增长10%；分别完成企业总产值、营业收入、利润105.20亿元、140.47亿元、6.06亿元，分别增长15.7%、17.2%、17.2%。本级财政收入完成4805万元。新增个体工商户1298户，其中，企业192户，微型企业72户。市场主体发展任务750户，实际完成1490户，完成率为198%。新引进琨洲房产公司，招商引资协议资金12亿元、占全年目标任务3亿元的400%；实际到位资金5.56亿元，占全年目标任务2亿元的278%。为企业争取各类政策扶持资金760万元，解决各类矛盾纠纷13起。加快发展社区商业服务，全面完成移民小区菜市场等3个菜市场标准化建设，3个便民市场提档升级，新建15个社区便民超市。

年内街道先后被区委、区政府表彰为先进领导班子、创建全国文明城区提名城区工作先进集体、信访稳定工作集体三等功、尊师重教单位、征兵工作先进单位、涪陵区第五届运动会先进集体等殊荣。

丰富多彩的社区节日活动

街道召开城市建设管理暨创建全国文明城区动员大会

召开扫黑除恶推进会

举办宪法学习专题讲座

区侨联到街道慰问

开展宗教场所安全排查

街道机关干部职工开展趣味活动

志愿者培植公园花草

开展党建宣传活动

崇义街道

崇义街道位于涪陵江南主城西部，面积11.24平方千米，辖13个社区和1个移民小区，常住人口13.7万人。崇义街道滨长江，守西关，枕云山，水秀山绿，城兴人和。辖区交通便捷，设施完善，产业兴旺，资源丰富，文化厚重。400公顷城市森林“氧吧”，5000米重庆最美滨江大街，“水下碑林”白鹤梁，“天赐香汤”温泉城，千年名刹法雨寺，百年榨菜原创者邱寿安故居等，彰显着这座现代化新城的深厚底蕴。崇义街道是涪陵城市的新兴区、绿色宜居区、商贸集聚区。2018年，街道党工委、办事处坚持以人民为中心的发展思想，全面贯彻新发展理念，统筹推进“五位一体”总体布局，协调推进“四个全面”战略布局，大力推进改革开放，突出抓重点、补短板、强弱项，坚决打好“三大攻坚战”，深入落实“八项行动计划”，认真做好构筑绿色屏障、发展绿色产业、建设绿色家园“三篇大文章”，全力抓好产业发展、城市管理、社会民生、平安稳定等各项工作，推动了全街经济持续健康发展和社会和谐稳定。2018年GDP实现65.44亿元，增长13%；规上工业总产值44617万元，工业增加值15726万元、增长16.9%；固定资产投资总额205317万元；规上交通企业营业收入实现20945万元，增长20.9%；规上服务企业营业收入月实现15783万元，增长24.9%，实现城镇居民人均可支配收入37227元，增长8.5%；招商引资新签项目5个，到位资金2.5亿元；本级财政收入实现7732万元。

区委书记周少政深入秋月门调研

区人大常委会主任李景耀调研渝东国际商贸城

区纪委书记常金辉调研创文创卫工作

区委政法委书记刘康中调研综合治理

区委宣讲团宣讲党的十九大精神

传达学习习总书记参加重庆代表团审议时重要讲话精神

召开城区环境综合整治动员大会

召开城市管理总结表彰大会

开展干部职工警示教育活动

举办健康知识讲座

开展地质灾害演练

开放的荔

靓丽城区 新型城

市委常委、市政法委书记刘强
调研街道网格化建设工作

市委宣传部副部长、市文明办主任马岱良
调研街道创文工作

区委书记周少政、区长种及灵督导金科天宸拆违工作

荔枝街道地处涪陵中心和主城西南、西北城郊结合部，是江南主城的政治、经济、文化中心。全街面积126平方千米，辖6个社区、12个行政村，常住人口近20万人。区委、区人大、区政协以及大部分区级部门和市级直属机关、城区大部分重点学校、医院和金融机构坐落在辖区内；动静相宜的白鹤森林公园、朝气蓬勃的青年广场、奇山碧水的乌江画廊、清新秀丽的小溪风景名胜区、康养休闲的大梁山点缀其中；319国道、渝怀铁路、渝黔高速、涪南（川）路、涪丰（都）路穿境而过，城区三环路、四环路、涪蒿路等主干道联通其境。得天独厚的地理位置、风光旖旎的自然环境和布局合理的空间格局使荔枝街道当之无愧成为江南主城宜居、宜业、宜游的中心街区。

2018年，全街地区生产总值达到130亿元，增长11.6%；固定资产投资完成25.17亿元；实现财政总收入2.68亿元，其中本级财政收入1.11亿元，连续两年突破亿元大关；城市居民可支配收入40118元、增长8.8%，农村居民可支配收入15213元，增长9.2%。产业结构进一步优化，三次产业比调整为1：43：46，各项经济指标持续向好。

2019年，党工委、办事处继续以“争一流、促发展”为主题，以“四创一建”为工作主线，以发展三产、城市提升、乡村振兴、改革开放、民生改善为工作重点，以项目建设和“四城同创”为抓手，以攻坚拆迁、拆违为突破口，以全面加强党建，持

区政府常务副区长杜海波、副区长席红
到辖区菜市场检查春节期间食品安全工作

荔枝街道召开“双创”百日攻坚推进会

机关

枝欢迎你！

态梓里　幸福荔枝

区委常委、区委宣传部部长徐瑛参加“双创”百日攻坚会议

区人大常委会副主任冉义明走访结对贫困户

续改进干部作风为保障，实现“153”奋斗目标，即：一个达到（区级综合目标考核进入前8名）、五个实现（实现地区生产总值增长8%，达到140亿元；实现非公企业总产值增长12%，达到135亿元；实现全社会固定投资增长10%，达到27.5亿元；实现城乡居民人均可支配收入分别增长9%、10%；实现本级财政收入增长3.5%，达到1.15亿元）、三个提升（全面加强党的建设得到提升，城乡面貌得到提升，执政为民服务水平和能力得到提升）。

党工委书记冯星贵调研新大田村党建工作

办事处主任肖正权调研乌新路硬化工程

比赛

机关干部职工登山比赛

机关女职工开展“三八国际劳动妇女节“庆祝活动

江东街道

浙江省乐清市领导一行来江东开展对口支援工作

区委书记周少政调研江东街道

副区长李顺到江东宣讲全国两会精神

江东街道地处长江、乌江交汇处，与涪陵主城一江之隔，是涪陵“一城两区五组团”之一和城区向东发展的重要拓展区，凭乌江大桥、乌江二桥与主城融为一体，103省道、涪丰石高速、渝怀铁路、渝利铁路穿境而过，水陆交通极为便利，是闻名全国的“西部水运之乡”、水陆运输黄金集散地。街道辖6个社区、15个行政村，计158个村（居）民小组，2万余户5.8万人，其中城镇人口2.7万人。辖区面积147.74平方千米，耕地面积3200公顷，林地面积8006.67公顷。境内地貌高低起伏，沟谷清幽，植被繁茂，自然生态保存良好，历史遗迹丰富，人文景观独特，有著名的桫椤自然保护区和雨台山、御泉河等风景名胜区。

开展联合执法

健康梦想课堂

升国旗活动

区长种及灵到江东调研

街道党委书记赵勇、办事处主任夏嘉川检查安全生产工作

创文创卫工作会

建党97周年表彰大会

江东白塔

江东滨江路新貌

滨江路人行便道

涪陵区江北

重庆市副市长陆克华（右二）在北坪公园调研

江北街道成立于1995年12月，位于涪陵城北，街道面积78.09平方千米，辖5个社区（点易、黄旗、碧水、北坪、永柱）、9个村（来龙、韩家、二渡、大渡、李寺、邓家、高家、北雁、松坪）。2018年末，全街总户数18571户，总人口53054人。其中城镇人口19367人，乡村人口33687人；男26242人，女26812人。集体所有农用地4366.67公顷，其中耕地2840公顷，林地1446.67公顷。现有行政机构11个、事业单位8个、内设机构2个。实有在编在职人员92人。2018年，街道科室和个人获得国家、市、区各种奖项51项。保持市级文明单位、市级卫生单位、市一级档案单位称号。全年完

区委书记周少政（左一）在江北街道办事处邓家村助农收砍青菜头

区长种及灵带队到易理文化小镇现场办公

街道欢迎您

副区长钟涛（右中）慰问江北敬老院五保老人

区人大副主任黄华（右二）在江北杨柳溪巡河

成GDP25.88亿元，同比增长（下同）11.6%；非公经济总产值完成27.5亿元、增10%，非公有制工业企业产值4.6亿元、增11%；全街固定资产投资完成3.64亿元；本级财政收入2276万元，增17.9%。农林牧渔业总产值4.1亿元，增7.9%。2018年人均可支配收入15790元，增11%。营商环境不断优化，牢固树立“企业无小事”理念，全面深化放管服改革，开展精准走访服务民营企业行动，帮助民营企业协调水电气、土地等矛盾纠纷、遗留问题10余件。

重庆市妇联副主席张健（左二）到
江北街道北坪社区妇女儿童之家调研

街道办主任熊铁骑（左二）带队检查道路安全

重庆市市文旅委（文物局）
副主任幸军（前排右三）视察北岩石刻保护工程

白涛街道

区委书记周少政带队到白涛调研，并召开座谈会，听取工作汇报，就白涛下一步发展作出指示

区长种及灵查看森林防火准备工作情况

白涛街道成立于2008年，由原白涛镇和山窝乡合并而成，位于涪陵东南部，距城区24千米，面积201平方千米，居全区第一，辖17个村（居），126个村（居）民小组，总人口6.5万人，是全区唯一的三峡移民全迁街道。街道区位优势明显。是市级工业园区—白涛园区所在地、国家级页岩气示范区的核心区域，武陵山旅游区的重要节点，乌江流域重要的物资集散地，素有“千里乌江第一镇”的美誉。“铁、公、水”兼备，乌江、国道319线、渝怀铁路横贯全境，梓白高速、渝怀复线抓紧建设。旅游资源丰富。有举世闻名的816核军工洞体、历史厚重的小田溪巴王陵遗址、雄奇险峻的乌江画廊和风景秀丽的大溪河景区。“二元”结构突出。拥有乡镇、街道双重属性，现有建峰、华峰、天原、华新水泥等一大批市区级重点企业和街道企业400余家，城市建成区面积2.8平方千米，是一个典型的以工带农、小城市带大农村的街道。

2018年，实现GDP17.95亿元，增长

安吉县委书记沈铭权一行赴白涛街道开展对口支援工作，现场查看三峡移民后续项目运行情况

白涛街道召开创卫“百日攻坚”誓师大会，并为各支攻坚队授旗

13.5 %；农业总产值3.74亿元，增长6.8%；中小企业总产值60.1亿元，增长17%；固定资产投资2.1亿元；城镇居民人均可支配收入3.79万元、增长7.2%，农民人均收入1.49万元、增长9.5%；本级财政收入2795万元；完成招商引资项目9个，协议资金4.1亿元，到位资金1.14亿元。

时任街道党工委书记　傅云

街道办事处主任　李如华

灯光璀璨的白涛城市夜景

龙 桥

区委书记周少政调研龙桥街道工作

区委常委、宣传部部长徐瑛检查龙桥街道创文工作

桥街道位于涪陵城西长江南岸，东连崇义街道、西接蔺市镇、南靠马武镇、北眺李渡新城区，距主城10千米，2008年5月由原龙桥镇、酒店乡合并组建而成。街道辖7个社区、6个村共138个村（居）民小组，总人口4.16万人，面积87.79平方千米，典型的集城郊、农村和工业园区为一体的城乡接合部。街道区位优势突出，随着中化涪陵化工环保搬迁实质性启动，新老城区之间重要景观通道南滨路二期建成通车，龙桥街道作为新老城区发展的战略支点以及城市建设连接的重要节点，将全面融入涪陵新老城区发展。街道交通优势突出，长江黄金水道顺境而过，南涪铁路、渝怀铁路等铁路干线横纵全境，沿江高速、南涪高速在辖区内纵横交汇，龙头港是5000吨级船舶、万吨级船队常年能够到达的长江上游的最西端港口，是集铁公水为一体的交通枢纽。辖区产业优势突出，辖区内供热、电力、固废处置场、污水处理厂等

龙兴佳苑

街　道

龙桥街道领导检查社区扫黑除恶专项斗争开展情况

龙桥街道石塔社区召开扫黑除恶专项斗争工作推进会

配套完善，有中化涪陵化工、蓬威石化、中机热电、常捷医药等区级重点企业，龙头港顺利开港营运，是全区工业、物流经济发展的主战场。2018年，全街地区生产总值11.83亿元，增长12%；农民人均可支配收入14769元，增长8.9%；城镇居民人均可支配收入36066元，增长8.3%。固定资产投资全年完成12225万元。规模以上工业企业增加值实现10651万元，增长8.9%。本级公共财政收入完成2538万元，增长33.58%。

齐心花椒

沙溪社区

马鞍街道

区委书记周少政陪同浙江省副省长、
台州市委书记陈奕君考察双溪社区便民服务中心项目

区委副书记、区长种及灵调研马鞍街道城市管理工作

区委组织部部长喻显镔调研马鞍街道基层党建工作

区委宣传部部长徐瑛调研马鞍街道创文工作

马鞍街道成立于2016年6月，位于涪陵新城区腹地，北部与李渡街道接壤，西南与义和镇毗邻，东部与江北街道交界，南部与龙桥街道隔江相望，融城市、乡村、园区、城郊于一体，是涪陵综合保税区、高新技术产业开发区所在地。面积80平方千米，辖20个社区，173个居民小组，户籍人口7.73万人，常住人口15万人。街道党工委下辖党组织24个，党员1966名。在编干部107名，行政干部职工43名，行政工勤6名，事业干部58名。机构改革后，下设11个行政机构和7个事业单位。入驻企业159家，其中投产企业116家，规模以上工业企业76家，个体工商户6000余家。辖区有党政机关、企事业单位20家，医院（诊所）等医疗机构29家，各级各类学校42家，在校学生53115人。

位于街道的奥体中心

对口支援援建的浙江广场

马鞍街道党工委书记庹灿助农收砍青菜头

马鞍街道办事处主任毛晓东走访贫困户

马鞍街道纪念建党98周年歌咏比赛

全区基层党建重点任务工作推进会在马鞍街道召开

马鞍街道“吟诵青春 心润书香”朗读比赛

李渡新区大厦

朱家沟水库

铜鼓湖公园

新妙镇

区委书记周少政到新妙镇调研

新妙镇因庙宇多而得名，古称“新庙”，1932年更名为“新妙”。新妙地处重庆东部，涪陵西部，长江南岸，与南川、巴南、长寿区交界，面积139.12平方千米，辖22个村1个社区，总人口5.6万人。城镇建成区面积3.9平方千米，建成街道总长约22千米。有耕地面积5635公顷，森林面积6160公顷，森林覆盖率达44.3%。境内交通便利。沿江高速公路(G50s)、茶涪二级路（茶园至涪陵）、204省道穿境而过，正在修建的“南两”高速（南川至两江新区）和沿江高速将交汇新妙，全镇公路通车里程382千米，通畅率达100%，具有半小时重庆主城区位优势，是涪陵的交通副枢纽，重庆至涪陵的陆路中转站，涪陵西部最大的商贸流通中心和农副产品集散地。镇内旅游资源丰富，既有著名的川东古刹普陀寺、木鱼山佛教文化名胜景点，又有百里梨香、千亩十字果园、万亩四合竹海等生态自然旅游资源，是旅游开发的理想之地。红色文化厚重，有刘伯承护国之役纪念馆（刘伯承血战丰都后到新妙避难养伤处）、弋阳国民师范学校（1927年初，李尉如在新妙创办的农民运动讲习所——弋阳国民师范学

区政协主席徐志红到新妙镇巡河

区委常委、统战部部长夏艺在新妙镇走访贫困户

区人大副主任黄华调研创文创卫工作

副区长赵昌辉调研

校）、陈然组织革命活动事迹（1944年至1945年，革命烈士陈然在新妙镇小学以任教为掩护，开展革命活动）等红色革命教育基地。是全国重点镇、重庆市级中心镇、重庆市历史文化名镇、首批全市商贸强镇、重庆最具投资价值小城镇、涪陵区三大革命老区之一，有涪陵最大“旱码头”之称。

浙江省温岭市领导到新妙镇开展对口支援工作

镇党委书记张晓藩走访互助村1组贫困户杨胜全

2018年，全镇地区生产总值实现15.8亿元，增长12.9%；完成固定资产投资2.2亿元；农业增加值实现3.6亿元，增长4.5%；城乡居民人均可支配收入分别达36436元、14454元，分别增长8.9%、9.3%；本级财政收入实现1167万元；产业发展初具规模，晚熟柑橘种植面积达333.33余公顷，其中绿田果蔬种植股份合作社选送的“不知火柑橘”品种在全市首届“三峡杯”优质晚熟柑橘评选活动中荣获金奖；辣木叶片种植面积达100余亩；新妙出产的“涪陵粉条”生产历史近40年，年加工豌豆、胡豆规模达50余吨。

镇长张必文检查安全生产工作

美丽庭院

新妙大道

蔺市镇 建设全国特色小镇

区政协主席徐志红调研万松里民俗文化

区委宣传部部长徐瑛调研蔺市文化产业发展

大足区政协一行在区政协领导陪同下考察万松里民俗文化

蔺市镇位于涪陵西郊，地处长江南岸，距涪陵城区20千米，到重庆主城40分钟车程，渝怀铁路、渝巴路及沿江高速横贯全境。全镇面积163平方千米，集镇面积2.2平方千米（其中建成区绿地面积69.33公顷），耕地面积6905公顷，森林面积7130公顷、森林覆盖率50%；空气质量好、无工业污染。全镇辖17个村、7个社区，人口4.98万人，建成区常住人口1.24万人。2018年，全镇实现地区生产总值20.1亿元，同比增长8%。完成固定资产投资4.53亿元，本级财政收入3100万元。城镇居民人均可支配收入38261元，增长10.1%；农村居民人均可支配收入15721元，增长11%。

党委书记　谢成洪

镇长 何伟

万州区副区长涂立军来镇调研城镇建设

河（库）长集中巡河（库）周启动仪式

河小青巡河护河活动

科学理论进基层微宣讲片区赛

3月梨花节

海源物业六一儿童节爱心捐赠活动

庆龙节

公共停车场

珍溪镇

区委书记周少政到珍溪镇调研工作

区人大常委会主任李景耀到珍溪镇检查指导非洲猪瘟防控

区政协主席到珍溪镇调研扶贫工作

镇党委书记秦学检查非洲猪瘟防控工作

珍溪镇地处涪陵东北长江北岸，滨临长江黄金水道，上距涪陵城区30千米，距重庆主城区120千米，下距丰都县城36千米，全镇面积181.45平方千米，建成区面积3.82平方千米，辖25个村委会、3个居委会，195个村（居）民小组（其中174个村民小组、21个居民小组），总人口8.4万人，其中镇区常住人口2.3万人。

珍溪镇历史悠久，自明朝建镇以来均属商贸发达口岸，是垫江、长寿、丰都等临近区县的人口聚集地和商品集散地，有万安寨、施家祠堂、木瓜洞题刻、烈士塔等文化遗产。水陆交通便利，辖区有渠溪河、碧溪河等支流流入长江，现建码头3处，年吞吐货运能力250万吨；陆路有涪丰北线、涪垫公路等4条二级公路干线交汇穿过城镇，全镇公路通车里程900余千米，镇域内通车率达100%。是传统农业大镇，全镇榨菜、蚕桑、水果、畜牧产量居全区前列。数年来，获得“全国重点镇”“全国文明村镇”“全国农村创业创新园区”“重庆市100个经济强镇”“重庆市100个小城镇建设试点镇”“重庆市商贸流通示范镇”“重庆市最佳绿化城镇”等称号，并连续14年荣获“红旗乡镇”荣誉。

2018年全镇地区生产总值实现32.5亿元，企业总产值实现30.5亿元，农业总产值实现9亿元，固定资产投资完成2.5亿元；本级财政收入完成2295万元，增长31%；城乡居民个人储蓄存款余额突破18亿元；农村居民人均可支配收入达到16150元，增长11%。

镇长邱国光到杉树湾村调研矿区工作

珍溪镇一角

榨菜种植基地

平阳广场

马头山公园入口

义 和 镇

重庆市委常委、组织部长胡文容到义和镇调研指导工作

重庆市扶贫办主任刘戈新到义和镇调研产业发展

义和镇，因古御河桥谐音而得名，位于涪陵西北部长江上游北岸，东壤涪陵新城区，西南临长江与蔺市、龙桥、石沱隔江相望，北止黄草山脊与长寿但渡镇相连，有长江水岸线24千米，客货运码头4个，距重庆主城区80千米，距涪陵城区20千米。全镇面积99.45平方千米，下辖12个行政村，4个社区，139个村（居）民小组，共4.8万余人。镇行政事业干部165人。境内历史文化悠久，人杰地灵、人才辈出，素有“文化之乡”的美誉，涌现出黄红云、黄一峰、黄玉蛟、任世兵等一批著名企业家。辖区森林面积4000公顷，森林覆盖率40.22%；旅游资源丰富，有“涌秀”石刻、韩公韩婆、巴寡妇•清、万寿桥、刘

增幅乡党政代表团来义和镇考察

义和镇举行建党97周年庆祝表彰大会

荣昌区委组织部来义和镇考察

区委常委、组织部长喻显镔到义和镇调研基层党建

作勤庄园、巴山夜雨景区、水磨滩湿地公园等文旅景点，形成花卉苗木、晚熟柑橘、笋竹、葡萄、火龙果、樱桃、李果、蜂蜜等特色农业体系，每年结合“一村一品一景”举行“一汇八节”，打造集休闲度假、亲子采摘、旅游观光、游戏娱乐于一体的乡村旅游最佳目的地。2018年，全镇地区生产总值21亿元，同比增长9.7%；实现企业总产值89.92亿元、增长3.52%，农业增加值3.62亿元、增长4.7%；一般公共预算收入3383万元，增长48.9%，位居全区各乡镇之首；城镇和农村常住居民人均可支配收入分别达到3.61万元和1.49万元，分别增长8.6%、8.9%。

义和镇第三届李果采摘节开幕

义和镇举办第四届全民健身运动会

马武镇

区委书记周少政慰问马武镇贫困户

对口支援单位浙江省台州市椒江区领导慰问马武镇贫困户

区政府常务副区长杜海波调研马武污水处理厂

马武镇位于涪陵西南部，距涪陵城区20千米，车程20分钟。2008年5月乡镇建制调整，由马武镇、惠民乡、太和乡合并而成，面积161.53平方千米，镇辖17个村、2个社区、126个村（居）民小组，12910户、4万余人，城镇化率32.4%，森林覆盖率48.2%。境内有省级文物保护单位碑记桥，千年银杏、清溪沟、白鹤湾等马武新十景及136个自然人文景点，有马武将军文化馆、农耕文化馆、古今散文馆、涪陵电大马武新农村学院、全国首个乡镇级中国散文学会创作基地等文化传播基地，亦有古今花海、清溪山谷、坪上花溪、林晟园等生态旅游资源。同时还是市级文艺创作基地、市散文学会创作基地和《雾都夜话》栏目群众演员培训拍摄基地。涪南公路纵贯全镇，南涪高速公路在境内设有出口，到南川、丰都、武隆40分钟，重庆主城60分钟车程，待鹅颈关至涪陵西、马武至龙潭一级路建成后，还将大大缩短出行时间，区位交通优势明显。

2018年，马武镇认真贯彻落实党的十九大精神，坚持以习近平新时代中国特色社会主义思想为指导，紧紧围绕习近平总书记对重庆提出的“两点”定位、“两地”“两高”目标和“四个扎实”要求，认真落实全区构筑绿色屏障，发展绿色产业，建设绿色家园“三篇大文章”，坚持以党的建设为统领，把政治建设摆在首位，以实施乡村振兴战略为总抓手，以供给侧结构性改革为主线，不断增强地方经济实力，突出发展乡村旅游、强化人居环境整治，推进社会事业等重点工作，开

全区水稻直播机收示范现场会在马武镇保安村召开

梨花节

党风廉政建设工作会

农家乐协会会员大会

区委组织部常务副部长齐小萌到我镇开展民主生活会

马武镇第七届采果节启动仪式

拓创新，务实奋进，实现了党的十九大以来全镇经济社会持续健康发展的良好开局。主要经济指标除固定资产投资和规上工业产值外，其余均实现预期增长目标。其中：GDP17.7亿元、增长10.6%，农业总产值5.83亿元、增长6.9%，农村常住居民人均可支配收入15812元、增长10.2%，工业总产值8.82亿元、增长7.45%，本级财政收入2336万元、增长14.7%，固定资产投资3.48亿元，完成区上调整后目标的108.8%，规上工业产值4.69亿元。

涪陵区第五届梨花节开幕式

晾晒在菜架上的青菜头犹如“绿玛瑙”

马武镇开展第三届“电力杯”运动会

石沱镇

区委书记周少政调研石沱镇大山村党支部建设情况

区长种及灵参与全区义务植树活动

涪陵区脱贫攻坚大排查工作片区
座谈会在石沱召开，区委副书记周波主持会议

区委组织部部长喻显镔到石沱调研

石沱镇明代叫竹林滩，为韩市里（韩石镇）辖区，后因石姓人家较多，在长江上梁砣与下梁砣之间设立渡口船只，往来长江两岸称为石家渡。清初设街赶场叫石家沱场，是宛平县郊区。石沱镇位于北纬29°42′，东径107°06′。地处长江南岸，是涪陵西部的移民大镇，上距重庆城区40千米，下距涪陵城区30千米，北临长江与义和镇隔江相望，东与蔺市连界，南与新妙毗邻，西与长寿区和巴南区接壤。全镇辐员面积102.24平方千米，辖13个行政村、1个社区居民委员会，100个农业社11个居民小组，总人口33809人。场镇建成区面积143公顷，耕地面积4362公顷，森林面积3465.25公顷，森林覆盖率34%。

境内属河谷浅丘地带，海拔高度大多处于150～600米，境内最高点五堡山海拔880.8米。土壤以棕紫泥、冲积土土壤、冷沙黄泥为主，年平均温度18℃，年均降水量1000～1200毫米。境内物产丰富，盛产榨菜、四季蔬菜、石沱蜜柑、

区委统战部部长夏艺到石沱调研巡河情况

副区长赵昌辉到石沱召开涪陵区农村垃圾治理现场会

食用笋竹、西瓜、李子、梨等农产品，名胜风景众多，其中五堡群山是远近闻名的佛山，素有“一脚踏三县”之称。

2018年，全镇地区生产总值7.28亿元，同比增长12%。全社会固定资产投资完成4.73亿元；财政收入完成985万元，可用财力3008万元，增长14%。城镇常住居民人均可支配收入3.63万元，增长13%；农村常住居民人均可支配收入1.42万元，增长15%；社会消费品零售总额1.63亿元，增长15%。

石沱镇交通优势明显，渝怀铁路沿江穿过，G50S沪渝南线高速公路、茶涪路、习长路、蔺长路纵贯全境，能快速通达重庆主城、涪陵、巴南和长寿。石沱镇的区位优势得天独厚，长江水运码头历史悠久，历来为涪西重要水运客货、物资集散地。根据涪陵城乡总体规划，石沱镇未来将成为涪陵重要交通枢纽。渝西高铁、渝汉高铁、城际铁路渝涪新线、广涪铁路等铁路，涪陵绕城北环高速西线、重庆两江新区市政快速路干道等高速快速路将横穿石沱全境。石沱镇是涪陵龙桥工业园区的拓展区，是涪陵新石组团的主战场，是“涪陵未来工业主战场”，未来将着力打造集石化、装备制造、现代物流为一体的城市产业支撑基地，努力建设成为区域重要经济增长极。

副区长钟涛到石沱慰问贫困户

石沱镇党委书记陈松涛走访慰问贫困户

石沱镇镇长苏凌（左二）在禁毒讲堂进企业宣传活动中

南 沱 镇

区委书记周少政调研南沱镇三变改革及扶贫工作

区长种及灵调研南沱镇人居环境整治工作

副区长董代文到睦和村调研乡村振兴情况

南沱，因地处长江南岸，长江流过半岛形成回水沱而得名。全镇面积67.16平方千米，辖11个行政村、1个社区，76个居民小组，共计13243户，37630人，耕地面积2446.67公顷，林地面积2760公顷，是三峡移民大镇、全国农村创业创新园区、市级现代农业综合示范工程实施乡镇和涪陵现代农业园区。2018年以来，南沱镇以习近平新时代中国特色社会主义思想为指导，贯彻落实新发展理念，突出现代农业和乡村旅游两大重点，着力打造“1+3”现代农业产业体系，成功打造了荔枝、龙眼、柑

南沱镇召开第七届人民代表大会六次会议

扶贫驻村工作队查看移民文化广场建设

涪陵首届“农民丰收节”暨魅
南沱•第七届涪陵龙眼文化

区委副书记周波到睦和村调研乡村振兴发展情况

区委组织部部长喻显镔调研桥梁
建设和舒家坝、大洞溪水池蓄水情况

橘、竹笋、黑猪5大特色农业名片，初步形成了“山水田园秀美，四季花果飘香”的乡村休闲体验游产业，为实施乡村振兴战略奠定了坚实的基础。该镇全年完成生产总值9.45亿元，同比增长3.75%；乡镇企业总产值25.28亿元，增长7.3%；乡镇财政收入1134万元，增长85.29%；农村居民人均可支配收入15388元，增长10%；城镇居民人均可支配收入35486元，增长9%。红星渡槽、花莲坝牌坊、大宝梁子墓群成功申报市级文物单位；连丰村麦子沱，睦和村天坪、彭家院子成功创建市级美丽宜居示范村庄。

镇党委书记张正书带领工作组检查人居环境工作

纪念建党97周年重温入党誓言

守护绿水志愿服务活动

青春心向党，建功新时代主题活动

焦石镇

区委书记周少政调研向阳村扶贫工作

焦石镇位于涪陵东南部，东邻丰都县，西连江东街道，南接白涛街道，北靠罗云乡，镇政府驻焦石大道229号，距涪陵城区33千米。

据《焦石镇志》记载，因镇内有较多深灰色岩石，且风化后表面呈黑色，近似烧焦状，故名“焦石”。主要出产烤烟、榨菜、玉米、水稻、中药材等作物，盛产花椒和蜂蜜。其中烤烟种植面积连续三年位居全区第一；着力发展的甲鱼、野猪、娃娃鱼、香猪、奶牛等特色养殖渐成气候。

焦石镇于1992年7月撤区建镇，全镇现辖11个村，3个社区居委，户籍人口3.1万余人。面积166.44平方千米，海拔225～1372米，森林面积10533.33公顷，森林覆盖率63%，耕地面积4533.33公顷。镇内可开发的旅游资源较多，植被丰富，民风淳朴，环境优美，气候宜人，着力打造的白鹿村高山生态旅游初具接待能力。文化底蕴深厚，《焦石山歌》成功申报为重庆市第四批非物质文化遗产，目前正在积极申报国家级非物质文化遗产。

区长种及灵调研场镇建设

区委常委、区政府党组副书记、
常务副区长杜海波调研焦石场镇环境建设

区委常委、区政法委书记刘康中走访贫困户

区政协副主席况东权、刘加胜
到焦石镇调研中药材产业发展情况

区委常委、组织部部长喻显镔调研东泉社区党建工作

焦情园挂的火参果

焦情园无花果

焦石镇光华村花椒

焦情园樱桃

增福乡

区委书记周少政到增福乡调研小湾村村级阵地建设

增福乡位于重庆主城东部、涪陵西部，地处涪陵、南川、巴南三区交界之地，面积81.6平方千米，辖9个行政村、62个村民小组，共7525户19357人，其中城镇人口2952人。现有耕地2974.67公顷，森林5133.33公顷、森林覆盖率62.7%。境内山清水秀、溪流纵横，海拔处于208～892米，地貌以河谷、丘陵、低山、平坝为主。属亚热带湿润季风气候，冬冷夏热，湿润多雨，四季分明，立体气候显著，无严寒酷暑，年均气温保持在17℃左右。辖区内无污染企业，富氧离子含量高，是生态宜居之所，是养生养老之地。现有百岁老人4人，96～99岁18人，90～95岁52人，高龄比例接近全区水平的5倍，素有“增福”“延寿”之美誉。近年，增福乡成功创建市级文明乡、卫生乡、生态乡和应急管理示范乡。启动国家级生态乡创建工作，增福土鸡获得重庆市著名商标、重庆名牌农产品、国家地理标志证明商标、绿色食品认证等。场镇、交通、水电气等基础设施不断完善，社会民生得到进一步保障，安全稳定持续巩固。

区委书记周少政慰问建卡贫困户高兴国

增福乡领导班子成员11名，行政内设机构11个，分别是党政办、党群办、财政办、经发办、计生办、民政办、综治办、食药监办、人大办、残联、高协办。下属事业单位部门7个，分别是安监办、农业服务中心、林业站、社保所、规

—重庆主城向东第一乡

建所、交管所、文体中心。直管部门6个，分别是国土所、派出所、司法所、卫生院、畜牧站、教管中心。乡党委辖1个党总支、12个党支部，党员705名。乡属机关事业在编职工65人（其中公务员32人，事业干部25人，工勤人员8人），退休干部10人，大学生村官3人，“三支一扶”1人。

2018年，地区生产总值52669万元，同比增长11.1%；农业总产值18472万元，增长4.5%；固定资产投资18209万元；农民人均可支配收入14141元；地方财政收入1001万元。一年的艰苦创业，成就了增福管党治党全面从严、基础设施加快建设、特色产业提质增效、民生实事扎实推进、社会秩序持续稳定的良好态势。

市气象局防灾减灾处处长张宪芬、区气象局领导到增幅乡检查指导国家级标准化气象灾害防御创建工作

乡长田景林走访贫困户

涪陵区农村精神文明建设工作推进会（现场会）在增幅乡召开

涪陵区首届增福土鸡文化节盛大开幕，市商委，
区人大、区政协等区级部门和26个乡镇街道分管领导，周边区县群众共计5000人参加开幕式

涪陵区

区委书记周少政在罗云乡
铜矿山听取村支书汇报扶贫情况

区人大副主任项显文到文昌宫村听取蹲点促改意见

罗云乡位于北纬29°43′30″～29°48′57″,东经107°28′21″～107°38′10″,地处涪陵区东部，东与丰都县湛普镇、包鸾镇接壤，西邻江东街道，南邻焦石镇，北接清溪镇、南沱镇，距离涪陵城区38千米，全乡海拔高度在385～1200米。

全乡面积72.8平方千米，辖8个行政村和1个社区，42个村（居）民小组，耕地1559公倾，林地3392.7公倾，森林覆盖率46.6%。全乡6551户18020人。全乡现有党支部17个,其中农村党支部9个；共有党员681名；乡政府在编干部67人，其中行政干部31人，事业干部336。

罗云乡工作目标：一是结合乡村振兴和我乡实际，初步谋划了“3+3+X”特色农业产业发展思路。在保障粮食生产安全基础上，巩固青菜头、烤烟、核桃三大现有产业种植规模，积极发展中药材、蚕桑、孔雀等三大新兴种养殖产业，鼓励发展红心猕猴桃、李子、梨子、花椒等小特精产业，力争到2020年，保持青菜头1466.67公顷、烤烟200公顷、核桃333.33公顷的种植规模，新发展中药材333.33公顷、优质蚕桑200公顷、孔雀10000只。二是围绕绿色矿山创建目

罗云乡场镇全景

池沱坝全景

罗 云 乡

标，积极推动顺志、浩洋、龙源等升级改造，创建绿色矿山，加快推进龙凤石矿业建设，形成符合生态文明建设要求的绿色矿业发展新模式。三是依托本乡生态和红色资源，着力打造铜矿山高山农业旅游康养和罗云坝、干龙坝田园乡村旅游以及红色旅游融合发展模式。

乡领导为获涪陵区2018年度孝顺儿女、文明市民、十星文明户颁奖

党委书记殷志勇下老龙洞村片访贫困户

乡长陈伟在铜矿山参加义务植树

红军文化广场效果图

同乐乡

区委书记周少政（左二）赴同乐慰问贫困户

区长种及灵（左三）赴同乐乡“扶贫车间”调研

2018年，同乐乡党委政府始终坚持以科学发展观统揽经济社会发展全局，认真贯彻党的十九大精神，按照年初制定的“1241”工作思路，坚持以民生为导向、以项目为抓手，求真务实、攻坚克难，坚决打好“三大攻坚战”，深入落实“八项战略行动计划”，呈现经济稳中有进、民生显著改善、环境不断优化、社会和谐稳定的良好态势，全力推动党的建设和经济社会发展各项工作。

2018年，全乡GDP实现7.42亿元，固定资产投资实现2.2亿元，农村居民存款余额实现2.98亿元，本级财政收入1571万元。在稳定粮食生产的基础上，积极推进土地流转，大力发展规模特色效益农业，拓宽老百姓的增收渠道。全乡建成1600公顷优质稻种植基地，新发展中药材种植76公顷、花椒80公顷、水果33.33公顷，在解放等村完成辣椒种植66.67公顷，在实胜、雪峰等村发展名优白茶100公顷，在仁寿、聚宝、长青等村种植红心萝卜3000余亩。采取“合作社+农户”模式在仁寿、七一、联兴等村完成林业产业油茶种植项目8000余亩。山羊出栏9400头，生猪出栏4万余头，家禽出栏30万余只。

同乐乡自然资源丰富，主要以油茶、白茶、榨菜、辣椒、胭脂萝卜、山羊等种养业为主，其中同乐羊肉响誉区内外。同乐乡发展前景优越，凡招商引资企业，乡财政将支付一定企业发展金，提供优质服务及全力做好协调工作。2018年，引进企业55个，认缴注册资金6500万元 。该乡全力打造雪峰旅游度假区，聚集大量农民在家务工、创业，创业氛围浓厚。同乐乡开发潜力巨大，目前正推进市级休闲农业与乡村旅游示范乡和市级生态文明建设示范乡创建。美丽富饶的青山绿水期待各地客商投资创业，勤劳好客的同乐人民欢迎有识之士牵手发展。

梦寐雪峰，休闲观光的乐园！
幸福同乐，投资兴业的热土！

区政协主席徐志红（左三）赴同乐乡调研

乡党委书记高翔现场指导花椒产业生长情况

投资3000多万元完成了同乐、
同建、雪峰等三个村居的农综项目建设

在莲池、实胜、雪峰、前进等村
发展蔬菜、中药材种植近2000亩

在雪峰、实胜等村发展名优白茶1500余亩

稳定传统粮食生产，
全乡优质水稻种植2万亩

采取“合作社+农户”模式
在仁寿、七一、联兴等13个村发
展林下产业油茶种植项目8000余亩

在仁寿、聚宝等村种植红心萝卜2500余亩

鹌鹑养殖大王盛成波饲养的鹌鹑

村民放养黑山羊

雪峰高山生态移民安置点

重庆第一高山花乡

区委书记周少政到大木乡调研

大木乡位于涪陵区东南部，与武隆区、丰都县接壤，距涪陵城区57千米，面积96.3平方千米。海拔580～1980米，平均海拔1000米，年平均气温15摄氏度左右，年均降水量1100～1200毫米，7—9月白天平均气温27摄氏度、夜间20摄氏度。全乡辖5个行政村、1个居委会，23个村民小组，总人口4336人，户数1160户。实有耕地1034.33公顷，森林面积5511.73公顷，森林覆盖率82.5%。全乡设行政事业单位15个，分别是党政办、党群办、财政办、经发办、纪检监察室、综治办、社事办、食药监办、人大办、农服中心、林业站、社保所、文体中心、规建所、安监办。在编行政事业干部64人，大学生村官2人。区直属部门5个，分别是派出所、司法所、畜牧站、教管中心、卫生院。辖区有大木花谷·林下花园和武陵山森林公园2个AAAA级景区。大木乡享有重庆第一高山花乡、中国的普罗旺斯美誉，曾获得全国环境优美乡、国家生态乡、全国休闲农业和全国乡村旅游休闲示范点、重庆市特色旅游景观名镇等称号。2018年，全乡完成地区生产总值29905万元，增长11.0%；农业增加值4309万元，增长5.0%；固定资产投资48010万元；农民人均可支配收入13787元，增长8.9%。

大木乡领导带队检查安全工作

大木乡主要领导调研大木花溪项目

大木乡区乡人大代表调研麻溪河

二 大木乡

党委书记夏晖指导武陵村扫黑除恶宣传工作

乡长刘俞佟慰问贫困户

暑期家长学校

大木乡职工运动会

大木乡歌手参加武陵山民歌大赛

大木森林公园

武陵山大裂谷景区大门

武陵山乡

区人大主任李景耀率全区改善人居环境现场会代表察看该乡环境整治

武陵山乡地处涪陵区东南端，清代为龙庆场，建国后设龙塘乡，2002年更名为武陵山乡。乡东南西部与武隆区相接，北与白涛办事处毗邻。海拔最高1968米，最低175米，地质为“喀斯特地貌”。面积132平方千米，耕地面积1359公顷，森林面积9333.33公顷，森林覆盖率82.7%。有乌江河岸线12.5千米。境内旅游资源丰富：有4A级风景区武陵山大裂谷，有传统村落——角帮风情古寨，有佛教寺院——金山寺。全乡辖6个行政村，1个社区，34个村民

浙江省对口支援代表团来我乡考察

武陵山乡庆祝建党97周年暨“七一”

武陵山大裂谷景区

武陵山大裂谷地缝景点

武陵山乡民俗酒店–梧桐居

武陵山乡民俗酒店–武陵山寨

小组，5个居民小组，3252户、8502人，城镇化率45%。全乡有11个党支部，358名党员。在编干部76名，其中行政干部职工31名（领导班子成员10名，保留副处级待遇干部1名），行政工勤5名，事业干部40名，大学生村官2名。2018年，全乡农村居民人均可支配收入实现14457元，旅游业收入达到54000万元，农村居民储蓄余额实现23000万元。先后荣获“全国特色景观旅游名镇”“全国美丽宜居小镇”“全国创建无邪教示范乡镇”，顺利通过“国家级卫生乡”技术评估。

武陵山乡庆祝建党97周年大会党员进行入党宣誓

武陵山乡领导班子和领导干部综合考核评价会议

龙潭场镇全景

龙潭镇

龙潭，是原涪陵（县市）时的区公所所在地。2008年，涪陵区乡镇体制调整时，由原新村乡、龙潭镇合并而成。龙潭镇位于涪陵区西南边缘，镇政府距涪陵主城区60千米，距南川43千米，距重庆主城90千米。全镇面积129.3平方千米，辖22个村（居）委会，123个村（居）民小组，1.6万户4.7万人，其中场镇建成区面积1.5平方千米，城镇常住居民1.5万人。作为市级中心镇、重庆首批“民间文化艺术之乡”，目前正努力打造坪上区域性教育文化、医疗卫生、商贸物流中心。现有重庆市级重点中学一所（涪陵十七中），龙潭八牌锣鼓被列入第三批重庆市级非物质文化遗产名录，义和村杨德碧荣获全国孝老爱亲道德模范，大寨村杨安容被评为全国三八红旗手、感动重庆十大人物。场镇商业总面积达1.5万平方米。全镇2018年底存款余额8.9亿元，贷款余额0.6亿元。

龙潭镇是典型农业大镇，是涪陵乃至重庆农产品生产和供给的重要“粮仓”和“菜篮子”。该镇成功创建重庆市级现代农业园，规模流转土地1万余亩，形成了以蔬菜、水果、花卉苗木、水产养殖为主的四大功能区。龙潭大米被中国粮食行业协会授予“放心米”，并获“中国著名畅销品牌”称号。

龙潭镇自然资源丰富，人文自然交融和谐，以“文化、休闲、自然、生态”为特点的乡村旅游已初见成效。目前正在修建的马武—龙潭一级路、南川—重庆两江新区高速路提速建成通车后，龙潭将具备5分钟上高速，半小时内到达涪陵、南川、重庆主城的便利交通优势，未来发展前景可期。

2018年，我镇被评为重庆市扶贫开发工作2018年度先进集体，党的建设实绩考核获全区通报表扬，经济社会发展实绩考核获全区第一名。全年完成GDP10亿元，同比增长10.8%；农林牧渔业总产值3.66亿元，增长5.2%；固定资产总投资1.4亿元；农村常住居民人均可支配收入14227元，增长10%；本级财政收入696万元，增长37.01%。

区委书记周少政调研龙潭发展

区委副书记周波调研龙潭河长制工作

区委常委、宣传部部长徐瑛慰问全国道德模范杨德碧

涪陵区坪山后山片区乡镇座谈会在龙潭召开

百胜镇

百胜镇地处涪陵区北部，距涪陵城区15千米，总面积147.37平方千米，镇辖1个社区、19个村，下设5个居民小组、135个村民小组。2018年末，全镇总人口47685人，有苗族、土家、彝族、仡佬、壮族等16个少数民族，有着“全国农产品加工示范基地镇”“重庆市级榨菜特色产业基地镇”“重庆市中小企业创业基地镇”等美称。

2018年，在区委、区政府和镇党委的坚强领导下，百胜镇坚持以习近平新时代中国特色社会主义思想为指导，深入贯彻落实新发展理念，围绕“三大攻坚战”“八项行动计划”“三篇大文章”所部署的各项任务，在重点工作上发力、在难点问题上攻坚、在薄弱环节上补短，实现全镇经济快速、健康、协调发展和社会全面进步。全年完成GDP24.4亿元，同比增长9.5%；农业总产值7.05亿元，增长7%；乡镇企业总产值33.15亿元，增长14.9%；本级财政收入719万元，增长20%；农民人均纯收入15702元，增长9.7%，城镇居民可支配收入36080元，增长9.4%。

区委书记周少政到百胜镇调研脱贫攻坚工作

区人大常委会主任李景耀调研百胜镇企业发展

区长种及灵到百胜镇调研地灾防治工作

浙江省临海市对口支援党政代表团一行到百胜镇视察工作

百胜镇第三届人民代表大会第四次会议

百胜镇建党97周年主题演讲比赛决赛暨七一表彰大会

举办第六届丛林西瓜文化节

青羊镇——千年古镇 庄园之乡

市政协副主席谭家玲（左二）、区长种及灵（左一）、区政协主席徐志红（右二）调研陈万宝庄园

镇党委书记张建（右三）陪同区人大主任李景耀（中）到青羊镇调研

镇党委副书记、镇长况琼（左一）陪同区委书记周少政（右二）、区委副区长钟涛（后右二）调研青羊镇河长制工作

青羊因1082年修建文昌宫时发现东部山崖石壁刻有一羊而得名。青羊镇于1992年由原涪陵市青羊、双石两乡合并而成，北距涪陵城43千米。2018年，全镇地区生产总值7.422亿元，农业总产值2.51亿元，农民人均可支配收入14272元，财政收入1864万元，全镇已实现村村通水泥路，自来水管网实现镇村组全覆盖。

青羊镇历史文化底蕴深厚，被誉为“千年古镇、庄园之乡”，有北宋文豪苏东坡“桂岩”题刻、大清皇赐未婚贞洁牌坊、青羊得名石羊浮雕、庄园古建筑群、悬石巧架神仙桥和汉朝古墓台等古遗迹群，其中尤以西部民居瑰宝——陈万宝及其子孙在一平方公里范围内修建的14处庄园最具特色，总建筑面积达10万余平方米，现保存完好的有3万余平方米，享有“川东陈万宝，川西刘文彩”盛誉，目前是市级文物保护单位。

青羊镇先后成功创建为市级历史文化名镇、市级环境优美乡镇、市级文明镇。2018年获批为第七批中国历史文化名镇（涪陵区唯一一个国家级历史文化名镇），政府所在地的安镇村也被评为全国第一批传统村落、全国第六批历史文化名村，是迄今为止重庆市唯一的一个中国历史文化名村。

青羊镇陈万宝庄园群之一——石龙井庄园

清溪镇

清溪镇位于涪陵区东部，距涪陵城区12千米，是涪陵再生有色金属特色产业园所在地和涪陵城市四大功能组团之一，全镇面积80平方千米，辖10个村（居）、84个村（居）民小组，人口3.3万。2018年，在区委、区政府的正确领导下，全镇实现GDP11.29亿元，同比增长3.6%；城乡居民人均可支配收入分别达到36274元和14892元，同比分别增长9.5%和11%；地方财政收入实现2077万元，同比增长9.3%。司法所被司法部评为全国人民调解先进集体，信访稳定工作被区委区政府记集体三等功，2017年综合目标考核被区政府评为出色完成任务单位。2019年，我们将以习近平新时代中国特色社会主义思想为指导，紧紧围绕习近平总书记对重庆提出的“两点”定位、“两地”“两高”目标和营造良好政治生态、做到“四个扎实”的重要指示要求，全面落实区委区政府将清溪建设成为长江滨江风貌特色镇的战略部署，披荆斩棘、奋勇争先，加快打造滨江风貌特色镇，为决胜全面建成小康社会、实现全镇人民对美好生活的向往不懈奋斗！

区委书记周少政到清溪镇丰收村调研扶贫工作

区纪委书记、监察委主任常金辉到清溪镇走访慰问贫困户

镇党委书记刘原椿走访贫困户

镇长张言浩代镇三届人大四次会议做政府工作报告

清溪镇组织人大代表视察农村人居环境综合整治工作

大顺乡

天河寨共享农庄

区委书记周少政在大顺调研

区长种及灵在大顺乡调研脱贫攻坚

党委书记潘登锡在
“到人民中去”专题写真活动启动仪式上致词

乡长陈德明主持中药材采收现场会

大顺乡地处重庆东南、涪陵西南部，系革命老区乡镇之一，是重庆市市级生态文明建设示范乡、市级卫生乡镇，是中国传统村落保护发展市级示范点。大顺乡区位优势明显，距重庆主城70千米，距涪陵城62千米，距南川城区55千米，南两高速、马武至大顺的一级公路建成后，大顺至重庆、涪陵和南川城区均可在40分钟内到达。自然资源丰富，有耕地3866.66公顷、林地4666.66公顷、森林覆盖率达52%，有水库16座、山坪塘534口，半径25千米范围内无工业污染源。历史文化厚重，有李蔚如烈士陵园、旧居，李家祠堂，民国初期中西合璧建筑典范“洋房子”，原川东第一古刹天宝寺遗址，农耕时代独具军事防御功能的天保大寨及48道寨门，清乾隆年间的太子太傅、兵部尚书、工部尚书周煌墓，有大顺、大田2个中国传统村落75处古民居等。发展前景广阔，太极集团入驻大顺，着力打造太极大顺康养特色小镇；集休闲观光、农耕体验、生鲜采摘为一体的乡村旅游发展蓬勃；盘活利用农村闲置宅基地，吸引了大批城市居民到乡村投资、定居。

召开全市扶贫对象动态调整培训会

大顺乡庆祝第一届农民丰收节

大顺是一幅泼墨的山水画，是一首风情的田园诗。有道是“顺水顺风顺心，宜游宜商宜居”正是大顺的真实写照。热忱欢迎社会各界有识之士前来大顺考察投资、观光旅游，共谋发展！

重庆市涪陵城区第六小学校

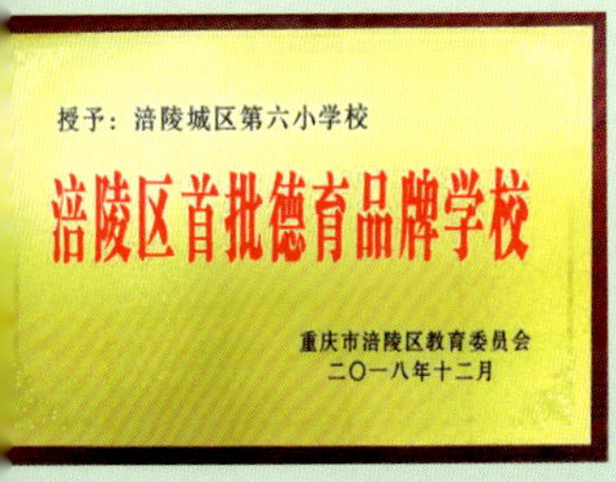

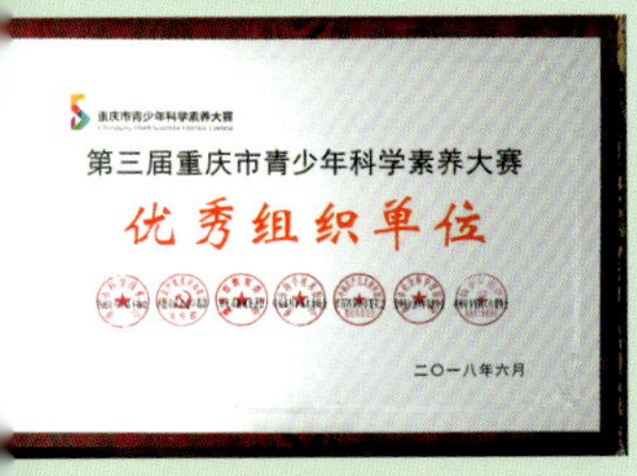

学校位于涪陵区人民东路4号，创办于1913年，2018年，形成了南门山校区、乌江校区两大校区格局。

学校占地面积27469平方米，建筑面积29808平方米。学校现有92个教学班，5073名学生，在职教职工241人。专任教师中有名校长1名，市、区级名教师5人，区级科技拔尖人才5名，市、区级骨干教师81名（其中重庆市级骨干教师15名，区级学科带头人11名，区级骨干教师55名）。

一年来，涪陵城区第六小学校始终坚持“为生命成长奠基”的办学理念，按照“管得有理、教得有方、成长有乐、心中有梦”的工作思路，实行“校区负责制”“两室四中心”管理模式，全面实施素质教育，不断推进和深化优质教育，坚持“生态教育”特色办学，致力于办老百姓身边的好学校，办学内涵不断丰富，办学效果不断凸显，实现了各个方面在区域内的领先地位。

一是扎实推进党建工作，开展“三亮三比三评”活动。开展党员亮身份、党员与教师互比互进、党员联系群众主题活动，开展互帮互评与民主评议。深入学习全国教育大会精神，通过领导首先学、党员深入学、全校总动员、家长参与学、心得展示学等途径，提高师生家长思想认识，提升办学满意度。

二是积极构建“引—学—生—成”的要素课堂教学模式，开展课程建设研讨，“生态教育校本课程开发与实施研究”课题获教育部结题。实施“1231”读书工程，给学生创造读书时间、空间、营造读书氛围，让校园充满书香。在各级读书征文比赛中，获区级以上奖1000余人次。全国语文报杯4000余学生参加，获得一、二、三等奖。

三是实施“三四五六”行为导航，提升育人质量。将学校“立德树人”要求落地、落实，将“小学生守则、规范”落细、落小，引导学生规范行为、修养品性。全年共开展主题活动10次，评选文明学生标兵965人。

四是办学条件进一步改善。积极推进原图书馆楼层接管改造及教学楼改造升级工程，稳步推进校园文化提档升级工程，改善校区布局。

五是落地落小“好老师”工程，立足“四有”要求，通过示范引领、师徒结对、主题教研、学习沙龙等形式，提高教师师德素养和教学能力，参加全区教学大比武，七人次获一等奖，两人次获二等奖。

六是综合成效彰显。一年来，学校被命名为全国青少年校园篮球特色学校，涪陵区首批德育品牌学校，被区教育工委表彰为先进基层党组织，荣获第20届涪陵区青少年科技创新大赛优秀组织奖，第三届重庆市青少年科学素养大赛优秀组织单位，被评为涪陵区教育科研先进集体，获涪陵区第十八届小学生篮球比赛城区女子组第一名、男子组第二名，涪陵区第七届中小学艺术展演活动中获舞蹈一等奖、声乐一等奖，重庆市青少年航空模型锦标赛中荣获区县队小学男子组雷鸟橡筋项目单项团体第一名，女子组第一名。

组织学生到白鹤梁开展社会实践活动

不忘初心筑梦向前

重庆工贸职业技术学院是重庆市人民政府举办的全日制普通高等职业学校，自1936年建校以来，为国家培养了7万余名技术人才和管理人才。

学院占地27.85万平方米，校舍面积14.5万平方米，固定资产4.56亿元，馆藏图书54.8万册，教学实验仪器设备总值6502万元，有9个校内生产性实训基地、151个校内实训室。

学院现有教职工339人，专任教师275人。教师中博士1人、硕士70人，教授12人、副教授106人，双师素质教师173人，重庆市高校中青年骨干教师4人，全国行业职业教育教学指导委员会委员4人，全国技术产品文件标准化技术委员会委员1人，涪陵区名教师2人，涪陵区科技拔尖人才25人，还聘请了一批实践经验丰富的兼职教师。

学院设有机电工程系、财经学院、生物化学工程系、建筑工程系、汽车与电子工程系、艺术与文化传播系、国际教学部，继续教育部，开办机电一体化技术、会计、药品生产技术、建筑工程技术、汽车检测与维修技术、学前教育等38个专业，有中央财政支持的实训基地4个、中央财政支持高等职业学校提升专业服务产业发展能力项目2个、重庆市

党委书记　马传松

院长　宋正富

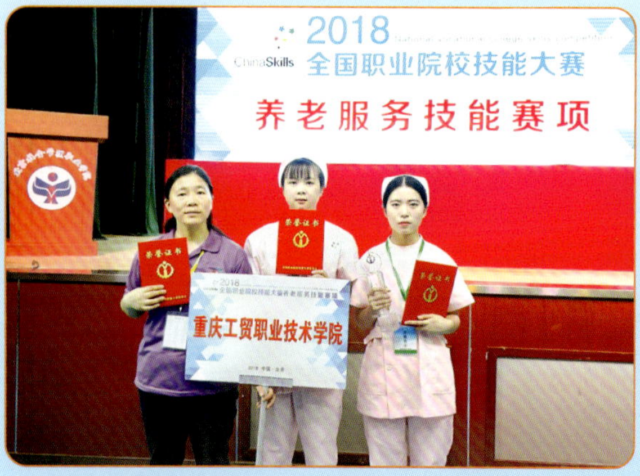

荣获全国职业院校技能大赛一等奖

秋季校园招聘大会

教改试点专业1个、重庆市财政支持高等职业学校提升专业服务产业发展能力项目1个、重庆市高等职业院校专业能力建设（骨干专业）项目5个、重庆市高等职业院校应用技术推广中心1个、市级精品课程（精品视频公开课）4门、市级教学团队1个。学院在校生7000余人，毕业生就业率95%以上。

学院秉承“厚德博学强技创新”的校训，坚持“突出高等性、保持职业性、体现区域性”的办学思路，树立“能力为本，就业为先，全面发展”的育人理念，探索和实践“校地、校企、校校合作”的协同办学模式，实施“行业、企业、专业相衔接设置专业，岗位、能力、课程相衔接开发课程，政府、学校、企业相衔接建立人才培养体制机制”的“三个三衔接”人才培养模式和“思政教育立德树人、专业教育强化技能、人文教育提升素质、强身健体锻造体魄”的“四位一体”素质教育模式，培养专业有特长、就业有优势、创业有能力、提高有基础、发展有空间的“五有”人才。学院与153家企业校企合作办学，建立稳定的校外实习实训基地，合办“嘉陵-本田班”“涪陵榨菜班”“华峰化工班”等订单培养班。学院是重庆市高技能人才培养基地，重庆市“企业科技特派员——百人计划行动”首批派出单位，涪陵区农村劳动力转移培训基地、移民培训基地、再就业培训机构、职业技能培训鉴定基地。

学院是重庆市示范性高等职业院校、重庆市优质高等职业院校建设项目立项建设单位、高职高专人才培养工作水平评估“良好”学校、全国平安和谐校园、全国德育管理先进学校、档案管理国家二级单位，重庆市文明单位、重庆市依法治校示范校、重庆市平安校园、重庆市语言文字规范化示范校、重庆市园林式单位、重庆市职业教育先进集体、新中国成立60年重庆教育功勋特色高职院校。

召开第四次团代会暨学代会

优质高职院校建设动员大会

华通智造班开班典礼

结对帮扶大木乡九年制学校

重庆市涪陵区

先进表彰

师院师生无偿献血

中心医院医护人员参加无偿献血

2018年，重庆市涪陵区中心血站认真贯彻落实新版《重庆市献血条例》，全站职工狠抓采供血工作，确保临床用血安全、及时、有效，实现了新老政策的顺利过渡，较好地完成了血站的全面工作，确保了临床用血的需要和安全。

业务目标任务完成情况

采血情况。自愿无偿献血比例达100%、成分输血比例达99.6%。全年共采集全血22613人次，35971个单位，机采血小板983人，1643个治疗量，机采血小板采集同比降低5.47%。其中，制备红细胞悬液36390单位；洗涤红细胞167单位；冷沉淀4131单位；生产临床新鲜冰冻血浆5970袋10711.5单位。采血量增1.58%。

供血情况。全年向辖区内各医疗用血单位提供全血7.8升；红细胞悬液36181单位；解冻去甘油红细胞4单位；冷沉淀3690单位；机采血小板1643个治疗量；临床新鲜冰冻血浆30828单位，成分输血比例99.8%，临床供血量增长1.61%。

各区县无偿献血完成情况。武隆区采血量800800毫升，用血量933400毫升，采血量占用血量比例为86%；丰都县采血量1378000毫升，用血量1766500毫升，采血量占用血量比例为78%；石柱县采血量517800毫升，用血量1082500毫升，采血量占用血量比例为48%。

加大宣传力度，营造浓厚的舆论氛围

进一步探索无偿献血持续健康的发展之路，不断强化宣传，采用行之有效的宣传招募方式，提高无偿献血的知晓度、认可度和参与度，形成无偿献血的良好氛围。充分利用各种媒体强势做好无偿献血的宣传工作，收集汇编《献血信息》4期。

充分利用流动采血车和固定献血屋在街头的采血宣传，让公民亲历无偿献血。每天在南门山、体育场、高笋塘、马鞍街头等来往人群较多的地方循环宣传、采血，不仅为献血者提供了方便，而且让市民更直接、更实在地了解和感受到无偿献血。街头宣传有效调动了市民无偿献血的积极性，无偿献血热情高涨，充分保证了临床用血所需。

坚持做好校园宣传，树立当代大学生无偿献血是社会责任担当、社会主义核心价值观的具体体现。2018年，长江师范学院和重庆工贸职业技术学院共有近1800名师生参与无偿献血。

加强与辖区内各区县负责无偿献血工作的部门、相关负责人联系，使各区县顺利全面地开展自愿无偿献血，全年共采血88次。

血液质量安全工作

严格过程监控。全年对血液采集、制备、发放等过程监控共40次，献血档案记录抽检12次共180人份，血液标识追溯32人份，有效保证了采供血的过程质量。

全年共抽检红细悬液48袋，新鲜冰冻血浆48袋，病毒灭活冰冻血浆48袋，冷沉淀48袋，单采血小板43袋，去白单采血小板44袋，洗涤红细胞24袋，全血15袋，悬液外观检查3086袋，新鲜冰冻血浆外观观察120袋，冷沉淀外观观察120袋，血小板外观观察69袋，均符合预期要求，达到控制血液质量的目的，有效保证了血液质量。

开展对血站工作质量与工作人员的服务态度监督，每月对献血者进行满意度调查和随机回访，全年共电话回访157人次，献血者也对我站服务工作提出了很好的建议，对提高血我站工作质量起到了积极的作用。

抓服务树形象，营造无偿献血的良好氛围

提升整体形象。通过国家卫生健康委办公厅、中国红十字总会办公室、中央军委后勤保障部卫生局联合发文表彰，我站体育场采血班组成功创建成为全国突出采血班组，一号采血车创建成为全国最美采血车，通过创建使职工整体素质得到进一步提升。

科室优化设置。围绕职责重点，优化内设机构，重新撤并了献血服务科和成分制备科。

深入开展创建全国文明城区及卫生城区工作

增加创文创卫宣传资金投入和宣传点建设，血站今年增加四个发放点：南门山献血屋、体育场献血屋、高笋塘和李渡流动采血车，共向市民和本站职工发放宣传册共计1500余本，

全站职工定期开展健康教育、病媒生物防制、传染病、医疗废物、环境卫生等相关知识竞赛、培训考试等活动共计20余次，使创卫工作理念深入人心。

经费保障到位。血站先后投资8万余元用于修建改善血站内部设施12余处，对办公楼走廊进行粉刷、办公区的卫生间进行翻新改造、车库门进行翻新、垃圾桶全部更换为有盖垃圾桶、各类健康教育宣传册、折纸、制作创卫宣传栏等，为创卫工作提供充足的资金保障。

100次献血者

质量工作会

职工知识竞赛

涪陵区结核病防治所

2019年结核病防治工作会

涪陵区结核病防治所（简称区结防所）成立于1988年4月，是区卫生健康委直属全额拨款卫生事业单位。区结防所位于涪陵城区实验路5号，占地面积667平方米，业务用房863.54平方米。自成立以来，先后实施了世界银行贷款中国结核病控制项目（简称卫Ⅴ项目），世界银行贷款/英国赠款中国结核病控制项目（简称卫Ⅹ项目）、全球基金项目、中国－盖茨基金项目以及疾病控制等项目。

目前，全所有职工20人，其中在职管理人员3人，副主任医师1人、主治医师1人、主管检验师1人、医师4人、检验师2人、护师1人、护士1人，其他专技及工勤人员8人。设有门诊部、防治科和办公室及检验室。现有DR影像系统、全自动生化分析仪、全自动血球计数仪、彩超、心电图机、溶解曲线快速检测仪等医疗检查设备。

区结防所是全区唯一结核病专业防治机构，执行国家结核病免费政策，减轻结核病人负担。致力于为群众健康提供结核病防治服务。主要承担结核病防治政策和防治知识宣传；承担结核病疫情分析、检测和处置；承担结核病防治指导和重点人群防治；承担结核病患者诊断、治疗和规范管理工作；承担区卫生健康委交办的其他工作任务。单位核准登记有内科、结核病科、医学检验科、医学影像科和中医科等5个诊疗科目。已建成片区中心实验室，拥有DR影像系统、全自动生化分析仪、全自动血球计数仪、彩超、心电图机、结核分枝杆菌快速检测系统（蓝谱生物）、结核分枝杆菌耐药检测系统（溶解曲线）等医疗检查设备。

学校结核病知识讲座

高笋塘大屏宣传

高校街头宣传

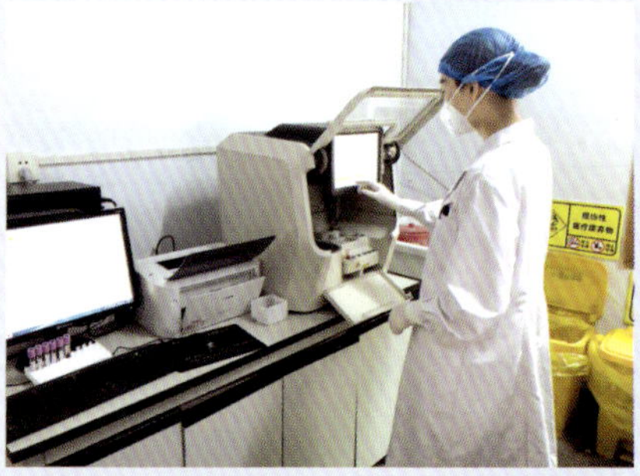
CRP检测仪

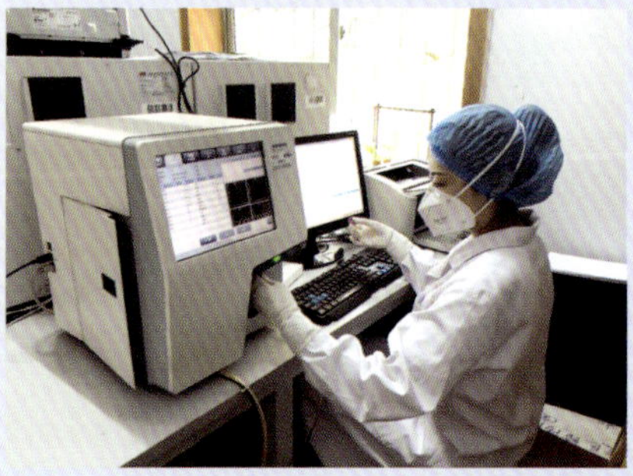
血常规检测

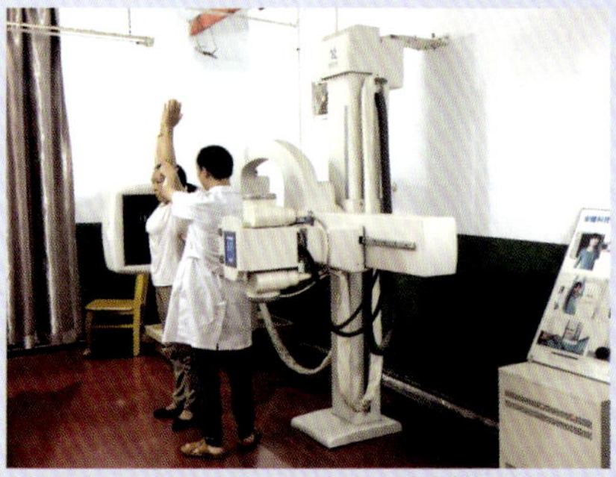
D R影像系统

涪陵协和医院

副区长钟涛在涪陵协和医院创建
国家二级综合医院评审汇报会上讲话

涪陵协和医院是2007年成立的一所集医疗、康复、科研为一体的现代化综合性民营医院。位于涪陵涪丰北线永安路7号，占地面积45亩，设置17个临床一级科室，13个职能管理科室，编制床位125张，在职职工180人。该院是医保报销定点医院、特殊疾病申报定点医院、重庆市涪陵中心医院技术指导医院、重庆市医药卫生学校临床实习基地。

二级医院创成功。2018年6月6日～8日重庆市卫生计委组织等级医院评审专家对医院进行现场评审，经过评审、公示，8月23日医院成功获批国家二级乙等综合医院。

党建工作显成效。充分发挥党支部战斗堡垒作用，通过开展“协和灯塔”“非公党建品牌建设”等活动助推医院发展。自2015年以来党支部多次获得涪陵区卫生计生委党委授予“先进基层党组织”荣誉称号，2017年党支部荣获区委组织部举办的“再创业、新发展”金点子活动二等奖、区卫生计生系统一等奖。

区卫计委党委书记、主任章和平为
医院成功创建国家二级综合医院授牌

三基三严创佳绩。2018年7月22日，在由涪陵区卫计委、涪陵区总工会、共青团涪陵区委共同举办的2018年涪陵区医护人员“三基”技能竞赛”中，荣获“团体一等奖”“个人一等奖”。

专科建设提能力。高度重视学科建设，不断加大学科建设投入，引进实用性新技术、新项目。10月22日，医院消化内科被区卫生计生委命名为区级名科，泌尿外科纳入区级名科建设。

社会责任献爱心。2018年义诊12次，捐款献爱心4次共5.2万元，52名职工无偿献血14200毫升，承担涪陵区“涪陵四季登山活动春季北山登山比赛”“五运会”等公益活动的医疗保障任务。

在涪陵区医护人员“三基”技能竞赛
中荣获“个人一等奖”“团体一等奖”

医院职工参加无偿献血

医院医护人员风采展示

举办新年晚会

重庆市渝东南农业科学院

副市长陆克华（左三）、区长种及灵（左二）来我院调研

区委书记周少政来我院调研国家现代农业产业园建设

中国工程院院士赵春江到我院指导工作

重庆市渝东南农业科学院成立于1959年，是以榨菜研究为龙头，以农作物新品种选育为核心，集农业产前、产中、产后应用技术研发于一体的综合性农业科研机构，重庆市重要的区域性农业科技创新平台。我院以茎瘤芥（榨菜）为主的芥菜综合配套研究、杂交水稻优质抗病育种和病虫害防治研究三大突出优势，在同行中有较大影响。研究的作物涉及榨菜（芥菜）、水稻、红心萝卜、玉米、苎麻等多种粮食、蔬菜及经济作物，研究学科涉及种质资源、育种、栽培、植保、土化、农副产品贮藏加工与良种繁育等。设有7个专业研究中心和1个生物技术中心，建有“南方芥菜品种改良与栽培技术国家工程实验室”“国家榨菜加工技术研发专业中心”“国家蔬菜改良中心涪陵榨菜研究中心”等国家、省市级科技创新平台9个，建有国家麻类产业技术体系“涪陵苎麻综合试验站”、国家特色蔬菜产业技术体系“渝东南综合试验站”，是重庆市山地特色高效农业（榨菜）技术体系的主持单位，国家级“博士后科研工作站”设站单位。在职职工100人，其中研究员5人，副高职称20人；博士3人，享受国务院特殊津贴专家3人，重庆市有突出贡献的中青年专家1人，重庆市学术技术带头人1人，重庆市“322”人才工程第二层次人选1人；聘请了中国工程院傅廷栋院士为学术顾问。是农业部确定的我国芥菜种质资源对国外交换审查单位，被重庆市农作物品审会指定为水稻稻瘟病、榨菜病毒病的唯一抗性鉴定单位，被全国农技推广总站指定为长江中上游水稻稻瘟病抗性鉴定单位。

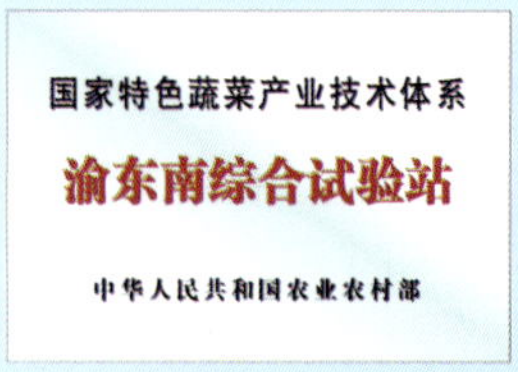

改革开放以来，我院始终坚持“科研立院、人才兴院、开发强院”的科研工作指导思想，秉承“允公允能允才、厚德载物创新”的团队精神，强化科技攻关，累计完成国家及地方重大农业科技攻关项目180项次，获得各级科技成果奖92项，其中省（部）级一等奖4项、地厅级一等奖以上49项；育成农作物新品种37个；获得国家发明专利5项；制定国家标准、地方标准各1项；发表研究论文400余篇，参加国际学术会议交流4篇，出版学术专著6部。研究成果在教学、科研、生产中得到广泛应用，取得了300多亿元的社会经济效益。目前，常年执行国家、市级科技攻关项目30余项。

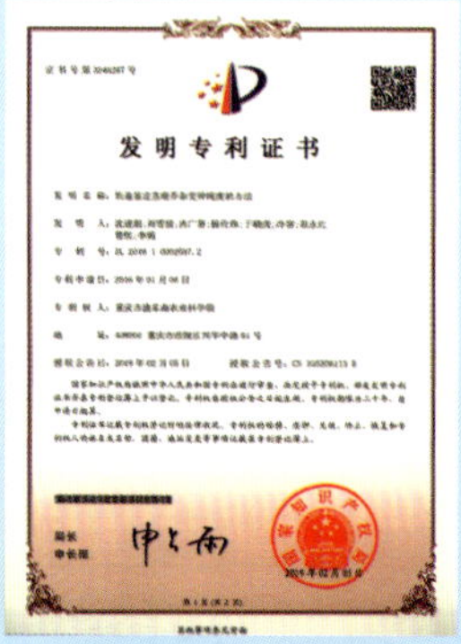

中国建设银行股份有限公司重庆涪陵分行

中国建设银行股份有限公司重庆涪陵分行地处长江和乌江交汇处，位于涪陵中央商务区南门山商圈。现有在岗员工220余人，网点13个，有离行式自助银行10个，自助服务点6个，助农取款点5个，自助服务设备100余台。该行营业部系“中国人民银行涪陵中心支行个人信用报告自助查询点（代理）”，面向社会接受自助查询。2018年，建设银行重庆涪陵分行认真贯彻落实党的“十九大”和金融工作会议精神，按照“简快精实”作风，结合当地“一城两片三线”城市经济发展规划，坚持党建领引，积极推进住房租赁、普惠金融、金融科技“三大战略”，当年净投放信贷资金28亿元，开立银行承兑汇票8亿元，债券投资5亿元，支持当地经济发展，赢得社会认同。建成中国银行业文明规范服务“千佳网点”1个、“劳动者港湾”13个。主要业务指标保持当地同业领先地位，金融机构综合评价考核A档。

2018年12月19日，涪陵分行营业部通过中国银行业协会文明规范服务千佳单位达标评估，被授予“2018年文明规范服务千佳单位”称号。2019年3月6日，经中国人民银行涪陵中心支行授牌成为个人信用报告自助查询点（代理），正式对外提供服务，面向社会接受自助查询，既是惠民工程，又完善增加了建行服务功能。

建行重庆涪陵分行党委班子成员走访民营企业。图为行长黄强带队走访三爱海陵公司。

分行于2018年6月率先在其营业部建成涪陵区首个银行业场所“劳动者港湾”，为广大劳动者提供“累了能歇脚，渴了能喝水，没电能充电，饭凉能加热”等便民服务，8月下旬起，全辖13个营业网点全部免费向社会开放“劳动者港湾”，践行国有大行社会责任，推进银行网点服务资源共享，打造服务民生新品牌。

分行与中石化重庆天然气管道有限责任公司开展“互利共赢建美好未来，银企联谊促和谐发展”主题月党团联建活动，助力涪陵页岩气开发。

共同成长 成就梦想

中银富登村镇银行
BOC Fullerton Community Bank

马鞍支行开业

涪陵中银富登村镇银行是由中国银行、新加坡富登金融控股联合当地优秀民营企业携手打造的国有控股本土银行，定位是“立足县域、支农支小”， 致力于为涪陵区域内的中小企业、微型企业、工薪阶层、城镇居民和三农客户提供完整的金融服务，帮助客户解决各个时期的资金需求，填补县域经济金融覆盖上的空白。为扩大金融服务半径，在2017年12月成立涪陵中银富登村镇银行马鞍支行，重点服务马鞍、李渡、义和等乡镇街道，是打通农村金融服务“最后一千米”的重要举措。

春节客户答谢会

扎根涪陵的两年时间里，我们坚持不断创新，针对不同客户的需要推出多款贷款新产品：对个人客户，我们重点推广普惠（信用）、消费贷款，无论是农户还是工薪阶层，都能享受到我们便利的服务；对中小微企业，我们推出税金贷、流水贷等多款信用贷款，门槛低、额度大、还款方式灵活，解决融资难、融资贵的问题，两年时间累计发放小微三农贷款9.6亿元。

元宵节社区文化活动

端午节活动

重庆四合燃气有限公司

重庆四合燃气有限公司（以下简称“公司”）是涪陵区政府为解决工业企业能源瓶颈而招商引进的一家主营供气、输气两大业务的专业燃气公司。由中石化龙禹天然气有限公司、重庆燃气集团股份有限公司、重庆远能投资有限公司、重庆涪陵能源实业集团有限公司等股东共同出资组建。公司成立于2012年3月，注册地在涪陵白涛化工园区，注册资本9000万元。

区政府常务副区长杜海波带队检查公司安全生产工作

公司拥有中石油、中石化“双气源”。中石油气源来自涪陵石沱中石油南干线东段长江西分输站。中石化气源来自中石化涪陵白涛门站（承接焦石页岩气）和长寿川维末站（承接普光气田和元坝气田的天然气）。公司主要承担向涪陵白涛化工园区、龙桥工业园区及拓展区、清溪工业园区新增工业用户供气，同时，跨区域代输部分页岩气至长寿，满足长寿经开区部分工业企业用气，并与重庆燃气集团管线并网，将涪陵页岩气输入主城，分输到各区县。

2018年度股东会、董事会、监事会

公司设有股东会、董事会、监事会，其中：股东代表（法定代表人）4人，董事9人，监事5人。公司内设投资控制部、工程部、生产运行部、财务部、材料设备部、销售部、行政人事部、安全环保部。现有职工70余人，具有中、高级以上职称10余人。另外聘巡线队22人。

长江西分输站竣工验收

公司管网工程项目分“涪陵区新增工业用户供气工程项目”和“涪陵石沱——长寿晏家输气管道工程项目”两个项目投资建设，总投资约3.41亿元，管线全长112千米，管径DN400，压力4.0MPa。建有5个分输站（白涛、龙桥、清溪、长江西、川维），4个阀室（板栗、江东、蔺市、扇沱），具备400万立方米/天的供气能力和400万立方米/天的输气能力。现已全部建成投运。其中：“涪陵区新增工业用户供气工程项目”投资2.61亿元，管线长度约90千米，建设4个分输站，3个阀室，该项目干线管道西起石沱镇长江西分输站，沿途经蔺市镇（穿越梨香溪）、龙桥街道、荔枝街道（穿越乌江）、江东街道、焦石镇、白涛街道、止于白涛化工园区站，支线在焦石镇板栗阀室接管，沿罗云乡至清溪铜铝工业园区。

“涪陵石沱——长寿晏家输气管道工程项目”投资约8000万元，全长约22千米，其中：长寿段14.4千米，涪陵段7.6千米，建有输气站一座（川维输气站），阀室一座（扇沱阀室）。线路起点位于我公司涪陵区石沱镇长江西分输站，向西敷设经三窍水库，腰店子、石和乡至长寿区江南街道天星村张家湾，沿王家坝、黄家湾至扇沱阀室，穿越长江后至晏家镇小石门，经印盒寨、黄桷湾、龙井湾后，穿越园区大道，向东敷设至终点川维输气站。

2014年6月，公司白涛站率先投产供气。2017年底管道全线贯通。2018年实现天然气销售量4.95亿方、同比增长38.42%，天然气销售收入7.64亿元、增长50.49%，实现利润总额396.68万元。

公司2018年度总结表彰大会

组织职工开展登山活动

重庆祥龙天然气有限公司

重庆祥龙天然气有限公司是经中石化和涪陵区政府批准，由龙禹天然气有限公司（占股50%）和重庆涪陵能源实业集团有限公司（占股50%）合资设立的一家国有公司，公司成立于2015年1月，注册资本金2亿元。

祥龙天然气公司调度中心

站控室值班人员

祥龙天然气公司紧紧围绕武陵山天然气管道，主营管道天然气输送、销售和液化天然气（LNG）贸易，依托中石化南川水江页岩气和涪陵焦石页岩气资源，大力发展武陵山沿线渝东南、黔东北及湘西地区的天然气业务。初步形成以武陵山天然气主管道为基础，延伸、覆盖重庆渝东南、湖南大湘西、贵州铜仁、湖北鄂西等地的跨省区域性地方气网。

武陵山天然气管道跨越诸佛江

武陵山天然气管道工程起至涪陵页岩气田中石化白涛增压站，经重庆市涪陵区、武隆区、彭水县、黔江区、酉阳县，到酉阳县大溪镇与湖南省规划的天然气管网交界处止，管道全长260千米，设计压力10MPa，管径DN400，设计最大输气能力12.5亿立方米/年，沿线设武隆、彭水、黔江、酉阳4个分输站场9座阀室。其一期工程涪陵到黔江段已于2018年2月2日投产通气，二期工程黔江到酉阳段于2019年6月6日主体工程完工，待湖南花垣段管道建成后方可送气。

武陵山天然气管道跨越郁江

重庆市正宇集团有限公司

重庆市质检总站来公司调研

重庆市正宇混凝土有限责任公司成立于2008年8月8日，法定代表人薛丹华，注册资金5000万元整，位于重庆市涪陵区红星居委9组98号，占地面积25.7亩。2013年8月8日成立集团公司，注册资金1.36亿元。集团公司涉及领域有：混凝土生产、销售；预拌砂浆生产、销售；运输、矿业、投资、旅游、地产、商贸等。集团下设重庆市正宇混凝土有限责任公司、重庆市正宇混凝土有限责任公司武陵山分公司、重庆市正宇混凝土有限责任公司清溪预拌混凝土分公司、重庆正尚运输有限公司、重庆市正宇混凝土有限责任公司采石场、重庆市宇恒汽车修理有限责任公司、重庆市一洣商贸有限责任公司、重庆市正宇投资控股有限公司。现公司固定资产1.5亿元，年产值达7.6亿元，年实现税收2700万元。

董事长　薛丹华

召开年度工作总结表彰大会

重庆市正宇混凝土有限责任公司拥有5条混凝土生产线（型号：H180），年设计生产能力350万立方米，2个千吨级工艺水池，生产工艺控制采用全软件计算机配料，自动化程度高；双道砂石分离机设备五套、零排量污水处理系统1套、专项实验室。矿山年设计生产450万立方米砂、石材料，2条生产线设备，运输设备罐车88台（三一重工），拖泵（电、柴）10台，车载泵9台（三一重工），臂架泵52米、48米、46米、37米共10台（三一重工），砂、石材料运输车45辆，挖机7台，装载机8台（50型）。后勤保障有：办公用车30台，职工专用及交通班车21台，200T柴油加油站一个，生产用电配置3950千瓦。行政办公大楼、生产指挥中心大楼、运输公司办公大楼、实验楼、职工宿舍楼共计7815平方米，生产车间用房14326平方米。集团公司员工537人，其中有中、高级工程师35人，助理工程师55人，中、高职称的专业技术人员占公司员工总人数68%以上。

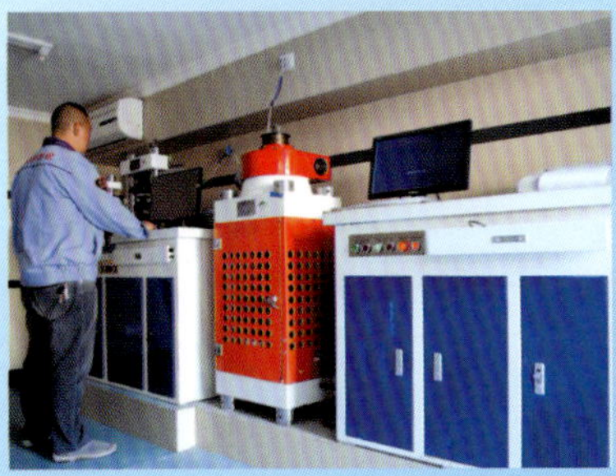
专项力学实验室

专项检测实验室

新型材料A8砂浆生产基地

混凝土生产基地

重庆泰升生态农业发展有限公司

重庆泰升生态农业发展有限公司成立于2008年，注册资金2200万元，现有资产
0余万元，是重庆市农业产业化市级龙头企业、重庆市农业综合开发重点龙头企业、涪
农业产业化经营十强龙头企业，泰升牌活体猪获中国知名品牌，“泰升”商标被认定为
驰名商标，“姚式”牌腌腊制品生产所采用的“涪州腌腊肉传统制作技艺”被录入涪陵
三批、重庆市第五批非物质文化遗产名录，公司技术总监姚德平被命名为“涪州腌腊肉
制作技艺”的代表性传承人，公司被命名为“重庆市第三批非物质文化遗产生产性保护
基地”。公司拥有3个规模化生猪养殖场、2个优质蔬菜生产基地、1个优质柑橘果
1个腌腊制品加工厂及3个连锁超市、1个农副产品配送中心，主要从事蔬菜和柑橘种
生猪和水产养殖、腌腊制品加工、商超配送经营和休闲观光农业开发，年产值近亿元，
人员300多人，为涪陵农业农村经济发展做出了应有贡献。

公司的生猪养殖场分布在涪陵区珍溪镇的刘家村、观将村和东桥村，年出栏生猪规模
万余头，现存栏母猪1500多头（其中涪陵黑土猪母猪200多头），常年出栏肥猪3万头
中涪陵黑土猪4000头）、仔猪2万头。

公司在珍溪镇东桥村（沿江）和武陵山乡金子山村（高山）建有蔬菜生产基地1000余
东桥蔬菜基地被重庆市农委认定为“无公害蔬菜产地”，黄瓜、丝瓜、番茄等多个品种
定为“无公害农产品”。在东桥村，公司建设的高标准优质柑橘果园占地面积近800
其中涪陵沃柑种植面积达500亩。

公司的腌腊制品加工厂位于涪陵区珍溪镇刘家村，年生产能力500吨，传承重庆市非物
化遗产“涪州腌腊肉传统制作技艺”生产的“姚式”牌老腊肉、香肠等产品风味独特，
消费者欢迎，央视一套《生活早参考》、北京电视台《年货来了》等栏目作了专题
。

公司开设有泰升•涪陵特色农产品直销中心连锁超市3个，泰升农副产品配送中心为涪
多家机关及企事业单位食堂配送直供各类食材，淘宝、微盟电商同步上线营业，商超、
及电商年销售额6000余万元。

重庆泰升生态农业发展有限公司作为重庆市农业产业化市级龙头企业，也是涪陵沃柑
的领头人。在20世纪70年代，涪陵沃柑产业已有所发展，2006年起，涪陵区先后在
夫市百万吨柑橘产业化项目”　“绿化长江经果林项目”　“沿江高速公路涪陵段晚熟
基地建设项目”的支持下，发展涪陵沃柑产业，其中重庆泰升生态农业发展有限公司是
沃柑的主要生产者，对涪陵沃柑的发展以及品质的规范做出了较大的贡献，同时也带动
地特色农业的发展。涪陵区 69.2% 的乡镇（街道）均有涪陵沃柑种植，栽培面积占全
耕地面积的13%。涪陵沃柑属于晚熟型的杂交柑橘品种，系“坦普尔”橘橙与“丹西”
杂交种，在涪陵区培育和生长的涪陵沃柑具有长势旺盛、冬季果实落地少、挂果能力
挂果采收期长的特点，果实的VC含量高。在春节前后上市，错开了与其他品种的上市
，重庆泰升生态农业发展有限公司在涪陵沃柑上市期间积极推动其外销工作。涪
柑以其皮薄汁多、外观饱满且口感较好深受顾客的喜爱，因此价格高、销量高。每到
季节，消费者争相采购。

现在涪陵沃柑已成为涪陵区第一大水果产业，并以晚熟为特色。在珍溪镇东桥村，公
已建成的高标准优质涪陵沃柑果园，整合运营多年的无公害蔬菜基地、生态养殖场等
资源，配套建设休闲垂钓山坪塘、观光长廊、阳光餐厅等基础设施，打造的“泰升现代
休闲观光示范园”，是一个以果（柑橘）菜（榨菜）优质高产栽培、种苗繁育、畜禽养
循环农业、技术示范、培训推广、旅游度假为一体的多功能现代农业休闲观光园区，是
农业产业结构调整以及一二三产业融合发展的示范基地，对涪陵沃柑规模的增长以及当
经济发展起到了较大的促进作用。公司在武陵山乡金子山村建设的高山纳凉避暑山庄，
践行乡村振兴战略的有力举措。

泰升现代农业休闲观光示范园

泰升无公害蔬菜生产基地

泰升优质柑橘基地

泰升生猪养殖基地

泰升金岚山庄 天然氧吧·避暑度假胜地

中国通信服务股份有限公司

区委常委、区委统战部部长夏艺，区政府副区长席红一行参观2018年智博会中国通信服务展厅

心系员工身心健康，工会活动多姿多彩

中国通信服务股份有限公司（简称中国通服）作为全球最大电信基础设施服务提供商，拥有多专业一体化服务、信息化领域顶级资质、顶层规划和研发能力、丰富的智慧社会产品集（智慧城市、智慧园区、智慧小镇、智慧交通等）和省市县三级落地服务能力，是千亿级央企、上市集团公司。

重庆市通信产业服务有限公司涪陵分公司是中国通服在涪陵区的分支机构，多年来，在坚持党建统领的同时，以助力三大电信运营商企业服务涪陵市民，助推涪陵智慧城市建设和经济发展为己任，参与完成政府、企事业单位多项工程建设和重要通信保障。

近年完成的建设项目有：

涪陵通信运营商的通信管道施工、线路设备安装及综合代维项目；

酉阳县政府综合写字楼智能化系统工程；

彭水县委党校新校区智能化系统工程；

武隆县公安局新大楼弱电智能化工程；

武陵山旅游区公共安全应用管理系统工程；

重庆龙冉100万方日天然气液化工厂35KV变电站及钢结构安装工程；

涪陵铁塔公司主要工程建设和综合代维项目；

涪陵新区新纪元校园弱电智能化工程；

金科天辰、集美郡、博翠府弱电智能化工程；

重庆市第五届运动会通信保障；

涪陵黄草山菊花节通信保障；

武陵山森林公园音乐节通信保障；

2018年中国通服主要获奖情况：

2018年财富500强排名第81位；

2018年中国软件和信息技术服务综合竞争力排名第6位；

2018年欧洲金融“陶朱奖”；

2018年全球最佳雇主。

重庆桂楼实业（集团）股份有限公司

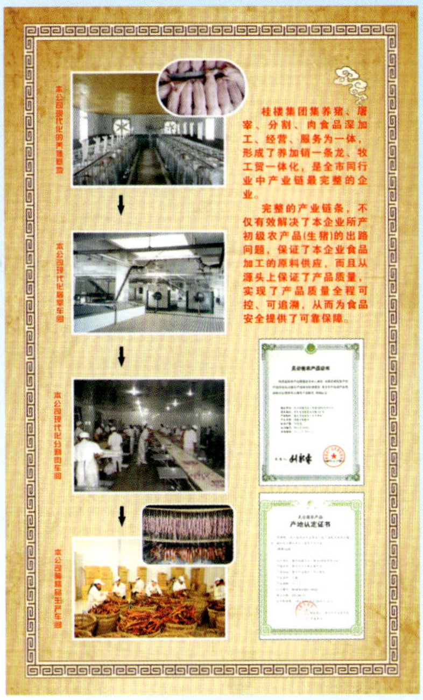

产业链介绍

集团公司董事长　余明

重庆桂楼实业（集团）股份有限公司是一个主营生猪养殖、屠宰、加工、销售、科研、服务、汽车模具、建材（砂石）等多行业生产经营的集团化民营企业，是国家农业部等8部委确定的国家级农业产业化重点龙头企业、国家“三建委”确定的三峡库区生猪产业化示范项目龙头企业。2006年10月被国家商务部认定为首批“中华老字号”企业，11月通过国家农业部无公害农产品认证和重庆市农业局无公害农产品产地认定。2008年8月被中华人民共和国农业部评为国家农业产业化重点龙头企业。2008年至2010年连续三年被重庆市农工委评为市农业产业化龙头企业30强，2010年被重庆市政府命名为重庆市重要商品应急保供重点企业，2011年被农业发展银行评为A+企业。公司也是涪陵区统筹城乡发展“五种模式”的龙头带动企业之一。公司已通过ISO9001：2008质量管理体系认证。生产的“桂楼牌”腌腊制品通过国家QS认证，先后获得国家银质奖、重庆市“著名商标”、重庆市“名牌产品”等荣誉称号。2012年12月31日，公司“桂楼实业” 股票正式在重庆股份转让中心挂牌交易，股票代码900086。2015年6月被国家工商行政管理总局商标评审委员会认定为中国“驰名商标”。

公司注册资本3010万元，现已建成国家二级标准屠宰厂一座，配套一条自动化屠宰生产线、一座1500吨冷库、两条年班产6000吨分割肉生产线。生产能力为年屠宰生猪100万头、年产分割肉12 000吨、腌腊品和熟肉制品2000吨。公司所属8个规模化养猪场有基础种猪近5000头，年出栏优质商品猪10万头，是重庆市乃至西南地区生猪产业化经营规模较大、带动能力较强的龙头企业之一。

桂楼集团公司旗下有2个控股子公司（重庆前卫汽车模型设计有限公司和重庆航金砂石有限公司）和8个规模化养殖场（其中有5个已成为具备独立企业法人资格生猪养殖有限公司，分别是重庆市涪陵区林宏、承江、承志、东江、林发生猪养殖有限公司）。

公司现有员工302人。其中，管理层30人，占10%；普通员工272人，占90%；党员27人。员工中，本科以上学历22人，占7%；大专以上学历51人，占17%；高中以上学历190人，占63%。中级职称以上80人，占26%。2018年资产总额36 787万元，固定资产13 910万元，实现销售收入23 308万元，利税1811万元。

重庆海林生猪发展有限公司

涪陵黑猪（盆周山地猪）

公司创始人李海林走南闯北专注养猪30余年，2000年返乡创业，于2007年成立重庆海林生猪发展有限公司。经过10多年打拼，现已形成涪陵黑猪育种、商品猪养殖、屠宰、加工、销售、服务为一体的全产业链市级龙头企业。每年向社会提供种猪5000余头、商品猪40000余头。公司始终坚持“三品、三生、三共”的创新发展理念，为我国现代农业可持续发展探索出一条新的路径。

“涪陵黑猪”品牌相对于其他产品特色化、差异化突出，以鲜美的口感、健康的品质倍受消费者青睐。现公司和永辉、新世纪、重百等大型商超及加盟商深度合作开设连锁专卖店共达150余家，是国内最知名的黑猪肉品牌。

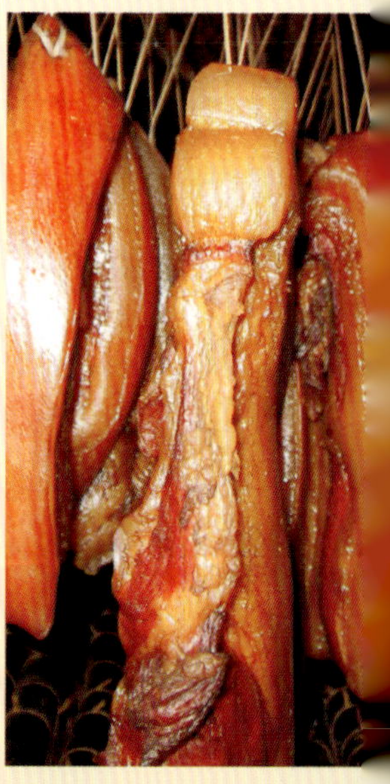

公司与重庆市畜科院，重庆市农委畜牧技术推广总站、涪陵区畜牧兽医局等科研单位深度合作，以盆周山地猪为主要育种素材，开发培育“涪陵黑猪”新品系，具有适应性强，产仔率高，耐粗，不饱和脂肪酸含量高，风味口感独特等优点。公司的盆周山地猪原种场是重庆市市级资源保种场，具有完全自主知识产权。

涪陵黑猪因喜吃草料、生长周期较长、耐热耐寒，食用生物饲料，在通风、透气透光的大自然环境下生长，其生产的猪肉大理石花纹明显，肉香浓郁、细嫩、风味口感好、肌间脂肪含量适中，滋糯、有嚼劲。

公司根据多年实践与科学研究，正与重庆市涪陵区技术监督局合作制定了涉及涪陵黑猪的品种、圈舍设计、饲养管理、投入品安全、疫病防控、猪肉质量等一系列标准，做到科学生产，在国内同行中处于领先水平。

重庆华峰新

重庆华峰新材料产业园（简称“重庆华峰”）是中国500强企业华峰集团2010年在重庆白涛工业园区开始投资建设的产业园，占地3000多亩，员工4000余人。产业园主要生产聚氨酯新材料及原料，以及铝热传输复合材料，现有华峰化工、华峰氨纶、华峰铝业、华峰新材料、华峰研究院、华峰聚酰胺等6家独立法人公司入驻。产业园规划建设115万吨己二酸项目、16万吨差别化氨纶项目、20万吨聚氨酯树脂项目、50万吨铝热传输复合材料项目和相关配套项目。目前，产业园已拥有年产54万吨己二酸、6万吨差别化氨纶项目和10万吨聚氨酯树脂生产能力，系全球第一大聚氨酯树脂生产企业，全球第二大、国内第一大氨纶生产企业，以及世界第一大己二酸生产基地。2018年，重庆华峰坚持新发展理念，实现了高质量发展。全年实现产值118.6亿元，同比增长16.3%；出口创汇13.19亿元，增长125.59%；实现利税18.28亿元，增长70%。到2020年，重庆华峰主要项目将陆续建成，产值将超过200亿元。“十四五”期间，重庆华峰聚氨酯和聚酰胺产业链基本形成，产值有望超过300亿元，利税达50亿元，解决就业6000余人。

国家统计局能源统计司
司长刘文华带队调研重庆华峰化工

市政协秘书长秦敏调研重庆华峰环保设施运行情况

区委书记周少政调研重庆华峰化工

重庆华峰化工有限公司是中国500强企业华峰集团于2010年6月在重庆白涛工业园区投资注册的子公司，注册资本为12.03亿元，现有员工2000余人，是重庆市100强企业、涪陵区综合10强工业企业和涪陵区优秀民营企业，通过ISO9001质量管理体系认证、ISO14001环境管理体系和OHSAS18001职业健康安全管理体系认证和国家安全标准化三级认证，荣获中国石化联合会首批授予的“绿色工厂”称号和重庆市“绿色工厂”称号。

公司专注于己二酸系列产品的研发、生产和销售。目前己二酸产品总产能达到54万吨，系世界上最大的己二酸生产基地。产品已远销韩国、日本、印度、以色列、土耳其、俄罗斯、马来西亚、德国、巴西等几十个国家或地区。己二酸产品是环保型基础化学原料，系无毒无味的白色结晶体，广泛应用于国民生活中，是尼龙66纤维及工程塑料、聚氨酯泡沫、合成革（PU）、合成橡胶等主要原料，可作为食品酸化剂、酯类增塑剂和纺织品处理剂，以及用于医药、农药、香料、粘合剂与助焊剂等生产，是建设未来美好新生活必不可少的中间体材料。

区委副书记、区长种及灵
调研重庆华峰项目建设进展情况

公司在快速发展的同时，还充分重视技术创新和环境保护工作，目前公司成功创建市级企业技术中心，申请国家专利42项，获得授权专利30项，多项技术荣获重庆市科技进步奖一等奖和中国石油和化学联合会技术发明奖一等奖，有力增强了公司的核心竞争力。公司还加大资金投入力度，确保做到环保达标排放，

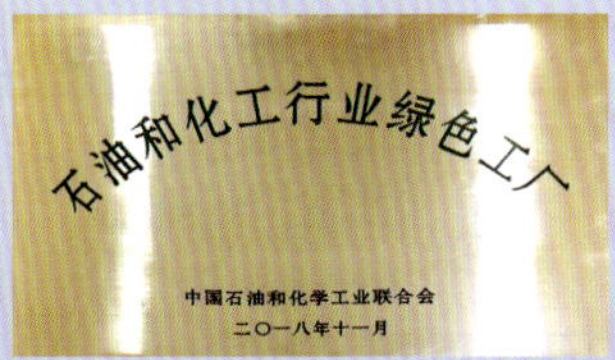